스토리로 이어지는
Vocabulary

최 용 일 지음

토익, 토플, 공무원, 편입, 텝스, SAT, GRE 대비

성진미디어

저자: **최용일**

서울대학교 사회학과 졸업

조오지아 주립대 경영학 석사

홍국생명 해외투자 팀장

동양증권 영업부장

현재, 영어 교육 및 저술 활동 중

저서 - 한 줄의 통찰: 원문과 함께 읽는
세계 명언 명문(21세기북스)

스토리로 이어지는 Vocabulary

저 자 | 최용일
발행인 | 채희선
발행처 | 성진미디어
발행일 | 2019년 03월 30일
등 록 | 제311-2010-23호

전 화 | 02)374-4363(대표)
팩 스 | 02)375-4362
주 소 | 서울시 은평구 증산동 248 중앙하이츠상가 B101호

ISBN 978-89-98308-36-0

값 22,000원

legend(일러두기)

1. ( )는 보충 설명이나 생략가능 어구를 표시.
2. [ ]는 대체가능 어구 표시.
3. 〈 〉는 전문영역 표시.
4. 동의어는 단어 뜻 뒤의 ( ) 속에 표시하고, 반의어는 (반)으로 표시.
5. 비교 또는 참조할 단어는 cf.로 표시.
6. 참고 사항은 별표* 또는 ☞으로 표시하고, 보완사항은 Tip으로 표시.
7. 기출의 근거를 밝히기 위해 단어 설명 끝의 작은 타원형 속에 '공9, 편입, 토익, 토플, SAT' 처럼 출처 표기.
   ex) 공9: 공무원9급 / 공7: 공무원7급 / 편입: 대학편입시험 등
8. 어원 표시를 위해 각 어근 뒤에 아래와 같은 약어를 붙임.
   [Gk]: Greek그리스어 / [L]: Latin라틴어 / [F]: French불어 / [Ge]: Germanic게르만어
   [OE]: Old English고대영어 / [It]: Italian이탈리아어 / [Sp]: Spanish스페인어

누구도 해낸 적 없는 성취란, 누구도 시도한 적 없는 방법을 통해서만 가능하다.

- 프란시스 베이컨 -

If we are to achieve results never before accomplished,
we must expect to employ methods never before attempted.

- Francis Bacon -

머리말

학창시절 영어를 처음 배울 때 '영어는 쉽게 들어가 어렵게 나온다'는 말을 선생님으로부터 자주 들었다. 그 당시에는 무슨 뜻인지 전혀 감이 없었다. 학년이 올라갈수록 '왜 영어에는 같은 뜻의 단어와 표현이 이렇게 많을까?' 하는 의문이 점점 커져갔다. 고교와 대학에서 독어와 불어를 차례로 제2 외국어로 배우면서 영어와 비교해 보아도, 영어만 유독 타 외국어에 비해 단어와 동의어가 많다는 걸 절감할 수 있었다.

학생들을 가르치면서, 그들이 얼마나 많은 시간을 영어에 투자하면서 얼마나 힘든 고통을 겪는지 현장에서 확인할 수 있었고 그 아픔이 절절히 가슴에 와 닿았다. 이는 내 자식들의 성장기를 돌이켜봐도 마찬가지 현실이었다. 특히 출발점인 영어 단어부터 갈수록 점점 많아지고 어려워지고 끝이 안 보인다고 하소연해 왔다.
영어를 가르치면서 조사를 해보니, 독어, 불어는 전체 어휘수가 16만 정도인데 영어는 50만이 넘는 방대한 분량의, 마치 산맥이나 바다와 같은 언어로 다가 왔다. 그래서 '영어에만 동의어 사전(Thesaurus)이 있구나!' 하는 탄식이 절로 나왔다.

이 땅의 젊은이들이 영어에서 겪는 고통을 좀 덜어줄 수 없을까? 이런 문제의식을 안고 끙끙대면서 오랜 세월 고민해 왔다. 그러다가 우선 영어 어휘책부터 기존의 것과 차별화되게 한번 제대로 써보자는 마음이 서서히 달아올랐다. 영어를 포기한 학생조차 다시 도전해보고 싶은 맘이 생기는, 쉽고 재미있고 알찬 책을 써보자고 결심하기에 이르렀다.

이 책을 집필하면서 내 나름의 중심원칙은 **영어단어 습득은 무조건 암기보다 이해가 우선**이다. 그리고 영어를 **포기한 학생조차 다시 동기부여 받아 도전해 볼 수 있는 쉬운 책**이다.

책의 서술은 어원을 중심으로 출제빈도가 높은 단어를 표제어로 하여 여러 단어를 파생시킨 어근(root)과 접두사(prefix)를 중심축으로 했다. 접미사(suffix)는 중, 고교 영어학습을 통해 어느 정도 감이 형성되었다고 판단해서 생략했다.

영어는 어원 추적이 가능한 라틴어, 불어, 그리스어 등에서 온 어휘가 80% 정도이고, 어원 추적이 어려운 앵글로색슨 계통의 순수영어에서 온 어휘가 15% 정도이다. 순수영어는 일상어인 구어로 전승되어 어원 추적이 현실적으로 거의 불가능하다. 어원중심 학습은 한 어근과 그것에서 분출된 여러 단어를 한꺼번에 습득할 수 있고 암기효과도 매우 뛰어나다. 또한 어려운 지문 속에 낯선 단어를 만나도 그 뜻을 유추할 수 있는 능력이 생긴다.

이 책은 어원의 무조건 암기보다 되도록 그 어원의 문화적, 역사적 배경을 서술하여 쉽게 이해되고 오래 기억할 수 있게 했다. 동일한 뜻을 가지며 많은 어휘를 만든 몇몇 핵심 어원들은 한 Part를 할애하여 뜻의 미묘한 차이와 용도에 대해 설명했다. 그리고 어원이 본래의 뜻에서 멀어진 경우는 의미 진화(sense evolution)에 따른 변화와 현재의 의미에 대해 설명했다. 또한 책의 차례도 알파벳 순서가 아닌 어원의 뜻과 어원에서 나온 단어를 활용하여 기억하기 쉬운 한 줄 문장을 스토리식으로 쭉 전개해 나갔다.

어원으로 커버되지 않는 순수영어나 기타 어휘는 14개의 특강을 스토리식으로 구성하여 촘촘히 보완했다. 각 특강들은 언어학, 역사학, 문학 또는 인지과학을 활용하여 단어의 공통점(발음, 철자, 토픽, 신화 등)을 중심으로 grouping하여, 짧은 시간에 많은 단어를 학습하고 오래 기억할 수 있게 고안했다. 지금까지 나온 시중의 어떠한 어학교재에도 이 책의 특강과 같은 기획과 시도를 발견할 수 없어서 저자는 집필하는 내내 안타까운 생각을 금할 수 없었다.

이 책의 집필을 구상하고 출판하기까지 어언 5년이 넘는 세월이 흘렀다. 어학 전공자가 아닌 필자가 맨 땅에 헤딩하기 식으로 무모하게 도전하다 보니 집필과정이 너무 힘들어 중간에 여러 번 포기하고 싶은 마음도 생겼다. 특히 **특강 하나하나는 많은 책과 자료를 보고 사색하고 연구해야 겨우 도출되는 고통의 결과물**이었다.

이 책의 출판을 흔쾌히 수락해 주시고 기획, 편집에서부터 완성단계에 이르기까지 온갖 정성을 다해주신 성진미디어의 채희선 사장님께 깊이 감사드린다. 또한 이 책이 햇빛을 볼 수 있도록 인도해주고 도와준 경희대 경영학과의 이상규 교수에게 고마움을 전하고 싶다.

사람마다 걸음걸이가 다르고 꽃 피우는 시기가 다르다고 믿는다. 나의 분신 같은 이 책이 세상으로 나가 부디 이 땅의 젊은이들이 영어에서 겪는 고통과 노고를 덜어줄 수 있다면, 그리하여 제 시간에 꽃 피우게 할 수 있다면 더 이상의 바람이 없겠다. 그것이 필자가 이 책을 쓴 이유이며 간절한 소망이다. 끝으로 이 책의 개선을 위해 독자들의 건설적 논평과 의견을 부탁드린다.

겨울의 끝자락 쯤에, 동천동 서재에서

최용일 (vivachoi88@daum.net)

Contents

Contents

Contents

Contents

Contents

Part 1

자연 속에서, 자연과 더불어

Don't judge each day by the harvest you reap, but by the seeds you plant.

-Robert L. Stevenson

당신이 무엇을 수확했는가에 따라 하루하루를 평가하지 말고,

어떤 씨앗을 심었는가에 따라 하루하루를 평가하라.

Unit 1. 세 종족(tribe)이 땅(geo/terr)의 흙(hum)을 경작해서(cult) 살다.

이 세상은 세 종족으로 시작… **tribe** [L] : race 종족, 부족 / **tribute** : 종족 간의 할당[분담]액

유럽 신화에서는 원래 이 세상은 3종족으로 출발했다. 아마 그 세 종족이 흑·백·황 인종인지 모르겠다.

tribe

tri(=three)+be(=exist)
: 셋이 존재하다 즉, 세 종족

n.종족(race), 부족

In some areas of the world there still remain savage **tribes** living far away from civilization.
세계 일부 지역에는 문명과 동떨어져 사는 미개 종족이 아직 남아있다.

tribute

세 종족 간의 할당액, 분담액

n.1.공물, 조공 2.헌사, 찬사 3.감사[존경]의 표시, 경의(homage)

tributary ⓝ1.(강의) 지류, 지맥 2.(공물을 바치는) 속국, 공납자
ⓐ1.지류의 2.종속하는, 공물을 바치는

We could not help paying **tribute** to the journalist's persistent pursuit of truth.
우리는 그 기자의 끈질긴 진실 추구에 경의를 표하지 않을 수 없었다.

Austria became a **tributary** state of Germany at one time.
오스트리아는 한때 독일의 속국이 되었다.

attribute

[ətríbju:t]

at(=ad:to)*+tribute(=allot)
: ~에게 할당하다
*접두사 ad(=to: ~에게, ~쪽으로)가 뒤에 위치한 자음 t에 동화되어 at로 변했다. Unit.58 참조 바람.

vt.~의 탓[덕분]으로 돌리다(ascribe) n.[ǽtrəbjù:t] 속성(property), 특성(feature), 자질 공9

He **attributed** his success to his wife's full support.
그는 성공을 아내의 아낌없는 지원 덕분으로 돌렸다.

*attribute (=ascribe) A to B: A를 B의 탓[덕분]으로 돌리다

The weak can never forgive. Forgiveness is the **attribute** of the strong. - M. Gandhi
약자는 결코 타인을 용서하지 못한다. 용서는 강자의 속성이다.

contribute

con(=together)+tribute(=allot)
: 함께 분담하다

vi.1. 기여[공헌]하다 2.기고[투고]하다 vt.1.기부[기증]하다, 바치다 2.기고하다 편입

contribution ⓝ1.공헌, 기여 2.기부(금), 기증(품) 3.기고 공9

Old school friends proudly **contributed** much money to the school event.
동창들이 학교행사에 자랑스럽게 많은 돈을 기부했다.

I **contribute** my writings to the magazine.
나는 그 잡지에 내 글을 기고한다.

distribute

dis(=apart)+tribute(=allot)
: 따로따로 나누다

vt.1.분배[배분]하다(hand out) 2.살포하다, 뿌리다(scatter) 3.배달하다, 유통시키다
vi.분배하다, 살포하다 토익, 편입

distribution ⓝ1.분배, 배급 2.분포, 배열 3.유통 경찰

The venture firm has a plan to **distribute** stock options to all employees.
그 벤처회사는 주식매입 선택권을 모든 종업원에게 분배할 계획이다.

People rushed in crowds and demanded fairer **distribution** of food.
사람들이 몰려와서 좀 더 공정한 식량의 분배를 요구했다.

retribution
re(=back)+tribute+ion(명접) : 되갚아 주는 것

n.보복, 응징, 징벌 SAT

retributive ⓐ보복의, 인과응보의

The student didn't want any further comment for fear of **retribution** from seniors.
학생은 선배들의 보복이 두려워 더 이상 언급하길 원치 않았다.

geo [Gk] / terr [L] : 1. land 땅 2. earth 땅, 지구

그리스신화에서 땅의 여신은 Gaia, 이에 해당하는 로마신화의 여신은 Terra다. 여기에서 땅을 의미하는 어근 geo와 terr가 나왔다.

geometry
geo(=land)+metr(=measure)+y(명접) : 땅을 측정하는 것*

n.기하학

Even an ordinary schoolboy is now familiar with **geometry** equations for which Archimedes would have sacrificed his life.
요즘은 평범한 학생조차, 아르키메데스가 평생을 희생해서 발견한 기하학의 식에 익숙해 있다.

* 이집트에서는 나일강의 범람으로 땅이 유실되기 때문에, 땅의 정확한 측량을 위해 발달한 학문이 기하학이다.

geography
geo(=earth)+graph(=write)+y(명접) : 지구에 대해 쓴 것

n.1.지리학 2.지리, 지형

geographic ⓐ지리학(상)의, 지리적인

geographer ⓝ지리학자

He majored in **geography** at college, but now works as a musician.
그는 대학에서 지리학을 전공했지만 지금은 음악가로 일한다.

geology
geo(=earth)+logy(=study) : 땅에 대한 학문

n.1.지질학 2.지질, 지질학적 특징

geologist ⓝ지질학자

We took a field trip to Death Valley for **geology** study.
우리는 지질학 연구를 위해 데스 밸리로 현장조사 여행을 갔다.

geophysics
geo(=earth)+physics(물리학)

n.지구 물리학 SAT

She joind NASA, after majoring in **geophysics** at Havard graduate school.
그녀는 하버드 대학원에서 지구물리학을 전공한 후 NASA에 입사했다.

territory
terri(=land)+tory(명접)

n.1.영토, 지방, 지역 2.영역, 분야

territorial ⓐ영토의, 관할구역의

We were taught through history class that Dokdo is our own **territory**, not Japan's.
우리는 역사시간에 독도는 일본 땅이 아닌 우리 자신의 땅이라고 배웠다.

Some scientists explore virgin **territory** in physics.
몇몇 과학자들이 물리학에서 미지의 영역을 개척하고 있다.

terrestrial
[təréstriəl]
terre(=land)+st(=stand)+rial(형접) : 땅에 서 있는

a.1.지구(상)의, 육지의 2.현세[속세]의 (secular) 법원9
The gills of fishes function almost like the lungs of **terrestrial** animals.
어류의 아가미는 육상동물의 폐와 거의 같은 기능을 한다.

subterranean
[sʌbtəréiniən]
sub(=under)+terra(=land)+(n)ean(형접)

a.지하의, 숨은, 비밀의 SAT
Our unconscious is like a vast **subterranean** factory where work goes on day and night from birth to death. - Milton Sapirstein, *Paradoxes of Everyday Life*
우리의 무의식은 출생부터 죽음의 순간까지 밤낮으로 돌아가는 거대한 지하공장과 같다.

Mediterranean
Medi(=middle)+terra(=land)+(n)ean(형접) : 육지의 중간에 있는

n.a.지중해(의)
We traveled the beautiful islands in the **Mediterranean**.
우리는 지중해의 아름다운 섬을 여행했다.

terrain
[təréin]
terra(=land)+in(어미)

n.지형, 지세, 지역
This **terrain** is too steep to construct a ski resort.
이곳 지형은 스키장을 만들기에는 너무 가파르다.

terrace [F]
[térəs]

n.테라스, 대지
The visitors ate lunch on the **terrace**.
방문객들은 테라스에서 점심을 먹었다.

흙을 이용해서 겸손하게 살아라. **hum** [L] : 1. earth 흙, 땅 2. soil 흙

서양문화의 2대 근간은 기독교문화와 그리스·로마문화다. 성서에는, 하나님이 흙으로 형상을 빚어 숨결을 코에 불어넣어 인간을 만들었다고 되어있다. 그리스신화는 프로메테우스 (Prometheus)가 강물에 흙을 반죽해 사람을 만들었다고 한다. 이 부분은 두 문화가 서로 통한다. 즉 흙에서 나와 흙으로 돌아간다. 흙을 뜻하는 라틴어 humus에서 여러 단어가 유래되었다.

human
hum(=earth)+an(형접) : 흙의, 흙에서 난

a.인간의, 사람의, 인간다운 n.인간, 사람

humanity ⓝ1.인류, 인간, 인간성 2.인류애, 자비
A **human** being is the measure of all things. - Protagoras, attributed
인간은 만물의 척도다.
We declare suicide bombing a crime against **humanity**.
우리는 자살폭탄 테러가 인간성에 반하는 범죄임을 선언한다.

humble
hum(=earth)+ble(형접) : 땅에 가까운, 낮은

a.1.겸손[허]한(modest) 2.비천한, 초라한(shabby)
vt.겸허하게 하다, ~을 낮추다 ~ oneself 겸손한 태도를 취하다
He came from a **humble** background but clawed his way to the top in business circles.
그는 출신이 보잘 것 없지만, 악착같이 해서 재계의 정상에 올랐다.
Though he is the most consistent player in our team, he always **humbles** himself.
그는 우리 팀에서 가장 한결같은 선수지만 언제나 겸손하다.

humility
hum(=earth)+
ile(=fit)+ity(명접)
: 땅에 적합함

n.겸손(modesty), 비하 ⓑ arrogance 공9

I think you should learn **humility** first because situations can change so fast in life.
사람의 처지는 인생에서 아주 빨리 변하기 때문에 내 생각으론 넌 먼저 겸손부터 배워야겠다.

humiliate
hum(=earth)+
ile(=fit)+ate(동접)

vt.창피를 주다(shame), 모욕하다(insult), 자존심 상하게 하다 토플, 공9

humiliation ⓝ창피, 굴욕

The team leader was so upset that he **humiliated** a staff member in front of co-workers.
팀장은 너무 화가 나서 동료들 앞에서 한 직원에게 창피를 주었다.

humane
[hjuːméin]
hum(=man)+ane(=like)
: 인간다운

a.자비로운, 인정있는, 인도적인

All prisoners of war have the right to **humane** treatment.
모든 전쟁포로들은 인도적인 대우를 받을 권리가 있다.

humid
hum(=earth)+id(=come)
: 땅에서 나오는

a.습기있는, 눅눅한 ⓑ dry, arid

humidity ⓝ습기, 습도

As it was **humid** and sticky, we felt annoyed very soon.
날씨가 습하고 끈적거려서 우리는 곧 짜증이 났다.

exhume
ex(=out)+
hume(=earth)
: 땅 바깥으로 파내다

vt.발굴하다, 파내다 ⓑ inhume(=bury)

The research group is going to **exhume** the old graves.
조사단이 곧 오래된 무덤들을 발굴할 것이다.

posthumous
post(=after)+hum
(=earth)+ous(형접)
: 땅에 묻힌 뒤

a.사후의, 죽은 뒤의, 유복자의 공7, SAT

The soldier was given a **posthumous** award and special promotion.
그 군인에게 사후에 보상과 특진이 주어졌다.

cult, colon [L] : 1. cultivate 경작하다 2. dwell 정착하다

colon은 '경작하다'는 뜻의 라틴어 동사(colere)의 어근에서, cult는 이 동사의 과거분사(past participle)형에서 왔다. 마음도 밭을 갈듯이 경작하고 가꾸어야 풍성해지며, 그게 시간이 지나면 문화가 된다. 그리고 이 '경작'이 애초에는 땅의 농산물을 대상으로 했지만, 근대에는 바다 해산물의 '양식', 현대에는 적정 환경에서 세균이나 미생물의 '배양'으로 그 의미가 진화되었다. 또한 정주하던 땅에서 인구ㅅㅁ가 늘어나면 외지로 나가 식민할 땅을 경작·개척했다.

cult
경작, 숭배의 뜻

n.1.컬트, 숭배자집단, 이교 2.숭배, 예찬, 추종

Physical fitness has become a **cult** to her.
몸매 가꾸기가 그녀의 숭배 대상이 되었다.

cultivate

cult+ive(형접)+ate(동접)
: 경작하다

vt.1.경작[재배]하다 2.양식[배양]하다 3.구축하다, 양성[계발]하다

cultivation ⓝ1.경작, 재배, 배양 2.양성, 수련

He **cultivated** a wild land to the inch to grow some vegetables.
그는 채소를 재배하기 위해 거친 땅을 한 치도 남김없이 경작했다.

We **cultivated** stem cells from embryos created during external fertilization.
우리는 체외수정으로 만들어진 배아로부터 줄기세포를 배양했다.

The politician has wrestled with the pending issue to **cultivate** good relations with local residents.
그 정치인은 지역주민과의 유대를 구축하기 위해 미해결 현안과 힘겹게 씨름했다.

culture

cult(=cultivate)+ure(명접)
: 마음의 경작

n.1.문화, 교양, 사고방식 2.재배, 양식 3.〈생물〉배양, 배양조직

cultural ⓐ1.문화의, 교양의 2.재배의, 배양의

multicultural ⓐ다문화의

Our boss grasped that we should change organization **culture** to improve efficiency.
사장님은 업무 효율을 높이기 위해서는 조직문화를 바꿔야한다고 파악했다.

As a social worker she was trained to help **multicultural** families learn Korean **culture**.
그녀는 사회복지사로서 다문화 가정들이 한국 문화에 대해 배우는 걸 도와줄 수 있도록 훈련받았다.

agriculture

agri(=field)+culture
: 들판을 경작하는 것

n.농업, 농사

agricultural ⓐ농업의, 농사의

The small village has commenced tourism **agriculture** to raise its income.
그 작은 마을은 소득증대를 위해 관광농업에 착수했다.

colony

colon(=dwell)+y(명접)
: 경작할 땅에 정착함

n.1.식민지, 이민(단) 2.집단, 군체

colonial ⓐ식민지의

colonist ⓝ식민지 주민, 해외 이주민

colonize ⓥ식민지화하다, 이주시키다, 이식하다 편입

colonization ⓝ식민지화[건설]

England used to have many **colonies** on the earth.
영국은 한때 지구상에 많은 식민지를 가졌었다.

In the future, is it possible for humans to **colonize** the moon?
미래에는 인간이 달을 식민지화하는 것이 가능할까?

Unit 2. 강(river)을 두고 다투고, 들판(camp)에서 싸우고, 별(astro)을 보고 점치다.

강(river)을 두고 서로 다투다니. **rive** [L] : river 강, 큰 흐름

rival
rive(강)+al(명접)
: 강을 두고 다투는 사람

n.경쟁자, 적수, 라이벌 vt.겨루다, 경쟁하다, 필적하다 a.경쟁하는, 서로 겨루는 토익

rivalry ⓝ경쟁(관계), 적대, 필적

The professor ia a quantum physicist without **rival**.
그 교수는 경쟁상대가 없는 양자 물리학자다.

Oxford and Cambridge have a historic **rivalry** dating back more than 800 years.
Oxford와 Cambridge는 800년 이상 거슬러 올라가는 역사적인 경쟁관계를 유지했다.

arrive
ar*(=ad:to)+rive(강)
: 강에 닿다

vi.도착하다, 도달하다 반 depart

arrival ⓝ도착, 도래

I **arrived** late for the meeting due to morning traffic jam.
아침 교통체증으로 나는 회의에 늦게 도착했다.

*접두사 ad(=to)가 발음의 편의를 위해 다음에 오는 r에 동화되어 ar로 되었다.

derive
de(=down)+rive
: 큰 흐름을 따라 아래로

vt.1.끌어내다, 유래하다, 얻다 2.추론[추리]하다, 각색하다 3.유도하다
vi.(~ from) 유래[파생]하다, 나오다

derived ⓐ파생된 ~ word 파생어

derivative ⓐ끌어낸, 파생적인 ⓝ파생물, 파생상품 토익, 공9

derivation ⓝ끌어냄, 유도, 파생

She **derives** great pleasure from playing the piano.
그녀는 피아노 연주에서 큰 기쁨을 얻는다.

Almost half of English words **derive** from Latin.
영어 단어의 거의 절반이 라틴어에서 유래한다.

Much of the company's loss came from **derivative** deals.
회사 손실의 많은 부분이 파생상품 거래에서 발생했다.

strive
st(=stand)+rive
: 강에 서서 일하다

vi.1.노력하다, 분투하다 2.싸우다, 겨루다(grapple) 토익, 편입

strife ⓝ갈등, 불화, 투쟁

The small start-up company **strives** constantly to satisfy its guests.
그 조그만 신생기업은 고객 만족을 위해 끊임없이 분투하고 있다.

As long as man **strives**, he is bound to err.* - Johann Goethe, *Faust*
인간은 노력하는 한, 헤매기 마련이다.

*err[əːr]: vi.잘못하다, 헤매다, 틀리다

thrive
thru(=through)+rive
: 강을 통하여 두루

vi.번영[번창]하다(prosper, flourish), 잘 자라다, 무성해지다 공7, 편입

thrift ⓝ1.절약,검소 2.성장,번성

thrifty ⓐ1.검소한,절약하는(frugal) 2.(식물 등이) 번성하는,무성한 편입

The company managed to **thrive** in IT industry during a recession.
경기 침체기에도 그 회사는 IT(정보기술)분야에서 용케 번창했다.

My mother is accustomed to a **thrifty** way of living.
어머니는 검소한 생활방식이 몸에 베었다.

contrive
contr(=opposite)+rive
: 큰 흐름을 거슬러

vt.1.고안하다(devise), 연구하다 2.용케~하다(manage) 3.획책하다, 꾸미다
vi.궁리[변통]하다, 고안[획책]하다 국회8, SAT

He had to **contrive** a way to persuade his wife.
그는 어떻게든 아내를 설득할 방법을 찾아야 했다.

camp [L] / champ [F] : field 들판

camp
'군인들이 야영하는 들판'에서 유래

n.1.야영지, 캠프장 2.야영 천막[설비], 수용소 3.(특별 활동하는) 캠프 4.(이상·주의가 같은) 진영, 그룹, 입장 vi.야영[캠프]하다, 천막을 치다 vt.야영[캠프]시키다

He met a nice girlfriend at summer **camp**. 그는 여름 캠프에서 멋진 여자친구를 만났다.

Though he and I are old friends, we are in different **camps**.
그와 나는 오랜 친구지만 소속 진영이 서로 다르다.

My family **camps** in the forest park every summer.
우리 가족은 매 여름마다 산림공원에서 야영한다.

campus
'들판'이란 뜻에서

n.(대학)교정, 캠퍼스, 구내

He worked his way through college, especially doing part time jobs on **campus**.
그는 특히 교내에서 파트타임 일을 하면서 고학으로 대학을 졸업했다.

campaign
'들판에서 펼치는 군사행동'에서

n.1.(특별한 목적을 위한) 조직적 활동, 캠페인 2.선거 운동, 유세 3.군사행동, 작전
vi.운동[캠페인]을 벌이다, 운동을 하다 토익

The aim of our **campaign** is to protect endangered animals.
우리 캠페인의 목적은 멸종위기 동물을 보호하는 것입니다.

champion
'들판에서 싸우는 용맹한 전사'에서

n.1.챔피언, 우승자, 선수권 보유자 2.전사, 투사, 대변[옹호]자
vt.~을 위해 싸우다, 옹호[지지]하다

championship ⓝ1.선수권, 우승, 우승자의 지위 2.선수권 대회, 결승[챔피언]전

My dream is to become a world tennis **champion**.
내 꿈은 테니스 세계챔피언이 되는 것이다.

Our team narrowly won the victory after a tough fight at the last **championship**.
우리 팀은 지난 결승전에서 악전고투 끝에 간신히 승리했다.

champagne
[ʃæmpéin]

n.a.샴페인(의)

I think it's too early to pop the **champagne**. We still have many hurdles to cross. 토익
샴페인을 터뜨리기엔 너무 이르다고 생각해. 아직 넘어야할 난관이 많아.

Tip

프랑스 상파뉴 지방에서 생산되는 대표적인 sparkling wine (마개를 딸 때 거품이 분출되는 와인)이 샴페인이다. 상파뉴는 '트인 들판(open field)'이란 뜻으로 지역이름이 상품명이 되었으나 상파뉴 대신 영어식 발음 샴페인으로 굳어져 전 세계에 퍼졌다. 즉 고유명사가 영어식 발음으로 일반명사화된 것이 샴페인이다.

별은 star라 하면 되지 생뚱맞게 astro는 또 뭐야? **astro, aster** [Gk] : star 별

그리스어로 별자리를 뜻하는 Asteria에서 유래되었다. 보통사람은 밤하늘의 별을 보고 star라 했지만, 먹물먹은 옛날 사람들은 전문용어를 쓴답시고 astro라는 그리스어를 차용해 앞뒤에 글자를 갖다 붙여 썼다. 지금도 star대신 쓴다. 미국 텍사스주 Houston의 Major League팀 이름이 Houston Astros다.

astrology
astro(=star)+logy(=study)
: 별 연구로 미래를 예측하는 일

n.점성술

Our ancestors made various efforts to predict the future through **astrology**.
우리 조상들은 점성술로 미래를 예측해 보려고 여러 노력을 기울였다.

astronomy
astro(=star)+
nomy(=rule, law)
: 별의 법칙을 연구함

n.천문학

astronomer ⓝ천문학자

Copernicus laid the foundation for modern **astronomy** through a revolutionary doctrine.
코페르니쿠스는 혁명적 학설로 현대 천문학의 기초를 놓았다.

astronaut
[ǽstrənɔ̀ːt]
astro(=star)+naut(=sailor)
: 별을 항해하는 사람

n.우주비행사

The first **astronauts**, both from the US and Russia, were fighter pilots.
미국이나 러시아 모두 최초의 우주비행사들은 전투기 조종사였다.

disaster
[dizǽstər]
dis(=away)+aster(=star)
: 별에서 멀리 떨어짐

n.1.재난, 참사(catastrophe) 2.큰 불행, 재앙

disastrous ⓐ재난의, 비참한, 피해 막심한

When a person meets a **disaster** on the road, a man looks in his purse but a woman looks in her mirror.
여행 중에 큰 불행과 마주치면, 남자는 지갑을 들여다 보지만 여자는 거울을 들여다 본다.

I believe it would be **disastrous** to stop the investment now.
나는 지금 그 투자를 멈추는 것은 치명적인 일이 될거라고 믿는다.

asterisk
aster+isk(=small)

n.별표(*), 2차적인 것 vt.별표를 달다

An **asterisk** is used to mark something important or interesting.
별표는 뭔가 중요하거나 재미있는 것을 표시하는데 사용된다.

asteroid
aster+oid(=like)
: 별같이 생긴 것

n.소행성, 불가사리 SAT, 공9

Some scientists insist that **asteroid** impact exterminated dinosaurs on the earth.
어떤 과학자들은 소행성의 충돌이 지구 상에서 공룡을 멸종시켰다고 주장한다.

Unit 3. 원천에서 솟아난(surg) 물은 물결치며(und) 흘러(flu) 모든 생명(bio/anim)에 닿는다(tact).

surg [L] : 1. spring up 솟아오르다 2. rise 일어서다 ◆변형 : sour, surrect

sour와 surrect는 라틴어 동사의 p.p형에서 유래되었다.

surge

솟아오르다(=spring up)

vi.1.(군중, 감정 등)쇄도하다, 밀려오다, 들끓다 2.급등[급증]하다(soar)

㉥ plunge, plummet 추락[급락]하다 3.끓어 오르다, 격동하다

n.1.쇄도, 돌진, 격동 2.급등, 앙등 토플

Angry hooligans **surged** into the ground.
노한 훌리건들이 운동장으로 몰려왔다.

Semiconductor companies reported a massive **surge** in earnings.
반도체 회사들은 수익 면에서 엄청난 급증을 발표했다.

When the rookie player hit a grand slam to win a losing game, he felt a **surge** of excitement.
역전 만루홈런을 쳤을 때 그 신인선수는 온몸에 격한 흥분이 감싸는 것을 느꼈다.

insurgent

in(intensive, 강조)+surg(=rise)+ent(형접)
: 격하게 일어서는

a.반란[폭동]을 일으킨, 모반한 n.반란자, 폭도 토플, 편입

insurrection ⓝ폭동, 반란(rebellion, revolt)

The new leader vowed to destroy the left wing **insurgents**.
새로운 집권자는 좌익 반란군을 진압하겠다고 단언했다.

A civil **insurrection** brought an anarchy to the country.
시민폭동으로 그 나라는 무정부상태가 되었다.

source

sour(=spring up)+ce(어미)
: 솟아나오는 곳

n.1.원천, 근원(origin) 2.출처, 근거 3.정보원, 소식통

He has another **source** of income apart from his salary.
그는 월급 이외에 다른 소득원을 가지고 있다.

resource

re(=again)+source
: 다시 솟아나오는 것

n.(보통pl.)1.자원, 공급원, 물자 2.수단, 방편, 자료 토익

Our country is poor in natural **resources**.
우리나라는 천연자원이 빈약하다.

The venture firm channeled its human **resources** towards looking for new niches.
그 벤처기업은 새로운 틈새시장을 찾는 쪽으로 인적자원을 돌렸다.

The school has many **resources** available to the teachers.
그 학교는 선생님들이 이용할 수 있는 많은 자료를 가지고 있다.

resurrect

[rèzərékt]

re(=again)+surrect(=rise)
: 다시 일어섬

vt.소생[부활, 부흥]시키다 vi.소생하다, 부활하다

resurrection ⓝ부활, 재생, 회복(resurgence)

After a hard rehabilitation, the star player **resurrected** his career by becoming a closing pitcher. 힘든 재활을 거친 후, 그 스타선수는 마무리 투수로서 자신의 경력을 되살렸다.

We wish in earnest the **resurrection** of his hopes.
우리는 그가 희망을 되살리길 진심으로 바란다.

und, ound [L] : wave* 물결(치다)

*w로 시작되는 말에는 다음과 같이 물(water)과 관련이 깊은 단어들이 제법 있다.

wet 젖은	well 우물, 샘	wave 물결	wash 씻다
wipe 물을 닦다	wither 시들다 토플, 편입	weep 눈물을 흘리다 편입	

abound

ab(=off)+ound(=wave)
: 물결쳐 넘치다

vi.(~ in, with) 많이 있다, 가득하다, 풍부[충만]하다

abundant ⓐ풍부[풍족]한(plentiful, rich), 많은 공9 ⓑ scarce 부족한

abundance ⓝ1.풍부, 과다, 여분 ⓑ scarcity 2.다량, 다수

This lake **abounds** in[with] fish.
=Fish **abound** in this lake.
=Fish are **abundant** in this lake.
이 호수에는 물고기가 풍부하다.

The athlete seems to be blessed with talent and strength in **abundance**.
그 운동선수는 풍부한 재능과 체력을 운 좋게 타고난 것 같다.

surround

surr(=super:over)+
ound(=rise in waves)
: 넘쳐 흐르다 → 에워싸다

vt.둘러[에워]싸다(enclose, encircle), 포위하다 토익

surrounding ⓐ주위[주변]의 ⓝ(항상pl.)환경(environment)

As a politician, he tries to **surround** himself with people he can trust.
정치가로서, 그는 믿을 수 있는 사람을 주변에 두려고 애쓴다.

Surrounded by strangers at the café, he could concentrate on his studies.
까페에는 그의 주변에 낯선 사람만 있었기 때문에 공부에 집중할 수 있었다.

redundant

[ridʌndənt]

re(d)(=again)+
und(=waves)+ant(형접)
: 다시 물결쳐 흐르는

a.1.여분의, 과잉의(superfluous), 장황한 2.쓸모없는, 불필요한 3.정리해고[실직] 당한 공7

redundancy ⓝ1.과잉, 장황함, 쓸데없는 반복 2.정리해고, 감원조치 토익

In that context, the last sentence is **redundant**.
그 문맥 속에서는 마지막 문장은 불필요하다

Last month my father was made **redundant** from his job.
아버지는 지난 달에 직장에서 정리해고 당했다.

Many employees now face compulsory **redundancy** due to major restructuring.
지금 많은 종업원들이 대규모 구조조정으로 강제적인 정리해고에 직면해 있다.

inundate

[ínəndèit]

in(=into)+und(=wave)+
ate(동접)
: 안으로 흘러 넘치다

vt.1.범람하다, 침수시키다 2.~에 쇄도하다, 넘치게하다, 뜸뿍 주다 공7, SAT

The flood completely **inundated** the small town.
홍수로 조그만 마을이 완전히 침수되었다.

The broadcasting company was **inundated** by protest calls.
방송사에 항의전화가 빗발쳤다.

flu, fluct [L] : 1. flow 흐르다 2. wave 물결치다

fluct는 flu의 p·p형 어근이다.

fluctuate
[flʌktʃuèit]

fluct(=wave)+(u)ate((동접)
: 물결치며 요동하다

vi.변동[등락]을 거듭하다, 요동치다, 오르내리다 vt.~을 동요시키다 토익, 편입

fluctuation ⓝ변동, 동요, 파동, (pl.)흥망성쇠

Her feelings **fluctuated** between excitement and fear.
그녀의 감정은 흥분과 공포 사이를 오르내렸다.

fluid
flu(=flow)+id(어미)
: 흐르는 상태

a.유동적인, 잘 변하는 n.액체(liquid), 유체

My holiday schedule is still **fluid**.
나의 휴가 일정은 아직 유동적이다.

flux
flu(=flow)+x(어미)
: 흐르는 것

n.흐름, 유동, 끊임없는 변화

influx ⓝ유입, 쇄도, 밀어닥침

The situation is in a state of **flux**.
상황은 유동적이다.

The increase in population is due to the **influx** of refugees.
인구증가는 난민의 유입 때문이다.

fluent
flu(=flow)+ent(형접)
: 흐르는 듯한

a.유창한, 능변의, 거침없는

fluency ⓝ유창함, 능변, 거침없음

Your English is **fluent**.=You speak **fluent** English.
당신의 영어는 유창하다.

Fluency in Chinese is required for the job.
그 일에는 유창한 중국어 실력이 요구된다.

affluent
af(=ad:to)+flu(=flow)+ent(형접)
: ~을 향해 넘쳐 흐르는

a.풍부한(abundant), 풍요로운, 부유한(opulent)

affluence ⓝ풍요, 부유, 쇄도 법원9

This rule will be harder as society becomes more **affluent**.
이 규칙은 사회가 풍요해질수록 더 엄격해질 것이다.

influence
in(=into)+flu(=flow)+ence(명접)
: 안으로 흘러들어 영향을 미침

n.영향(력), 세력, 위력 vt.영향을 끼치다, 감화를 주다

influential ⓐ영향력[세력]있는, 유력한 ⓝ거물 토익

His father used **influence** to get him a job.
그의 아버지는 그가 일자리를 얻도록 영향력을 행사했다.

The young lawmaker became an **influential** contender for the party leadership.
그 젊은 국회의원이 당대표직을 노리는 유력한 도전자가 되었다.

influenza [It]
: 몸 안으로 침투한 것

n.독감, 유행성감기 축약형: flu

Influenza is spreading rapidly throughout the whole country.
독감이 빠르게 전국으로 퍼지고 있다.

bio [Gk] : life 생명, 생물, 일생

르네상스 이후 영어에 그리스 어휘가 많이 유입되었는데, 특히 근대과학 여명기부터 전문적, 학술적 분야에 그리스 어휘가 압도적으로 많이 차용되었다.

biography
bio(=life)+graph(write)+y(명접) : 일생에 대해 씀

n.전기, 일대기

biographic ⓐ전기의, 전기상의, 전기체의

biographer ⓝ전기 작가

autobiography ⓝ자서전 편입

He wrote a well balanced **biography** about Kennedy.
그는 케네디에 대해 균형 잡힌 전기를 썼다.

Winston Churchill received the Nobel Prize in Literature for his mastery of **biographic** description.
윈스턴 처칠은 전기적 서술의 탁월함으로 노벨 문학상을 수상했다.

biology
bio(=life)+logy(study) : 생물에 관한 학문

n.생물학

biologic, -cal ⓐ생물학의, 생물체의

biologist ⓝ생물학자

She received a Ph.D. degree in cell **biology** from Harvard University.
그녀는 하버드대학에서 세포생물학으로 박사학위를 받았다.

biometrics
bio(=life)+metr(=measure)+ics(기술) : 생체를 인식하는 기술

n.생체인식, 생물측정(학)

biochemistry: bio(=life)+chemistry(화학): 생명분야의 화학 ⓝ생화학

biorhythm: bio+rhythm ⓝ생체리듬

Iris recognition is one of the newest **biometrics**.
홍채 인식은 가장 최신의 생체인식 기술 중 하나다.

biodegrade
bio(=life)+degrade(=resolve) : 생물을 분해함

vi.생[자연]분해되다 vt.생물 분해하다 토플

biodegradable ⓐ자연[생] 분해되는

Plastic foam, commonly referred to as styrofoam, is impossible to recycle or **biodegrade**.
보통 스티로폼이라고 불리는 플라스틱 폼은 재활용이나 자연분해가 불가능하다.

The farmer has made natural fertilizers by using **biodegradable** materials.
농부는 자연분해 물질을 이용하여 천연비료를 만들어 왔다.

symbiosis
sym(=with)+bio(=life)+sis(과정) : 함께 살아가는 것

n.공생(관계) SAT, 편입 ㉥ parasitism 기생

Symbiosis means close and long-term interaction between two different biological species.
공생은 다른 두 생물 종 간의 가깝고도 오랜 상호작용을 의미한다.

When we breathe out carbon dioxide, the plants take it and give us back oxygen. This shows how animals and plants live together in **symbiosis**.
우리가 호흡으로 이산화탄소를 배출할 때 식물은 그것을 흡수하고 산소를 되돌려준다. 이것은 동물과 식물이 공생관계에서 어떻게 함께 살아가는지 잘 보여준다.

anim [L] : 1. life 생명 2. breath 숨결 3. mind 마음, 정신

animal
anim(=life)+al(명접)
: 생명이 있는 것

n.동물, 짐승, 야수 a.동물성의, 동물적인, 야수적인
Animal testing helps humans search for new medicines.
동물실험은 인간이 신약을 개발하는데 도움을 준다.

animate
anim(=breath)+ate(동접)
: 숨결을 불어 넣다

vt.1.생명[생기]를 주다, 살리다 2.격려[고무]하다 3.만화영화로 만들다
a.1.살아있는, 생명있는(alive, living) 2.생기있는, 활기 찬(lively)

animation ⓝ1.생기, 활기(spirit) 2.고무, 격려 3.만화영화, 애니메이션, 동영상 토익
inanimate ⓐ1.생명없는, 무생물의, 죽은 것 같은 2.생기[활기]없는

As soon as he saw her, his face was suddenly **animated**.
그녀를 보자마자 그의 얼굴에 갑자기 생기가 돌았다.
Children love to see **animation** films.
아이들은 만화영화 보는 것을 좋아한다.

animosity
anim(=mind)+
ose(=full of)+ity(명접)
: 반감이 가득찬 → 적대적인
(=hostile mind)

n.1.반감, 적대감(hostility, antagonism) 2.증오(hatred), 원한(enmity) 경찰
The **animosity** between the two camps was on a hair trigger during the campaign.
선거운동 기간 동안 두 진영 사이의 반감은 일촉즉발의 상황으로 번졌다.

unanimous
[juːnǽnəməs]
uni(=one)+anim(=mind)+
ous(형접) : 한마음이 된

a.만장[전원]일치의, 이의 없는 토플, 토익

unanimity ⓝ만장일치, 전원합의
He was elected again as chairman by a **unanimous** vote.
그는 만장일치에 의한 표결로 의장에 재선되었다.

equanimity
equ(=equal, same)+
anim(=mind)+ity(명접)
: 한결 같은 마음

n.(마음의) 평정,침착,냉정(calm, composure) 고시, 편입
The businessman struggled to maintain his **equanimity** in front of the great tragedy.
사업가는 그 큰 비극을 마주하여 마음의 평정을 유지하려고 몸부림쳤다.

tact, tach : 1. touch 닿다, 접촉하다 2. stick 달라붙다 ◆변형: ta(c)k, tang, ting, tag, tegr

이 어근은 선사유럽어(Proto-Indo-European)에서 파생되어 라틴어, 불어, 게르만어 및 북유럽 Viking족 언어인 노르스어(Norse) 등에 여러 변형된 모습으로 광범위하게 사용되었다.

tact
'닿는 감촉'의 뜻에서
'솜씨, 조종'의 뜻으로

n.재치, 요령, 감촉
She showed **tact** in handling difficult customers.
그녀는 까다로운 고객을 잘 다루는 재치를 보여줬다.

tactful
tact(=touch)+ful(형접)
: 솜씨 좋은

a.1.재치있는, 빈틈없는 2.눈치있는, 약삭빠른(shrewd)

She showed a **tactful** way to comfort a friend who had a jealous mind.
그녀는 질투하는 친구를 재치있게 다독거렸다.

contact
con(=together)+
tact(=touch)
: 함께 접촉하다

n.접촉, 연락, 교제 vt.접촉시키다, 교신하다, 교제하다 vi.접촉하다, 교신하다

How can I get in **contact** with you?
당신에게 어떻게 연락하면 되나요?

For further details, please **contact** our purchasing department.
보다 자세한 사항은 우리 구매부와 접촉해 보시죠.

intact
in(=not)+tact(=touch)
: 건드리지 않은

a.온전한, 손대지[손상되지] 않은(untouched)

The eighty-year-old man still lives on the bank interest keeping the principal **intact**.
팔십 노인이 여전히 원금은 손대지 않고 은행이자로 살아가고 있다.

attach [F]
at(=ad:to)+
tach(=stick) : ~에 들러붙는

vt.1.붙이다, 달다, 접착하다 2.소속[부속]시키다 3.첨부[첨가]하다 vi.부착[부속]하다, 부수되다

attachment ⓝ1.부착(물), 첨부, 결부 2.애정, 애착 토익

There is a health club **attached** to this apartment.
이 아파트에는 부속된 헬스클럽이 있다.

I would appreciate if you check the **attachment** file.
첨부파일을 체크해주시면 감사하겠습니다.

detach
de(=apart)+tach(=stick)
: ~붙는 것을 떼어낸

vt.1.떼어내다, 분리하다(separate) ⓑ attach 2.파견하다

detachment ⓝ분리, 이탈, 파견

Jesica tried to **detach** her emotions from the brief romance with him.
제시카는 그와의 짧은 로맨스에서 감정적으로 벗어나려 애썼다.

attack
at(=ad:to, 강조)+
tack(=stick)
: ~쪽으로 세게 달라붙는

vt.1.공격[비난]하다 ⓑ defend 2.(일을) 착수하다, 달려들다 3.(병이) 침범하다, 발병하다
vi.공격[습격]하다 n.공격, 비난, 발병

Our army waited until midnight in order to **attack** the enemy.
우리 군을 적을 공격하기 위해 한밤중까지 기다렸다.

*heart **attack**: 심장마비

stake [OE]
(죄인을 묶는) 기둥, 말뚝의 뜻에서

1.말뚝 2.(말뚝 위에 놓는) 판돈, 건돈, 내기 3.지분, 이해관계
vt.1.말뚝에 매다 2.(돈, 생명 등을) 걸다 공9. 편입

He is going to **stake** big money on that black racehorse.
그는 저 검은 경주마에 큰 돈을 걸려고 한다.

*at **stake**(=at risk): 위태로운, 내기가 걸린

tangible
tang(=touch)+ible(형·접)
: 잡을 수 있는

a.1.만질 수 있는, 실체적인 2.현실의, 확실한 공7. 편입

tangent ⓐ접하는 ⓝ〈수학〉탄젠트

The police have not found any **tangible** proof of his guilt.
경찰은 그의 유죄에 대한 어떤 실체적 증거도 발견하지 못했다.

(en)tangle

en(=make)+tang(=stick)+le(어미) : 서로 달라붙다

vt.1.얽어매다, 얽히게[말려들게] 하다 2.혼란[당황]하게 하다, 꼼짝 못하게 하다

The secretary was **entangled** in a messy relationship with her boss.
여비서는 상사와의 지저분한 관계에 얽혀들었다.

contingent

con(=with)+ting(=stick)+ent(형접) : 함께 덧붙여지는

a.1.~에 부수되는, ~을 조건으로 하는(conditional) 2.우연의, 우발적인(accidental)
n.분담(액), 파견단, 대표단

contingency ⓝ1.우연성, 우발사건, 만일의 사태 2.(계약의) 부대조항, 임시비용 토익

Her comeback is **contingent** on her health.
그녀의 재기여부는 건강에 달려 있다.

The building owner asked us a security deposit for **contingencies**.
건물주는 만일의 사태에 대비하여 우리에게 안전보증금을 요구했다.

contagious

con(=together)+tag(i)(=touch)+ous(형접) : 여럿이 함께 접촉하는

a.전염성의, 옮기 쉬운(infectious) SAT, 편입

contagion ⓝ1.(접촉) 전염, 감염 2.(접촉성) 전염병

The disease was so **contagious** that it spread like wildfire around the country.
그 병은 워낙 전염성이 강해서 삽시간에 온나라에 퍼졌다.

integral

in(=not)+tegr(=touch)+al(형접) : 건드리지 않은, 완전한

a.1.(구성 요소로서) 필수적인, 없어서는 안될(essential), 내장된 2.완전한, 완전체의
3.〈수학〉적분의 n.전체, 완전체, 적분 공9, 토플

integrity ⓝ1.진실성, 성실, 청렴 2.완전한 상태, 무결성

Using the Internet is an **integral** part of modern life.
인터넷 사용은 현대 생활의 필수적인 부분이다.

The politician is a man of decision and **integrity**, which is quite rare.
그 정치인은 드물게도 결단과 청렴을 겸비하고 있다.

Review Test 1

a. astronaut	b. redundant	c. terrestrial	d. derivative
e. symbiosis	f. retribution	g. unanimous	h. insurgent

◆ **From the box above, choose the word that corresponds to each definition below.**

1 of or belonging to the land as opposed to the sea or air

2 a mutually beneficial relationship between different people or groups

3 a person who travels in space

4 having or showing complete agreement

5 punishment inflicted on someone as vengeance for a wrong or criminal act

6 no longer needed for a particular purpose

7 someone who is fighting against the government in their own country

8 something coming from something else

◆ **Choose the one that is closest in meaning to the highlighted word in each sentence.**

9 The movie director spent much time studying the **attributes** of each character.
① proficiencies ② attractions ③ properties ④ competences ⑤ talents

10 A few of his novels are published **posthumously**. SAT
① at his own expense ② after repeated revisions
③ following his death ④ in limited editions

11 Many workers in the shipbuilding industry are now facing **redundancy**.
① compensation ② layoff ③ reward ④ competition ⑤ transfer

12 He has been **inundated** with job offers.

① affluent ② selective ③ appointed ④ satisfied ⑤ flooded

13 Perhaps the brightest spot in the contemporary landscape of American higher education is the **resurgence** of interest in engaging students in civic life beyond campus. 공9

① comeback ② disappearance ③ motivation ④ paucity

14 I regret having **scolded** her in front of many staff members.

① humiliated ② commanded ③ praised ④ harassed ⑤ enraged

15 Semiconductor business is **flourishing** in the current economic situation.

① surging ② subsiding ③ thriving ④ soaring ⑤ ascending

16 The king never belived the remote and frozen area was an **integral** part of his territory. 공9, 편입

① redundant ② independent ③ valuable ④ essential ⑤ volatile

◆ **Fill in the blank with the proper verb that will best complete the meaning of each sentence.**

① surrounded ② cultivated ③ contributed ④ fluctuated ⑤ derived ⑥ resurrected

17 Her mood _______ all day long between hopes and fears.

18 The opposition leader has ________ good relations with the mass media.

19 Immigrants have ________ to U.S. economy in many ways.

20 The town's name was ________ from the Italian word for 'beauty'.

21 After a long rehabilitation, the starting pitcher _______ his career by becoming a relief pitcher.

22 _______ by many acquaintances at the cafe, he could not concentrate on his studies.

Unit 4. 태어난(nat/gen) 것들은 숨쉬며(spir) 살기(viv)위해, 먹고(vor) 영양분(nutri)을 섭취한다.

nat [L] / nai [F] : born 태어난, 생겨난

'자연, 탄생'을 뜻하는 natura[L]와 '시초, 기원'을 뜻하는 genesis[Gk]에서 어근 nat와 다음에 나오는 gen이 유래되었다. 과학의 진보에 따른 새로운 전문용어를 만들 때 학자들은 주로 기존 그리스어를 활용해서 많은 단어를 만들었다.

nature
nat(=born)+ure(명접)
: 생겨난 것

n. 1.자연, 자연현상 2.성질, 천성, 기질

Away from human beings, he lives in the forest to feel the **nature** in the raw.
그는 속세를 떠나 있는 그대로의 자연을 느끼고 싶어 숲속에서 산다.

Man is a social animal by **nature**.
인간은 천성적으로 사회적 동물이다.

natural
natur(e)+al(형접) : 자연적인

a. 1.자연[천연]의 ⓑ artificial 2.타고난, 선천적인 3.당연[지당]한

There are various **natural** resources on the earth.
지구 상에는 다양한 천연 자원이 있다.

It is **natural** to feel nervous when you have an exam.
시험이 있을 때 예민해지는 것은 자연스런 것이다.

native
nat(=born)+ive(형접)
: 태어난

a. 1.출생지의, 원주[토착]민의, 토박이의 2.타고난, 선천적인 3.(언어가) 모국어인
n. 원주민, 토착인, 원어민

Nowadays we can learn English from **native** speakers at school.
요즘에는 학교에서 원어민 화자에게 영어를 배울 수 있다.

nation
nat(=born)+ion(명·접)
: 생겨난 종족, 민족

n. 국민, 국가, 나라

national ⓐ국가[국민, 국립, 국영]의
international ⓐ국제적인
nationality ⓝ국적, 국민성
nationalism ⓝ민족[국가]주의, 애국심
nationalist ⓝ민족[국가]주의자

A **nation** is built on the spirit of its people.
국가는 국민정신의 바탕 위에서 건설된다.

He works for a **national** enterprise. 그는 국영기업에서 일한다.

She lives in Japan but has Korean **nationality**.
그녀는 일본에 살지만 한국 국적을 가지고 있다.

innate
in(=into)+nate(=be born)
: 태어날 때 내재된

a. 1.타고난, 선천적인, 천부의 ⓑ acquired 2.고유의, 본질적인(intrinsic, inherent)

토플, 편입

The girl has an **innate** talent for playing the piano.
그 소녀는 피아노 연주에 선천적 재능을 가졌다.

cognate
cog(=together)+
nate(=be born)
: 함께 태어난

a. 1.같은 조상[혈족, 기원]의 2.같은 어족[어원]의
n. 1.혈족, 친족 2.동족언어, 같은 어원 토플

English, German, and Dutch* are **cognate** languages.
영어, 독일어, 네덜란드어는 같은 어원의 말이다.

*세 언어 모두 게르만어에서 갈라져 나왔다.

naive [F]
: '방금 태어난'의 뜻에서

a.순진한, 소박한, 속기 쉬운 공9, 편입
How can you be so **naive**?
넌 어쩜 그렇게 순진할 수가 있니?
It is so **naive** of you to believe that she will trust you completely and wait for you.
그녀가 너를 철석같이 믿고 기다릴 꺼라고 생각하는 건 네가 너무 순진하다.

Renaissance [F]
: re(=again)+naiss (=born)+ance(명접)
: 다시 태어남

n.1.문예부흥, 르네상스 2.부활, 신생
Now venture businesses are enjoying a **renaissance**.
지금 벤처산업은 새로운 부흥을 맞고 있다.

gen, gener [Gk] : 1. birth 출생 2. produce 생성 3. origin 기원 4. species 종(種)

genesis [Gk] :
gene(=origin)+ sis(=state) : 최초의 상태

n.기원, 시초, 발생, 창시 〈성서〉창세기
The **genesis** of the universe might have been a big bang.
우주의 기원은 대폭발이었을지 모른다.

gene
genesis에서 온 신조어* (coined word)

n.유전자, 유전인자
If the girl has blue eyes, one of her parents must have a **gene** for blue eyes.
만약 그 소녀가 푸른 눈이라면, 부모 중 한 쪽이 푸른 눈 유전자를 가졌음에 틀림없다.

genetic
gene(=유전자)+tic(형접)

a.유전(자)의, 유전학의 편입, 토플

genetics ⓝ유전학

Genetic tests can be used to identify a criminal with accuracy when biological evidence exists.
생물학적 흔적이 있을 때에는 범인을 정확히 식별해 내는데 유전자 검사가 이용될 수 있다.
The new approach has removed many of the limitations in the study of human **genetics**.
새로운 접근 방법은 인간유전학 연구에 내재된 많은 한계를 제거해 주었다.

general
gener(=species)+al(형접)
: 종 전체의

a.1.일반의, 보통의, 전체[보편]적인(common, universal)
2.대체적인, 개략적인 ㊇ special n.장군, 대장

generalize ⓥⓥ 일반화하다, 개괄[종합]하다, 법칙화하다
generic ⓐ1.포괄적인, 총칭의 2.상표명 없는, 노브랜드의(unbranded)
ⓝ(보통pl.)상표없는 상품

The **general** condition of the car is very good, although the air conditioner needs replacing. 비록 에어컨은 교체되어야 하지만 그 차의 전반적 상태는 아주 좋다.
He is trying to **generalize** about Japanese culture from only three examples.
그는 겨우 세 가지 예를 들어 일본 문화에 대해 일반화하려고 한다.
Some patients often don't trust **generic** medications, preferring the brand drugs.
일부 환자들은 브랜드약을 선호하여 노브랜드약에 대해선 종종 못 미더워한다.

generous
gener(=birth)+ous(형접)
: '고귀한 태생'(noble birth) 이란 뜻에서

a.1.관대한, 후한, 아량있는 2.풍부한, (땅이) 기름진

generosity ⓝ관대, 관용, 아량

She usually gives a **generous** tip at a restaurant.
그녀는 보통 식당에서 후하게 팁을 준다.

The old woman's **generosity** led her neighbors to love her.
그 늙은이의 관대함으로 인해 이웃들이 그녀를 사랑하게 되었다.

generate
gener(=produce)+ate(=make, 동접)
: 산출해내다

vt.1.일으키다, 초래[창출, 생산]하다 2.생기게 하다, 발생시키다 토익

degenerate: de(=down)+generate ⓥ퇴보[퇴화, 타락]하다, 변질하다 ⓐ퇴화[타락, 변질]한

regenerate: re(=again)+generate ⓥⓥ.1.갱생[개심]시키다, 재건[쇄신]하다
2.재생[소생]하다 ⓐ갱생한, 개조[개량]된

generation ⓝ1.세대, 동시대 사람 2.발생, 생식, 출산

Our discussion **generated** lots of fresh ideas.
우리의 토론은 많은 참신한 아이디어를 창출했다.

His pure intention has gradually **degenerated** over time.
그의 순수한 의도는 시간이 흐름에 따라 점점 변질되었다.

The presidential impeachment drew a new **generation** of young activists into politics.
대통령 탄핵사건이 새로운 세대의 젊은 활동가들을 정치에 끌어들였다.

genuine
gen(=origin)+(u)ine(=like, 형접)
: 근원의, 본래의

a.1.진짜[진품]의(authentic) 2.진실한, 성실한 토익

Even an expert had a hard time telling whether the dollar bills are **genuine** or fake.
전문가 조차 그 달러지폐가 진짜인지 가짜인지 구분하는데 애를 먹었다.

genius
gen(=birth)+ius(어미)
: 타고난 사람

n.천재, 천재성, 비범[특수]한 재능

There is no great **genius** without some touch of madness. - Seneca, *Moral Essays*
어느 정도의 광기가 없는 위대한 천재는 없다.

ingenious
in(=in)+gen(=produce)+(i)ous(형접) : 잘 만들어 내는

a.1.기발한, 독창적인 2.재치있는, 영리한 공9, 토플

He proposed an **ingenious** solution for the problem.
그는 그 문제의 해결을 위한 기발한 해법을 제안했다.

ingenuous
in(=in)+gen(=birth)+(u)ous(형접)
고귀함 속에서 태어난

a.순진[천진]한, 꾸밈없는(childlike, naive) 공7

Her **ingenuous** remarks embarrassed me.
그녀의 순진한 말들이 나를 당황스럽게 만들었다.

indigenous
indi(=within)+gen(=birth)+ous(형접)
: 속에 지니고 난

a.1.토착의(aboriginal), 고유의, 원산의(native, original)
2.타고난, 생득적인(innate, natural) 고시, SAT

Soccer is one of the **indigenous** sports which have been developed in England.
축구는 영국에서 발전된 토착 스포츠 중의 하나다.

antigen
anti(=against)+
gen(=produce)
: 대항하는 것을 생성

n.〈생화학〉항원, 항원성 약제

antigenic ⓐ항원의

We will do an **antigen** test on your blood sample.
혈액 샘플로 항원검사를 할겁니다.

oxygen
oxy(=acid)+
gen(=produce)*
: 산(酸)을 생성

n.산소

Oxygen is essential for all forms of life on the earth.
산소는 지구 상의 모든 생물에 필수적이다.

hydrogen
hydro(=water)+
gen(=produce) : 물을 생성

n.수소

Water is composed of two **hydrogen** atoms and one **oxygen** atom.
물은 수소 원자 두 개와 산소 원자 하나로 구성된다.

gender [F]
: gen(=species)+
der(어미)

n.성性, 성별(sex), 성의 구분 공7

Our law strictly prohibits discrimination based upon **gender**.
우리의 법은 성에 근거한 차별을 엄격히 금한다.

genital
gen(=produce)+
it(=go)+al(형접)
: 출산되어 나오는

a.생식(기)의 n.생식기

A primary **genital** infection during pregnancy is very dangerous for the fetus.
임신 기간에 발생하는 생식기 초기 감염은 태아에게 아주 위험하다.

pregnant
pre(=ahead)+gn(=birth)+
ant(형접) : 출생 이전의

a.1.임신[수태]한 2.충만한, 풍요한(fertile), ~으로 가득찬

pregnancy ⓝ임신, 함축, 풍부

In the past, most women had to quit their jobs when they became **pregnant**.
이전에는 대부분의 여성이 임신하면 직장을 그만두어야 했다.

She is in her third **pregnancy** and it is going to full term.
그녀는 셋째를 임신중이며 출산일이 가까워지고 있다.

Tip

gene과 genetic은 새로운 개념을 정의하기 위하여 19c. 과학자들이 genesis란 그리스어에서 만든 신조어(coined word)이다. oxygen과 hydrogen 역시 18c. 과학자가 만든 신조어에 속한다. 과학의 발전에 따른 발명, 발견으로 새로운 개념들이 출현했고, 그에 맞추어 과학자들이 기존 단어를 이용하여 신조어를 많이 만들었다.

gender는 생물학적 성별보다 사회적 • 문화적 성별을 나타내거나 기존의 남녀구분과 다른 넓은 의미의 성적 정체성을 표현할 때 주로 사용된다.

spir [L] : breathe 숨쉬다, 호흡하다

spirit
spiritus(=breath of God)에서 : 신의 숨결

n.1.정신, 마음 2.영혼, 혼(soul) 3.활기, 기개, 기백, 사기 4.(어떤 특징적) 인물, 사람

spiritual ⓐ1.정신의, 정신적인 2.영적인, 종교적인

The heroic Korean who explored both the North and South Pole showed what is pioneering **spirit**.
북극과 남극을 모두 탐험한 그 영웅적 한국인은 개척정신이란 무엇인가를 보여주었다.

Great **spirits** have always encountered severe opposition from mediocrities.
위대한 정신을 가진 인물은 항상 평범한 사람의 극심한 저항에 부딪쳐 왔다.

Because of repeated losses, our team's **spiritual** unity has been slowly eroded.
거듭된 패배로 우리 팀의 정신적 일체감은 서서히 무너져 내렸다.

aspire
a(=ad:toward)+spire(=breathe) : ~을 향해 숨쉬다

vi.열망[갈망, 염원]하다

aspiration ⓝ갈망, 포부, 염원

There are many leading scientists who **aspire** to win the Nobel Prize.
많은 선도적인 과학자들이 노벨상 수상을 열망한다.

The young man works hard for the money, and also has **aspirations** to move up into management.
그 젊은이는 돈을 위해서 열심히 일하지만 또한 위로 올라가 경영자가 되고 싶은 열망도 있다.

inspire
in(=inward)+spire(=breathe) : 안으로 기운을 불어넣다

vt.1.고무[고취, 격려]하다 2.영감을 주다 vi.고무하다, 영감을 주다

inspiration ⓝ1.영감, (영감에 의한) 착상 2.고취, 격려, 감화 공9, 편입

She was **inspired** by the loyalty of her supporters.
그녀는 지지자들의 충성심에 의해 고무되었다.

The poet draws **inspiration** from nature.
그 시인은 자연에서 영감을 얻는다.

conspire
con(=together)+spire(=breathe) : 함께 호흡을 맞추다

vi.1.공모하다, 음모를 꾸미다 2.협력하다 vt.(나쁜 일 등을) 꾸미다, 음모[도모]하다 공9

conspiracy ⓝ음모, 공모, 모의

conspirator ⓝ공모자, 음모자(plotter)

The defendants said they had never **conspired** together to fix prices.
피고인들은 가격담합 모의를 결코 하지 않았다고 진술했다.

expire
ex(=out)+spire(=breathe) : 숨이 꺼지다

vi.1.(계약 등이) 만기가 되다, 끝나다, 소멸하다 2.(불 등이) 꺼지다, 숨을 내쉬다(exhale)
vt.숨을 내쉬다, 배출하다

expiration ⓝ만료, 만기(maturity), 종결 토익

The deadline for application has already **expired**.
지원 마감이 이미 종료되었다.

When is the **expiration** date of your credit card?
당신의 신용카드 만기는 언제입니니까?

perspire

per(=through)+
spire(=breathe)
: (땀구멍을) 통하여 숨쉬다

vi.땀 흘리다, 땀이 나다　vt.1.발산[증발]하다　2.(식물 등이) 분비하다 토플

perspiration ⓝ땀, 발한, 노력 국회8

Genius is one percent inspiration and ninety-nine percent **perspiration**.
천재는 일 퍼센트의 영감과 구십구 퍼센트의 노력이다 . - Thomas Edison

respire

re(=again)+
spire(=breathe)
: 반복해서 숨쉬다

vi.1.호흡하다, 숨쉬다　2.휴식하다, 한 숨 돌리다　vt.호흡하다, 발산하다

respiration ⓝ호흡, 호흡작용　artificial ~ 인공호흡

respiratory ⓐ호흡(작용)의, 호흡기의 SAT, 공9

The air in the industrial city was so stuffy to **respire**.
그 공업도시의 공기는 숨쉬기에 너무 답답했다.

transpire

trans(=through)+
spire(=breathe)
: ~을 통해 숨쉬다

vi.1.(노폐물, 수분 등) 발산[배출]되다　2.새다, 드러나다, 밝혀지다
3.일어나다, 생기다(happen, occur)　vt.배출[발산]하다

It **transpired** that a big slush fund had been hidden in the account.
그 계좌에 거액 비자금이 숨겨진 사실이 드러났다.

---

viv [L] : 1. live 살다　2. life 생명　3. lively 활기찬　◆변형 : vit, vig, vi

---

vivid

viv(=live)+id(형접)
: 생기 넘치는

a.1.생생한, 선명한(fresh)　㉥ vague, dull　2.발랄한, 생동하는(animated)

The last scene in the movie is still **vivid** in my mind.
그 영화의 마지막 장면이 아직 내 마음 속에 생생하다.

survive

sur(=beyond)+vive(=live)
: ~을 넘어서 살다

vt.1.~보다 오래 살다, 살아남다　2.견뎌내다, 헤쳐나가다　vi.살아남다, 생존[존속]하다 토익

survival ⓝ생존, 잔존　ⓐ생존을 위한, 긴급[비상]용의

survivor ⓝ생존자

He died young but his wife **survived** him by another forty years.
그는 젊어서 죽었지만 그의 아내는 그보다 40년 더 생존했다.

I managed to **survive** the competition.
나는 경쟁에서 간신히 살아남았다.

His chance of **survival** was very slim, but luckily his mother found an organ donor at last.
그의 생존 가능성은 극히 희박했지만, 운좋게도 어머니가 장기 기증자를 마침내 찾아냈다.

A man's death is the **survivors**' affair rather than his own. - Thomas Mann
한 인간의 죽음은 죽은 자의 문제라기 보다 살아남은 자의 문제다.

revive

re(=again)+vive(=live)
: 다시 살다

vt.1.소생[회복]시키다, 되살리다, 부활시키다　2.재 유행[상영, 공연]하다
vi.되살아나다, 의식을 회복하다

revival ⓝ재생, 소생, 부활, 재유행

The president poured all his energy into **reviving** the stagnant economy.
대통령은 침체된 경제를 되살리려고 혼신의 힘을 쏟았다.

vital
vit(=life)+al(형접) : 생명의

a.1.생명에 관한 2.극히 중요한, 불가결한(essential) 3.생생한, 활기찬 4.치명적인 토익

vitality ⓝ생명력, 활기, 정력 **vitamin** ⓝ비타민

My family's support is **vital** for the success of my business.
가족의 뒷받침이 내 사업의 성공을 위해서는 극히 중요하다.

vigor
vig(=be lively)+or(명접)
: 생기, 활기(=liveliness)

n.1.정력, 활력, 원기 2.힘, 체력, 박력

vigorous ⓐ1.활기찬,강건한(robust, strong) 2.격렬한,활발한 편입, 토플

The drug name Viagra is a compound word of **vigor** and Niagara, the former for energy and the latter for a great fall.
비아그라는 vigor와 Niagara의 합성어인데, 전자는 에너지를 후자는 거대한 폭포를 의미한다.
He made a **vigorous** speech in defense of the government.
그는 정부를 옹호하는 박력 있는 연설을 했다.

viable
vi(=live)+able(형접)
: 생존할 수 있는

a.1.(계획 등이) 실행 가능한(feasible),성공할 수 있는 2.<생물>(독자) 생존 가능한,생육할 수 있는

viability ⓐ1.생존 능력,생육력 2.실행 가능성

He has been busy in reaching a **viable** compromise between the two sides.
그는 양측 사이에서 실행 가능한 타협안을 도출해 내려고 동분서주했다.

vor, vour [L] : 1. eat 먹다 2. swallow 삼키다

voracious
vor(=devour)+acy(명접)+ous(형접) : 마구 집어삼키는

a.1.(음식에 대해) 게걸스러운, 걸신들린 2.(지식·정보 등) 열렬히 탐하는 SAT, 토플

Thanks to his mother, he has a **voracious** appetite for music.
어머니 덕분에 그는 음악에 대해 엄청난 열정을 가지고 있다.

carnivorous
carni(=flesh)+vor(=eat)+ous(형접) : 고기를 먹는

a.육식(성)의, 육식동물의

carnivore ⓝ육식 동물(predator) 국회8

The athlete prefers **carnivorous** diets to vegetable foods.
그 운동선수는 채식보다 육식을 선호한다.

herbivorous
herbi(=plant)+vor(=eat)+ous(형접) : 식물을 먹는

a.초식의, 초식성의

herbivore ⓝ초식 동물

In this continent there live various kinds of **herbivorous** mammals.
이 대륙에는 다양한 초식성 포유류들이 살고 있다.

omnivorous
omni(=all)+vor(=eat)+ous(형접) : 모든 것을 먹는

a.1.잡식성의 2.두루 관심을 갖는 공9

omnivore ⓝ잡식 동물

At first, the cattle had been **herbivorous**, but it was fed with meat at times and slowly turned **omnivorous**. So it is now an **omnivore** and can eat almost everything we eat.
애초에 그 가축은 초식성이었으나, 때때로 고기로 길러져 서서히 잡식성으로 바뀌었다. 그래서 지금은 우리가 먹는 것은 거의 다 먹는 잡식동물이다.

devour [diváuər]
de(=down to bottom)+vour(=swallow)
: 바닥까지 삼키다

vt.1.게걸스레[걸신 들린 듯]먹다(gobble) 2.집어삼키다, 파멸시키다
3.탐독하다, 빨아들이 듯 읽다[보다] 토플, 공7

As the sailor had nearly starved to death, he **devoured** the foods in front of him.
선원은 거의 굶어죽을 지경이라서 눈 앞의 음식을 게걸스레 먹어치웠다.

nutri [L] / nour, nurt, nurs [F] : 1. suckle 젖을 먹이다 2. feed 기르다

원래 '젖을 먹이다[빨다]'라는 뜻에서 출발하여 'n.영양, v.기르다'라는 뜻으로 발전했다. '기르다'는 뜻으로 영어에 다양한 표현이 있지만 '영양'이란 의미는 이 어근 하나 밖에 없다.

nutrition
nutri(=suckle)+tion(명·접)
: 젖을 먹임

n.영양섭취, 영양, 음식물 토플, 편입

malnutrition: mal(=bad)+nutrition ⓝ.영양실조 공9

nutritious ⓐ영양이 풍부한

Proper **nutrition** and regular exercise are essential for good health.
적당한 영양섭취와 규칙적 운동은 건강에 필수적이다.

She wanted to eat more **nutritious** food while she was pregnant.
그녀는 임신 중에 좀 더 영양이 풍부한 음식을 먹고 싶었다.

nutrient
nutri(=suckle)+ent(명접)
: 젖[영양]이 되는 것

n.영양소, 영양분 a.영양이 되는

As no single food can supply all proper **nutrients** for health, we have to eat balanced meals.
어떤 음식도 그 한 가지만으로는 건강에 적절한 영양소를 다 공급할 수 없기 때문에 우리는 골고루 먹어야 한다.

nourish
nour(=feed)+ish(동접)
: 젖을 먹여 기르다

vt.영양분을 주다, 기르다, 육성하다 편입

nourishment ⓝ1.자양분, 음식, 양식 2.육성, 양육

The woman **nourishes** her baby on healthy breast milk.
그 여자는 건강한 모유로 애기를 기른다.

nurture
nurt(=suckle)+ure(명접)
: 젖을 먹임

n.양육, 교육 vt.키우다, 양육[육성]하다 토플

As a human being we develop partly by nature, partly by **nurture**.
우리는 인간적 존재로서 한편으론 천성에 의해, 한편으론 양육에 의해 성장한다.

*nature and **nurture**: 천성과 교육, 선천성과 후천성

nurse
nurs(=suckle)+e(어미)
: 유모, 돌보는 사람

n.간호사, 유모 vi.vt.1.간호하다, 돌보다 2.젖을 먹이다, 젖을 주다

nursery ⓝ탁아소, 보육원, 육아실

She **nursed** his husband back to health both physically and mentally.
그녀는 남편이 육체적, 정신적 건강을 회복하도록 간호했다.

The working couple leave their children at a **nursery** before going to workplace.
그 맞벌이부부는 직장에 가기 전에 아이를 보육원에 맡긴다.

특강 1

발음이 주는 느낌과 연상

✓ 인간은 '엄마'라는 말을 이 세상에 태어나서 가장 먼저 소리 낸다. 그런데 이 지구 상의 거의 모든 언어에는 '엄마'라는 말 속에 공통적으로 m 발음이 하나 이상 들어있다. 예를 들면, '엄마, 암마, 맘마, 마마, 맘'처럼.
이는 m이 원초적으로 발음하기 쉽고 따뜻한 느낌을 주기 때문일 것이다. **이처럼 어떤 특정한 발음들은 유사한 느낌과 연상을 준다.**

✓ ck로 끝나는 단음절어들은 주로 짧은 시간에 이루어지는 움직임이나 현상 등을 나타낸다.

kick 차다
hack 썰다, 잘게 자르다
flick 튀기다, 가볍게 치다 토플
flock 모이다, 떼짓다 편입
lick 핥다
chuck 내던지다, 뱉다
pack 싸다, 묶다
pluck 뽑다, 잡아뜯다 SAT
suck 빨다
click 마우스를 누르다
peck (부리로) 쪼다
shock 충격을 주다

prick (바늘을) 꽂다, 쑤시다 공9
trick 속이다, 장난치다 토익
smack 찰싹 치다, 때리다 편입
tuck 쑤셔[밀어]넣다, 감추다
stick 찌르다, 달라붙다
pick 고르다, 따다
crack 금이 가다
block 막다, 차단하다
knock 두드리다
lock 잠그다
mock 조롱하다, 흉내내다 공9

✓ sp로 시작되는 단어들은 분출하거나 퍼지는 느낌을 준다.

spa 온천
sperm 정자, 정액
sprinkle 흩뿌리다
spread 퍼지다, 발산하다
spring 샘, 약동, 봄
spore 포자, 홀씨
sprinkler 살수장치
spray 물보라, 분무
sparse 드문드문 난, 성긴 토플
spark(le) 불꽃이 튀다, 불꽃
spatter=splatter 튀다, 튀기다
sprawl 제멋대로 퍼지다[뻗다] 공9

space 공간, 우주
speech 말, 연설
spill 엎지르다, 흘리다
spit 침을 뱉다
spout 내뿜다, 분출하다
spacious 넓은, 광활한 토익
sprout 싹트다, 새싹 SAT
sprint 전력질주(하다)
split 쪼개다, 분열하다
splash 튀기다, 끼얹다 토플
spatial 공간의, 공간적인 공9
spurt 용솟음치다, 솟구치다
spew[spjuː] 토하다, 뿜어내다 편입
sporadic 산발적인, 산재하는 공9

✓ sl로 시작하는 단어들은 어둡고 부정적인 이미지를 연상케 하는 경우가 많다.

slack 늘어진, 맥빠진 공9
slap 찰싹 때리다
slave 노예
slay 살해하다, 죽이다 편입
slump 부진, 폭락[쇠퇴]하다
slander 중상하다, 중상 SAT
sleet 진눈깨비
slang 속어
slip 미끄러지다
slaughter 학살, 살육 토플
slight 무시[경시]하다, 경멸
slash 깊이 베다, 난도질하다 편입
slippery 미끄러운, 불안정한

sloppy 질퍽[질척]한 편입
sly 교활[음흉]한 공9
sluggard 게으름뱅이, 건달
sleazy 지저분한, 추잡한
slush 진창, 뇌물
sloth 나태, 태만 공7
slum 빈민가
sludge 진창, 찌끼, 침전물
slick (겉만)번드르르한 SAT
slush fund 비자금
slough[slau] 진창, 수렁
sluggish 나태한, 부진한 공7
slur 얼버무리다, 헐뜯다 편입
slobber 군침을 흘리다, 군침
slovenly 단정치 못한, 너절한 SAT

✓ **fl**로 시작하는 단어들은 얇거나 가벼운 것 또는 그러한 것들의 움직임을 나타낸다.

flag 깃발
fly 날다, 파리
flee 달아나다, 도망치다
flick 튀기다, 털다
flame 불꽃, 불길
flap 펄럭이다, 휘날리다
flake 얇은 조각, 파편 토플
flip 홱 뒤집다, 휙 젖히다
fling 내던지다, 내팽개치다 SAT
flatter 아첨하다, 알랑거리다 경찰
flounder 허둥대다, 몸부림치다 공7
flop 털썩 주저앉다, 드러눕다

float 뜨다, 떠오르다
flutter 펄럭이다, 나부끼다
flog 채찍질[매질]하다
flippant 경박[경솔]한 편입
flaunt 과시하다, 뽐내다 고시
flail 마구 흔들다, 연타하다
flirt 추파를 던지다, 바람둥이
flexible 신축성 있는, 유연한 토익
flare 너울거리다, 확 타오르다 국회8
fluctuate 오르내리다, 등락하다 토플
flimsy 얇은, 얄팍한, 조잡한 국회8
fledgling 깃털이 나는, 풋내기 편입

✓ **gl**로 시작하는 단어들은 빛이나 시각과 관련되거나, 분위기의 밝고 어둠을 나타내는 경우가 많다.

glance 흘끗 보다, 곁눈질, 일별 편입
gleam 어스레한 빛, 미광 토플
gloat 기쁘게[고소하게]바라보다 회계사
glaze 눈이 흐릿해[침침해]지다, 윤을 내다
glimmer 깜박이다, 명멸하다 편입
glare 노려[쏘아]보다, 섬광, 환한 빛
glimpse 흘끗 봄, 흘끗 보다, 일별하다 토플
glint=**glisten**=**glitter** 반짝이다, 빛나다
gloss 윤, 광택, 광택을 내다, 호도하다
glow 백열, 홍조, 눈부시다, 상기되다

glossy 윤 나는, 번지르르한 편입
glee 큰 기쁨, 환희 SAT
glorious영광스러운, 찬란한
glowing 열렬한, 극찬하는 SAT
gloomy 음침한, 우울한
glamour 화려함, 성적 매력 토익
glad 기쁜
glacier[gléiʃər] 빙하* 공9

*__glacier__는 (햇빛이 반사되어) '빛나는 얼음덩이'란 뜻에서 연유함.

✓ **le**는 단어 끝에 붙어 '작고 가볍고 연약한 것'을 나타내는 접미사로 사용되는데 다음 단어들은 그러한 느낌을 준다.

needle 바늘
pebble 자갈
feeble 연약한 공9
fragile 깨지기 쉬운
cradle 요람
molecule 분자 토플
icicle 고드름
suckle 젖을 빨다
capsule 캡슐, 작은 용기
particle 입자, 작은 조각
scribble 갈겨쓰다, 낙서
trifle 사소한 일, 하찮은 것 공9

twinkle 반짝이다
toddle 아장아장 걷다 토플
dwindle (점점)줄어들다 공7
rustle 바스락[살랑]거리다 공7
chuckle 빙그레[싱긋]웃다
amble 느긋하게[천천히]걷다
rattle 달그락[덜컹]거리다
hassle 재촉하다, 들볶다, 성가신 일
nibble 야금야금 먹다, 잠식하다
wobble 뒤뚱[비틀]거리다 SAT
trickle 졸졸[방울져]흐르다

✓ 그러나 -**stle**로 끝나는 아래 단어들은 이와 같은 느낌과 거리가 멀다.

castle 성, 요새
wrestle 격투하다
bustle 바삐 움직이다, 서두르다 편입
jostle (거칠게) 밀다, 밀치다 SAT
bristle (털이) 곤두서다, 발끈하다 편입
hustle 힘차게 해내다, 분투하다 편입

Unit 5. 공(spher)처럼 둥근(cycl/circu) 것들은 구르거나(rol /volv) 돌아서(vers) 제 자리로.

spher [Gk] : 1. ball 공 2. globe 구체, 지구

sphere
'공, 둥근 물체'란 뜻에서

n.1.구, 구체 2.천체, 행성 3.영역, 범위

spherical ⓐ1.둥근, 구형[구체]의 2.천체의

The teacher drew roughly a map of the world on a **sphere**.
선생님은 구체 위에 세계지도를 대충 그렸다.

The prime minister has steadily enlarged his **sphere** of influence.
총리는 꾸준히 영향력의 범위를 넓혀 나갔다.

atmosphere
atmo(=air)+
sphere(=globe)
: 지구를 둘러싼 대기

n.1.대기(권), 공기, 기압 2.분위기, 기운, 무드, 정취 토익

China's fast growing economy is polluting the **atmosphere** of its main cities.
중국의 빠른 경제성장이 주요 도시들의 대기를 오염시키고 있다.

There is an **atmosphere** of mutual distrust between the two parties.
양 당사자 간에는 서로를 불신하는 분위기가 있다.

hemisphere
hemi(=half)+
sphere(=globe) : 반구

n.1.지구의 반구 2.(뇌의) 반구 3.반구체 토플

The equator divides the earth into two **hemispheres**.
적도는 지구를 두 개의 반구로 나눈다.

It was found that our left **hemisphere** controls the right-hand side of our body and right hemisphere, the left-hand side.
우리의 좌뇌가 몸의 오른쪽을 통제하고 우뇌는 왼쪽을 통제한다고 밝혀졌다.

stratosphere
strato(=layers)+
sphere(=globe)
: 지구를 둘러싼 막

n.1.성층권 2.최고단계, 최상층, 천정, 상한

The **stratosphere** is a major atmospheric layer located between about 10 km to 50 km above the earth's surface.
성층권이란 지구의 표면 위 10~50km 사이에 위치한 주요 대기층이다.

The Internet boom once boosted share prices to the **stratosphere**.
인터넷 붐으로 한 때 주가가 최고 수준에 도달했다.

cycl [Gk] / circu [L] : 1. around 둘레 2. circle 원

Kyklops삼형제는 그리스신화에서 각각 벼락, 천둥, 번개를 담당하고 있는 거인들인데 좌우로 돌아가는 큰 외눈이 이마 가운데 박혀 있었다. 라틴어로 넘어와 k가 c로 변하여 Cyclops가 되었다. Cyclops는 cycle+optics 즉 '돌아가는 둥근 눈'이라는 뜻이다. 여기서 '원, 원형의'를 뜻하는 'cycl, circu'가 유래되었다.

cycle [Gk]
: '원'이란 뜻에서

n.1.순환, 주기, 일회전 2.자전거 3.궤도 vi.순환[회귀]하다, 자전거를 타다

bicycle ⓝ자전거 **tricycle** ⓝ세발자전거, 삼륜차

Economic boom and slump move in a **cycle**.
경제적 번영과 침체는 순환한다.

cyclic, cyclical
cycl(=circle)+ical(형접)
: 원(圓)처럼 도는

a.순환하는, 주기적인

This economic phenomenon is judged to be **cyclical** rather than structural.
이 경제현상은 구조적이라기 보다 순환적인 것으로 판단된다.

Semiconductor business is very **cyclical**.
반도체사업은 주기적 변동이 아주 심하다.

recycle
re(=again)+cycle
: 다시 순환하다

vt.재활용[재생]하다, 개조하다, 환류시키다

recycling ⓝ재활용, 재생
recyclable ⓐ재활용[재생]가능한

The more we **recycle**, the less garbage we will have.
우리가 재활용을 하면 할수록, 쓰레기는 점점 적어진다.

cylinder
'구르는 것'의 뜻에서

n.1.원통, 원주, 원기둥 2.실린더, 기통

His car has an eight **cylinder** engine.
그의 차는 8기통이다.

circuit
circu(=around)+it(=go)
: 둘레를 돌아감

n.1.순환, 순회(여행), 우회, 일주 2.〈전기〉회로, 회선 vi.순회하다, 일주하다

It takes about 365 days for the earth to make a **circuit** of the sun.
지구가 태양 주위를 한 바퀴 도는데 약 365일 걸린다.

circular
circul(=circle)+ar(형접)
: 둥근 모양의

a.1.원(형)의, 둥근 2.순환성의, 환상의, 순회의 3.에두른, 우회의

Yesterday we enjoyed a delicious meal at the **circular** viewing platform.
어제 우리는 원형 전망대에서 맛있는 식사를 즐겼다.

circulate
circul(=circle)+ate(동접)
: 원을 만들다

vi.1.순환하다, 돌다 2.퍼지다, 유포[유통]되다
vt.1.순환시키다, 돌리다 2.유포[유통]시키다

circulation ⓝ1.순환, 유통 2.발행[보급]부수 토익

Jealousy drove her to **circulate** a false rumor on her colleague.
질투심에 사로잡혀 그녀는 동료에 대한 거짓 소문을 퍼뜨렸다.

The magazine's **circulation** continues to increase.
그 잡지의 발행부수가 계속 증가하고 있다.

encircle
en(=make)+circle

vt.1.둘러[에워]싸다(surround, enclose) 2.순회[일주]하다

The army started **encircling** the airport to rescue the passengers and to arrest the hijackers.
군인들은 승객을 구조하고 납치범을 체포하기 위해 공항을 에워싸기 시작했다.

circumstance
circum(=around)+
stan(=standing)+ce(명·접)
: 둘레에 서 있는 것

n.1.환경, 상황 2.형편, 처지, 주위의 사정 토익

I will not lend him money under any **circumstances**.
어떤 경우에도 나는 그에게 돈을 빌려주지 않겠다.

We can't judge what she did till we know all the **circumstances**.
우리가 제반 사정을 알기 전에는 그녀가 무엇을 했는지 판단할 수 없다.

circumference
circum(=around)+
fer(=carry)+ence(명접)
: 주위로 나르다

n.1.주변(의 거리), 원주, 둘레 2.경계선, 영역, 범위 편입, 토플
The island is only five miles in **circumference**.
섬의 둘레는 겨우 5마일 밖에 안된다.

circumspect
circum(=around)+
spect(=look)
: 주위를 살피는

a.신중한, 조심성 있는, 용의주도한(prudent, cautious) 변리사, 편입

circumspection ⓝ신중, 주의, 경계, 용의주도
We became more **circumspect** to keep the secret about the corporate takeover.
우리는 기업 인수에 대한 비밀을 유지하기 위해 더욱 신중해졌다.

circumcise
circum(=around)+
cise(=cut) : 주위를 자르다

vt.할례를 하다, 포경수술하다

circumcision ⓝ할례, 〈의학〉포피절제
A doctor usually **circumcises** a baby boy right after birth.
의사는 대개 남자아기가 태어나자마자 바로 포경수술을 한다.

rol, rot [L] : 1. roll 구르다 2. scroll 두루마리 3. wheel 바퀴

control
cont(=contra:against)+
rol(=scroll, record)
: 두루마리 기록과 대조함*

n.지배, 통제, 억제, 제어, 조절 vt.1.지배[통제, 조절]하다 2.억제[저지]하다
Now our military is in full **control** of emergency situation.
이제 우리 군대는 긴급상황에 대해 완벽히 통제하고 있다.
She was so angry that she couldn't **control** herself.
그녀는 너무 화가 나서 자제할 수 없었다.
*두루마리로 된 사본기록과 대조하여 장부나 서류를 점검하던 중세적 방법에서 유래.

enroll, -rol
en(=put in)+rol(=scroll)
: 두루마리에 기입함

vt.1.등록하다(register), 입학시키다, 명부에 올리다 2.기록[기재]하다(record)
vi.입학[등록]하다

enrollment ⓝ등록, 입학, 입대
After the policy change, she hurried up to **enroll** her child before the opening of the school.
정책변경 후, 그녀는 개학 전에 아이를 빨리 등록시키려고 서둘렀다.

scroll [F]
: roll of paper의 뜻에서

n.1.두루마리, 족자, 소용돌이 무늬 2.일람표, 명단 3.〈컴〉 스크롤
vt.vi.1.〈컴〉스크롤하다 2.돌돌 말다
She **scrolled** through the screen to find out necessary information.
그녀는 필요한 정보를 찾기 위해 화면을 스크롤했다.

payroll
pay+roll(=scroll, record)
: 임금기록표

n.1.급여대상자 명단, 급여총액, 임금대장 2.종업원 명부, 종업원수 토익
Our company has 300 people on the **payroll**.
우리 회사의 종업원수는 300명이다.
***payroll** cost: 인건비

corollary
co(=together)+roll+ary(명접) : 함께 굴러 감

n.(필연적) 결과, 당연한 귀결 공7, 편입
The price rise was an inevitable **corollary** of the reduction in labor supply.
가격 상승은 노동공급의 감소로 인한 불가피한 결과였다.

roller
roll(구르다)+er(명접)
: 굴리는 것

n.1.롤러, 굴림대 2.큰 파도, 큰 놀

roller coaster ⓝ롤러 코스트 ⓐ기복이 심한, 파란만장한 ⓥⓘ오르락내리락하다
She has been on an emotional **roller coaster** since she dated with him.
그와 사귄 이후 그녀는 감정적으로 큰 기복을 겪고 있다.

rollover
roll(구르다)+over(위)
: ~위로 구르다

n.1.(부채 상환의) 연장, 차환, 롤오버 2.(자동차의) 전복, 전락 토플
Many passengers were seriously injured in the **rollover** accident.
전복사고로 많은 승객들이 심하게 부상당했다.

rotate
rot(=wheel)+ate
: 바퀴처럼 돌다

vt.1.회전[순환]시키다(revolve) 2.교대로 근무시키다(alternate)
vi.회전[순환]하다, 교대 근무하다

rotation ⓝ1.회전, 선회, (천체의) 자전 2.교대, 윤번 토익
rotary ⓐ회전[선회]하는, 도는 ⓝ환상環狀교차로, 로터리
Our employees **rotate** around several divisions during their careers in our company.
우리 직원들은 회사에서 경력을 쌓는 동안 여러 부서로 순환 근무한다.
In an emergency when export orders had to be met, we used to work 24 hours in **rotation**.
수출주문을 맞춰야 하는 비상 시에는 교대로 24시간 일하기도 했다.

volv [L] : roll 구르다, 말다, 돌다 ◆변형 : volu, volt

involve
in(=inward)+volve(=roll)
: 안쪽으로 말다

vt.1.포함[수반]하다 2.관계[관련]시키다, 연루[연좌]시키다 3.몰두하다 4.참여[관여]하다 토익

involvement ⓝ1.관련, 개입, 연루 2.곤란한[성가신] 일
Stock investment **involves** risk.
주식 투자는 위험을 수반한다.
I don't want to get **involved** in that issue.
나는 그 논쟁에는 관여하고 싶지 않다.

evolve
e(=ex:out)+volve(=roll)
: 바깥으로 굴러 퍼지다

vt.1.서서히 발전[전개, 변화]시키다 2.〈생물〉진화시키다 vi.진화[발달, 발전]하다

evolution ⓝ진화(론), 발전, 전개
A lot of animals have **evolved** to get unique defenses against predators.
많은 동물들이 포식자에 대해 독특한 방어수단을 갖도록 진화했다.
We must have an opportunity for **evolution** rather than revolution.
우리는 혁명보다는 발전을 위한 기회를 가져야 한다.

revolve
re(=again)+volve(=roll)
: 계속 돌다, 회전하다

vi.회전[선회, 운행, 순환]하다(rotate) vt.회전[운행]시키다, 궁리[숙고]하다

revolving ⓐ회전하는 ***revolving** door : 회전문 **revolving** fund : 회전자금

Many artificial satellites **revolve** around the earth.
많은 인공위성들이 지구 주위를 돌고 있다.

devolve
de(=off)+volve(=roll)
: 떨어져 구르다

vt.1.(남에게) 양도하다, 맡기다 vi.(재산 등이) 이전되다, 맡겨지다

The king will **devolve** power to the people in due course.
왕은 권력을 국민에게 정당한 절차를 거쳐 양도하려 한다.

volume
volu(=roll)+me(어미)
: 둘둘 말아놓은 것

n.1.부피, 용량, 용적(quantity) 2.책, 서적 3.다량, 다수 4.음량, 볼륨

voluminous ⓐ1.부피가[용적이] 큰(bulky), 방대한(copious) 2.다작의

Could you turn down the **volume** a little on the TV?
TV 볼륨을 약간 낮춰줄래요?
The export of smartphones continues to grow in **volume**.
스마트폰 수출량이 계속 크게 증가하고 있다.

revolt [F]
: re(=back)+volt(=roll)
: 거꾸로 돌다, 반역하다

n.1.반란, 폭동(rebellion) 2.반감, 혐오
vi.반란[폭동]을 일으키다, 반역하다(rebel), 반항[반발]하다 공9

The peasants rose in **revolt** against the landowner.
소작인들이 지주에 대항해 들고 일어났다.

revolution
re(=back)+volu(=roll)+tion(명접) : 거꾸로 돌림

n.1.혁명, 격변, 대변혁 2.회전, 순환, 주기

revolutionary ⓐ혁명의, 혁명적인, 대변혁의 ⓝ혁명가

The most radical **revolutionary** will become a conservative the day after the **revolution**. - Hannah Arendt, *Crises of the Republic*
가장 과격한 혁명가가 혁명이 성공한 바로 다음날부터 보수주의자로 변할 것이다.

vers, vert [L] : turn 돌다, 돌리다 ◆변형 : vorc

vers는 vert의 p.p형 어근이다. 그리고 '분리, 이혼'을 뜻하는 라틴어 어근 vort(vert의 변형)가 불어에 들어와 vorc로 변해 영어에 유입되었다.

verse
vers(e)(=turn)
: 글을 돌려 운율(rhyme)을 맞춤

n.1.운문, 시 ⓑ prose 산문(체) 2.(시의) 연, (노래의) 절

He expressed his feelings and ideas in **verse**.
그는 느낌과 착상을 시로 표현했다.

version
vers(=turn)+ion(명접)
: 돌린[바뀐] 것

n.1.변형, 개작, 버전, 판版 2.번역, 이설, 견해

I have bought an updated **version** of the writer's bestselling novel.
나는 그 작가의 베스트셀러 소설 최신개정판을 샀다.

diverse
di(=disperse)+
verse(=turn)
: 흩어져 돌아가는

a.다양한(various), 제 각각의

diversity ⓝ다양성, 상이(점)(variety)

diversify ⓥⓣ다양화[다각화]하다, 분산시키다 ⓥⓘ다양해지다 토익

Diverse ideas on the issue were expressed during the discussion.
그 쟁점에 대한 다양한 아이디어들이 토론에서 표출되었다.

The company attempts to spread its risks by **diversifying** into other sectors.
그 회사는 다른 분야로 사업을 다각화해서 위험을 분산하려고 한다.

converse[1]
con(강조, intensive)+
verse(=turn) : 완전히 돌린

a.거꾸로의, 정반대의(opposite) n.반대, 역, 〈수학〉역명제

Logically speaking, the **converse** is not always true.
논리적으로 말하면, 역이 항상 옳은 것은 아니다.

converse[2]
con(=with)+verse(=turn
repeatedly) : 함께 반복해서
돌다

vi.이야기하다, 대화하다, 의견을 나누다

conversation ⓝ대화, 회화, 회담

At the start of the new semester, I **conversed** with my friends about the new curriculum.
신학기가 시작될 무렵 나는 새 교과과정에 대해 친구들과 의견을 나누었다.

reverse
re(=back)+verse(=turn)
: 거꾸로 돌리는

vt.1.거꾸로 하다, 뒤집다(invert) 2.파기하다, 취소하다(annul)
vi.거꾸로 돌다, 반대로 움직이다, 역진[후진]하다 a.1.거꾸로의, 반대의 2.뒤의, 배후의
n.역, 반대, 후진, 뒤 토익

irreversible: ir(=in: not)+reversible ⓐ1.되돌릴[뒤집을] 수 없는(irrevocable)
2.취소[철회]할 수 없는 공9

He had been found guilty but the judges in the appeal court **reversed** the decision.
그는 유죄판결을 받았으나 항소심에서 판사는 판결을 뒤집었다.

Advantage points for women can be **reverse** discrimination against men.
여성에 대한 가산점은 남성에 대한 역차별이 될 수 있다.

His head injury in the crash may cause **irreversible** brain damage.
충돌 사고에 의한 그의 머리 부상이 돌이킬 수 없는 뇌손상을 유발할지 모른다.

universe
uni(=one)+verse(=turn)
: 하나가 되어 도는

n.우주(cosmos), 만유, 삼라만상

universal ⓐ1.보편적[일반적]인 2.만국[만인]의 3.우주의, 만물의

university ⓝ(종합)대학교

Somewhere in the **universe** there might be another world like the earth.
우주 어딘가에 지구와 같은 세계가 있을지 모른다.

Music is the **universal** language of mankind. 음악은 인류의 보편적 언어다.

versatile
versat(=turn, pp형)+
ile(형접 : ~하기 쉬운)
: 바꾸기 쉬운

a.1.다재다능한, 만능의, 융통성 있는(many-sided, all-round) 2.다용도의, 다목적의
3.변덕스러운, 변하기 쉬운 공9, SAT

I had no idea that the player was so **versatile** enough to play in any position along the attacking line.
나는 그 선수가 공격진의 어느 포지션에서나 플레이할 수 있는 그런 다재다능한 선수인지 몰랐다.

adverse
ad(=to)+verse(=turn)
: ~쪽으로 방향을 바꾸다

a.1.반대의, 불리한, 부정적인 2.불운한, 역경의 토익

adversary ⓝ적, 반대자, 상대편 ⓐ적[적수]의, 〈법〉당사자의

adversity ⓝ역경, 불운(plight) 편입

This medicine had an **adverse** effect on my wife's health.
이 약은 내 아내의 건강에 역효과가 났다.

In prosperity our friends know us but in **adversity** we know our friends. -John Collins
잘나갈 때는 친구들이 우리를 알지만, 역경에 처할 때는 우리가 친구를 알 수 있다.

advertise [F]
ad(=toward)+vert(=turn)+ise(동접)
: ~을 향해 주의를 돌리다

vt.vi.광고[선전]하다(tout), 홍보하다 토익

advertising ⓝ광고(업) ⓐ광고의, 광고에 관한

advertisement ⓝ광고, 선전

The Internet site is a very suitable place to **advertise** our new product.
그 인터넷 사이트는 우리 신제품을 광고하기에 아주 적합하다.

In our factory we make lipsticks, but in our **advertising** we sell hope.
공장에서는 립스틱을 만들지만, 광고할 때는 희망을 판다고 선전한다.

For an aggressive marketing campaign, we will budget a 30% increase in **advertisement** next year.
공격적인 마케팅 활동을 위해 우리는 내년에 광고 예산을 30% 증액해서 편성할 것이다.

convert
con(강조, intensive)+vert(=turn)
: 완전히 돌려 개종시키다

vt.1.전환[변환, 개조]시키다(transform) 2.개종[개심]시키다 3.〈금융〉차환[태환, 환산]하다
vi.전환[전향, 개종]하다

convertible ⓐ1.바꿀 수 있는, 변환[전환]될 수 있는 2.개종[전향]시킬 수 있는 토익

conversion ⓝ1.전환, 변환 2.개종, 전향, 변절 3.차환, 태환, 환전

The sofa in the living room **converts** into a bed.
거실에 있는 소파는 침대로 변환된다.

A few days ago, I treated myself to a newest **convertible** car.
며칠 전에 나는 큰 맘 먹고 최신형 컨버터블 차를 샀다.

pervert
: per(=completely)+vert(=turn) : 완전히 뒤틀다

vt.1.왜곡하다, 비뚤어지게 하다 2.오용[악용]하다 3.그르치다, 타락시키다
n.1.배교자, 변절자 2.성도착자, 변태성욕자

perverse ⓐ1.비뚤어진, 삐딱한 2.고집 센, 심술궂은 3.그릇된, 성도착의 공7

perversion ⓝ1.왜곡, 곡해 2.악용, 타락 3.성도착

He feels **perverted** pleasure in watching others suffer.
그는 타인이 고통 받는 것을 보는데서 도착적인 기쁨을 느낀다.

When I heard the whole story as it happened, I felt a **perverse** obstinacy rise up in my mind.
그 일의 자초지종을 들었을 때 내 마음 속에서 삐딱한 고집이 올라오는 것을 느꼈다.

divert
di(=aside)+vert(=turn)
: 딴 데로 돌리다

vt.1.전용[유용]하다 2.돌리다, 우회시키다 3.기분전환 시키다 공7

She was caught **diverting** public money into her own pockets.
그녀는 공금을 개인적으로 유용하다가 발각되었다.

Traffic had to be **diverted** to other roads due to an accident.
사고로 교통 흐름은 다른 도로로 돌려져야 했다.

subvert

sub(=under)+vert(=turn)
: 아래에서 뒤집다

vt.1.전복[타도]하다(overthrow, overturn), 파멸[몰락]시키다 2.부패[타락]시키다

subversive ⓐ전복시키는, 뒤엎는, 파괴하는 ⓝ파괴분자(terrorist) SAT, 편입

A group of intellectuals schemed to **subvert** the current regime.
일단의 지식인들이 현 체제를 전복하려고 계획을 꾸몄다.

What was once considered **subversive** becomes mainstream in some cases.
한 때는 체제 전복적이라고 여겨졌던 것도 어떤 경우에는 주류가 된다.

inadvertent

in(not)+ad(to)+
vert(turn)+ent(형접)
: 의도적으로 방향을 틀지 않은

a.1.고의가 아닌, 의도하지 않은(unintentional), 우연의(accidental) 2.부주의[경솔]한

inadvertently ⓐⓓ무심코, 우연히, 부주의로 고시

Fleming **inadvertently** left a culture dish on a window sill and discovered penicillin.
플레밍은 창문 턱에 우연히 배양접시를 남겨두었다가 페니실린을 발견했다.

vertigo

'머리 속이 빙글 돌다'에서

n.어지러움, 현기증(dizziness), 혼란 편입

She suffered from **vertigo** when she arrived at the top of the cliff.
절벽 꼭대기에 도달했을 때 그녀는 현기증으로 고통스러웠다.

introvert

intro(=to the inside)+
vert(=turn)
: 안쪽으로 향하다

n.a.내성[내향]적인 (사람)

introverted ⓐ내성[내향]적인 법원9

While the man is **introvert**, his wife is very extrovert.
그 사람은 내성적이지만, 그의 아내는 아주 외향적이다.

extrovert

extro(=outside)+
vert(=turn)
: 바깥으로 향하다

n.a.외향적인 (사람) 공9

extroverted ⓐ외향적인

He is **extrovert** and interesting but sometimes the joker in the pack.
그는 외향적이고 재미있지만 가끔은 예측불허의 인물이다.

divorce

di(=dis:apart)+
vorc(e)(=turn)
: 떨어져 따로 돌다

n.이혼, 분리, 결별 vt.~와 이혼하다, 이혼시키다, 분리하다 vi.이혼하다

After her **divorce**, she fell into a severe depression.
이혼 후 그녀는 심한 우울증에 빠졌다.

Unit 6. 무엇이든 이름(nom/onym)을 불러야(voc) 폼(form)잡고 네 앞에 온다(vent).

nom, nomin [L] : name 이름

nominal
nomin(=name)+al(형접)
: 이름의

a.1.이름만의, 명목상의, 기명記名의 2.아주 적은 3.〈문법〉명사의, 명사적인 경찰
The old man is only the **nominal** head of this firm.
그 노인은 단지 이 회사의 명목상 대표다.

nominate
nomin(=name)+ate(동접)
: 이름 부르다

vt.지명하다(designate), 임명하다(appoint)

nomination ⓝ지명, 임명(권), 추천(권) 토익

nominee ⓝ1.지명[임명, 추천]된 사람, 후보 2.수취인, 수령 명의자

The players **nominated** John as captain.
선수들은 John을 주장으로 지명했다.
Just as everyone expected, the ruling party's leader became a presidential **nominee**.
모두의 예상대로 여당 대표가 대통령 후보가 되었다.

denominate
de(=apart)+nomin(=name)+ate(동접)
: 따로 이름 짓다

vt.~에 이름을 붙이다, 명명하다, 부르다

denomination ⓝ1.명명, 명칭 2.계급, 파派 3.(화폐, 증권 등) 액면가

The syndicate loan is **denominated** in US dollars.
은행 협조융자는 미국 달러화 표시로 되어있다.

nomenclature
nomen(=name)+clat(=call)+ure(명접)
: 이름을 부름

n.1.(학술적) 명명법, 학명 2.일람표, 목록
The **nomenclature** of human being is Homo sapiens.
인간의 학명은 호모 사피엔스다. *Homo sapiens=wise man

binomial
bi(=two)+nomial

n.a.이명법(의), 이항식(의)
multinomial=polynomial n.a.다항식(의)
Contrary to my expectation, the outcome data didn't follow the **binomial** distribution.
내 예상과 달리 산출된 데이터는 이항분포를 따르지 않았다.

onym [Gk] : name 이름

어근 onym은 대체로 단어의 의미와 철자와 관련된 전문적 영역에 국한해서 쓰인다.

synonym
syn(=same)+onym(=name) : 같은 이름

n.1.동의어, 유의어 2.별명, 별칭, 이명
English has a great deal more **synonyms** than any other language.
영어는 다른 어떤 언어보다 동의어가 훨씬 더 많다.

antonym
anti(=opposite)+onym (=name) : 반대되는 이름

n.반의어, 반대어
The word is not a precise **antonym**, though it is somewhat close in meaning.
그 단어는 비록 의미 상으로는 근접하지만 정확한 반대어가 아니다.

anonym
an*(=without)+onym (=name) : 이름이 없음

n.1.익명, 가명　2.작자 불명의 저작
The use of **anonyms** is not very unusual in literature, especially in poetry.
문학 특히 시문학에서 익명을 사용하는 것은 아주 드문 현상이 아니다.

* *접두사 a-가 모음 앞에서 n이 덧붙여져 an-이 됨.

anonymous
anonym+ous(형접)

a.익명의, 작자 미상의 공9, 토익
The donor wanted to remain **anonymous**.
기증자는 익명으로 남길 원했다.

pseudonym
[sú:dənim]
pseudo(=false)+ onym(=name) : 거짓 이름

n.가명, (작가의) 필명, 아호 토플
She has written novels under a **pseudonym**.
그녀는 필명으로 소설을 써 왔다.

homonym
homo(=same)+onym (=name)

n.동음이의어
ex) ate/eight　by/bye/buy　meet/meat　way/weigh

acronym
acro(=top)+onym(=name)

n.두문자어(첫 글자만 따서 쓴 단어) 공7, SAT
ex) UN, NATO, NASA, AIDS
UFO is an **acronym** for Unidentified Flying Object.
UFO는 미확인 비행물체의 머리글자로 된 말이다

voc, voke [L] : 1. call 부르다　2. voice 목소리, 음성

vocal
voc(=voice)+al(형접) : 목소리의

a.목소리의, 음성의, 모음의　n.보컬, 성악곡
I like instrumental music better than **vocal** music.
나는 성악보다 기악을 더 좋아한다.

vocation
voc(a)(=call)+tion(명접) : 신의 부르심

n.1.천직, 소명　2.직업, 생업

vocational ⓐ직업[업무]상의

avocation: ab(=ab: away from)+vocation ⓝ부업, 취미, 여가활동

He regards teaching as his **vocation**. 그는 가르치는 일을 자신의 천직으로 여긴다.
His vocation is writing, his **avocation** is running.
그의 직업은 글쓰기며, 취미는 달리기다.

vocabulary
'list of words'의 뜻에서

n.어휘, 용어범위, 단어집

You ought to improve your **vocabulary** to become a fluent speaker.
유창하게 말하기 위해서는 너의 어휘실력을 향상시켜야 한다.

vociferous
voci(=voice)+fer(=carry)+ous(형접)
: 소리를 날라대는, 시끄러운

a.1.큰 소리로 외치는, 떠들썩한 2.귀찮은, 성가신(irritable) 고시, SAT

The referee asked a video review on the goal because there were **vociferous** appeals from the head coach and the home fans.
심판은 감독과 홈팬들의 떠들썩한 항의 때문에 그 골에 대해 비디오 판독을 요청했다.

advocate
ad(=to)+voc(=call)+ate(동접)
: ~에 유리하게 외치다

vt.1.옹호[지지, 변호]하다 2.주장[주창]하다 n.옹호[지지, 대변]자, 변호사

The opposition party **advocated** an immediate tax increase.
야당은 즉각적인 증세를 지지했다.

evoke
e(=ex:out)+voke(=call)
: 바깥으로 불러내다

vt.일깨우다, 환기시키다, 자아내다 편입

The old photo **evoked** memories of my childhood.
오래된 사진이 내 어린 시절의 기억을 환기시켰다.

invoke
in(=in, into)+voke(=call)
: 안쪽으로 부르다

vt.1.빌다, 염원하다 2.부르다, 호소하다, 의지하다 3.(프로그램 등을) 불러오다, 작동시키다 공9

She **invoked** her right to remain silent during the examination.
그녀는 조사하는 동안 묵비권을 행사했다.

provoke
pro(=forth)+voke(=call)
: 앞으로 불러내다

vt.1.자극[선동]하다, 유발하다 2.화나게[짜증나게] 하다 공9

provocative ⓐ1.도발[자극]하는 2.화나게 하는, 약올리는

provocation ⓝ도발, 자극, 화나게 함

The article **provoked** widespread debates on the role of government.
그 기사는 정부의 역할에 대한 광범위한 논쟁을 유발했다.

revoke
re(=back)+voke(=call)
: 뒤로 불러내다

vt.1.취소하다(cancel), 폐지하다(abolish) 2.철회하다(withdraw), 무효로 하다 고시, 공9

revocable ⓐ취소[해제, 폐지, 무효화]할 수 있는

irrevocable ⓐ취소[변경]할 수 없는, 돌이킬 수 없는 편입, SAT

His driving license has been **revoked** due to drunk driving.
음주운전으로 그의 운전면허가 취소되었다.

Her decision is **irrevocable** now once she has signed the contract on that condition.
일단 그런 조건으로 계약서에 서명했다면 지금은 그녀의 결정을 돌이킬 수 없다.

vowel [F]
: vow(=voice)+el(어미)

n.모음 ㉥ consonant 자음

Hangul has 10 **vowels** and 14 **consonants** .
한글은 10개의 모음과 14개의 자음으로 되어있다.

form [L] : form, shape 모양, 형상, 형태

라틴어 forma에서 유래된 어근으로 '형상, 형식, 방식'의 뜻으로 쓰이며 특히 접두사를 앞에 붙여 다양한 비유적·추상적 의미의 동사를 만든다.

inform

in(=into)+form
: 인식 속에 형상 짓다

vt.알리다, 통지[통보]하다　　vi.정보를 제공하다

information ⓝ정보, 지식, 통지, 전달

I **informed** her of my schedule by email.
그녀에게 내 일정을 이메일로 통지했다.

Please **inform** me where to go shopping this weekend.
이번 주말에 어디로 쇼핑갈지 좀 알려줘.

We sometimes suffer from **information** overload. 우리는 가끔 정보과잉에 시달린다.

perform

per(=completely)+form
: 완전히 모양을 만들다

vt.vi.1.실행[이행, 수행]하다, 성취하다　2.연기[연주]하다, 상연하다

performance ⓝ1.실행, 수행, 성취　2.성과, 성적　3.연기, 연주, 상연

A senior doctor safely **performed** the difficult operation.
한 고참 의사가 어려운 수술을 안전하게 해냈다.

The final winner of the piano competition had the opportunity to **perform** concerts in the world's major cities.
피아노 대회의 우승자는 전 세계 주요 도시에서 연주할 기회를 가졌다.

Her **performance** in the exam is not very good.
그녀의 시험성적은 아주 좋지는 않다.

conform

con(=together)+form
: 함께 모양을 만들다

vi.따르다, 순응하다, 합치하다　　vt.일치시키다, 순응[조화]시키다

conformity ⓝ1.따름, 동조　2, 부합, 일치(accord) 편입, 고시

Your clothes should **conform** to the school regulation.
너의 복장은 학교 규정을 따라야 한다.

transform

trans(=across, change)+form : 모양을 바꾸다

vt.변형[변모]시키다, 바꾸다, 전환하다　　vi.바뀌다, (형상, 성질 등이) 변질[변형]하다

transformation ⓝ변형, 변질, 변환, 변태

The landfill has been **transformed** into a great citizen's park.
그 매립지는 대규모 시민공원으로 변모했다.

reform

re(=again)+form
: 다시 모양을 만들다

vt.개혁[혁신, 개정]하다　　vi.개혁[개선]되다　　n.1.개혁, 혁신, 쇄신　2.교정, 감화

reformation ⓝ개혁, 혁신, 개선

Our president has put educational **reform** at the top of his agenda.
우리 대통령은 교육개혁을 최우선 과제로 삼고 있다.

uniform

uni(=one)+form
: 하나의 모양으로

a.똑 같은, 동형의, 획일적인　　n.제복, 유니폼

The military **uniform** fits you well.
군복이 네게 잘 어울린다.

deform
de(=down)+form
: 모양을 아래로[흉하게]하다

vt.추하게[볼품없게]하다, 불구로 하다　vi.추해지다, 변형되다

deformed ⓐ흉한, 기형의, 불구의　**deformation** ⓝ추함, 기형, 변형

deformity ⓝ기형, 결함, 신체장애자

A big tumor below his ear **deformed** his face.
귀 밑에 큰 종양으로 인해 그의 얼굴이 뒤틀어졌다.

formal
form+al(형·접)
: 형식[방식]대로

a.1.형식[공식, 표면]적인　2.격식 차린, 의례적인　3.모양의, 외형의
4.정식의, 정규의　㉹ informal

formation ⓝ형성, 형태, 구성, 구조

You must wear a **formal** dress at the dinner party.
너는 만찬파티에 정식 드레스를 입어야 한다.
All words have their own history of **formation**. 모든 단어는 자체의 형성된 역사를 가진다.

formalize
formal+ize(동·접)
: 모양[형식]대로 만들다

vt.공식화[정식화]하다, 형식을 갖추다

Such private financings need to be **formalized** by law.
그러한 사금융들은 법으로 공식화되어야 한다.

formula
form+ula(=small) : 작은 형식

n.1.상투적인[판에 박힌] 문구　2.공식, 식　3.방식, 법칙, 제조법

format ⓝ 1.(책 등의) 판형, 체재, 전체 구성　2.〈컴〉포멧, 형식

An employee has stolen the secret **formula** for the new drink.
한 직원이 새 음료의 제조비법을 훔쳤다.
The writer wants to reissue his book in a new **format**.
작가는 책을 새로운 판형으로 다시 발행하길 원한다.

vent, ven [L] : come 오다, come out 나오다

"Veni, vidi, vici: (나는) 왔노라, 보았노라, 이겼노라."
로마제국의 영웅 캐사르(Caesar. B.C.100-B.C.44)가 소아시아를 평정하고 원로원에 보낸 승전보는 간명한 이 한 줄 문장이다. 영어에서, 철자 [V]로 시작하거나 [V] 앞에 접두사가 붙은 모든 단어는 한 두 개의 예외를 제외하고 다 라틴어에서 왔다.

adventure
ad(=to)+vent(=come)+ure(명·접)
: 우연히 다가오는 것

n.1.모험(심), 도전　2.뜻밖의[희한한] 사건, 진기한 경험　3.대담한 기획, 행동
vi.위험을 무릅쓰다, 감행하다, 대담하게 착수[시도]하다　vt.(목숨을) 걸다, 감행하다

adventurous ⓐ모험적인, 대담한

Only a spirit of **adventure** can open the door to a new world.
오직 모험심만이 새로운 세계로 향하는 문을 열 수 있다.

venture
adventure에서ad가 없어진 변형

n.1.모험, 모험적 사업[기업, 시도]　2.투기(의 대상)
vt.vi.1.위험을 무릅쓰고 ~하다, (생명, 재산 등을) ~에 걸다　2.모험[감행]하다, 감히 말하다

The **venture** fund invests into some startup companies in Silicon Valley.
그 모험기금은 실리콘 밸리의 신생기업들에 투자하고 있다.
He hardly dared to **venture** a different opinion on the new business.
그는 신규사업에 대해 감히 다른 의견을 말하지 못했다.

advent
ad(=to)+vent(=come)
: 중요한 것의 출현

n.출현, 도래, 강림 토플
The **advent** of the Internet and the smartphone has **completely** changed our life.
인터넷과 스마트폰의 출현은 우리의 생활을 완전히 바꿔 놓았다.

circumvent
circum(=around)+vent(=come) : 빙 둘러가다

vt.1.우회하다, 회피하다(avoid) 2.피해[둘러]가다 3.포위하다, 함정에 빠뜨리다 고시
Her lawyer came up with a new idea to **circumvent** the legal barrier.
그녀의 변호사는 법적 장애를 피해갈 수 있는 새로운 아이디어를 안출했다.

invent
in(=upon)+
vent(=come out)
: 우연히 떠오르다

vt.1.발명[창안, 고안]하다 2.꾸며내다, 날조[조작]하다

invention ⓝ1.발명(품) 2.꾸며낸 일, 날조
inventive ⓐ발명의, 독창적인 **inventor** ⓝ발명가, 고안자
History began only when letters were **invented** and things were recorded.
문자가 발명되고 사건이 기록되면서 드디어 역사가 시작되었다.
The **inventor** has gained wealth and fame through his **inventions**.
그 발명가는 발명을 통해서 부와 명성을 얻었다.

prevent
pre(=ahead)+
vent(=come out)
: 앞서 나와 막다

vt.1.막다, 방해하다 2.예방[방지]하다, 지키다 vi.방해가 되다[생기다]

prevention ⓝ1.저지, 방해 2.예방, 방지
preventive ⓐ예방적인, 저지[방해]하는 ⓝ예방법[책], 방해물
His elbow injury **prevented** him from playing golf.
그는 팔꿈치 부상으로 골프를 칠 수 없었다.
Preventive measures are much better than cures to overcome the deadly virus.
그 치명적 바이러스를 물리치기 위해선 예방책이 치료보다 훨씬 낫다.

event
e(=ex:out)+vent(=come)
: 밖으로 나와 나타난 것

n.1.사건(incident), 사고 2.행사, 이벤트 3.(경기) 종목, 한판

eventual ⓐ최후의(final), 궁극적인(ultimate), 결과로서 일어나는(consequent)
eventually ⓐⓓ결국, 드디어, 마침내(finally, at last, in the end)
eventful ⓐ다사다난한, 파란 많은
The **event** was organized to promote sales of the new products.
그 행사는 신상품의 판매를 촉진시키기 위해 개최되었다.
Eventually, our team became an **eventual** winner of the tournament.
마침내 우리 팀이 선수권대회의 최종 승자가 되었다.
It has been a very **eventful** year with so many good and bad **events**.
좋은 일 나쁜 일이 가득한 아주 다사다난한 해였다.

contravene
contra(=against)+
vene(=come)
: 반대로 오다

vt.1.(법·규정 등) 위반[위배]하다 2.모순되다, 충돌[반대]하다 vi.위반행위를 하다 SAT

contravention ⓝ1.위반, 위배, <법>경범죄 2.반대, 반박
The franchise company **contravened** labour law by using agency workers.
그 가맹점 회사는 파견근로자를 사용함으로써 노동법을 위반했다.

intervene
inter(=between)+
vene(=come)
: 사이에 들어오다

vi.1.개입하다, 끼어들다 2.방해하다 3.중재[간섭]하다

intervention ⓝ1.조정, 중재 2.개입, 간섭 공7

The government **intervened** in markets for monetary stability.
정부는 통화안정을 위해 시장에 개입했다.

ventilate
ventil(=come out)+
ate(동·접)
: 바람이 나오게 하다

vt.통풍하다, 환기하다

ventilation ⓝ통풍, 유통, 환기(장치)

Every morning I open the window wide and **ventilate** my room.
나는 매일 아침 창문을 활짝 열고 방을 환기시킨다.

convention
con(=together)+
vent(=come)+ion(명·접)
: 함께 와서 모임

n.1.집회, 대회, 총회 2.협정(agreement) 3.관습, 관례, 인습 토익

conventional ⓐ1.전통[관습]적인 2.틀에 박힌, 진부한 3.약정[협정]의 SAT, 편입

The president is expected to give an address at the party **convention**.
대통령이 전당대회에서 연설할 예정이다.

It is a **convention** to wear black at a funeral.
장례식에서 검은 옷을 입는 것은 관습이다.

You can't beat the strong rival with **conventional** methods.
틀에 박힌 방법으로는 강한 경쟁자를 물리칠 수 없다.

convenient
con(=together)+veni
(=come)+ent(형·접)
: 함께 오가는

a.편리한, 사용하기 좋은, 가까운 ⓑ inconvenient

convenience ⓝ편리, 편익, 이기利器, 편리한 것 토익 ⓑ inconvenience

On line shopping at home is very **convenient** to buy necessities.
집에서 온라인으로 생필품 구입하는 것은 아주 편리하다.

Please text me at your **convenience**.
편한 때에 저에게 문자 주세요.

revenue
re(=back)+ven(=come)+
ue(어미) : 되돌아 오는 것

n.수입, 수익, 세입 토익

Shipbuilding is this island's main source of **revenue**.
조선업은 이 섬의 주 수입원이다.

avenue [F]
: a(=ad:to)+ven
(=come)+ue(어미)
: ~쪽으로 오는 길, 접근로

n.1.대로, 가로, ~가街(약어: Ave.) 2.수단, 방법, 길

This city made a bike lane along 11th **Avenue**.
11번가를 따라 시에서 자전거 길을 만들었다.

souvenir [F]
: sou(=sub:up from
below)+venir(=come)
: 마음 밑에서 올라오는 추억

n.기념품, 토산물, 선물

I bought some key chains as **souvenir** of Rome.
나는 로마 여행의 기념품으로 열쇠고리를 좀 샀다.

Review Test 2

a. atmosphere	b. flippant	c. souvenir	d. versatile	e. glance
f. sprawl	g. wobble	h. slander	i. nutrient	

◆ **From the box above, choose the word that corresponds to each definition below.**

1 able to adapt or be adapted to many different functions or activities

2 give a quick short look

3 spread out over a large area in an untidy or irregular way

4 move unsteadily from side to side

5 a substance that provides nourishment essential for the maintenance of life and for growth

6 the air that you breathe in a place

7 something that is kept as a reminder of a person, place, or event

8 not serious about a serious subject, in an attempt to be funny or to appear clever

9 a false and malicious spoken statement

◆ **Choose the one that is closest in meaning to the highlighted word in each sentence.**

10 The people on this island are **dwindling** in number. 고시

① increasing slowly ② decreasing slowly ③ growing angry
④ moving here and there ⑤ becoming more and more

11 Many jobs appeared with the **advent** of the automobile.

① merit ② venture ③ invention ④ coming ⑤ support

12 The **ingenious** child had no problem answering the questions. 공9

① naive ② tenacious ③ sensible ④ preliminary

13 Tobacco is one of the **indigenous** plants which the early explorers found in this country. 고시

① natural ② native ③ fragrant ④ beneficial ⑤ harmful

14 The team members had no hesitation in **nominating** him as captain.

① acknowledging ② agreeing ③ persuading ④ naming ⑤ recommending

15 The political situation has **degenerated** into a confused mess. 토플

① turned ② advanced ③ fluctuated ④ trembled ⑤ deteriorated

16 The president was awakened by a **vociferous** crowd which had assembled on the White House lawn to protest his foreign policies. 고시

① credulous ② conscientious ③ capricious ④ clamorous ⑤ resolute

17 She admitted **conspiring** with her lover to murder her husband. 경찰

① plotting ② colliding ③ reconciling ④ irritating

18 The clash is easing, although **sporadic** gunfire can still be heard. 공9

① noisy ② constant ③ occasional ④ vehement ⑤ frequent

19 Businesses sometimes establish firms in foreign countries to **circumvent** local restrictions. 편입

① solve ② compensate for ③ adjust to ④ avoid ⑤ comply with

20 I was surprised to see how fast the young students could **gobble** their pizza slices.

① digest ② sip ③ absorb ④ devour ⑤ swallow

◆ **Fill in the blank with the proper verb that will best complete the meaning of each sentence.**

① provoked ② pricked ③ evolved ④ diverting ⑤ circulate ⑥ sprawling

21. His perverse ambition drove him to ________ a false rumor on his colleague.

22. Some animals have _______ to camouflage themselves by protective coloring against predators.

23. The public official was caught _______ public money into her personal use.

24. The incident _______ a storm of protest about the present policy on real estate.

25 The new city is rapidly _______ out into the suburbs.

26 She got her hand _______ by a thorn.

Unit 7. 물건은 두고(pose/thes) 사람은 앉아야(sid) 떠돌지(vaga) 않고 한 곳에 머문다(hab, hib).

pose, pone [L] : place, put 두다, 놓다

◆변형 : pound

pone은 '두다, 놓다'란 뜻의 라틴어 동사(ponere)의 어근이고, pose는 이 동사의 과거분사(positus)에서 온 어근이다. 또 불어를 거쳐 영어에 들어 온 어근에 몇 세기 후 철자 d가 첨가되어 pound가 되었다.
원래는 '어떤 자리에 두다'란 뜻이었다가 점차 '어떤 태도를 취하다'란 비유적, 추상적 뜻으로 확대되었다.

pose
pose(=put, place)
: (어떤 자리에)두다

n.1.자세, 포즈 2.마음가짐 3.겉치레, 허식 vi.1.자세[포즈]를 취하다 2.~인 체하다 3.뻐기다, 으스대다 vt.1.자세[포즈]를 취하게 하다 2.제기[주장]하다

At the scene the actress took an erotic **pose** for dramatic impact.
여배우는 그 장면에서 극적 효과를 위해 에로틱한 포즈를 취했다.

position
pose(=put)+ition(명접)
: 적절한 위치에 둠

n.1.위치, 장소, 적소 2.자세 3.입장, 태도 4.지위, 처지, 상태 5.직(job), 직장
vt.위치를 정하다, 두다, 배치하다

Our firm has acquired a dominant **position** in the world market by the groundbreaking new product.
우리 회사는 획기적 신제품으로 세계시장에서 우월적 지위를 획득했다.

Jet fighters have been **positioned** on the border against urgent provocation.
전투기들은 긴급한 도발에 대비해 국경에 배치되었다.

positive
posit(=placed)+ive(형접)
: 자리가 정해진

a.1.명확[분명]한, 확신하는 2.적극[긍정]적인 3.찬성의, 승낙의 4.양성의, 양수의, 플러스의

We should have taken **positive** steps to solve the problem.
우리는 그 문제를 해결하기 위해 적극적인 조치를 취했어야 했는데.

'Are you sure?' '**Positive.**'
'정말이니?' '확실해.'

The athlete got suspended after testing **positive** for banned drugs.
그 육상선수는 금지약물에 대해 양성반응이 나온 후 출전 정지 당했다.

compose
com(=together)+
pose(=put) : 다 함께 놓다

vt.1.구성하다(make up of, consist of), 조립하다 2.작곡하다, 작성[작문]하다 3.(마음을) 가다듬다

composer ⓝ작곡가, 작가 **composure** ⓝ(마음의) 평정, 침착 공9
composite ⓐ혼성[합성]의 ⓝ합성물, 복합물 ⓥⓣ합성하다
composition ⓝ1.구성, 조립 2.작곡, 작문 3.배치, 배합 4.구조, 조성
decompose ⓥⓣ1.분해하다, 부패[변질]시키다 ⓥⓘ분해[부패]되다 공9

The idol group is **composed** of seven members.
그 아이돌 그룹은 7명의 멤버로 구성되어 있다.

I was so excited that I could hardly **compose** my emotions.
나는 너무 흥분해서 감정을 가라앉히기가 어려웠다.

After regaining my **composure**, I could grasp the situation.
나는 평정심을 되찾고 나서야 상황을 파악할 수 있었다.

The criminal completely forged the ID card by using a **composite** picture.
범인은 합성사진을 이용해 신분증을 감쪽같이 위조했다.

depose
de(=down)+pose(=place)
: 아래로 앉히다

vt.1.폐하다, 물러나게 하다, 찬탈하다 2.증언하다(testify) 경찰

The president went into exile after he had been **deposed** by the people's revolt.
대통령은 민중 봉기로 물러난 후 망명했다.

dispose
dis(=apart)+pose(=put)
: 분산해서 놓다

vt.1.배치[배열]하다 2.~할 마음이 내키게 하다 3.~의 경향을 갖게 하다 4.처리하다
vi.(~ of) 처리[처분]하다

disposal ⓝ1.처리, 처분(권), 매각 2.배치, 배열

disposable ⓐ1.처분할 수 있는, 일회용의 2.자유로이 쓸 수 있는 ⓝ일회용품 토익

disposition ⓝ1.배치, 배열 2.처분, 매각 3.기질(temperament), 성질, 성향

We have to safely **dispose** of the used needles.
우리는 사용한 바늘을 안전하게 처분해야 한다.

The old woman left her property at her daughter's **disposal**.
그 노인은 재산을 딸이 마음대로 처분할 수 있게 했다.

I usually wear **disposable** contact lenses instead of glasses.
나는 안경 대신에 보통 일회용 콘택트렌즈를 낀다.

In spite of salary rise, his **disposable** income reduced on account of private education expenses.
봉급인상에도 불구하고, 사교육비로 인해 그의 가처분 소득은 줄었다.

expose
ex(=out)+pose(=place)
: 바깥으로 내놓다

vt.1.드러내다, 노출시키다 2.폭로하다(disclose) 3.경험하게[접하게]하다 토익

exposure ⓝ1.노출, 드러냄 2.탄로, 폭로

exposition ⓝ1.전람회(exhibition), 박람회 2.전시, 진열 3.설명, 해설

Various shameful parts of society were **exposed** by the top official's scandal.
사회의 여러 치부가 고위 관료의 스캔들로 드러났다.

Long term **exposure** to radiation can damage cells and cause cancer.
방사능에 장시간 노출은 세포를 손상시키고 암을 일으킬 수 있다.

impose
im(=in:on)+pose(=put)
: (짐을)위에 놓다

vt.1.도입[시행]하다 2.부과하다, 지우다(force) 3.강제[강요]하다(compel)

We plan to **impose** fat tax on soft drinks to fight the increasing obesity rate.
우리는 증가하는 비만율과 싸우기 위해 탄산음료에 비만세를 도입할 계획이다.

I don't want to **impose** myself on you. 나는 너에게 짐이 되고 싶지 않다.

propose
pro(=forth)+pose(=place)
: 앞으로 내놓다

vt.1.제안[제의]하다(suggest) 2.작정[의도]하다 3.청혼하다, 프러포즈하다
vi.제안하다, 청혼하다

proposal ⓝ1.신청, 제안 2.청혼, 구혼

proposition ⓝ1.제안, 제의 2.과제, 문제 3.명제, 진술 경찰

A few of my friends **proposed** traveling abroad this summer.
몇몇 친구가 이번 여름에 해외여행 갈 것을 제안했다.

A friend of mine got down on his knees and **proposed** to my sister.
내 한 친구가 무릎을 꿇고 내 여동생에게 청혼했다.

Your **proposal** will draw fierce resistance from the opposition group.
당신의 제안은 반대파로부터 맹렬한 저항을 받을 것이다.

suppose
sup(=sub:under)+
pose(=place)
: 아래에 두고 생각하다

vt.1.추측[추정]하다 2.가정[상정]하다(postulate)

supposition
ⓝ1.상상, 추정, 추측 2.가정(assumption), 가설

I **suppose** she will get behind in her payments this month.
나는 그녀가 이 달에는 제 때에 지불하지 못하리라고 추측한다.

You are not **supposed** to park in a handicap zone.
장애인 주차구역에 주차해서는 안됩니다.

*be **supposed** to+[v]: ~하기로 되어 있다, [부정문에서] ~해서는 안 된다

oppose
op(=ob:against)+
pose(=place)
: 대항해서 두다

vt.1.반대하다 2.저항[대항]하다, 대립하다 vi.반대하다

opposite
ⓐ1.반대편의, 맞은 편의, 마주 보는 2.정반대의, 상반되는
ⓝ정반대의 일[말, 사람] ⓐⓓ반대[맞은] 편에

opposition
ⓝ1.반대, 적대, 대립 2.저항, 방해 3.(the ~) 상대방, 반대파, 야당

Many NGOs* **opposed** the Korea-US free trade agreement that the former liberal administration had pushed ahead with.
많은 시민단체들은 이전의 진보적인 정부가 추진했던 한미 FTA를 반대했다.

Their test results were **opposite** to what they had expected.
시험결과는 그들의 기대와는 정반대였다.

*NGO: Non-Governmental Organization 비정부단체, 시민단체

repose
re(=back)+pose(=place)
: 뒤에 자리잡다

n.휴식(rest), 휴양, 평온, 수면 vi.쉬다, 휴식하다, 자다 vt.쉬게 하다, 휴식[휴양]시키다

She **reposed** herself on a sofa over a cup of coffee.
그녀는 커피 한 잔을 마시며 소파에서 휴식을 취했다.

purpose
pur*(=pro:before)+
pose(=place)
: 앞에다 두고 목표 삼다

n.1.목적(objective, aim), 의도(intention) 2.결의, 결단력

The **purpose** of this campaign is to raise the public's awareness about smartphone addiction.
이 캠페인의 목적은 스마트폰 중독에 관해 대중의 자각을 일깨우는 것이다.

It doesn't matter whether it's done on **purpose** or not.
그것이 고의로 행하여진 것인지 아닌지는 중요치 않다.

*pur는 영어 접두사 중 가장 초기 형태의 접두사로서 pro(=before)의 뜻을 가진다. 어휘 발달 과정에서 대부분 pro로 전환되었지만 극히 일부 단어에서만 아직 그대로 남아 있다.

deposit
de(=aside)+
posit(=put, pp형)
: 따로 제쳐두다

n.1.예금, 보증금, 계약금 2.비축 3.맡김, 기탁 4.침전[퇴적]물(sediment)
vt.1.두다, 놓다 2.예금하다, 맡기다 3.침전[퇴적]시키다 vi.놓이다, 침전[퇴적]되다

I've put down a 10% **deposit** to buy an apartment.
나는 아파트를 구입하기 위해 10% 계약금을 걸었다.

Guests are well advised to **deposit** their valuables in the safe of hotel sauna.
손님들은 호텔사우나 금고에 귀중품을 맡기는 게 아주 현명하다.

postpone
post(=after)+
pone(=place) : 뒤로 두다

vt.연기하다, 뒤로 미루다, 늦추다(put off, delay) 토익

I believe the only practicable alternative is to **postpone** the presentation for a week.
실행 가능한 유일한 대안은 발표를 한 주 미루는 수 밖에 없다고 나는 믿는다.

component
com(=together)+
pone(=put)+ent(명접)
: 함께 놓여지는 것

n.구성요소, 성분, 부품　a.구성하는, 성분의 토익
Our company still sees the Internet business as a key **component** of our future growth.
우리 회사는 여전히 인터넷 사업을 미래 성장의 핵심요소로 보고 있다.

exponent
ex(=out)+pone(=put)+ent
: 바깥에 내놓는 자

n.1.주창자,옹호자(advocator)　2.대표적 인물,전형,상징　3.〈수학〉지수
The classical economist was a leading **exponent** of free trade.
그 고전 경제학자는 자유무역의 선도적 주창자였다.

opponent
op(=ob:against)+
pone(=put)+ent(명접)
: 맞서서 놓여짐

n.적수, 맞수, 상대편, 반대자　a.반대의, 적대[반대]하는, 대립하는
A formidable **opponent** drove him into a corner with facts and figures.
무서운 상대방이 정확하고 자세한 정보로 그를 궁지에 몰아 넣었다.

compound
com((=together)+
pound(=put)
: 함께 놓고 섞다

a.합성[혼성]의, 복리의　n.1.합성[화합]물, 합성[복합]어　2.구내, 울안
vt.1.혼합[합성]하다　2.악화[가중]시키다　vi.타협[화해]하다 편입
This **compound** can be molded when hot, but it holds its shape when cold.
이 화합물은 뜨거울 때 주조되지만, 차가울 때 형태가 잡힌다.

thes, them [Gk] : 1. place 두다　2. arrange 배열하다

그리스어에서 온 이 어근은 일상생활이 아닌 학술적 전문용어로 주로 사용되었다.

thesis
thes(=arrange)+sis(명접)
: 의미를 배열함

n.1.학위[졸업]논문(dissertation)　2.주제, 논지
She received her degree by writing a **thesis** on stem cell.
그녀는 줄기세포에 대한 논문을 써서 학위를 취득했다.

hypothesis
hypo(=under)+
thesis(=placing)
: 바탕에 깔고 있는 것

n.1.가설, 가정　2.추정, 전제(premise)　vt.가정하다, 가설을 세우다 편입, 토플
At long last, new research has proved the original **hypothesis**.
마침내 새로운 연구가 본래의 가설을 증명했다.

synthesis
syn(=together)+
thesis(=placing)
: 다 함께 두는 것

n.1.종합, 통합　2.합성, 인조 토플

synthetic ⓐ1.종합[통합]의, 종합적인　2.합성의, 인조의　ⓝ합성물[품]
synthesize ⓥⓥ종합하다, 합성하다
photosynthesis: photo(빛)+synthesis(합성) → ⓝ〈식물〉광합성

Critics comment that her latest novel is a wonderful **synthesis** of reality and fantasy.
비평가들은 그녀의 최신 소설을 현실과 환상의 절묘한 합성이라고 평한다.
Photosynthesis converts light energy to the chemical energy of food.
광합성은 빛 에너지를 영양분이라는 화학 에너지로 바꾼다.

parenthesis
para(=beside)+en(=in)+thesis : 곁에 끼워넣음

n.괄호(bracket), 삽입 어구, 삽화
She enclosed redundant expressions in **parenthesis**.
그녀는 장황한 표현들은 괄호로 묶었다.

theme
'정해서 놓여진 것'의 뜻에서

n.주제(subject), 테마, 논지
Your argument is wandering away from the main **theme**.
너의 주장은 본 주제에서 한참 벗어나고 있다.

sid, sed [L] : 1. sit 앉다 2. settle 자리잡다

◆변형 : sess
'앉다'라는 뜻의 라틴어 동사(sedere)의 어근 sed앞에 접두사가 붙을 때 sid가 된다. 그리고 sess는 sed의 p.p형 어근이다.

reside
re(=back)+side(=sit)
: 뒤로 눌러앉다

vi.1.거주하다, 살다(live, dwell) 2.존재하다, 있다

resident ⓝ1.거주자(inhabitant) 2.레지던트, 전공의 ⓐ1.거주하는, 살고 있는 2.고유의
residence ⓝ1.주소, 주거 2.주재, 거주, 체재 토익
residential ⓐ주거의, 주택의, 주거에 관한
residue[rézədjùː] ⓝ1.잔여[잔류]물, 찌꺼기, 나머지 2.잔여 유산

She **resides** in Rome, but performs around the world.
그녀는 로마에 거주하지만 세계를 누비면서 공연한다.
The local **residents** finally started complaining about the noise.
지역 주민들은 마침내 소음에 대해 불평하기 시작했다.
Even after washing vegetables, some **residue** of farm chemicals can be found.
채소를 씻은 후에도 잔류 농약이 약간 있을 수 있다.

subside
sub(=down)+side(=settle)
: 아래로 자리잡다

vi.1.가라앉다, 진정되다 2.꺼지다, 침하[함몰]하다 3.침전되다

subsidy ⓝ보조금, 장려금
subsidiary ⓐ보조의, 종속적인, 자회사의 ⓝ1.보조자, 부속물 2.자회사 토익
Her headache gradually **subsided** after the injection.
주사를 맞은 후에 그녀의 두통은 서서히 진정되었다.
After the restructuring was complete, we closed our **subsidiary** in Silicon Valley.
구조조정이 끝난 후 우리는 실리콘 밸리에 있는 자회사를 폐쇄했다.

president
pre(=before)+sid(=sit)+ent(명접)
: 대표로 앞에 앉는 사람

n.대통령, 회장, 의장

presidential ⓐ1.대통령의, 대통령 선거[책임제]의 2.주재[지배]하는
presidency ⓝ대통령의 직[지위, 임기]
The **President** takes a clear attitude on that issue.
대통령은 그 문제에 관해 명확한 태도를 취하고 있다.

dissident
dis(=apart)+sid(=sit)+ent(형접): 멀리 떨어져 앉아있는

a.의견을 달리하는, 이론을 가진, 반체제의 n.반체제 인사, 반대자 공7, SAT
The journalist was suspected of having links with a **dissident** group.
그 기자는 반체제 그룹과 연계되었다는 의심을 받았다.

assiduous
as(=ad:to)+sid(=sit)+(u)ous(형접)
: 끈기있게 앉아있는

a.근면한, 부지런한, 끈기있는 공7, SAT
My friend is **assiduous** in courting the beautiful girl.
내 친구는 그 아름다운 소녀에게 끈질기게 구애한다.

insidious
in(=in)+sid(=sit)+(i)ous(형접)
: 안에 몰래 자리잡고 있는

a.1.교활[교묘]한, 음흉한(tricky, cunning) 2.잠행성의(furtive, creeping) 편입
The propaganda was so **insidious** that common people couldn't even distinguish between news and opinions.
그 선전은 너무 교묘해서 보통 사람들은 그게 뉴스인지 개인적 견해인지 구별조차 할 수 없었다.

assess
as(=ad:to)+sess(=sit)
: 곁에 앉다*(sit beside)
*판사 곁에 조수가 앉아 벌금이나 세금을 결정하던 관습에서 유래.

vt.1.평가[사정]하다 2.부과[할당]하다 토익

assessment ⓝ1.평가, 사정 2.부과 3.할당금, 세액
The committee has **assessed** the amount of compensation to be paid to victims.
위원회가 희생자에게 지불되는 보상금 액수를 사정했다.

obsess
ob(=opposite to)+sess(=sit) : 마주보고 앉다

vt.(마음을) 사로잡다, 달라붙다(haunt), 괴롭히다 vi.강박감을 갖다, 끙끙 앓다

obsession ⓝ강박관념, 강박상태, 집착
The lady was unwittingly **obsessed** with her looks.
아가씨는 자신도 모르게 외모에 집착했다.
Beauty has become an **obsession** over her.
미모가 그녀에게 강박관념이 되었다.

session
sess(=sit)+ion(명접)
: 앉아 있는 상태, 시간

n.1.(회의, 의회, 법정, 거래소 등이) 개회중임 2.회기, 학기, 수업 3.회의, 회합
The National Assembly remains in regular **session** from September to December.
국회는 9월부터 12월까지 정기 회기가 개최된다.
Though the review **session** was optional, almost all students attended it.
복습수업은 선택적이었지만 거의 모든 학생이 출석했다.

sedative
sed(=sit)+(a)tive(형접)
: 가라 앉히는

a.진정시키는 n.진정제 편입
Due to a **sedative** effect, you should not take the drug while driving.
진정 효과 때문에 그 약을 운전 중에 복용해서는 안된다.

sedentary
sed(=sit)+ent(=lasting, 형접)+ary(형접)
: 계속 앉아있는

a.1.주로 앉아서 하는[지내는] 2.한 곳에 머무는, 정주하는 토플, 편입
Walking is essential for **sedentary** people to keep themselves in good shape.
주로 앉아서 일하는 사람에게는 건강 유지를 위해서 걷기가 필수적이다.

sediment
sedi(=sit)+ment(명접)
: 가라앉은 것

n.1.침전물,앙금 2.퇴적물 편입
It took a couple of days for all the **sediment** to sink to the bottom of the bottle.
모든 앙금들이 병의 바닥에 가라앉기까지 며칠이 걸렸다.

vaga [L] : wander 떠돌아다니다, 빗나가다

vagabond
vaga(=wander)+
bond(동명사형 어미)
: 떠돌아다님

n.방랑[유랑]자, 나그네, 떠돌이　a.방랑[유랑]하는, 떠도는, 정처없는
vi.방랑[유랑]하다(roam)

He led a **vagabond** life for a year after his wife's death.
그는 아내가 죽고나서 일년 동안 떠돌이 생활을 했다.

vagrant
vag(r)(=wander)+ant(형접)
: 떠돌아 다니는

a.1.방랑[유랑]하는, 떠도는, 헤매는　2.(여기저기)퍼지는, 마구 번식하는
3.변하기 쉬운, 일시적 기분의　n.방랑자, 유랑자

After the war, streets in the capital city were filled with **vagrant** people.
전후 수도의 거리는 정처없이 떠도는 사람들로 가득 찼다.

Getting lost our way in the mountain, we cut through **vagrant** vines.
산 속에서 길을 잃어, 우리는 마구 우거진 넝쿨을 헤치고 나아갔다.

vagary
vaga(=wander)+ary(명접)
: 종 잡을 수 없음

n.예측 불허의 변화, 엉뚱한 짓[생각], 변덕　토플, 편입

She is indifferent to the **vagaries** of fashion.
그녀는 변덕스러운 유행에는 무관심하다.

vague
vag(a)(=wander)+ue(어미)
: 왔다 갔다하는

a.1.막연한, 모호한, 애매한(ambiguous, obscure)　2.희미한, 흐릿한, 어렴풋한
3.멍청한, 얼빠진

The **vague** regulation on tax returns threw some people into confusion.
세금환급에 대한 애매한 규정이 일부 사람들을 혼란에 빠뜨렸다.

She had a **vague** memory of meeting him before at a party.
그녀는 전에 파티에서 그를 만났던 기억이 희미하게 났다.

extravagant
extra(=beyond)+
vag(=wander)+ant(형접)
: 지나치게 빗나간

a.1.낭비하는, 사치스러운(lavish, wasteful)　2.지나친, 엄청난(excessive)
3.기발한, 터무니없는, 과장된　고시, 편입

extravagance　ⓝ1.사치, 낭비　2.무절제, 방종

Her **extravagant** lifestyle made her boyfriend leave her.
그녀의 사치스런 생활방식이 그녀의 애인을 떠나게 만들었다.

hab, hib [L] : 1. dwell 머무르다, 살다　2. hold 잡다, 보유하다, 개최하다

habit
hab(=dwell)+it(=go)
: 몸 안에 머물며 계속 가는 것

n.습관, 버릇, 관습

habitual　ⓐ습관[상습]적인, 버릇이 된　ⓝ상습범
habituate　ⓥⓣ길들이다, 습관들게[익숙하게] 하다　ⓥⓘ습관이 되다, 익숙해지다

The chains of **habit** are too light to be felt until they are too heavy to be broken.
습관의 사슬은 너무 가벼워서 깨어지기 힘들 때까지 무게가 전혀 느껴지지 않는다. - Warren Buffet

She has become a **habitual** liar.
그녀는 상습적 거짓말쟁이가 되었다.

habitat

habit+at(어미)
: 머물러 사는 곳

n.서식지, 자생지, 거주지

habitable ⓐ거주할 수 있는, 거주하기 적당한

habitation ⓝ거주(권), 주소, 군락

Today a wide variety of wildlife is threatened with extinction due to **habitat** loss.
오늘날 다양한 야생생물들이 서식지 상실로 멸종위험에 처해 있다.

inhabit

in(=in)+habit(=dwell)
: ~안에 머무르다

vt.살다, 거주하다, 서식하다

inhabitant ⓝ주민, 거주자, 서식동물

This island is now **inhabited** by around two hundred people.
이 섬에는 지금 대략 200명 정도가 살고 있다.

exhibit

ex(=out)+hibit(=hold)
: 바깥에 개최하다

vt.1.전시[전람, 진열]하다(display) 2.나타내다, 표시하다
n.1.전시(회), 전람(회) 2.전시[진열]품

exhibition ⓝ1.전시, 전람 2.전시[박람]회 토익

She is goint to **exhibit** her selected works in the city gallery from this weekend.
그녀는 선별된 작품을 시립 미술관에서 이번 주말부터 전시한다.

I am expecting to go with her to the upcoming **exhibition** for Van Gogh.
나는 곧 있을 반 고흐의 전시회에 그녀와 함께 가길 기대한다.

inhibit

in(=in)+hibit(=hold)
: 안에서 잡다

vt.1.억제[저지]하다 2.금하다,못하게 막다 토플

inhibition ⓝ1.금지,제지,거리낌 2.〈심리〉억압,억제 편입, SAT

High labor costs **inhibited** the company from realizing appropriate profits.
높은 인건비가 그 회사의 적절한 이익 실현을 막았다.

When he was drunk, he had no **inhibitions** about attacking his co-workers.
술이 취했을 때 그는 거리낌없이 동료들을 비난했다.

prohibit

pro(=in advance)+
hibit(=hold)
: 미리 앞에서 잡다

vt.금지[제지, 방해]하다(forbid, prevent) 토익, 편입

prohibition ⓝ금지(령)

Her height **prohibited** her from becoming a stewardess.
그녀는 키 때문에 비행기 승무원이 되지 못했다.

Ordinary citizens are **prohibited** from swimming and fishing in this lake.
이 호수에서 일반시민들이 수영하고 낚시하는 것은 금지되어 있다.

Unit 8. 유산(hered)은 서로 나누어(vid)가지고, 장벽(bar)은 허물어 경계(limit)를 없애다.

hered[L] : 1. heir 상속인 2. legacy 유산 ◆변형 : herit, heir

이 어근도 라틴어에서 불어로 들어와 변화형이 여럿 생겼다. heredity는 원래 '상속, 세습'이란 의미였으나 과학의 발달로 19세기에 생물학적인 '유전, 유전적 형질'이란 뜻이 추가되었다.

heredity

hered(=legacy)+ity(명접)
: 유산을 물려받음

n.1.유전, 유전적 형질 2.상속, 세습, 계승

hereditary ⓐ1.유전하는, 유전적인 ⓑ acquired 2.세습의, 대물림의 공7, 편입

The primary causes of hair loss are **heredity** and aging.
탈모의 주된 원인은 유전과 노화다.

Do you have any **hereditary** disease in your family? 당신 가족력에 유전적 질환이 있습니까?

inherit

in(=into)+herit(=heir)
: 상속인으로 지명하다

vt.1.상속하다, 물려받다, 뒤를[대를] 잇다 2.유전되다 vi.상속하다, 이어받다 공9

inheritance ⓝ1.상속재산, 유산 2.상속(권), 계승 3.유전

He **inherited** the business from his father. 그는 아버지로부터 사업을 물려받았다.

She **inherited** her mother's beauty. 그녀는 어머니의 미모를 이어받았다.

The real estate came to him by **inheritance**.
그 부동산은 상속에 의해 그에게로 왔다.

heritage

herit(=legacy)+age(명접)
: 상속된 것

n.1.유산, 전통 2.상속재산 3.천성, 운명

heritable ⓐ상속할 수 있는, 유전성의

We have to well preserve our national **heritage**.
우리는 민족의 유산을 잘 보존해야 한다.

heir

[ɛər]

상속권 가진 자

n.상속인, 후계자, 계승자

heirloom ⓝ가보, 세습 재산 ⓐ조상 전래의

A king's eldest son is usually the **heir** to the throne. 대개 왕의 장남이 왕위 계승자다.

The winner of Nobel Literature Prize said that the nature of her homeland is indeed an **heirloom** and a root for her poems.
노벨 문학상 수상자는 고향의 자연이야말로 그녀 시의 바탕이 된 세습 재산이며 원천이라고 말했다.

vid, vis [L] : separate 나누다, 분리하다

이 부분은 unit.13에 나오는 보다(see)란 뜻의 vid, vis와 어근의 철자가 동일하다.

devise

de(=dis:apart)+
vis(e)(=vid의 반복형, frequentative)
: 여러 번 나눠보다

vt.1.궁리하다, 고안[창안]하다(contrive, invent) 2.(부동산을) 유증하다 n.유증, 유증재산

device ⓝ1.(기계적) 장치, 기구, 고안물 2.폭발물, 폭탄 3.궁리, 방책, 계책

We ought to **devise** a new approach to resolve the dilemma.
우리는 난제를 해결하기 위한 새로운 접근법을 고안해 내어야 한다.

The **device** automatically controls temperature and humidity in the greenhouse.
이 장치는 온실의 온도와 습도를 자동조절한다.

divide
di(=dis:apart)+
vid(e)(=separate)
: 떨어져 분리되다

vt.1.나누다, 분할[분리]하다 2.분배[배분]하다 3.쪼개다, 분열시키다 ㉥ unite
vi.나누어지다, 갈라지다, 쪼개지다

division ⓝ1.분할, 분배 2.분열, 불일치 3.나누기, 나눗셈 4.칸막이, 격벽, 경계선 5.(조직의) 분과, 부, 국

dividend ⓝ1.배당금, 분배금 토익 2.〈수학〉나뉨수, 피제수 ㉥ divisor나눗수, 제수

Let's **divide** up the profits equally.
이익을 똑같이 나눕시다.

The Korean War **divided** our nation into two halves.
한국 전쟁은 우리 나라를 둘로 나누었다.

The soccer team will be promoted to the First **Division** next season.
그 축구팀은 내년 시즌에 1부 리그로 승격될 것이다.

Our company decided to pay stock **dividends** this year.
우리 회사는 금년에 주식배당을 하기로 결의했다.

individual
in(=not)+divid(e)(나누다)+
ual(형·접)
: 더 이상 나눌 수 없는

a.1.개개[개별]의, 단일의 2.개인적인, 1인용[분]의 3.독특한(distinctive), 개성적인
n.개인, 개체

individualism ⓝ1.개인주의, 이기주의 2.개성

individuality ⓝ개성, 인격, 특성

The difficulty level can be adjusted according to **individual** ability.
난이도는 개인의 능력에 따라 조정될 수 있다.

Individualism is widespread in our society.
개인주의가 우리 사회에 만연해 있다.

bar [L] : 1. barrier 장벽, 장애 2. rod 막대, 빗장

bar
라틴어 barra(빗장, 막대)에서 유래

n.1.주점, 바 2.판매대, 카운터 3.막대, 빗장 4.장애(물), 차단 5.토막, 덩어리 6.변호사직[업] 7.법원, 법정 vt.1.막다, 금하다(prohibit, ban, forbid) 2.잠그다, 빗장을 지르다

Last night my friend was so drunk that he paid through the nose at a **bar**.
어젯밤 내 친구는 술이 너무 취해 술집에서 바가지를 썼다.

His academic title was a **bar** to promotion.
그의 학력이 승진에 장애가 되었다.

She had passed the national **bar** examination and then was appointed a judge.
그녀는 사법고시에 합격한 후 판사로 임용되었다.

Workers are **barred** from smoking at the workplace.
일꾼들은 작업장에서 흡연이 금지된다.

barricade [F]
: 흙을 채운 통(barrel)으로 쌓은 장벽

n.바리케이드, 장애물 vt.바리케이드[방어벽]을 치다, 방책으로 막다

The police had to set up a **barricade** against protesters.
경찰은 시위대에 맞서 방어벽을 설치해야만 했다.

barrier
bar(r)+ier(명접)
: 차단하는 빗장

n.1.장벽, 장애물(block, obstacle) 2.한계, 벽 토익

The huge mountain provided a natural **barrier** to allow the settlers to build their own religious community.
그 거대한 산은 정착민들이 자신들만의 종교적 공동체를 건설하도록 허용하는 자연적 장애물이 되어 주었다.

Even though there was a language **barrier**, the two gradually shared the same emotions and fell in love.
비록 언어적 장벽이 있었지만 두 사람은 서서히 공감하면서 사랑에 빠져 들었다.

barrage
bar(r)+age(명접)
: '강물을 막는 인공 둑'에서 유래

n.1.댐, 보 2.집중포화, 일제엄호사격, 연발 vt.(포탄, 질문 등을) 퍼붓다

The minister was faced with a **barrage** of questions from the airport.
장관은 공항에서부터 빗발치는 질문공세에 부딪쳤다.

embarrass
em(=make)+bar(r)(장애)+ass(어미)
: 장애가 되게하다

vt.1.당황[난처]하게 만들다(perplex) 2.궁지에 빠뜨리다, 혼란시키다 vi.당황하다, 쩔쩔매다

embarrassment
ⓝ1.당황, 곤혹, 낭패 2.골칫거리 3.궁핍, 곤란

When she clicked the video, she was so **embarrassed** and her face turned red.
그녀가 동영상을 클릭했을 때 너무 당혹스러워 얼굴이 빨개졌다.

His face was flushed with **embarrassment**.
그는 난처해서 얼굴이 빨개졌다.

embargo [Sp]
: '물리력으로 저지하다'의 뜻에서

n.1.통상 금지, 입출항 금지, 금수조치 2.봉쇄, 제한, 금지
vt.1.입출항[통상]을 금지시키다 2.징발[몰수]하다 공9, 편입

The United States recently lifted the long-term **embargo** on Cuba.
미국은 최근 쿠바에 대한 오랜 통상금지령을 해제했다.

The press accepted the government's request for **embargo** on the rescue mission.
언론은 구출작전에 대한 정부의 보도유예 요청을 받아들였다.

limit, limin [L] : 1. boundary 경계, 한계 2. threshold 문턱

limit
'농경지 사이의 경계'의 뜻

n.1.한계(선), 한도 2.제한, 허용치 3.경계, 범위
vt.한정[제한]하다(confine, restrict), ~에 한계를 두다

limited
ⓐ1.제한[한정]된, 유한한 2.결여된, 부족한 ㉾ unlimited

limitation
ⓝ1.한정, 제한 2.한도, 한계 3.규제, 제약

His drive license has been canceled because his blood alcohol level was far exceeding the legal **limit**.
그의 혈중 알콜농도가 법적 허용치를 훨씬 초과했기 때문에 운전면허가 취소되었다.

Up to now the bilateral talks have been about the **limitations** of fish catch.
지금까지 양자회담은 어획량 제한에 대한 것이었다.

eliminate
e(=ex:out)+
limin(=threshold)+
ate(동접)
: 문턱에서 쫓아내다

vt.1.제거[삭제]하다, 없애다(remove) 2.탈락시키다, 떨어뜨리다 3.배출[배설]하다 토익, 편입

elimination ⓝ1.제거, 배제 2.배출, 배설

The outcome of the trade talks requires the two nations to **eliminate** tariffs on almost all items in five years.
무역협정의 결과는 양국이 5년 이내에 거의 모든 품목에서 관세를 철폐할 것을 요구한다.

preliminary
pre(=before)+
limin(=threshold)+
ary(형접) : 문턱 앞에서

a.1.예비[준비]의, 임시의 2.서문[서두]의(introductory)
n.1.사전 준비, 예비행위[시험], 예선전 2.서두, 서론, 서문

She was lucky to get through the **preliminary** round.
그녀는 운 좋게도 예선을 통과했다.

The CEO skipped the usual **preliminaries** and came straight to the point.
대표이사는 통상적 서두는 생략하고 바로 본론으로 들어갔다.

sublime
sub(=up to)+lime
(=boundary,한계)
위쪽으로 한계까지

a.1.숭고[장엄]한,고결한,기품있는 2.더할 나위없는,굉장한 3.황당한,극단적인
n.숭고[장엄]한 것,최고,극치

The long novel written by a Russian author touches many themes varied from the **sublime** to the ridiculous.
러시아 작가가 쓴 그 장편소설은 숭고함에서 익살스러움에 이르기까지 많은 주제를 다루고 있다.

Unit 9. 경사지고(clim, cline) 굽은(flect) 길을 올라(mount) 높은(alt) 정상에 잠시 머문다.

clim [Gk] / cline [L] : 1. slope 경사지다 2. bend 굽다, 기울다

climb [OE] [klaim]
: clim(=slope)+b
: 경사를 오르다

vi.vt.1.오르다, 등반하다 2.상승하다, 등귀하다 3.승진하다, 향상시키다
n.1.상승, 오르기 2.출세, 승진

climber [kláimər] ⓝ등산가, 출세주의자

We **climbed** up the mountain for an open view.
우리는 탁트인 전망을 보기 위해 산에 올랐다.

As he had enjoyed adventures, he became a rock **climber**.
모험을 좋아해서 그는 암벽 등반가가 되었다.

climate
clim(=slope)+ate(명접)
: (적도에서 극지까지) 지구의 경사

n.1.기후, 풍토 2.사조, 풍조, 분위기

climatic ⓐ기후(상)의, 풍토의

Korean peninsula is gradually changing to a subtropical **climate** because of global warming. 지구 온난화로 한반도 기후가 점차 아열대 기후로 변해가고 있다.

climax [Gk]
: clim(=slope)+max(=peak) : 경사의 최정점

n.절정, 최고조, 극치, 엑스터시 vi.절정에 이르다(culminate)

The musical reached a **climax** with all the performers singing together on the stage.
모든 출연자들이 무대에서 함께 노래하는 것으로 뮤지컬은 절정에 다다랐다.

climacteric
clim(=bend)+acter(=do)+ic(형접) : 기울기 시작하는 때

a.갱년기의, 전환기의, 위기의 n.1.갱년기(menopause), 폐경기 2.위기, 전환기, 액년

She feels her **climacteric** is coming nearer.
그녀는 갱년기가 점점 다가옴을 느낀다.

decline
de(=downward)+cline(=bend)
: 아래로 기울다

vi.1.기울다, 내려가다, 하락[쇠퇴]하다 2.거절[사절]하다
vt.1.기울이다, 아래로 향하게 하다 2.거절[사양]하다 n.하락, 쇠퇴, 타락

As his business has **declined**, so has his health.
사업이 쇠퇴하자 그의 건강도 쇠퇴했다.

I **declined** his investment proposal to my company.
나는 내 회사에 대한 그의 투자제안을 거절했다.

There has been a continuous **decline** in the birth rate.
출산율이 지속적으로 하락하고 있다.

incline
in(=inward)+cline(=bend)
: 마음 속으로 기울다

vi.1.마음이 내키다[기울다], 하고 싶어지다 2.~하는 경향이 있다, ~하는 체질이다 3.기울다, 경사지다 vt.1.기울게 하다, 하고 싶어지게 하다 2.기울이다, 굽히다

inclined ⓐ1.마음이 내키는, 하고 싶은 2.~하는 경향이 있는 공9

inclination ⓝ1.경향, 기질, 기호 2.기울기, 경사

He is **inclined** to change his decision often. 그는 자주 결정을 바꾸는 경향이 있다.
He feels no **inclination** to marry her. 그는 그녀와의 결혼이 내키지 않는다.

recline
re(=back)+cline(=bend)
: 뒤로 기울다

vi.vt.기대다, 쉬다, 의지하다
Dad **reclined** on a sofa watching TV.
아빠가 소파에 기대앉아 TV를 보고 있었다.

flect, flex [L] : bend 굽다, 구부리다

flex는 flect의 p.p형 어근이다.

reflect
re(=back)+flect(=bend)
: 뒤로 굽다, 반사하다

vt.1.반사[반향]하다, 비추다 2.반영[재현]하다, 나타내다 3.숙고하다, 깊이 생각하다
vi.1.반사하다, 비치다 2.(~ on/upon) 숙고[재고]하다

reflection ⓝ1.반사, 영상 2.반영 3.(심사)숙고

The low voting rate **reflects** public apathy toward politics.
낮은 투표율은 정치에 대한 대중의 무관심을 반영한다.
The election results made the ruling party **reflect** on the will of the people.
선거 결과는 집권당으로 하여금 국민의 뜻이 무엇인지 심사숙고하도록 만들었다.
According to Greek mythology, Narcissus fell in love with his own **reflection** in a pool.
그리스 신화에 의하면 나르시스는 웅덩이에 비친 자기 자신의 모습을 사랑하게 되었다.

deflect
de(=off)+flect(=bend)
: 비껴서 굽다

vi.vt.1.빗나가다, 빗나가게 하다 2.피하다, 모면하다 2.편향[굴절]시키다[하다]

deflection ⓝ굴절, 편향, 비뚤어짐

The party tried to **deflect** criticism by denouncing the media.
그 당은 언론을 맹비난함으로써 비판을 모면하려 했다.
The ball **deflected** off a defender's arm into the net.
볼이 수비수 팔에 맞고 굴절되어 골문으로 들어갔다.

inflect
in(=inward)+flect(=bend)
: 안으로 굽다

vt.1.〈문법〉 어형[어미]변화시키다, 굴절시키다 2.굴곡시키다, 구부리다
vi.어미변화하다, 굴절하다

inflection ⓝ〈문법〉 1.어형[어미]변화, 굴절 2.억양(intonation), 어조 3.굴곡, 변곡

French that stemed from Latin is a highly **inflected** language.
라틴어에서 생겨난 불어는 어미변화가 심하다
Such trends will move us towards an **inflection** point for gender equality.
그러한 추세는 우리를 양성평등의 변곡점으로 이끌 것이다.

flexible
flex(=bend)+ible(형접)
: 구부리기 쉬운

a.1.융통성[적응력]있는, 유연한 2.탄력적인, 신축성 있는, 구부리기 쉬운

flexibility ⓝ1.융통성, 적응성 2.유연성, 탄력성 토익
inflexible ⓐ1.확고한, 강직한, 굳은 2.융통성[신축성]없는

The new system is designed to be more **flexible**.
새로운 시스템은 좀더 융통성있게 설계되었다.
The police's **inflexible** attitude turned the situation from bad to worse.
경찰의 융통성 없는 태도가 사태를 악화시켰다.

mount, mont [F] : 1. rise 오르다　2. stand out 돌출하다

'오르다'는 뜻의 동사는 영어-프랑스어-라틴어에서 온 rise-mount-ascend가 있다. 영어에는 이처럼 여러 갈래에서 유래되었으나 뉘앙스 차이가 거의 없는 동의어가 엄청 많다. 오죽하면 동의어사전이 있겠는가.

mount
'말 위에 오르다'에서

vt.1.오르다, 타다, 탑재[설치]하다　2.준비[개시]하다
vi.오르다, 상승하다, 늘다　n.1.언덕, 산　2.말타기, 승마

President Kim is **mounting** the platform for address.
김 대통령이 연설하기 위해 연단을 오르고 있다.

mountain
mount(=stand out)+ain(어미)
: 돌출해서 솟아오른 것

n.산, 산악 (pl.)산맥, 산지

mountainous ⓐ1.산의, 산지의　2.산더미 같은, 거대한
mountaineer ⓝ산의 주민, 등산가

Mountainous waves hit the breakwater during a storm.
산더미 같은 파도가 폭풍우 속에서 방파제를 때렸다.

amount
a(=ad:to)+mount(=rise)
: ~에 도달할 때까지 오름

n.1.총액, 총계　2.양(quantity), 액(sum)
vi.1.총계~이 되다, 금액이~에 달하다　2.~에 해당[상당]하다 토익

It takes a huge **amount** of money to develop a new drug.
신약을 개발하는데 막대한 자금이 든다.

His debts **amount** to over one million dollars.
그의 빚은 백만 불이 넘는다.

surmount
sur(=beyond)+mount(=rise up)
: 올라가 넘다

vt.넘어서다(climb over), 극복하다(overcome), 타파하다

It took much time for me to **surmount** the language barrier.
언어장벽을 극복하는데 나에겐 많은 시간이 걸렸다.

paramount
para(=beyond)+mount(=stand out)
: 훨씬 더 두드러진

a.무엇보다 중요한, 최고의(supreme), 탁월한, 훌륭한　n.최고권자, 군주, 수령 토플, 편입

I believe creating new jobs is **paramount** in this day and age.
나는 일자리 창출이 지금 이 시대에는 무엇보다 중요하다고 믿는다.

montage [F]
: mont(=rise)+age(명·접) : 사진을 올려 놓음(mounting)

n.합성사진, 몽타주, 짜깁기

The police created a **montage** of the suspect according to the victim's account.
경찰은 피해자의 진술에 따라 용의자의 몽타주를 만들었다.

piedmont [It]
: pied(=foot)+mont(=mountain) : 산기슭(mountain foot)의 뜻

n.산록지대　a.산기슭에 있는, 산기슭의

He bought a house in the **piedmont** to spend his later years.
그는 말년을 보내기 위해 산기슭에 있는 집을 한 채 샀다.

alt [L] : 1. high 높은 2. grow 자라다 ◆변형 : ult, oli, ali

altar
alt(=high)+ar(어미)

n.제단, 분향소, 성찬대

A great number of people visited the memorial **altar** set up at the center of the plaza.
수많은 사람들이 광장의 중앙에 세워진 추모제단을 방문했다.

altitude
alti(=high)+tude(명접)
: 높음, 크게 자라남

n.1.높이, 고도, 해발 2.고지, 높은 지위

Denver, the capital city of Colorado, is located at an **altitude** of 1, 600m.
Colorado 주의 주도 Denver는 해발 1, 600m 높이에 위치해 있다.

exalt
ex(=out of)+alt(=high)
: 바깥으로 높이다

vt.1.(지위, 신분 등을) 높이다(elevate), 승격시키다(promote) 2.우쭐하게 하다 3.칭찬[찬양]하다 공7

The head of the group **exalted** him to the CEO position of a core company.
그 그룹의 총수는 그를 핵심기업의 대표이사 자리로 승격시켰다.

adult
ad(=to)+ult(=grown up)
: 다 자란

a.1.성인의, 성인용의, 어른의 2.성숙한, 어른스러운 n.성인(grown up), 어른

adultery ⓝ간통, 부정, 불륜

adulterate ⓥ불순물을 섞다, (품질을) 떨어뜨리다

To be an **adult** means to be responsible.
성인이 된다는 것은 책임을 진다는 것을 뜻한다.

The famous film director was accused of committing **adultery** with a young actress.
유명 영화감독이 젊은 여배우와 간통으로 기소되었다.

Some sensitive customers became aware that the beer had been **adulterated** with water. 몇몇 예민한 고객들은 맥주에 물을 타서 질이 떨어졌다는 것을 알아챘다.

adolescent
ad(=to)+ole(=grow)+scent(형·접)
: ~을 향해 자라는

a.1.사춘기의, 청(소)년의 2.미숙한 n.청소년, 청년 공9

adolescence ⓝ사춘기, 청춘기(puberty)

When I heard his idea, I thought he was still an **adolescent** in many ways.
그의 생각을 들었을 때 나는 그가 아직 여러 면에서 청소년이라고 생각했다.

Such bodily change is the living proof the girl is reaching **adolescence**.
그러한 신체적 변화는 그 소녀가 사춘기에 도달하고 있다는 산 증거이다.

abolish
ab(=away from)+ol(=grow)+ish(동·접)
: 성장을 막다

vt.폐지[철폐]하다, 없애다(do away with) 고시, 편입 ⓑ establish

abolition ⓝ폐지, 철폐

We need to **abolish** the tariffs on the product and lower its price.
우리는 그 상품에 대한 관세를 폐지하고 가격을 낮춰야 한다.

prolific
pro(=forth)+oli(=grow)+fic(=make)
: 앞을 향해 자라나는

a.1.다작[다산]의, 열매를 많이 맺는(fruitful) 2.왕성[무성]한, 풍부한(exuberant) 공9, 토플

He was a **prolific** artist and left a few masterpieces in all his life.
그는 많은 그림을 그린 화가였고 전 생애를 통해 걸작도 몇 점 남겼다.

proliferate

pro(=forth)+oli(=grow)+fer(=carry)+ate(동접)
: 자라나 앞으로 퍼짐

vt.vi.1.급증하다, 빠르게 확산되다 2.증식[번식]하다 토플, 편입

proliferation ⓝ1.급증, 확산 2.<생물>증식 국회8

Class action suits are expected to **proliferate** after the amendment of commercial law.
상법 개정 후에는 집단소송이 급증할 것으로 예상된다.

The substance proved to be very effective in suppressing the **proliferation** of cancer cells.
그 물질은 암세포 증식을 억제하는데 매우 효과적인 것으로 밝혀졌다.

coalition

co(=with)+ali(=grow)+tion(명접)
: 합쳐서 같이 커짐

n.1.연립 정부,연정 2.동맹,제휴,연합(alliance) 공9

They formed a new political **coalition** in an attempt to fight against the dictatorship.
그들은 독재에 맞서 싸우기 위한 시도로 새로운 연정을 결성했다.

특강 2

물밀듯이 쏟아져 들어온 불어

✓ 1066년 프랑스 노르망디 지역에 살던 바이킹족의 후예들이 William의 진두지휘 하에 영국을 침략하여 정복한다. 이후 350년 동안 영국 땅에서, 불어는 지배계급인 왕과 귀족이 사용하는 공용어로, 영어는 피지배계급인 Anglo-Saxon이 사용하는 서민어가 된다.

이 기간 동안 영어는 많은 변화를 겪게 되고, 수많은 불어가 영어에 침투한다. 물론 불어의 뿌리는 라틴어이므로 불어를 통해서 라틴어도 상당히 유입된다. 이미 동일한 뜻의 영어 단어가 존재하고 표현 상 아무런 차이가 없는 경우마저 불어가 유입되어 어휘 수가 급팽창한다.

동일한 뜻의 〈영어:불어〉를 예시하면 다음과 같다.

〈명사〉 영어:불어

영어	불어	뜻	영어	불어	뜻
anger	rage	화, 분노	ache	pain	고통
child	infant	어린아이	blossom	flower	꽃
fear	terror	두려움, 공포	fire	flame	불꽃
freedom	liberty	자유	folk	people	사람들
foe	enemy	적	help	aid	도움
mistake	error	실수	sin	crime	죄
soul	spirit	영혼	strength	power	힘
sorrow	grief	슬픔	stream	river	강
town	village	마을	weapon	arms	무기
wedding	marriage	결혼	woods	forest	숲
work	labor	일, 노동	thanks	gratitude	감사

〈형용사〉 영어:불어

영어	불어	뜻	영어	불어	뜻
deep	profound	깊은	free	liberal	자유로운
glad	joyful	기쁜	hearty	cordial	진심의
holy	sacred	성스러운	lonely	solitary	외로운
soft	tender	부드러운	hard	difficult	어려운

〈동사〉 영어:불어

영어	불어	뜻	영어	불어	뜻
ask	inquire	묻다	begin	commence	시작하다
end	finish	끝내다	hide	conceal	숨기다
meet	encounter	만나다	shut	close	닫다
rise	mount	오르다	wish	desire	바라다
weep	cry	울다	swear	vow	맹세하다

✓ 영어를 배운 사람은 누구나 느끼겠지만, 위의 예시에서 오른쪽의 불어가 없더라도 표현 상에 전혀 불편함이 없다. 외국어를 배우는 우리 입장에서는 동의어가 많아져 단어를 외우는 어려움만 가중될 뿐이다.

외래어를 차입하는 경우 명사가 주로 차입되고 드물게 형용사가 차입되는데, 위의 3번째 표에서 보듯 불어는 동사까지 차입되었다. 이는 불어가 영어에 얼마나 넓고 깊게 침투했는지를 보여주는 반증이라 하겠다.

✓ 피지배계급의 언어인 영어는 친족명, 신체부위, 자연물명, 수사, 대명사 등 가장 소박한 일상어를 중심으로 살아남았다. 그러나 친족명의 예를 들면 한 가족인 mother, father, brother, sister까지는 영어지만 cousin사촌, nephew조카, uncle 삼촌, aunt고모,이모 등 친척명은 죄다 불어에서 왔다.

고대영어 즉 Anglo-Saxon어에서 온 단어는 매일 사용되는 일상어에서 차지하는 비율은 높지만, 영어단어 전체에서 차지하는 비율은 현재 15%정도 밖에 되지 않는다. 그만큼 현재 영어에는 온갖 이질적인 외래어가 엄청나게 차입되어 있다.

✓ 한편, 영어는 원래 자음이 많고 거친 게르만어였지만 모음이 많은 불어의 영향으로 발음도 부드러워졌다. 또한 서민들의 일상어로 사용되면서 복잡한 어미변화 즉 굴절(inflection)도 단순화되는 등 게르만적인 요소는 점차 상실해 갔다. 그리하여 고대영어(Old English)에서 노르만 정복(Norman Conquest)이후 중세영어(Middle English)로 넘어가게 된다.

Review Test 3

a. altitude	b. extravagant	c. embargo	d. assiduous	e. heir
f. heredity	g. paramount	h. sedentary	i. dissident	

◆ **From the box above, choose the word that corresponds to each definition below.**

1 working hard or doing things very thoroughly

2 a person legally entitled to the property or rank of another on that person's death

3 more important than anything else

4 using or spending too much

5 a person who publicly disagrees with and criticizes his government

6 an official ban on any activity, especially trade with another country

7 height above sea level

8 tending to spend much time seated

9 the passing on of qualities from parents to children

◆ **Choose the one that is closest in meaning to the highlighted word in each sentence.**

10 Mutual trust seems to be a key **component** of their friendship.
① strength ② concept ③ combination ④ element ⑤ advantage

11 If you are allergic to a cucumber, I will **eliminate** it from your diet.
① suggest ②remove ③ prevent ④ extract ⑤ demand

12 I shaved myself in a hurry with a **disposable** razor.
① smooth ② sharp ③ useful ④ recycling ⑤ expendable

13 He **convinced** our executives of his expertise in merger and acquisition.

① demonstrated ② disregarded ③ induced ④ appealed ⑤ assured

14 Maria Callas became one of the world's greatest opera singers thanks to her musical talent and fiery **disposition**.

① passion ② temperament ③ obsession ④ reputation ⑤ aptitude

15 Some cells **proliferate** more rapidly when our body is asleep than awake.

① diminish ② reproduce ③ grow ④ replicate ⑤ develop

16 I find it **embarrassing** to talk about what happened last night.

① humorous ② imprudent ③ amusing ④ confusing ⑤ exciting

17 He died of an **insidious** disease before the doctors realized he was sick. 편입

① furtive ② obvious ③ unilateral ④ meaningless

◆ **Fill in the blank with the proper verb that will best complete the meaning of each sentence.**

① inclined ② impose ③ inhabited ④ commence ⑤ barred ⑥ subsided

18 All employees are _______ from smoking at the welding workshop.

19 The swelling had slowly ______ during the night.

20 The remote island is now ______by only a few people

21 The government attempted to ______ another new tax on the rich.

22 The match is scheduled to ______ at 3 p.m. on Saturday.

23 After seeing his sincere attitude, she was ______to trust him for the performance of the task.

Unit 10. 아버지(patr)의 후원으로 적을 이기고(vict), 어머니(matr)의 모교에서 가르치다(doct).

patr[Gk] : 1. father 아버지 2. fatherland 조국 ◆변형 : petr, pater

patriot
patri(=fatherland)+ot(어미)
: 조국을 사랑하는 자

n.애국자, 지사

patriotic ⓐ애국의, 애국적인 **patriotism** ⓝ애국심
compatriot ⓝ동포 ⓐ동포의, 같은 나라의

Most terrorists regard themselves as **patriots** fighting for freedom.
대부분의 테러리스트들은 자신들이 자유를 위해 싸우는 애국자라고 생각한다.

Patriotism is the last refuge of a scoundrel. - James Boswell
애국심은 악당의 마지막 도피처다.

patron
patr(=father)+on(어미)
: 아버지 같은 보호자 (protector)

n.1.후원자(sponsor), 보호자, 홍보대사 2.단골손님, 고객

patronage ⓝ1.후원, 보호, 장려 2.단골(손님)
patronize ⓥⓣ1.후원하다(support), 보호[수호]하다 2.단골이 되다 3.생색내다, 잘난 체하다

The Medici family were the prominent **patrons** of Renaissance art.
메디치 가문 사람들은 르네상스 예술의 걸출한 후원자였다.

My boss sometimes displays a **patronizing** attitude towards female workers.
내 상사는 가끔 여직원들에게 생색내는 뜻한 태도를 보인다.

pattern
patter(=father)+n(어미)
: 본받을 대상(a patron to be imitated)

n.1.모범, 본, 견본 2.양식, 패턴 3.무늬 vt.vi.본떠서 만들다, 모방하다

She sensed a **pattern** in the strange behavior of her child.
그녀는 아이의 이상한 행동에서 어떤 패턴을 감지했다.

patrimony
patri(=father)+mony(명접, condition)
: 아버지의 재산

n.세습재산, 유산, 유전

We have to well preserve this ancient palace as a national **patrimony**.
우리는 이 고궁을 국가적 유산으로 잘 보존해야 한다.

patriarchy
patri(=father)+archy(=rule)
: 아버지가 다스림

n.가부장제, 부권父權 토플

Patriarchy has been deep-rooted in Korean culture but currently it is changing.
가부장제는 한국문화에 깊이 뿌리 박혔으나 이제는 변하고 있다.

expatriate
ex(=out of)+patri(=fatherland)+ate(동접)
: 조국을 떠나다

vt.조국을 떠나다, 국적을 버리다, 추방하다 n.국외거주자 a.국외에 거주하는 공7

Thanks to globalization, the number of **expatriates** in Korea is rapidly increasing.
세계화로 인해 한국에 사는 국외거주자들의 수가 빠르게 증가하고 있다.

repatriate
re(=back)+patri(=fatherland)+ate(동접)
: 본국으로 되돌리다

vt.본국으로 송환[송금]하다 n.(본국) 송환자 SAT

The new regime struggles to **repatriate** assets stolen by previous corrupt rulers.
새 정권은 이전의 부패 권력자들이 빼돌린 자산을 송환하기 위해 고군분투한다.

paternal
pater(=father)+(n)al(형접)
: 아버지의

a.아버지의, 아버지다운(fatherly), 부계의, 온정주의의 편입

paternalism ⓝ1.온정주의, 가족주의 2.가부장주의

paternity ⓝ1.부성父性, 부계父系 ㉺ maternity 2. 저작자임(authorship), 기원(origin)

While our mother was very strict, our father gave us great **paternal** affection.
우리 어머니는 매우 엄격했던데 반해, 아버지는 엄청난 부성애를 우리에게 쏟아부었다.

I believe this kind of **paternalism** is positively necessary in our organization.
나는 이런 온정주의는 우리 조직에 필요하다고 믿는다.

***paternity** test 친자확인 검사

vict, vinc [L] : 1. conquer 정복하다 2. overcome 이기다, 압도하다

conquer, overcome의 뜻을 가진 라틴어 동사 vincere[L]의 어근이 vinc이고 그것의 p·p형이 vict이다.

victory
vict(=conquer)+ory(명접)
: 적을 정복함

n.승리(triumph, win), 정복 ㉺ defeat

victor ⓝ승리자(winner) ㉺ loser

victorious ⓐ승리의, 승리를 거둔, 의기 양양한(triumphant)

The verdict on the murder case marked a **victory** of truth over falsehood.
그 살인사건에 대한 평결은 거짓에 대한 진실의 승리를 나타냈다.

convict [kənvíkt]
con(강조)+vict(=overcome)
: (논란에서)완전히 압도하다

vt.1.유죄를 선고[입증]하다, 유죄판결을 내리다(sentence, find guilty) 2.(잘못 등을) 깨닫게 하다
n.[kὰnvikt]: 죄수, 기결수

conviction ⓝ유죄 판결[선고] 고시, 편입

She was **convicted** of theft four times previously.
그녀는 절도죄로 4번 유죄선고를 받았다.

evict
e(=ex:out)+vict(=conquer)
: 이겨서 쫓아내다(conquer and expel)

vt.쫓아내다, 퇴거시키다

eviction ⓝ쫓아냄, 퇴거

The tenant was **evicted** from his house for failing to pay the rent.
세입자는 집세를 지불하지 못해서 집에서 쫓겨났다.

invincible
in(=not)+vinc(=conquer)+ible(형접)
: 정복할 수 없는

a.1.천하무적의, 정복[극복]할 수 없는 2.불굴의, 확고한, 완강한 SAT, 편입

At billiard he is **invincible** among us.
당구는 그가 우리 사이에서 무적이다.

In the depth of winter, I finally learned that there was within me an **invincible** summer.
한 겨울에야 나는 내 안에 거부할 수 없는 여름이 존재한다는 것을 마침내 알게 되었다.
- Albert Camus

convince
con(강조)+vince(=conquer)
: 완전히 정복하다
(철저히) 납득시키다

vt.1.납득[확신]시키다(assure) 2.설득하다(persuade) 토익

conviction* ⓝ 1.설득(력)(persuasion) 2.확신(firm belief), 신념

*convict와 convince의 명사형은 conviction으로 동일하며 '유죄 판결'이라는 뜻과 '설득,확신'이라는 두 뜻을 가진다!

He **convinced** us of his expertise in corporate takeover.
그는 기업인수에 대한 전문가라는 사실을 우리에게 확신시켰다.

I **convinced** him to stop smoking and see a doctor.
나는 그에게 담배를 끊고 진찰을 받으라고 설득했다.

The supreme happiness of life is the **conviction** that we are loved. - Victor Hugo
인생에서 최고의 행복은 사랑받고 있다는 확신이다.

matr, mater [Gk] : mother 어머니 ◆변형 : metr

matrimony
matri(=mother)+
mony(명접, condition)
: 어머니가 된 상태

n.1.결혼(marriage), 혼인 2.결혼생활, 부부관계

matrimonial ⓐ결혼[혼인]의, 부부관계의

The young couple entered into **matrimony** in a small rented room.
그 젊은 부부는 조그만 셋방에서 결혼생활을 시작했다.

matrix
matri(=mother)+x
: 모체, 자궁

n.모형, 모체, 기반, 〈수학〉행렬

Hellenism is the **matrix** of Western civilization.
그리스 문화는 서양문명의 모체다.

maternal
mater(=mother)+
nal(형·접) : 어머니의

a.어머니의(motherly), 모계의, 외가의 편입

maternity ⓝ어머니임, 모성 ⓐ임산부의, 출산의

All mammals have strong **maternal** instincts.
모든 포유류는 강한 모성적 본능을 가지고 있다.

*__maternity__ leave 출산휴가

metropolis [Gk]
: metro(=mother)+
polis(=city)
: 어머니와 같은 도시

n.대도시, 수도, 중심지

metropolitan ⓐ대도시의, 수도의, 본국의 ⓝ대도시 시민

He doesn't like to live in a **metropolis** like Seoul.
그는 서울과 같은 대도시에 사는 것을 좋아하지 않는다.

The central park works just like a healthy lung in this **metropolitan** area.
중앙공원은 이 대도시에서 건강한 허파와 같은 역할을 한다.

alma mater [L]
: alma(=fostering)+
mater(=mother)
: 길러준 어머니

n.모교, 출신교, 교가

She received an honorary doctor's degree from her **alma mater**.
그녀는 모교에서 명예 박사학위를 받았다.

doct, doc [L] / dox [Gk] : 1. teach 가르치다 2. lesson 본보기 3. opinion 견해

doctor
doct(=teach)+
or(명접, 행위자)
: 가르치는 사람

n.의사, 박사 vt.1.치료하다 2.수선[수리]하다 3.박사학위를 수여하다 vi.병원을 개업하다

doctoral ⓐ박사(학위)의, 권위 있는

doctorate ⓝ박사학위

The veteran **doctor** and his team performed a delicate operation on my father's liver.
그 노련한 의사와 의료진이 아버지의 어려운 간수술을 실행했다.

doctrine
doct(=opinion)+ine(명접)
: ~에 대한 견해

n.1.교리, 신조 2.정책, 주의 3.원칙, 독트린

Some conservatives were confined to an obsolete frame of the **doctrine**.
일부 보수주의자들은 그 신조의 낡은 틀에 갇혀 있었다.

document
본보기(lesson) →
서면증거(written
evidence)

n.서류, 문서, 기록 vt.서류로 입증[뒷받침]하다, (내용을) 기록하다 토익

documentary ⓝ기록물, 기록영화, 다큐멘터리 ⓐ문서의, 서류[증서]의

Just double-click the icon to open a **document**.
문서를 열려면 해당 아이콘을 두 번 클릭하세요.

A TV **documentary** about wild animals in the polar region is being screened this weekend.
극지방의 야생동물에 관한 다큐멘터리가 이번 주말에 방영될 예정이다.

docile
doc(=teach)+
ile(=easy, 형·접) : 가르치기
쉬운(easily taught)

a.유순[온순]한(meek), 다루기 쉬운, 고분고분한(tame) 공9, 편입

He looks **docile** in appearance but has a very strong mind.
그는 겉으로 유순해 보이지만 심적으로는 아주 강하다.

orthodox
ortho(=right)+
dox(opinion) : 올바른 견해

a.1.정통의, 정설의 2.정통파의 n.정통파(사람) ⓑ unorthodox 정통이 아닌, 이단의

orthodoxy ⓝ통설, 정설 ⓑ heresy 이단, 이설

As the patient was not cured by an **orthodox** therapy, he wanted alternative methods.
정통 치료법으로는 낫지 않아서 환자는 대안 치료를 원했다.

heterodox
hetero(=different)+
dox(opinion) : 다른 견해

a.이설의, 이교[이단]의(heretic)

The priest was accused from his church of being **heterodox**.
목사는 교회로부터 이단이라고 비난받았다.

paradox
para(=abnormal)+
dox(opinion) : 괴상한 견해

n.역설, 패러독스, 모순(contradiction) 편입

paradoxical ⓐ1.역설적인, 자기모순의 2.기묘[기이]한 공7

It is a strange **paradox** of our time for people to be troubled by the excess of technology.
기술 과잉으로 인간이 고통받는 것은 우리 시대의 기이한 역설이다.

Unit 11. 현명한(soph) 자도 좋고(bene) 나쁨(male)을 잘 가려서(cern) 행하기(ag, act) 어렵다.

soph [Gk] : 1. wise 현명한, 지혜로운　2. specious 그럴듯한, 현혹하는

philosophy
philo(=loving)+soph(=wise)+y(명접)
: 지혜를 사랑함

n.철학, 신조, 이념

philosopher ⓝ철학자

Every year the businessman donates 10% of his profits according to his business **philosophy**. 매년 그 사업가는 사업철학에 따라 이익의 10%를 기부한다.

sophistry
sophist(현혹하는 자)+ry(명접) : 그럴듯하게 현혹함

n.궤변(술), 억지 이론, 견강부회

She even employed **sophistry** about her faults, let alone an apology.
그녀는 잘못에 대해 사과는 고사하고 궤변만 늘어놓았다.

sophisticated
sophistic(그럴듯한)+ate(동접)+ed(p.p)
: 그럴듯하게 꾸며진

a.1.세련된, 교양있는, 도시적인　2.정교한, 복잡한, 기교에 치우친　3.지적인, 수준 높은 편입
㉺ vulgar 저속한, 천박한

sophistication ⓝ1.교양, 세련　2.정교함

As techniques for artificial intelligence have become more **sophisticated**, the scope of their application has expanded tremendously.
인공지능 기술이 훨씬 정교해졌기 때문에 응용 범위가 엄청나게 확장되었다.

Simplicity is the ultimate **sophistication**. - Leonardo da Vincci
단순함이야말로 최상위의 정교함이다.

sophomore
sopho(=wise)+more(=foolish)
: 지혜와 어리석음이 공존함

n.(대학) 2학년생　a.2학년생의, 두 번째의

My little brother joined the army after finishing his **sophomore** year.
동생은 대학 2학년 마치고 군대갔다.

bene, bon [L] : good, well 좋은

'좋은, 선량한' 이란 뜻의 bene와 bon이 접두사처럼 붙은 여러 라틴어 단어들이 불어를 거쳐 영어에 유입되어 거의 그대로 사용되고 있다.

benefit*
bene(=good)+fit(=do)
: 좋은 일이나 행위

*이 단어는 unit35의 fit 부분에 중복 설명됨

n.1.이익, 이득　2.수당, 혜택　3.자선공연, 구제　vt.~의 이익이 되다, 득을 보다
vi.이익[이득]을 얻다

beneficial ⓐ유익[유리]한, 이로운 토익

beneficiary ⓝ1.수혜자, 수익자　2.수령자, 수취인 공7

It will be to your **benefit** to get along well with him.
그와 잘 사귀어 놓으면 네게 이득이 될꺼야.

Your work experience would be very **beneficial** to the project.
너의 업무경험이 그 프로젝트에 매우 유익할 것이다.

benefactor
[bénəfæktər]
bene(=good)+fact(=do)+or(명접) : 선행을 베푸는 자

n.은인, 후원자, 기부자 공9

In his old age the businessman became an anonymous **benefactor** of the orphanage.
그 사업가는 노년에 고아원의 익명 기부자가 되었다.

benediction
bene(=good)+dict(=say)+ion(명접) : 좋게 말함

n.축복(blessing), 은총, 감사[축복]기도 고시, 편입

The Pope's **benediction** consoled the people discouraged by economic downturn.
교황의 축복은 경기침체로 기가 꺾인 그 국민들에게 위로가 되었다.

benevolent
bene(=good)+vol(=will)+ent(형접) : 선의의

a.자애[자비]로운, 인자한, 박애의 고시

benevolence ⓝ1.자비심, 박애 2.자선, 선행

He used to be a popular celebrity, well known for his roles as a **benevolent** father in TV series.
그는 한때 TV연속극에서 자상한 아버지 역할로 잘 알려진 인기 연예인이었다.
What the people really need is not a bit of **benevolence** from the powerful.
그 사람들이 진실로 필요로 하는 것은 힘있는 자들의 조그만 자선이 아니다.

benign [bináin]
beni(=well)+gn<gen(=birth) : 좋은 성격으로 태어난

a.1.친절한, 선의의, 자애로운(warm-hearted) 2.(종양이) 양성의 ⓑ malignant

However **benign** her motives, though, she should have been stopped.
아무리 선한 동기에서 그녀가 했다고 해도 더 이상 못하게 막았어야 했는데.
In the brain, both malignant and **benign** tumors can be harmful because they increase pressure in the skull.
뇌에 종양이 있는 경우는, 악성이든 양성이든 모두 두개골 내에 압력을 증가시키기 때문에 해롭다.

bonus
bon(=good)+us(어미) : 좋은 것

n.1.보너스, 상여금, 특별 수당[배당금] 2.덤, 뜻밖의 즐거움

Her company gave her a big **bonus** instead of promotion.
회사는 승진 대신에 그녀에게 큰 보너스를 안겨주었다.

bonanza [Sp]
: good luck의 뜻에서

n.대성공, 대박, 운수대통, 노다지 a.대성공[대박]의, 노다지의 편입

The venture firm will strike a **bonanza** when it finishes developing the new technology.
그 벤처회사가 신기술 개발을 끝내면 대박을 터뜨릴 것이다.

bona fide [L]
: good faith의 뜻에서

a.선의의, 진실된, 진짜의(genuine)

bona fides ⓝ선의善意, 진실성

He has been my **bona fide** friend from childhood.
그는 어릴 때부터 나의 진정한 친구다.
If the **bona fides** of the court are suspected, social justice will collapse.
재판의 선의가 의심을 받게 되면 사회정의는 무너질 것이다.

male [L] : 1. bad, ill 나쁜 2.wrong 잘못된

malice
mal(=bad)+ice(어미)
: 나쁨(badness), 악의(ill will)의 뜻에서

n.악의, 원한

malicious ⓐ1.악의적인, 사악한(vicious, wicked) 2.〈법〉고의의, 부당한 공9

He considered his senior's comment as a light joke without **malice**.
그는 상사의 언급을 악의없는 가벼운 농담으로 여겼다.

This program protects your computer from running **malicious** codes unexpectedly.
이 프로그램은 악성코드가 컴퓨터에서 예기치 않게 실행되지 않도록 보호해 줍니다.

malefactor
male(=bad)+fact(=do)+ or(명접) n.악인, 악당 ㊥ benefactor

malediction
male(=bad)+dict(=say)+ion(명접) : 나쁘게말함

n.저주, 악담 편입 ㊥ benediction

When the **malefactor** was arrested, he hurled bitter **maledictions**.
그 악당이 체포되었을 때 그는 혹독한 저주를 퍼부었다.

malformed
mal(=wrong)+formed

a.기형의, 모양이 흉한

His mouth turned **malformed** owing to the wrong operation.
잘못된 수술로 그의 입 모양이 흉하게 변했다.

malfunction
mal(=wrong)+function

n.기능불량, 기능부전, 고장 vi.오작동하다

The data loss was caused by his computer's **malfunction**.
데이터 분실은 그의 컴퓨터 오작동 때문이었다.

malpractice
mal(=wrong)+practice

n.1.부정[배임]행위, 비행 2.의료 과실[사고]

The neurosurgeon felt doubts about his job after he had been sued for **malpractice**.
그 신경외과 의사는 의료과실로 고소를 당한 후 자신의 직업에 대해 회의를 느꼈다.

malnutrition
mal(=wrong)+nutrition(영양)

n.영양실조, 영양부족 토플

Obesity and starvation are two extreme forms of **malnutrition**.
비만과 기아는 잘못된 영양의 두 극단적 형태이다.

malware
mal(=bad)+ware(=software)

n.악성 소프트웨어

Our programs defend your computer against **malwares** through real-time scan.
우리 프로그램은 실시간 검색으로 당신의 컴퓨터를 악성 소프트웨어로부터 지켜줍니다.

malign
[məláin]
mali(=bad)+gn(=born)
: 나쁘게 생겨난

a.해로운, 〈의학〉악성의 ㊥ benign vt.헐뜯다, 비방[중상]하다(speak ill of) 편입

malignant ⓐ해로운, 악의[적의]가 있는, (병이) 악성의 공7

The media **maligned** the pianist's performance as terrible.
언론은 그 피아니스트의 연주를 형편없다고 비방했다.

My uncle was diagnosed with a **malignant** tumor below his ear.
아저씨는 귀 밑에 악성 종양이 있는 것으로 진단받았다.

cern, cret [L] : 1. sift 체로 가려내다 2. separate 분리하다

◆변형 : cert, crimin

cret는 cern의 p.p형 어근이다. 이 p.p형 어근 cret가 변형되어 cert가 되었는데, p.p형의 변종(variant)인 셈이다. 또 cern에서 파생된 명사형 어근에서 상당히 달라진 crimin이라는 변형된 꼴이 나왔다.

concern

con(=together)+cern(=sift)
: 함께 체로 걸러내다

vt1.~에 관계하다, ~에 관련되다 2.걱정[염려]하다 3.~에 관심[흥미]를 갖다
n.1.관계, 관심 2.걱정, 염려(worry, anxiety), 우려 3.관심사, 볼일

concerned ⓐ1.걱정[염려]하는(anxious) 2.관계있는, 관계하는

concerning (prep) ~에 관하여(regarding)

I am not **concerned** with such a political matter.
나는 그런 정치적 문제에는 관심이 없다.

Most youths are **concerned** about their future jobs.
대부분의 젊은이들은 미래의 직업에 대해 걱정한다.

The accident raised **concerns** over cyber security among ordinary citizens.
그 사건은 일반 시민들 사이에 사이버 보안에 대한 관심을 고조시켰다.

discern

dis(=apart)+cern(=sift)
: 따로 가려내다

vt.알아차리다(recognize), 식별[분별]하다(distinguish) vi.식별하다, 차이를 인정하다

discernible ⓐ인식[식별]할 수 있는

discretion ⓝ1.분별력, 신중함 2.자유 재량(권), 결정권 고시, 토플

She will not **discern** your true intentions for the time being.
당분간 그녀는 너의 진짜 의도를 알아차리지 못할 것이다.

As the old inscription has worn out, it is barely **discernible**.
그 오래된 비문은 마모되어져 거의 식별이 안된다.

As this TV program contains adult materials, viewers' **discretion** is strongly advised.
이 TV 프로는 성인물을 포함하고 있으므로 시청자들의 분별력이 반드시 요구됩니다.

secret

[síːkrit]
se(=apart)+cret(=separate)
: 별도로 분리해 둠

a.1.비밀[기밀]의 2.은밀한, 남몰래 하는(clandestine) 3.신비적인, 난해한
n.1.비밀, 기밀 2.비결(key), 비법 3.불가사의, 신비

secretary ⓝ비서, 비서관, 장관 토익

Lisa seems to have a dark **secret** which she is reluctant to reveal.
Lisa에게는 드러내기를 꺼리는 어두운 비밀이 있는 것 같다.

The president selected her as a new **Secretary** of State.
대통령은 그녀를 새로운 국무장관으로 선택했다.

secrete

[sikríːt]
se(=apart)+crete(=sift)
: 따로 걸러내다

vt.1.분비하다 2.감추다, 은닉하다 n.분비물

secretion ⓝ1.분비, 분비물 2.은닉

Saliva is a liquid **secreted** by glands in the mouth.
침은 입 안에 있는 샘에서 분비되는 액체다.

discrete

dis(=off)+crete(=separate)
: 따로 떼어낸

a.1.분리된, 별개의 2.불연속의, 이산의

When the **discrete** elements joined, it brought together a marvelous synergy.
별개의 요소들이 합쳐져서 놀라운 시너지 효과를 가져왔다.

discreet
dis(=off)+creet(=discerning)
: 도덕적 분별력이 있는

a.1.신중한(prudent), 사려깊은 2.지각[분별]있는, 조심스러운 SAT, 편입

The mayor was **discreet** in giving his opinion about a new waste disposal site.
시장은 새로운 쓰레기 처리장에 대한 의견 개진에 신중했다.

excrete
ex(=out)+crete(=sift)
: 바깥으로 걸러내다

vt.1.배설하다, 분비하다 2.방출하다

excretion ⓝ1.배설, 배출, 분비 2.배설[분비]물 편입

excrement ⓝ배설물, 대변

We ingest nutrients and **excrete** them as well.
우리는 영양분을 섭취하고 또한 배설한다.

certain
cert(=sift)+ain(어미)
: 체로 걸러낸

a1.확실한, 틀림없는(sure) 2.어떤, 무슨 3.약간의

certainty ⓝ1.확실성, 확신(conviction) 2.확실한 것[일]

ascertain ⓥⓣ확인[규명]하다, 알아내다

I am **certain** that the new product will hit the jackpot.
나는 신상품이 대박을 터뜨릴 것이라고 확신한다.

She perceived with **certainty** that she would pass the state exam this time.
그녀는 이번에는 국가고시에 합격할 것이라고 확실히 감지했다.

The police are looking for clues to **ascertain** what happened at the scene.
경찰을 현장에서 무슨 일이 일어났는지 규명하기 위해 실마리를 찾고 있다.

certify
cert(=sift)+ify(동접)
: 체로 걸러내다, 확실히 하다
(make certain)

vt.1.증명[증언]하다, 보증하다(verify) 2.자격증[면허증]을 교부하다
vi.증명[보증]하다, ~의 증인이 되다

certificate ⓝ1.증서, 증명서 2.자격증, 면허증, 수료증 3.증권, 주권
ⓥⓣ자격증[면허증]을 교부하다 토익

Some experts examined the ancient painting and **certified** it as genuine.
몇몇 전문가들이 그 오래된 그림을 검사하여 진품임을 증명했다.

These days gift **certificates** circulate like cash in many places.
요즘은 상품권이 현금처럼 많은 곳에서 유통된다.

*birth/ death/ marriage/ health **certificate**: 출생/ 사망/ 결혼/ 건강 증명서

discriminate
dis(=apart)+crimin(=sift)+
ate(동접) : 따로 걸러내다

vi.1.구별[식별]하다(distinguish) 2. (~ against) 차별(대우)하다
vt.구별[식별]하다, 분간하다 편입

discrimination ⓝ1.구별, 식별 2.차별(대우) 고시, 토플

Sometimes only experts can **discriminate** fake money from genuine.
가끔은 전문가만이 가짜 돈과 진짜 돈을 식별할 수 있다.

Society has developed not to **discriminate** women from men.
사회는 남녀를 차별하지 않도록 발전해 왔다.

He fought hard during his lifetime against racial **discrimination**.
그는 일생동안 인종 차별에 대항해서 가열차게 투쟁했다.

ag, act [L] : 1. do, perform 행하다 2. work 작용하다 3. drive 몰다 ◆변형 : ig

'행하다'라는 뜻의 라틴어 동사(agere)의 p·p형이 actus인데 여기서 act가 나왔다. 또 이 라틴어 동사 앞에 접두사가 붙을 때는 ag가 ig로 바뀌어 연결되는데, 이 어근에서 변형꼴 ig가 유래되었다.

agent
ag(=do)+ent(명접:행위자) : 대신 행하는 사람

n.1.대리[중개]인, 대행자, 에이전트 2.행위자 free ~: 자유행위자, 자유계약선수 3.첩보원, 수사관 토익

agency ⓝ1.대리점 2.대행사, 소속사, 에이전시 3.대리(권), 중개, 알선 4.(정부의) 기관

I bought a new house through a real estate **agent**.
나는 부동산중개인을 통해 새 집을 구입했다.

After becoming a free **agent**, the star player made a contract with a major league **agency**. 자유계약선수가 된 후 그 유명선수는 미국의 한 메이저리그 대행사와 계약했다.

CIA: Central Intelligence **Agency**: (미국의) 중앙정보국

agenda
ag(=do)+end(=ing, 동명사)+a(어미) : 해야할 것들 (things to be done)

n.1.의제, 과제, 정책 2.안건, 아젠다, 의사일정 토익

Job creation is now at the top of the **agenda** for the government.
정부에게는 일자리 창출이 현재 가장 중요한 과제다.

agile
ag(=do)+ile(=easy, 형·접) : 쉽게 행하는, 재빠른

a.1.민첩한, 날렵한 2.두뇌가 잘 도는, 명민한 공9, 토플

As the novice was **agile** and strong, he had no difficulty in adapting to the professional team. 그 신인은 민첩하고 강해서 프로 팀에 적응하는데 아무 문제가 없었다.

agitate
ag(=drive)+it(=go)+ate(동접) : 몰고 다니다

vt.1.선동[교란]하다, 동요시키다 2.(강력히) 주장[요구]하다 3.흔들다, 휘젓다
vi.선동하다 공9, SAT

agitator ⓝ1.선동가, (정치)운동가 **agitation** ⓝ1.선동, 여론환기 2.뒤흔들기, 흥분

The revolt leader **agitated** the crowd into storming the police station.
폭동의 리더는 군중을 선동해서 경찰서를 급습하도록 만들었다.

She lost her cell phone in **agitation**. 그녀는 흥분상태에서 휴대폰을 분실했다.

act
'행하여진 것'(a thing done)이란 뜻에서

n.1.행동, 행위 2.법률, 법령 3.(연극의) 막 4.연기, 가식, 흉내 5.작용
vi.1.행동[처신]하다, 실행하다 2.~인 체하다, 가장하다 3.작용하다, 역할[기능]을 하다
vt.1.행하다 2.연기하다

action ⓝ1.행동, 활동 2.작용, 효과 3.작동, 가동 4.연기, 액션 5.소송, 법적 조치
actual ⓐ현실의, 실제의(real)

The woman seems miserable at first, but it's all an **act**.
그 여자는 처음엔 불쌍해 보이지만, 그건 모두 가식이다.

Who's **acting** the main character in this film? 이 영화 주인공 역은 누구지?

Laughter causes the brain to release hormones that **act** like natural painkillers.
웃음은 뇌로 하여금 천연진통제 역할을 하는 호르몬을 분비하게 한다.

The player is considering taking legal **action** against the club.
그 선수는 구단을 상대로 법적 조치를 고려하고 있다.

The **actual** score was higher than I expected. 실제 점수가 예상보다 높았다.

active
act(=do)+ive(형접)
: 행할 수 있는

a.1.활동[의욕]적인(energetic), 적극적인 ㉯ passive
2.활기찬(lively), 활발한, 왕성한 ㉯ dormant잠자는, 휴면기의 3.유효한 4.능동(태)의

activity ⓝ1.활동, 운동 2.활기, 호황

activate ⓥⓣ활성화시키다, 작동[가동]시키다

inactive ⓐ활동하지 않는(dormant), 소극적인

We have to take **active** steps to enlarge our market share.
시장점유율을 높이기 위해 우리는 적극적인 조치를 취해야 한다.

Exercise enhances your brain power by **activating** the creation of new brain cells.
운동은 새로운 뇌세포의 생성을 활성화시켜 뇌의 능력을 증진시킨다.

exact
ex(=completely, 강조)+act(=do) : 완벽히 행하는

a.1.정확[정밀]한(accurate, precise) 2.꼼꼼한(strict), 빈틈없는, 엄격한
vt.강요하다, 강제로 거두다

The girl tried to express her **exact** thought and feeling.
소녀는 자신의 정확한 생각과 느낌을 표현하려고 애썼다.

react
re(=back, in return)+act(=work) : 반작용하다

vi.1.반응하다, 반응을 보이다 2.반작용하다

enact: en(=make)+act ⓥⓣ1.(법률을) 제정하다 2.상연[연기]하다 3.일어나다, 벌어지다

interact: inter(=mutual)+act ⓥⓘ상호작용하다, 소통[교류]하다

counteract: counter(=against)+act ⓥⓣ1.거스르다, 방해[훼방]하다, 대응하다
2.(효력, 독소 등) 중화[해소]하다

The travel agency **reacted** reluctantly to the customer's complaints.
여행사는 고객의 불만에 마지못해 반응했다.

Due to frequent firearm accidents, the government has attempted to **enact** much stricter gun control laws.
빈번한 총기사고로 인해 정부는 훨씬 더 엄격한 총기규제법을 제정하려고 시도해 왔다.

We usually **interact** with other people through SNS these days.
요즘 우리는 보통 SNS를 통해 타인과 상호 교류한다.
☞SNS(Social Network Service): 사회관계망 서비스

The doctor told me how to **counteract** an allergy to pollen.
의사는 꽃가루 알레르기에 어떻게 내가 대응해야 하는지 말해주었다.

transact
trans(=across)+act(=perform)
: 이쪽에서 저쪽으로 실행하다

vt.vi.거래하다, 처리[집행]하다

transaction ⓝ1.거래, 매매 2.처리, 취급 토익

We **transact** business with foreign buyers all over the world.
우리는 세계 도처의 해외 바이어들과 사업상 거래를 한다.

Online **transaction** is a very convenient way to trade various commodities.
온라인 거래는 다양한 상품들을 거래할 수 있는 아주 편리한 방법이다.

prodigal
pro(d)(=forth)+ig(=drive)+al(형접) : 앞으로 몰아대는

a1.낭비하는(wasteful, lavish), 방탕한, 대범한 2.풍부한, 남아도는 공9

prodigality ⓝ낭비, 방탕, 난봉

Tired of his wife's **prodigal** spending, my friend is considering a divorce.
아내의 낭비적 씀씀이에 질려 내 친구는 이혼을 고려하고 있다.

navigate

nav(=ship)+ig(=drive)+ate(동접) : 배를 조종하다

vt.1.길을 찾다, 방향을 읽다 2.항해[비행]하다 3.조종[조타]하다 4.처리하다, 다루다
vi.길을 찾다, 항해하다, 조종하다

navigation

ⓝ1.항해, 비행, 운항 2.항해[운항, 조종]술 3.네비게이션, 항법 토익

Marine biologists found that humpback whales **navigate** the spacious ocean with incredible accuracy

해양 생물학자들은 혹등고래가 믿을 수 없는 놀라운 정확성으로 광활한 대양을 항해한다는 사실을 발견했다.

These days drivers usually rely on **navigation** systems to reach their destination.

요즘에는 운전자들이 목적지에 도달하기 위해 주로 내비게이션에 의존한다.

enigma [GK]

en(=in:not)+ig(=drive)+ma(어미) : 나아갈 수 없음

n.1.수수께끼(puzzle, mystery),암호 2.수수께끼 같은 인물[것,일] 공7, 편입

enigmatic

ⓐ수수께끼 같은,불가사의한(puzzling, mysterious)

The missing airplane is still wrapped in an **enigma**.

그 실종된 비행기는 여전히 수수께끼에 둘러싸여 있다.

MEMO

Part 2

보고, 듣고, 느끼고, 생각해야, 무언가 남지

The world is all gates, all opportunities, strings of tension waiting to be struck.

-Ralph W. Emerson, *Letters and Social Aims*

이 세상은 온통 문이고 기회이며 울려주길 기다리는 팽팽한 줄이다.

Unit 12. 감각(sens, sent)의 매혹, 창조성의 열쇠가 되다.

sens, sent [L] : 1. feeling 감각, 지각　　2. discern 분별력

고대영어(Old English)에서 가장 많이 살아남은 어휘 부분이 인간의 기본 감각과 관련된 단어들이다. 즉 보다, 보이다(look, see, watch, show), 듣다(hear, listen), 느끼다(feel) 등은 핵심 어휘로 아직까지 살아남아 잘 사용된다.
sense는 시각, 청각, 후각 등을 통해 느끼는 총체적 감각에 '육감, 관능' 이란 뜻이 더해지고 차츰 '지각, 분별력'의 뜻으로 뻗어 나갔다.

sense
sensus[L](=feeling)에서

n.1.감각, 느낌, ~감　2.관념, 인식, 의식　3.분별력, 눈치, 센스　4.의미, 뜻
vt.1.느끼다, 분별[감지]하다　2.알아채다, 깨닫다

As he has an excellent **sense** of business, he will succeed in the near future
뛰어난 사업감각을 가졌기 때문에, 그는 머지않아 성공할 것이다.

Money is like a sixth **sense** without which you cannot make a complete use of the other five*. - W. Somerset Maugham, *Of Human Bondage*
돈은 여섯 번째 감각과 같아서 그것 없이는 나머지 다섯 감각도 제대로 사용할 수 없다.
☞인간의 다섯 감각 즉 오감은 시각, 청각, 후각, 미각, 촉각을 말한다.
*common **sense**: 상식, 양식

Tip

- **sense** of/ direction 방향감각/ distance 거리감각/ balance 균형감각/ humor 유머감각/ color 색채감각
- **sense** of/ duty 의무감/ justice 정의감/ guilt 죄책감

senseless
sense(=feeling)+
less(=lacking, 형접)

a.무감각의, 지각 없는, 무의미한
It is **senseless** to waste time on internet chatting.
인터넷 채팅으로 시간 낭비하는 것은 무의미하다.

nonsense
non(=not)+sense

n.허튼소리[짓], 바보짓, 난센스　　a.무의미한, 어리석은
I don't care about this kind of **nonsense**.
나는 이런 허튼소리에 신경 쓰지 않는다.

sensible
sense(=feeling)+
ible(=ability, 형접)
: 느낄 수 있는

a.1.분별있는, 현명한　2.실용적인, 목적에 맞는　3.느낄 수 있는, 의식이 있는　경찰, 토플

sensibility: sensible+ity(명접)　ⓝ감각, 감수성, 감정

His decision in that confusing situation seems fairly **sensible**.
그런 혼란스런 상황에서 그가 내린 결정은 상당히 현명한 것 같다.
Her recent paintings are full of artistic **sensibility**.
그녀의 최근 그림은 예술적 감수성이 가득하다.

sensitive
sense(=feeling)+tive(형접)

a.1.민감한, 예민한　2.신경과민의, 신경질적인　토익, 공9

insensitive　ⓐ둔감한, 무감각한

My grand mother is particularly **sensitive** to cold.　나의 할머니는 특히 추위에 예민하다.
He pretends to be very **insensitive** to a storm of criticism from the public.
그는 쏟아지는 대중들의 비판에 대해 아주 무감각한 척 한다.

sensation
sense(=feeling)+ation(명접)

n.1.감각, 느낌 2.감동, 흥분, 선풍 3.물의, 센세이션

sensational ⓐ선풍적인, 세상을 놀래키는, 물의를 일으키는, 선정적인 고시, 토플

The victory of a new face over the champion was a big **sensation**.
챔피언에 대한 신인의 승리는 세상을 크게 놀라게 했다.

His new song has gained **sensational** popularity.
그의 신곡은 선풍적인 인기를 끌었다.

sensual
sense(=feeling)+ual(형접)

a.1.관능적인, 육감적인 2.음란한(lewd), 호색적인

The young man tried to keep away from **sensual** pleasure.
그 젊은이는 관능적 쾌락을 멀리하려고 애썼다.

sentiment
senti(=feeling)+ment(명접)

n.1.감정, 정서 2.감상感傷, 정에 약함, 다정다감

sentimental: sentiment+al(형접) ⓐ감상적인, 다감한, 정에 약한 토익

Sports competition allows no room for **sentiment**.
스포츠 시합에는 감상이 끼어들 여지가 없다.

The girl became **sentimental** listening to the sad music at sunset.
소녀는 석양이 물들 때 슬픈 음악을 들으며 감상적이 되었다.

consent
con(=together)+sent(=feel)
: 다 함께 느끼다

n.1.동의, 승낙, 합의 2.찬성, 허락, 인가 vi.동의[찬성, 승낙]하다 ⓑ dissent

consensus ⓝ합의, 의견 일치, 대다수의 의견 토익, 경찰

They have entered into an agreement by mutual **consent**.
그들은 상호 합의에 의해 협정을 체결했다.

Her father doesn't **consent** to her marriage because of a big age gap.
큰 나이 차 때문에 그녀의 아빠는 결혼을 승낙하지 않는다.

There is a growing **consensus** that the current economic team has failed to revive our economy.
현 경제팀은 경제 회복에 실패했다는데 대해 갈수록 사람들의 의견이 일치하고 있다.

assent
as(=ad:to)+sent(=feel)
: ~쪽으로 같이 느끼다

n.동의, 찬성 vi.동의[찬성]하다(consent, agree)

It is hard to give our **assent** to the terms they have offered.
그들이 제안한 조건에 우리가 동의하기는 어렵다.

Most participants were weighing up whether to **assent** or not.
대부분의 참가자들은 찬성할지 말지 가늠하고 있었다.

dissent
dis(=apart)+sent(=feel)
: 떨어져서 느끼다

n.이의, 불찬성, 의견차이 ⓑ consent
vi.(~ from) 의견을 달리하다(disagree), 이의를 말하다 토플, 편입

The voices of **dissent** against the tax are getting rapidly louder.
세금에 반대하는 목소리가 빠르게 커지고 있다.

While a few **dissented** from the majority, most party members said yes to the conclusion.
몇몇이 다수 의견에 반대했지만 대부분의 당원들은 결론에 찬성했다.

resent
re(=against)+sent(=feel)
: 거슬리게 느끼다

vt.분개하다, 화내다, 원망하다

resentment ⓝ분개(indignation), 분노(fury, rage), 적의 법원9

resentful ⓐ분개한

The writer **resented** the unfavorable criticism about his new novel.
작가는 그의 신작 소설에 대한 비호의적인 비평에 분개했다.

Though he apologized for his rudeness, my **resentment** didn't calm down.
무례에 대해 그가 사과했지만 나의 분노는 진정되지 않았다.

scent [sent] :
scent(=feel, smell)

n.1.냄새, 향기 2.자취, 기운 vt.~의 냄새를 맡다, 감지하다, 알아채다 vi.냄새가 나다

The peaceful forest was full of the **scent** of wild flowers.
평온한 숲은 야생화의 향기로 가득 찼다.

When a striker scored a hat trick towards the end of the game, home fans **scented** a big triumph.
한 공격수가 시합 끝 무렵에 해트트릭을 기록했을 때 홈팬들은 대승을 감지했다.

Review Test 4

a. docile	b. secrete	c. benign	d. repatriate	e. navigation
f. orthodox	g. sensation	h. sophisticated	i. discreet	

◆ **From the box above, choose the word that corresponds to each definition below.**

1 the act of directing a ship, aircraft, etc. from one place to another

2 send or bring back to one's own country

3 developed to a high degree of complexity

4 quiet and easy to influence, persuade, or control

5 a widespread reaction of interest and excitement

6 produce and discharge a liquid or a substance

7 careful about what one says or does

8 gentle and kind

9 generally or officially accepted (used of ideas or beliefs)

◆ **Choose the one that is closest in meaning to the highlighted word in each sentence.**

10 The king, facing his enemies, hurled a **malediction** at them.
① threat ② warning ③ curse ④ denunciation ⑤ revenge

11 It won't work to teach cognitive science as a **discrete** subject on the curriculum.
① concrete ② specific ③ abstract ④ separate ⑤ intensive

12 The public felt great **indignation** against royal wealth and lifestyle.

① rejection ② resentment ③ resistance ④ reservation ⑤ regret

13 The bank account has been **dormant** for years.

① brisk ② vital ③ dominant ④ lucrative ⑤ inactive

14 This device is too **sophisticated** for general use. 토플

① substantial ② unusual ③ broad ④ advanced ⑤ diverse

15. A few members **dissented from** the major opinions. 공7

① departed from ② disagreed with ③ disregarded
④ concurred with ⑤ stirred up

16 What he discovered was that, despite their objections to the **malicious** nature of the advertisements, viewers were nonetheless affected by them in the way advertisers desired. 공9

① innocuous ② malleable ③ ambivalent ④ spiteful

17 After replacing the football manager, the team slowly became **invincible** in a couple of years.

① incredible ② energetic ③ unconquerable ④ attractive ⑤ challenging

◆ **Fill in the blank with the proper verb that will best complete the meaning of each sentence.**

① discriminate ② transact ③ agitated ④ excreted ⑤ certified

18 The developer had to fix a proper price to ______ the new product.

19 Most toxins are naturally ______ from the human body.

20 The antique has been ______ as genuine.

21 When does a baby have the ability to ______ different facial expressions?

22 The social activist ______ people against the government.

Unit 13. 왜 영어에는 시각관련(vis, vid / spect, speci) 단어가 제일 많을까?

기독교 문화가 유럽에 전파된 후 문자를 아는 극소수 지배층은 라틴어 성서와 교리를 독점하여, 라틴어 이외의 문자로 성서가 번역되는 것을 꺼려했다. 그들은 시각화를 통해서 문맹의 일반민중에게 기독교 교리를 전파하려 했으며 문학적인 방법보다 그림이나 시각적 이미지를 선호했다. 그 결과 영어에는 인간의 시각과 관련된 단어가 어떠한 단어들 보다 많이 생성되었다. 이는 마치 영어에는 '눈'을 나타내는 단어가 snow 하나인데, 에스키모는 '눈'을 뜻하는 수십 가지 단어를 가진 것처럼.

vis, vid [L] : look, see 보다

◆변형 : view, vey, vy

vis는 vid의 p·p형 어근이며, 이들에서 view, vey, vy같은 변화형이 갈라져 나왔다.

visible
vis(=look)+ible(형접)
: 볼 수 있는

a.1.보이는, 가시可視의 2.명백한, 뚜렷한(manifest) 3.수중에 있는, 현물의 ㊥ invisible

The sea is clearly **visible** from the window.
창밖으로 바다가 선명히 보인다.

In a market every individual is led by an '**invisible** hand' to achieve an end which was no part of his intention. - Adam Smith, *The Wealth of Nations*
시장 내에서 모든 개인은 '보이지 않는 손'에 이끌리어 그가 전혀 의도하지 않았던 목적을 달성하게 된다.

vision
vis(=look)+ion(명·접)
: 보이는 것

n.1.시력, 시각 2.상상력, 통찰력, 미래상, 비전 3.환상, 환영 4.모양, 광경

She wears glasses due to poor **vision**.
그녀는 시력이 나빠 안경을 쓴다.

Vision is the art of seeing what is invisible to others. - Jonathan Swift
비전이란 타인이 보지 못하는 것을 보는 기술이다.

visual
vis(=look)+ual(형접)
: 보이는

a.시각[시력]의, 눈에 보이는, 광학상의 n.시각정보, 영상

visualize: visual+ize(동접) ⓥⓣ시각화하다, 눈에 보이게 하다, 상상하다 ⓥⓘ마음 속에 그리다

He made a nice presentation in front of new clients by using various **visual** aids.
그는 다양한 시청각자료를 활용하여 신규고객들 앞에서 멋지게 발표했다.

The student sometimes **visualizes** himself entering the university of his dream.
그 학생은 종종 꿈꾸는 대학에 입학하는 자신의 모습을 마음 속에 그려본다.

advise
ad(=to)+vise(=see)
: ~쪽으로 보게 하다

vt.1.충고[조언]하다 2.의논[상담]하다 3.통지하다, 알리다
vi.조언을 구하다, 상의하다, 충고하다

advice ⓝ1.충고, 조언 2.진찰, 진단, (변호사의) 의견 3.통지, 보고

The doctor **advise**d him to take a rest.
의사는 그에게 휴식을 취하라고 조언했다.

You must seek legal **advice** if you want a divorce.
만약 당신이 이혼을 원한다면 법적 조언을 구해야 한다.

revise
re(=again)+vise(=see)
: 다시 보다

vt.교정[수정, 개정]하다 n.정정, 교정, 개정(판) 토익

revision ⓝ1.개정, 수정, 교정 2.교정본, 개정판, 개역

You have to **revise** some parts of your report before submitting it to the professor.
너는 리포트를 교수님에게 제출하기 전에 몇몇 부분은 수정해야 한다.

Revisions have been made in the new edition as required by the publisher.
출판사의 요구대로 신판에서는 개정이 이루어졌다.

improvise
im(=not)+pro(=before)+vise(=see)
: 앞을 보지 못하고, 사전 준비없이

vt.1.즉석에서 짓다[연주하다, 노래하다] 2.임시변통으로 마련하다
vi.즉흥적으로 작곡[노래, 연주, 연설]하다 공9, SAT

improvisation ⓝ1.즉석에서 하기, 즉흥 시[곡] 2.즉흥성

The jazz musician **improvised** new melodies on the stage.
재즈 음악가는 무대에서 즉흥적으로 새로운 멜로디를 연주했다.

supervise
super(=over)+vise(=see)
: 위에서 보다

vt.감독[지시]하다, 관리[통제]하다

supervision ⓝ감독, 통제, 관리, 지휘
supervisor ⓝ감독[통제, 관리]자, 지도교수 토익

He **supervises** the construction work in the field.
그는 현장에서 건설공사를 감독한다.

The project has been done under my **supervision**.
그 프로젝트는 나의 감독 하에 수행되었다.

visit
vis(=see)+it(=go)
: 보러 가다

vi.vt.1.방문하다, 찾아가다 2.체류하다, 머물다 n.방문, 문안, 시찰, 견학

You may **visit** me whenever you want.
원할 땐 언제든지 저를 방문하세요.

provide
pro(=ahead)+vide(=see)
: 미리 보고 대비하다

vt.1.공급하다(supply), 지급[제공]하다 2.준비[대비]하다 3.부양[조달]하다 4.규정하다
vi.대비하다, 부양하다(support)

provided(that) conj. 만약~이라면(=if)
provision ⓝ1.조항, 규정 2.공급, 지급 3.준비, 설비 4.(pl.)식량, 양식
provisional ⓐ1.임시의, 일시적인(temporary) 2.잠정적인(tentative)

This website **provides** us with all the information we need.
이 웹사이트는 우리가 필요로 하는 모든 정보를 제공해준다.

We need to **provide** a lot of food for a long voyage.
긴 항해를 위해 우리는 많은 식량을 준비해야 한다.

She had to **provide** for her elderly parents more than 10 years.
그녀는 늙은 부모님을 10년 이상 부양해야 했다.

After much argument, the two sides barely reached the **provisional** conclusions.
많은 논란 끝에 양측은 간신히 잠정적 결론에 도달했다.

provident
pro(=ahead)+vid(=see)+ent(형접) : 미리 앞을 보는

a1.선견지명 있는(prescient), 신중한 2.검약한

The woman is so **provident** that she always sets aside some money in case of emergency.
그 여자는 매우 신중해서 비상시에 대비해 언제나 약간의 돈을 저축한다.

envy [F]
: en(=in, upon)+vy(=see) : 곱지 않게 보다

n.질투(jealousy), 선망, 시기 vt.질투하다, 부러워하다

envious ⓐ질투하는(jealous), 부러워[선망]하는, 시기심 강한

I **envy** you having such an attractive woman.
저런 멋진 여인을 가진 너가 부럽다.

He was **envious** of the new job of his friend. 그는 친구의 새 직장을 부러워했다.

survey

sur(=super, over)+
vey(=see)
: 위에서 두루 보다

vt.1.둘러보다, 살펴보다, 개관하다 2.조사하다, 측량하다 n.개관, (설문)조사, 답사, 측량 토익

surveyor ⓝ측량사, 검사관, 감정인

surveillance [F] ⓝ감시, 사찰 경찰, 편입

After an analysis of the market **survey**, our new product will be launched.
시장조사에 대한 분석 후에 신제품이 출시될 것이다.

As showing suicidal impulses, the criminal is placed under strict **surveillance**.
자살충동을 보이기 때문에 그 죄수는 엄격한 감시 하에 놓여있다.

evident

e*(=ex:out)+vid(=look)+
ent(형접) : 바깥으로 보이는

*발음의 편의를 위해 e뒤에 x 가 생략된 형태.

a.분명한(obvious), 명백한

evidence ⓝ증거, 물증, 증인 토익

It is **evident** that you have misunderstood me.
네가 나를 오해한 게 분명해.

The lawyer asked his client more solid **evidence** to win the case.
변호사는 의뢰인에게 승소에 필요한 좀 더 확실한 증거를 요구했다.

visage

vis(=look)+age(명접)
: 보이는 것

n.1.얼굴, 용모, 생김새(face) 2.외관, 양상

visa: 보여주는 것 ⓝ사증, 비자, 입국허가

His **visage** told clearly that he loved her.
그녀를 사랑하는 것이 그의 얼굴에 뚜렷이 씌어있었다.

I applied for a **visa** for the United States.
나는 미국행 비자를 신청했다.

video

vid(=look)+eo(1인칭 어미)
: '나는 본다(I see)' → 화면에 보이는 것

n.영상, 비디오 ⓑ audio vt.녹화하다

Our school is fully equipped with **video** and audio facilities.
우리 학교는 시청각 시설들이 충분히 갖추어져 있다.

view : 애초에는 '공식적인 검사나 조사'(formal inspection or survey)란 뜻으로 쓰였다. 시간이 흐르면서 눈으로 보는 '시야, 전망'이란 뜻이 덧붙여지고, 점점 마음으로 보는 '시각, 관점, 견해'라는 비유적·추상적 뜻으로 확장되었다.

view [F]

: 조사 → 시야 → 전망 → 관점의 뜻으로 확장되어 왔다.

n.1.시야, 시계 2.전망, 조망 3.보기, 관람 4.관점 5.의견, 견해 vt.보다, 조사하다

My house has a fine **view** of the sea.
내 집에서는 바다의 멋진 전망이 보인다.

These paintings will be on **view** at the museum until next week.
이 그림들은 다음 주까지 박물관에 전시될 것이다.

Her political **views** are rather liberal.
그녀의 정치적 견해는 다소 진보적이다.

preview

pre(=before)+view(=see)
: 사전에 보다

n.사전검토, 시연, 시사(회), 예고편 vt.사전검토[조사]하다, 시연[시사]을 보다

Some critics were invited to a **preview** of the movie.
몇몇 비평가들이 영화 시사회에 초대되었다.

review

re(=again)+view(=see)
: 다시 보다

n.1.비평, 논평 2.재조사, 재검토, 복습 3.회고, 반성 4.〈법〉재심
vt.1.재조사[검토]하다 2.복습하다 3.비평[논평]하다 4.재심하다 vi.비평을 쓰다

A book **review** on his latest novel is in today's newspaper.
그의 최신간 소설에 대한 서평이 오늘 신문에 실려있다.

A new wage increase is currently under **review**.
새로운 임금 인상안이 현재 검토 중이다.

Our government is now carefully **reviewing** its real estate policy.
우리 정부는 지금 부동산정책을 신중히 재검토하고 있다.

A superior court can **review** decisions of a lower court.
상급법원은 하급법원의 판결을 재심할 수 있다.

interview

inter(=mutually)+
view(=see) : 상호간에 보다

n.회견, 인터뷰, 대담, 면접 vt.인터뷰하다, 회견[면접]하다

interviewer ⓝ회견[면담]자

interviewee ⓝ피회견자, 면접받는 사람

Having a job **interview** in 10 minutes, she felt a few butterflies in her stomach.
10분 후에 있을 취업면접을 두고 그녀는 다소 긴장되어 가슴이 두근거렸다.

We will **interview** five candidates for the position of accounting manager.
우리는 경리부장 자리를 두고 5명의 지원자를 면접하려 한다.

The president was **interviewed** by reporters about his policies.
대통령은 그의 정책에 관해 기자들과 인터뷰했다.

viewpoint

view(=look)+point(=dot)
: 바라보는 관점

n.관점(standpoint), 견해, 입장 토익

He is looking at the sudden change from a different **viewpoint**.
그는 그 갑작스러운 변화를 다른 관점에서 보고 있다.

spect, speci [Gk] : 1. watch 지켜보다, 주시하다 2. look 보다 ◆변형 : specul, spic

그리스어 skopein에 그 어원을 둔 spect, speci는 그냥 '보다, 보이다' 라는 뜻보다 적극적·능동적으로 '지켜보다, 주시하다'는 뜻으로 쓰였으며, 원래는 별 같은 것을 '관찰하다' 라는 뜻이었다.

expect

ex(=out)+spect(=watch)
: 바깥을 주시하다

vt.기대[예상]하다(anticipate), 기다리다

expectation ⓝ기대, 예상

expectant ⓐ1.기다리는, 기대하는 2.임신한 ⓝ기대하는 사람, 지망자, 임산부

unexpected ⓐ예기치 않은, 뜻밖의, 불시의

I **expect** her to pass the entrance exam.
나는 그녀가 입시에 합격하리라 기대한다.

Contrary to **expectations**, the movie was a great success.
예상과 달리, 그 영화는 큰 성공을 거두었다.

During his business trip, he was faced with **unexpected** twists and came across an **unexpected** woman.
출장 중에 그는 예기치 못한 우여곡절에 부딪쳐 뜻밖의 여인과 조우했다.

inspect
in(=into)+spect(=watch)
: 안을 들여다보다

vt.1.면밀히 살피다, 점검[검사]하다 2.검열하다, 시찰하다

inspection ⓝ1.정밀 검사[조사], 점검 2.검열, 감찰, 시찰 경찰

inspector ⓝ검사[조사, 검열]관

cf. **scrutinize:** scrutin(=examine closely)+ize(동접) ⓥⓣ면밀히 조사하다, 세심히 살피다 편입, SAT

scrutiny ⓝ정밀한 조사,철저한 검토

You need to **inspect** your car regularly. 당신은 차를 정기적으로 점검해야 한다.

I have sent you a copy of **inspection** report by email.
나는 검사보고서 사본을 이메일로 너에게 보냈다.

Now the new powers **scrutinize** exhaustively the former presidential staff.
이제 새로운 권력이 전임 대통령의 보좌진을 철저히 조사하고 있다.

respect
re(=again)+spect(=watch)
: 다시 주목하다

n.1.존경, 경의 2.관심, 고려 3.측면, 점(point)
vt.존경[존중]하다, 소중히 여기다 ⓑ despise

respectable ⓐ1.존경할 만한, 훌륭한 2.(수량, 크기 등) 상당한, 꽤 많은

respective ⓐ각각[각자]의, 저마다의 공9, 편입

irrespective ⓐ관계[관련]없는, 무시하고, 고려하지 않고

He has no **respect** for politicians, because he thinks politicians are like diapers and should be changed often for the same reason.
그는 정치가를 존경하지 않는다. 왜냐하면 정치가는 기저귀와 같아서 둘 다 같은 이유로 자주 갈아줘야 된다고 생각하기 때문이다.

The new job is less paid, but in some **respects** much more rewarding.
새 일자리는 급료는 적지만, 어떤 면에서 훨씬 보람있다.

She earns a **respectable** amount of money. 그녀는 꽤 많은 돈을 번다.

We made a decision to go our **respective** ways. 우리는 각자 제 갈길을 가기로 작정했다.

suspect
sus(=sub:under)+
spect(=watch)
: 아래를 훑어보다

vt.1.의심하다(doubt), 수상히 여기다 2.알아[낌새]채다
vi.의심하다, 수상히 여기다 ⓑ trust
a.의심스러운, 수상한 n.용의자, 피의자, 요주의 인물 경찰9

suspicious ⓐ의심하는, 의심스러운

suspicion ⓝ의심, 혐의, 용의

I **suspected** that he had stolen my money. 나는 그가 내 돈을 훔쳤다고 의심했다.

She is **suspicious** of his intention. 그녀는 그의 의도를 의심한다.

The **suspect** was promptly arrested by the police on **suspicion** of inside trading.
용의자는 내부자거래 혐의로 경찰에 전격 체포되었다.

prospect
pro(=forward)+
spect(=look)
: 앞을 내다 봄

n.1.전망, 조망, 경치 2.가능성, 장래성, 가망 토익 ⓑ retrospect

prospective ⓐ장래의, 기대되는, 가망 있는 ⓑ retrospective

This venture business has good **prospects**.
이 벤처사업은 장래성이 아주 좋다.

I have found a **prospective** buyer for the land.
나는 그 땅의 가망 있는 매수자를 찾았다.

aspect
a(=ad:to)+spect(=look)
: 어떤 쪽으로 바라 봄

n.1.외관, 모양 2.관점, 견지 3.국면, 측면
The mayor once again considered the issue from the political **aspect**.
시장은 그 사안을 정치적 측면에서 다시 한번 숙고했다.

retrospect
retro(=back)+spect(=look)
: 뒤를 돌아 봄

n.1.회상, 회고, 추억 vi.vt.회고[추억]하다, 회상에 잠기다 ⓑ prospect
In **retrospect**, it was a great choice to sell the land at that time.
돌이켜보니 그 당시에 그 땅을 판 것은 탁월한 선택이었다.

perspective
:per(=through)+
spect(=look)+ive(명접)
: 통해서 두루 보는

n.1.견해, 관점(viewpoint, standpoint, angle) 2.원경, 조망, 전망 3.원근법, 원근감
He tends to view everything from an economic **perspective**.
그는 모든 것을 경제적 관점에서 보는 경향이 있다.

spectacle
spect(a)(=look)+cle(명접)
: 볼만한 것

n.장관, 광경, 구경거리 (pl.)안경

spectacular ⓐ장관의, 구경거리의, 극적인 ⓝ장관, 호화쇼, 초超대작
spectator ⓝ구경꾼, 관객, 방관자
A rainbow over the grand waterfall presented a magnificent **spectacle**.
거대한 폭포 위의 무지개는 장엄한 광경을 연출했다.
He tends to see all things through rose-colored **spectacles**.
그는 모든 것을 장미빛 안경을 통해[낙관적으로] 보는 경향이 있다.
The gymnasium was packed with **spectators**. 체육관은 관중으로 꽉 찼다.

spectrum
spect(r)(=look)+um(명접)
: 눈에 보이는 것

n.1.스펙트럼, 분광, 빛띠 2.범위, 영역
We have heard a wide **spectrum** of opinions on that issue.
우리는 그 쟁점에 대한 광범위한 견해를 들었다.

circumspect
circum(=around)+
spect(=watch)
: 주위를 두루 살펴 봄

a.신중한, 용의주도한, 조심성 많은(cautious, careful) ⓑ reckless무모한, rash경솔한 편입
The general was **circumspect** in mapping out the strategy for a surprise attack.
장군은 기습공격을 위한 전략을 짜는데 있어서 용의주도했다.

speculate
specul(=close watch)+
ate(동접) : 면밀히 주시하다

vi.1.깊이 생각하다, 사색하다 2.추측[억측]하다 3.(주식, 토지 등에) 투기하다 회계사, SAT

speculator ⓝ1.사색가, 이론가 2.투기꾼
speculative ⓐ1.사색[명상]적인, 사변적인 2.투기적인, 위험한
speculation ⓝ1.사색, 성찰 2.추측, 추론 3.투기 토플
It's early to **speculate** on whether the new policy will work in our favor.
새로운 정책이 우리에게 유리하게 작용할지 추측하는 건 아직 이르다.
She **speculated** in the land close to the East Sea, hoping for a price rise.
그녀는 가격상승을 기대하고 동해에 가까운 그 땅에 투기했다.
A few **speculators** bought the stock to sell in the near future at a high profit.
몇몇 투기꾼들이 가까운 장래에 큰 이익을 남기고 팔기 위해 그 주식을 매입했다.

speci : '보다'라는 뜻에서 점점 '눈에 띄는 특정 종류나 양식' 이라는 추상적인 뜻으로 변하였고 여기서 다양한 어휘들이 파생되었다.

special

speci(=noticeable type)+al(형접) : 눈에 띄는 유형

a.1.특별[특수]한 2.독특한, 고유의 3.전문[전공]의

specialize: special+ize(동접) ⓥⓥ특수화[전문화]하다, 전공하다, 분화하다

specialist: special+ist(명접) ⓝ전문가(expert), 전문의 토익

specialty ⓝ1.전문, 전공, 장기 2.특성, 특질 3.특산품, 명물, 신제품, 신형

He has a **special** talent as a baseball pitcher.
그는 야구투수로서 특별한 재능을 가지고 있다.

She is a lawyer **specializing** in insurance law. 그녀는 보험법 전문변호사다.

The investigator is a **specialist** in criminal psychology. 그 수사관은 범죄심리학 전문가다.

She intends to run a wine **specialty** shop.
그녀는 와인전문점을 운영해볼 생각이다.

species

speci(=noticeable type)+es : 두드러진 유형들

n.〈생물〉종種, 종류

Biologists pooled their efforts to preserve endangered **species** from extinction.
생물학자들은 멸종 위기 종들을 멸종으로부터 보호하기 위해 노력을 한데 모았다.

*endangered **species**: 멸종위기 종

specimen

speci(=noticeable type)+men(어미) : 두드러진 것

n.견본, 표본, 시료

We observed **specimens** of different types of cells under a microscope.
우리는 현미경으로 여러 다른 유형의 세포 표본들을 관찰했다.

specific

speci(=noticeable kind)+fic(=making) : 눈에 띄게 만드는

a.1.구체적인, 분명한, 특정한 ⓑ general 2.특수한, 특효가 있는, 독특한 토익, 편입

The new model is targeted at **specific** customers.
새 모델은 특정 고객층을 겨냥하고 있다.

Your request should have been more **specific**, but it was too broad.
너의 부탁은 좀 더 구체적이어야 했었는데, 너무 포괄적이었다.

specify

speci(=noticeable kind)+fy(=make, 동접)

vt.(구체적으로) 명기[명시]하다, 지정하다, 열거하다 vi.상술하다

specification ⓝ상술, 열거, 명세(사항) (pl.)명세서, 설명서

spec: specification의 축약형

The artist didn't **specify** the prices of his works in the gallery.
그 화가는 화랑에 있는 그의 작품 가격을 구체적으로 명시하지 않았다.

I am extremely sorry that your sample did not meet our minimum **specifications**.
매우 유감스럽게도 당신의 샘플은 우리의 최소 사양을 충족시키지 못했습니다.

Spec, which refers to a job applicant's qualification rather than a product's **specification**, is a Korean mutation of the word.
Spec이란 말을 제품명세란 뜻이 아닌 취업지원자의 자격이란 뜻으로 사용하는 것은 단어 의미의 한국식 변형이다.

despicable
:de(=down)+spic(=look)+able : 얕잡아 보는

a.비열[야비]한, 경멸스런(contemptible) 편입

despise ⓥ경멸[멸시]하다(disdain, scorn)

It is very **despicable** to secretly disclose other people's private life.
타인의 사생활을 몰래 들춰내는 것은 아주 야비한 짓이다.

conspicuous
con(강조)+spic(=look)+(u)ous(형접) : 눈에 확 띄는

a.1.뚜렷한, 튀는, 눈에 띄는 2.과시적인, 화려한 고시, 편입

She was cautious to be less **conspicuous** in the crowd.
그녀는 군중 속에서 눈에 띄지 않으려고 조심했다.

scope : '시야, 범위'란 뜻에서 더 나아가 이제는 '보는 기구'란 뜻의 연결형 접미사로 사용된다. 과학의 발전으로 거시, 미시 세계뿐 아니라 내부 세계까지 세밀히 볼 수 있게 되어 안과 밖의 경계마저 허물어졌다.

telescope
tele(=far)+scope (=instrument for viewing) : 멀리 보는 기구

n.망원경

We looked at the moon and the stars through a **telescope** at the observatory.
우리는 천문대에서 망원경으로 달과 별들을 관찰했다.

microscope
micro(=small)+scope : 작은 걸 보는 기구

n.현미경

The doctor observed my urine sample under a **microscope**.
의사는 현미경으로 내 소변샘플을 관찰했다.

endoscope
endo(=inside)+scope : 안 쪽을 보는 기구

n.내시경

An **endoscope** is designed to look inside the human body for diagnosing diseases.
내시경은 인체 내부를 들여다보고 질병을 진단하기 위해 고안되었다.

Unit 14. 감각의존도는 시각(par/phan)이 80%, 청각(audi)은 10% 쯤 된다네.

인간의 감각 의존도는 80%가 시각, 10%가 청각, 나머지10%는 촉각, 후각, 미각 등이다. 영어에는 어떠한 단어들 보다 시각과 관련된 단어가 많다.

par [L] : be visible, look 보이다

◆변형 : pear

라틴어 어근 par는 각기 다른 3가지 뜻을 가지고 있는데 그 중 하나가 아래와 같이 '보이다'는 뜻으로 사용되는 par이다.

apparent

ap(=ad:intensive, 강조)+par(=visible)+ent(형접)
: 선명히 보이는

a.1.명백한, 분명한(obvious, evident) 2.겉모양만의, 외관상의

It was quite **apparent** to me that mother was really upset.
엄마가 정말 화났다는 게 나에겐 아주 분명했다.

transparent

trans(=through)+par(=visible)+ent(형접)
: 통과해서 보이는

a.1.투명한, 비치는 2.명쾌[명료]한, 알기 쉬운 3.(속이) 들여다보이는 ⓑ opaque 공9

transparency ⓝ투명(성), 투명도

The bidding process should have been more **transparent**.
입찰과정이 좀더 투명했어야 했는데 그렇지 않았다.

The real-name financial system has contributed to making our society more **transparent**. 금융실명제는 우리 사회를 좀 더 투명하게 만드는데 기여해 왔다.

appear

ap(=ad:to)+pear(=look)
: ~에게 보이다

vi.1.나타나다, 출현하다 2. ~처럼 보이다, ~인 것 같다(seem), ~라는 생각이 들다 3.출연[연기]하다 4.출석하다, 출정[출두]하다

appearance ⓝ1.출현, 등장 2.외모, 겉모양, 생김새 3.(pl.)체면, 겉치레 4.(pl.)형세, 상황

The famous actress is going to **appear** at the press conference.
그 유명 여배우는 곧 기자회견장에 나타날 것이다.

It **appears** that she will soon marry a promising businessman.
그녀는 곧 잘나가는 사업가와 결혼할 것 같다.

He **appears** to be very satisfied with the result of the examination.
그는 시험 결과에 아주 만족하는 것처럼 보인다.

He **appeared** at a court to answer a charge.
그는 고소에 대한 답변을 위해 법원에 출두했다.

disappear

dis(=opposite)+appear

vi.사라지다, 없어지다

disappearance ⓝ사라짐, 소멸, 실종

He watched regretfully as her wagon slowly **disappeared** into a grove of birch trees.
그녀를 태운 마차가 자작나무 숲으로 서서히 사라지는 동안 그는 후회스럽게 지켜보았다.

The actress's **disappearance** sparked an extensive police search and created a media frenzy.
그 여배우의 실종은 경찰의 대대적 수색을 촉발시키고 언론이 야단법석 떨게 만들었다.

phan [Gk] : show, look보이다

◆변형 : phen, phas, fan

그리스어에서 온 이 어근은 라틴어를 거쳐 불어, 영어에 들어오면서 철자가 바뀌어 phan이 fan으로 되었다. 그러나 르네상스 시대에 고전에 대한 복고 바람이 불면서 다시 phan으로 변해 지금까지 영어에서 둘 다 사용되고 있다.

phantom
phan(=show)+tom(어미)
: 눈에 보이는 것

n.1.유령, 환영, 허깨비　2.착각, 망상　a.환영[환상]의, 유령 같은
I don't believe the rumor that **phantoms** sometimes appear in the old house.
나는 그 오래된 집에 가끔 유령들이 출몰한다는 소문을 믿지 않는다.

phenomenon
pheno(=show)+
menon(수동형 어미)
: 나타나거나 보이는 것

n.현상, 사건, 사상事象　(pl.) phenomena
A scientist in a laboratory is a child placed before natural **phenomena** which impress him like a fairy tale. - Marie Curie
연구실의 과학자는 마치 동화와 같이 자신에게 감명을 주는 자연현상 앞에 선 한 어린애에 지나지 않는다.

emphasis
em(=en:in)+
phas(=show)+sis(명접)
: 나타내 보임

n.강조, 중점, 역점, 강세
Our boss puts great **emphasis** on customer satisfaction.
우리 사장님은 고객만족을 특히 강조한다.

emphasize
emphasis+ize(동접)

vt.강조하다, 역설하다, 중요시하다　토익
My doctor **emphasized** the importance of regular exercise.
내 주치의는 규칙적인 운동의 중요성을 강조했다.

phase
phas(=show)+e(어미)
: (달이나 별의) 보이는 면

n.양상, 측면, 국면, 단계　vt.단계적으로 실행하다, 조정[정리]하다
vi.단계적으로 움직이다　편입
The project is only in an initial **phase**.
그 프로젝트는 겨우 시작단계에 불과하다.
Our company will **phase** in a salary peak system next year.
우리 회사는 내년에 임금피크제를 단계적으로 도입할 것이다.

fantastic
fan(=show)+tast+ic(형접)
: 상상 속에 보이는

a.1.공상적[환상적]인　2.굉장한, 멋진, 엄청난　3.별난, 기발한, 변덕스러운　토익, 편입

fantasy　ⓝ공상, 환상, 변덕
That's a **fantastic** idea!　그거 기발한 아이디어네.
I had a **fantastic** time on a vacation tour.
나는 휴가여행에서 환상적인 시간을 보냈다.

fancy
fantasy의 축약형
(contraction)

n.1.공상, 상상, 환상　2.변덕(whim), 일시적 기분, 억측　3.기호, 선호
a.1.장식적인, 화려한　2.고급의, 극상極上의　3.공상[상상]의
vt.1.공상[상상]하다　2.애호하다, 좋아하다　3.(성적으로) 끌리다

fanciful　ⓐ공상적인, 비현실적인, 기발한
She sometimes indulges in her own **fancy** world.
그녀는 가끔 그녀만의 공상의 세계에 빠진다.
My husband took me to a **fancy** restaurant for our wedding anniversary.
내 남편은 결혼기념일에 최고급 식당에 나를 데려갔다.
I really **fancy** her, but I have not had a chance to confess my mind.
난 그녀에게 진짜 반했어 하지만 내 마음을 고백할 기회를 가지지 못했어.
I have some **fanciful** idea about making a flying car.
나는 날아가는 차를 만드는데 대해 상당히 기발한 생각을 가지고 있다.

audi [L] : hear, listen 듣다

audible
audi(=hear)+
ble(=ability, 형접)
: 들을 수 있는

a.잘 들리는, 가청의

audio ⓝ오디오, 음성부분, 음의 재생 ㉥ video

Her voice was barely **audible** because of loud music in the nightclub.
나이트클럽의 시끄러운 음악 때문에 그녀의 목소리가 거의 들리지 않았다.

audition
audi(=hear)+tion(명접)
: 들어보는 것

n.1.(예능 지원자 등에 대한) 심사, 오디션, 시연 2.청력, 청각
vi.심사[오디션]하다, 오디션을 받다

We will hold **auditions** to find a right actor for the right role.
우리는 바로 그 배역에 딱 맞는 배우를 발굴하기 위해 오디션을 가질 것이다.

audience
audi(=hear)+ence(명접)
: 듣는 사람들의 집단

n.1.청중, 관중, 시청자 2.지지자, 애호자, 팬 3.청취(hearing) 토익

His testimony at church moved the **audience** to tears.
교회에서 행한 그의 간증이 청중을 울렸다.

audit
audi*(=hear)+it(=go)
: 들으러 가는 것

*원래 회계감사는 구두보고를 들으러 가는 것에서 시작했음.

n.(회계)감사, 결산, 검사 vt.(회계를) 감사하다, (강의를) 청강하다

auditor: audit+or(명접) 들으러 가는 사람 ⓝ(회사의) 감사, 감사역, (대학의) 청강생

We have an independent **audit** according to the general accounting principles at the end of each financial year.
우리는 일반 회계원칙에 입각해서 매 회계연도 말에 독립감사를 받는다.

The **auditor's** figures say that the project cost is already over our budget.
감사관의 계산에 따르면 사업비는 이미 우리의 예산을 초과했다.

auditorium
auditor+ium(=place)
: 사람들이 들으러 가는 장소

n.강당, 객석, 방청석

The **auditorium** can accommodate up to five hundred people.
그 강당은 500명까지 수용할 수 있다.

특강 3

의성어 · 의태어에서 생긴 단어들

✓ 언어의 기원이나 발생에 관한 학설 중에서 인간이 자연적으로 내는 소리나 모습을 모방했다는 이론 즉, 의성어나 의태어에서 비롯되었다는 이론이 아주 설득력을 얻고 있다. 그런데 이런 의성어나 의태어는 아래에서 처럼 **특정한 소리 주위에 비슷한 느낌을 주는 단어나 관련된 단어들이 무리를 지어 생기는 경향**이 있다.

✓ **gr**로 시작되는 단어들은 입 안에서 소리를 굴리거나 구시렁거리거나 또는 투덜댈 때 나는 소리를 모방한다.

grumble 투덜거리다, 불평하다
grudge 억울해하다, 원한, 뒤끝 국회8
grouse 투덜대다, 불평하다, 불평
gruff 퉁명스러운, 걸걸한
garrulous 수다스런 고시
grunt 툴툴거리다, 끙끙대다 편입
groan 신음하다, 끽끽거리다 토플
grouchy 불평 많은, 투덜거리는 편입
growl 으르렁대다, 딱딱거리다

✓ **ash**나 **ush**로 끝나는 단어는 급작스러운 동작이나 빠른 움직임을 묘사하는 경우가 많다.

dash 돌진하다
slash 난도질하다, 베다
thrash 격파하다
hash 다지다, 잘게 썰다 SAT
bash 강타하다, 후려치다
flash 번쩍이다, 섬광 공9
mash 짓이기다, 으깨다 공7
squash 짓누르다, 쑤셔넣다 공9
crash 충돌하다, 무너지다
smash 분쇄하다, 박살내다 편입
lash 후려치다, 자극하다
clash 충돌[격돌]하다, 충돌

push 밀다
gush 분출하다, 내뿜다
rush 돌진하다, 쇄도하다
crush 뭉개다, 압착하다 토플
blush 얼굴을 붉히다, 빨개지다 편입
flush 확 붉어지다, 상기하다, 홍조 편입

✓ 생리적 현상으로 나는 소리를 모방하여 생긴 단어들.

chew 씹다
cough 기침하다
hiccup 딸꾹질하다
yawn 하품하다
moan 신음하다 공9
blurt 불쑥 내뱉다[말하다]
shrill 새된, 날카로운 편입
whistle 휘파람 불다
giggle 낄낄 웃다, 키득거리다 SAT
scream 비명[괴성]을 지르다 토플
murmur=mumble 중얼거리다 편입
crunch 오도독 씹다, (정보)고속처리하다

✓ 생리적 현상과 관련된 모습에서 생긴 단어들.

itch 가렵다
nip 꼬집다
sneeze 재채기하다 SAT
snore 코를 골다 토플
hug 껴안다, 포옹하다
scratch 긁다, 할퀴다 편입
sniff 킁킁대며 냄새맡다
snort 콧방귀 뀌다
dizzy 어지러운, 현기증 나는 토플
sigh 한숨 쉬다, 탄식하다
sneer 비웃다, 냉소하다 SAT
tickle 간질이다, 간지럼 공9

tremble 떨다 편입
wink 윙크하다
sob 흐느껴 울다
twitch 씰룩거리다, 경련하다
shrug (어깨를)으쓱하다 토플
whisper 속삭이다
gasp 헐떡거리다, 숨이 막히다
gobble 게걸스레[급하게]먹다
tweak 비틀다, 살짝[약간]바꾸다 SAT

✔ 그밖에 사물이나 현상의 소리나 모습에서 온 단어들.

boom 벼락경기, 붐
bumper 완충기, 범퍼
cajole 꼬드기다, 회유하다 SAT
drip 똑똑 떨어지다, 물방울

bubble 거품, 이상급등
chat 수다 떨다, 채팅하다
peep 엿보다, 훔쳐보다 토플

bump 부딪치다
coax 꼬드기다, 구슬리다 편입
hoot 야유하다, 콧방귀

creak 삐걱거리다
clique 파벌, 패거리
barbarian 야만인, 미개인
jargon 전문어, 은어 공9

cling 달라붙다, 매달리다
jeer 조롱하다, 조롱, 야유
snatch 잡아채다, 강탈하다
humdrum 지루한, 단조로운

clinch 껴안다, 매듭짓다 토익
cliche 상투적 문구, 진부한 편입
howl 길게 울다, 울부짖다 토플
fuss 법석 떨다, 법석, 호들갑

roar 포효하다
sway 뒤흔들다 편입
shrink 오그라들다 법원
swirl=whirl 빙빙돌다

swing 휘두르다
scrape 긁다, 긁어내다
twitter 지저귀다, 트위터
shrewd 약사빠른, 영리한 공7,9

sweep 휩쓸다, 연승하다 토익
smooth 매끄러운, 순조로운
sizzle 지글거리다, 찌는듯 덥다
bizarre 별난, 기묘[기이]한 공9

Unit 15. 흔들리는(trem) 마음(cord)이 어떻게 감정(path, pass), 생각(ment), 정신(psyche)을 다 담아낼까?

trem [L] : shake 흔들리다, 떨다

tremble
trem(=shake)+ble(어미)
: 떨다

vi.1.떨다, 떨리다, 진동하다 2.무서워하다, 겁내다
vt.떨게[흔들리게]하다 n.떨림, 진동, 전율
She **trembled** at the thought of making her debut as a main character in the movie.
그녀는 그 영화에 주인공으로 데뷔한다는 생각에 마음이 떨렸다.

tremor
trem(=shake)+or(명·접)

n.1.떨림, 흔들림, 미동 2.전율, 몸서리
Despite her effort at self-control, there was a slight **tremor** in her voice.
자제하려는 노력에도 불구하고 그녀의 목소리는 약간 떨렸다.

tremendous
trem(=shake)+end(=ing)+ous(형·접)
: 떨 정도로 엄청난

a.1.거대[막대]한, 엄청난(huge, immense) 2.무서운, 가공할(dreadful)
3.멋진, 굉장한(excellent) 편입
His speech drew **tremendous** applause from the supporters.
그의 연설은 지지자들로부터 엄청난 박수갈채를 이끌어냈다.

cord [L] : heart 마음

◆변형 : co(u)r

'심장, 마음'을 뜻하는 heart는 Anglo-Saxon이 쓰던 순수 영어로 굴곡진 세월 속에서 겨우 살아남았다. 하지만 현재 사용되는 영어 단어에서 살아남은 Original English는 15% 정도이고 나머지 85%는 유입된 외래어들이 다 차지했다. heart를 뜻하는 그리스어 kardia의 라틴어형인 cord에서 아래처럼 다양한 어휘가 분기되어 나왔다.

cordial
cord(=heart)+ial(형접)
: 마음에서 우러난

a.진심의, 성심의(sincere), 마음에서 우러난(hearty) 국회8
She gave us a **cordial** welcome.
그녀는 우리를 진심으로 환영했다.

accord
ac(=ad:to)+cord(=heart)
: 마음에서 마음으로

vi.일치[조화]하다(~ with) vt. 일치[조화, 적응]시키다 n.일치, 조화, 합의 토익
accordance ⓝ일치, 조화 **according to** ~에 따라, ~에 의하여
Your story **accords** with what I saw happening. I was at a total loss for words.
네 이야기는 내가 본 것과 일치한다. 너무 황당해서 말이 안 나오더라.

discord
dis(=apart)+cord(=heart)
: 마음과 동떨어진

n.불일치, 불화, 알력(friction) vi.불화하다, 일치하지 않다 ⓑaccord
This experiment result is in **discord** with the theory.
이 실험 결과는 이론과 일치하지 않는다.

concord
con(=together)+cord(=heart): 함께하는 마음

n.1.일치, 조화, 화합 2.협정 공7
The two tribes have lived in **concord** through centuries.
그 두 부족은 수세기 동안 화합하면서 살아왔다.

record
[rikɔ́ːrd]
re(=again)+cord(=heart)
: 다시 마음에 새기다

vt.vi.기록하다, 녹음[녹화]하다 n.1.기록, 등록 2.경력, 성적 3.음반 a.기록적인, 최고의

The figure is at its highest ever **recorded** in Korea.
그 수치는 한국에서 이제까지 기록된 것 중 최고치다.

Don't make any noise when I'm **recording** my songs.
내 노래 녹음할 때는 떠들지 마라.

The temperature in Seoul reached a **record** high last night.
어젯밤 서울의 기온이 기록적인 최고치에 달했다.

core
cor(=heart)+e
: 심지, 중심

n.핵(심), 골자, 중심핵 a.핵심의, 중심적인

To overcome this crisis, we must concentrate on our **core** competences.
이 위기를 극복하기 위해서는 우리의 핵심역량에 주력해야 한다.

encore [F]
: en(=in)+core(=heart)
: 진심으로, 다시 한번

int.재청이요! n.앙코르, 재청, 앙코르 연주

Cho's piano performance drew an enthusiastic **encore**.
'조'의 피아노 연주는 열렬한 앙코르를 이끌어 내었다.

courage
[kɔ́ːridʒ]
cour(=heart)+age(명접)
: 심장에서 나오는 힘

n.용기, 배짱, 담력

courageous ⓐ용기 있는, 용감한(audacious, bold)

She didn't have the **courage** to tell the truth.
그녀는 사실을 말할 용기가 없었다.

The prime minister is the most **courageous** leader I have ever seen.
수상은 내가 여태껏 보아온 지도자 중에 가장 용기있는 사람이다.

encourage
en*(=make)+courage
: 용기를 내게 만들다
*접두사 en에 관해서는 특강7 참조 요망.

vt.용기를 북돋우다, 격려하다, 장려하다(boost) 토익 ⓑ discourage

I **encouraged** the boy to take the exam again.
나는 그 소년에게 다시 응시해보라고 격려했다.

He felt **encouraged** by my praise.
그는 내 칭찬에 용기를 얻었다.

discourage
dis(=away)+courage
: 용기가 멀어지게 하다

vt.1.용기를 잃게 하다, 낙담시키다, 2.방해하다, 단념[좌절]시키다

The storm **discouraged** us from going camping.
폭풍우는 우리가 캠핑 가는 걸 단념시켰다.

path [Gk] : feeling(감정) → suffering(고통) → disease(병) ◆변형 : pass, pati

그리스어 pathos에서 온 path는 처음에는 '느낌, 감정'이란 뜻이었으나 점차 '고통' 이란 뜻이 더해지고 더 나아가 '병' 이란 뜻으로 확대된다. 감정을 제대로 정화(catharsis)하지 못하면 고통이 되고 나중에는 병이 된다고 그리스인들은 생각했다.

pathos [Gk] [péiθas]
: 감정, 고통

n.비애(감), 애절감, 애수(melancholy)
He has released a new song in which romance blends well with **pathos**.
그는 낭만과 비애가 잘 버무려진 신곡을 발표했다.

pathetic
path(=suffering)+(e)tic(형접)
: 고통을 자아내는

a.1.애처로운, 감상적인, 슬픈 2.서투른, 한심한, 형편없는 공9
The young man in despair looked so **pathetic** and vulnerable.
절망에 빠진 청년은 아주 애처롭고 약하게 보였다.
The staff member made **pathetic** excuses for his wrong choice.
직원은 자신의 잘못된 선택에 대해 한심한 변명을 늘어놓았다.

empathy
em(=in)+path(=feeling)+y(명접) : 감정 속으로

n.감정이입, 공감 공9

empathize ⓥⓘ(~ with) 감정이입하다, 공감하다
In general, women have greater **empathy** ability than men.
일반적으로 여자가 남자보다 더 큰 공감능력을 가지고 있다.
A new type of neuron, called a mirror neuron, can explain why we **empathize** others.
거울뉴런이라 불리는 새로운 형의 뉴런은 우리가 타인에게 공감 하는 이유를 설명해 줄 수 있다.

sympathy
sym(=together)+path(=feeling)+y(명접)
: 함께 느낌

n.1.동정(심), 동감, 연민(pity) 2. 조문, 위문 3.동조, 지지 ⓑ antipathy 반감

sympathetic ⓐ동정심[인정]있는, 호의적인 토익
sympathize ⓥⓘ1.(~ with)공감[찬성]하다 2.동정[위로, 위문]하다
We have a lot of **sympathy** for the victims of the earthquake.
우리는 지진 희생자들에게 큰 연민을 느낀다.
As I **sympathize** with the aims of this movement, I will join in raising money.
이 운동의 취지에 공감하기 때문에, 나는 모금에 참가할 것이다.

antipathy
anti(=against)+path(=feeling)+y(명접)
: 반대하는 감정

n.반감, 혐오, 질색 회계사
The young man found it hard to conceal his **antipathy** toward dictatorship.
그 젊은이는 독재에 대한 그의 반감을 숨기기 어렵다고 느꼈다.

telepathy
tele(=far)+path(=feeling)+y(명접) : 멀리서 오는 느낌

n.텔레파시, 정신감응
If I had the power of **telepathy**, I could read her mind now.
만약 내가 텔레파시 능력이 있다면, 지금 그녀의 마음을 읽을 수 있을텐데.

apathy
a(=without)*+path(=feeling)+y(명·접)
: 느낌이 없음
*접두사 a-에 대해서는 unit.65 참조 요망.

n.무관심, 무감정, 냉담 편입

apathetic ⓐ무감각[무관심]한, 냉담한(callous) 토플, 편입
That's why there is so much political **apathy** among the young.
그게 왜 젊은이들 사이에 정치적 무관심이 그렇게 큰지 이유다.
We need a kind of impact to shake the people out of **apathy**.
사람들을 무관심에서 벗어나도록 흔들 수 있는 일종의 충격이 필요하다.
It's a great pity that young people are **apathetic** to the vote.
젊은이들이 투표에 무관심하다는 것이 정말 유감이다.

passion
pass(=suffer)+ion(명접)
: 고통, 격한 감정

n.1.열정, 열망, 격정(enthusiasm, zeal) 2.열애, 욕정(lust)

passionate ⓐ1.열렬한, 정열적인, 갈망하는(ardent, fervent)
2.정욕[관능]적인 고시, 토플

Nothing great in the world has ever been accomplished without **passion**.
이 세상에 열정없이 이루어진 위대한 것은 아무 것도 없다. - Georg Hegel

The retired professor's age could not stop him from **passionate** study.
그 은퇴한 교수의 나이도 정열적인 연구를 멈추게 할 수 없었다.

compassion
com(=together)+
pass(=suffer)+ion(명접)
: 함께 고통을 느낌

n.동정, 동정심, 연민(sympathy) 토플

compassionate ⓐ인정[동정심]많은, 동정적인 공7

The world's main religions all teach us to have **compassion** for the miserable.
세상의 모든 주요 종교들은 불쌍한 자에게 동정심을 가지라고 우리를 가르친다.

impassive
im(=not)+pass(=feeling)+
ive(형접) : 느낌이 없는

a.무표정한, 태연한, 감정이 없는

With **impassive** face he gazed at his father who was just released from prison.
무표정한 얼굴로 그는 방금 감옥에서 나온 아버지를 응시했다.

patient
pati(=suffering)+ent(형접)
: 고통스러운, 고통을 참는

a.인내심 있는, 끈기[참을성] 있는 n.환자

impatient ⓐ참을성 없는, 성급[조급]한 토플, 편입

patience ⓝ인내(심), 참을성, 끈기

Teachers ought to be **patient** to teach students well.
학생들을 잘 가르치려면 선생님은 인내심이 있어야 한다.

The **patient** recovers steadily after his operation.
환자는 수술 후 꾸준히 회복되고 있다.

Eventually his **patience** paid off, and he could get a permanent position.
마침내 그의 인내가 결실을 맺어 그는 정규직 자리를 얻을 수 있었다.

compatible
com(=with)+pati(=feel)
+ble(형접) : 공감할 수 있는

a.1.호환이 되는,겸용식의 2.양립[공존]할 수 있는 고시, 편입

incompatible ⓐ1.양립[공존]할 수 없는,모순된 2.호환성이 없는 공9, SAT

Fortunately, the new printer is **compatible** with my computer.
다행히, 새 프린트가 내 컴퓨터와 호환이 된다.

The job was **incompatible** with his values.
그 일은 그의 가치관과 양립할 수 없었다.

pathology
path(=disease)+ology*
(=study, science)
: 병에 대한 연구

n.병리(학), 병변, (사람의) 병적[이상]측면

The doctor is writing a **pathology** report on the new infectious disease.
의사는 새로운 전염병에 대한 병리보고서를 쓰고 있다.

psychopath
psycho(=mental)+
path(=disease) : 마음의 병

n.(반사회적) 정신병자, 사이코패스

The brutal murder was committed by a **psychopath**.
그 잔인한 살인은 한 사이코패스가 저질렀다.

ment [L] : 1.thought, idea생각　2. mind 정신, 마음

'정신, 생각'을 뜻하는 라틴어 mens의 소유격 mentis에서 유래되어 앞뒤에 접사가 붙어 여러 단어가 만들어졌다. Anglo-Saxon이 쓰던 Original English로 같은 뜻의 단어는 mind다.

mental
ment(=mind)+al(형접)

a.마음의, 정신의, 심적인

mentality ⓝ1.심적[정신]상태, 성향, 사고방식　2.지성, 지력

His daughter is suffering from **mental** disorder.
그의 딸은 정신적 장애로 고통 받고 있다.

She has a childish **mentality**.
그녀는 어린애 같은 사고방식을 가졌다.

mention
ment(=mind)+tion(명접)
: 마음의 부름(a calling to mind)

vt.간단히 말하다, 언급[거론]하다　n.언급, 진술

The doctor **mentioned** a treatment plan to him.
의사가 그에게 치료계획에 대해 언급했다.

comment
com(강조, intensive)+ment(=idea) : 고안해 내다

n.1.논평, 비평, 의견　2.주석, 해석　vi.vt.비평[논평]하다, 주석을 달다 토익

The reviewer made a favorable **comment** on this movie.
비평가는 이 영화에 대해 호의적으로 평했다.

vehement
[víːəmənt]
vehe(=carry)+ment(=mind)
: 마음을 실어 나르는

a.격렬[열렬, 맹렬]한(ferocious, violent) 고시, SAT

The opposition party made a **vehement** attack on the government policy.
야당은 정부 정책에 대해 격렬하게 공격했다.

dementia
de(=remove)+ment(=thought)+ia(=disease)
: 생각을 없애는 병

n.치매, 정신이상 공9, 7

demented ⓐ미친, 치매의

The old man is showing early symptoms of **dementia**.
그 노인은 치매 초기증세를 보이고 있다.

remind
re(=again)+mind(마음)
: 다시 마음으로

vt.생각나게 하다, 일깨우다, 상기시키다

The memo **remind**ed me of her promise.
메모는 나에게 그녀의 약속을 상기시켰다.

His boss **remind**ed him to finish the project until this weekend.
상사는 이번 주말까지 그 프로젝트를 마치라고 그를 일깨웠다.

mindful
mind(마음)+ful(=full of, 형접)

a.유념하는, 잊지 않는, 주의하는

mindless ⓐ생각[지각]없는, 어리석은

Please be **mindful** of side effects of the medicine.
약의 부작용에 대해 유념하세요.

psyche [Gk] : 1. mind 정신, 심리 2. spirit 영혼

그리스 신화에서 프시케(Psyche)는 영혼의 고통을 이겨내고, Eros(로마신화의 Cupid)와의 사랑을 쟁취한다. 그리스어로 '영혼'을 뜻하며 영어에서는 '심리'란 뜻으로 사용되어 연관된 많은 파생어를 만들어낸다. 영어발음은 '사이키'다.

psychology
[saikɑlədʒi]
:psych(=mind)+
ology(=science)
: 정신을 연구하는 과학

n.심리학, 심리(상태), 심리작용

psychological ⓐ심리학의, 심리학적인, 심리[정신]적인

psychologist ⓝ심리학자

This year the investment **psychology** is steadily getting better in the stock market.
올해는 주식시장에서 투자심리가 꾸준히 나아지고 있다.

Your problems are more **psychological** than physical.
너의 문제는 신체적이기 보다는 정신적이다.

psychiatry
[sikáiətri]
psych(=mind)+
iatry(=healing)
: 정신을 치료함

n.정신의학[과학], 정신치료(법)

psychiatric ⓐ정신의학의, 정신과의

psychiatrist ⓝ정신병 의사[학자]

The scientist made great contributions to early **psychiatry**.
그 과학자는 초기 정신의학에 지대한 공헌을 했다.

psychotherapy
psycho(=mind)+
therapy(=curing)

n.정신치료, 심리[정신]요법 공9

psychoanalysis ⓝ정신분석(법)

psychodrama ⓝ심리극

Her mental disorder was treated by **psychotherapy** and drugs.
그녀의 정신장애는 심리요법과 약물로 치료되었다.

psychosis
psych(=mind)+
osis(=abnormal condition)
: 정신이 비정상적 상태

n.정신병, 정신이상

psychopath ⓝ(반사회적) 정신병자, 사이코패스

Failing in business, he suffered from **psychosis** due to stress and insomnia.
그는 사업에 실패하여 스트레스와 불면증으로 인한 정신병에 시달렸다.

psychedelic [Gk]
: psyche(=spirit)+delic
(=reveal): 영혼을 드러내는

a.환각적인, 도취된, 현란한 n.환각제

The underground band used to play **psychedelic** rocks with strong vocals.
그 언더그라운드 밴드는 강한 보컬을 가진 사이키델릭 록을 연주하곤 했다.

Review Test 5

a. envy	b. species	c. phantom	d. sneer	e. jargon
f. tremendous	g. psychiatry	h. vehement	i. compassion	

◆ **From the box above, choose the word that corresponds to each definition below.**

1 special words or expressions used within a group or profession

2 very great in size, amount or degree

3 the part of medicine that studies mental illness

4 an image of a dead person that appears like a shadow

5 sympathetic pity and concern for the sufferings or misfortunes of others

6 have very strong feelings or opinions and express them forcefully

7 a facial expression of scorn or contempt, typically with the upper lip curled

8 a feeling of discontent at another's good fortune or success

9 a group of plants or animals of the same kind

◆ **Choose the one that is closest in meaning to the highlighted word in each sentence.**

10 Jazzmen generally **improvise** rather than play prepared pieces. 편입

① arrange in advance ② play from their memory
③ invent without preparation ④ substitute

11 I hope you don't bear me any **grudge**.

① unfriendly feeling ② bad conscience ③ material loss ④ secret suspicion

12 Although 'generation gap' is a relatively recent term, **discord** between parents and children is found in very ancient records.

① similarity ② indifference ③ communication ④ struggle ⑤ friction

13 He sends me email almost every day, **irrespective of** whether it is useful or not.

① with respect to ②with regard to ③ regardless of ④ as regards ⑤ according to

14 The old man has earned a considerable amount of money through real estate **speculation**.

① trade ② venture ③ enterprise ④ hedge ⑤ inheritance

15 He was awarded the Military Cross for **conspicuous** gallantry in combat. 고시

① terse ② rational ③ abortive ④ noticeable ⑤ contingent

16 While some people become taciturn when they drink, my friend becomes quite **garrulous**. 고시, 공7

① comfortable ② greedy ③ vigorous ④ gallant ⑤ talkative

17 Despite all his joke, flattery, and sweet talk, Robert was not able to **cajole** his parents into buying him a car. 편입

① dissuade ② pamper ③ coax ④ carouse

◆ **Fill in the blank with the proper verb that will best complete the meaning of each sentence.**

① discourage ② supervised ③ smash ④ visualized ⑤ tweak ⑥ snatched

18 The firemen had to ______ through the gate to get in the building.

19 The team ______ its goal to look for better insights.

20 She ______ the children at the pool.

21 That might be a sure way to ______ foreign investment.

22 The thief ______ a handbag from her hand in broad daylight.

23 The director wanted to ______ her screenplay a little bit.

Unit 16. 자연이 숨겨둔 비밀(crypto)을 스스로에게 물어서(quir/roga) 조금씩 알아내다(cogn, gno/sci).

- Isaac Newton: Why does that apple always go vertically to the ground and why does it not go sideways or upwards?
- 뉴턴: 왜 사과는 항상 수직으로 땅에 떨어지지? 왜 옆으로 또는 위로는 가지 않을까?

- Wright brothers: Can humans fly like birds? Why can't humans? Can't people fly really?
- 라이트 형제: 인간도 새처럼 날 수 있을까? 왜 인간은 안되지? 사람은 정말 날 수 없는가?

crypto [Gk] : 1. hidden 숨겨진 2. cipher 암호, secret 비밀

crypt
'교회 안의 지하 묘지'에서 유래

n.1.지하실, 토굴 2.암호, 암호문

The queen was buried in the church **crypt**.
왕비는 교회 지하실에 묻혔다.

cryptic
crypt(=hidden, secret)+ic(형접) : 숨겨진, 비밀의

a.1.수수께끼 같은, 비밀의(puzzling, mysterious) 2.의태의 ~ coloring 보호색

At first glance, this poem seems hard and **cryptic**.
첫 눈에 이 시는 어렵고 수수께끼 같이 보인다.

The small animal camouflages its shape by **cryptic** coloring to protect itself from predators.
그 조그만 동물은 포식자로부터 스스로를 보호하기 위해 보호색으로 모습을 위장한다.

cryptocurrency
crypto(암호)+currency(화폐)

n.암호화폐, 가상화폐(virtual money)

The early entrants of **cryptocurrency** made big profits like other speculative activities.
여타 투기적 활동과 마찬가지로 암호화폐 시장의 초기 진입자들은 큰 이득을 얻었다.

encrypt
en(=in)+crypt(암호) : 암호 속에 넣다

vt.암호화하다(encode)

encryption ⓝ암호화

A new version has the function that **encrypts** the content of messages.
새 버전은 메시지 내용을 암호화하는 기능을 가지고 있다.

I use **encryption** to protect important data stored in my computer.
나는 내 컴퓨터에 저장된 중요한 데이터를 보호하기 위해 암호화 기능을 이용한다.

decrypt
de(=away)+crypt(암호) : 암호를 제거하다

vt.(암호를) 해독하다,풀다(decipher, decode)

decryption ⓝ.(암호)해독

The messages were **decrypted** and became intelligible by the password.
메시지들은 그 비밀번호에 의해 암호가 해독되고 뜻이 이해할 수 있게 되었다.

cryptography
crypto(암호)+graphy(쓰기)

n.1.암호해독법, 암호기술 2.암호문 *약어: crypto

The security firm uses **cryptography** to provide data confidentiality and authentication.
보안회사는 데이터의 기밀과 인증을 위해 암호기술을 사용한다.

quir[L] : 1. ask묻다 2. seek 구하다, gain 얻다 ◆변형 : quer, quest

inquire
[inkwáiər]

in(=into)+quire(=ask)
: ~쪽으로 캐묻다

vt.묻다, 문의하다, 알아보다 vi.묻다, 조사하다(~ into)

inquiry ⓝ1.질문, 조회 2.연구, 탐구, 조사

The wild flower was so sweet that she **inquired** its name.
야생화의 향기가 너무나 달콤해 그녀는 꽃의 이름을 물었다.

The investigators **inquired** closely into the traffic accident.
수사관들은 교통사고를 면밀하게 조사했다.

acquire
ac(=ad:to)+quire(=gain)
: ~에서 구하여 얻다

vt.얻다, 취득[획득, 습득]하다

acquisition ⓝ획득, 습득, 이득, 취득(물)

Currently we **acquire** a lot of information on the Internet.
요즘은 인터넷 상에서 많은 정보를 얻는다.

The chairman disciplines his son severely for the **acquisition** of management skills.
회장은 아들이 경영기술을 습득하게끔 혹독하게 훈련시킨다.

require
re(=again)+quire(=seek)
: 다시 구하다

vt.1.필요로 하다 2.~을 요구[요청]하다, 명하다

requirement ⓝ1.요구, 요건, 필요(조건) 2.필수품 토익

Is there anything else you **require**?
더 필요한 건 없나요?

He can complete medical school this year because he has met **requirements** for graduation.
졸업요건을 충족시켰기 때문에 그는 올해 의대를 마칠 수 있다.

conquer
con(=together)+
quer(=seek)
: 다 함께 구하여 얻다

vt.1.정복하다, 획득[차지]하다 2.극복하다(overcome), 타파하다
vi.정복하다, 이기다 ㉯ surrender항복하다

conquest ⓝ정복, 극복, 획득

conqueror ⓝ정복자

If we're united, we could **conquer** any obstacles ahead.
함께 뭉치다면 우리는 앞에 놓인 어떤 장애물도 극복할 수 있다.

The day will not be so long when we arrive at the **conquest** of cancer.
암을 정복하는 날도 아주 멀지는 않을 것이다.

request
re(=again)+quest(=seek)
: 다시 모색하다

vt.부탁하다, 신청[요청, 요구]하다 n.부탁, 요구[청]

She intends to **request** a loan from the bank to buy a new house.
그녀는 새 집을 사기 위해 은행 융자를 신청하려 한다.

It is available on[upon] **request**.
신청하면 이용할 수 있다.

question
quest(=ask)+ion(명접)
: 의문에 대해 물어봄

n.의문, 질문, 의심 vt.vi.묻다, 질문하다

questionable ⓐ의심스런(doubtful), 미심쩍은
questionnaire [F] [kwèstʃənɛ̀ər] ⓝ질문서, 설문지(questionary), 질문사항

It is **questionable** whether the measures to stabilize soaring property prices work well.
치솟는 부동산 가격을 안정시키기 위한 조치들이 효과가 있을지 의심스럽다.

All the students were asked to fill in a **questionnaire**.
모든 학생들은 설문지 작성을 요청받았다.

exquisite
ex(=completely)+
quisit(e)(=sought:pp형)
: 완전히 찾아진

a.1.더없이 훌륭한, 고상한(elegant, graceful) 2.절묘한, 정교한(delicate)
3.예민한, 격렬한(intense) 토플, 고시

A friend of mine has an **exquisite** taste in classical music.
나의 한 친구는 클래식 음악에 대해 아주 고상한 취미를 가지고 있다.

inquisitive
in(=into)+quisit(=sought)+
ive(형접)
: 안으로 파고들어 찾는

a.탐구심[호기심] 많은, 탐구적인(curious), 캐묻기 좋아하는 경찰, SAT

inquisition ⓝ심문, 취조, 조사

He checked the material for research purposes because he was **inquisitive**.
그는 호기심이 많아서 연구목적으로 그 자료를 점검했다.

roga [L] : ask 묻다, 요구[요청]하다

rogue
rog(a)(=ask)+ue(명접)
: 요구하는 자

n.1.악당, 사기꾼(villain, scoundrel) 2.건달, 불량배 a.무리를 떠난, 통제에서 벗어난

North Korea was a **rogue** state that only depended on its military power.
북한은 오로지 군사력에만 의존하는 불량국가였다.

arrogant
ar(=ad:to)+roga(=ask)+
ant(형접)
: (권리도 없는데) 요청하는

a.거만[오만]한, 거드름 피우는(haughty, pompous) 공9, 토플 ⓑ humble, modest

arrogance ⓝ거만, 오만

The young man is never **arrogant**, even though he achieved a great success in the business world at a young age.
그 젊은이는 젊은 나이에 실업계에서 크게 성공한 사람이지만 결코 거드름 피우지 않는다.

abrogate
ab(=away from)+
roga(=ask)+ate(동접)

vt.1.폐기[파기]하다, 무효화하다 2.그만두다, 끝내다 공9

Both countries **abrogated** the visa waiver agreement because of diplomatic dispute.
외교 분쟁으로 인해 양국은 비자면제협정을 파기했다.

derogate
de(=down)+roga(=ask)+
ate(동접)
: 아주 아래로 요구하다

vi.1.(~ from) 손상[훼손]하다, 폄하하다 2.타락하다 토플

derogatory ⓐ경멸적인, 아주 깔보는, 손상시키는(pejorative) 공7, SAT

The fatal defeat **derogated** from his authority as a head coach.
그 치명적인 패배가 감독으로서의 그의 권위를 훼손했다.

Never have I used the political term in a **derogatory** sense.
결코 나는 그 정치적 용어를 경멸적 의미로 쓴 적이 없다.

interrogate
inter(=between)+
roga(=ask)+ate(동접)
: 사이에서 캐묻다

vt.vi.1.심문[추궁]하다, 따져 묻다 2.(컴퓨터 등에서) 정보를 얻다 공9

The prosecutor **interrogated** the former CEO on suspicion that he had raised a slush fund to bribe officials.
검찰은 공무원에게 뇌물을 주기위해 비자금을 조성한 혐의로 전직 CEO를 심문했다.

prerogative
pre(=before)+roga(=ask)+
tive(형접)
: 남보다 먼저 요구하는

n.특권, 특혜(privilege) a.특권의, 특권을 가진(privileged) 토플

A trip abroad used to be the **prerogative** of the rich, but now many common people also enjoy it.
해외여행은 이전에는 부자들의 특권이었지만 지금은 많은 대중들 역시 즐긴다.

It is your **prerogative** to decide the matters one by one.
그 사안들을 하나 하나씩 결정하는 것은 당신의 특권이다.

surrogate
sur(=sub:subject to)+
roga(=ask)+ate(동접)
: ~에 종속되어 요구하는

n.1.대리(인), 대리자 2.대용물 a.대리의, 대용의
vt.대리로 임명하다, 대리를 시키다, 대용하다

After much consideration, the childless couple met a **surrogate** mother at a fertility clinic. 많은 고심 끝에 아이가 없는 그 부부는 인공수정 클리닉에서 대리모를 만났다.

cogn, (g)no, kno [L] / sci [Gk] : know알다, 인지하다

그리스어는 철자나 뜻이 쉽지 않다. It's Greek to me.는 '무슨 말인지 모르겠다. 이해가 안 간다.'라는 뜻의 관용적 표현이다. 같은 뜻의 어근이 라틴어와 그리스어에서 각각 유래된 경우, 일반적으로 그리스어에서 온 것이 좀 더 전문적, 학술적 영역에서 사용된다. 의학 같은 전문분야가 특히 그러하다.

cognitive
cognit(=known:pp형)+
ive(형·접) : 인지하는

a.인식의, 인지의

cognition ⓝ인식, 인지

The latest study shows that even simple interactions with nature can improve our **cognitive** capacity.
최신 연구에 따르면 자연과의 단순한 교감만으로도 우리의 인지능력을 향상시킬 수 있다.
* **cognitive** science: 인지과학

recognize
re(=again)+cogn(=know)+
ize(동·접) : 다시 알게되다

vt.1.인정[인지]하다 2.알아보다, 식별하다, 깨닫다 3.승인[공인]하다

recognition ⓝ1.인식, 인정, 알아봄 2.승인, 공인, 허가

I **recognized** her by her voice. 나는 목소리로 그녀를 알아보았다.
Strongly condemning the election frauds, the opposition group refused to **recognize** the new government.
반대세력은 부정선거를 강하게 규탄하면서 새로운 정부에 대한 공인을 거부했다.

diagnose
dia(=across)+
gno(=know)+se(동·접)
: 가로질러 두루 알아내다

vt.vi.진단하다, 원인을 밝히다

diagnosis [Gk] ⓝ진단(법), 진찰, 식별 토익

The doctor **diagnosed** his illness as diabetes. 의사는 그의 병을 당뇨로 진단했다.
The physician recommended him to have a second test to confirm the **diagnosis**.
내과의사는 그에게 진단을 확인하기 위해 2차 검사 받기를 권고했다.

ignore
i(=in:not)+gno(=know)+re(어미) : 알지 못하다

vt.무시[묵살]하다, 모르는 체하다

ignorant ⓐ무지한, 무식한, 무례한

ignorance ⓝ모름, 무지, 무식

He **ignored** the speed limit and drove very fast.
그는 속도제한을 무시하고 아주 빨리 차를 몰았다.

It can not be an excuse that you were **ignorant** of the law.
법을 몰랐다는 것은 변명이 될 수 없다.

agnostic
a(=not)+gnost(to be known:pp형)+ic(형·접)
: 알 수 없는

a.불가지론의, 인지불능의 n.문외한, 불가지론자 편입

The politician is **agnostic** on nuclear weapons.
그 정치인은 핵무기에 대해서는 문외한이다.

noble
nob*(=gnob: known)+ble(형·접)
: 잘 알려진(well-known)

a.1.고귀한, 숭고한(sublime) 2.웅장한, 장려한 3.귀족의 n.귀족, 상류층

nobility ⓝ1.귀족(계급) 2.고귀[고결]함, 숭고함

The captain's **noble** sacrifice saved many passengers.
선장의 고귀한 희생은 많은 승객을 구했다.

* 라틴어 gnobilis에서 g가 탈락되고 nobilis로 변해 불어로 들어와 noble이 되었으며, 이것이 중세영어에 유입되었다.

knowledge [nɑ̀lidʒ]
know(=perceive)+ledge(=action, process)
: 알아가는 행위

n.1.지식, 학식 2.인식, 인지

It is the bitterest pain among men to have much **knowledge** but no power.
- Herodotus, *The Histories*
많은 지식은 가졌으나 아무 힘도 없는 것, 이것이 인간들 사이에서 느끼는 가장 쓰라린 고통이다.

acknowledge
[OE]
: aknow(=admit)+ledge(어미)
: 인정하게 됨

vt.1.인정하다, 시인하다, 알리다 2.사례[감사]하다

After the incident, I **acknowledged** that my wife had been right.
그 사건이 있은 후 나는 아내가 옳았다고 인정했다.

science
scien(=knowledge from study)+ce(어미)
: 학습에 의한 지식, 지성

n.과학, 학문, 사이언스

scientific ⓐ과학의, 과학적인

Every great advance in **science** has issued from a new audacity of imagination.
과학에서 모든 위대한 전진은 대담한 새로운 상상력에서 비롯되었다. - John Dewey

prescient
pre(=before)+sci(=know)+ent(형접)
: 앞서 아는

a.선견지명 있는,미리 아는 편입, SAT

The historian was **prescient** about the collapse of communism.
그 역사가는 공산주의의 몰락에 대해 선견지명이 있었다.

conscious

con(=together)+
sci(=know)+ous(형·접)
: 함께 알고 있는

a.1.의식하고 있는, 의식[지각]이 있는, 의식적인 ⓑ unconscious 2.의도적인, 고의의

consciousness ⓝ의식, 자각

unconscious ⓐ무의식의, 의식을 잃은 ⓝ무의식

subconscious ⓐ잠재의식의, 어렴풋한 ⓝ잠재의식

He is severely hurt but still **conscious**.
그는 심하게 다쳤으나 여전히 의식은 있다.

She is very **conscious** of her appearance. 그녀는 외모를 매우 의식한다.

His friend remains **unconscious** after car crash.
그의 친구는 자동차 충돌 이후에 계속 의식불명 상태다.

She doesn't get on an airplane because she has a **subconscious** fear of heights.
그녀는 잠재의식 속에 고소공포증이 있기 때문에 비행기를 타지 않는다.

conscience

[kánʃəns]

con(=thoroughly: 강조)+
sci(=know)+ence(명·접)
: 철저히 알고 있는

n.양심, (양심의) 가책, 도의심 법원7

conscientious [kánʃiénʃəs] ⓐ양심적인(scrupulous), 성실한 국회8

As she had a guilty **conscience**, she brought back the necklace
그녀는 양심의 가책을 느껴 목걸이를 돌려주었다.

I have never met such a **conscientious** tax officer so far.
나는 지금까지 그렇게 양심적인 세무공무원을 만난 적은 없다.

*guilty **conscience**: 죄책감, 양심의 가책

Unit 17. 손(manu)·발(ped)은 따뜻하게, 머리(cap)는 차갑게.

manu, mani [L] : hand 손

이전 사람들은 '손은 바깥으로 드러난 또 하나의 뇌' 라고 생각했다. 뇌가 지시하는 모든 것을 손이 한다고 여겼다. 그래서 손으로 배우고, 만들고, 다루고, 쓰고, 조작한다고 생각했고 손에 쥔 것이 가장 분명하다고 믿었다.

manual
manu(=hand)+al(형·접)
: 손의

a. 1.손의, 수동의, 육체노동의 2.(책이) 소형의 n.소책자, 안내서

You have to read the **manual** carefully to operate the machine.
기계를 작동하기 위해서는 안내서를 꼼꼼히 읽어야 한다.

For the jacket we recommend a **manual** cleaning with a mild detergent.
그 자켓은 순한 세제를 이용한 손세탁을 권합니다.

manner
mann(=hand)+er(어미)
: 손에 속한 것, 손으로 다루는 법

1.방법, 방식 2.예절, 예의 3.태도 4.(pl.)관습, 풍습

He has good **manners.** 그는 예의가 바르다

A new coach trains his players in an effective **manner**.
새로운 코치는 선수들을 효과적인 방법으로 훈련시킨다.

manage [It]
: 이태리어maneggiare (=handle, control a horse) 즉 '처리하다, 말을 다루다'에서 유래

vt.vi.1.경영하다, 관리하다, 잘 다루다 2.그럭저럭[용케] 해내다

management ⓝ경영, 관리(자), 경영진 토익

manager ⓝ경영자, 지배인

My dream job is to **manage** a pro baseball club.
내가 꿈꾸는 직업은 프로야구 구단을 경영하는 것이다.

I don't know how they **managed** to finish the project on time.
난 그들이 어떻게 그 프로젝트를 제 시간에 끝냈는지 모르겠다.

The new CEO spearheaded the talks between **management** and labor.
새로 부임한 대표이사가 노사 간의 협상을 진두지휘했다.

manufacture
manu(=hand)+fac(=make) +ure(명·접)
: 손으로 만들기, 제조

n.제조, 제작, 생산, (pl.)제품 vt.제조[제작]하다

manufacturer ⓝ제조업자[회사], 제작자 토익

The modern corporation must **manufacture** not only goods but also the desire for the goods it **manufactures**. - John K. Galbraith, *The Affluent Society*
현대 기업은 상품뿐만 아니라 제조하는 상품에 대한 소비욕구까지 제조해내야 한다.

manuscript
manu(=hand)+ script(=write)
: 손으로 쓴 것

n.원고, 필사본 a.원고의, 필사의 공9

The original **manuscript** written by the novelist has been found in decades.
그 소설가가 쓴 원고의 원본이 수 십 년만에 발견되었다.

manifest
mani(=hand)+fest (=seized)
: 손에 쥔

a.명백한, 분명한(obvious) vt.명백하게 하다, 밝혀지다 vi.나타나다 공9

It is **manifest** that she has fallen in love with him.
그녀가 그와 사랑에 빠졌다는 것은 명백하다.

manipulate
mani(=hand)+pul(=fill)+ate(동·접)
: 손에 넣어 처리하다

vt.조종[조작]하다, 교묘히 다루다 토플, 편입

manipulation ⓝ조종, 조작, 교묘한 처리

The opposition party accused the government of **manipulating** public opinion.
야당은 정부가 여론을 조작한다고 비난했다.

maneuver [F]
: manu(=hand)+euver(=operate)
: 손으로 조작함

n.1.책략, 술책, 공작 2.작전행동, 기동작전 vt.교묘히 다루다[조종하다]
vi.기동[연습]하다, 작전행동을 취하다 편입

North Korea will not stop its offensive **maneuvers** until it develops nuclear weapons.
북한은 핵무기를 개발할 때까지 공격적 책동을 멈추지 않을 것이다.

emancipate
e(=ex:out)+man(=hand)+cip(=take)+ate(동접)
: 손에서 놓아주다

vt.해방시키다, 해방[석방]하다(set free, liberate) 공9, SAT

Lincoln's attempt to **emancipate** the slaves ignited the Civil War.
노예를 해방시키려는 링컨의 시도가 남북 전쟁을 촉발시켰다.

manacle
manu(=hand)+acle(=little thing)

n.수갑, 속박 vt.수갑을 채우다, 속박하다

The rebel leader was chained to the wall, with his wrists and ankles shackled by **manacles.**
반군의 지도자는 손목과 발목에 수갑이 채여진 채 벽에 사슬로 묶여 있었다.

manicure
mani(=hand)+cure(=care)
: 손 다듬기

n.매니큐어 vi.매니큐어를 칠하다, 손질하다

I am going to drop by the **manicure** parlor this afternoon.
나는 오후에 손톱 다듬는 곳에 잠깐 들르려고 한다.

ped [L] : foot 발

고대나 중세에 출현했다가 거의 사라져가던 단어가 최근의 과학·기술 혁명으로 새롭게 빛을 보는 경우도 있다. 예를 들면 tablet과 stylus는 글자나 모양을 새기던 점토판(또는 밀랍판)과 뾰족한 도구였으나 지금은 tablet pc와 전자펜이 되었다. 그리고 heredity는 상속, pedigree는 족보였으나 현대과학의 발전으로 지금은 heredity는 유전, pedigree는 혈통, 병의 내력이란 뜻이 더해졌다.

peddle
peddler(행상인)에서 역성(逆成:back-formation)된 형태

vt.vi.1.행상하다, 소매하다 2. (생각·이야기를) 퍼뜨리다, 유포하다 편입

She is **peddling** malicious gossip about her ex-husband.
그녀는 전 남편에 대해 악의적인 소문을 퍼뜨리고 있다.

pedestrian
pede(=foot)+str(street)+ian(명·접)
: 거리를 걷는 사람

n.보행자, 도보여행자 a.1.도보의, 보행의 2.평범한, 시시한(ordinary, dull) 공9

The old road is so dangerous that no **pedestrians** and vehicles are allowed access now. 구 도로는 아주 위험해서 지금은 보행자와 차량 모두 접근이 허용되지 않는다.
The collision happened at a **pedestrian** crossing. 그 충돌 사고는 횡단보도에서 일어났다.

pedestal
pede(=foot)+
stal(=seat, stand)

n.1.받침대, 대좌 2.기초, 근거, 토대(foundation) vt.대 위에 놓다, 받들다

There were bunches of flowers on the **pedestal** of his statue.
그의 조각상 받침대 위에 꽃다발들이 놓여 있었다.

pedigree [F]
: 두루미의 발(가계도가 두루미 발 같은 형태로 쭉 뻗어 내려옴)

n.가계, 혈통, (유전, 병 등의) 내력 토플, SAT

Angelina Jolie, a famous actress, decided to have a new surgery because there was a deadly cancer gene in her family **pedigree**.
유명 여배우 안젤리나 졸리는 가족 내력에 치명적 암유전자가 있어서 새로운 수술을 결심했다.

expedite
ex(=out)+ped(=foot)+
ite(어미)
: 바깥으로 발을 뻗다

vt.1.진척[촉진]시키다(speed up), 빨리 해치우다 2. 급히 보내다, 발송하다(dispatch) 편입

expedient ⓝ방편, 편법, 처방 ⓐ편리한, 편의주의의
expediency ⓝ1.편의, 방편 2.편의주의, 사리 추구 국회8
expedition ⓝ원정(대), 탐험(대)

Let's **expedite** the sensitive issues and take a break.
민감한 현안부터 빨리 해치우고 한 숨 돌리자.
He devised an **expedient** method to hide funding sources.
그는 자금 출처를 숨기기 위해 편법을 강구했다.
Before setting up a permanent station in the North Pole, they went on an **expedition** to the region.
북극에 상주 기지를 세우기 전에 그들은 그 지역으로 탐험여행을 갔다.

impediment
im(=in)+pedi(=foot)+
ment(명·접) : 딴죽을 걸다

n.방해(물), (신체, 언어 등의) 장애

The property bubble is becoming a major **impediment** to economic development.
부동산 거품이 경제발전에 주요한 장애가 되고 있다.

impede
im(=in)+pede(=foot)
: impediment에서 역으로 생성됨(back-formation)

vt.방해하다, 지연[지체]시키다(hamper, retard) 편입

History is littered with people who have tried to **impede** the flow of progress.
역사는 진보의 흐름을 방해하려 했던 인물들로 점철되어 있다.

cap [L] : head 머리 ◆변형 : cip

모자 cap의 어원이기도 한 라틴어 caput(=head)에서 유래되었다. 옛사람들은 머리의 중요성에 대해 겉으로만 막연히 알았지 그 속에 있는 뇌의 기능에 대해 잘 몰랐기 때문에 '최고의, 중대한, 수도首都의' 정도의 뜻으로만 한정되다가 근대 자본주의 사회에 이르러 '자본'이란 뜻이 추가되었다. 그러나 cap에 머리에서 생성되는 '인지, 기억, 정신'과 관련되는 뜻은 없다.

captain
cap(=head)+
tain(=hold, keep)
: 우두머리로 유지하다

n.1.우두머리, 주장, 선장 2.지휘자, 지도자, 거물 vt.주장(선장, 기장 등)이 되다, 통솔하다

The prominent striker was named **captain** of the national soccer team.
그 걸출한 공격수가 국가대표 축구팀 주장으로 임명되었다.

capital*

capit(=head)+al(형·접)
: 머리의

*capital은 한 단어가 여러 뜻을 갖는 전형적인 다의어多義語!

a.1.으뜸의, 최고의 2.자본의 3.대문자의 4.사형감의 5.치명적인
n.1.수도 2.대문자 3.자본(금), 자금

A young professor came up with a **capital** idea to overcome the difficulty.
한 젊은 교수가 난관을 돌파할 수 있는 최고의 아이디어를 내놓았다.

Please write in **capital** letters to fill out this form.
이 서류는 대문자로 작성해 주시오.

Dublin is the **capital** city of Ireland.
더블린은 아일랜드의 수도다.

His business is now very close to failure due to lack of **capital**.
지금 그의 사업은 자금 부족으로 거의 실패다.

Capital punishment is, in the end, a double-edged sword.
사형제도는 결국에는 양날의 칼이다.

capitalist ⓝ자본가, 투자가 **capitalism** ⓝ자본주의

capitalize ⓥⓣⓥⓘ자본화하다, 출자하다, 대문자로 쓰다 편입

The entrepreneur intends to **capitalize** his shares of the venture firm at a proper price. 그 기업가는 자기가 가진 벤처회사 지분을 적당한 가격에 팔아 자본화하려 한다.

caption

capt(=head taken:p.p형)+ion(명·접)
: 논문·기사의 머릿글

n.표제, 제목, 자막 vt.~에 자막을 넣다, 제목을 붙이다

I didn't understand the picture until I read the **caption**.
나는 자막을 읽고 나서야 그 그림을 이해했다.

caprice [It]

: cap(=head)+rice<riccio=curl
: 머리가 꼬임

n.변덕, 예측불허의 변화

capricious ⓐ변덕스러운, 급변하는, 기발한 고시, 편입

capriccio ⓝ기상곡, 광상곡

One of my friends is a slave of his wife's **caprices**.
내 친구 중 하나는 변덕스런 자기 아내의 포로다.

We can't go hiking while the weather is so **capricious**.
날씨가 아주 변덕스러운 동안에는 도보여행을 할 수 없다.

precipitate

pre(=before)+cip(=head)+it(=go)+ate
: 머리부터 먼저 들이밀다

vt.1.촉발시키다, 재촉하다(accelerate) 2.치닫게 하다, 몰아넣다
vi.허둥대다, 조급히 굴다 a.느닷없는, 돌연한 n.침전물 고시, 편입

precipitous ⓐ1.가파른, 깎아지른 듯한(steep, sheer) 2.황급한, 허둥대는 공9, SAT

precipitation ⓝ1.재촉, 촉진 2.낙하, 투하 3.강수(량)(rainfall) 경찰

Impeaching the president **precipitated** a political crisis.
대통령 탄핵이 정치적 위기를 촉발시켰다.

Our company is faced with a **precipitous** slide in sales on account of low-priced products from China.
우리 회사는 중국의 저가상품들 때문에 매출의 가파른 하락에 직면해 있다.

Advanced weather equipments are not very helpful in forecasting exceptional **precipitation**.
발달된 기상 장비도 이례적인 강우량 예측에는 별로 도움이 안된다.

Unit 18. 신체(corp)의 조그만 부분인 혀(lingu)와 입(ora)에서 쏟아내는 말·말·말…

corp[L] : body 신체, 몸, 조직체

corporal
corp(or)(=body)+al(형·접)
: 신체의

a.1.육체의, 신체의 2.개인적인 공9 n.하사, 상등병

A research clarifies that banning **corporal** punishment has no relation to boosting creativity.
한 연구는 체벌금지와 창의성 증진은 아무 관련이 없다고 밝히고 있다.

corporate
corp(or)(=body)+ate(형·접)
: 하나의 조직으로 된

a.1.기업[회사]의 2.법인(체)의, 공동의 토익

corporation ⓝ1.기업, 회사 2.법인, 조합, 단체

The conglomerate has speedily bulked up through **corporate** takeovers.
그 재벌은 기업인수를 통해서 빠르게 덩치를 키웠다.

A division of the large **corporation** split off some years ago and has grown a strong company.
그 대기업의 한 부서가 몇 년 전에 갈라져 나와 견실한 회사로 성장했다.

incorporate
in(=in)+corpor(=body)+ate(동접)
: 조직 속으로 들어감

vt.1.합병[편입]하다, 포함하다 2.법인으로 만들다, 구체화하다 vi.통합하다, 법인이 되다

incorporated ⓐ법인의, 회사 조직의

He tries to **incorporate** management into art.
그는 경영을 예술에 접목시키려고 애쓰고 있다.

corps [F]
[kɔːr]
'군의 몸체'란 뜻에서

n.1.<군대>군단, 병단, 부대 2.단체, 집단

He volunteered for the Marine **Corps** to turn into a man with plenty of guts.
그는 배짱 두둑한 사내가 되어보고자 해병대에 자원입대했다.

corpse
[kɔːrps]
'시신(dead body)'의 뜻에서

n.1.시체, 시신, 유해 2.효력을 잃은 것

The medical examiner performed an autopsy on the **corpse** to determine the cause of death.
검시관은 사인을 규명하기 위해 그 시신에 대해 부검을 실시했다.

corpulent
corp(=body)+pul(=full)+ent(형접) : 몸이 가득찬

a.뚱뚱한, 살찐, 비만의(fat, obese) 고시, 경찰

He has grown **corpulent** due to stress and overeating.
스트레스와 과식으로 그는 뚱뚱해졌다.

lingu, langu [L] : tongue 혀

영어 단어 중 철자와 발음이 가장 일치하지 않는 단어가 혀를 뜻하는 tongue[tʌŋ]이다. native speaker도 발음기호를 보지 않고는 정확히 발음할 수 없다. 이 단어 철자는 tunge → tung → tongue으로 변했다. 고대영어 시기에 tunge, tung으로 쓰이다가 Norman Conquest 이후 프랑스어 영향으로 뒤에 묵음 ue가 붙어 tongue이 되었다.

language
langu(=tongue)+
age(명·접)

n.언어, 말, 어학, 어법

Research shows that **second languages** learned after age seven or so are stored within neural systems that are distinct from those for the **native language**.

7살 이후에 습득된 외국어는 모국어와는 별개의 신경시스템에 저장된다고 연구는 밝히고 있다.

- John J. Ratey, *A User's Guide to the Brain*

lingual
lingu(=tongue)+al(형·접)

a.1.혀의 2.말의, 언어의 3.설음舌音의 n.설음

The **lingual** nerve is located near the sides of the tongue, and is responsible for its senses of taste and touch.

혀 신경은 혀의 측면 쪽에 있으며 미각과 촉각을 관장한다.

bilingual
bi(=two)+lingu(=tongue)+
al(형·접)

a.이중언어의, 두 나라 말을 하는 서울시9

multi-lingual: multi(=many)+lingu(=tongue)+al ⓐ다중 언어의, 여러 언어로 말하는

Becoming **bilingual** improves cognitive skills not related to language and even shields against dementia in old age.

이중언어 구사는 언어와 관련없는 인지 역량을 개선하고 더구나 노후의 치매까지 막아준다.

Some major airlines recently recruited **multi-lingual** flight attendants.

몇몇 주요 항공사들이 최근에 다중 언어가 가능한 승무원들을 채용했다.

linguist
lingu(=tongue)+
ist(=master) : 언어의 대가

n.언어학자 편입

Many **linguists** put much credit on the new theory.

많은 언어학자들이 그 새로운 이론을 크게 신뢰한다.

linguistic
linguist+ic(형·접)

a.언어의, 언어적인, 언어학의 공9

linguistics ⓝ언어학

I had to prepare for **linguistic** barriers before going abroad.

외국으로 가기 전에 언어장벽에 대비해야 했다.

She threw herself into **linguistics** after studying psychology.

그녀는 심리학을 공부한 후에 언어학으로 전공을 갈아탔다.

ora [L] : 1. mouth 입 2. speak 말하다, pray 기도하다

oral
ora(=mouth)+al(형·접)

a.입의, 구두[구술]의, 구강의 n.구두[구술]시험

She passed the written exam but failed the **oral**.

그녀는 필기시험은 통과했으나 구두시험은 떨어졌다.

oratory
ora(=speak)+tory(어미)
: 연설[웅변]하는 기술

n.1.웅변(술) 2.수사, 미사여구(rhetoric) 3.기도실, 작은 예배당

He goes deep into the public mind with brilliant **oratory**.

그는 빛나는 웅변술로 대중의 마음에 깊이 파고든다.

oration
ora(=speak)+tion(명·접)
: 공식적인 연설

n.연설, 식사式辭, 웅변(대회)

orator ⓝ연설[강연]자, 연사, 웅변가

Lincoln's funeral **oration** at Gettysburg remains long in history.
링컨의 게티즈버그 추도연설은 역사에 길이 남아있다.

oracle
ora(=pray)+cle(명·접)
: 기도의 말

n.1.신탁, 계시 2.철인, 현인

Warren Buffet, known as the '**Oracle** of Omaha', said that Korean stocks were very attractive.
오마하의 현자로 알려진 워렌 버핏은 한국 주식은 아주 매력적이라고 말했다.

adore
ad(=to)+ore(=pray)
: ~에게 기도하다

vt.1.숭배[흠모, 동경]하다(worship) 2.아주 좋아하다 편입

Hindus **adore** the cow as a symbolic representative of their religion.
힌두교도들은 소를 그들 종교의 상징적 표상으로 여겨 숭배한다.

inexorable
in(=not)+ex(=out)+
ora(=pray)+ble(형·접)
: 빌어도 되지않는

a.1.냉혹[무정]한, 가차없는(harsh, stark) 2.멈출 수 없는, 거침없는 고시, SAT

If we don't fight to the end, the **inexorable** enemy will completely destroy our country.
끝까지 싸우지 않으면, 거침없는 적들은 우리 나라를 철저히 파괴할 것이다.

Review Test 6

a. pedestrian	b. inexorable	c. exquisite	d. encrypt	e. pedigree
f. inquisitive	g. cognition	h. arrogant	i. conscience	j. bilingual

◆ **From the box above, choose the word that corresponds to each definition below.**

1 write in a special code, so that only certain people can read

2 the recorded ancestry or lineage of a person or family

3 a person's moral sense of right and wrong, viewed as acting as a guide to one's behavior

4 excessively curious, esp. about the affairs of others

5 not able to be moved by entreaty or persuasion

6 a person walking in a street, and not travelling in a vehicle

7 extremely beautiful or pleasant, especially in a delicate way

8 speaking two languages fluently or using two languages officially

9 the mental action or process of acquiring knowledge and understanding

10 proud and self-important in an unpleasant way

◆ **Choose the one that is closest in meaning to the highlighted word in each sentence.**

11 To travel abroad is no longer a **prerogative** of rich people.

① right ② capacity ③ privileg ④ trait ⑤ property

12 I have an **obese** friend whose mind is constantly occupied with various delicacies.

① bizarre ② corpulent ③ bold ④ ridiculous ⑤ childlike

13 It is important to **interrogate** terror suspects and find out who is behind it.

① arrest ② sentence ③ imprison ④ punish ⑤ investigate

14 We need to amend the laws that **impede** our future innovation.

① accompany ② target ③ hinder ④ keep step with ⑤ involve

15 The frequency and severity of **corporal** punishment varies widely. Parents who sometimes smack their children also use other positive and punitive methods. 서울시9

① typical ② physical ③ physiological ④ psychological

16 People feared that the stock market crash might **precipitate** the collapse of the American banking system. 편입

① predict ② interrupt ③ accelerate ④ pacify ⑤ forewarn

17 The function of historian is neither to love the past nor to **emancipate** himself from the past, but to master and understand it as the key to the understanding of the present. 공9

① free ② please ③ invoke ④ emulate

◆ **Fill in the blank with the proper verb that will best complete the meaning of each sentence.**

① conquer ② capitalize ③ manipulate ④ derogate ⑤ expedite ⑥ recognize

18 At that time the scandal was expected to _______ from his reputation.

19 The only way to ______ a fear is to face it.

20 The new president promised to ______ job creations.

21 At that time, it was impossible for us to ______ how urgent the situation was.

22 She will ________ 10% of the venture shares when the stock market is bullish.

23 He's smart enough to ______ the situations to his advantage.

Unit 19. 소리(tone/son)내어 부르고(cite), 외치고(claim/plore), 공표하다(nounce).

원래 tone은 음악적 소리, son은 일반적 소리 그리고 vocal, voice는 사람의 입에서 나는 소리를 뜻했다.

tone [Gk] : 1. sound 소리 2. vocal pitch 음조 ◆변형 : tune

tone
tonos[Gk](=sound)에서 유래

n.1.어조, 말투 2.음색, 음조 3.(글 등의) 분위기, 논조 4.색조, 색상

The overall **tone** of the newspaper is very friendly to the government.
그 신문의 전체적인 논조는 정부에 대해 아주 우호적이다.

monotonous
mono(=one)+ton(=sound)+ous(형접) : 한가지 소리의

a.단조로운, 지루한, 변함없는(tedious, boring)

monotony ⓝ1.단조로움, 지루함 2.〈음악〉단음, 단조

I took a backpack trip to add vitality to the **monotonous** way of life I had lived in.
나는 내가 살았던 단조로운 삶의 방식에 활력을 불어넣기 위해 배낭여행을 했다.

She started to learn painting and singing to break the daily **monotony** of her life.
그녀는 일상의 단조로움을 깨려고 그림과 노래를 배우기 시작했다.

intonation
in(=in)+ton(=sound)+ation(명·접) : 음조를 불어넣음

n.억양, 음조, 인토네이션

He has lots of difficulty correcting his Korean dialect **intonation** that comes out when speaking English.
그는 영어로 말할 때 나오는 한국식 사투리 억양을 고치느라 무진 애를 먹고 있다.

tune
중세영어 tone의 변형

n.1.곡조, 선율(melody) 2.동조同調, 화합, 조화
vt.1.(악기를) 조율하다, 음을 맞추다 2.조정[정비]하다 3.(채널 등을) 맞추다, 동조시키다 편입

His song is always slightly out of **tune**.
그의 노래는 언제나 약간 음이 맞지 않다.

I recognize the **tune** but can't recall its title.
곡은 알겠는데 곡명이 떠오르지 않는다.

Stay **tuned** for the news coming up next.
(채널을 고정한 채) 다음에 이어지는 뉴스도 계속 시청 바랍니다.

son, sonor [L] : 1. sound 소리 2. make a noise 소리내다

sonorous
sonor(=make a noise)+ous(형·접) : 소리를 잘 내는

a.1.낭랑한, 울려 퍼지는, 반향하는 2.(연설 등이) 격조 높은, 당당한

A student recited English poems in a **sonorous** voice.
한 학생이 낭랑한 목소리로 영시를 낭독했다.

unison
uni(=one)+son(=sound) : 같은 소리로

n.1.일치, 화합, 조화(harmony) 2.동음 3.제창 a.동음의, 같은 높이의

"Step down, step down, step down !" the crowd shouted in **unison**.
물러나라, 물러나라, 물러나라! 군중들은 일제히 외쳤다.

consonant
con(=together)+
son(=sound)+ant(명·접)
: 함께 소리를 내는 것

n.자음 ⓑ vowel a.1.(~ with, to)일치[조화]하는 2.협화음의, 공명의 변리사
ⓑ dissonant 불협화(음)의

consonance ⓝ1.일치, 조화 2.화음, 협화 법원 9

Hangul's **consonants** are on the left side of the keyboard and vowels on the right side.
한글 자음은 키보드 왼쪽에 모음은 오른쪽에 있다.

resonate
re(=again)+son(=sound)+
ate(동·접)
: 다시 소리를 내다

vi.1.(~ with) 울려퍼지다, 반향하다 2.공명[공진]하다 3.상기시키다, 반향을 불러 일으키다

resonant ⓐ1.반향하는(resounding), 울리는, 울려 퍼지는
2.공명[공진]의, (주파수 등이) 공조하는 ⓝ공명음 편입

resonance ⓝ1.반향(echo), 울림, 여운 2.공명, 공진, 동조

The politician's message **resonated** well with the lower classes.
그 정치가의 메시지는 하층민들에게 좋은 반향을 불러일으켰다.

The speaker's voice was so **resonant** that it filled the auditorium.
연사의 목소리는 아주 잘 울려퍼져 강당 전체를 우렁차게 채웠다.

The researcher used magnetic **resonance** imaging(MRI) to scan the activity in volunteers' brains.
연구원은 지원자들의 두뇌활동을 스캔하기 위해 자기공명영상(MRI)를 이용했다.

dissonance
dis(=apart)+son(=sound)+
ance(명·접) : 따로 소리를 냄

n.1.불협화음, 불화(discord) 2.(의견) 충돌, 싸움
3.부조화(disharmony), 불일치 법원 ⓑ consonance일치, 조화

There was a growing **dissonance** between what she said and what she did.
그녀의 말과 행동 사이의 불일치가 점점 커져갔다.

supersonic
super(=beyond)+
son(=sound)+ic(형·접)

a.n.초음속(의)

In 1976, Concorde jet first opened the age of **supersonic** flight.
콩코드 제트기가 1976년 초음속비행 시대를 처음 열었다.

ultrasonic
ultra(=on the other side)+
sonic

a.n.초음파(의)

Bats fly in the dark using **ultrasonic** waves to avoid obstacles.
박쥐는 어둠 속에서 초음파를 사용하여 장애물을 피해 날아다닌다.

***ultrasonic** waves: 초음파 **ultrasonic** vibrations: 초음파 진동

cite [L] : 1. call 부르다 2. summon 소환하다, 호출하다

cite
앞으로 불러내다(call
forward)

vt.1.인용하다, 언급하다(quote) 2.소환하다(summon) 3.표창하다

citation ⓝ1.인용(문), 예시, 언급 2.표창(장), 감사장 3.소환(장) 편입

The government **cited** economic vitality as the first reason to lower the taxes.
정부는 경제활성화를 세금 인하의 첫 번째 이유로 들었다.

excite
ex(=out)+cite(=call)
: (감정을) 바깥으로 불러내다

vt.1.흥분시키다, 자극하다 2.(감정 등을) 불러 일으키다, 촉발시키다(arouse)

exciting ⓐ흥분시키는, 신나는, 흥미진진한 토익

excitement ⓝ흥분, 자극, 신남

Her rapid promotion **excited** the jealousy of ambitious colleagues.
그녀의 고속승진이 야심찬 동료들의 질투를 불러 일으켰다.

This documentary about the cosmos is **exciting** from start to finish.
우주에 관한 이 다큐멘터리는 처음부터 끝까지 흥미진진하다.

incite
:in(=in)+cite(=call)
: 안에서 불러내다

vt.1.선동[조장]하다, 유발하다 2.자극[고무]하다(stimulate)

incitement ⓝ1.선동, 조장 2.자극, 고무(stimulus) 편입

His imprisonment **incited** a new wave of resistance.
그의 투옥이 새로운 저항의 물결을 유발했다.

recite
re(=again)+cite(=call)
: 다시 (소리내어) 부르다

vt.1.낭독[낭송]하다 2.열거하다, 늘어놓다 vi.낭독[낭송, 암송]하다

recital ⓝ연주회, 독주[독창]회, 리사이틀

recitation ⓝ암송(문), 낭송, 낭독

The old man **recited** his own turbulent life at great length.
그 늙은이는 자신의 굴곡진 삶을 장황하게 늘어놓았다.

I'm sorry to have missed Cho's Chopin **recital**.
나는 Cho의 쇼팽 리사이틀을 놓쳐 유감이다.

solicit
soli(=alone)+cit(e)(=call)
: 홀로 불러내다

vt.1.간청[청원, 탄원]하다, 졸라대다 2.(손님을) 유인하다, 꾀다
vi.간청하다, 권유하다 고시, 편입

solicitor ⓝ1.간청자, 권유자, 의뢰인 2.사무 변호사, 법무관

In a crisis, I **solicited** aid from a few close relatives.
위기상황에서 나는 몇몇 가까운 친척에게 도움을 간청했다.

We **solicited** the bids from a few big contractors to obtain the most competitive prices.
우리는 가장 경쟁력 있는 가격을 얻기 위해 몇몇 큰 업체의 입찰을 유인했다.

claim, clam [L] : cry, shout 외치다

claim
shout, call out
: 권리(또는 권위)로 외치다, 부르다

vt.요구[청구]하다, 주장하다, 제기하다 vi.요구하다 n.요구, 청구, 주장

The plaintiff **claimed** his ownership of the land.
원고는 그 땅의 소유권을 주장했다.

You have to **claim** your money back if the goods are damaged.
만약 물건이 손상되었다면 환불을 요구해야 한다.

Make sure your **claims** for travel expenses are submitted by the end of next week.
반드시 다음 주말까지 출장경비 청구서를 제출해 주세요.

clamor
clam(=loud call, shout)+or(명·접)

n.외침, 아우성, 소란　vi.(~ for, against) 외치다, 떠들어대다, 강력히 요구하다
vt.시끄럽게 요구하다, 억지 쓰다
The workers made **clamor** for higher wages. 노동자들은 임금을 인상하라고 아우성쳤다.
Local resident groups held a sit-in to **clamor** for more compensation.
지역 주민단체들은 더 많은 보상금을 요구하면서 연좌농성했다.

exclaim
ex(=out)+claim(=cry)
: 바깥으로 외치다

vi.vt.외치다, 절규하다, 고함지르다(shout)

exclamation ⓝ외침, 절규, 감탄(사)
The child **exclaimed** in delight to receive a nice present.
아이는 멋진 선물을 받고 기뻐서 외쳤다.

proclaim
pro(=forward)+claim(=cry)
: 앞을 향해 외치다

vt.1.선언[선포, 공표]하다(announce, declare)　2.분명히 보여주다[나타내다] 편입

proclamation ⓝ1.선언, 선포　2.성명서, 선언서
She has repeatedly **proclaimed** her innocence to the public.
그녀는 대중들에게 거듭 자신의 결백을 선언했다.

acclaim
ac(=ad:toward)+claim(=cry) : ~을 향해 외치다

vt.갈채[환호, 칭송]하다　vi.갈채하다　n.환호, 갈채(ovation) 고시, 토플
His new novel has been **acclaimed** as the best writing in decades.
그의 신간 소설은 수십 년 만에 나온 최고의 작품이라고 갈채를 받았다.

reclaim
re(=again)+claim(=cry out)
: 다시 외치다. 원래는 '매를 길들이기 위해'(to make a hawk tame) 다시 외치다

vt.1.교정[개선]하다　2.되찾다(retrieve)　3.개간[간척]하다
n.1.교정, 교화　2.개간, 개척, 매립 편입
She wants to **reclaim** some of the tax she paid last year.
그녀는 작년에 낸 세금의 일부를 되찾기 원한다.

plore[L] : 1. cry 외치다　2. weep 울다

explore
ex(=out)+plore(=cry)
: (사냥감을 쫓아 개가) 짖다, 찾아내다

vt.1.탐험[탐사]하다, 개척하다　2.탐구[연구, 조사]하다(delve)
vi.탐험[조사]하여 찾다 토익

explorer ⓝ탐험가, 탐사[답사]자
exploration ⓝ1.탐험, 탐사　2.연구, 탐구
We need further research to **explore** how the genes influence human longevity.
그 유전자들이 인간의 장수에 미치는 영향을 탐구하기 위해서는 더 연구가 필요하다.
The cost of space **exploration** may go down remarkably by reusable rockets.
우주탐사 비용은 재사용가능 로켓에 의해 상당히 줄일 수 있을 것 같다.

implore
im(=upon)+plore(=weep)
: ~에 대해 울부짖다

vt.vi.간청[애원]하다, 빌다
She **implored** the judge with tears to consider her son's age.
그녀는 눈물을 글썽이며 판사에게 아들의 나이를 고려해달라고 애원했다

deplore
de(=entirely, 강조)+
plore(=weep) : 몹시 울다

vt.1.비탄[개탄]하다, 몹시 슬퍼하다, 깊이 뉘우치다 2.(공개적으로) 비난[비판]하다 토플

deplorable ⓐ1.통탄할, 개탄스러운 2.(상황 등이) 처참한, 매우 나쁜 편입

We cannot but **deplore** terrorist attacks that occur these days in various countries.
우리는 요즘 여러 국가에서 발생하는 테러공격에 대해 개탄하지 않을 수 없다.

nounc [L] : 1. announce 공표하다, 알리다 2. report 전달하다 ◆변형 : nunc

announce
an(=ad:to)+
nounce(=report)
: ~에게 소식을 전달하다

vt.알리다, 고하다, 발표[공표]하다(proclaim, declare)

announcement ⓝ발표, 공고, 광고, 청첩장 토익

announcer ⓝ발표자, 아나운서

The election results will be **announced** late tonight.
선거 결과는 오늘밤 늦게 발표될 것이다.

denounce
de(=down)+
nounce(=announce)
: 비하해서 널리 알리다

vt.비난[고발]하다(condemn, accuse) 편입

denunciation ⓝ탄핵, 비난, 고발 고시

The actor's immature behavior was **denounced** by the media.
그 배우의 철없는 행동이 언론에 의해 비난 받았다.

pronounce
pro(=forth, in public)+
nounce(=report)
: 여럿 앞에서 말하다

vt.발음하다, 선언[공표]하다 vi.발음하다, 진술[주장]하다

pronunciation ⓝ발음(법)

He **pronounces** my name incorrectly.
그는 내 이름을 부정확하게 발음한다.

The psychiatrist refused to **pronounce** her to be treated entirely.
정신과의사는 그녀가 완치되었다고 공식적으로 표명하는 것에 대해 거절했다.

renounce
re(=against)+
nounce(=report)
: 반대로 알리다

vt.vi.포기[단념]하다(relinquish), 그만두다, 끊다(give up, abandon)

Although under disadvantages, the lawmaker didn't **renounce** his principle.
불리한 여건 속에서도 그 국회의원은 자신의 원칙을 포기하지 않았다.

enunciate
e(=ex:out)+nunci
(=announce)+ate(동접)
: 또렷이 공표하다

vt.명확히 밝히다, 또렷이 말[발음]하다(articulate) 고시, SAT

The principal **enunciated** his educational principles at the entrance ceremony.
교장 선생님은 입학식에서 그의 교육 원칙을 명확히 밝혔다.

특강 4

음식과 요리; 프랑스 귀족과 영국 하인

✓ 프랑스인의 지배를 받기 전까지 영국인에겐 요리나 음식문화라는 게 없었다. 부엌(kitchen)같은 곳에서 간단히 음식을 만들어 조그만 판때기(board) 위에 올려놓고 소박하게 먹는 것이 전부였다.
그래서 'board는 식사, boarding은 (식사 딸린) 하숙·기숙, boarding school은 기숙학교'란 뜻을 가지게 되었다.
음식과 요리에 관한 영어 어휘는 Norman Conquest 이후 거의 프랑스에서 건너온 것이다. 심지어 table, chair 같은 기본 소품도 다 불어에서 왔다.

restaurant 식당
cafe 카페, 커피점
taste 맛, 미각
nutrition 영양 편입
feast 잔치, 향연
dinner 만찬, 정찬
menu 식단, 차림표
appetite 식욕, 입맛 공9
diet 식단, 식이요법
supper 석식, 야식
chef[ʃef] 요리사, 주방장
buffet 뷔페, 뷔페식 식당
beverage[bévəridʒ] 음료 토플
recipe[résəpi] 요리법, 비법 공9

☞ buffet는 원래 음식을 놓는 좁고 긴 식탁을 의미했으나, 나중에는 뷔페식 식사나 식당으로 바뀌었다.

✓ 프랑스에서 온 귀족들은 많은 영국인 하인들을 거느렸다. 그런데, 들판에서 힘들게 가축을 기르는 일은 영국 하인들의 몫이고, 식탁에서 우아하게 요리를 잡수시는 일은 프랑스 귀족들의 몫이라 살아있는 동물은 영어, 그것의 요리는 불어가 사용되었다.

〈**Old English**〉
ox 황소
calf[kæf] 송아지
swine 돼지
cow 암소
sheep 양
bull 수소
pig 돼지, 새끼돼지

〈**French**〉
beef 소고기
bacon 베이컨
veal[viːl] 송아지고기
sausage 소시지, 순대
pork 돼지고기
mutton 양고기

✓ 영국인에게 '요리하다'란 뜻의 단어는 cook 하나 밖에 없었다. 어떤 요리법을 쓰던 cook이란말로 뭉뚱그릴 수 있었다. 그래서, 귀부인의 지시로 프랑스 요리사로부터 훈련 받게 된 영국하인은 다음과 같은 다양한 요리법에 무척 당황했다.

boil 끓이다
grill 석쇠에 굽다
blanch 데치다
broil (불에 쬐어) 굽다
roast (오븐에) 굽다, 볶다
scorch 그슬리다
fry (기름에) 튀기다
stew[stjuː] 뭉근히 고다 SAT
toast 노릇하게 굽다, 토스트

✓ 요리법뿐만 아니라 다양한 요리재료 심지어 식사법까지 너무나 새로웠다. 그래서 요리훈련 받던 영국하인은 처음엔 당황했지만 숙련될수록 전문가가 된다는 뿌듯한 자부심으로 충만했다.

appetizer 전채 토익
sauce 양념,소스
spice 향신료,양념
vegetable 채소,야채
grain 곡물,낟알 토플
cabbage 양배추
cucumber오이
pumpkin호박
lettuce상추
onion양파
mustard겨자
spinach시금치 편입

fruit 과일
orange 오렌지
peach 복숭아
raisin 건포도
oyster 굴
salmon[sǽmən] 연어
soup 수프
mushroom 버섯
gravy 육즙,고기국물
vinegar 식초
salad 샐러드
dessert 후식,디저트 토플

☞위에 열거된 모든 단어들은 불어에서 온 것이고 그 중에 몇몇은 원래 같은 뜻의 영어 단어가 있었으나 불어가 영어를 대체했다.

Unit 20. 긴(long) 문맹의 터널을 통과하여(pass) 밝은 빛(lux)으로 나오다.

Written language, which allows ideas to travel across time and space, is the greatest human invention ever.

시공을 초월해서 아이디어를 나눌 수 있도록 해주는 문자야말로 인류의 가장 위대한 발명품이다.

long [OE] : 1. long 긴 2. yearn 갈망하다 3. go with 함께 가다 ◆ 변형 : leng, ling

long
고대영어(Old English) lang 에서 유래

a.긴, 오랫동안, 오래 걸리는 vi.(~ for) 갈망[열망]하다, 애타게 바라다(desire, yearn)

He **longs** for switching his non-regular position to regular.

그는 비정규직에서 정규직으로 전환을 열망한다.

longevity
[landʒévəti]

long+evity(=lifetime) : 긴 생애

n.1.장수, 수명 2.장기근속, 오랜 지속 공9, 편입

The secret of **longevity** depends on a positive attitude to life.

장수의 비결은 삶에 대한 긍정적 태도에 달려있다.

longitude: 길이, 세로의 뜻에서 → ⓝ1.〈지리〉경도 ㉥ latitude 위도 2.세로, 길이

All locations on Earth are indicated by **longitude** and **latitude** values.

지구 상의 모든 위치는 경도와 위도 값으로 표시된다.

belong
be(강조)+long(=go with) : ~에 따라가다

vi.1.(~ to) ~에 속하다, ~의 소유이다 2.~의 일부를 이루다

belonging ⓝ1.(pl.)소유물, 재산, 소지품 2.부속물, 속성

This land here **belongs** to my father.

여기 이 땅은 내 아버지 소유다.

She doesn't **belong** to any club.

그녀는 어떤 동아리 소속도 아니다.

Please be careful not to leave your **belongings** behind.

소지품을 두고 가지 않도록 주의하세요.

prolong
pro(=forth)+long : 앞으로 길게 늘이다

vt.1.늘이다(extend), 길게 하다 2.연장[연기]하다 토익, 편입 ㉥ shorten

The operation may **prolong** his life for years but it will drop him in pain.

그 수술은 그의 생명을 수년 간 연장시킬지 모르지만 그를 고통에 빠뜨릴 것이다.

length
leng(긴)+th(명·접)

n.길이, 세로, 키, 기간

lengthen ⓥⓣ길게 하다, 늘이다 ⓥⓘ길어지다, 늘어나다 ㉥ shorten

lengthy ⓐ(시간이) 긴, 장황한, 지리한

lengthwise ⓐ ⓐⓓ세로의, 세로로

You have to check the **length** of time it takes for you to finish this.

이걸 당신이 끝내는데 걸리는 시간을 점검해야 한다.

To **lengthen** your life, lessen your meals.

수명을 늘리려면 식사량을 줄여라.

The cook peeled carrots and sliced them **lengthwise**.

요리사는 당근 껍질을 벗기고 세로로 얇게 잘랐다.

linger
[lĺŋgər]
ling(=long, 긴)+
er(동접, 반복의미)
: 길게 지체하다

vi.오래 머무르다, 꾸물거리다, 지체[정체]하다 편입, 토플
We **lingered** long in the cafe after having a cup of coffee.
우리는 커피를 마신 후 한참 동안 카페에 머물렀다.

pass [L] : 1. go by 통과하다, 지나다니다 2. step 단계, 발걸음

passage
pass(=go by)+age(명접)

n.1.통행, 통과 2.통로, 항로 3.구절, 악절 4.복도, 출입구 5.경과, 진행 6.여행, 항해

passageway ⓝ복도(corridor), 통로
passable ⓐ통행할 수 있는, 쓸만한, 통용[유통]되는
password ⓝ암호, 패스워드 **passport** ⓝ여권, 통행증

A few lawmakers argued against the **passage** of the bill to the end.
몇몇 의원은 그 법안 통과에 끝까지 반대했다.
A **passage** under the building leads down to the river.
빌딩 아래의 통로는 강으로 연결되어 있다.
This is my favorite **passage** from the Bible.
이것은 내가 성서에서 가장 좋아하는 구절이다.
The evidence was inevitably degraded by the **passage** of time.
시간이 경과함에 따라 증거는 불가피하게 약해져 갔다.

passenger
passeng(=passing)+er(명접)
: 통과하는 사람

n.승객, 여객, 탑승객

passerby ⓝ통행인, 지나가는 사람

This subway line is almost always packed with **passengers**.
이 지하철 노선은 거의 언제나 만원이다.

pastime
pass+time
: 시간 보내기

n.오락, 놀이, 취미, 기분전환
Next to golf, tennis is my favourite **pastime**.
골프 다음으로, 테니스가 내가 좋아하는 취미다.

compass
com(=together)+
pass(=step) : 함께하는 걸음

n.1.나침반, (제도용)컴퍼스 2.한계, 범위 vt.에워 싸다(encompass), 포위하다

encompass ⓥⓣ1.둘러[에워]싸다(surround, encircle)
2.포함[망라]하다(include), 아우르다 편입, 토플

If we had brought a **compass**, we would not have lost our way in the mountains.
만약 우리가 나침반을 가져왔더라면, 산 속에서 길을 잃지 않았을 텐데.
Now real estate bubbles **encompass** the whole of our society.
지금 부동산 거품 문제가 우리 사회 전체를 아우르고 있다.

impasse [F]
: im(=not)+passe(=passing)
: 통과하지 못함

n.난국, 곤경, 교착상태(deadlock), 막다른 골목 SAT, 편입
The two countries managed to break the **impasse** in trade talks.
양국은 무역회담의 교착상태를 겨우 타개했다.

surpass
sur(=super:above)+pass
: ~보다 위로 통과하다

vt.~보다 낫다, 능가하다(excel, outdo) 경찰, 편입
Her talents in music **surpass** our expectations.
그녀의 음악적 재능은 우리의 기대를 능가한다.

trespass
tres〈trans(=beyond)+pass : ~을 넘어 지나가다

vi.침입[침해]하다(~ on), 죄를 범하다, 위법행위를 하다 vt.어기다(violate), 범하다
n.불법 침입[침해] 편입
A journalist was accused of **trespassing** on the forbidden ground.
한 기자가 금지구역을 불법침입한 죄로 기소되었다.

lux, luc, lust, lumin [L] : 1. light 빛, shine 빛나다 2. abundance 풍부

luxury
lux(=light)+ury
: 삐까번쩍함

n.1.사치, 호사, 호화 2.사치[고급]품 3.쾌락, 방종 a.사치품[고급품]의

luxurious ⓐ사치[호화]스러운(lavish), 사치를 좋아하는

luxuriant ⓐ1.무성한, 울창한 2.다산多産의, 기름진, 풍부한

Though she is up to her neck in debt now, she once lived in **luxury**.
비록 그녀가 지금은 엄청 빚에 쪼들리지만 한때는 호사스럽게 살았다.
When she was young, she lived in **luxurious** surroundings.
그녀가 젊었을 때는 사치스런 환경에서 살았다.
Various plants have grown **luxuriant** in the garden.
다양한 식물들이 정원에서 무성하게 자랐다.

deluxe [F]
: de(=of)+luxe(=luxury)

a.호화로운, 사치[고급]스런 ad.호화롭게, 사치스럽게
The room rates for the **deluxe** are much higher than the standard.
고급 객실료는 표준실 보다 훨씬 비싸다.

lucid
luc(=shine)+id(형접)
: 빛나는

a.1.명쾌[명료]한(clear), 알기 쉬운 2.의식이 또렷한
When my mother is **lucid**, she knows I'm her daughter.
엄마가 의식이 또렷할 때는 내가 딸이란 걸 알아.

elucidate
e(=ex:out)+lucid+ate(동접)
: 바깥으로 환히 비침

vt.vi.밝히다, 해명[설명]하다(clarify, explain)

elucidation ⓝ설명, 해명

The author's biographical description **elucidated** Picasso's artistic identity and development.
그 작가의 전기적 서술은 피카소 예술의 정체성과 발전과정을 설파했다.

luster
lust(=light)+er(어미)
: 빛을 발산함

n.1.광택, 광채, 윤(gloss), 영광 2.호색한, 갈망자

lustrous: ⓝluster+ous(형접) → ⓐ1.광택 있는, 윤기 흐르는(glossy, shiny)
2.훌륭한, 저명한 고시

The actor's fame has lost its **luster** in recent years.
그 배우의 명성이 요즘 광채를 잃었다.

Pure gold is so **lustrous** that it looks like a mirror.
순금은 아주 광택이 나기 때문에 마치 거울처럼 보인다.

illustrate
il(=in)+lustr(=light)+ate(동·접) : 안을 밝게하다

vt.1예증[예시]하다, 분명히 보여주다 2.(책 등에) 삽화[도해]를 넣다
vi.예증하다, (실례로) 명확히 하다 토익

illustration ⓝ1.삽화, 도해 2.실례, 비교 3.설명, 예증

illustrative ⓐ예증[실례]가 되는

illustrator ⓝ삽화가

She **illustrated** her points with a graph on the board.
그녀는 칠판에 그래프를 그려 요점을 설명했다.

Let me give you a simple **illustration**.
간단한 실례를 보여드리겠습니다.

He pursued his own style of painting while working as an **illustrator** of children's books.
그는 아동도서의 삽화가로 일하면서 자신만의 화풍을 추구했다.

luminous
lumin(=light)+ous(형·접)
: 빛이 가득한(=full of light)

a.1.빛나는, 야광의, 발광의 2.총명한, 이해하기 쉬운, 명쾌한

luminary ⓝ1.발광체, 인공조명 2.권위자, 선각자 공7

Workers applied a coat of **luminous** paint on the pavement.
일꾼들이 도로에 야광페인트를 칠했다.

The professor is a well-known **luminary** in the field of brain science.
그 교수는 뇌과학 분야에서 잘 알려진 권위자다.

illuminate
il(=into)+lumin(=light)+ate(동·접, make)
: 안쪽으로 비추다

vt.1.조명하다, 밝게하다 2.계몽[계발]하다, 밝히다

illumination ⓝ1.조명, 조도 2.계발, 계시

Long rows of lamps **illuminate** the seaside resorts.
길게 열 지어 늘어선 등불이 해변 휴양지를 밝히고 있다.

Unit 21. 글(liter)을 쓰는(scribe/graph) 것은 단어를 엮어 옷감짜는(text) 작업(oper)과 같다.

liter [L] : letter 글자, 문자

원래 영어에는 '글자, 문자'를 뜻하는 변변한 단어가 없어 라틴어에서 온 letter와 그리스어에서 온 '새겨진 표시 또는 새기는 도구'란 뜻의 character를 차용해 썼다.

literal
liter(=letter)+al(형·접)
: 글자의

a.글자 그대로의, 원문에 충실한, 문자(상)의 ㊥ figurative 비유적인
Almost all words have both **literal** and figurative meanings.
거의 모든 단어들은 글자대로의 의미와 비유적 의미 둘 다 가지고 있다.

literate
liter(=letter)+ate(형·접)
: 글자를 아는

a.읽고 쓸 줄 아는, 학식있는, 문식의

literacy ⓝ읽기쓰기[문자해독] 능력
illiterate ⓐ글자를 모르는, 문맹의 경찰, 편입 computer-**illiterate** ⓝ ⓐ컴맹(의)
illiteracy ⓝ문맹, 무학, 무교양

A lot of women in the poor country study hard to become **literate**.
가난한 그 나라의 많은 여성들이 글을 배우기 위해 열심히 공부한다.
At that time, a **literacy** test was required for immigrants.
그 당시에는 이민자들이 읽고쓰기 시험을 봐야 했다.
People who are computer- **illiterate** can't have good chances to find their jobs.
컴맹인 사람은 직장을 잡을 좋은 기회를 가질 수 없다.

obliterate
ob(=against)+
liter(=letter)+ate(동·접)
: 글자를 지워 없애다

vt.(흔적을) 없애다, 지우다(erase, efface), 말소하다(blot out) 공7, SAT
The snow has **obliterated** our footprints.
눈이 우리의 발자국을 지워버렸다.

literary
literature(문학)에 속하는

a.문학의, 문학적인
His latest novel won favorable responses from **literary** critics.
그의 최신 소설은 문학평론가들로부터 호의적인 반응을 얻었다.

literature
literate+ure(명·접)
: 글로 쓴 작품, 집필

n.문학(작품), 문예, 문헌
She had read many great works of world **literature** and got various management ideas from them.
그녀는 위대한 세계문학 작품들을 많이 읽고 그것에서 다양한 경영 아이디어를 얻었다.

scribe, script [L] : write쓰다

write란 동사는 원래 점토판이나 밀납판 같은 데에 뾰족한 것으로 '긁다(scratch)'란 뜻으로 쓰인 고대영어(Old English)인데 알파벳이 도입되면서 '쓰다'란 뜻으로 변했다. 이 write에서는 '쓰다'와 관련된 다양한 어휘들이 파생되어 나오지 못하고, 오히려 다음과 같이 라틴어와 그리스어로부터 여러 외래어를 차입해서 그대로 사용했다.

describe
de(=down)+scribe(=write)
: 아래로 써 내려가다

vt.서술[기술]하다, 묘사하다, 표현하다

descriptive ⓐ서술[설명]적인, 묘사의

description ⓝ서술, 기술, (허가증 등의) 기재사항

I can find no words to **describe** the dramatic scene.
그 극적인 장면은 말로 표현할 수가 없다.

She gave a detailed **description** of everything that had happened.
그녀는 일어난 모든 것에 대해서 자세히 기술했다.

prescribe
pre(=before)+scribe(=write)
: 미리 적어두다

vt.vi.1.(규)정하다, 지시[명령]하다 2.(약 등을) 처방하다

prescription ⓝ1.처방(약, 전) 2.명령, 지시 3.규정, 법규 편입, 토플

Minimum wages are **prescribed** by law. 최저임금은 법률로 규정되어 있다.

The doctor **prescribed** to me some medicine for the flu.
의사는 나에게 독감 약을 처방해 주었다.

The drug is only available on **prescription**. 이 약은 반드시 처방전이 있어야 한다.

cf. This drug is available *__over the counter__. 이 약은 처방전이 없어도 살 수 있다.

*over the counter: 1.처방전 없이 살 수 있는 2.일반의약품

proscribe
pro(=before)+scribe(=write)
: 앞에 써붙여 공표하다

vt.(공식적으로) 금하다, 금지[배척]하다(forbid, prohibit, ban) 편입

The transaction of virtual currency was **proscribed** by the government.
가상화폐 거래가 정부에 의해 금지되었다.

subscribe
sub(=below)+scribe(=write)
: 아래(서명란)에 쓰다

vt.vi.1.서약[서명]하다 2.(신문, 잡지 등) 예약 구독하다, 가입하다 3.응모[청약]하다 4.동의[찬성]하다

subscription ⓝ.신청,응모 2.구독,구독료 3.기부,기부금 4.서명,동의 토익

The president **subscribed** his name to the treaty. 대통령은 조약에 서명했다.

My father **subscribes** to a monthly economic magazine.
아버지는 월간 경제잡지를 구독한다.

The time for **subscription** has closed. 응모기간이 마감되었다.

inscribe
in(=into)+scribe(=write)
: 안으로 써 넣다

vt.1.새기다, 쓰다 2.헌정[증정]하다 3.명심하다 4.등록하다

inscription ⓝ비문, 비명碑銘, 기명

The remaining family **inscribed** his name, birthday and deathday on a gravestone.
남은 가족은 그의 이름, 출생일, 사망일을 묘비에 새겼다.

ascribe
a(=ad:to)+scribe(=write)
: ~에게 쓰다

vt.~의 탓[덕]으로 돌리다(attribute) 편입

He **ascribed** his success to the help of many friends.
그는 성공을 많은 친구의 도움 덕으로 돌렸다.

transcribe
trans(=through)+
scribe(=write)
: ~을 통해서 쓰다

vt.1.기록하다, 문자화하다, 전사[복사]하다 2.번역하다, 편곡하다, 녹화하다

The journalists were very busy **transcribing** the president's press conference.
기자들은 대통령의 기자회견을 받아 적느라 매우 바빴다.

transcript
trans(=through)+
script(=written)
: ~을 통하여 쓰여진 것

n.1.베낀 것, 사본, 복사 2.(학교의) 성적증명서 경찰, 편입

transcription ⓝ1.필사, 복사 2.편곡, 녹화(방송)

Upon receiving the final exam **transcript**, she burst into tears.
기말시험 성적표를 받자마자 그녀는 울음을 터뜨렸다.

His **transcriptions** of other composers' music are highly regarded in musical circles.
다른 작곡가의 음악작품에 대한 그의 편곡은 음악계에서 높이 평가받는다.

scribble
scrib(b)(=write)+le(=little, 지소指小의 뜻)

vt.vi.갈겨쓰다, 낙서하다 n.낙서, 난필, 졸작

scribbler ⓝ악필가, 엉터리 문인

I couldn't read the note that was **scribbled** by my friend.
친구가 갈겨 쓴 쪽지를 난 읽을 수 없었다.

No scribbling on the wall! (벽에) 낙서금지!

script
scribe의 p·p형(=written),
쓰여진 것

n.1.필기(handwriting), 글씨(체) 2.대본, 각본, 원고 3.〈법〉원본 vt.대본을 쓰다

scriptwriter ⓝ대본[각본] 작가, 시나리오 작가

Some people say that baseball game is a drama without a **script**.
야구는 각본 없는 드라마라고 사람들은 말한다.

manuscript
manu(=hand)+
script(=written)
: 손으로 쓴 것

n.원고, 필사본, 사본 a.손으로 쓴, 필사한

A professor stumbled upon unpublished **manuscripts** of a famous author who had died decades ago.
한 교수가 수십 년 전에 사망한 유명 작가의 미출간 원고를 우연히 발견했다.

graph [Gk] : 1. write 쓰다 2. draw 그리다

scribe와 graph 둘 다 '쓰다'란 뜻이지만, 그리스어에서 온 graph는 뜻이 좀 더 포괄적이다. 19세기 사진의 발명으로 빛(photo)과 그리다(graph)란 뜻의 두 그리스어를 합성해서 사진(photograph)이란 신조어를 만들었다. '빛으로 형상을 찍다'란 의미다. graph에 접두사가 붙여져 일상어보다는 전문어, 학술어로 주로 사용된다.

graphic
graph(=draw)+ic(형·접)
: 마치 그린 것 같은

a.1.생생한, 생동감 있는(vivid) 2.도표의, 그래픽의 n.시각예술, 그래픽, 삽화

This film contains a considerable volume of computer **graphic** works.
이 영화는 상당량의 컴퓨터 그래픽 작품을 담고 있다.

biography
bio(=life)+graphy (=writing) : 삶에 대해 쓴 것

n.전기, 일대기

autobiography auto(=self)+biography : 삶에 대해 스스로 쓴 것 → ⓝ자서전

After a certain number of years, our faces become our **biographies**. - Cynthia Ozick
일정한 나이를 지나면, 얼굴은 자신의 삶을 보여주는 일대기가 된다.

choreography
choreo(=dance)+graphy (=writing) : 춤으로 나타냄

n.1.안무, 연출 2. 무용술

choreographer ⓝ안무가

The **choreography** of this ballet which requires high technique will be designed by a famous **choreographer**. 고난도 기술을 요하는 이 발레의 안무는 유명한 안무가에 의해 구현될 것이다.

geography*
geo(=earth)+graphy (=writing)
: 지구에 대해 쓴 것
*unit1의 geo[Gk]에 중복 설명됨.

n.1.지리학 2.지리, 지형

geographic, -cal ⓐ지리학(상)의, 지리(학)적인 **geographer** ⓝ지리학자

This sense of alienation is not simply a question of **geographical** distance, but a feeling of social and political isolation.
이 같은 소외감은 단순히 지리적 거리의 문제가 아니라 사회적·정치적으로 고립되는 느낌 때문이다.

orthography
ortho(=correct)+ graphy(=writing)
: 올바르게 씀

n.맞춤법, 바른 철자법

American **orthography** differs from British in some cases.
미국 철자법은 어떤 부분에서는 영국과 다르다.

stenography
steno(=narrow)+ graphy(=writing)
: 촘촘하게 씀

n.속기(shorthand), 속기술[법]

stenographer ⓝ속기사

She teaches **stenography** in a technical institute.
그녀는 기술학교에서 속기를 가르친다.

autograph
auto(=self)+graph(=write)
: 자필로 직접 쓴 것

n.자필서명, 사인, 자서[필] a.자필[자서]의 vt.자필 서명하다, 사인하다 편입

Many youngsters asked a famous actress for her **autograph**.
많은 젊은이들이 유명 여배우에게 사인을 요청했다.

paragraph
para(=beside)+ graph(=write)
: (분할표시)로 옆에 적음

n.1.(문장의) 단락, 절 2.짧은 기사[논평]

I don't understand the third **paragraph** in your composition.
당신 작문에서 세번 째 단락이 이해되지 않는다.

photograph
photo(=light)+ graph(=write)
: 빛으로 그리다

n.사진(picture) vt.vi.사진을 찍다, 촬영하다

photography ⓝ사진술, 사진촬영 **photographic** ⓐ사진(술)의, 사진 같은
photographer ⓝ사진사, 카메라맨

I took a lot of **photographs** on summer vacation in Swiss.
나는 스위스에서 여름휴가를 보내며 많은 사진을 찍었다.

monograph
mono(=one)+
graph(=write)
: 하나의 주제에 대해 씀

n.전공논문, 특수연구서
Yesterday he published a **monograph** on foreign economic policy.
그는 어제 대외경제정책에 대한 전공논문을 출간했다.

epigraph
epi(=on)+graph(=write)
: ~의 위에 쓴 것

n.비문, 비명碑銘, 제사題辭, 명구
This quote also appears in the **epigraph** of the novel.
이 인용문은 그 소설의 제사에도 역시 나온다.

text [L] : weave (천을) 짜다

The difference between the right word and the almost right word is the difference between lightning and a lightning bug. -Mark Twain
적절한 단어와 무난한 단어의 차이는 번갯불과 반딧불의 차이와 같다.

text
'짜여진 것(thing woven)'이란 뜻에서

n.1.본문, 원문, 원본 2.제목, 주제 3.가사 4.출전, 정보원 5.〈컴〉텍스트
vt.vi.문자 메시지를 보내다 토익

textual ⓐ1.원문[본문]의 2. 원문대로의, 원문을 따른
textbook ⓝ교과서, 교본 ⓐ교과서의, 표준의
hypertext hyper(=beyond)+text : 건너 편의 텍스트 → ⓝ하이퍼텍스트, 파생텍스트
This storybook has more pictures than **text**. 이 동화책은 본문보다 그림이 많다.
Today he has sent me lots of **text** messages. 오늘 그는 내게 엄청 문자 보냈다.
Why don't you **text** me the time and place for today's meeting?
오늘 회합의 시간과 장소를 내게 문자로 보내주지 그래.

context
con(=together)+
text(=woven)
: 함께 짜여진 것

n.1.문맥, (문장의) 전후 관계 2.맥락, 정황, 배경 공9
I guessed the meaning of this paragraph in the **context**.
나는 문맥 속에서 이 절의 의미를 추측했다.
History needs to be reviewed in the **context** of its own time.
역사는 그 시대의 맥락 속에서 검토되어야 한다.

pretext
pre(=before)+text
(=weave) : 미리 짜놓은 것

n.구실(pretense), 핑계(excuse), 변명 편입
Violence cannot be justified under any **pretext**.
폭력은 어떤 구실로도 정당화될 수 없다.
He left work early on the **pretext** of having an appointment this evening.
그는 오늘 저녁에 약속이 있다는 핑계로 일찍 퇴근했다.

textile
text(=woven)+ile(어미)
: 천으로 짠 것

a.섬유[직물, 방직]의 n.섬유, 직물, 옷감(fabric)
We cope with difficulties in the **textile** business by developing advanced materials.
우리는 섬유 사업의 어려움을 신소재 개발로 극복하고 있다.

texture
text(=weave)+ure(명·접)
: 짜임새

n.(직물의) 감촉, 질감, 결, 짜임새　vt.직조하다, 짜넣다

I don't use electronic books because I like the **texture** of paper books.
나는 종이 책의 질감을 좋아하기 때문에 전자 책을 이용하지 않는다.

oper [L] : work 작업, 일

operate
oper(=work)+ate(동·접)
: 작업하다

*operate는 영어의 대표적인 다의어多義語!

vi.1.작동[가동]하다(function)　2.작용하다, 효험이 있다　3.사업을 하다　4.수술하다　5.군사작전을 수행하다
vt.1.조종[운전]하다　2.운영[경영]하다　3.(변화 등을) 일으키다, 낳게하다　4.수술하다

operation　ⓝ1.작용, 기능　2.운전, 조작　3.(사업의) 운영, 기업, 조업　4.수술　5.작전　토익
operator　ⓝ1.경영자, 운영자　2.조작자, 운전자　3.수술자, 집도자執刀者

My uncle signed a contract to **operate** a beer house under franchise.
삼촌은 프랜차이즈로 맥주집을 운영하기 위해 계약을 체결했다.

A surgeon **operated** in haste on the wounded driver.
외과의사는 서둘러 부상당한 운전자를 수술했다.

All **operations** of this machine can also be functioned by vocal message.
이 기계의 모든 조작은 음성메시지로도 가능하다.

The transition team will be in **operation** until the end of this month when the newly-elected president takes office.
인수위원회는 새로 선출된 대통령이 직무를 맡는 이 달 말까지 운영될 것이다.

cooperate
co(=com:together)
+operate : 함께 일하다

vi.(~ with) 협력[협동]하다, 서로 돕다, 서로 작용하여~하다

cooperative　ⓐ협동하는, 협력적인, 협동조합의　ⓝ협동조합
cooperation　ⓝ협력, 교류, 협동조합　토익

The two companies **cooperated** closely to arrange the merger.
양사는 합병을 성사시키기 위해 긴밀히 협력했다.

Students of the alternative school could learn how to **cooperate** with each other while working together at the farm.
대안학교 학생들은 농장에서 함께 일하면서 어떻게 서로 협조해야 하는지 배울 수 있었다.

opera
[apərə]
oper(=work)+a(어미)
: 작업에 의한 작품

n.1.오페라, 가극　2.오페라단, 오페라 극장

operatic　ⓐ 1.가극의　2.오페라의, 오페라풍의

She wonderfully led the famous **opera** as prima donna.
그녀는 주인공으로서 그 유명 오페라를 멋지게 이끌었다.

Review Test 7

a. autograph	b. beverage	c. luxurious	d. appetizer	e. impasse
f. intonation	g. longevity	h. nutrition	i. resonate	

◆ **From the box above, choose the word that corresponds to each definition below.**

1 any drink, usually other than water

2 the rise and fall of the voice in speech

3 the process of giving or getting necessary food for health and growth

4 a handwritten signature, especially that of a famous person

5 very comfortable and expensive

6 situation in which progress is impossible, especially because the people involved cannot agree

7 a small amount of food or drink taken to stimulate the appetite

8 long existence or service

9 to vibrate and produce a deep, strong sound

◆ **Choose the one that is closest in meaning to the highlighted word in each sentence.**

10 The fatal defeat **illustrated** what level of competence our players should arrive at.

① instructed ② demonstrated ③ described ④ revealed ⑤ discouraged

11 The king recognized that the Chinese characters discourage **the ability to read and write**, because they are difficult as well as numerous.

① literal ② literate ③ literacy ④ literary ⑤ literature

12 They are currently living under the most **deplorable** conditions possible. 편입

① boring ② terrible ③ interesting ④ desolate ⑤ wonderful

13 Many people **acclaimed** him as the best writer of this year. 고시

① praised ② doubted ③ denied ④ viewed ⑤ rumored

14 The minister publicly **denounced**, but privately praised the official's illegal activity.

① pleaded ② disregarded ③ advocated ④ condemned ⑤ humiliate

15 She **enunciated** the last word clearly as if I found it difficult to understand.

① concluded ② articulated ③ renounced ④ finalized ⑤ proclaimed

16 The manager **elucidated** some difficulties with the new project.

① overcame ② clarified ③ defended ④ confronted ⑤ confined

◆ **Fill in the blank with the proper verb that will best complete the meaning of each sentence.**

① solicit ② text ③ prescribed ④ cooperate ⑤ lingered ⑥ stew ⑦ incited

17 Precious memories _______ long in his mind after a painful split from his lover.

18 The political dissident _______ his supporters to revolt.

19 We will make a web site to _______ broad donations.

20 A study shows that more people want to _______ rather than talk to each other.

21 The doctor _______ antibiotics for my bronchus infection.

22 The two parties arrived at a consensus to _______ with each other.

23 My aunt didn't cook roast pork, nor did she _______ eels.

MEMO

Part 3

인간의 원초적 동작들

To be mature means to face, and not evade, every fresh crisis that comes.

-Fritz Kunkel

성숙해진다는 것은 다가오는 모든 생생한 위기를 피하지 않고 용감하게 맞선다는 것을 의미한다.

Unit 22. 끌다(tract, treat) / 밀다(pel | trud)

tract [L] : 1. draw 끌다, 당기다　2. track 경로, 항로　◆변형 : trai, tray, trig

'끌다, 당기다'는 뜻의 어근 trac(또는 drag)은 선사유럽어(Proto-Indo-European)에 그 뿌리를 두고 있으며, 여러 변형된 모습으로 유럽 전역에서 광범위하게 사용되었다. tract앞에 다양한 접두사가 붙여진 라틴어 단어들이 그대로 영어에 유입되었으며, 물리적으로 '끌다'는 의미가 각 단어에 살아있다. 그러나 불어에서 온 contract 같은 단어는 '흥정이 성립되다, 계약을 맺다(make a bargain)'는 뜻으로 아주 추상적·은유적 의미로 진화했다.

attract
at(=ad:to)+tract(=draw)
: ~쪽으로 끌다

vt.끌다, 매혹하다, 유인하다(allure)　vi.매력이 있다

attractive ⓐ1.매력적인, 멋진, 마음을 끄는, 2.〈물리〉인력이 있는

attraction ⓝ1.매력, 끌어당김, 유인　2.견인,〈물리〉인력　㊥ repulsion 반발

Her delicate dress **attracted** everyone's attention at the film festival.
그녀의 은은한 의상이 영화제에서 모든 이의 관심을 끌었다.

He found the job offer too **attractive** to turn down.
그는 그 취업 제의가 거절 하기에는 너무 매력적이라고 생각했다.

The **attraction** of this golf club is easy access.
이 골프장의 매력은 쉬운 접근성이다.

extract
ex(=out)+tract(=draw)
: 밖으로 끌어내다

vt.1.뽑다, 추출하다　2.발췌하다, 인용하다　편입
n.1.추출물, 정제　2.발췌, 인용

extraction ⓝ1.추출, 적출, 발치　2.혈통, 계통

The technology to **extract** shale oil caused the oil price to drop sharply.
쉐일 석유를 추출하는 기술이 유가를 크게 떨어뜨렸다.

distract
dis(=apart)+tract(=draw)
: 떼어서 끌어내다

vt.1.(마음, 주의 등을) 흐트리다, 산만케 하다, 방해하다　2.괴롭히다, 어지럽히다, 혼란시키다

distraction ⓝ1.주의 산만, 방심　2.기분전환, 오락　공9

My smartphone **distracts** me from concentrating on my work.
스마트폰은 내가 일에 집중하는 것을 방해한다.

subtract
sub(=from under)+
tract(=draw)
: 아래로부터 끌어내다

vt.빼다, 덜다, 공제하다

subtraction ⓝ빼기, 삭감, 공제

We **subtracted** 20% tax from your salary.
당신의 월급에서 세금으로 20%를 공제했다.

abstract
ab(s)(=away from)+
tract(=draw)
: 분리시켜 끌어낸

a.1.추상적인　㊥ concrete　2.이론적인, 난해한　n.1.요약, 초록, 발췌　2.추상(개념)
vt.추상[추출]하다, 요약하다(summarize)　경찰, 편입

abstraction ⓝ추상(작용), 추상적 개념, 추상성

Abstract art is difficult for the general public to understand.
추상미술은 일반사람들이 이해하기는 어렵다.

Now he is writing an **abstract** of his thesis paper. 지금 그는 논문의 초록을 쓰고 있다.

contract

[kántrækt]

con(=together)+
tract(=draw) : 함께 이끌다

n.계약, 약정, 약혼
vt.[kəntrǽkt] 1.계약하다 2.수축시키다, 긴축[단축, 축약]하다 3.(병에) 걸리다
vi.줄어들다, 수축하다 고시, 편입 ⓑ expand 확대[팽창]하다

contraction ⓝ1.수축, 축소, 단축형[어] 2.저하, 감퇴

contractor ⓝ계약자, 도급자, 청부인

The lawyer drew up a **contract** which we must sign for the deal.
변호사는 거래를 위해 우리가 서명해야 할 계약서를 작성했다.

Metals expand when heated and **contract** when cooled.
금속은 열을 받으면 팽창하고 차가워지면 수축한다.

The economic **contraction** made the policymakers cut growth forecasts for this year.
경제위축은 정책입안자들이 올해의 성장률 예측을 낮추도록 만들었다.

retract

re(=back)+tract(=draw)
: 뒤로 끌다

vi.vt.1.오므리다, 움츠리다 2.취소[철회]하다(cancel) 3.접다, 집어넣다 공7

retraction ⓝ취소, 철회

retractable ⓐ취소[철회]할 수 있는, 오므릴 수 있는, 신축 자재의

I would like to **retract** my proposal due to a few problems.
몇 가지 문제로 내 제안을 취소하고 싶다.

Some major league teams use **retractable** roof stadiums.
메이저 리그의 몇몇 구단은 지붕개폐식 경기장을 사용하고 있다.

trade

tra(=track)+ade(어미)
: 배의 항로(track of a ship)
에서 유래

n.1.무역, 통상(commerce), 상업 2.직업, 생업, ~업계
vt.vi.1.매매[거래, 장사]하다 2.교환하다, 주고받다, 맞바꾸다 토익

trademark ⓝ등록상표, 특징, 특성

trade-off ⓥ균형을 유지하다 ⓝ1.거래, 교환 2.균형, 선택 3.상충, 이율배반

He has earned a lot of money in **trade**.
그는 무역으로 돈을 많이 벌었다.

The team **traded** several young prospects for a left-handed starting pitcher.
그 팀은 몇몇 젊은 유망주를 주고 왼손 선발투수를 받았다.

Financially there is a **trade-off** between risk and return.
재무적으로 위험과 수익 사이에는 상충효과가 있다.

trait

tra(=draw)+it(=go)
: 끌려 따라가는 것

n.1.특성, 특색, 특징 2.인상, 얼굴생김새 편입, 토플

Generosity is one of his good **traits**.
관대함은 그의 좋은 특징 중 하나다.

portray [F]

por(=pro:forth)+
tray(=draw)
: 앞으로 끌어내다

vt.그리다, 표현[묘사]하다, 연기하다

portrait ⓝ초상화, 생생한 묘사

portrayal ⓝ그리기, 묘사, 초상(화)

The actor has the capacity to **portray** any kind of character.
그 배우는 어떤 배역도 연기해 내는 역량을 가지고 있다.

trace
발자취(footsteps drawn)의 뜻

n.(발)자국, 흔적, 자취(track)　vt.1.추적하다, 더듬다, 밝혀내다　2.긋다, 그리다

The suspect left no **trace** at the crime scene.
용의자는 범죄현장에 아무 흔적도 안 남겼다.

The police have **traced** the voice phishing members to a city in China.
경찰은 보이스피싱 조직원을 중국의 한 도시까지 추적했다.

track
trace와 같은 어원

n.1.자취(trace, vestige), 흔적　2.선로, 궤도, 항로　3.경주로, 트랙　4.작은 길
vt.추적하다, 뒤를 쫓다, 자취를 따라가다　vi.발자국을 남기다

As he is appreciated by the company, he is on the fast **track** to promotion.
그는 회사에서 크게 인정받아 빠른 승진 가도를 달리고 있다.

Some individuals use GPS devices to **track** their pets.
어떤 개인들은 자신의 애완동물을 추적하기 위해 GPS장치를 사용한다.

trail
끌다(drag)의 뜻에서

n.1.지나간 자국, 흔적, 항적　2.(산 속의) 작은 길, 오솔길, 산길
vt.1.추적[미행]하다, 뒤 쫓다　2.질질 끌다　3.지고 있다, 뒤처지다
vi.1.질질 끌리다, 늘어지다　2.길게 뻗치다, 휘감기다　3.지고 있다

trailer　ⓝ트레일러, 이동주택, 추적자

The retailor paid me cash not to leave a paper **trail**.
소매상은 서류상 흔적을 남기지 않기위해 나에게 현금 지불했다.

The bride's wedding dress was **trailing** on the hall floor.
신부의 웨딩드레스가 예식장의 마루에 질질 끌리고 있었다.

This summer we are taking a backpacking trip on the Appalachian **Trail**.
이번 여름 우리는 애팔래치아 트레일로 배낭여행 갈 것이다.

trigger
'당겨서 촉발시키는 것'이란 뜻에서

n.1.방아쇠, (분쟁 등의) 계기, 도화선　2.폭파장치　vt.1.촉발시키다, 유발하다(set off, generate)　2.(총을) 쏘다, 발사하다　토플, 편입

It was the hijackers' leader who put his finger on the **trigger** for the hostage release.
인질 석방의 주도권을 쥔 자는 납치범의 리더였다.

Continuous overwork **triggered** him quitting the job.
지속된 과잉 업무가 그로 하여금 그 일을 그만두게 촉발시켰다.

treat [L] : 1. handle 다루다　2. draw 끌다

treat는 tract(끌다)와 같은 어원에서 시작된 반복동사(frequentative)였으나, '자주 반복해서 끌다'는 뜻이 비유적·추상적으로 변하고 또 전문영역까지 넓게 의미진화하여 여러 뜻을 가진 다의어가 되었다.

treat
자주 반복해서 끌다 → 다루다

vt.1.다루다, 취급하다(handle, deal with)　2.대우하다, 대하다, 여기다　3.치료하다, 처치하다　4.접대[환대]하다, 한턱내다　5.논하다, 기술하다
vi.1.다루다, 논하다　2.담판하다, 교섭하다　3.향응하다, 한턱내다
n.1.대접, 향응, 한턱내기　2.큰 기쁨, 만족을 주는 것[사람]

treatment　ⓝ1.치료, 치료법　2.치료제[약]　3.취급　4.대우, 처우　토익
treatable　ⓐ치료할 수 있는, 처리할 수 있는　ⓑ untreatable 치료[처리]할 수 없는

계속 →

treat
자주 반복해서 끌다 → 다루다

Our boss **treats** all staff members like family.
우리 사장님은 모든 직원을 가족처럼 대한다.
I think you should consult a doctor who specializes in **treating** shoulder pain.
내 생각으론, 넌 어깨통증을 전문적으로 치료하는 의사에게 진찰을 받아야할 것 같다.
I will **treat** you to dinner to express my gratitude.
감사의 표시로 저녁을 대접할께요.
We have made a great advance in cancer **treatment**.
우리는 암치료에 큰 전진을 이루었다.

treatise
'글로 다루어진 것' (something handled in writing)의 뜻에서

n.논문, 전문서적
I am not asking you a **treatise** but a summary.
난 너에게 논문이 아니라 간략한 개요를 요구하고 있어.

treaty
treat(=handle)+y(명·접) : 국가 간에 다루는 것

n.조약, 협정, 협약
Both sides agreed to sign the commercial **treaty**.
양측은 통상조약 체결에 동의했다.

retreat
re(=back)+treat(=draw) : 뒤로 물러나다

vi.1.물러서다, 후퇴하다 2.은퇴하다, 칩거하다 3.빠져나가다, 도피하다
vt.후퇴시키다, 물러나게 하다 n.1.철수, 후퇴 2.은퇴, 은둔 3.수행, 칩거 4.휴양지 공9
A huge crowd slowly **retreated** from the plaza.
엄청난 군중이 광장에서 서서히 빠져나갔다.
His **retreat** from politics was just a trick to buy some time.
그의 정계은퇴는 시간을 벌기 위한 잔재주였다.

mistreat
mis(=wrong)+treat(=handle) : 부정하게 다루다

vt.혹사하다, 학대하다(maltreat)
A few employers were accused of **mistreating** foreign workers
몇몇 고용주들이 외국 근로자를 학대한 혐의로 고발당했다.

pel, puls [L] : 1. push 밀다 2. drive 몰다 ◆변형 : peal

expel
ex(=out)+pel(=push) : 바깥으로 밀다

vt.1.쫓아내다, 추방하다, 구축하다(drive out) 2.면직시키다(dismiss), 제명하다

expulsion ⓝ1.축출, 추방 2.제명, 퇴학
expulsive ⓐ추방하는, 배제성의

Several diplomats have been **expelled** from the country for illegal trading.
몇몇 외교관들이 불법거래로 그 나라에서 추방 당했다.
His violent behavior led to his **expulsion** from school.
그는 폭력적인 행동 때문에 학교에서 쫓겨났다.

impel
im(=into)+pel(=push)
: 안으로 밀다

vt.1.재촉하다, 몰아대다, 억지로~시키다(force) 2.추진시키다

impulse: im(=into)+puls (=push, pp형)+e(어미) ⓝ추진력, 충동(spur, drive), 충격

impulsive ⓐ충동적인, 감정에 끌린 토플, 편입

Intellectual curiosity **impels** him to study it further.
지적 호기심이 그것을 더 깊이 연구하도록 그를 재촉한다.

Don't be so **impulsive**! You are trying to buy the jewel on **impulse**.
충동적으로 행동하지마! 넌 충동적으로 보석을 사려고해.

compel
com(=together)+
pel(=drive) : 다 함께 몰다

vt.강요하다, 억지로~시키다(oblige, force)

compulsion ⓝ강제, <심리>강박, 충동

compulsive ⓐ1.강박적인 2.강제적인(mandatory), 상습적인 ⓝ강박, 강제력 공9

compulsory ⓐ강제적인, 의무적인(obligatory), 필수의 경찰, 편입 ㉯ voluntary

Nowadays I feel **compelled** to resign on account of my age.
난 요즘 나이 때문에 퇴직을 강요당하는 느낌이다.

She has a **compulsive** obsession with her body shape.
그녀는 자신의 몸매에 대해 강박적인 집착을 가지고 있다.

propel
pro(=forward)+pel(=drive)
: 앞으로 몰아대다

vt.1.추진하다, 나아가게 하다 2.재촉하다, 몰아대다(urge)

propeller ⓝ추진기, 프로펠러

propulsion ⓝ추진(력), 추진 수단

The artificial satellite is now **propelled** by solar power.
그 인공위성은 지금 태양열에 의해 앞으로 나아간다.

dispel
dis(=away)+pel(=push)
: 멀리 밀다

vt.쫓아버리다, 없애다 편입

Her cheerful smiles **dispelled** his gloomy mood.
그녀의 발랄한 웃음이 그의 우울한 기분을 쫓아버렸다.

repel
re(=back)+pel(=drive)
: 뒤로 몰아내다

vt.vi.1.쫓아내다, 격퇴하다, 물리치다 2.튀기다, 반발하다 3.거절하다, 퇴짜놓다
4.불쾌감을 주다 편입

We are ready to **repel** any attacks from the enemy.
우리는 적의 어떤 공격도 물리칠 준비가 되어있다.

She was **repelled** by his bad breath.
그녀는 그의 입냄새가 역겨웠다.

appeal
ap(=ad:to)+peal(=drive)
: ~을 향해 몰아가다

vi.1.마음에 들다, 흥미를 끌다 2.간청[호소, 애원]하다 3.항소하다, 상고[상소]하다
vt.~을 상소하다 n.1.매력, 어필 *sex **appeal**: 성적 매력 2.간청, 호소 3.항소, 상고

This kind of music doesn't **appeal** to the youth.
이런 음악은 젊은이에게 어필하지 않는다.

The young candidate made every effort to **appeal** to a broader range of voters.
젊은 후보는 좀 더 광범위한 유권자층에 호소하려고 갖은 애를 썼다.

We will **appeal** against the decision of the court.
우리는 법원 판결에 대해 항소할 것이다.

repeal
re(=back)+peal(=drive)
: 뒤로 몰아내다

vt.1.(법률 등을) 폐지[폐기]하다 2.취소[철회]하다(cancel)
n.1.폐지, 폐기 2.취소, 철회 공9, 편입
The party promised to **repeal** the laws that were behind the times.
그 정당은 시대에 뒤떨어진 법을 폐기하겠다고 약속했다.

pulse
puls(=push, pp형)+e(어미)
: 밀어 냄

n.1.맥박, 고동 2.진동, 박자, 리듬 3.약동, 흥분 vi.맥박치다, 진동하다
The doctor checked her blood pressure and **pulse**.
의사가 그녀의 혈압과 맥박을 점검했다.

trude, truse [L] : push 밀다, thrust 밀치다

intrude
in(=in)+trud(e)(=push)
: 안으로 밀고 들어오다

vi.1.(~ into) 침입[침범]하다(trespass) 2.(~ on/upon) 참견하다(meddle in), 방해하다
vt.밀고 들어가다, 강요하다 토익, 편입

intrusive ⓐ참견하는, 방해하는, 침입의
intrusion ⓝ1.침입, 침범 2.방해
I was embarrassed when she **intruded** abruptly into our conversation.
그녀가 우리들 대화에 불쑥 끼어들어 나는 당황했다.

protrude
pro(=forward)+
trud(e)(=push)
: 앞으로 내밀다

vi.vt.튀어나오다, 돌출하다(project)

protruding ⓐ돌출한, 튀어나온(prominent, projected) 공9
She's wearing braces for her **protruding** teeth.
그녀는 뻐드렁니를 교정하기 위해 교정기를 끼고 있다.

obtrusive
ob(=toward)+
trus(=thrust)+ive(형접)
: 밀치고 나온

a.1.눈에 띄는(conspicuous) 2.참견하는, 주제넘은(officious) 편입, SAT
The actress avoids applying **obtrusive** makeup when going outside.
그 여배우는 외출할 때는 눈에 띄게 화장하는 것은 피한다.

abstruse
abs〈ab(=away)+
truse(=thrust)
: 멀리 밀쳐놓은

a.난해한, 심오한(profound) 경찰, 고시
The speaker nicely explained what could be fairly **abstruse** philosophical questions in a clear and simple way.
연사는 상당히 난해한 철학적 문제들을 명쾌하고 간단한 방법으로 잘 설명했다.

Unit 23. 누르다(press) / 찌르다[끄다](sting)

press [L] : 1. press 누르다, 찍다 2. push 밀다

express
ex(=out)+press
: 밖으로 드러내다

vt.1.표현[묘사]하다, 나타내다 2.속달[급송]으로 보내다 3.짜다, 짜내다
a.1.명시된(expressed), 명확한(definite) 2.급행의, 속달의
n.1.지급운송, 속달, 급행 2.급행열차[버스] ad.급행으로, 속달로

expressive ⓐ1.표현[표정]이 풍부한 2.표현적인, 나타내는

expression ⓝ1.표현(법), 표현력, 어법 2.표정 3.(형질의) 발현 4.〈수학〉식

A few of them **expressed** clear opposition to the idea.
그들 중 몇몇은 그 생각에 명확한 반대의견을 나타냈다.

She sent me the parcel by **express**.
그녀는 나에게 소포를 속달로 보냈다.

His poem is very **expressive** of human capricious emotions.
그의 시는 인간의 변덕스러운 감정을 아주 잘 표현하고 있다.

He always has a confident **expression** but not today.
그는 언제나 자신감 있는 표정인데 오늘은 아니다.

impress
im(=in)+press
: 마음 속에 찍다

vt.1.깊은 인상[감명]을 주다, 감동시키다 2.인상지우다, 명심케하다, 새겨 넣다
3.(도장 등을) 찍다, 누르다

impressive ⓐ인상[감동]적인, 장엄[엄숙]한 토익

impression ⓝ1.인상, 감명 2.영향, 효과(effect) 3.날인, 인각 4.자국, 흔적

The Swiss Alps never fails to **impress** us.
스위스의 알프스 산들은 언제나 우리에게 깊은 인상을 준다.

It is very **impressive** that the young man has won a gold medal in the Olympics.
그 젊은이가 올림픽에서 금메달을 딴 것은 아주 감동적이다.

The novel leaves a deep **impression** in the heart of any reader.
그 소설은 어떤 독자에게나 마음 속에 깊은 인상을 남긴다.

depress
de(=down)+press
: 아래로 누르다

vt.1.우울[낙담, 의기소침]하게 하다 2.내리 누르다, 진압하다 3.하락[저하]시키다.

depressed ⓐ우울한, 의기소침한(despondent) 2.불황의, 불경기의 토익

depression ⓝ1.낙담, 우울, 의기소침 2.(경기) 침체, 불경기, 불황 토익

His exclusion from the promotion made him **depressed**.
승진 누락이 그를 우울하게 만들었다.

The steady price rises definitely **depressed** the consumer sentiment.
꾸준한 물가상승이 소비심리를 확실히 짓눌렀다.

The stock market crash signaled the start of a severe **depression**.
증시의 붕괴는 심각한 경기침체의 시작을 예고했다.

Depression is rage spread thin. –Paul Tillich
우울은 얇게 퍼져있는 분노다.

oppress
op(=ob:against)+press
: ~에 대해 압박하다

vt.억압[압박]하다, 탄압[박해]하다

oppressive ⓐ1.압제[억압]적인, 가혹한 2.답답한, 괴로운

oppression ⓝ1.억압, 탄압 2.압제, 심한 차별 3.압박감, 우울

oppressor ⓝ압제자, 박해자

The hereditary ruler harshly **oppressed** the people for decades.
세습 지배자가 수십 년 동안 가혹하게 국민을 억압했다.

The people finally rose up against the **oppression**.
마침내 국민들은 억압에 저항해 들고 일어났다.

compress
com(=together)+press
: 함께 누르다

vt.1.압축[압착]하다 2.요약[집약]하다 vi.압축되다 n.압박붕대

compression ⓝ1.압축, 압착 2.요약, 집약

compressor ⓝ압축[압착]기, 컴프레서

The machine **compressed** gas to put it into the fuel tank.
연료탱크에 가스를 넣기 위해 기계가 가스를 압축했다.

The article in a journal has been **compressed** into two pages.
저널의 논문이 두 페이지로 요약되었다.

suppress
sup(=sub:under)+press
: 아래로 짓누르다

vt.1.진압[억압]하다, 가라 앉히다 2.억제하다, 참다 3.금지하다, 은폐[삭제]하다 공7, 편입

suppression ⓝ1.진압, 탄압 2.억제 3.은폐, 금지

The military regime brutally **suppressed** the uprising.
군사정권이 반란을 가혹하게 진압했다.

This medication may cause immune **suppression** as a side effect.
이 약제는 부작용으로 면역억제를 일으킬 수 있다.

pressure
press+ure(명·접) : 누르기

n.1.압력, 압박(감), 부담 2.강제, 고난 3.기압 4.긴박, 화급

The pressman writes best under a proper **pressure**.
기자는 적당한 압박감을 느낄 때 가장 글을 잘 쓴다.

sting [OE / L] : 1. prick, stick 찌르다 2. quench 끄다 3. die out 소멸하다

'찌르다'라는 뜻에서 '끄다, 소멸하다'는 뜻으로 의미가 진화되었다. ◆변형 : stig, stinct, stimul, stag

sting
'찌르다'의 뜻에서

vt.vi.1.찌르다, 쏘다 2.자극하다 3.괴롭히다, 쑤시다 4.기만하다, 속여 빼앗다
n.1.찌름, 아픔 2.자극, 가시 3.사기, 계획범행

stingy: 바늘로 찌르는 것 같은 → ⓐ1.인색한, 너무 아끼는(miserly) 2.찌르는, 쏘는, 침이 있는

He was **stung** by a bee while mowing the grass.
그는 풀을 베다가 벌에 쏘였다.

Don't be so **stingy** with it! 그것 가지고 너무 째째하게 굴지마!

distinguish
dis(=apart)+
stingu(=prick)+ish(동·접)
: 찔러 따로 구분하다

vt.1.구별[분간]하다 2.특징짓다, 차이를 보이다 3.(~ oneself) 두드러지게[유명하게] 하다
vi.판별[분간]하다, 차이를 나타내다
Even in a workplace, it's sometimes not easy to **distinguish** a foe from a friend.
직장 내에서도 때론 적과 친구를 구분하는 게 쉽지 않다.
☞distinguish A from B: A와 B를 구별하다
Even the expert feels tough in **distinguishing** between a real painting and a forgery.
전문가조차 진짜 그림과 가짜를 구별하는 게 만만찮다.

stigma [Gk]
stig(=prick)+ma(명접)
: 찔러서 상처나 낙인을 냄

n.1.치욕, 오명(disgrace), 낙인 2.(병의) 증상, 반점 공9
The **stigma** of being an ex-convict follows him wherever he goes.
전과자라는 낙인이 그가 어디를 가든 따라 다닌다.

distinct
dis(=apart)+
stinct(=prick, pp형)
: 찔러 따로 구분된

a.1.별개의, 독특한, 다른 2.뚜렷한, 명확한, 틀림없는 ⓑ vague, obscure

distinctive ⓐ특유의, 특이한, 구별되는 토익

distinction ⓝ1.구별, 차별, 차이(difference) 2.특징, 특이성 3.우수성, 탁월

indistinct ⓐ희미한, 흐릿한(faint, blurred)

She is a woman of **distinct** personality.
그녀는 독특한 개성을 가졌다.
Our boss makes no **distinction** between man and woman with regard to pay.
우리 사장님은 급료에 관해서는 남녀 차별이 없다.

extinguish
ex(=completely)+
stingu(=quench)+
ish(동·접) : 완전히 끄다

vt.1.(불을) 끄다, 진화하다 2.무효로 하다, 소멸시키다, 없애다 3.멸종[단절]시키다 공9, 토플
All the villagers and soldiers struggled desperately to **extinguish** the forest fire.
모든 마을 사람들과 군인들이 산불을 진화할려고 사투를 벌였다.
Nothing could **extinguish** her belief that her husband would recover from the disease.
남편이 병에서 회복되리라는 그녀의 믿음을 그 무엇도 없앨 수 없었다.

extinct
ex(=completely)+
stinct(=die out)
: 완전히 소멸된

a.1.멸종[소멸]된, 절멸한 2.꺼진, 사라진 3.폐지된, 실효한 토플, 고시

extinction ⓝ1.소화, 진화 2.멸종, 절멸, 단절 공9

Finally a scientist group has succeeded in cloning an **extinct** creature.
마침내 일단의 과학자들이 멸종된 동물을 복제하는데 성공했다.
Many species of animals are in danger of **extinction**.
동물의 많은 종들이 멸종 위기에 처해 있다.

instinct
in(=into)+stinct(=prick)
: 안으로 찔러 충동질함

n.1.본능, 본성 2.타고난 재능, 소질 3.직관, 직감

instinctive ⓐ본능적인, 무의식적인, 반사적인 편입

Trust your **instincts** and do what you think is right.
너의 본성을 믿고 네가 옳다고 생각하는 바를 행하라.
A good number of **instinctive** liberals recognize there is something wrong with rapid globalization.
상당히 많은 본능적 진보주의자들은 급속한 세계화에는 무언가 잘못된 점이 있다는 것을 인지하고 있다.

stimulate

stimul(=prick)+ate(동·접)
: 찔러 부추기다

vt.1.격려[고무]하다(encourage), 촉진시키다 2.자극하다, 흥분시키다(excite) 3.(신체 등을) 활성화시키다 vi.자극[격려]이 되다 토익

stimulation ⓝ자극, 격려, 흥분

stimulant ⓝ자극제, 〈의학〉흥분제 ⓐ흥분성의, 자극하는

Our government executed tax cuts to **stimulate** the economy.
정부는 경제를 자극하기 위해 세금인하를 단행했다.

Coffee contains caffeine which is a natural brain **stimulant**.
커피는 천연 뇌 자극제인 카페인을 함유하고 있다.

stagger

stag(=stick)+ger
: 막대로 찌르다(stick with a pole)

vi.1.비틀[휘청]거리다(stumble) 2.주저[움찔]하다, 망설이다 vt.1.비틀[휘청]거리게 하다 2.깜짝 놀라게 하다, 멍하게 하다 토플

staggering ⓐ1.비틀[휘청]거리는 2.충격적인, 깜짝 놀라운(astonishing), 막대한 편입

Our company **staggers** under bank loans with high interest rates.
우리 회사는 높은 이자의 은행 대출금에 짓눌려 휘청거린다.

When his new album was released after a three-year break, the public response was **staggering**.
3년의 공백을 깨고 그의 새 앨범이 발매되었을 때 대중들의 반응은 충격적이었다.

특강 5

영어 단어의 절반은 라틴어

✓ 1066년 노르만인의 영국정복 이후 불어의 대량유입을 경험한 Anglo-Saxon지식인이나 성직자들은 고유영어(Old English)에서 어휘를 만들거나 발전시키기 보다는 손쉬운 외래어 차입에 길들어져 있었다. 특히 르네상스시대에는 그리스·로마 문화의 부흥으로 라틴어 어휘들이 전 영역에 물밀듯 쇄도했다.

✓ **명사는 모국어, 형용사는 외래어! 이런 희한한 조합은 이 지구 상에 영어가 유일무이하다.** 아래의 〈명사-형용사〉 관계에서 보면, 앞의 명사는 Anglo-Saxon들의 순수영어고 뒤의 형용사는 라틴어에서 차입한 것이다. 어찌 이런 일이 발생했을까? 형용사를 쓰려면 식자들 머리에는 라틴어 형용사가 먼저 떠올라서 마치 영어단어인 것처럼 사용되었다. 이처럼 **모국어 명사에, 외래어 형용사를 쓰는 언어는 인류 언어역사에서 영어 밖에 없다.** 지식인들은 영어에서 단어를 만들기보다 기존의 라틴어 단어를 갖다 쓰기에 급급했다. 이런 단어들이 모여서 이젠 영어의 주요 어휘로 자리잡게 되었다.

mouth-oral 입의
tooth-dental 치아의
mind-mental 마음의
law-legal 법적인

nose-nasal 코의
hand-manual 손의
eye-optic, ocular 눈의
town-urban 도시의

name-nominal 이름의, 이름만의
tongue-lingual 혀의, 언어의 공9
will-voluntary 의지에 의한 토플
house-domestic 가정[가사]의 편입

sun-solar 태양의
sea-marine 바다의
man-human 인간의
star-stellar 별의
time-temporal 시간의

moon-lunar 달의
war-martial 전쟁[군사]의
mother-maternal 어머니의
year-annual 매년의

night-nocturnal 밤의, 야행성의 공9
water-aquatic 물의, 수생의 법원
father-paternal 아버지의
god-divine 신의, 신성한 토플

✓ Norman Conquest 이후 중세영어(Middle English) 초기 약 300년 동안에는 불어가 압도적인 세력으로 공용어(official language)의 위치에 있었다. 이 시기에 라틴어는 주로 불어를 통해 간접적으로 들어왔는데, 불어의 모어母語가 라틴어이기 때문이다. 또한 중세시대에는 라틴어가 유럽대륙 전체에 통용되는 국제어였으므로, 학문이나 과학의 전문어를 중심으로 계속 들어왔고 특히 르네상스 이후 새롭게 쏟아지는 아이디어나 개념은 라틴어나 그리스어에 크게 의존했다.

그리고 당시 영국 지식인들은 라틴어를 완벽한 언어라고 칭송하는 언어사대주의에 빠져있었다. 라틴어는 변하지 않는 언어로서 정확한 표현을 할 수 있다고 생각한 반면, 영어는 굴절어미가 사라지고 어순이 고정되는 등 변화하는 언어였기 때문에 미더워하지 않았다. 일례로 18세기 과학혁명을 일으킨 Newton도 주요 저작은 라틴어로 썼다.

Englo-Saxon들이 원래 쓰던 **Old English에서 지금까지 살아 남은 어휘는 거의 소박한 일상어나 간단한 단음절어다.** 과도한 라틴어 차입으로 현재 영어 전체 어휘의 50% 이상이 라틴어 영향을 받은 것으로 추정된다. 라틴어로부터 직접 차용하거나 프랑스어로부터 간접 차용하였다.

✔ 현재 사용되는 영어 단어 중 라틴어 접미사 -ium으로 끝나는 단어만 간단히 정리해 보아도 다음과 같이 상당한 분량이다.

1. 공공 장소나 건물

auditorium 강당
aquarium 수족관
condominium 콘도, 공동주택
stadium 경기장
gymnasium 체육관
sanatorium 요양소, 휴양지

2. 추상명사

premium 할증금, 프리미엄
medium 수단, 매개물, 중간
consortium 컨소시엄, 공동체
equilibrium 평형, 균형 편입
symposium 토론회, 심포지움
moratorium 지불 정지[유예]

3. 화학 원소명

calcium 칼슘
natrium 나트륨
magnesium 마그네슘
radium 라듐
titanium 티타늄
uranium 우라늄

☞ 100개가 넘는 화학원소 이름의 2/3 이상이 -ium으로 어미가 끝난다.

✔ 라틴어 접미사 -us로 끝나는 어휘들을 정리해 보면 다음과 같다.

bonus 보너스
genius 천재
status 지위, 신분, 상태
focus 초점
stimulus 자극, 격려
consensus 일치, 합의 토익
census 인구조사
alumnus 동창생, 졸업생
apparatus 기구, 기계장치

nucleus 핵심, 세포핵
opus 작품, 작품번호
hiatus 중단, 틈, 균열 편입
radius 반지름
circus 서커스, 곡예
fungus 버섯, 곰팡이류 토플
fetus 태아 토플
nexus 결합, 연쇄
campus 캠퍼스, 교정

Unit 24. 비틀다(tort) / 때리다[치다](bat | flict | fend)

tort [L] : twist 비틀다, 꼬다

torture
tort(=twist)+ure(명·접)
: 비틀기

n.1.고문 2.심한 고통, 고뇌 vt.1.고문하다, 몹시 괴롭히다 2.비틀다, 곡해하다

torturous [tɔ́:rtʃərəs] ⓐ고문의, 고통스러운, 일그러진

tortuous [tɔ́:rtʃuəs] ⓐ1.길고 복잡한, 우여곡절이 많은
2.구불구불한(winding), 비비꼬인, 비틀린

Working with the boss was like a **torture** to him.
그 상사와 함께 일하는 것이 그에겐 고문과 같았다.

He was **tortured** by feelings of betrayal. 그는 배신감으로 몹시 괴로웠다.

They finally caught the real criminal through the **tortuous** investigation process.
그들은 우여곡절 많은 수사과정을 거쳐 마침내 진범을 체포했다.

torment
tort(=twist)+ment(명·접)
: 비트는 것

n.1.고통, 고뇌(agony) 2.귀찮은 것, 골칫거리
vt.괴롭히다, 고통을 주다, 못살게 굴다(bully)

cf. **harass** ⓥⓣ1.괴롭히다,희롱하다 2.(적을) 공격[침공]하다 경찰, 토익

harassment ⓝ괴롭힘,희롱 sexual ~ 성희롱

The boy is a **torment** to his parents because he **torments** his sisters everyday.
소년은 매일 여형제들을 괴롭히기 때문에 부모에겐 골칫거리다.

After having been fired, she claims she has been sexually **harassed** at the workplace.
해고된 후 그녀는 직장에서 성희롱 당했다고 주장한다.

distort
dis(=apart)+tort(=twist)
: 따로 떼어내 비틀다

vt.1.왜곡[곡해]하다 2.찌푸리다, 뒤틀다 3.(소리, 화상 등을) 일그러뜨리다 경찰

distorted ⓐ 왜곡된, 비뚤어진, 뒤틀린 고시

distortion ⓝ1.찌그러짐, 뒤틀림 2.왜곡, 곡해

Japan **distorted** our history on purpose. 일본은 의도적으로 우리 역사를 왜곡했다.

It is vital to correct **distortions** of history. 왜곡된 역사를 바로잡는 것이 절대 필요하다.

retort
re(=back)+tort(=twist)
: 거꾸로 비틀다

vt.1.반박[항변]하다, 반격[보복]하다 2.말대꾸하다, 응수하다
vi.말대꾸[반박]하다 n.말대꾸, 역습, 반박

He **retorted** that he still felt angry about my rudeness.
그는 나의 무례함에 대해 여전히 화가 난다고 반박했다.

extort
ex(=out)+tort(=twist)
: 비틀어 빼앗아 내다

vt.강탈[탈취]하다, 강요하다 편입

extortion ⓝ1.강탈, 강요 2.(직무상의) 부당취득, 재물강요, 착취

A swindler **extorted** money from the woman by threatening her with public exposure.
한 사기꾼이 그 여자에게 폭로하겠다고 협박하여 돈을 뜯어냈다.

The official was found guilty of **extortion**.
공무원은 부당취득으로 유죄판결을 받았다.

torch
(불을 붙이기 위해) 꼬아서 만든 것(twisted thing)

n.1.횃불, 성화, 광명 2.손전등 vi.횃불처럼 타오르다 vt.횃불로 비추다, 방화하다
The Olympic **torch** originated from the ancient Olympics.
올림픽 성화는 고대 올림픽에 기원을 두고 있다.

tornado [Sp]

: n.토네이도, 폭풍, 회오리바람
A powerful **tornado** swept across the area in a flash.
강력한 토네이도가 순식간에 그 지역을 초토화시켰다.

bat [L] : beat 때리다, strike 치다

batter
bat(t)(=beat)+er(어미)
: 때림, 때리는 사람

n.1.타자, 배터 2.〈요리〉반죽 vt.1.난타[강타]하다 2.때려[쳐] 부수다
The firefighters **battered** down the front gate to enter into the house.
소방수들은 집 안으로 들어가기 위해 대문을 때려부숴다.

battery
batter+y(명접)
: 때리기(action of battering) → 포열, 포대 → 전지(의미 변화)

n.1.배터리, 전지 2.한 벌의 장치 3.〈야구〉배터리(투수와 포수의 조합)
This smartphone is powered by rechargeable **batteries**.
이 스마트폰은 충전배터리에 의해 작동된다.

battle
bat(t)(=beat)+le(어미)
: 치고받고 싸우기

n.전투, 전쟁, 교전, 투쟁 vi.vt.싸우다, 투쟁[분투]하다

battlefield ⓝ1.싸움터, 전장 2.(큰) 논쟁거리
The two nations have **battled** over territory for centuries.
양국은 영토문제로 수백 년간 싸웠다.
Beauty is mysterious as well as terrible. God and devil are fighting there, and the **battlefield** is the heart of man. - Fyodor Dostoevsky
아름다움은 무시무시할 뿐만 아니라 신비스러워. 신과 악마가 그걸 두고 싸우고 있고, 그 싸움터가 바로 인간의 마음이야.

combat
com(=with each other)+bat(=beat) : 서로 치고받다

vt.vi.싸우다, 다투다, 투쟁하다 n.1.전투, 투쟁, 격투(fight) 2.논쟁(controversy) 편입
A lot of nations stood united to **combat** terrorism.
많은 나라들이 테러와의 전쟁을 위해 함께 뭉쳐 일어섰다.

debate
de(=down)+bate(=beat)
: 아래로 (탁자를) 치다

vi.vt.1.논쟁[토론]하다 2.숙고[검토]하다 n.1.토론, 토의, 논쟁(argument) 2.숙고, 고려
We have been **debating** for hours without reaching a conclusion.
우리는 여러 시간 토의했지만 결론에 도달하지 못했다.
He is seriously **debating** whether to quit his current job.
그는 현재의 일을 그만둘까 진지하게 숙고 중이다.

rebate
re(=back)+bate(=beat)
: 뒤에서 치다

vt.환불[할인]하다, 리베이트를 주다　vi.할인하다　n.환불, 할인, 리베이트 토익
The investigation showed that many doctors had received **rebates** from drug companies.
조사에 의하면 많은 의사들이 제약회사로부터 리베이트를 받았다.

abate
a(=ad:to)+bate(=beat)
: ~쪽으로 쳐내다

vt.완화[약화]시키다, 줄이다　vi.줄다, 경감되다(lessen) 토플, 공9
Many countries are eager to **abate** mounting tensions by keeping the Korean Peninsula nuclear-free.
많은 나라들은 한반도를 비핵화함으로써 고조되는 긴장을 완화시키길 열망한다.

flict [L] : strike 치다, 때리다

afflict
af(=ad:to)+flict(=strike)
: ~쪽으로[에게] 치다

vt.괴롭히다(harass), 학대하다, 피해를 입히다 편입

affliction ⓝ고통(pain), 고뇌(agony), 괴로움 토플
The secret agent has been incessantly **afflicted** by her betrayal.
그 비밀요원은 그녀의 배신으로 끊임없이 괴로움을 당해왔다.

conflict
con(=together)+flict(=strike)
: 서로 치고받다

n.1.갈등, 충돌, 대립(strife)　2.투쟁, 분쟁, 싸움(struggle)　3.불일치, 부조화(discord)
vi.1.(의견 등이) 대립하다, 충돌하다, 다투다　2.상충[모순]되다
The party entered a serious **conflict** on its political lines.
그 당은 정치적 노선에 관해 심각한 갈등으로 접어들었다.
If two laws **conflict** with each other, the courts must decide on the operation of each law.
만약 두 개의 법이 서로 상충된다면, 법원은 그 각각의 효력에 대해 결정해야 한다.

inflict
in(=into)+flict(=strike)
: 안으로 치다

vt.(고통, 타격 등을) 주다, 가하다, 입히다

infliction ⓝ1.(고통, 타격 등을) 주기, 가히기　2.고난, 시련, 형벌 국회8
Our surprise attack **inflicted** heavy casualties on the enemy.
아군의 기습공격이 적에게 많은 사상자를 발생케 했다.

fend [L] : strike 치다, 때리다

defend
de(=away)+fend(=strike)
: 멀리 쳐내다

vt.1.지키다, 방어[수비]하다　2.옹호[변호]하다　vi.1.방어[방위]하다　2.변호하다

defender ⓝ1.방어[옹호]자　2.선수권 보유자　㉥ challenger도전자
defense, -ce ⓝ1.방어, 방위, 수비　㉥ offense, attack　2.방어물, 방어시설　3.변호, 항변
defenseless ⓐ무방비의, 방어할 수 없는
defensive ⓐ방어적인, 수비의, 변호의　㉥offensive　ⓝ수세, 변호

계속 ➜

defend
de(=away)+fend(=strike)
: 멀리 쳐내다

The castle was built to **defend** themselves from enemy invasions.
성곽은 적의 침략으로부터 그들 자신을 방어하기 위해 지어졌다.

The actor hired a lawyer to **defend** himself against the accusation.
그 배우는 고소에 맞서 자신을 변호하기 위해 변호사를 고용했다.

Our team's offense was strong, but **defense** was so weak.
우리 팀은 공격은 강했던 반면에 수비는 아주 약했다.

The president was put in a **defensive** corner due to repeated blunders.
대통령은 거듭된 실책으로 수세에 몰렸다.

defendant
defend+ant(명·접)
: (법적으로) 방어하는 사람

n.피고 a.피고의 공9 ㉥ plaintiff 원고

The judge ruled against [for, in favor of] the **defendant**.
판사는 피고에게 불리한 [유리한] 판결을 내렸다.

The witness gave testimony against [for, in favor of] the **defendant**.
목격자는 피고에게 불리한 [유리한] 증언을 했다.

offend
of(=ob:against)+
fend(=strike)
: ~에 대항해서 치다

vt.1.화나게[불쾌하게] 하다, 거스르다 2.(법률 등을) 위반하다, 어기다(violate, transgress)
vi.죄를 범하다, 위반되다, (감정을) 해치다

offender ⓝ범죄자, 위반자(culprit)

offense, -ce ⓝ1.위반, 반칙, 범죄 2.무례, 모욕 3.공격 ㉥ defense

offensive ⓐ1.불쾌한, 화나는 2.무례한, 모욕적인 3.공격적인, 공세의

The prime minister's remark only **offended** many Korean people.
수상의 발언은 많은 한국인들의 감정만 상하게 했다.

No **offense**, but it seems like a waste of time.
기분 상하라고 하는 말은 아닌데 그건 시간낭비 같아.

An **offensive** smell coming from the garbage greeted her nose.
쓰레기통에서 나는 악취가 그녀의 코를 찔렀다.

Review Test 8

a. stingy	b. extinct	c. defendant	d. torture
e. treatise	f. instinct	g. martial	h. genius

◆ **From the box above, choose the word that corresponds to each definition below.**

1 a natural tendency to behave or react in a particular way

2 a highly talented, creative, or intelligent person

3 concerning war or soldiers

4 a long, formal piece of writing about a particular subject

5 great physical or mental suffering

6 no longer in existence or use

7 unwilling to spend or give

8 an individual, company, or institution sued or accused in a court of law

◆ **Choose the one that is closest in meaning to the highlighted word in each sentence.**

9 She **put out** candles on a birthday cake.
① lighted up ② turned off ③ kindled ④ extinguished ⑤ skipped

10 We don't want a big and **officious** government.
① authoritative ② obtrusive ③ ambitious ④ versatile ⑤ rigorous

11 We have senior managers attend a **compulsory** course to enhance their computer skills.
① intensive ② voluntary ③ obligatory ④ various ⑤ tough

12 My friend **came down with** malaria when he was touring South Africa.

① encountered ② prevented ③ defended ④ confided ⑤ contracted

13 Through natural selection plants have developed **traits** that protect them from harm.

① organs ② responses ③ attributes ④ forms ⑤ generations

14 The new CEO maneuvered the **conflicting** demands between management and labor.

① complex ② consistent ③ confusing ④ complaining ⑤ clashing

15 The president **repealed** the order when he realized it would cause too much friction. 편입

① enforced ② broke ③ amended ④ issued ⑤ cancelled

◆ **Fill in the blank with the proper verb that will best complete the meaning of each sentence.**

① distinguished ② afflicted ③ intrude ④ abate ⑤ retreated ⑥ distort

16 The management _______ step by step from its declaration of lockout.

17 Many economists predicted that intervention by Government might _______ the market.

18 Greece has been _______ by financial deficits for years.

19 The student luckily_______ right from wrong.

20 The branches of my neighbor's tree began to _______ into my house.

21 Urgent steps are to be taken to ______ oil spread from a wrecked ship.

Unit 25. 던지다(ject | cast) / 부수다[깨다](rupt | frag, frac)

ject [L] : throw 던지다 ◆변형 : jac

원래는 '던지다'란 뜻이었으나 점차 '던져진 현안이나 과제'라는 비유적·추상적 뜻이 추가된다.
subject, object, project는 여러 뜻을 가진 대표적인 다의어이며 필수 단어다.

subject
sub(=under)+ject(=throw)
: 아래에 던져진 것

n.1.주제, 테마, 당면과제 2.학과, 과목 3.주어 4.(실험, 연구 등의) 피실험자, 실험대상 5.국민, 백성, 신하
a. (~ to) 1.영향 받기 쉬운, 의존하는 2.지배 받는, 복종[종속]하는 3.조건으로[필요로] 하는
vt.1.지배하다, 복종[종속]시키다 2.위임하다, 맡기다

subjective ⓐ1.주관적인, 자기중심의 ㊥ objective 2.개인의, 개인적인 3.주격의
subjection ⓝ정복, 복종, 의존

This **subject** is very sensitive and controversial. 이 주제는 아주 민감하고 논쟁적이다.
She participated in the experiment as a volunteer **subject**.
그녀는 자발적 피험자로서 그 실험에 참가했다.
Airline schedules are **subject** to change without prior notice.
비행시간표는 사전통보 없이 변경될 수 있다.
Big decisions were made by various data rather than **subjective** opinions.
중요한 결정은 주관적 견해 보다는 다양한 데이터에 의해 이루어졌다.

object
ob(=against)+ject(=throw)
: 맞은 편에 던져진 것

n.1.물체, 사물 2.대상, 객관, 객체 3.목적, 목표(goal, aim) 4.목적어
vi.vt.반대[반박]하다, 항의하다

objective ⓝ목표, 목적, 객관 ⓐ1.목적[목표]의 2.객관적인, 실증적인, (시험이) 객관식의 ㊥ subjective 주관적인
objection ⓝ반대, 불복, 이의, 거부

The first **object** that caught my eye was a microscope.
내 시선을 사로잡은 첫째 물건은 현미경이었다.
The author's main **object** in life is to write novels that touch people deeply.
그 작가의 삶의 주요 목표는 사람에게 깊은 감동을 주는 소설을 쓰는 것이다.
We try to be **objective** while doing research.
우리는 연구하는 동안 객관적이려고 애쓴다.
She raised strong **objections** to the proposal. 그녀는 그 제안에 대해 강하게 반대했다.

reject
re(=back)+ject(=throw)
: 뒤로 던지다

vt.1.거절[거부]하다(refuse), 퇴짜놓다 ㊥ accept 2.기각하다, 부인하다
n.불합격품[자], 불량품, 거부된 사람[것] 토익

rejection ⓝ1.거절, 배제, 부결 2.폐기물, 배설물 3.<의학>거부반응

He decided to **reject** the firm's offer.
그는 회사의 제안을 거절하기로 결정했다.
This drug will remove **rejection** of transplanted organs.
이 약은 이식된 장기의 거부반응을 제거해 줄 것이다.

project
pro(=forward)
+ject(=throw)
: 앞에 던져진 것

n.계획, 프로젝트, 연구과제, 일감 vt.1.계획[기획, 안출]하다 2.추정[예상]하다 3.발사하다 4.투영[투사]하다, 비추다 5.보여주다, 나타내다 vi.돌출하다

projecting ⓐ돌출한, 튀어나온 편입 * ~teeth 뻐드렁니 ~eyes 퉁방울눈

projection ⓝ1.돌출, 돌기 2.투사, 발사, 방사, 투영 3.예상, 예측

The **project** aims to develop an innovative technology for solar energy in a couple of years. 그 프로젝트는 수년 내에 태양에너지에 대한 혁신적 기술개발을 목표로 하고 있다.

The interest rate has been **projected** to fall for a long time.
이자율은 오랫동안 하락할 것으로 예상되었다.

He **projected** three-dimensional images on a screen.
그는 3차원 영상을 화면에 투사했다.

She is straightening her **projecting** teeth. 그녀는 튀어나온 치아를 교정하고 있다.

inject
in(=into)+ject(=throw)
: 안으로 던져 넣다

vt.1.주입[주사]하다 2.삽입[도입]하다 3.(궤도에) 쏘아 올리다

injection ⓝ1.주입, 주사, 분사 2.궤도에 진입시킴

He has regularly **injected** himself with insulin due to diabetes.
그는 당뇨병 때문에 정기적으로 스스로 인슐린 주사를 놓아왔다.

The company will go bankrupt unless it gets an urgent capital **injection**.
그 회사는 긴급 자금을 투입 받지 못하면 부도가 날 것이다.

eject
e(=ex:out)+ject(=throw)
: 바깥으로 던지다

vt.1.축출[추방]하다(expel), 쫓아내다, 해고하다 2.배출[배설]하다 vi.비상탈출하다, 꺼내다

ejection ⓝ1.방출, 배출, 분출, 퇴거 2.방출물, 분출물

Two players were **ejected** after a violent tussle on the field.
두 선수가 경기장에서 격렬한 몸싸움 후에 퇴장 당했다.

The pilot had to **eject** when his plane caught fire.
조종사는 비행기에 불이 났을 때 비상 탈출해야 했다.

abject
ab(=away)+ject(=throw)
: 멀리 던져진

a.1.비참한, 절망적인, 내팽개쳐진 2.비열[비굴]한 토플, SAT

The economic panic has driven people into **abject** poverty.
경제공황이 사람들을 비참한 가난으로 몰아넣었다.

trajectory
tra(=trans:across)+
ject(=throw)+ory(명·접)
: 가로질러 쏘는 것

n.1.탄도, 궤도, 궤적 2.역정, 지나온 경로 SAT

He used to be so cool, but now seems to be on a downward **trajectory**.
그는 한 때는 아주 잘 나갔지만 지금은 하향궤도에 접어든 것 같다.

adjacent
ad(=to, near)+
jac(=throw)+ent(형접)
: 가까이에 던져진

a.1.인접한, 인근[부근]의, 가까운 2.직전의, 직후의 편입, 토플

My house is **adjacent** to the municipal museum.
내 집은 시립 박물관 가까이에 있다.

conjecture
con(=together)+
ject(=throw)+ure(명·접)
: 생각을 함께 던져봄

n.어림짐작, 추측, 억측　vt.vi.추측[억측]하다 공7
That is a mere **conjecture**, far from a fact. 그건 억측에 불과하며 사실과 거리가 멀다.
I can only **conjecture** about what was in my boss's mind then.
난 그때 상사가 어떤 마음을 품었는지 단지 추측만 할 수 있을 뿐이다.

cast [OE] : 1. throw 던지다　2. hang 드리우다

broadcast
broad(넓게)+cast(=throw)
: 널리 던지다 → 널리 퍼뜨리다

vt.1.방송[방영]하다　2.퍼뜨리다, 선전하다　3.(씨 등을) 뿌리다
vi.방송[방영]하다, 널리 퍼뜨리다　n.방송, 방영
The World Cup soccer finals are being **broadcast** live all over the world.
월드컵 축구 결승전이 전세계에 생방송되고 있다.

forecast
fore(=before)+
cast(=throw)
: (주사위를) 미리 던져보다

vt.1.예상[예측]하다(predict), 예보하다　2.~의 전조[조짐]가 되다
vi.예측[예보]하다　n.예측, 예상, 예보
As had been **forecast**, the temperature showed a sharp fall in the afternoon.
예보된 대로 오후에 기온이 급강하했다.
The cosmetics business is **forecast** to grow consistently next year.
화장품 산업은 내년에도 지속적으로 성장할 것으로 예상된다.

outcast
out(바깥으로)+
cast(=throw)
: 바깥으로 내던짐

n.버림[따돌림]받는 사람, 추방자, 왕따
a.버림받은, 퇴짜맞은, 추방된　vt.(사람을) 버리다
Due to a physical handicap, Oliver sometimes feels like an **outcast** in the mainstream society. Oliver는 신체장애 때문에 주류 사회 내에서 가끔 왕따처럼 느껴진다.

overcast
over(위로)+cast(=hang)
: 위로 드리워진

vt.구름으로 덮다, 흐리게[음울하게] 하다
vi.흐리다, 어두워지다　a.1.흐린, 우중충한　2.우울[음울]한 공9
The sky became immediately **overcast** and then heavy rain started to pour down.
하늘이 갑자기 흐려지더니 이내 비가 퍼붓기 시작했다.

rupt [L] : 1. break 깨다, 부수다　2. broken 깨어진, 부서진　◆변형 : rout

rupt는 원래 '깨다, 터지다'(break, burst)라는 뜻을 가진 라틴어 동사(rumpere)의 p.p형에서 유래되어 '깨어진, 터진'이란 의미로 쓰인다.

rupture
rupt(=break)+ure(명·접)
: 부숴짐

n.파열, 결렬, 불화　vt.파열시키다, 깨다, 찢다　vi.파열하다, 터지다
Mutual trust between the two companies came to a **rupture**.
두 회사 간의 상호신뢰가 파탄에 이르렀다.

abrupt
ab(=off)+rupt(=broken)
: (갑자기) 떨어져 나간

a.1.갑작스런, 뜻밖의　2.퉁명스런, 무뚝뚝한
While climbing the mountain, we were embarrassed by an **abrupt** change in weather.
등산 도중에 갑작스런 날씨의 변화로 우리는 당황했다.

corrupt
cor(=com:강조, intensive)+rupt(=broken)
: 완전히 부서진

a.1.부패한, 타락한, 오염된 2.오류가 있는 vt.타락[부패, 오염]시키다, 매수하다 vi.부패[타락]하다

corruption ⓝ타락, 부패, 부정

Power tends to **corrupt**, and absolute power **corrupts** absolutely. - John Acton
권력은 부패하기 쉬우며, 절대권력은 절대 부패한다.

Crime and **corruption** was rampant in the country that had been just freed from communism.
막 공산주의에서 벗어난 그 나라는 범죄와 부패가 만연해 있었다.

erupt
e(=ex)+rupt(=break)
: 바깥으로 부서지다

vi.1.분출하다, 폭발하다 2.갑자기 발생하다 vt.분출하다, 터뜨리다

eruption ⓝ1.분화, 분출, 폭발 2.(전쟁, 병 등의)발생

The protest rally started at peace but violence **erupted** suddenly.
항의집회는 평화롭게 시작되었으나 폭력사태가 갑자기 발생했다.

bankrupt [It]
: bank(=bench)+rupt(=broken)
: (환전상의) 부서진 벤치

a.파산[파탄]한, 지급불능의(insolvent) vt.파산시키다 n.파산자, 지급불능자 토익

bankruptcy ⓝ파산, 파탄, 도산

The company went **bankrupt** after only two years in business.
그 회사는 사업을 한 지 불과 이년 만에 파산했다.

He is trying every possible means to save the company from **bankruptcy**.
그는 회사의 부도를 막기 위해 백방으로 애쓰고 있다.

interrupt
inter(=between)+rupt(=break)
: 사이에서 깨부수다

vt.vi.1.가로막다(obstruct), 방해[저지]하다(disturb, hinder) 2.중단하다[시키다]

interruption ⓝ중단, 방해 토익

Oil supplies were **interrupted** due to the strike. 파업으로 석유 공급이 중단되었다.

She quickly put an end to a report without **interruptions**.
그녀는 방해받지 않고 잽싸게 보고서를 끝냈다.

disrupt
dis(=apart)+rupt(=break)
: 산산이 부수다

vt.붕괴[분열, 혼란]시키다, 방해하다 a.분열[붕괴]된 공9

disruption ⓝ붕괴, 분열, 혼란

Conflicts between right and left **disrupt** our society.
좌우의 갈등이 우리 사회를 혼란에 빠뜨린다.

route
뚫혀진 길(road broken through)이란 뜻에서

n.1.길, 항로, 노선, 루트 2.수단, 방법

They dropped by New York en **route** to Boston.
그들은 보스톤으로 가는 도중에 뉴욕을 잠깐 들렀다.

routine
route+ine(명·접)
: 뚫린 길로만 다님

n.1.일상, 일과 2.관례, 판에 박힌 일 a.일상의(mundane), 틀에 박힌

Surfing the Internet has become a part of my daily **routine**.
인터넷 검색이 내 일과의 한 부분이 되었다.

frag, frac [L] : break 깨다, 부수다

frag, frac는 '잘게 부수다, 분쇄하다'(break in piece, shatter)란 뜻이며 앞의 rupt와는 약간의 의미 차이가 있다.

fragile

frag(=break)+ile(형·접)
: 부서지기 쉬운(liable to break)

a.1.부서지기[깨지기] 쉬운(breakable) 2.연약[허약]한 3.섬세한 공7, 편입

cf. **vulnerable:** vulner(=wound, 상처)+able ⓐ상처[공격] 받기 쉬운,취약한 토플, 편입

The box has **fragile** items such as glass and china, so handle it very carefully.
박스 안에 깨지기 쉬운 유리와 도자기가 들어 있어 아주 조심스럽게 다루어야 한다.

Now the real estate business is **fragile** in many ways.
지금 부동산 사업은 여러 면에서 취약하다.

She became very **vulnerable** to depression after her mother's death.
그녀는 어머니의 죽음 이후 우울증에 매우 취약해졌다.

fragment

frag(=break)+ment(명·접)
: 부서진 조각(piece broken off)

n.파편, 단편, 조각(debris) vi.산산조각이 되다, 부서지다 vt.산산이 부수다, 해체하다

fragmentary ⓐ파편의, 단편적인, 토막토막의

The floor is covered with **fragments** of glass from the broken window.
바닥은 부서진 창문에서 나온 유리파편으로 덮여 있다.

fraction

frac(=break)+tion(명·접)
: 부수기

n.1.단편, 파편, 소량 2.〈수학〉분수

We know only a tiny **fraction** of the universe.
우리는 우주의 극히 일부분에 대해서만 안다.

fracture

frac(=break)+ure(명·접)
: (뼈가) 부서짐

n.골절, 파손, 균열 vt.부러뜨리다, 골절시키다 vi.부러지다, 깨지다 경찰, 편입

Fracture causes great damage to the lives of old people.
골절은 노인들의 삶에 큰 피해를 준다.

refraction

re(=back)+frac(=break)+tion(명·접) : 뒤로 꺾음

n. 〈물리〉굴절(력), 굴사

This optical illusion results from the **refraction** of light through the atmosphere.
이 착시 현상은 대기를 통한 빛의 굴절 때문에 생긴다.

infraction

in(=into)+frac(=break)+tion(명·접) : 안으로 부수다

n.(법규의) 위반(breach), 침해, 침범(violation) 토플, 편입

As I committed an **infraction** of the tax law by mistake, I had to pay a fine.
나는 실수로 세법을 위반하여 벌금을 물어야 했다.

cur [L] : 1. run 달리다 2. flow 흐르다 ◆변형 : curs, cour

'달리다'란 뜻에서 '나아가는 진로'나 '연속되는 과정'이란 뜻으로 의미가 다양하게 확장되어 쓰인다.

current
curr(=flow)+ent(형·접)
: 흐르고 있는

a.1.현재의, 지금의 2.유통[통용]되는 n.1.흐름, 기류 2.경향, 풍조 3.전류

currently ⓐ1.일반적으로(generally), 널리 2.현재(는), 지금은

currency ⓝn.1.통화, 화폐 2.유통, 통용, 유포(circulation)

The **current** trend is going towards artificial intelligence.
현 추세는 인공지능 쪽으로 가고 있다.

The **current** of public opinion is in favor of the government.
여론의 흐름은 정부에 호의적이다.

We allowed our **currency** to depreciate. 우리는 통화의 평가절하를 용인했다.

curriculum
curri(=run)+culum(명·접)
: 원래 달리기 코스(running course)를 뜻했음

n.교과목, 교과[교육, 이수]과정 pl형: -la, -s

Our school developed a new **curriculum** to catch up with the changes in the digital age. 우리 학교는 디지털 시대의 변화에 맞춰 새 교과과정을 개발했다.

precursor
pre(=before)+cursor
: 앞에 달리는 자

n.1.선구자, 선봉 2.선임자, 선배 3.전조, 조짐

He was not only a great thinker but also a **precursor** of modern economics.
그는 위대한 사상가였을 뿐만 아니라 근대 경제학의 선구자였다.

excursion
ex(=out)+curs
(=flow, pp형)+ion(명·접)
: 밖으로 흘러나감

n.1.소풍, 견학, 유람여행 2. (다른 일에 대한) 외도, 탈선

Nowadays many schools go abroad for school **excursions**.
요즘 많은 학교들이 해외로 수학여행 간다.

occur
oc(=ob:toward)+cur(=run)
: ~쪽으로 달려 오다

vi.1.일어나다, 발생하다(happen) 2. (~ to) 생각이 나다, 머리에 떠오르다 편입

occurrence ⓝ1.(사건 등의) 발생, 일어남 2.사건, 일어난 일 3.출현, 산출 경찰

Such changes mainly **occur** during adolescence.
그러한 변화는 주로 사춘기 때 일어난다.

Didn't it **occur** to you that she might be cheating you?
혹시 그녀가 너를 속이고 있다는 생각은 안 들더니?

Cyber crime has become a common **occurrence**.
사이버범죄는 흔히 일어나는 사건이 되었다.

incur
in(=upon)+cur(=run)
: ~에게 달려오다

vt.1.초래하다, 가져오다 2.(빚 등을) 지다, (손실을) 입다

She **incurred** some debts purchasing an apartment.
그녀는 아파트를 구입하면서 얼마간 빚졌다.

recur
re(=back, again)+
cur(=flow)
: 뒤로(or 다시) 흐르다

vi.1.회상하다, 되돌아가다 2.재발하다, 반복되다 3.의뢰[호소]하다
4. 〈수학〉순환하다(circulate)

recurring ⓐ거듭 발생하는, 순환하는 **recurrent** ⓐ반복[재발]되는 공7

The delay in handling the budget proposals has **recurred** every year.
예산안에 대한 늑장 심사가 매년 반복되어 왔다.

The meaning of life is a **recurrent** theme in his novels.
삶의 의미는 그의 소설에서 반복되는 주제다.

concur
con(=together)+cur(=run)
: 함께 달리다

vi.1(의견이) 일치하다(agree) 2.동시에[함께] 작용하다 3.동시에[일시에] 발생하다

concurrent ⓐ1.동시 발생[작용]하는(coincident), 공존하는 2.일치하는(~ with) 편입

I **concur** with you on that point. 나는 그 점에서 당신과 의견이 일치한다.

Domestic violence is often **concurrent** with child abuse, because violent men hit both wives and kids.
가정 폭력은 종종 아동학대와 동시에 발생하는데, 폭력적 남편이 아내와 아이 둘 다 때리기 때문이다.

course
'달려 나아가는 과정'의 뜻에서

n.1.진로, 행로, 방향 2.방침, 과정, 경과 3.강좌, 과목, 코스 ad.물론, 당연히

The **course** of true love never runs smooth. 진실한 사랑의 행로는 결코 순탄할 수 없다.

It took me five or more years to complete the full marathon **course**.
마라톤 코스 완주하는데 5년 이상 걸렸다.

discourse ⓝ1.담론, 담화, 강연 2.논설, 논문 ⓥⓘ말하다, 이야기하다

recourse ⓝ의지, 의뢰, 〈법〉상환 청구(권)

concourse ⓝ1. (공항, 기차역 등의) 중앙 홀, 중앙광장 2.경마장, 경기장 3.집합, 군집

He gave a stirring **discourse** on the pains in life.
그는 인생의 고통에 대해서 마음을 뒤흔드는 강연을 했다.

His last **recourse** was an escape from prison. 그의 최후의 수단은 탈옥이었다.

During the golden week the airport **concourse** has been crowded with people.
황금연휴 동안 공항의 중앙 홀이 사람들로 붐볐다.

sult [L] : 1.leap 뛰어오르다 2.bound 튀다 ◆변형 : sal, sili

exult
ex(=out)+sult(=leap)
: (승리의 기쁨에) 뛰쳐나가다

vi.크게 기뻐하다, 기뻐 날뛰다, 환호하다, 의기양양하다

exultation ⓝ크게 기뻐함, 환희, 열광

She **exulted** over her son's success in the exam.
그녀는 아들의 합격소식에 기뻐 어쩔 줄 몰랐다.

insult
in(=upon)+sult(=leap)
: 덤벼들다

vt.모욕하다, 욕보이다, 창피주다 n.모욕, 무례, 손상

cf. **libel** [láibəl] ⓥⓣ(문서로) 명예 훼손하다, 모욕하다 ⓝ명예 훼손, 비방, 모욕 편입

He felt **insulted** by her rude behavior.
그는 그녀의 무례한 행동에 모욕을 느꼈다.

An opposition lawmaker sued the newspaper for **libel** over the article.
한 야당 의원이 신문 기사를 두고 그 기사를 쓴 신문사를 명예훼손으로 고소했다.

result
re(=back)+sult(=leap)
: 되돌아 옴

n.결과, 결말(consequence) vi.1.(~ from) 결과로서 생기다, 기인[유래]하다
2.(~ in) 결과가 되다, 끝나다, 귀착하다

His success in business is the **result** of many friends' help.
사업에서 그의 성공은 많은 친구들의 도움의 결과다.

Her hair loss **results** from genetics.
그녀의 탈모는 유전적 특성에 기인한다.

The innovative design **resulted** in a big hit.
혁신적인 디자인이 큰 성공을 낳았다.

desultory
de(=off, away)+
sult(=bound)+ory(형접)
: 멀리 튀는

a.1.산만한, 두서없는, 종잡을 수 없는 2.엉뚱한, 당돌한 고시, 편입

So long as you campaign in such a **desultory** manner, you will be defeated in the election.
그렇게 산만한 방식으로 선거운동하면 너는 선거에서 질 것이다.

assault
as(=ad:to)+
sault<sult(=leap)
: ~에게 뛰어들다

n.1.기습, 강습, 습격(raid) 2.성폭행, 강간 vt.1.급습[공격, 구타]하다 2.성폭행하다 공9

The man was convicted of sexual **assault**.
그 남자는 성폭력으로 유죄판결을 받았다.

The boxer was arrested for **assaulting** his friend at a bar.
그 권투선수는 술집에서 친구를 구타한 혐의로 체포되었다.

salient
sal(i)(=leap)+ent(형·접)
: 뛰어오르는

a.1.두드러진(outstanding), 현저한(prominent), 핵심적인 2.돌출[돌기]한
3.약동하는, 생기 넘치는 n.돌출부

One **salient** thing that our company noticed was the Indian market would be very promising.
우리 회사가 주목한 한 가지 핵심사항은 인도시장이 아주 유망하리라는 것이었다.

salmon[sǽmən]
sal(=leap)+mon(어미)
: leaping fish

n.연어

We drank beer with smoked **salmon**.
우리는 훈제연어를 안주로 맥주를 마셨다.

resilient
re(=again)+sili(=bound)+
ent(형접) : 다시 튀어 오르는

a.회복력 있는, 탄력있는(elastic), 쾌활한 고시, 토플

resilience ⓝ1.회복력, 복원력 2.탄성, 탄력(elasticity) 3.쾌활, 활기 SAT

The star player was amazingly **resilient**, both physically and mentally.
그 스타 선수는 육체적 및 정신적으로 놀라운 회복력을 보여주었다.

The data shows an optimistic prospect on the **resilience** of our economy.
그 데이타는 우리 경제의 회복력에 대해 낙관적 전망을 보여준다.

MEMO

Part 4

하루하루 일상도 그저 굴러 가는 게 아니더라

When I wake up in the morning and stretch, I sometimes make baby dinosaur noises.

아침에 일어나 기지개를 켜면 가끔은 입에서 아기공룡이 부르짖는 것 같은 소리가 난다.

Unit 27. 매일 구하고(pet, peat) 주고(don)받고 거래하고(merc) 선택한다(opt).

pet, peat [L] : 1. seek구하다, aim 목표로 하다 2. go to 다가가다, rush 돌진하다

petition
pet(i)(=seek)+tion(명·접)
: 간절히 구함

n.청원(서), 탄원, 진정, 기원 vt.vi.청원[탄원, 진정]하다

petitioner ⓝ청원자, 진정[신청]인

The villagers determined to present a **petition** to the authorities.
마을주민들은 당국에 진정서를 내기로 결정했다.

We have **petitioned** the government to adjust the subway route.
우리는 지하철 노선을 조정해 달라고 정부에 진정했다.

appetite
ap(=ad:to)+pet(=seek)+ite(어미) : ~을 향한 욕구 (desire toward)

n.식욕, 욕망, 욕구 공9

appetizer ⓝ식욕을 돋구는 것, 전채, 애피타이저

Jogging gave me an **appetite** for dinner.
조깅을 했더니 저녁식사에 식욕이 돋았다.

compete
com(=together)+pete(=aim)
: 함께 목표로 하다

vi.1.경쟁하다, 겨루다 2.필적하다

competition ⓝ경쟁, 경기, 시합
competitive ⓝ경쟁의, 경쟁적인, 경쟁력 있는 토익
competitor ⓝ경쟁자(rival)

Our firm is now **competing** with a growing number of start-up companies.
우리 회사는 이제 점점 더 많은 신생기업들과 경쟁한다.

This price cut is on account of **competition** among suppliers.
이번 가격인하는 공급자 간의 경쟁 때문이다.

Nowadays the job market for college graduates is very **competitive**.
요즘 대졸자들의 고용시장은 경쟁이 매우 치열하다.

competent
compete+ent(형·접)
: 함께 추구할 역량이 있는

a.유능한, 능력[자격]있는, 역량있는 토익, 고시 ⓑ incompetent

competence ⓝ1.능력(ability), 역량(capability) 2.적격, 적성 3.<법>권한

The chairman's son is now **competent** to undertake the whole management.
회장의 아들은 이제 경영 전반을 맡을만한 역량이 있다.

Human resource is a core **competence** in our company.
인적 자원은 우리 회사의 핵심역량이다.

impetuous
im(=into)+pet(=rush)+uous(형접)
: 안으로 돌진하는

a.맹렬[열렬]한(fierce, violent), 성급한(rash), 충동적인 공9, 토플

impetus ⓝ추동력, 기동력, 자극(제) 편입

A home shopping channel triggered her **impetuous** shopping habit and made her buy a designer necklace.
한 홈쇼핑 채널이 그녀의 충동구매 습관을 촉발시켜 유명브랜드 목걸이를 사게 만들었다.

perpetual
per(=completely)+
pet(=seek)+ual(형접)
: 끝까지 추구하는

a.영구적인, 끊임없는(permanent, eternal), 종신의

perpetuate ⓥⓣ영속시키다, 불멸[불후]하게 하다 국회8

We are sick and tired of her **perpetual** complaints.
우리는 끊임없는 그녀의 투덜거림에 진저리가 난다.

A few powerful nations want to **perpetuate** the division of the Korean Peninsula.
몇몇 강대국은 한반도의 분단이 영속되길 바란다.

repeat
re(=again)+peat(=go to)
: 다시 돌아가다

vt.1.반복하다, 되풀이하다(reiterate) 2.복창[암송]하다 3.재생하다 vi.반복하다[되다]

repeatedly ⓐⓓ반복[되풀이]하여, 여러 번

repetition ⓝ1.반복, 되풀이 2.암송, 재현, 재연 3.복사, 사본, 모방

Be careful not to **repeat** the same mistake. 똑같은 실수를 반복하지 않도록 조심하라.

The prime minister **repeatedly** expressed his intention to step down.
총리는 거듭 사임 의사를 피력했다.

don [Gk] : give(as a gift); (선물로) 주다 ◆변형 : dot, dos

donation
don(a)(=give)+tion(명·접)
: 선물로 줌(give as a gift)

n.기부(금), 기증(물)

donate ⓥⓣⓥⓘ기부[기증]하다, 증여하다 토익

donor ⓝ기증자, 제공자, 증여자 ㊥ donee

The patient's life was saved by a hair's breadth thanks to organ **donation**.
환자는 장기기증 덕택에 아슬아슬하게 목숨을 구했다.

A businessman has **donated** huge amounts of money to the scholarship foundation.
한 사업가가 거액을 그 장학재단에 기부했다.

pardon* [F]
: par(=per:completely)+
don(=give) : 완전히 주다

n.용서, 관대, 사면 vt.용서하다(forgive), 사면[특사]하다

Pardon me for asking, but what do you do for a living? 실례지만, 직업이 뭐죠?

Please **pardon** me my mistake at the meeting. 모임에서 행한 제 실수를 용서해 주십시오.

condone
con(강조, intensive)+
done(=give as a gift)
: 관대히 허용하다

vt.용납[용서]하다, 눈감아 주다

I can't **condone** his wild accusations in any way.
나는 그의 터무니없는 비난을 결코 용납할 수 없다.

antidote
anti(=against)+
dote(=given)
: ~에 대항해 주어진 것

n.해독제, 교정수단, 대책 토플, 편입

Exercise is a number one **antidote** to insomnia. 운동은 불면증에 대한 최고의 치료제다.

Job creation is the best **antidote** to current economic downturn.
일자리 창출이 현재의 경기침체에 대한 최상의 해결책이다.

anecdote [Gk]
: an(=not)+ec(=ex:out)+dote(=given)
: 바깥으로 주어[알려]지지 않은

n.일화, 비화, 기담 고시, 법원8
He told us **anecdotes** about many actors whom he had met.
그는 그가 만난 많은 배우들에 대한 일화를 우리에게 들려줬다.

dose
a giving(한번 줌)의 뜻에서

n.(1회)복용량, 투여량 vt.투약하다, 복용시키다, 조제하다

overdose ⓝ과잉 복용[투약] ⓥⓣ과잉 복용[투여]하다
The **dose** is two pills with every meal, and don't exceed the prescribed **dose**.
복용량은 매 식사마다 2알이며, 그리고 처방된 복용량을 초과하지 마시오.

merc(h) [L] : 1. trade 거래하다, 장사하다 2. reward 보상하다

merchant
merch(=trade)+ant(명·접)
: 거래하는 사람

n.상인, 무역상 a.상업[무역, 상인]의
While reading a newspaper, Nobel was shocked by his own obituary saying that 'the **merchant** of death is dead'.
노벨은 신문을 읽다가 '죽음의 상인 죽다'라고 쓰여진 그 자신의 부고에 큰 충격을 받았다.

merchandise [F]
:'거래하는 품목(articles for trade)'의 뜻

n.상품, 제품, 물품 vi.vt.매매[거래, 장사]하다
No returns or exchanges are allowed on sale **merchandise**.
세일 제품에 대해서는 반품이나 교환이 안됩니다.

mercantile [F]
[mə́:rkəntì:l]
: 거래(trading)란 뜻에서

a.상업[무역, 상인]의
Almost all the merchants want to develop the **mercantile** district located in central Seoul. 대부분 상인들은 서울 도심에 위치한 그 상업지역의 개발을 원한다.

commerce
com(=together)+merce(=trade)
: 함께 거래하기

n.상업, 통상, 무역, 교역(trade) 토익

commercial ⓐ1.상업[통상, 교역]의 2.영리적인 3.상업광고, 광고방송
e-commerce: electronic+commerce → ⓝ전자상거래

Online **commerce** is the biggest trend in today's market.
온라인 거래는 오늘날 시장에서 가장 큰 추세다.
Whether your new idea will be a **commercial** success depends on the amount of funds raised.
당신의 새로운 아이디어의 상업적 성공 여부는 얼마나 자금을 모으느냐에 달려있다.
The documentary will go on after the **commercial** break.
다큐멘터리는 광고가 나간 후에 계속될 것이다.

mercenary
merc(=reward)+en+ary(명접) : 댓가만 쫓는 자

n.용병, 고용인 a.돈만 바라는, 돈이 목적인 토플, SAT
Why can't we foster home-grown players rather than open our league to foreign **mercenaries**?
왜 우리는 자체적으로 선수를 육성하지 못하고 외국용병에게 리그를 개방해야 하는가?

mercy*
merc(=reward)+y(명·접)
: 신이 보답하는 것

n.1.자비(charity), 관용, 은총 2.다행스런[고마운] 일

merciful ⓐ자비로운, 관대한(lenient), 고통 없는 ~ death: 안락사

merciless ⓐ무자비한(ruthless, relentless), 잔인한(cruel), 무정한

A prisoner asked the judge to show **mercy**. 죄수가 판사에게 자비를 베풀어 달라고 청했다.

Whether to succeed or not in that field is mainly at the **mercy** of human relations.
그 분야에서 성공 여부는 인간관계에 의해 크게 좌우된다.

*at the **mercy** of ~: ~에 휘둘리는, ~에 좌우되는

Tip

왜 생뚱맞게 용서pardon에 '주다'란 뜻이 있고 자비 mercy에 '거래, 장사'란 뜻이 들어 있는가? 이런 단어에는 서양의 기독교 가치관이 잘 반영되어 있다. 순수 영어인 Old English에도 용서의 뜻은 '완전히 주는 것' 즉 forgive로 되어 있다. 또한 가장 크게 남는 장사는 자비 mercy를 베풀어 신의 보답 즉 영혼의 구원을 받는 것이라고 생각했다.

opt, opin [L] : choose 선택하다

opt
'바라다, 선택하다'의 뜻에서

vi.선택[채택]하다, 고르다

Almost all employees **opted** to take a pay cut rather than to lose their jobs.
거의 대부분의 종업원들은 실직보다는 임금삭감을 선택했다.

You can **opt** out of this service at any time. 당신은 언제든 이 서비스에서 탈퇴할 수 있습니다.

option
opt(=choose)+ion(명접)
: 선택행위(action of choosing)

n.선택, 선택권, 옵션 토익 vt.~의 선택권을 얻다

optional ⓐ임의의, 선택의, 선택가능한 ⓝ선택과목

I had no **option** but to accept the unfavorable condition.
나는 불리한 조건을 받아들일 수 밖에 없었다.

It's not a luxury, not an **option**, but an absolute necessity.
그것은 사치도, 선택사항도 아니며, 절대 필요한 것이다.

A navigation system is an **optional** extra. 내비 시스템은 추가적 선택사양이다.

adopt
ad(=to)+opt(=choose)
: ~쪽으로 택하다

vt.1.채택[도입]하다, 차용하다, 취하다 2.양자로 삼다, 입양하다

adoption ⓝ1.채택, 채용 2.양자입양

The government **adopted** a strategic approach to the two cities' conflict over the new airport construction.
정부는 신공항 건설에 대한 두 도시 간의 갈등을 푸는데 있어서 전략적 접근을 채택했다.

The **adoption** agency asked a couple to legally **adopt** the young girl.
입양기관은 한 커플에게 어린 소녀를 합법적으로 입양하도록 요청했다.

opinion
opin(=choose)+ion(명접)
: 판단하여 선택함

n.1.의견, 견해(view) 2.판단, 평판

I could not help quiting my job due to a growing gap in **opinion** with my boss.
상사와의 견해 차가 점점 커져서 나는 직장을 그만둘 수 밖에 없었다.

A public **opinion** poll is no substitute for thought. - Warren Buffet
여론조사가 심사숙고를 대신할 수는 없다.

Review Test 9

a. mercenary	b. fragile	c. petition	d. routine	e. fracture
f. trajectory	g. resilience	h. adoption	i. competent	j. outcast

◆ **From the box above, choose the word that corresponds to each definition below.**

1 The capacity to recover quickly from difficulties

2 a sequence of actions regularly followed

3 the curved path of an object moving through the air

4 the act of legally taking a child to be taken care of as one's own

5 motivated by only a desire for money

6 any formal request to a higher authority in respect of a particular cause

7 able to be broken or damaged easily

8 having the ability or skill to do something effectively

9 a person who is rejected or excluded from a social group

10 a crack or break in a hard object or material

◆ **Choose the one that is closest in meaning to the highlighted word in each sentence.**

11 We do not **condone** any violence in our school campus.

① transcend ② forgive ③ disregard ④ worry ⑤ defend

12 After dinner, we sat around the fire, chatting and telling **anecdotes**.

① adventures ② jokes ③ ambitions ④ stories ⑤ romances

13 I **reiterated** that I had never met her again.

① emphasized ② pledged ③ promised ④ repeated ⑤ asserted

14 I wish you wouldn't keep **interrupting** me. Let me finish what I am doing.

① involving ② disturbing ③ inducing ④ irritating ⑤ invading

15 If you are physically **assaulted**, it may permit you to retaliate with reasonable violence.

① assailed ② weakened ③ intruded ④ injured ⑤ intensified

16 John was so **impetuous** that he never took more than a few seconds to make up his mind. 편입

① illustrious ② impolite ③ immune ④ impulsive ⑤ agile

17 There has been in our group some **conjecture** about possible merger.

① project ② movement ③ conclusion ④ apprehension ⑤ guess

18 A year later, the investment bank was declared **insolvent**.

① bankrupt ② lucrative ③ extensive ④ in deficit ⑤ surplus

◆ **Fill in the blank with the proper verb that will best complete the meaning of each sentence.**

① inject ② compete ③ broadcast ④ erupt ⑤ adopt ⑥ concur

19 We don't have the ability to _______ with big companies on price.

20 The ruling party was reluctant to ______ the reform bill.

21 My friend did not _______ with me on that view.

22 The president's press conference will be _______ live tomorrow morning.

23 A fierce fighting was supposed to _______ at the entertainment district last night.

24 Our company is urgently required to _______ more capital against bankruptcy.

Unit 28. 평범한(ordin) 일상도 감사함(grat)으로 이어지면 놀라운(mir) 변화가 찾아온다.

ordin [L] : 1.order 순서 2.normal 평범한

ordinary
ordin(=order)+ary(형·접)
: 순서대로

a.평상의(usual), 평범한(normal), 보통의, 일상적인(mundane)
n.상례, 예사, 보통 일[사람, 것]

ordinance ⓝ법령, 조례, 규정

She is just an **ordinary** novelist, no special.
그녀는 특별한 점이 없는 그저 평범한 소설가다.

The city **ordinance** requires everyone to wear protective helmets while riding bicycles.
시 조례는 시민 누구나 자전거 탈 때는 보호 헬멧을 착용하도록 요구한다.

extraordinary
extra(=beyond)+ordinary
: 평범을 넘어선

a.1.비상한(exceptional), 비범한, 훌륭한 2.기이한, 놀라운
3.임시의(temporary), 특파의, 특명의 토익

The boy has an **extraordinary** talent for soccer.
소년은 축구에 비상한 재주를 가지고 있다.

The writer has gone beyond the limit of intelligence to an **extraordinary** territory.
그 작가는 지성의 한계를 넘어 놀라운 영역으로 들어갔다.

coordinate
co(=with)+ordin(=order)+ate(형·접) : 순서상 함께

a.동등[대등]한, 등위의 n.대등한 것, 좌표, 코디네이트
vt.조직화[편성]하다, 조정하다(adjust) vi.1.꾸미다, 코디하다 2.잘 어울리다, 조화되다

We need a specialist who can **coordinate** the whole project.
우리는 프로젝트 전체를 조직화할 수 있는 전문가가 필요하다.

The costumer **coordinated** accessories with the dress.
의상담당은 드레스와 액세서리를 조화롭게 꾸몄다.

inordinate
in(=not)+ordinate
(=set in order)
: 순서대로 아닌, 지나친

a.1.과도한, 지나친(excessive) 2.무질서한, 절도없는 공7

An **inordinate** amount of time has been wasted upon the hot issue.
지나치게 많은 시간이 그 뜨거운 논쟁거리를 두고 소비되었다.

subordinate
sub(=under)+
ordin(=order)+ate(형·접)
: 순서상 아래에

a.1.하급[하위]의, 부하의 2.부차[부수, 보조]적인, 종속의 n.하급자, 부하
vt.아래에 두다, 경시하다, 종속[복종]시키다 토플, 편입

This country is economically **subordinate** to the US.
이 나라는 경제적으로 미국에 종속되어 있다.

The general ordered his **subordinates** to be ready for attack.
장군은 부하들에게 공격할 준비를 하라고 명령했다.

ordinal
ordin(=order)+al(형·접)
: 순서의

a.서수의, 차례의 n.서수 ⓑ cardinal 기수

What is Obama's **ordinal** number in the line of American presidents?
미국의 역대 대통령 중에서 오바마는 몇 대째 대통령인가?

grat [L] : 1. thank 감사 2. pleasing (남을)기쁘게 하는 ◆변형 : grac, gree

gratis
grat(=thank)+is(어미)
: 감사의 뜻으로, 대가 없이

ad.무료로,공짜로(for nothing, freely) 경찰, 편입

gratuitous ⓐ1.무료의, 무상의 2.까닭없는, 불필요한, 쓸데없는 편입

The gift certificute is handed out **gratis** from the municipal council.
그 상품권은 시의회에서 무료로 배포된다.

The so-called 'romantic comedy' shows quite a few **gratuitous** scenes that are violent or indecent.
소위 '로맨틱 코미디'라는 그 프로는 폭력적이거나 외설적인 쓸데없는 장면들을 꽤 보여준다.

gratitude
grat(i)(=thank)+tude(명·접)
: 감사함

n.감사(하는 마음), 사의

ingratitude: in(=not)+gratitude ⓝ배은망덕, 망은 편입

He sent her a gift to show his **gratitude**.
그는 감사의 뜻을 표하고자 그녀에게 선물을 보냈다.

His **ingratitude** to her care and help made her very sad.
보살핌과 도움에 대한 그의 배은망덕이 그녀를 매우 슬프게 했다.

grateful
grate(=thank)+ful(형·접)
: 감사하는 마음 가득한

a.1.감사하는(thankful), 고마운 2.유쾌한, 기분 좋은

You will not get the things you want, until you learn to be **grateful** for the things you have.
네가 가지고 있는 것들에 감사하는 법을 배울 때까지는 네가 원하는 것들을 얻지 못할 것이다.

I am **grateful** to you for not telling my faults to her.
내 잘못을 그녀에게 말하지 않은 것에 대해 너에게 감사한다.

gratify
grat(i)(=pleasing)+
fy(=make, 동·접)
: 기쁘게 만들다

vt.만족[충족]시키다, 기쁘게[즐겁게]하다 공9, 편입

gratification ⓝ만족(감), 희열, 만족을 주는 것 SAT, 편입

I felt **gratified** with the result of the match. 나는 시합 결과에 만족했다.

The businessman derives a true **gratification** from expanding his company.
그 사업가는 회사를 키우는데서 진정한 희열을 얻는다.

congratulate
con(=together)+
grat(=pleasing)+ul+
ate(동·접) : 함께 기뻐하다

vt.축하[경축]하다

congratulation ⓝ축하, 경축, 축사

We sincerely **congratulated** our immediate superior on his promotion.
우리는 직속상사의 승진을 진심으로 축하했다.

grace
'은혜를 베풀다'의 뜻

계속 ➜

n.1.우아, 기품, 고상 2.미덕, 품격 3.은총, 은혜

gracious ⓐ1.상냥[정중, 공손]한(polite) 2.우아한, 품위있는
graceful ⓐ우아한, 고상한(elegant)

grace
'은혜를 베풀다'의 뜻

disgrace ⓝ망신, 치욕(shame), 불명예(dishonor) ⓥⓣ~에 먹칠하다, 수치가 되다

He had the **grace** to acknowledge his own mistake.
그는 자신의 실수를 깨끗이 인정하는 품격을 가졌다.

The gentleman closed with a **gracious** speech of thanks.
신사는 공손한 감사의 말로 끝맺었다.

I would choose death before **disgrace**.
치욕을 당하느니 죽음을 택하겠다.

agree
a(=ad:to)+gree(=pleasing)
: ~에게 기쁨을 주다

vi.1.동의[찬성]하다 2.의견이 일치하다, 합의하다 3.합치[부합]하다
vt.동의[승인]하다, 인정[용인]하다

agreeable ⓐ1.기분 좋은, 쾌적한 2.선뜻 동의하는, 잘 받아들이는(amenable)
agreement ⓝ1.일치, 조화, 합의 2.협정, 계약
disagree ⓥⓘ일치하지 않다, 의견이 다르다

I don't **agree** with you on that point. 그 점에 대해선 너에게 동의하지 않는다.
The couple have **agreed** to a divorce. 그 부부는 이혼에 합의했다.
Alcohol does not **agree** with me. 술은 내 체질에 안맞다.
Finally management and union have arrived at an **agreement**.
마침내 노사가 합의에 도달했다.

mir, mar [L] : wonder 놀라움, 경이

'신神이 보여주는 놀라운 일'을 뜻하는 종교적 의미에서 출발했으나 점점 일상의 신기하거나 놀라운 일을 나타내는 뜻으로 쓰이게 된다.

miracle
mir(=wonder)+(a)cle(명·접)
: 놀라움을 주는 대상

n.기적, 경이, 불가사의

miraculous ⓐ초자연적인, 기적의, 기적적인

It's a **miracle** that she was not injured in the car crash.
그녀가 차량충돌 사고에서 다치지 않은 것은 기적이다.

mirage
mir(=wonder)+age(명·접)
: 신기한 것

n.신기루, 망상(delusion)

The result of the controversial policy is not an economic **miracle** but an economic **mirage**.
이 쟁점 많은 정책의 결과는 경제적 기적이 아니라 경제적 망상이다.

admire
ad(=to)+mire(=wonder)
: ~에 놀라다(wonder at)

vt.1.감탄[찬양]하다 2.존경[칭찬]하다 3.넋을 잃고[감탄하며] 보다 vi.감탄[탄복]하다

admirable ⓐ1.감탄할 만한 2.훌륭한, 우수한(excellent) 편입
admiration ⓝ감탄, 찬양, 존경

I cannot but **admire** his courage.
나는 그의 용기에 감탄하지 않을 수 없다.

The woman was lost in **admiration** of a spectacle so unusual.
그 여자는 너무나 진귀한 광경에 넋이 나갔다.

mirror

mir(r)(=wonder)+or(명·접)
: 신기하게 보이는 것

n.거울, 반사경 vt.반영하다, 비추다

The girl has been practicing in front of the **mirror** whenever she has free time.
소녀는 거울을 보면서 틈나는 대로 연습하고 있다.

marvel [F]

: mar(=wonder)+
vel(어미) : 놀라운 일

n.놀라움, 경이, 놀라운 사람[물건, 재능] vt.vi.놀라다, 경탄하다

marvelous ⓐ1.놀라운, 신기한, 기묘한 2.훌륭한, 우수한, 멋진

It's a **marvel** how they managed to develop such an exquisite artificial intelligence.
그들이 어떻게 그런 정교한 인공지능을 개발했는지 놀랍다.

They have achieved a **marvelous** result with this new artificial intelligence.
그들은 이 새로운 인공지능으로 놀라운 결과를 이뤄냈다.

특강 6

영어는 철자와 발음이 왜 이리 제멋대로 인가?

✓ 왜 영어는 발음이 단어마다 춤추듯 제멋대로 인가? 영어공부 좀 해본 사람이면 누구나 가지는 의문이다. 예를 들면, native speaker조차도 간단한 단어인 'tongue'(혀, 언어), 'weird'(이상한, 기묘한)를 처음 발음할 때는 정확히 발음할 수 없을 정도다.
철자에 따른 발음이 얼마나 제 각각이면 영어를 모국어로 쓰는 미국에서 학생들에게 단어를 듣고 올바른 스펠링을 말하게 하는 Spelling Bee(철자법 대회)를 전국 규모로 치를까.
전 세계의 소리글자(표음문자) 중에서 각 단어마다 발음기호가 붙는 언어는 아마 영어가 유일할 것이다. 불어, 독어, 스페인어, 이태리어 등 유럽의 다른 언어들은 정해진 발음규칙에 따라 발음하면 그만이다. 영어처럼 각 단어마다 딸린 발음기호가 없어도 된다. 영어발음, 이 얼마나 불편한가!

✓ 그럼, 영어는 왜 각 단어마다 발음기호가 붙고, 특히 모음의 경우가 더 심하지만 같은 철자도 발음이 중구난방인가? 그 이유를 몇 가지로 요약하면 다음과 같다.

-첫째, 영어는 온갖 이질적인 요소가 뒤섞인 언어다. 불어, 독어 등은 전체 어휘수가 17만 단어 정도인데, 영어는 50만 단어가 넘는다. 온갖 지류의 물을 다 받아들인 바다와 같은 언어가 바로 영어다. 그래서 온갖 이질적 언어의 철자와 발음이 잘 맞지 않는다.
특히 Norman Conquest이후 불어가 대량 유입되면서 거친 자음이 많은 게르만어인 Old English에 모음과 묵음이 많은 프랑스어가 뒤섞이어 발음이 헷갈리게 되었다. beauty같은 삼중모음이 들어오고, design, campaign같은 [g]묵음의 단어가 유입되었다. 더구나, 바다를 건너 온 프랑스 필경사들은 영어 철자를 hus→house, cwen→queen 처럼 자기들에게 익숙한 철자로 다 바꿨다.

-둘째, 알파벳 자체가 영어 고유의 것이 아니라서 온전한 발음 표기에 부족하다. 알파벳은 그리스어에서 비롯되어 로마 라틴어 표기에 사용되다가 이후 유럽 여러 나라로 넘어왔다. 그래서 영어 발음 표기에 잘 맞지 않는 부분이 상당히 있다. 특히 모음의 경우, 영어 모음발음은 25개 정도인데 그것을 나타내는 알파벳 개수는 5개다 [a, e, i, o, u]. 그래서 하나의 모음이 여러 가지로 발음되는 게 당연하다.

-셋째, 철자는 잘 변하지 않는데 비해 발음은 지속적으로 변한다. 특히 인쇄술 발명 이후 철자는 극히 보수적으로, 발음은 혁신적으로 변했다. 물론 요즘 인터넷 상에서는 철자를 축약하거나 소리대로 철자를 쓰는 변화가 심하지만.

✓ 영어 발음 중에서 가장 헷갈리고 악명 높은 발음은 철자 **-ough**의 발음이다. 우리가 대충 아는 단어만 해도 다음과 같이 7가지 다른 발음법이 있다.

- **though**[ðou]: conj.비록…이지만, …에도 불구하고　　dough[dou]: n.가루반죽
- **tough**[tʌf]: a.질긴, 거친, 터프한　　rough[rʌf]: a.거친, 힘든, 대강의　　enough[inʌf]: a.ad.충분한, 충분히
- **cough**[kɔ:f]: vi.기침하다　n.기침, 콜록　　trough[trɔ(:)f]: n.여물통, 구유, (경기의) 바닥
- **through**[θru:]: prep. …을 통하여, …을 지나서
- **thorough**[θɔ́:rou]: a.철저한, 완전한　　thoroughly[θɔ́:rouli]: ad.완전히, 철저히
- **plough**[plau]: n.쟁기　vt.vi.갈다　　drought[draut]: n.가뭄, 고갈　　bough[bau]: n.큰 가지
- **ought**[ɔ:t]: aux.v. …해야한다, …임에 틀림없다　　bought, brought, thought도 같은 발음.

Unit 29. 준비된(par) 자에게 적절한(apt) 때에 닫혀진(clud, clos) 기회의 문이 열린다.

par [L] : 1. prepare 준비하다　2. arrange 정돈하다　◆변형 : pair, per

prepare

pre(=before)+pare(=arrange) : 미리 정돈해 두다

vt.vi.준비[대비, 각오]하다

preparation ⓝ준비, 예비, 대비, 각오

preparatory ⓐ준비[예비]의, 서론의

Discovery is an accident which a **prepared** mind encounters.
발견은 준비된 자에게 맞닥뜨리는 우연이다.

We have been busy **preparing** for the party.
우리는 파티 준비하느라 바빴다.

You can't pass the exam without careful **preparation**.
세심한 준비 없이는 시험에 합격할 수 없다.

repair

re(=again)+pair(=arrange) : 다시 가지런하게 갖추다

vt.1.수선[수리]하다(mend)　2.정정[교정]하다　3.보상[배상]하다　n.수선, 수리, 보수

How much will it cost to **repair** this car?
이 차 수리비가 어느 정도 될까요?

If a man does not make new acquaintances as he advances through life, he will soon find himself left alone. A man should keep his friendship in constant **repair**.
만약 사람이 인생을 살면서 새 친구를 사귀지 않으면, 곧 홀로 남게 됨을 알 것이다. 우정도 끊임없이 보수해야 하다.
- James Boswell

separate

se(=apart)+par(=prepare)+ate(동·접) : 나누어 준비하다

vt.1.분리하다, 가르다, 떼어놓다　2.구별[식별]하다
vi.1.분리되다, 갈라지다　2.탈퇴[이탈]하다　a.갈라진, 분리된, 개별적인

separation ⓝ1.분리, 분할, 구분　2.별거, 이별, 이직

inseparable ⓐ분리할 수 없는, 불가분의(inextricable)

We need to **separate** brutal criminals from society.
흉악범은 사회로부터 격리되어야 한다

The personality difference led to the couple's **separation**.
성격 차이가 부부의 별거를 초래했다.

disparate[dísparit]

dis(=away)+parate(=prepared) : 저 멀리 마련된

a.이질적인, 이종의, 전혀 다른　토플, SAT

Globalization enables people of **disparate** backgrounds to interact and perform business.
세계화로 인해 전혀 다른 배경의 사람들이 서로 교류하며 업무를 수행할 수 있게 되었다.

apparatus

ap(=ad:to)+parat(=prepared, pp형)+us(어미) : ~을 위해 준비된 것

n.1.(한 벌의) 기구, 기계, 장치(equipment, device)　2.조직, 기구, 기관

The university hospital purchased high-priced experimental **apparatus** to enhance its research power.
그 대학병원은 연구능력 향상를 위해 고가의 실험기구들을 구입했다.

apparel
ap(=ad:to)+
par(=prepare)+el(어미)
: (외출 시) 준비하는 것

n.의류, 의복, 의상
This brand is well known for woman's **apparel**.
이 브랜드는 여성복으로 잘 알려져 있다.

imperative
im(=in)+perat
(=prepared, pp형)+
ive(형·접) : 내적으로 준비된

a.1.긴급[긴요]한, 필수적인, 피할 수 없는 2.명령적인, 단호한 3.명령법[형]의
n.명령, 책무, 〈문법〉명령법[형] 국회8
It is **imperative** that he (should) take a rest and build up physical strength during the offseason.
비시즌 동안 휴식을 취하고 체력을 강화하는 것은 그에게 필수적이다.

apt [L] : fit 적절[적합]한, 잘 맞는 ◆변형 : att
라틴어에서 불어로 유입된 후 일부 단어에서 apt가 att로 철자가 변화되어 영어에 들어왔다.

apt
aptus(=fit)에서 유래

a.1.적절[적당]한(suitable, appropriate) 2.~하기 쉬운(liable), ~의 경향이 있는
When old, we are **apt** to become conservative.
나이가 들면 보수적으로 되는 경향이 있다.
☞be **apt** to+[v]: ~하기 쉽다, ~하는 경향이 있다(=tend to+[v], be inclined to+[v])

aptitude
apti(=fit)+tude(명·접)
: 어떤 것에 잘 맞음

n.소질, 적성, 재능 토익
She doesn't have an **aptitude** for mathematics, especially no sense of space.
그녀는 수학에 소질이 없다. 특히 공간감각이 전혀 없다.
***aptitude** test: 적성검사

adapt
ad(=to)+apt(=fit)
: ~에 맞게 하다

vi.1.(~ to)맞추다, 적응[순응]하다 vt.1.적응[순응]시키다(adjust) 2.각색[개작, 번안]하다
토익, 편입

adaptation ⓝ1.적응, 순응, 적합 2.각색, 개작
Nowadays it's hard for individuals to **adapt** to rapid changes in technology.
요즘에는 개인들이 급격한 기술의 변화에 적응하기 힘들다.
The popular musical runs until the end of this year, and is **adapted** from the much loved classic novel by Victor Hugo.
그 인기 뮤지컬은 년말까지 공연되는데, 그것은 많은 사랑을 받는 빅토르 위고의 고전소설을 각색한 것이다.

attitude [F]
: att(=apt, fit)+
(i)tude(명·접)
: 적절한 마음가짐

n.1.태도, 입장, 사고방식 2.자세
He felt embarrassed by her sudden change of **attitude**.
그는 갑작스런 그녀의 태도 변화에 당황했다.
Your **attitude**, not your aptitude, will determine your altitude. - Zig Ziglar
소질이 아니라 태도가 당신의 지위를 결정한다.

clud, clos [L] : shut 닫다

'clud'는 라틴어 동사의 결합형(combining) 어근이기 때문에 모두 앞에 접두사가 붙어 있다. 그리고 'clos'는 라틴어 동사(clore)의 p.p형 어근이다.

include
in(=in)+clude(=shut)
: 안에 넣고 닫다

vt.1.포함[포괄]하다(contain) 2.넣다, 끼우다 ㉺ exclude

inclusion ⓝ포함, 포괄, 산입

including prep.~을 포함하여[함께 넣어] ㉺ excluding

The price does not **include** value added tax.
부가세 미포함 가격입니다.

Monthly rent is five hundred dollars, **including** utilities.
월세는 유틸리티 포함하여 500불이다.

exclude
ex(=out)+clude(=shut)
: 밖에 두고 닫다

vt.1.제외하다, 배제[배척]하다(expel) 2.쫓아내다, 거부하다, 물리치다(reject)

exclusion ⓝ제외, 배제, 추방

exclusive ⓐ1.배타적인 2.독점적인, 특종의 3.고급의, 일류의 4.회원제의, 폐쇄적인
ⓝ독점기사, 특종 공7, 변리사

They **excluded** him from their club.
그들은 동호회에서 그를 제외시켰다.

We don't **exclude** the possibility that she is lying.
우리는 그녀의 거짓말 가능성을 배제하지 않는다.

The article is **exclusive** to this newspaper.
그 기사는 이 신문의 독점기사다.

She is wearing **exclusive** designer clothes.
그녀는 고급 디자이너 의상을 입고 있다.

conclude
con(=together)+
clude(=shut) : 다같이 닫다

vt.1.결론짓다, 끝내다 2.(조약 등을) 체결하다, 맺다 vi.말을 맺다(end), 끝나다

conclusion ⓝ1.결론, 결정, 체결 2.결말, 종결

The report **concluded** that the government should draw up a supplementary budget to boost domestic consumption.
보고서는 내수 진작을 위해 정부가 추경예산을 편성해야 한다고 결론지었다.

If all economists were laid end to end, they would not reach a **conclusion**.
모든 경제학자들을 드러눕혀 일렬로 쭉 이어보아도, 그들은 결론이라는 곳에 도달하지 못할 것이다.
- George Bernard Shaw

preclude
pre(=ahead)+clude(=shut)
: 미리 닫다

vt.1.방해하다, 가로막다, 불가능하게 하다 2.배제[제외]하다, 배척하다

Poor communication skill **precluded** him from finding a professional job.
서툰 의사소통 능력 때문에 그는 전문직종에 취업할 수 없었다.

seclude
se(=apart)+clude(=shut)
: 격리해서 닫다

vt.1.고립시키다, 차단[격리]하다 2.은둔하다

The two enjoy a **secluded** life in the remote country, even without a phone and a TV.
두 사람은 깊숙한 시골에서 전화나 TV조차 없이 은둔 생활을 즐긴다.

close[1]

[klouz]

clud의 pp형에서

vt.1.닫다, 폐쇄[정지, 차단]하다 2.끝내다, 완료하다 vi.닫히다, 폐쇄되다, 끝나다

closure ⓝ폐쇄, 마감, 종결

I can still hear a baby crying, even when I **close** my window.
창문을 닫아도 여전히 아기 울음소리가 들린다.

The **closure** of the factory made one thousand people jobless.
공장폐쇄로 1, 000명이 실직했다.

close[2]

[klous]

a.1.가까운, 밀집한, 빽빽한 2.면밀[정밀]한 3.갇힌, 닫힌 ad.접하여, 바로 곁에

Many of life's failures are people who didn't realize how **close** they were to success when they gave up. - Thomas A. Edison
인생의 많은 실패자들은 그들이 얼마나 성공에 가까이 왔는지도 모른 채 포기했다.

closet

clos(=shut)+et
(어미, 지소指小의 뜻)
: 닫힌 조그만 곳

n.벽장, 옷장, 광 a.은밀한, 비밀의, 드러나지 않은

I suspect that he is a **closet** gay.
나는 그가 드러나지 않은 동성애자가 아닌가 의심한다.

disclose

dis(=opposite)+
close(=shut) : '닫다'의 반대

vt.폭로하다, 밝히다, 드러내다(reveal) 편입 ⓑ conceal

disclosure ⓝ폭로, 발각, 탄로

Both companies did not **disclose** details of the merger.
두 회사는 합병의 세부내용은 밝히지 않았다.

enclose

en(=make)+close(=shut)
: 닫히게 만들다

vt.1.둘러[에워]싸다 2.동봉하다, 넣다

enclosure ⓝ1.둘러쌈, 울타리, 포위 2.동봉

The large garden was **enclosed** by sandstone walls for privacy.
그 넓은 정원은 프라이버시를 위해 사암 벽으로 둘러싸여 있었다.

Please **enclose** a recent photo with a copy of your ID card.
신분증 복사본과 함께 최근 사진을 동봉해 주십시오.

Unit 30. 아차차~, 표지(sign/note)를 잘못 읽고 길(via/hod)을 헤매다(err) 난관에 부딪치네(face).

sign [L] : mark 표시, 기호

sign은 애초에 소통을 위한 제스처나 손동작의 뜻에서 시작되어 '신호, 표시, 징후' 또는 '서명하다, 계약하다'와 같이 점점 추상의 정도가 더 심화된 의미로 진화 했다.

signal
sign(=mark)+al(명·접)
: 눈에 띄는 표시

n.1.신호, 시그널 2.조짐, 징후(omen) 3.계기, 도화선 a.1.신호(용)의 2.현저한, 뛰어난
vt.1.신호하다, 알리다 2.전조가 되다, 시사[암시]하다 vi.신호하다, 신호를 보내다

The rise in private education costs is a clear **signal** that the new education policies are not working.
사교육비의 증가는 새로운 교육정책이 작용을 하지 못한다는 분명한 신호다.

He **signaled** her to eat out tonight.
그는 오늘 저녁 외식하자고 그녀에게 넌지시 요청했다.

☞danger / warning / distress **signal**: 위험 / 경고 / 조난 신호

signature
signare[L](서명하다)의 pp형 명사

n.1.서명, 서명하기, 사인 2.특징

She was accused of forging her executive's **signature** on the contract.
그녀는 계약서에 임원의 서명을 위조한 혐의로 기소되었다.

signify
sign(=mark)+ify(=make, 동접) : 기호화하다, 나타내다

vt.1.나타내다, 표시[표명]하다(indicate), 의미하다(mean) 2.~의 조짐[징조]이다
vi.중요하다, 문제가 되다

significant ⓐ1.중요[중대]한 ㊥ insignificant
2.(수, 양 등이) 상당한(considerable), 현저한 3.뜻깊은, 의미심장한

significance ⓝ1.중요[중대]성(importance), 의의 2.의미, 취지 토익

His literary works vividly **signify** the combination of talent and passion.
그의 문학작품은 재능과 열정의 결합을 생생하게 나타낸다.

Advances in technology have brought **significant** changes in every corner of our society.
기술의 진보가 우리 사회 구석구석에 중대한 변화를 가져왔다.

The veteran player fully appreciated the **significance** of gaining free agency in his baseball career.
그 고참선수는 야구인생에서 자유계약선수가 되는 것이 얼마나 중요한지 아주 잘 인식했다.

design
de(=off)+sign(=mark)
: 표시하여 겉으로 드러내다

vt.1.설계[도안, 디자인]하다 2.고안하다, 만들다 3.꾀하다, 계획하다
vi.설계[입안]하다, 도안을 만들다 n.1.설계(도), 도안, 디자인 2.계획, 의도, 복안

Our society has to prepare welfare programs **designed** to help people in trouble.
우리 사회는 곤경에 처한 사람을 도울 수 있도록 설계된 복지제도를 갖춰야 한다.

Design is the fundamental soul of a human-made creation that ends up expressing itself in successive outer layers of the product or service. - Steve Jobs
디자인은 인간이 만든 창조물의 근원적인 영혼으로서, 제품이나 서비스의 연속적 외양에 마침내 자신을 표현하게 된다.

assign
as(=ad:to)+sign(=mark, point)
: 지명[지정]하다

vt.1.맡기다, 부과하다(delegate) 2.선임[임명]하다(appoint) 3.배당[할당]하다(allot) 4.양도하다 토플

assignment ⓝ1.과제, 임무, 숙제 2.할당, 임명(appointment)

New cellular phone subscribers were **assigned** the unified access code of 010 regardless of telecom company.
신규 휴대폰 가입자들에게는 통신회사와 상관없이 모두 통합번호 010번이 부여되었다.

All the students are required to hand in their **assignment** by Friday next week.
모든 학생들은 다음 주 금요일까지 과제를 제출해야 한다.

resign
re(=back)+sign(=mark)
: 물러나겠다고 서명하다

vt.1.사직[사임]하다 2.포기[단념]하다, 감수하다
vi.1.사직[사임]하다, 그만두다 2.따르다, 체념하다 경찰

resignation ⓝ1.사임, 사직(서) 2.체념, 감수

There was a ground swell of opinion that the president should **resign**.
대통령이 사임해야 한다는 여론이 고조되었다.

My friend accepted the reality with an air of **resignation**.
내 친구는 체념의 분위기로 현실을 받아 들였다.

consign
con(=together)+sign(=mark) : 함께 표시하다

vt.1.인도[회부]하다, 건네주다 2.맡기다, 위탁[위임]하다 3.탁송[운송]하다 편입

The sailors had no choice but to **consign** their bodies to the wild sea.
선원들은 거친 바다에 그들의 몸을 맡기는 수밖에 다른 도리가 없었다.

designate
design+ate(동접)
: 바깥으로 표명하다

vt.1.지정[명시]하다(denote, signify), 나타내다 2.지명[임명]하다(appoint) 편입

designation ⓝ1.지정, 지시 2.지명, 임명, 선임 3.직함, 호칭(title)

This beautiful mountain was **designated** as a National Park last year.
이 아름다운 산은 작년에 국립공원으로 지정되었다.

The present CEO is likely to be **designated** as successor to the old president.
현 대표이사가 늙은 회장님의 후계자로 지명될 것으로 보인다.

note [L] : 1. mark, sign 표시 2. know 알다

라틴어 nota에서 유래된 note는 인식의 수단으로서 '문자나 기호' 특히 '음악의 부호'란 뜻으로 쓰이다가 일반적인 '표시나 통지'의 뜻으로도 사용되었다. 근세에 와서는 점차 '알려진, 저명한'의 뜻으로 까지 의미가 확대되었다.

note
주의를 위한 표시

n.1.(짧은) 기록, 메모, 비망록 2.주석, 주해 3.음표, 악보 4.지폐
vt.1.적어 두다 2.주의[주목]하다

notion: not(=know)+ion(명·접) ⓝ관념, 생각(idea), 개념(concept), 이해

By the way, she left a **note** to say she would drop in next time.
그런데, 그녀는 다음에 들러겠다고 메모를 남겼어.

I have no **notion** of what she's talking about.
그녀가 무슨 말을 하는지 모르겠다.

denote
de(=apart)+note(=mark)
: 따로 표시하다

vt.표시[의미]하다, 나타내다

Do you think her silence **denotes** disapproval?
당신은 그녀의 침묵이 불찬성을 의미한다고 생각합니까?

notable
not(=mark)+able(형·접)
: 표시해 둘 만한

a.주목할 만한(remarkable), 두드러진, 뛰어난, 유명한　　n.명망가, 명사

The girl's nose is her most **notable** feature.
그 소녀의 코가 이목구비 중에서 가장 두드러진다.

notice
not(=known)+ice(명·접)
: 알려짐(being known)

n.1.통지, 통보　2.주의, 주목　3.고시, 게시
vt.1.주의[주목]하다　2.알아채다, 눈치채다　3.통지[통고]하다　토익

noticeable　ⓐ뚜렷한, 현저한, 눈에띄는

The court gave the defendant fair **notice** to prepare a defense.
법원은 피고가 답변을 준비할 수 있게 공정한 통지를 해주었다.

It came to my **notice** that she had been dating a friend of mine.
나는 그녀가 내 친구와 연애하고 있다는 사실을 눈치챘다.

I **noticed** him coming in. 나는 그가 들어오는 것을 알아챘다.

notify
not(=know)+
(i)fy(동·접, make)
: 알게 하다(make known)

vt통지[통보]하다, 알리다　공9

notification　ⓝ통지, 통고, 공고

The company will **notify** you of the result by email.
회사는 결과를 당신에게 이메일로 통보할 것이다.

Please **notify** all staff that the big buyers will be here tomorrow.
빅 바이어들이 내일 여기 온다고 모든 직원에게 알려주시오.

notorious
not(known)+ori+ous(형·접)

a.잘 알려진(well known), 유명한(famous), 악명 높은(infamous)　경찰

The town used to be **notorious** for its bad security.
그 도시는 한때 치안이 엉망인 걸로 악명이 높았다.

notarize
notary(공증인)+ize(동·접)

vt.(공증인이) 증명하다, (문서를) 공증하다, 공증받다

notary　ⓝ공증인

This contract should be signed and **notarized**. 이 계약은 서명하고 공증받아야 된다.

connotation
con(=together)+
nota(=mark)+tion(명·접)
: 함께 표시를 함

n.함축(된 의미), 언외言外의 의미, <논리>내포　㉸ denotation: 명시적 의미, 외연

I refer to a dictionary to understand the definition of words, both their **connotation** and **denotation**.
나는 단어들의 함축적 의미와 명시적 의미를 이해하기 위해 사전을 참조한다.

via [L] : way, road 길　　◆변형 : vi, vey, voy

via는 불어에 유입되어 vi, vey, voy 같은 여러 변형어근을 만들었다.

via
:길(way)

prep.1.~을 경유하여, ~을 거쳐(=by way of) 2.~을 통해서, ~에 의하여(=by means of)

I went to Rome **via** Paris. 나는 파리를 경유하여 로마로 갔다.

Please send your report **via** email as soon as possible.
이메일로 당신 리포트를 가능한 빨리 보내세요.

previous
pre(=before)+vi(=way)+ous(형접) : 앞서 길을 간

a.앞의, 이전의(prior), 사전의

To our surprise, an unknown young athlete smashed the **previous** highest record.
놀랍게도 한 무명의 젊은 선수가 종전의 최고기록을 깨버렸다.

obvious
ob(=toward)+vi(=way)+ous(형접) : 길로 향하는

a.1.명백한, 분명한(clear, apparent) ㉤ obscure, ambiguous 2.뻔한, 노골적인

It was not long the answer appeared glaringly **obvious** to the common people.
이윽고 그 해답은 일반인들에게 불을 보듯 명백하게 나타났다.

trivial
tri(=three)+vi(=way)+al(형접) : 세 길이 만나는 i.e. 아주 흔한

a.하찮은, 사소한, 진부한(frivolous, insignificant) n.(보통 pl.)하찮은 일 변리사, 편입

Why are you so angry at such a **trivial** matter?
왜 그렇게 사소한 일에 그렇게 화를 내니?

deviate
de(=off)+vi(=way)+ate(동접) : 길에서 벗어나다

vi.빗나가다, 벗어나다, 일탈하다 vt.벗어나게 하다, 일탈시키다 공7, 토플

deviation
ⓝ1.탈선, 일탈, 편향 2.편차(값)

The liberal's contentions are often unusual and **deviate** from the commonly accepted values. 그 진보주의자의 주장은 종종 특이하고 일반적으로 용인되는 가치에서 빗나간다.

I sometimes want to **deviate** from my routine. 나는 가끔은 일상에서 벗어나고 싶다.

The standard **deviation** is a commonly used measure for statistical dispersion.
표준편차는 통계적 분산를 알기 위해 흔히 이용되는 측정 방법이다.

convey
con(=together)+vey(=way) : 함께 길을 가다

vt.1.나르다, 운반하다(transport) 2.전달하다(communicate), 알리다, 양도하다

How could such a normal song **convey** a feeling so gloomy and desolate?
어떻게 그런 평범한 노래가 그토록 우울하고 적막한 감정을 전달할 수 있을까?

convoy
con(=together)+voy(=road)

vt.호송[호위]하다(escort, accompany) n.호위, 호송, 호위선[함, 대]

The messenger was sent under **convoy**. 전령은 호위되어 보내졌다.

envoy
en(=on)+voy(=way) : 길을 나선 사자使者

n.사절, 특사

U.S. sent a senior **envoy** to Seoul before the summit talk.
미국은 정상회담에 앞서 고위급 특사를 서울로 파견했다.

voyage
voy(=way)+age(명접) : 길을 가는 것

n.항해, (긴)여행, 탐험 vi.vt.항해[여행]하다

The couple took a **voyage** around the Mediterranean for their honeymoon.
그 커플은 신혼여행으로 지중해를 일주했다.

hod, od [Gk] : way, road 길

길을 뜻하는 그리스어 hodos에서 나온 어근으로 주로 과학용어로 전이되어 많이 쓰인다.

exodus
ex(=out)+od(=way)+us(어미) : 길 밖으로 나가다

n.1.출국, 이주, 탈출 2.〈성서〉출애굽기

A mass **exodus** toward hometown has started in time for the national holiday.
명절을 맞이하여 고향으로 향하는 대이동이 드디어 시작되었다.

episode
epi(s)(=in adition)+od(e)(=way)
: 덧붙여져 길로 들어옴

n.삽화, 에피소드

I want to tell you a special **episode** that happened during filming.
촬영 중에 일어난 특별한 에피소드에 대해 너에게 말해주고 싶다.

period
peri(=around)+od(=way)
: 길을 한 바퀴 돌기

n.1.기간, 주기, 시대 2.끝, 종결, 마침표

periodic ⓐ주기적인, 정기[정시]의, 간헐적인, 시대의

periodical ⓝ정기간행물 ⓐ정기의, 정기 간행의

He goes through a difficult **period** after job loss.
그는 실직 후 어려운 시기를 보내고 있다.

This library has a variety of **periodicals**.
이 도서관에는 다양한 정기간행물들이 있다.

Our chairman takes **periodical** examination of health after his liver operation.
우리 회장님은 간 수술을 한 이후에는 정기적으로 건강검진을 받는다.

method
met(a)(=follow)+hod(=way) : 길을 따라 감

n.1.방법, 방식 2.순서, 체계, 질서

methodical ⓐ1.체계적[조직적]인 2. 꼼꼼한 토플

methodology ⓝ1.방법론, 방안 2. 순서, 절차

The doctor has developed a new surgery **method** for lung cancer.
그 의사는 폐암에 대한 새로운 수술법을 개발했다.

She was so **methodical** that she didn't leave any evidence at the scene.
그녀는 아주 조직적이어서 현장에 어떠한 증거도 남기지 않았다.

odometer
odo(=road)+meter(=measure)
: 길을 측정함

n.(자동차의) 주행기록계

The travel distance was obtained from the **odometer**.
이동거리는 주행기록계에서 채취되었다.

electrode
electro(전기)+ode(=way)
: 전기가 가는 길

n.전극, 전극봉

diode di(=two)+ode(=way): 양극, 음극의 두 길 n.다이오드

cathode cath(=down)+ode(=way): 전류를 아래로 방출시킴 n.캐소드, 음극

err [L] : 1.wander 헤매다 2. stray 벗어나다, 길을 잃다

error
err(=wander)+or(명접)
: 헤맴, 길을 잃음

n.실수, 잘못, 에러(blunder, mistake) 토익

erroneous ⓐ잘못된, 틀린(wrong, incorrect)

He has become a specialist in old painting through trial and **error**.
그는 시행착오를 거쳐 고미술전문가가 되었다.

I believe that her plan is based on an **erroneous** assumption.
난 그녀의 계획이 잘못된 가정에 근거를 두고 있다고 믿는다.

errant
err(=stray)+ant(형접)
: 정도에서 벗어난

a.1.잘못된, 방황하는 2.바람 피우는, 딴 짓을 하는

The competent professional woman brought a divorce suit against her **errant** husband. 그 유능한 전문직 여성은 바람 난 남편을 상대로 이혼소송을 제기했다.

erratic
err(a)(=wander)+tic(형접)
: 벗어나 헤매는

a.1.불규칙한, 변덕스러운(capricious) 2.별난, 괴짜의(eccentric) 고시

His **erratic** work patterns make his colleagues harder.
그의 변덕스런 업무 방식이 동료들을 더 힘드게 만든다.

aberrant
ab(=away)+err(=stray)+ant(형접) : 멀리 벗어난

a.1.정도[상궤]를 벗어난, 일탈적인 (deviant) 2.비정상의(abnormal), 엉뚱한
n.괴짜, 기인 SAT, 편입

There's nothing that could explain his **aberrant** fascination with observing stars.
천체 관찰에 대한 그의 정도를 벗어난 집착에 대해 설명할 수 있는 것이 전혀 없다.

face [L] : 1. face 얼굴, appearance겉면 2. confront 부딪치다, 직면하다

face
: '~을 향해 얼굴을 돌리다'의 뜻에서

vt.직면[직시]하다, 맞서다, 마주치다 vi.~쪽을 향하다, ~에 면하다 n.얼굴, 외관

Now I'm **faced** with a tough decision that has to be made prudently.
지금 나는 신중하게 처리해야 할 힘든 결정과 마주하고 있다.

facet [fǽsit]
face(겉면)+t

n.1.일면, 측면, 양상(aspect, phase) 2.(보석 등의) 자른 면 고시, 편입

Humility is just one **facet** of his virtues as a star entertainer.
겸손은 스타 연예인으로서 그가 가진 미덕의 단지 한 면에 불과하다.

deface
de(off, remove)+face
: 겉면을 손상하다

vt.외관을 훼손하다, 표면을 더럽히다, 흠내다

The old seal has been **defaced** considerably.
오래된 도장 표면이 상당히 마모되었다.

efface
ef(=ex:out)+face
: 표면을 없애다

vt.지우다, 없애다, 말소[삭제]하다(erase, obliterate) 편입, SAT

The bitter memories were slowly **effaced** from her mind.
쓰라린 기억이 그녀의 마음에서 서서히 없어졌다.

surface

sur(=above)+face

n.1.표면, 외관 2.지면, 수면 vi.표면화되다, 드러나다

Neil Armstrong is the first man to stamp footprints on the moon's **surface**.

닐 암스트롱은 달 표면에 발자국을 찍은 최초의 인간이다.

superficial

super(=above)+ficial(표면의)

a.1.외면[외견]상의, 표면의 2.피상적인(perfunctory), 알팍한, 깊이없는(shallow) 편입, 토플

㉥ profound

On the Internet we can form **superficial** relationships with anyone in the world.

인터넷 상에서 우리는 세계의 누구와도 피상적인 관계를 맺을 수 있다.

Review Test 10

a. aptitude	b. disparate	c. facet	d. gratitude
e. erratic	f. drought	g. mirage	h. trivial

◆ **From the box above, choose the word that corresponds to each definition below.**

1 a long period of time during which no rain falls

2 of little value or importance

3 a feeling of thankfulness or appreciation, as for gifts or favors

4 an unrealistic hope or wish that cannot be achieved

5 clearly different from each other in quality or type

6 changeable or irregular in movement or behavior

7 talent or ability to learn something quickly and to do it well

8 a particular aspect or feature of something

◆ **Choose the one that is closest in meaning to the highlighted word in each sentence.**

9 She sometimes takes a trip to **deviate** from her routine. 공7

① segregate ② disappear ③ start ④ release ⑤ become free

10 It can provoke **aberrant** behavior on the part of both parents and children when emotional resources to deal with aberrance are completely drained. 편입

① perspicuous ② prevalent ③ deviant ④ pugnacious ⑤ punctual

11 Some **obvious** use of power to obtain sex is a kind of sexual harassment.

① superior ② stupid ③ worthless ④ apparent ⑤ unfair

12 The **notorious** rapist was finally captured and confined to jail. 경찰9

① innocent ② infamous ③ passive ④ marvelous

13 The scars of battle were slowly **effaced** as peace came about. 변리사

① effective ② wiped off ③ groped ④ stashed ⑤ spread

14 The British colonists found it almost impossible to **adapt** themselves to the climate.

① accommodate ② adjourn ③ explore ④ alter ⑤ mutate

15 It is **imperative** for us to develop automobiles that will need no driver.

① compulsory ② challenging ③ ambitious ④ lucrative ⑤ vitally important

16 An **inordinate** percentage of calories derived from fat is the number one cause of heart disease.

① tremendous ② surplus ③ excessive ④ appropriate ⑤ moderate

◆ **Fill in the blank with the proper verb that will best complete the meaning of each sentence.**

① admire ② assigned ③ disclose ④ coordinate ⑤ gratified ⑥ congratulated

17 She changed her hairstyle to _______ with the designer dress.

18 We all ______ him on getting a stable job.

19 I _______ our group's chairman because he knows the time to step down.

20 A new prosecutor was _______ to the politician's bribery case.

21 She was very _______ to hear the news that she had passed the exam.

22 The tax authorities were reluctant to _______ her name to the press.

Unit 31.

잘못되어(fals) 바닥에 떨어져도(cas/lapse) 생각만큼 깊지 않으니
두려움(terr/horr)을 딛고 힘차게(fort) 올라가자(scend).

fals [L] : 1. deceive 속이다 2. wrong 잘못된 ◆변형 : faul, falt, fall

false
'속이는(deceptive)'의 뜻에서

a.1.잘못된, 틀린(wrong) 2.거짓[허위, 가짜]의(untrue, fake)

falsehood ⓝ거짓말, 허위 ⓑ truth

There is lots of **false** information on the Internet.
인터넷에는 잘못된 정보가 많다.

The opposition party interpreted the verdict to its own advantage as victory of truth over **falsehood**.
야당은 그 판결을 거짓에 대한 진실의 승리라고 아전인수식으로 해석했다.

falsify
fals(=wrong)+ify(make)
: 잘못되게 만들다

vt.위조하다(forge), 조작[왜곡]하다, 속이다 공7

He dared to **falsify** the documents to protect himself from dismissal.
그는 해고당하지 않기 위해 감히 서류를 조작했다.

fault
fault(=deceived, pp형)
: 속임을 당함

n.1.결점, 결함(defect), 흠(flaw) 2.과실, 잘못

faulty ⓐ결점있는, 불완전한, 그릇된

faultless ⓐ결점[과실]없는(impeccable), 완벽한(perfect)

The chief engineer detected an electrical **fault** in the medical device.
수석 엔지니어가 의료장비에서 전기적 결함을 찾아냈다.

The company made a bold decision to recall all the **faulty** smartphones.
그 회사는 결함있는 모든 스마트폰은 회수하기로 과감하게 결정했다.

default
de(=down from)+fault
: 잘못에 빠짐

n.1.채무 불이행, 디폴트, 부도 2.태만, 결석
vi.vt. (채무, 의무를) 이행하지 않다, (시합, 재판에) 나오지 않다 토익

The businessman forfeited all his assets due to his **default**.
그 사업가는 채무불이행으로 전 재산을 몰수당했다.

falter
falt(=fault,wrong)+er(어미)
: 잘못 말함

vi.1.말을 더듬다,우물거리다(stammer) 2.비틀[머뭇]거리다(stumble),흔들리다

The man often **falters** when he is asked questions about his educational background.
그 사람은 자신의 학력에 관해 질문을 받으면 종종 더듬거린다.

fallacy
fall(=wrong)+(a)cy(명·접)
: 잘못됨

n.오류, 착오, 허위

fallacious ⓐ그릇된, 허위의, 불합리한 공9

fallible ⓐ틀리기[그르치기] 쉬운

It is a popular **fallacy** that women are not better at driving than men.
여자가 남자보다 운전을 못한다는 생각은 흔히 있는 오류다.

His idea was an entirely **fallacious** argument, with little factual support.
그의 견해는 사실의 뒷받침이 거의 안 되는 전적으로 그릇된 주장이었다.

cas, cad [L] : 1.fall 떨어지다 2.happen 일어나다 ◆변형 : cid, cay

'떨어지다, 일어나다'라는 뜻의 라틴어 동사(cadere)에서 나온 어근 cad의 p.p형 어근이 cas이고, 복합어를 만드는 연결형 어근이 cid이다. 그리고 불어에서 영어로 넘어온 이후 특정 단어에서 어근 cad가 cay로 철자변화 되었다.

casual
cas(=happen)+al(형·접)
: 우연히 일어난

a.1.우연의, 우발적인, 뜻밖의(accidental) 2.무관심한, 되는 대로의
3.평상복의, 캐주얼의, 약식의(informal) n.(주로 pl.)평상복, 캐주얼

casually ⓐⓓ1.우연히, 무심코 2.임시로, 약식으로

She had no choice but to pretend that it was a **casual** meeting.
그녀는 그것이 우발적인 만남인 것처럼 가장할 수밖에 없었다.
Everything might appear normal to the **casual** observer.
무심한 관찰자에게는 모든 것이 정상적으로 보일 것이다.
You look better in **casual** clothes than formal ones. 넌 정장보다 평상복이 더 잘 어울린다.

casualty
casual+ty(명·접)
: 우연히 일어나 닥침

n.1.사상[희생, 피해]자 2.(불의의) 재난, 사고, 참사, 손실 3.재해, 상해, 사상死傷 4.응급실 토플

Casualties from the train crash were rushed to a nearby hospital.
열차 충돌사고의 사상자들이 인근 병원으로 급히 실려 갔다.

occasion
oc(=ob:toward)+
cas(=happen)+ion(명·접)
: 갑자기 일어나는 일

n.1.(특별한) 경우, 때 2.특별한 일[행사, 의식] 3.기회, 호기

occasional ⓐ1.가끔 일어나는, 때때로의 2.예비의, 임시의

She has saved her best dress for the special **occasion**.
그녀는 특별한 경우에 대비해 가장 좋은 옷을 남겨 두었다.
I take an **occasional** business trip to France. 나는 가끔 프랑스로 출장 간다.

cadence
cad(=fall)+ence(명·접)
: (리듬의) 하락, 떨어짐

n.억양, 운율, 리듬

She recognized the Irish **cadences** in his voice.
그녀는 그의 말소리에서 아일랜드 식 억양을 알아봤다.

decadent [F]
: de(=down)+
cad(=fall)+ent(형·접)
: 아래로 떨어지는

a.1.타락한, 퇴폐적인 2.퇴폐기의, 데카당파의

decadence ⓝ타락, 퇴폐, 쇠퇴

His **decadent** lifestyle caused him to die young.
그는 타락한 생활방식으로 인해 젊어서 죽었다.
Decadence among the leadership led to the downfall of the Roman Empire.
지도층의 타락은 로마제국의 몰락을 초래했다.

accident
ac(=ad:to)+cid(=fall)+
ent(명·접)
: ~에게 우연히 떨어짐

n.1.사고, 재난 2.우연, 우연한[뜻밖의] 일

accidental ⓐ1.우연한, 뜻밖의 2. 부수적인

Traffic **accident** is increasing every year. 교통사고가 매년 증가하고 있다.
While changing planes at an airport, I met an old friend by **accident**.
공항에서 비행기를 갈아타면서 우연히 옛날 친구를 만났다.

incident
in(=upon)+cid(=fall)
+ent(명·접)
: ~위에 (갑자기) 떨어짐

n.1.사건, 부수적[우발적] 사건 2.부대조건 a.일어나기 쉬운, 흔히 있는, 부수적인

incidental ⓐ부수하여[우연히] 일어나는, 부차적인

incidence ⓝ발생[발병]률, 발생

The **incident** is driving me into a corner.
그 사건이 나를 궁지에 몰아넣고 있다.

I chose the adventurous job rather than a stable one like a medical doctor because in my view, money is just **incidental** to the vision.
나는 의사 같은 안정적 직업보다 그 모험적 직업을 택했는데, 내 관점으론 돈은 비전에 비해 단지 부수적이기 때문이다.

coincide
co(=with)+in(=upon)+
cide(=fall)
: ~위에서 함께 떨어짐. 동시에 일어남

vi.(~with) 동시에 일어나다, 일치[부합]하다(fall in with), 서로 맞다 토플

coincidence ⓝ1.일치, 부합 2.동시에 일어남, 동시 발생 국회8

coincident ⓐ일치[부합]하는, 동시에 일어나는

Her statement doesn't **coincide** with the facts. 그녀의 진술은 사실과 부합되지 않는다.

Thanks to the **coincidence** of interests, the two partners agreed to make a joint venture.
이해관계의 일치로 양측은 합작회사를 만드는데 합의했다.

decay
de(=down)+cay(=fall)
: 아래로 내려앉다

vi.부패[쇠퇴]하다, 썩다, 삭다 n.부패, 부식, 쇠퇴

Sweets are full of sugar that makes our teeth **decay**.
사탕은 치아를 썩게 하는 설탕으로 가득 차 있다.

lapse [L] : 1.fall 떨어지다 2.slip 미끄러지다

lapse
: '미끄러지다'(slip)의 뜻에서

n.1.(시간의) 경과,추이 2.작은 실수,깜박함 3.일탈,탈선
vi.1.하락[쇠퇴]하다,~에 빠지다 2.실효[소멸]되다 3.(시간이) 경과하다 토익, 편입

After a **lapse** of three months they met up again to talk about their children.
세 달이 지난 후 그들은 아이들 문제로 다시 만났다.

Let us not **lapse** into accusing each other emotionally.
감정적으로 서로 비난하는 쪽으로는 빠져들지 맙시다.

collapse
col(=together)+
lapse(=fall)
: 함께 떨어지다

vi.1.붕괴하다, 무너지다 2.좌절[결렬]되다, 실패하다 3.(가치가) 폭락하다 4.쓰러지다, 주저앉다
vt.붕괴[좌절]시키다, 무너뜨리다 토익, 회계사
n.1.붕괴, 와해, 좌절 2.쇠약, 허탈

The whole bridge is about to **collapse** by a heavy flood.
큰 홍수로 다리 전체가 무너지려 한다.

The banking system was on the verge of **collapse** due to the financial crisis.
금융 위기로 은행시스템이 붕괴 직전에 있었다.

elapse
e(=ex:away)+lapse(=slip)
: 멀리 미끄러져 가다

vi.(시간이) 경과하다,지나다 n.시간의 경과[추이] 편입

Three years have **elapsed** since the refugees left their homeland.
그 난민들이 조국 땅을 떠나온지 삼 년이 지났다.

relapse
re(=back)+lapse(=slip)
: 도로 미끄러져 가다

vi.1.(이전 상태로) 되돌아 가다, 다시 빠지다 2.(병이) 재발하다 n.1.되돌아 감, 퇴보 2.(병의) 재발, 악화 편입

One month after leaving the hospital my friend **relapsed** into an alcoholic state.
병원에서 퇴원한 지 한 달만에 친구는 이전의 알코올 중독 상태로 되돌아 갔다.

terr, ter [L] : 1. frighten 두렵게 하다, 겁주다 2. fear, dread 두려움

terr는 원래 '두려움의 대상'(object of fear)이나 '불안의 원인'(cause of alarm)이란 뜻으로 사용되기 시작했다.

terror
terr(=frighten)+or(명·접)
: 두렵게 하는 것

n.1.공포, 두려움, 무서움 2.테러, 테러집단[계획]

terrorist ⓝ테러리스트, 테러범 **terrorism** ⓝ테러리즘, 테러행위[수단]

When the tragic **terror** happened, a wave of panic covered the whole country.
그 비극적인 테러가 발생했을 때 공포의 물결이 온 나라를 뒤덮었다.

North Korea has started cyber **terror** against our government.
북한이 우리 정부를 향해 사이버 테러에 착수했다.

911 **terrorism** caused total chaos over the whole U.S.
911테러는 전 미국에 큰 혼란을 초래했다.

terrible
terr(=frighten)+ible(형·접)
: 두렵게 하는

a.1.무서운, 가공할 2.가혹[혹독, 지독]한, 호된, 엄한 3.형편[터무니]없는

terribly ⓐⓓ몹시(extremely), 대단히

You are good at English, but **terrible** at math. 넌 영어는 잘 하는데 수학은 형편없다.
I miss her **terribly**. 나는 그녀가 몹시 그립다.

terrify
terr(=frighten)+
(i)fy(=make, 동·접)

vt.겁나게[무섭게] 하다(scare), 위협하여~시키다

Her husband **terrified** her into making a false statement about the affair.
그녀의 남편이 그 문제에 대해 그녀가 허위진술을 하도록 위협했다.

terrific
terr(=frighten)+(i)fic(형·접)
: 두렵게 만드는

a.1.뛰어난(excellent), 훌륭한, 엄청난, 아주 멋진 2.무서운 편입

It sounds like you have a **terrific** collection of art.
정말 엄청난 미술품을 소장하고 계신 것 같네요.

deter
de(=away)+ter(=frighten)
: 겁을 주어 막다

vt.1.(~ from)단념시키다, 그만두게 하다(discourage, dissuade) 2.막다, 저지하다(prevent, interrupt) 공7

deterrence ⓝ1.억제, 저지 2.전쟁 억제력

deterrent ⓐ방해하는, 제지하는 ⓝ1.제지, 방해 2.<군사>억지력, 방해물 공9

Rapid obesity **deterred** him to some extent from enjoying soft drinks.
급격한 비만이 탄산음료 즐기는 것을 그로부터 어느 정도 단념시켰다.

The drill's aim is to show strong **deterrence** against the enemy's latent provocations.
훈련의 목적은 적의 잠재적 도발에 대해 강한 억제력을 보여주기 위한 것이다.

Such economic sanctions have had a **deterrent** effect so far.
그러한 경제 제재는 지금까지는 억제효과를 보여주고 있다.

horr [L] : 1. dread, fright 공포 2. shudder 떨다, 몸서리치다

horr는 머리카락이나 털이 '곤두서다'(bristle) 또는 '혐오감'(feeling of disgust)이라는 뜻에서부터 의미가 진화되기 시작했다.

horror
horr(=dread)+or(명·접)

n.1.공포, 경악, 전율 2.혐오, 질색, 강한 반감 3.참사 4.공포물

horrible ⓐ1.끔찍한, 무서운(hideous) 2.몹시 싫은, 지긋지긋한 3.불쾌한, 비참한

The sight thrilled me with **horror**.
그 광경을 보고 나는 공포감으로 전율했다.

It is **horrible** to be bullied at school.
학교에서 왕따당하는 것은 끔찍한 일이다.

horrid
horr(=dread)+id(형·접)

a.1.징글맞은, 진저리나는(abominable) 2.무시무시한(frightful)

I had a **horrid** time during the final exam.
기말시험 기간 동안 진저리나는 시간을 보냈다.

horrify
horr(=dread)+ify(동·접)
: 무서움을 느끼게 하다

vt.오싹하게[소름끼치게] 하다, 무서워 떨게하다

Pedestrians were **horrified** to see bloodstains on the sidewalk.
행인들은 보도 위의 핏자국을 보고 소름이 끼쳤다.

abhor
ab(=away from)+
hor(=shudder)
: 떨어져 몸서리치다

vt.1.몹시 싫어하다, 질색하다(loathe) 2.혐오[증오]하다(detest) 공9

abhorrent ⓐ1.질색인, 혐오스러운 2.동떨어진, 상반되는

I **abhor** extremism, whether it is left or right.
나는 좌든 우든 극단주의는 혐오한다.

The thought of meeting him again is **abhorrent** to her.
그를 다시 만난다는 생각만해도 그녀에겐 진저리가 난다.

Tip

영어에는 시각 관련 단어가 제일 많다고 unit.13에서 언급했는데, '두려움, 공포'를 뜻하는 단어들도 아래에서 보듯 무척 많다. 인간의 생존과 위해危害에 직결되기 때문이다.

1. Old English에서는 fear, dread, fright, scare, shudder이 살아남아 다양하게 사용되고
2. Latin에서는 위의 terror, horror 외에 formid, timid, dire, appall이 왔으며
3. Greek에서는 신화에서 온 pan과 주로 심리용어에 쓰이는 phobia가 왔다.
   이 중에서 다음 단어들이 현재 많이 사용되고 있다.

dread ⓝ공포, 불안 ⓥⓣ무서워[두려워]하다 토플 **dreadful** ⓐ무서운, 두려운 편입
scare ⓥⓣ겁주다, 놀라게 하다 ⓥⓘ겁먹다 ⓝ불안, 공포 **scared** ⓐ겁먹은, 무서워하는
shudder ⓥⓘ몸서리치다, 전율하다 ⓝ몸서리, 전율 편입

formidable ⓐ1.가공할, 무서운 2.(일,경기 등이) 만만치 않은, 어려운 편입, 토플
intimidate ⓥⓣ1.겁주다, 위협하다(threaten) 공9, SAT **intimidation** ⓝ협박, 위협(menace)
dire[daiər] ⓐ1.몹시 나쁜(extremely bad), 끔찍한(terrible) 2.절박한, 극심한(urgent)
appalling: ap(=ad)+pal(=pale,창백한)+ling → ⓐ1.소름끼치는, 오싹해는 2.지독한, 형편없는

panic ⓝ극심한 공포, 공황 ⓥⓘ공황에 빠지다
phobia ⓝ공포증 acrophobia 고소공포증 agoraphobia 광장공포증

fort, forc [L] : 1.strong 강한　2.strength, power 힘

fort
fortis [L](=strong)에서 유래

n.성채, 요새, 진지

fortress [F] ⓝ요새지, 성채도시

There remain traces of an ancient **fort** on the summit.
산꼭대기에는 고대 성채의 흔적이 남아 있다.

fortify
fort(=strong)+
ify(동·접, make)
: 강하게 만들다

vt.요새화하다, 강화하다, 확고히 하다

She **fortified** her argument with precedents.
그녀는 전례를 들어 자신의 주장을 강화했다.

fortitude
fort(=strong)
+(i)tude(명·접) : 강인함

n.끗끗함, 의연함, 불굴의 용기 공9

The revolutionary leader didn't lose **fortitude** even at the moment of death.
그 혁명의 지도자는 죽음의 순간에도 의연함을 잃지 않았다.

effort
ef(=ex:out)+
fort(=strength)
: 바깥으로 힘을 냄

n.노력, 수고, 분투

Her son, a high school senior, is making every **effort** to raise his grades.
고교 3학년인 그녀의 아들은 성적을 올리기 위해 위해 온갖 노력을 기울이고 있다.

comfort
com(강조, intensive)+
fort(=strong)
: 아주 강하게 함

n.1.위로, 위안　2.편안함, 안락　vt.편하게 하다, 위로[위안]하다(console)

comfortable ⓐ편안한, 안락한, 기분 좋은

His family was a great **comfort** to him when he was ill for long.
그가 오랫 동안 아플 때 가족이 큰 위로가 되었다.
Mom embraced her little son and **comforted** him.
엄마는 어린 아들을 껴안고 달래주었다.
He is a **comfortable** friend to talk with.　그는 대화를 나눌 수 있는 편안한 친구다.

force [F]
: 힘, 강압(compulsion)의 뜻에서

n.1.힘, 영향력, 지배력　2.폭력(violence), 강압　3.무력, 병력, 군대
vt.억지로~하게 하다, 강요하다

forceful ⓐ힘찬, 강력한

Several liberals were the driving **force** behind launching the new party.
몇몇 진보인사들이 신당의 창당에 주도적 역할을 했다.

enforce
en(=use)+
force(=strength)
: 힘을 쓰다

vt.1.집행[실행]하다　2.억지로 시키다, 강요하다(compel) 편입

enforcement ⓝ집행, 실행, 강제

There are not enough policemen, not enough jails, to **enforce** a law not supported by the people.
국민이 지지하지 않는 법률을 집행하려면 아무리 많은 경찰도, 아무리 많은 감옥도 충분치 않다.

reinforce
re(=again)+in(=into)+force
: 다시 안으로 힘을 넣다

vt.강화[증강, 보강]하다(bolster) 편입

reinforcement ⓝ보강, 강화, 증강, 증원

The movie **reinforces** the idea that women should be treated equally.
그 영화는 여성들이 평등하게 대우받아야 한다는 생각을 강화시켜 준다.

scend [L] : climb, rise 오르다 ◆변형: scal

변화형 scal은 'ladder 사다리, step 단계'를 뜻하는 라틴어 scala에서 유래되었다.

ascend
a(=ad:to) +scend(=climb)
: ~을 향해 오르다

vi.오르다, 올라가다, 승진[승격]하다 vt. 오르다, 올라가다

ascent ⓝ상승, 향상, 승진, 오르막(길)

A salmon **ascends** against a river. 연어는 강을 거슬러 올라간다.
Napoleon made a rapid **ascent** to the position of power.
나폴레옹은 권력의 자리에 빠르게 올라갔다.

descend
de(=opposite)+scend
: 아래로 내려가다

vi.1.내려가다[오다], 감소하다 2.전해지다 3.타락하다 vt.내려가다[오다], 유래하다

descent ⓝ1.하강, 하락 2.몰락, 전락 3.가계, 혈통, 세습, 유전

descendant ⓝ자손, 후예 공7 ⓑ ancestor

The airplane **descended** slowly on the runway. 비행기는 천천히 활주로에 내렸다.
The king left many **descendants** to maintain his empire for a long time.
왕은 제국을 오래 유지하기 위해 많은 자손을 남겼다.

transcend
trans(=beyond)+
scend(=climb)
: ~을 넘어 올라가다

vt.초월하다, 능가하다, 넘다 vi.초월하다, 탁월[우수]하다 공9

Now job creation is a crucial issue that **transcends** right-left divisions.
이제 일자리 창출은 좌우 구분을 넘어서는 결정적 사안이다.

escalator
escalade(사다리로 오름)+
elevator

n.에스컬레이터, 자동계단(moving staircase)

I usually climb stairs at the subway station instead of taking an **escalator**.
나는 보통 지하철 역에서 에스컬레이터를 타는 대신 계단을 올라간다.

escalate
escalator에서 역으로 형성
된 단어(back formation)

vi.vt.차츰 오르다, 단계적으로 확대[증가, 악화]되다 토익

The tension between the two troops is **escalating** to a higher level at the border.
두 군대 사이의 긴장이 접경지역에서 점점 고조되고 있다.
A labor demonstration **escalated** into the revolution. 노동자 시위가 혁명으로 확대되었다.

scale
scal(=step)+e(어미)
: 단계가 지어진 것

n.1.저울, 천칭 2.눈금, 척도 3.비례, 비율, 축척 4.규모, 등급, 단계 5.비늘, 깍지, 껍질

After having a baby, she weighs herself on the bathroom **scale** every week.
출산 후 매주 그녀는 목욕탕 저울에 체중을 재어본다.
This map uses a **scale** of 1:50,000. 이 지도는 축척이 1:50,000이다.
Economy of **scale** in production reached its limit because of low wages in Southeast Asia. 생산에서 규모의 경제는 동남아의 저임금으로 한계에 도달했다.

Unit 32. 접다(plic, ply)와 채우다(ple, ply)는 소박한 의미에서 둘 다(ambi) 추상적 의미로 완전변신

이 unit에 나오는 단어들은 접다(fold), 채우다(fill)라는 소박한 원시적인 뜻에서 출발하여 오랜 세월의 흐름 속에 비유적·추상적인 뜻으로 거의 다 변했다. 어근도 p.p형의 동사나 형용사에서 온 여러 변화형이 덧붙여져 다양하며 변화형 ply는 두 어근의 철자가 동일하다.

plic, ply [L] : 1.fold 접다, 겹치다　2.weave 엮다, 짜다　◆변형 : plo(y), pli, plex

complicate
com(=together)+plic(=weaved, pp형)+ate(동·접) : 함께 엮다

vt.복잡하게[얽히게]하다, 악화시키다　vi.복잡하게 되다

complicated ⓐ복잡한(complex), 뒤얽힌, 어려운 공9

The opposition group **complicated** the situation by introducing new conditions.
반대파는 새로운 조건들을 덧붙여 상황을 복잡하게 만들었다.

Don't ask me such a **complicated** question.
그런 복잡한 문제는 내게 묻지 마라.

duplicate
du(=duo:two)+plic(=fold)+ate(동·접) : 둘로 접다

vt.복사[복제]하다, 이중으로 하다　vi.중복되다　a.중복[이중]의, 똑같은, 두 배의
n.1.복사, 복제　2.사본, 부본 공9

duplication ⓝ1.복사, 복제(품)(replica) 공9　2.이중, 중복, 두 배

They **duplicated** the copyrighted works without permission.
그들은 무단으로 저작물들을 복제했다.

Is this a **duplicate** or an original?
이게 사본인가요, 아니면 원본인가요?

explicit
ex(=out)+plic(=fold)+it(어미) : (접은 게)바깥으로 펼쳐진

a.1.명백[명쾌]한, 뚜렷한　2.숨김없는, 노골적인 편입　㉥ implicit 암시적[함축적]인

You need to ask him for more **explicit** instructions on that point.
너는 그 점에 대해 그에게 좀 더 명쾌한 지시를 요구해야 한다.

Currently the media **explicitly** or **implicitly** promote sex appeal.
요즘은 언론들이 노골적으로 또는 은연 중에 성적 매력을 조장한다.

accomplice
ac(=ad:to)+com(=with)+plice(=fold) : 함께 공모해 엮음

n.공범(자), 한통속 경찰

An intruder might work with an **accomplice** who stood outside the house as a lookout.
공범이 집 바깥에서 서서 망볼 때 한 침입자가 들어와 일을 저지른 것 같다.

Tip

다음에 나오는 어근 ply, ploy는 접두사를 앞에 붙여 동사를 만든다. 원래는 '접다(fold)'라는 아주 원시적인 뜻으로 출발했으나 점차 '대응하다, 갖추다'라는 뜻의 추상적 의미로 바뀌었다.

apply
ap(=ad:to)+ply(=fold) : ~에 대응하다

vi.1.지원[신청]하다　2.적용되다, 적합하다
vt.1.적용[응용]하다　2.사용[활용]하다　3.충당하다, 돌려대다　4.(약 등을) 바르다, 붙이다

applicable ⓐ적용[응용]할 수 있는, 적절한

applicant ⓝ신청[지원]자, 응모자, 후보자 토익

application ⓝ1.신청, 지원, 신청[지원]서　2.적용, 응용, 앱　3.(물건, 약 등) 바름, 붙임

계속 ➜

apply
ap(=ad:to)+ply(=fold)
: ~에 대응하다

She **applied** for the student loan this semester.
그녀는 이번 학기에 학자금 대출을 신청했다.

Such legal regulations **apply** only to minors.
그러한 법적 규제들은 오직 미성년자에게만 적용된다.

When you go out on a sunny day, **apply** sunscreen evenly on the face.
화창한 날 외출할 때는 자외선 차단제를 얼굴에 골고루 바르세요.

Drones can be broadly **applicable** to diverse domains.
드론은 여러 영역에 넓게 적용될 수 있다.

Few **applicants** satisfy the conditions.
조건을 충족시키는 지원자가 거의 없다.

To get information on navigation, you have to download the **application** to your smartphone.
길찾기 정보를 얻기 위해서는 스마트폰에 앱을 다운로드해야 한다.

imply
im(=in)+ply(=fold)
: 안으로 갖추다

vt.1.포함[내포, 함축]하다, 의미하다 2.암시하다, 넌지시 비치다

implicit ⓐ암시적[함축적]인, 내재[잠재]하는 편입

You seem to **imply** that she is a liar.
당신은 그녀가 거짓말쟁이라고 넌지시 비치는 것 같다.

In that situation his silence was considered an **implicit** consent.
그 상황에서 그의 침묵은 묵시적 동의로 간주되었다.

implicate
im(=in)+plic(=fold)+ate(동접) : 안으로 말아 넣다

vt.1.(범죄에) 관련[연루]시키다 2.원인임을 보여주다[시사하다] 공7, SAT

implication ⓝ1.함축, 내포, 암시 2.연루, 연좌, 관련 편입

It came to light that the famous athlete was also **implicated** in a doping scandal.
그 유명 선수 역시 약물 스캔들에 연루된 것으로 드러났다.

The minister has resigned on account of his **implication** in a bribery case.
장관은 뇌물사건에 연루되어 사임했다.

reply
re(=back)+ply(=fold)
: 대응하다

vi.vt. (~ to) 대답[답변, 응수]하다 n.대답, 답변

My friend was embarrassed and **replied** by shrugging his shoulders.
내 친구는 당황해서 어깨를 으쓱하며 답했다.

multiply
multi(=many times)+ply(=fold) : 여러 번 접다

vt.곱하다, 증가[증식, 번식]시키다 vi.증식[번식]하다, 곱셈하다 n.곱셈

We **multiply** these bacteria in a laboratory to make preventive medicines.
우리는 예방약을 만들기 위해서 이 박테리아를 실험실에서 증식시킨다.

deploy
de(=apart)+ploy(=fold)
: 분산하여 대응하다

vt.vi.1.배치[전개]하다, 알맞게 사용하다 2.분산시키다[되다]

deployment ⓝ배치, 전개 토플

The company is considering the way to **deploy** its staff on new business environment.
회사는 새로운 경영환경에 맞게 직원을 배치하는 방법에 대해 고심하고 있다.

employ
em*(=en:make)+
ploy(=fold)
: 제대로 대응하다

접두어 em에 관해서는 특강 7. 참조 요망.

vt.1.고용하다, ~에 종사하다 2.(수단 등을) 사용[이용]하다, 쓰다

employer ⓝ고용주, 사용자 ㉤ employee 피고용자, 종업원
employment ⓝ1.고용(률), 일자리 2.사용, 이용 ㉤ unemployment 실업(률), 실직

The firm recently **employed** ten experienced people on staff, including some part-timers.
그 회사는 최근 몇몇 시간제 직원을 포함해 10명의 경력직원을 채용했다.
My friend has a strong commitment to performing duties of **employer** to **employee**.
내 친구는 고용인에 대한 고용주로서의 의무 이행에 강한 책임감을 가지고 있다.
Job creation and **employment** are the national task.
일자리 창출과 고용은 국가적 과제다.

diploma [Gk]
: di(=two)+plo(=fold)+
ma(어미) : 둘로 접힌 문서

n.1.공문서, 외교문서 2.졸업장, 자격증, 증서 토익

diplomat ⓝ외교관
diplomacy: diploma(외교문서)+cy(명·접) → ⓝ외교, 외교적 수완
diplomatic: diplomat(외교관)+ic(형·접) → ⓐ1.외교의, 외교적인 2.외교[교섭]에 능한

The students from other majors were also given chances to earn a **diploma** in teaching. 다른 전공 학생들에게도 교직증서를 얻기 위한 기회가 주어졌다.
By skillful **diplomacy** the general saved his home country on the brink of war.
그 장군은 능숙한 외교술을 발휘하여 전쟁 일보 직전의 조국을 구했다.
The government has made **diplomatic** efforts to avoid military action.
정부는 군사행동을 피하기 위한 외교적 노력을 계속 해왔다.

plight
pli(=fold)+ight(명접,state)
: 얽혀진 상태

n.1.(어려운) 상태, 처지 2.곤경, 궁지(hardship), 역경
At that instant, people didn't realize what **plight** they were in.
그 순간에는 자신이 어떤 곤경에 처했는지 사람들은 깨닫지 못했다.

complex
com(=together)+
plex(=weaved, pp형)
: 함께 엮여진

a.1.복잡한(complicated) 2.복합의, 합성의
n.1.합성물, 복합체 2.복합건물, 건물[공장]단지 3.〈심리〉콤플렉스, 강박관념

complexity ⓝ복잡성
complexion ⓝ1.피부색, 안색 2.양상, 국면

☞a leisure **complex**: 종합레저시설
a petrochemical **complex**: 석유화학단지
inferiority / superiority **complex**: 열등 / 우월감

Masters make **complex** matters simple but novices make simple matters **complex**.
대가는 복잡한 문제를 단순하게 만들지만 풋내기는 단순한 문제도 복잡하게 만든다.

simple
simplex(=one fold)의 변형
: 한 겹의

a.1.간단[단순, 간소]한, 쉬운 2.순진한, 악의없는

simplify ⓥ간단하게[평이하게] 하다, 단순화하다
simplicity ⓝ1.단순, 간단, 검소 2.순진, 소박, 우직

In order to save time and money, both partners agreed to **simplify** the payment process.
시간과 비용의 절감을 위해 양측은 결제과정을 단순화하기로 합의했다.
Simplicity is the ultimate sophistication. -Leonardo da Vincci
단순함이 최상위의 정교함이다.

perplex
per(=through)+
plex(=weaved)
: 두루 엮이다

vt.당황[난처]하게 하다(bewilder, puzzle), 혼란[복잡]하게 하다 편입

perplexed ⓐ1.당황[난처]한 2.복잡[혼란]한

perplexity ⓝ1.당황, 혼란, 곤혹 2.난처한 일, 난국

Nuclear and missile tests by North Korea **perplexed** the South Korean government.
북한의 핵과 미사일 실험은 남한 정부를 당황케 했다.

Mother twisted her face in **perplexity**. *in perplexity(= at a loss): 당황하여
엄마는 당황하여 얼굴을 찌푸렸다.

ple, ply [L] : fill채우다

◆변형 : pli, plen

이 어근도 동사를 만들 때는 '채우다'(fill)라는 소박한 의미에서 대부분 '마련하다, 조달하다 또는 이행하다'라는 추상적 의미로 바뀌었다.

complete
com(강조, intensive)+
plete(=filled, pp형)
: 완전히 채워진

vt.1완성[완료]하다, 끝내다 a.1.전부[전체]의(entire) 2.완전한(perfect, utter), 완성된

completion ⓝ1.완성, 완료, 수료, 졸업 2.만료, 만기 3.성취, 달성

My brother helped me to **complete** the tiresome assignment.
형이 골치 아픈 숙제를 끝내도록 나를 도와주었다.

Their marriage came as a **complete** surprise to me.
그들의 결혼이 완전한 놀라움으로 내게 다가왔다.

The development of a new drug is nearing **completion**.
신약개발이 거의 완료되어 간다.

deplete
de(=remove)+
plete(=filled, pp형)
: 채워진 것을 없애다

vt.고갈[격감]시키다, 다 써버리다 편입

depletion ⓝ고갈, 소모, 격감 공7

Now we are in danger of **depleting** fishery resources all around the world.
이제 우리는 전 세계적으로 수산자원이 고갈되는 위험에 빠져있다.

Depletion of the ozone layer is known to be caused by some reasons.
오존층의 격감은 몇 가지 원인에 의해 발생한다고 알려져 있다.

complement
com(=together)+
pli(=fill)+ment(명·접)
:함께 (모자람을) 채움

n.보충물, 보완재, 〈문법〉보어 vt.보완[보충]하다 공9

In a metropolitan area, various kinds of transport must **complement** one another.
수도권에서는 다양한 종류의 운송수단들이 서로를 보완해야 한다.

compliment
com(=강조)+pli(=fill)+
ment(명·접)
: 충만히 채움

n.칭찬, 찬사, 경의
vt.칭찬[치하, 찬양]하다(praise) ⓑ blame, condemn비난하다 / criticize비판하다 편입

complimentary ⓐ1.칭찬하는, 경의를 표하는 2.무료의, 초대의

My boss often pays a **compliment** to his staff, especially to rookies.
우리 사장님은 직원들 특히 신입사원들을 자주 칭찬하다.

☞바로 앞의 단어와 철자 하나만 [e/i] 달라 헷갈린다. 아이(i)는 칭찬을 좋아한다고 기억하자!

supplement
sup(=sub:from under)+ple(=fill)+ment(명·접)
: 아래에서 위로 채움

n.추가, 보충, (책의) 증보 vt.보충[추가, 증보]하다

He **supplements** his income by doing a side job.
그는 부업으로 수입을 보충한다.

implement
im(=upon)+ple(=fill)+ment(명·접) : ~에 대응해 이행함

n.1.도구, 용구, 기구 2.수단, 방법
vt.1.실행[이행]하다(carry out, execute) 2.(요구·조건 등을) 채우다, 충족시키다 편입, 토플

He had the leadership to **implement** reforms in an overall crisis.
그에게는 총체적 난국 속에서도 개혁을 실행하는 리더십이 있었다.

supply
sup(=sub:from under)+ply(=fill)
: 밑에서부터 채우다

vt.공급하다(provide), 보충[충족]하다 ⓑ demand
n.1.공급, 지급 2.공급품[량], 보급품, 비축물자 3.필수품, 양식

Volunteers **supplied** the flood victims with food and clothing.
자원봉사자들이 홍수 이재민에게 음식과 옷을 공급했다.

Price is determined by **supply** and demand.
가격은 공급과 수요에 의해 결정된다.

The limited **supply** of pork has caused sharp rise in the price.
돼지고기의 제한된 공급량이 가격 등귀를 초래했다.

comply
com(=together)+ply(=fill)
: 함께 이행하다

vi.(~ with) 따르다, 응하다, 지키다

compliance ⓝ준수, 따름, 응낙 변리사

As expected, North Korea refused to **comply** with the UN resolution.
예상대로 북한은 유엔 결의사항에 따르기를 거부했다.

They finally ended the long running conflict in **compliance** with the court judgment.
그들은 법원의 판결에 따라 오랜 분쟁을 마침내 끝냈다.

accomplish
ac(=ad:to)+com(강조)+pli(=fill)+ish(동·접)
: 철저히 이행하다

vt.이루다, 성취하다(achieve, attain), 완수하다(fulfill)

accomplishment ⓝ1.성취, 완성 2.성과, 업적

To **accomplish** great things, we must not only act but also dream. - Anatole France
위대한 성취를 이루려면 행동하는 것뿐만 아니라 꿈꾸는 것도 반드시 필요하다.

It's an incredible **accomplishment**, but just a first step.
그것은 놀라운 성과지만 첫걸음에 불과하다.

plenty
plen(=fill)+ty(명·접)
: 가득 채워짐

n.1.풍부함, 넉넉함(abundance) 2.많음, 충분 ad.충분히(fully), 많이

plentiful ⓐ풍부[충분]한, 넉넉한(ample, abundant, sufficient)

My respectable friend has **plenty** of guts and don't flee from risky decisions.
내 존경스런 친구는 배짱이 두둑하고 위험한 결정도 회피하지 않는다.

replenish
re(=again)+plen(=fill)+ish(동·접)
: 다시 가득차게 하다

vt.1.보충[보급]하다 2.다시 채우다(refill) 공7, SAT

replenishment ⓝ보충, 보급

We hired well-educated young employees to **replenish** our potential for growth.
우리는 성장 잠재력을 보충하기 위해 잘 교육받은 젊은 직원들을 뽑았다.

ambi [L] / amphi [Gk] : 1. both 둘 다, 양쪽의　　2. around 빙 둘러, 주위의

ambivalent
ambi(=both)+
val(=worth)+ent(형접)
: 양쪽 다 가치있는

a.1.반대 감정이 병존하는, 애증이 엇갈리는　2.양면 가치의　공7, SAT

ambivalence　ⓝ 1.<심리>양면 가치, 양가 감정, 반대감정 병존　2.동요, 주저

She has an **ambivalent** attitude towards her father.
그녀는 아빠에 대해 애증이 엇갈리는 태도를 보인다.

Having romantic feelings for each other, they both have an **ambivalence** about marriage.
두사람이 연애감정을 서로에게 느끼지만, 결혼에 대해서는 양면감정을 가지고 있다.

ambiguous
ambi(=around)+
ig(=drive)+(u)ous(형접)
: 빙 둘러 몰아가는

a1.모호한, 애매한(vague, obscure)　2.다의多義의　토플, 편입

ambiguity　ⓝ1.애매모호함, 애매성, 불명확함　2.모호한 표현　공9

The company takes an **ambiguous** attitude towards its liability in the accident.
그 회사는 사고의 책임 소재에 대해 모호한 태도를 취하고 있다.

She revised the draft of the contract to eliminate any **ambiguity**.
그녀는 어떤 모호함도 남겨놓지 않기위해 계약서 초안을 고쳐썼다.

ambidextrous
ambi(=both)+dexter
(=right-handed)+ous(형접)
: 양손을 오른손처럼 쓰는

a.양손잡이의, 손재주가 비상한

dexterity　ⓝ손재주 있음, 솜씨 좋음, 능숙함

As he was **ambidextrous** from a child, he could be an exquisite switch hitter.
그는 어릴 때부터 양손잡이라서 정교한 스위치히터가 될 수 있었다.

ambit
ambi(=around)+it(=go)
: 둘러 갈 수 있는 곳

n.영역, 범위, 주위

ambient　ⓐ1.주위[주변]의　2.은은한, 잔잔한　편입

ambience　ⓝ(어떤 장소의) 분위기, 환경(atmosphere)　SAT, 편입

We enacted the law to bring such financial deals within the **ambit** of the law.
우리는 그러한 금융거래들이 법의 영역 내에서 이뤄질 수 있게 법을 제정했다.

This forest is, due to the lack of **ambient** light, the best place to watch stars.
이 숲은 주변에 빛이 없기 때문에 별을 관찰하기에 최적의 장소다.

amphibian
amphi(=both)+bio(=life)+
an(형접) : 수륙 양생의

a.양서류의, 수륙 양용의　　n.양서류, 이중인격자, 수륙 양용차[비행기]

Amphibians are threatened with extinction due to climate change and habitat damage.
양서류들은 기후변화와 서식지 파괴로 멸종 위기에 처해있다.

Unit 33. 그런 점(punct)을 서로 비교해 같은(equ/ par)지 또는 비슷한(simil)지 구별하다(crit).

punct, pung [L] / **point, poign** [F] : 1. point 점, 점을 찍다 2. prick 찌르다

라틴어 동사어근 pung의 p·p형이 punct이며, 이들이 고대 불어에 유입되어 point와 poign로 철자가 변화되었는데 이 바뀐 철자가 중세영어에 그대로 유입되었다.

punctual

[pʌŋktʃuəl]

punct(=point)+ual(형·접)

: (뾰족한 끝으로) 점을 찍는 것 같은

a.1.시간을 잘 지키는[엄수하는] 2.한 점에 집중되는 ⓑ unpunctual 시간을 지키지 않는

puncture ⓝ펑크, 구멍 ⓥⓣⓥⓘ.펑크내다[나다], 구멍 뚫다[뚫리다]

She is **punctual** in paying monthly rent. 그녀는 월세를 제때에 잘 낸다.

I was late for the conference because my car tire had a **puncture** on the way.

도중에 타이어가 펑크 나서 학회에 지각했다.

punctuate

punctu(=point)+ate(동·접)

: 점을 찍다

vt.1.구두점을 찍다, 중단시키다 2.힘을 주다, 강조하다 vi.구두점을 찍다 공9

punctuation ⓝ구두점, 구두법, 중단

Some freshmen are so clumsy in writing that they can't spell and **punctuate** exactly.

일부 신입생들은 쓰기가 워낙 서툴러 철자와 구두점도 정확치 않다.

acupuncture

acu(=needle)+

punct(=prick)+ure(명접)

: 바늘을 찌름

n.침술, 침술요법 vt.침을 놓다

She had **acupuncture** on her knees to treat arthritis.

그녀는 관절염 치료를 위해 무릎에 침을 맞았다.

pungent

[pʌndʒənt]

pung(=prick)+ent(형·접)

: 찌르는 듯한

a.1.(맛, 냄새가) 톡 쏘는, 몹시 자극적인, 얼얼하게 매운 2.날카로운, 신랄한

A little mustard in the cold noodles was **pungent** in my mouth.

냉면 속에 든 약간의 겨자가 입 안에서 톡 쏘았다.

appoint

ap(=ad:to)+point(점)

: 한 점으로 → 한 직책으로

vt.1.임명[지명]하다 2.(시간, 장소 등을) 정하다, 지정하다

appointment ⓝ1.임명, 지명 2.약속, 예약 토익

Our president is likely to **appoint** his second son as successor.

회장님은 차남을 후계자로 임명할 가능성이 있다.

I'd like to make an **appointment** for my eye problem.

눈에 문제가 생겨 진료예약을 하고 싶은데요.

disappoint

dis(=opposite)+appoint

: 반대로 지명하다

vt.1.실망[낙담]시키다(dismay), (기대 등을) 저버리다 2.망치다, 꺾다 경찰

disappointment ⓝ실망, 낙담

We all were **disappointed** at the result of the match.

우리 모두는 그 경기 결과에 실망했다.

Losing the match was a big **disappointment** to both the team and the fans.

그 시합에서 진 것은 팀과 팬 모두에게 큰 실망을 안겨주었다.

pinpoint
pin(핀, 침)+point(지적하다)

vt.정확히 집어[찾아, 나타]내다, 정확히 겨누다 a.정확[정밀]한 n.정확한 위치 토플

One of her colleagues **pinpointed** her weakness at a team meeting.
그녀의 동료 한 명이 팀 미팅에서 그녀의 약점을 콕 집어 지적했다.

poignant
[pɔ́injənt]
poign(=prick)+ant(형·접)
: 찌르는 듯이 아픈

a.1.통렬한, 가슴 저미는, 살을 에는 듯한 2.신랄한, 날카로운 3. (코를) 찌르는, (혀가) 얼얼한 편입

poignancy ⓝ1.날카로움, 매서움 2.통렬, 신랄

The shipwreck brought a **poignant** memory to my mind.
그 조난사고는 내 마음 속에 가슴 저미는 기억을 떠올리게 했다.

equ [L] : same 같은

equ는 '수량·크기·치수 등이 같은' 또는 행동이 '공정한, 공평한' 이란 뜻으로 주로 쓰인다.

equal
equ(=same)+al(형·접)

a.1.같은, 동등한, 필적하는 2.공평한, 평등한 3.감당[필적]할 수 있는 ⓑ unequal
vt.~와 같다, 필적하다, 맞먹다

equalize ⓥⓣ같게 하다, 평등[균등]하게 하다

Female employees demanded **equal** pay for **equal** work.
여성 종업원을 동일 노동에 대한 동일 임금을 요구했다.

He is not **equal** to performing the hard task.
그는 그 힘든 과업의 수행을 감당할 수 없다.

This policy's goal is to **equalize** tax burdens.
이 정책의 목표는 세금 부담을 균등하게 하는 것이다.

equality
equal+ity(명·접) : 같음

n.평등, 대등, 동등

inequality ⓝ1.불평등, 불공평, 편파 2.고저, 기복 3.〈수학〉부등(식)

Equality before the law is the basic principle of democracy.
법 앞의 평등은 민주주의의 기본 원칙이다.

The worst form of **inequality** is to try to make unequal things equal. - Aristotle
불평등의 가장 나쁜 형태는 평등하지 않은 것을 평등하게 만들려고 노력하는 것이다.

equator
equ(=same)+
ate(=make, 동·접)+or(명·접)
: 동등하게 가르는 것

n.적도

A strong typhoon formed around the **equator** moves northward to the Korean Peninsula.
적도 근방에서 형성된 강력한 태풍이 한반도를 향해 북상하고 있다.

equation
equate(=make equal)+
ion(명·접)

n.1.등식, 방정식 2.평균화, 동일화, 동일시 3.상황

Our professor set hard differential **equations** in the final exam.
교수님은 기말고사에 어려운 미분방정식 문제를 출제했다.

The **equation** of wealth with happiness is a kind of delusion.
부와 행복의 동일시는 일종의 착각이다.

equity
equ+ity(명·접)
: 공정성, 평등

n.1.공평, 공정(fairness), 형평 2.자기자본, 자산의 순수가치
3. 주식, 지분, (pl.)보통주 4.형평법

equitable ⓐ1.공평[공정, 정당]한 2.형평법상의 공9

Even in communism, distributive **equity** was easier to preach than to practice.
공산주의에서 조차 분배의 공정성은 말로 떠들기는 쉬웠지만 실천은 어려웠다.

Some experts painted a rosy picture for the **equity** markets.
일부 전문가들은 주식시장에 대해 장밋빛 전망을 내놓았다.

This welfare system could help create a more **equitable** society.
이 복지제도는 좀 더 공정한 사회를 만드는데 도움이 될 수 있다.

equivalent
equi(=same)+val(=value)+ent(형·접) : 가치가 같은

a.1.같은 가치[등가]의, 동등한 2.(~ to) 상당[대응]하는, 맞먹는 n.등가물, 동등[상당]한 것

equivalence ⓝ등가(성), 등량 공9

Inflation is in effect **equivalent** to a flat tax on money.
인플레는 사실상 돈에 징수하는 일률과세와 맞먹는다.

equivocal
equi(=same)+vocal(=voice) : 같은 음의, 구별이 애매한

a.1.분명치 않은, 모호한, 애매한 2.수상쩍은 편입, 토플

The mayor keeps on taking an **equivocal** attitude about the issue of development costs.
시장은 개발비용 사안에 대해서는 계속 모호한 태도를 취하고 있다.

equilibrium
equi(=same)+libr(=balance)+ium(명·접)
: 저울눈금이 같음

n.평형(상태), 균형, (마음의) 평정 토플

It's difficult to maintain **equilibrium** between work and rest.
일과 휴식 사이의 균형을 유지하기는 어렵다.

adequate
ad(=to)+equ(=same)+ate(형·접) : 요구에 필적하는

a.1.충분한(sufficient), 알맞은, 적당한, 적임의 2.그만그만한

inadequate: in(=not)+adequate → a.1.부적당[부적절]한, 부적격의 2.불충분한, 미흡한

The laborer's income is hardly **adequate** to support a family.
그 노동자의 수입은 가족을 부양하기에 적당하지 않다.

Our medical policy is **inadequate** to meet the needs for proper health care.
우리 의료정책은 적절한 의료서비스 요구에 부응하기에는 미흡하다.

par [L] : same, equal 같은 ◆변형 : pair, peer

par는 '계급이나 신분이 대등한' 또는 '맞수(match), 짝(pair)' 등의 뜻으로 쓰이다가 근세에 와서 '가치가 같은' 이란 뜻으로 확장되었다.

par
동등함(equality)의 뜻에서

n.1.동등, 동가同價, 동위同位 2.기준량[액], 표준 3.〈골프〉기준 타수, 파 4.(주식의) 액면가

This stock will be redeemed at **par** in a month.
이 주식은 한 달 이내에 액면가로 상환될 것이다.

She finished the round two strokes over **par** at 74. 그녀는 2오버파 74타로 라운드를 끝냈다.

parity
par+ity(명·접)

n.1.동가, 동질, 동량, 일치　2.동등함, 동질성　3.(외국 통화와의) 평가平價

disparity ⓝ1.상이, 부동　2.불균형, 불일치 편입, SAT

In many fields, women have yet to achieve **parity** of treatment with men.
아직도 많은 분야에서 여성은 남성과의 동등한 대우를 성취해야 한다.

compare
com(=with)+pare(=equal)
: 함께 나란히 두다

vt.1.(~ with, to) 비교하다, 견주다　2.(~ to) 비유하다(liken)　vi.필적하다, 맞먹다

comparative ⓐ1.비교의, 비교[상대]적인, 비교급의　㉥ absolute　2. 상당한
ⓝ비교급

comparable ⓐ1.~에 필적하는, 비견되는　2.비슷한, 유사한

comparison ⓝ1.비교, 대조　2.유사, 필적　3.비유

Don't ever **compare** yourself with others around you.
자신을 주위 사람들과 결코 비교하지 마시오.

She has slimmed down an awful lot **compared** to last year.
그녀는 작년과 비교해서 몰라보게 날씬해졌다.

This area is cheap in **comparison** with Seoul. 이 지역은 서울에 비해 저렴하다.

Our product has a **comparative** advantage in terms of quality and price.
우리 제품은 품질과 가격 면에서 비교우위를 가진다.

Even in **comparable** jobs and careers, women earn less than men.
비슷한 업무와 경력에도 불구하고 여성들은 남성보다 적게 받는다.

peer
par(=equal)의 변형

n.필적하는 사람, 동료, 또래 공9　vi.응시하다(gaze), 주의해서[자세히] 보다 경찰

It was **peer** pressure that led the naive students to juvenile delinquency.
또래의 압력이 순진한 그 학생들을 청소년 비행으로 이끌었다.

Hearing a voice outside, she **peered** through the window.
바깥에서 나는 목소리를 듣고 그녀는 창문 너머로 응시했다.

***peer** group: 또래집단　**peer** pressure: 또래의 압력

pair
par(=equal)의 복수형

n.1.한 쌍, 한 벌, 한 짝　2.(남녀의) 한 쌍, 부부　vt.1.짝을 짓다, 결혼시키다
vi.짝[쌍]이 되다, 부부가 되다

The birds **pair** up in the spring to breed.
그 새들은 번식하기 위해 봄에 짝을 짓는다.

repair
re(=again)+pair(=equal)
: 다시 동등하게 만듦

vt.1.수선[수리]하다(mend)　2.정정[교정]하다　3.(건강 등을) 회복하다　n.1.수선, 수리, 손질　2.회복, 보상

How much does it cost to **repair** my car?
내 차 수리비용이 얼마죠?

The new CEO took quick steps to **repair** relations with the labor union
새로 부임한 사장은 노조와의 관계 회복을 위해 재빠른 조치를 취했다.

impair
im(=opposite of)+
pair(=equal)
: 같지않게 하다

vt.손상시키다(injure), 해치다, 악화되다

impairment ⓝ1.(신체적·정신적) 장애, 결함　2.손상, 해침 법원9

Constant stress **impaired** his memory and reasoning ability.
지속적인 스트레스가 그의 기억과 판단능력을 손상시켰다.

Tip

어근 ident[L]와 homo[Gk]도 '같다'는 뜻으로 많이 사용된다. ident는 원래는 작문에서 반복을 피하기 위해 '위와 같음'(same as above) 이란 뜻으로 사용되었으나, 18세기부터는 '신원이나 정체 등이 같다'로 의미가 확장되어 두루 표현된다. homo는 원래 '하나이면서 같다'(one and the same)는 뜻이었으나, 요즘은 homosexual이 축약되어 '동성애자'란 뜻으로 많이 사용된다.

identify

ident(=same)+ify(동·접)
: 동일한 것으로 보다

vt.1.(신원 등을) 확인하다, 분간[식별]하다 2.찾다, 발견하다 3.동일시하다
vi.의기투합하다, 일체감을 가지다, 동일시하다 토익

identification ⓝ1.신분증명(약어; ID), 신원확인, 식별 2.동일시, 일체화

The charity is trying all means available to **identify** the anonymous donor.
자선단체는 그 익명 기부자의 신원을 확인하기 위해 백방으로 애쓰고 있다.

You have to possess your **identification** to get on a ship.
배를 타기 위해서는 신분증을 소지해야 한다.

identity

ident(=same)+ity(명·접)
: 동일함, 동일한 상태

n.1.신원, 정체, 본인임 2.정체성, 독자성 3.일치, 동일성, 동일함 편입

identical ⓐ동일한, 똑 같은

The whistleblower didn't reveal his **identity** to the end.
제보자는 끝까지 자신의 신분을 밝히지 않았다.

As a Korean American he suffered a serious **identity** crisis during adolescence.
한국계 미국인인 그는 사춘기때 심각한 정체성 위기를 겪었다.

Her solution to the problem is **identical** to mine.
그 문제에 대한 그녀의 해답은 나와 동일하다.

homogeneous

homo(=same)+gene(=kind,species)+ous(형접)
: 같은 종류의

a.동종[동질,균질]의(same kind, identical) ⓑ heterogeneous 이종의,이질적인 공9, 편입

Korean society is very **homogeneous** compared to American society, a melting pot of different cultures.
한국 사회는 이질적 문화의 용광로인 미국과 비교하면 아주 동질적이다.

simil [L] : 1. like 비슷한 2. together 같이, 함께 ◆변형 : simul, semble

similar

simil(=like)+ar(형·접)

a.비슷한, 유사한, 닮은 ⓑ different

similarity ⓝ유사점, 비슷함

I used to have a **similar** symptom like that a few months ago.
몇 달 전에 나에게도 그와 비슷한 증세가 있었다.

There are many **similarities** in style between the two soccer managers.
그 두 축구감독에게는 스타일 면에서 많은 유사점이 있다.

simile

simil(=like)+e(어미)
: 유사한 것(a like thing)

n.직유(법)

Do you understand the difference between metaphor and **simile**?
당신은 은유와 직유의 차이점을 이해하나요?

assimilate
as(=ad:to)+simil(=like)+ate(동·접) : ~와 같게 만들다

vt.1.동화[적응]시키다 2.받아들이다, 흡수하다
vi.흡수[동화]하다, 순응[적응]하다 공9 ⓑ dissimilate 이화異化시키다

assimilation ⓝ1.동화, 융화, 융합 2.소화 ⓑ dissimilation이화異化

It takes much time for immigrants to successfully **assimilate** into a new community.
이민자들이 새로운 공동체에 성공적으로 동화되기 위해서는 많은 시간이 걸린다.

simulate
simul(=like)+ate(동·접) : 비슷하게 만들다

vt.1.모의훈련[실험]하다 2.흉내내다(imitate, emulate), 가장[분장]하다 편입

simulation ⓝ1.모의훈련[실험], 시뮬레이션 2.흉내(imitation), 가장, 의태 토익

Pilots have to engage in many **simulated** flights before an actual one.
조종사들은 실제비행 전에 많은 모의비행 훈련에 참가해야 한다.

We carry out **simulation** drills against the enemy's surprise attack.
우리는 적의 기습공격에 대비한 모의훈련을 실시한다.

simultaneous
simul(=like)+tane(=time)+ous(형·접) : 같은 시간의

a.동시의, 동시에 일어나는[존재하는](synchronous) 토익

Yesterday our company's homepage was down due to enormous **simultaneous** logins.
어제 우리 회사의 홈피는 엄청난 동시접속으로 다운되었다.

resemble
re(강조, intensive)+semble(=be like) : 아주 비슷하다

vt.닮다, ~과 유사[비슷]하다

resemblance ⓝ유사(점), 닮음

She has grown up to **resemble** her mother.
그녀는 크면서 어머니를 닮아간다.

This melody bears a close **resemblance** to one of my favorite songs.
이 멜로디는 내가 좋아하는 노래 중 하나와 상당히 유사하다.

assemble
as(=ad:to)+semble(=together) : 함께 모으다

vt.1.모으다, 소집하다 2.조립하다 vi.1.모이다, 집합[회합]하다 2.조립되다

assembly ⓝ1.집회, 회합, 회의 2.의회, 입법부 3.조립, 조립품[부품]

Children like this model airplane because it's easy to **assemble** and disassemble.
아이들은 조립과 분해가 쉬워 이 모형비행기를 좋아한다.

The pension bill is facing difficulties in the National **Assembly**.
연금법안은 국회에서 난항 중이다.

dissemble
dis(=oppsite of)+semble(=be like) : 다르게 하다, 위장하다

vt.속이다, 숨기다, 위장하다 vi.시치미 떼다

She had to **dissemble** her true emotion with a joke.
그녀는 농담으로 진실된 감정을 숨겨야 했다.

ensemble [F]
: en(=make)+semble(=like) : 같게 만들다

n.1.전체적 조화[효과] 2.앙상블, 합주, 합주단 3.한 벌의 여성복

He organized a string **ensemble** to popularize classical music.
그는 클래식 음악을 대중화시키기 위해 현악합주단을 만들었다.

crit, cris [Gk] : 1. judge 판단하다 2. distinguish 구별하다

critic
'평가하는 사람'의 뜻

n.1.비평가, 평론가 2.혹평가, 흠잡는 사람(faultfinder)

critical: critic+al(형·접) → a.1.비판적인, 비평의 2.결정적인, 중대한, 중요한(crucial) 3.위기의, 위독한

critique ⓝ비평, 평론, 비평법

He was a film director, before working as a film **critic**.
그는 영화 평론가로서 일을 하기 전에는 영화감독이었다.

You need to develop your own **critical** thought through reading.
너는 독서를 통해 자신만의 비판적 사고를 개발할 필요가 있다.

The trader has realized that trust is very **critical** for business relationships.
상인은 신뢰가 사업관계에서 너무나 중요하다는 것을 실감했다.

Her mother is in a **critical** condition.
그녀의 어머니가 위독한 상태에 있다.

criticize
critic+ize(동·접)

vt.1.비평[비판]하다 2.비난[혹평]하다 vi.비평하다, 흠잡다

criticism ⓝ1.비평, 비판, 평론 2.혹평, 비난

I **criticized** the journalist just the way he had **criticized** me.
나는 그 기자가 나를 비판한 방식 그대로 그를 비판했다.

Listen to **criticism** but don't be discouraged by it.
비판에 귀 기울이되 그로 인해 기죽지는 마라.

criterion
'판단(judge)의 기준'이란 뜻에서

n.(판단, 결정 등의) 기준, 표준, 척도 (pl.) -ria 토플

What **criteria** do you use when assessing a student's performance?
학생들의 성취도 평가는 어떤 기준을 이용해서 합니까?

hypocrisy
hypo(=under)+cris(=judge)+y(명접) : 밑에서 판단함

n.위선, 가장, 양의 탈

hypocrite: 무대 연기자, 배우(stage actor) → ⓝ위선자 편입, 토플

Hypocrisy is a tribute that vice pays to virtue. - F. La Rochefoucauld
위선이란 악덕이 미덕에게 바치는 헌사다.

The actress was branded as a **hypocrite** by the newspaper.
그 여배우는 신문에 의해 위선자로 낙인 찍혔다.

crisis
cris(=judge)+sis(명·접) : 전환점에 대한 판단

n.1.위기, 결정적 단계 2.중대기로, 최악의 국면

When written in Chinese, the word **crisis** is composed of two characters. One represents danger and the other represents opportunity. - John F. Kennedy
위기란 단어는 중국어로 쓰면 두 가지 성격을 가지는데, 위험과 기회가 바로 그것이다.

Who am I? Most immigrant youths are faced with this sort of identity **crisis**.
나는 누구인가? 대부분의 이민 온 젊은이들은 이러한 정체성 위기와 마주친다.

특강 7

en은 왜 머리와 꼬리 양 쪽에 붙어 동사를 만드나?

✓ 원래 영어는 독일 북부지역에 살던 앵글로색슨족이 영국 섬에 가져온 게르만어인데, 게르만 동사(예:독일어)의 원형은 en으로 끝난다.
영어에서는 형용사나 명사의 앞이나 뒤에 en을 붙여 '만들다, 되게하다'는 뜻을 가진 여러 동사를 만들었다. 심지어 단어 앞뒤 양쪽 모두에 붙여 enlighten(교화하다, 깨우치다)처럼 동사를 만드는 경우도 있다.
물론 접두사 in-이 불어의 영향으로 세월의 흐름에 따라 변하여 en-이 된 경우도 있지만, 특히 단어 뒤에 en을 붙여 동사를 만드는 것은 게르만어의 강한 흔적으로 보인다.

✓ 접미사 en: 성질, 상태, 공간개념 등을 나타내는 단어 뒤에 en을 붙여 주로 만드는데, 서로 상반된 뜻을 가진 단어 모두에 붙인 경우도 흔하다.

brighten 밝게 하다 : **darken** 어둡게 하다
loosen 느슨하게 하다 : **tighten** 죄다
strengthen 강하게 하다 : **weaken** 약화시키다
harden 굳게 하다 : **soften** 부드럽게 하다
lengthen 길게하다 : **shorten** 짧게[단축]하다

deepen 깊어지다
lessen 줄이다, 완화하다
awaken 깨우다
heighten 높이다, 고조되다
lighten 가볍게 하다, 밝게 하다
frighten 놀라게 하다
sharpen 예리하게 하다, 갈다
fasten[fǽsn] 묶다, 동여매다
broaden=widen 넓어지다, 확장하다

threaten 위협하다
ripen 익다, 숙성하다
hasten[héisn] 서두르다, 재촉하다
sicken 병들다, 구역질나다
moisten 촉촉해지다, 축이다
stiffen 뻣뻣해지다, 경직되다
flatten 납작해지다, 쓰러뜨리다

✓ 접두사 en: 단어 앞에 en을 붙여 만드는데, 양순음兩脣音(두 입술 사이에서 나는 소리) b, m, p로 시작되는 단어 앞에서는 발음의 편의를 위해 en이 em으로 바뀐다.

enjoy 즐기다
endure 인내하다
enroll 등록하다
enable 가능케 하다
encounter 마주치다, 직면하다
enhance 높이다, 강화하다
engage 관여[종사]하다
enlist 입대하다, 참가하다
enact (법을) 제정하다, 상연하다
encourage 용기를 북돋우다
enforce 집행하다, 강요하다
ensure 확실하게 하다, 보장하다

enchant 매혹시키다
enrich 부유케 하다
entreat 간청[탄원]하다
encode 암호로 바꾸다 공9
entice 꾀다, 유혹하다 공7, 9
enlarge 크게하다, 확대하다
engrave 새기다, 조각하다
enclose 에워싸다, 동봉하다
entail 수반하다, 필요로 하다 편입
engender 낳다, 발생시키다 토플
envision 마음에 그리다, 상상하다
entangle 얽어매다, 얽히게하다

enlighten 교화하다, 깨우치다 편입
entitle 자격을 주다, 제목을 붙이다 편입
encroach 침입하다, 잠식하다 SAT, 편입
endorse 지지[승인]하다, 배서하다 공7
encapsulate 요약하다, 캡슐에 싸다 공7

employ 고용하다
empower 권한을 주다
embedded 내장[장착]된
embody 구체화하다, 구현하다
embezzle 횡령[착복]하다 공9
embrace 포옹하다, 수용하다
embark 탑승하다, 착수하다 편입
embarrass 난처[당황]케 하다
embargo 입출항을 금지하다
embellish 장식하다, 꾸미다 SAT

Review Test 11

a. criterion	b. hypocrisy	c. ambivalent	d. equator	e. implicit
f. abhor	g. decadence	h. default	i. identity	j. empowerment

◆ **From the box above, choose the word that corresponds to each definition below.**

1 an imaginary line around the middle of the Earth at an equal distance from both Poles

2 a standard by which something can be judged or decided

3 who or what a person is

4 giving power and status to a person or a group in a particular situation

5 failure to fulfill an obligation, especially to repay a loan

6 pretending to have qualities, beliefs, or feelings that one does not really have

7 to hate very much

8 moral or cultural decline as characterized by excessive indulgence in pleasure or luxury

9 expressed or suggested in an indirect way

10 having mixed feelings or contradictory ideas about something or someone

◆ **Choose the one that is closest in meaning to the highlighted word in each sentence.**

11 The writer's reputation has been **enhanced** by her latest novel.
① heightened ② revived ③ recovered ④ confirmed ⑤ exposed

12 A special team of prosecutors has been **appointed** to investigate the hot political issue.
① admitted ② established ③ argued ④ nominated ⑤ organized

13 The enemy was so **formidable** that it was very difficult to predict the result of war. 편입

① recognizable ② unpredictable ③ powerful ④ unknowable ⑤ experienced

14 The victim's husband is suspected as an **accomplice** in the murder.

① rival ② trusted friend ③ relative ④ accuser ⑤ conspirator

15 Tourism industry is one of the greatest **casualties** of the current recession.

① thrifts ② cures ③ victims ④ alternatives ⑤ complements

16 As we've **depleted** fish stocks in the oceans, we have to develop aquaculture in future.

① utilized ② consumed ③ exhausted ④ wasted ⑤ captured

17 Many people talk about innovation but very few people are able to **implement** it properly.

① achieve ② encourage ③ challenge ④ take a risk ⑤ carry out

18 The enemy's repeated provocations require a change in our policy of nuclear **deterrence**.

① elimination ② expansion ③ obstruction ④ downsizing ⑤ supplement

◆ **Fill in the blank with the proper verb that will best complete the meaning of each sentence.**

① falsify ② assimilate ③ pinpoint ④ deploy ⑤ transcend ⑥ decay ⑦ engender

19 I am sure that his musical masterpieces will _______ time and space.

20 If not brushed regularly, your teeth will _______ easily.

21 He didn't hesitate to _______ the work journals in order to avoid punishment.

22 I couldn't _______ an error somewhere.

23 Our team leader sometimes comes up with brilliant ideas, which _______ creativity in all members.

24 Due to the language barrier, immigrants had much trouble to _______ into the society.

25 We must _______ extra resources into the area to break through this crisis.

Unit 34. 무게를 달아봐야(pend) 무거운(grav)지 가벼운(lev)지 재고 (meter) 셈하지(pute).

pend, pens [L] : 1. hang 매달다, weigh 무게 달다　2. pay 지불하다　◆변형 : pond

옛날에는 금과 같은 금속을 저울에 달아 무게를 정확히 재어 대금을 지불했기 때문에 이 어근에는 '매달다, 무게 달다'란 뜻에 '지불하다'는 뜻이 더하여졌다. pens는 pend의 pp형이다.

pendant

pend(=hang)+ant(형·접)
: 매달려 있는

a.1.미결정의, 미정의, 현안의(pending)　2.매달린, 드리운　n.펜던트, 늘어뜨린 장식
* 형용사일 경우는 **pendant=pendent**

pending ⓐ1.미정의, 현안의, <법>계류중인　2.절박한, 임박한　토익, 편입

impending ⓐ곧 닥칠, 절박[임박]한　공9

In the living room there was a beautiful chandelier **pendant from** the ceiling.
거실에는 화려한 샹들리에가 천장에 매달려 있었다.

She is wearing a necklace with a heart-shaped **pendant**.
그녀는 하트 장식물이 달린 목걸이를 하고 있다.

We have to discuss this **pending** issue at a meeting.
우리는 회의에서 이 현안에 대해 논의해야 한다.

depend

de(=down)+pend(=hang)
: 아래에 매달린

vi.1.(~on/upon)의지[의존]하다(rely on)　2.~에 달려있다, 좌우되다, 종속하다

dependent ⓐ1.의지[의존]하는, 예속적인　2.~에 좌우되는
ⓝ1.부양가족, 식솔　2.종속물

dependence ⓝ1.의존, 종속　2.신뢰, 의뢰

independence ⓝ독립(심), 자립, 자주

His success as president **depends** on how he overcomes the serious economic crisis.
대통령으로서 그의 성공여부는 심각한 경제위기를 어떻게 극복하느냐에 달려있다.

Our economy is heavily **dependent** on exports.
우리 경제는 수출에 크게 의존한다.

We have to reduce steadily the **dependence** on fossil fuels for clean air.
우리는 깨끗한 공기를 마시기 위해 화석연료에 대한 의존을 꾸준히 줄여야 한다.

The small country has in reality achieved its economic **independence**.
그 작은 나라는 실질적으로 경제적 자립을 성취했다.

expend

ex(=out)+pend(=pay)
: 바깥에서 지불하다

vt.1.소비하다(consume), 쓰다(spend), (시간, 노력 등을) 들이다
2.소진하다, 다 써버리다(exhaust)

expenditure ⓝ1.지출, 지불　2.소비, 비용　　**expense** ⓝ지출, 비용, 경비

expensive ⓐ비싼, 고가의, 돈이 많이 드는　㊥ inexpensive

expendable ⓐ소모용의, 소비해도 되는　ⓝ소모품

The company has **expended** a lot of time and money to develop a new medicine.
그 회사는 신약을 개발하기 위해 많은 시간과 돈을 들였다.

Any car parked here will be towed at the owner's **expense**.
여기 주차된 차량은 모두 견인되며 비용은 차량 주인이 물어야 한다.

suspend

sus(=sub:under)+
pend(=hang)
: 아래로 매달다, 따로 떼어두다

vt.1.매달다, 걸다 2.중지[중단]하다 3.연기[보류, 유예]하다 4.정직[정학]시키다
vi.정지하다

suspension ⓝ1.정지, 중지, 정직停職, 정학 2.연기, 유예, 보류 3.지불정지, 파산 4.완충장치

suspense ⓝ1.미결, 미정 2.불안, 걱정 3.서스펜스, (지속적) 긴장감

Japan urged South Korea to **suspend** all projects around Dokdo.
일본은 독도 주변의 모든 프로젝트를 중단하도록 한국에 촉구했다.

His son was **suspended** indefinitely due to school violence.
그의 아들은 학교폭력으로 무기정학 당했다.

That incident has led to the **suspension** of the summit talk.
그 사건으로 인해 정상회담이 연기되었다.

His new film is full of mystery and **suspense**.
그가 만든 새 영화는 미스터리와 서스펜스로 가득 차있다.

append

ap(=ad:to)+pend(=hang)
: ~에 매달다

vt.1.덧붙이다(attach), 첨부[추가]하다 2.(매) 달다

appendix ⓝ1.부록, 부속물, 부가물(supplement) 2.맹장, 충수

The author **appended** a corrective in the revised edition.
저자는 개정판에 수정부분을 추가했다.

Some books have an **appendix** that gives additional information.
어떤 책들은 추가적 정보가 제공되는 부록이 있다.

dispense

dis(=apart)+pense(=pay)
: 따로 나누어 지불하다

vt.1.분배하다, 베풀다 2.(약을) 조제하다 3.면제하다(exempt) vi.면제하다, ~을 생략하다
*dispense with : ~없이 지내다(=do without)

dispensable ⓐ없어도 되는, 불필요한, 나눌 수 있는

indispensable ⓐ꼭 필요한, 필수적인, 없어서는 안 되는 토플

The vending machine in the library **dispenses** various types of coffee.
도서관에 있는 자판기에서는 다양한 종류의 커피가 나온다.

Now she can **dispense** with the financial support of her parents.
이제 그녀는 부모의 재정적 도움 없이 지낼 수 있다.

The hard training would verify once and for all who is **dispensable**.
고된 훈련이 최종적으로 누가 없어도 되는지 검증할 것이다.

Such an issue is **indispensable** for the formation of public opinion.
그러한 이슈는 여론형성을 위해서는 필수불가결하다.

A fresh recruit made himself **indispensable** for the marketing department just in three years
한 신입사원은 3년 만에 자신을 마케팅부서에 없어서는 안되는 사람이 되도록 했다.

pension

pens(=weigh, pay)+
ion(명·접)
: 무게를 달아보고 지불함

n.연금, 보조금 vt.~에게 연금을 주다 토익

When you are old, the most serious reality is **pension** and health care.
나이가 들면 가장 심각한 현실은 연금과 건강관리다.

compensate
com(=with)+
pens(=weigh)+ate(동접)
: 함께 계량해서 보완하다

vt.1.(~ for) 보상[배상]하다(make up for) 2.보완[보충]하다, 대신 메우다
vi.(~ for) 보충[보상]하다, 메우다 공7

compensation ⓝ1.보상, 배상(reimbursement) 2.보수, 봉급 편입
My boss **compensated** me for my trouble with a special bonus.
사장님은 내 노고에 대해 특별상여금으로 보상했다.
What can **compensate** for the loss of a loved one?
그 무엇이 사랑하는 사람을 잃은 것에 대해 보상할 수 있겠는가?
The victims intend to file a **compensation** suit against the government.
피해자들은 정부를 상대로 손해배상 소송을 제기하려고 한다.

propensity
pro(=forward)+
pens(=hang)+ity(명·접)
: 앞으로 매달림

n.경향, 성향(tendency), 기호 편입, SAT
She has a **propensity** to talk too much.
그녀는 지나치게 수다를 떠는 성향이 있다.

ponder
pond(=weigh)+er(동접)
: 이리저리 저울질함

vi.vt.숙고하다,깊이 생각하다(deliberate)

ponderous ⓐ1.무거운, 육중한 2.다루기 힘든, 짐스러운 3.답답한, 장황한
She is **pondering** seriously whether to split up with her boyfriend.
그녀는 남자친구와 헤어져야 하는지에 대해 진지하게 숙고 중이다.
The director showed his amazing ability by making such a **ponderous** novel into so a fantastic film.
그 감독은 그런 무거운 소설을 그런 기막힌 영화로 만들어내는 놀라운 능력을 보여 주었다.

grav, griev [L] : heavy 무거운

grave
'무거운(heavy)'의 뜻에서

a.1.중요[중대]한, 심각한 2.근엄한, 엄숙한 n.[OE] 1.무덤, 묘지(tomb) 2.죽음, 파멸
vt.새기다(engrave), 조각하다, 명심하다

gravity ⓝ1.중력(gravitation), 무게 2.진지함 (seriousness), 중대함
agravic: a(=without)+gravic → ⓐ무중력(상태)의
Now Korean economy is in **grave** peril owing to a sharp drop in exports.
지금 한국 경제는 수출급락으로 중대한 위험에 처해 있다.
Things fall to the ground due to **gravity**.
물체는 중력 때문에 땅으로 떨어진다.
*universal **gravitation**: 만유인력

aggravate
ag(=ad:to)+grav(heavy)+
ate(=make, 동·접)
: 점점 무거워지다

vt.1.악화[심화]시키다(make worse) ⓑ improve 2.화나게 하다, 괴롭히다(annoy) 공7,9

aggravation ⓝ1.악화, 심화, 도발 2.화남, 약오름
The long drought has contributed to **aggravating** the economic situation.
오랜 가뭄이 경제상황을 악화시키는데 일조해 왔다.

grieve
griev(e)(=heavy)
: 무겁게[침울하게]하다

vt.몹시 슬프게 하다 vi.몹시 슬퍼하다, 마음[가슴] 아파하다(lament, mourn)

grievous ⓐ1.비통한, 통탄할, 몹시 슬픈 2.가혹한, 쓰라린
grief ⓝ비탄, 비통, 슬픔(sorrow)
grievance ⓝ불만, 불평, 고충(사항)(complaint, discontent) 편입, 토플

She **grieved** at the sudden death of her mother.
그녀는 어머니의 갑작스런 죽음에 비통해했다.
When he lost his son, his heart was torn by **grief**.
그가 아들을 잃었을 때 슬픔으로 가슴이 찢어졌다.
The employee has many **grievances** against his company.
그 직원은 회사에 대해 많은 불만을 가지고 있다.

lev, liev [L] : 1. light 가벼운 2. lift 들어 올리다

lever
lev(=lift)+er(명·접)
: 들어 올리는 것

n.1.지레, 지렛대, 레버 2.수단, 방편 vt.지레로 움직이다, ~을 지레 삼다

leverage ⓝ1.지렛대 효과, 지레작용 2.(목적 달성의) 수단, 효력, 영향력
3.〈경제〉차입자본 이용, 레버리지 토익

The workers used a **lever** to move the rocks to the garden.
짐꾼들은 바위를 정원으로 옮기기 위해 지렛대를 이용했다.
We can use our volume purchase as a **leverage** to persuade the manufacturer.
우리는 대량구매를 제조업자를 설득하는 수단으로 활용할 수 있다.

levy [F]
: lev(=lift)+y(명·접)
: 들어 올리는 행위

n.1.(세금의) 징수, 부과 2.소집, 징용 vt.1.징수[부과]하다, 압류하다 2.소집[징집]하다
vi.징세[과세]하다 공7
England came up with the idea of **levying** a fat tax on sugar.
영국은 설탕에 부과하는 비만세라는 아이디어를 내놓았다.

elevate
e(=ex:upwards)+
lev(=lift)+ate(동·접)
: 위로 올리다

vt.1.(들어)올리다, 높이다, 향상시키다(raise) 2.승진시키다, 등용하다

elevator ⓝ승강기, 엘리베이터
In a few years the company has **elevated** its competitive edge to the global level.
수년 만에 그 회사는 경쟁력을 세계적 수준으로 향상시켰다.

alleviate
al(=ad:to)+lev(=light)+
ate(동·접) : 가볍게 하다

vt.완화[경감]하다(relieve), 덜다 공9
What can be done to **alleviate** his grief for wife's death?
아내의 죽음에 대한 그의 비통을 어떻게 덜어줄 수 있겠나?

relevant
re(=again)+lev(=lift)+
ant(형·접)
: 연관되어 다시 부상한

a.1.관련 있는, 적절한(pertinent, germane) 2.상응하는, 상대적인 토익 ⓑ irrelevant

relevance ⓝ1.적절, 타당성 2.관련(성)
This information is not **relevant** to our investigation. 이 정보는 우리의 수사와 관련이 없다.
I think your argument has no **relevance** to this topic.
난 너의 주장은 이 주제와 관련 없다고 생각해.

relieve
re(=again)+lieve(=lighten)
: 다시 가볍게 하다

vt.1.경감[완화]시키다 2.구제[구조]하다, 구원하다 3.교대하다, 해임하다

relief ⓝ1.경감, 완화, 제거 2.안도, 위안, 기분전환 3.구제, 구조

This drug will **relieve** you of your headache.
이 약을 드시면 두통이 완화될 것입니다.

The general was **relieved** of his post because he had failed in the crucial mission.
장군은 매우 중요한 임무에서 실패하여 직위에서 해임되었다.

I breathed a sigh of **relief** to hear that she arrived safely.
그녀가 무사히 도착했다는 소식에 나는 안도의 한숨을 내쉬었다.

meter [Gk] / meas [L] : measure 재다, 측정하다

◆변형 : mens

그리스어를 어원으로 하는 라틴어는 상당히 많다. '측정하다'라는 의미를 가진 그리스어 meter가 라틴어, 불어를 거쳐 영어로 들어와 measure가 되었다. 변화형 mens는 pp형 어근에서 왔다.

meticulous
meti(=measure)+
cul(=careful)+ous(형·접)
: 꼼꼼하게 재는

a.1.꼼꼼한,세심한(scrupulous, fastidious) 2.작은 일에 신경 쓰는,소심한(fussy) 편입, SAT

My professor had prepared for his retirement and old age with **meticulous** planning.
교수님은 자신의 은퇴와 노년에 대해 꼼꼼하게 계획을 세워 준비해 왔다.

diameter
dia(=across)+
meter(=measure)
: 가로질러 재다

n.1.지름, 직경 2.(렌즈의) 배율 cf. radius 반지름

It measures four point five meters in **diameter**.
지름이 4.5m이다.

barometer
baro(=pressure)+
meter(=measure)
: 누르는 힘을 재는 계기

n.1.기압계, 바로미터 2.척도, 지표, 변화의 징후

We forecast possible changes in the weather through a **barometer**.
우리는 기압계를 통해 가능한 날씨변화를 예측한다.

This poll on amending the constitution is regarded as a reliable **barometer** of public opinion.
개헌에 대한 이 여론조사는 신뢰할 만한 여론의 척도로 간주된다.

perimeter
peri(=around)+
meter(=measure)
: 주변을 재어 봄

n.주위,주변(periphery, fringe),둘레(의 길이) 편입

Some animals do not tend to leave the **perimeter** of their boundaries.
어떤 동물들은 자신의 영역 주변을 잘 떠나려 하지 않는다.

thermometer
thermo(=heat)+
meter(=measure)
: 열을 재는 계기

n.온도계, 체온계, 지표

Water freezes when **thermometer** is below zero.
온도계가 영도 이하일 때 물이 언다.

geometry*
geo(=earth)+
metr(=measure)+y(명·접)
: 땅을 측정하는 것

n.기하학
My friend is good at **geometry** thanks to outstanding sense of space.
내 친구는 뛰어난 공간감각 덕분에 기하학에 능숙하다.
* unit.1에 나오는 단어의 복습

symmetry
sym(=alike)+
metr(=measure)+y(명·접)
: 동등한 척도

n.(좌우의) 대칭, 균형, 조화

symmetric ⓐ1.대칭의, 대칭적인 2.조화된, 균형 잡힌(balanced)
asymmetry: a(=not)+symmetry → ⓝ비대칭, 불균형
Classical dance pursues balance and **symmetry**.
고전 무용은 균형과 대칭을 추구한다.

measure
[méʒər]
meas+ure(명·접)
: 재기, 측정하기

n.1.측정, 계량 2.기준, 척도 3.(보통pl.)수단, 대책, 조치 4.치수, 크기
vt.1.재다, 측정하다 2.판단[판정]하다, 평가하다 vi.측정하다, 재다 공7

measurable ⓐ1.잴[측정할] 수 있는 2.주목할 만한, 상당히 중요한 ⓑ immeasurable
measurement ⓝ1.(주로pl.)(길이, 넓이, 크기, 두께 등의) 치수 2.측정, 측량

This test is a very reliable **measure** of a student's achievement.
이 테스트는 학생의 성취도 평가에 대한 매우 신뢰할 만한 척도다.
We have to take self-defense **measures** to protect ourselves from the enemy's attack.
우리는 적의 공격으로부터 스스로를 방어하기 위해 자위적 조치를 취해야 한다.
He **measured** the width, length and height of the new table.
그는 새로 구입한 탁자의 가로, 세로 및 높이를 재었다.
Modern society generates an **immeasurable** amount of information everyday.
현대사회는 매일 헤아릴 수 없이 많은 양의 정보를 생산한다.

dimension
di(=dis:apart)+mens
(=measure)+ion(명·접)
: 각각 따로 재다

n.1.치수 2.용적, 면적, 크기, 부피, 규모 3.차원, 관점

dimensional ⓐ ~차원의, 치수의
His marriage added a new **dimension** to his life.
그의 결혼은 그의 삶에 새로운 차원을 더해 주었다.
The venture firm makes printers which can output three-**dimensional** objects, based on information input by users.
그 벤처회사는 사용자가 입력하는 정보에 따라 3차원 물체를 출력하는 프린터기를 만든다.

immense
im(=in:not)+mense
(=measure)
: 측정할 수 없는

a.거대[막대, 광대]한(huge, enormous), 한없는
He earned an **immense** amount of money by running a venture business.
그는 벤처사업으로 엄청난 돈을 벌었다.

commensurate
com(=with)+
mens(=measure)+ur+
ate(형접) : 같은 치수의

a.1.(~ with) 상응하는, 어울리는(proportionate) 2.적당한, 균형 잡힌 편입, 토플
The year-end bonus will be **commensurate** with work performance.
연말 상여금은 성과에 따라 지불된다.

pute[L] : 1. reckon 셈하다 2. consider ~라고 생각하다, 고려하다

compute
com(=together)+
pute(=reckon)
: 함께 셈하다

vt.vi.계산하다, 산정[산출]하다

computer ⓝ컴퓨터

computation ⓝ계산(calculation), 산정수치, 컴퓨터의 사용[조작]

I **computed** how much money we had spent during our trip around Europe.
나는 유럽여행에서 우리가 얼마 정도 돈을 썼는지 계산해 보았다.

Finding an error in the **computation**, I tweaked a few figures in the marketing plan.
계산에서 착오를 발견하고 나는 마케팅 계획서 상의 몇몇 수치들을 약간 수정했다.

dispute
dis(=apart)+
pute(=consider)
: 각자 생각을 달리하다

vi.논쟁하다(argue, debate), 말다툼하다(quarrel)
vt.1.토의[토론]하다(discuss) 2.반박[논박]하다, 이의[반론]을 제기하다
n.1.논쟁, 논의 2.분쟁, 분규, 쟁의 토익

The union is in a pay **dispute** with management.
노조는 사측과 임금분쟁 중이다.

The survivors **disputed** whether to leave at once or to stay.
생존자들은 즉시 떠날 것인지 아니면 머무를 것인지에 대해서 논의했다.

impute
im(=in)+pute(=consider)
: 내부적으로 고려하다
→ 귀속시키다

vt.1.~에게 돌리다, ~의 탓으로 하다(ascribe), 전가하다 2.귀속시키다 공7, 편입

He **imputed** his failure to lack of money.
그는 자신의 실패를 자금부족 탓으로 돌렸다.

repute
re(=again)+
pute(=consider)
: 다시 생각해보다

vt.~라고 평하다, 여기다 n.평판, 명성

reputable ⓐ1.평판이 좋은, 이름 있는 2.올바른, 훌륭한 토익

reputation ⓝ1.평판, 세평 2.명성, 신망 토익

The human resources team consistently **reputed** him very capable.
인사팀은 그에 대해 일관되게 아주 유능하다고 평했다.

She enjoys a **reputation** as a popular writer.
그녀는 인기 작가로 평판이 나있다.

Unit 35. 거친 원석들을 모으고(lect) 녹여(fus) 새로운(nov/neo) 보석으로 만들다(fac/crea).

lect, leg, lig [L] : 1. gather 모으다　2. choose 선택하다　3. read 읽다

이 어근에는 '모으다, 선택하다, 읽다'라는 3가지 상이한 뜻이 다 들어있다. 왜 그럴까?

중세시대에, 선출된 종교인들이 중심이 되어 교리의 전파를 위해 전설적인 성인聖人들의 일화나 구전을 모았다. 그런 후 이 중에서 적합한 것들을 엄격히 선별한 후 멋진 일대기를 만들어 지식인에게 읽게하고 또 문맹의 일반 대중에게 널리 강연을 하도록 한데서 비롯된 것 같다.

라틴어 어근 leg의, (복합어를 만드는) 결합형이 lig이며, 이 lig의 과거분사형이 lect이다.

collect
col(=com:together)+lect(=gather) : 함께 모으다

vt.1.모으다, 수집하다　2.징수[모집]하다　3.집중하다, 가다듬다
vi.모이다, 쌓이다　a., ad.수취인 지불의[로]

collective ⓐ집합[집단]적인, 공동의　㉺ individual　ⓝ집단(농장), 공동체

collection ⓝ1.수집, 채집, 퇴적　2.수금, 징수　3.수집물, 소장품

The presidential candidate **collected** a large amount of money through the campaign.
대통령 후보는 그 캠페인으로 거액의 돈을 모았다.

The government will introduce a new tax system to **collect** tax effectively.
정부는 효율적인 세금징수를 위해 새로운 조세 시스템을 도입할 것이다.

Wikipedia is the most typical example of **collective** intelligence.
위키피디아는 집단지성의 가장 전형적인 예다.

My greatest treasure is the **collection** of classical records.
나의 가장 큰 보물은 클래식 음반 모음이다.

recollect
re(=again)+collect : (생각을) 다시 모으다

vt.생각해내다, 회상하다(recall)　vi.생각[기억]나다

recollection ⓝ1.회상, 회고　2.추억, 기억

I **recollected** that she had been at the right place at the right time.
나는 그녀가 바로 그 시간에 바로 그 장소에 있었다는 것을 생각해냈다.

select
se(=apart)+lect(=choose) : 따로 고르다

vt.선택[선별, 선출]하다, 고르다, 뽑다　a.가려낸, 고른, 엄선한

selective ⓐ, 선택[선별]적인, 가리는, 까다로운

selection ⓝ1.선택, 선발, 정선　2.발췌, 선택물

She was **selected** as the best staff member while working for our company.
그녀는 우리회사에 근무할 때 최고의 직원으로 선정되었다.

Only a **select** few in the government knew the secret project.
정부 내의 오직 엄선된 소수만이 그 비밀프로젝트에 대해 알고 있었다.

She is very **selective** when she chooses her dress. 그녀는 의상을 고를 때 아주 까다롭다.

elect
e(=ex:out)+lect(=choose) : 밖으로 선별해내다

vt.vi.1.선거하다, 선출[선임]하다　2.선택하다, 고르다　a.선출[선임]된, 선정[선발]된

election ⓝ선거, 투표, 당선

We **elect** our president every five years. 우리는 5년 마다 대통령을 선출한다.

Our presidential **elections** are held every five years. 우리 대통령 선거는 5년마다 치뤄진다.

intellect
intel(=inter:among)+lect(=choose)
: 여럿 중에서 선별하는 능력

n.1.지성, 지력, 사고력 2.지식인, 식자

intellectual ⓐ지적인, 지성의, 이지적인 ⓝ지식인, 식자, 두뇌노동자

Playing games does not develop **intellect**. 게임하는 것은 지적 능력을 발달시키지 않는다.
The company abuses its **intellectual** properties through legal claims against its rivals.
그 회사는 라이벌들에 대해 법적 소송을 걸어서 지적재산권을 남용하고 있다.

neglect [niglékt]
neg(=not)+lect(=choose)
: 선택하지 않다, 내버려두다

vt.1.무시[경시, 간과]하다 2.게을리[소홀히] 하다 n.태만, 무시, 소홀

negligence [néglidʒəns] ⓝ1.태만, 부주의, 무관심 2.〈법〉과실 편입, 토플
negligible ⓐ무시해도 좋은, 하찮은 공7, 편입

He has **neglected** his health for business. 그는 사업 때문에 건강을 소홀히 했다.
This accident is due to the driver's **negligence**. 이 사고는 운전자의 과실에 의한 것이다.
Her damage is **negligible**. 그녀의 피해는 하찮은 정도다.

dialect
dia(=across)+lect(=gather)
: 가로질러 전역에서 모은 것

n.방언, 사투리

Residents in Jejudo use a very unfamiliar **dialect**.
제주도 사람들은 아주 생소한 사투리를 사용한다.

lecture
lect(=read)+ure(명·접)
: 읽기

n.1.강의, 강연 2.설교, 꾸지람, 훈계 vi.강의[강연]하다
vt.1.강의[강연]하다 2.설교[훈계]하다

His **lecture** was so boring that some students fell asleep.
그의 강의는 너무 지루해서 일부 학생들은 잠이 들었다.

elegant
:e(=ex:completely)+leg(=choose)+ant(형·접)
: 엄격히 선별된

a.1.우아한, 고상한(graceful), 세련된(refined) 2.기품 있는, 격조 높은

elegance ⓝ우아(grace), 고상(refinement), 기품

She wears an **elegant** dress for today's party.
그녀는 오늘의 파티를 위해 우아한 드레스를 입고 있다.

legend
leg(=read)+end(어미)
: 읽혀져야 할 것(things to be read)

n.1.전설, 전설적 인물 2.범례, 일러두기

legendary ⓐ1.전설의, 전설적인 2.아주 유명한, 믿기 어려운

He is still regarded as a **legend** in baseball history.
그는 야구역사에서 여전히 전설로 여겨진다.

intelligent
intel(=inter:among)+lig(=choose)+ent(형·접)
: 여럿 중에서 선별된

a.1.총명한, 똑똑한, 재치있는 2.지적인, 이성적인

intelligence ⓝ1.지능, 지성, 사고력, 총명 2.정보, 첩보, 정보기관 토플

There is no denying that the young professor is extremely **intelligent**.
그 젊은 교수가 지극히 총명하다는 사실은 부인할 수 없다.
The ability to focus attention on important things is a defining characteristic of **intelligence**. - Robert J Shiller
중요한 일에 주의력을 집중할 수 있는 능력이 지능의 가장 결정적 특징이다.

illegible
il(=not)+leg(=read)+ible(형접)
: 읽을 수 없는

a.읽기 어려운, 판독할[알아볼] 수 없는 경찰, SAT

legible ⓐ읽기 쉬운, 판독할 수 있는 고시, 편입

As his handwriting was scribbled across the paper, it was almost **illegible**.
그의 친필이 종이 위에 휘갈겨져 있어 거의 알아볼 수 없었다.

eligible
:e(=ex:out)+lig(=choose)+ible(형·접) : 따로 골라낸

a.1.적격[적임]의 2.알맞은, 적합한(suitable), 〈법〉자격 있는
n.적격[적임]자, 유자격자 토익, 편입

Only the students over 3.5 on the GPA are **eligible** for the scholarship.
학점 3.5 이상 학생들만 장학금을 받을 자격이 있다.

fus, fut [L] : 1. melt 녹이다 2. pour 붓다 3. 퓨즈, 도화선

fuse
'녹이다(melt)'의 뜻에서

vt.vi.1.녹다, 녹이다 2.융합[용해]시키다 3.연합[합동]하다 n.도화선, 퓨즈, (폭약의) 신관

Our different ideas **fused** into a project.
우리의 이질적인 아이디어들이 하나의 프로젝트로 융합되었다.

fusion
fus(=melt)+ion(명·접)
: 열로 함께 녹임

n.1.융합, 용해, 통합 ㊥ fission분열 2.연합, 합동, 제휴

Such an attempt is an exciting **fusion** of tradition and progress.
그러한 시도는 전통과 진보의 신명나는 융합이다.

☞ **fusion** food: 퓨전요리 **fusion** music: 퓨전음악 nuclear **fusion**: 핵융합

confuse
con(=together)+fuse(=melt)
: 함께 녹이다, 뒤섞다

vt.1.혼동하다, 헷갈리다 2.당황[어리둥절]하게 하다(perplex) 3.혼란시키다, 어지럽히다

confused ⓐ1.혼란스러운, 헷갈리는, 당황한 2.혼잡한, 구별할 수 없는

confusion ⓝ1.혼란, 혼동 2.당황, 혼미, 정신착란

Sometimes I **confuse** flattery with praise.
어떤 때는 난 아첨을 칭찬과 혼동한다.

I got **confused** at the unexpected offer.
나는 예기치 않은 제안에 당황했다.

The new admission system brought more **confusion** to students and parents.
새로운 입시제도는 학생과 학부모에게 더 큰 혼란을 가져왔다.

defuse
de(=off)+fuse(퓨즈)
: 퓨즈를 제거하다

vt.1.(긴장, 위험 등을) 진정[완화]시키다(alleviate) 2.뇌관을 제거하다 공7

The company makes every effort to **defuse** the inundation of consumer complaints
그 회사는 쏟아지는 소비자 불만을 진정시키기 위해 백방으로 노력하고 있다.

diffuse
dif(=dis:apart)+fuse(=pour) : 흩어서 붓다

vt.퍼뜨리다(spread), 발산[확산]하다, 보급시키다
vi.퍼지다, 흩어지다 a.흩어진, 널리 퍼진, 산만한 편입, 회계사

diffusion ⓝ1.발산, 확산, 유포 2.전파, 보급

A trickster **diffused** fake news about the celebrity through the Internet.
한 사기꾼이 그 연예인에 대한 가짜뉴스를 인터넷을 통해 퍼뜨렸다.

infuse
in(=into)+fuse(=pour)
: 안으로 붓다

vt.1.붓다, 주입하다 2.불어넣다, 고취하다(inspire) 3.(차 등을) 우리다

infusion ⓝ1.투입, 주입 2.고취 편입

The young newcomer **infused** new life and energy into our team.
그 젊은 신참이 우리 팀에 새로운 생명과 기운을 불어넣었다.

refuse
re(=back)+fuse(=pour)
: 도로 붓다

vt.vi.거절[거부]하다, 퇴짜 놓다 ㊥ accept n.폐물, 쓰레기

refusal ⓝ거절, 거부 ㊥ acceptance

He **refused** to follow his brother's advice. 그는 형의 충고대로 따르기를 거부했다.
I accepted her silence as a **refusal**. 나는 그녀의 침묵을 거절로 받아들였다.

profuse
[prəfjú:s]
pro(=forth)+fuse(=pour)
: 앞으로 쏟아져 나오는

a.풍부한, 넘치는(abundant), 헤픈 편입, SAT

profusion ⓝ1.풍부, 다량 2.사치, 낭비

She is **profuse** with[of] her money. 그녀는 돈 씀씀이가 헤프다.

futile
fut(=pour)+ile(=easy, 형·접)
: 쉽게 엎지르는(easily pour out)

a.1.헛된, 무익한, 쓸모없는(useless) 2.시시한, 하찮은 공9, 편입

futility ⓝ무용, 무익, 헛됨

It is foolish and **futile** of the authorities to regulate the Internet.
당국이 인터넷을 통제하는 것은 어리석고 쓸데없는 짓이다.

refute
re(=against)+fute(=pour)
: 대항해서 마구 퍼붓다

vt.1.논박[반박]하다(disprove) 2.잘못을 증명하다, 부인하다

refutation ⓝ논박, 반박, 반증

The defence lawyer **refuted** the prosecutor's evidence by deriving a few contradictions. 피고측 변호인은 몇몇 모순점을 끌어내어 검찰측 증거를 반박했다.

nov [L] / neo [Gk] : new 새로운

라틴어에서 온 nov는 앞뒤에 접사를 붙여 다양한 뜻의 명사나 동사로 쓰이나, 그리스어에서 온 neo는 접두사로서 의학이나 과학용어 또는 이념을 나타내는 '~주의' 앞에 붙여져 '신 ~주의'란 뜻으로 흔히 쓰인다.

novice
nov(=new)+(i)ce(명·접)

n.풋내기, 무경험자, 초보자(beginner) 토익

When it comes to skiing, I am a complete **novice**. 스키에 관한 한 나는 완전 초보자다.

novel
nov(=new)+el(어미)
: 새로운 이야기

n.소설 a.신기한, 참신한, 기발한

novelty ⓝ1.신기함, 진기함, 참신함 2.신기한 물건[일, 경험], 신상품

novelist ⓝ소설가

Her **novel** was made into a hit movie. 그녀의 소설이 성공적인 영화로 만들어졌다.
The ticket price of the performance may drop as its **novelty** wears off.
공연의 티켓 값은 참신함이 점점 사라짐에 따라 떨어질 것이다.

innovate

in(=in)+nov(=new)+ate(=make, 동·접)
: 내부를 새롭게 하다

vi.1.혁신[쇄신]하다 vt.도입하다, 처음 채용하다 토익

innovative ⓐ혁신적인, 획기적인

innovation ⓝ1.(기술)혁신, 쇄신, 개혁 2.신기축, 새 제도

The only way for survival is to **innovate** and produce something different from others.
생존의 유일한 길은 혁신으로 남들과 다른 무엇을 생산하는 것뿐이다.

Innovation distinguishes between a leader and a follower. - Steve Jobs
혁신은 선도자와 추종자를 구분하는 잣대다.

renovate

re(=again)+novate(=make new)
: 다시 새롭게 하다

vt.1.개조[보수, 수리]하다 2.쇄신[혁신]하다

renovation ⓝ개조, 수선, 쇄신

The stadium has been closed for a year to **renovate** the facilities.
경기장은 시설 개조를 위해 일년 동안 문을 닫고 있다.

neologism

neo(=new)+log(=word)+ism(명·접) : 새로운 단어

n.신조어, 신어, 신표현

Neologism reflects social change or social trend.
신조어는 사회적 변동이나 사회적 추세를 반영한다.

neocon

neo(=new)+conservative
→ neocon

n.신보수주의, 신보수주의자

neoliberal: neo(=new)+liberal → ⓝ신자유주의

His **neocon** policies were given a chance once again but failed miserably.
그의 신보수주의 정책은 한번 더 기회를 부여 받았으나 비참하게 실패했다.

Neolithic

neo(=new)+lith(=stone)+ic(형·접)

a.신석기시대의

A group of archeologists are digging up the **Neolithic** settlements that were found accidentally during construction.
일단의 고고학자들이 공사 중에 우연히 발견된 신석기 시대의 정착지를 발굴하고 있다.

---

fac [L] : 1. make 만들다 2. do 행하다 ◆변형 : fec, fic, fit

이 어근에는 변형꼴이 여럿 있다. 라틴어 동사(facere)의 과거분사형에서 'fact, fect'가 왔는데 fact는 주로 명사를 만들고, fect는 앞에 접두사를 붙여 여러 동사를 만든다. 결합형(combining form)에서는 어근이 fac에서 fic으로 변한다. 이 fic의 현재분사형이 ficient인데 여기서 여러 형용사가 나왔고, fic의 명사형은 fit로 된다. 그리고 fy는 단어의 맨 끝에 붙어 '만들다'라는 뜻의 동사형 접미사로 쓰인다.

---

fact

'행하여진 것(thing done)'이란 뜻

n.사실, 실제, 진상

factual ⓐ사실의, 실제의

factor fact+or(명·접) : 행위자(doer)의 뜻 → ⓝ요인, 요소, 인자因子

There are enough **factual** evidences to support his assertion.
그의 주장을 뒷받침하는 충분한 사실적 증거가 있다.

Desire is the most important **factor** in the success of any athlete.
어떤 운동 선수에게도 열망이 성공의 가장 중요한 요소다.

faction
*fact(=make)+ion(명·접)
: 파당을 만드는 것
*fact+fiction(사실+허구)

n.1.당파, 파벌 2.당쟁, 파벌싸움, 알력 3.팩션

In face of imminent peril of his country the president pleaded with all the **factions** for political cooperation.
나라의 급박한 위기에 직면하여 대통령은 모든 당파들에게 정치적 협력을 호소했다.

The new leader declared that he would unify the rival **factions** in the party.
새로운 리더는 당내의 경쟁파벌들을 통합하겠다고 공표했다.

Because this **faction** is so interesting, it will surely be adapted for a television drama.
이 팩션은 너무 재미있기 때문에 틀림없이 TV 드라마로 각색될 것이다.

facile
fac(=do)+ile(=easy, 형·접)
: 하기 쉬운

a.1.손쉬운, 용이한, 수월한 2.안이한, 경박한

We gained a **facile** victory against the rival team.
우리는 라이벌 팀에게 손쉽게 승리했다.

facility
facile+ity(명·접)

n.1.용이함, 편리함 2.(주로 pl.)(편의)시설, 설비 3.재능, 솜씨 4.기능, 특징

facilitate
ⓥ1.용이하게[수월하게]하다 2.촉진[조성]하다, 활성화하다 공9, 토익

The new sports complex has good rehabilitation **facilities**.
신설 스포츠단지는 훌륭한 재활시설을 갖추고 있다.

Widespread use of the Internet and mobile phone **facilitates** the compression of time and space.
인터넷과 휴대전화의 광범위한 사용은 시간과 공간의 압축을 촉진시킨다.

benefactor
bene(=good)+fact(=do)+or(명·접)
: 좋게 행하는 자

n.은인, 기부[후원]자

An anonymous **benefactor** donated big money.
한 익명의 후원자가 거액을 기부했다.

malefactor
male(=bad)+fact(=do)+or(명·접)
: 나쁘게 행하는 자

n.악인, 범인

A wave of rage against the **malefactor** swept over the whole country.
그 악당을 향한 분노의 물결이 전국을 휩쓸었다.

factory
fact(=make)+ory(=place, 명·접)
: 만드는 장소

n.공장, 제작소

Our **factory** had to work overtime for a week to meet the deadline for the export orders.
우리 공장은 수출주문 기한을 맞추느라 일주일 동안 야근을 해야 했다.

manufacture
manu(=hand)+fac(=make)+ure(명·접)
: 손으로 만들기

n.제조, 제작, 생산, (pl.)제품 vt.1.제조[제작]하다, 생산하다 2.지어[꾸며]내다

manufacturer
ⓝ제조업자[회사], 제작자

Petroleum is used for the **manufacture** of various goods.
석유는 다양한 상품의 제조에 사용된다.

The news story turned out to be false and **manufactured** by the reporter himself.
그 뉴스 스토리는 거짓이며 기자 스스로가 지어낸 것으로 드러났다.

perfect
per(=completely)+
fect(=make)
: 완전하게 만들다

a.1.완전[완벽]한(complete), 정확한 2.최적의 3.완료의 ㉥ imperfect 불완전한
vt.1.완성하다, 끝내다 2.숙달시키다

A happy marriage is not when a **perfect** couple comes together, but rather it is when an **imperfect** couple learns to enjoy their differences.
행복한 결혼은 완벽한 커플이 결합할 때가 아니라, 오히려 불완전한 커플이 서로의 차이를 즐거이 받아들이는 법을 배울 때 이루어진다.

She polished and **perfected** her techniques until she could defeat anyone who stood in her way.
그녀는 어느 경쟁자라도 물리칠 수 있을 때까지 그녀의 기교를 연마하고 숙달시켰다.

affect
af(=ad:to)+fect(=do)
: ~에게…을 행하다

vt.1.영향을 미치다(influence), 작용하다 2.감염시키다(infect)
3.감동시키다(touch), 충격을 주다 4. ~인 체하다, 가장하다(pretend)

affection ⓝ1.애정, 사모, 호의 2.감동, 감정 3.영향, 작용
affectionate ⓐ애정이 깊은, 애정 어린, 자애로운 공7
affectation ⓝ1.가장, 꾸밈, 허세 2.뽐냄, 으스댐

Smartphones awfully **affect** our everyday life.
스마트폰은 우리의 일상생활에 엄청 영향을 미친다.

To the various rumors concerning her marriage the actress **affected** indifference.
자신의 결혼에 관한 여러 소문에 대해 그 여배우는 무관심한 척 했다.

His father never showed him much **affection**.
그의 아버지는 그에게 큰 애정을 보여준 적이 없었다.

The teacher gave him an **affectionate** advice.
선생님은 그에게 애정 어린 충고를 했다.

She showed no **affectation** at all. 그녀는 전혀 꾸밈이 없었다.

effect
ef(=ex:out)+fect(=do)
: 바깥으로 행하여진 것

n.1.효과, 효력 2.결과, 영향 3.취지, 의도 vt.초래하다, 달성하다, 가져오다

effective ⓐ1.유효한, 효과적인 2.실질적인, 사실상의

The real estate policy produced the opposite **effect** to what was intended.
그 부동산정책은 의도했던 것과는 정반대의 결과를 낳았다.

This medicine will take **effect** slowly.
이 약은 서서히 효력이 나타날 것이다.

Offense is often the most **effective** defense.
공격이 때로는 가장 효과적인 방어다.

defect
de(=away)+fect(=do)
: (바른) 행함에서 벗어남

n.1.결점, 결함(flaw, fault), 장애 2.부족, 결핍 vi.(국가, 당 등을) 버리다, 변절하다, 망명하다

defective ⓐ결점[결함]있는(faulty), 불완전한 ⓝ1.심신[정신]장애자 2.불량품 토익
defection ⓝ1.탈당, 탈퇴 2.변절, 망명 3.불이행, 태만 편입

My mother bought cheaply this electronics because it has a slight **defect**.
엄마는 이 전자제품에 약간의 결함이 있어서 싸게 샀다.

A high ranking North Korean diplomat **defected** with his family to South Korea.
북한의 고위 외교관이 가족과 함께 남한으로 망명했다.

Defective goods were all recalled.
결함있는 제품은 모두 회수되었다.

infect
in(=into)+fect(=do)
: 안쪽으로 영향을 미침

vt.1.감염[오염]시키다 2.타락시키다, 물들이다 3.〈컴〉(바이러스를) 침투시키다
vi.감염[오염]되다

infection ⓝ1.전염, 감염, 오염 2.전염병, 감염증 3.나쁜 영향[감화]

infectious ⓐ전염성의, 전염되는, (남에게) 옮기 쉬운(contagious) 편입

His computer was **infected** with a malicious virus.
그의 컴퓨터가 악성바이러스에 감염되었다.

When your skin is wounded, you get easily exposed to **infection**.
피부에 상처가 생기면 감염에 쉽게 노출된다.

As we have experienced it, **infectious** diseases give a disastrous economic impact.
우리가 경험했듯이 전염병은 엄청난 경제적 충격을 준다.

efficient
ef(=ex:out)+fici(=do)+ent(형·접)
: (실행의) 효과가 드러나는

a.1.능률[효율]적인, 유효한(effective) 2.유능한, 실력있는

efficiency ⓝ1.능률, 효율 2.능력 토익

To invest in gold is an **efficient** way of managing our fund.
금에 투자하는 것은 우리 기금을 관리하는 하나의 효율적인 방법이다.

As he often drives a long distance, he is sensitive to fuel **efficiency**.
그는 장거리 운전을 자주 하기 때문에 연료 효율성에 대해 민감하다.

sufficient
suf(=sub:from under)+fici(=make)+ent(형·접)
: 아래에서 위까지 다 만든

a.충분한(ample), 흡족한, 만족스러운 ⓑ deficient, insufficient 불충분한

sufficiency ⓝ충분, 충족

In spite of some suspicion, I don't have **sufficient** evidence to charge her.
어느 정도의 혐의에도 불구하고 나는 그녀를 기소할 만한 충분한 증거는 없다.

deficient
de(=short)+fici(=make)+ent(형·접) : 모자라게 만든

a.1.불충분한, 부족한(meager) 2.결함 있는

deficiency ⓝ부족, 결핍(dearth), 결함 공9

Fast foods are **deficient** in essential nutrients.
패스트푸드는 필수 영양소가 부족하다.

Many people who suffer from hair loss are found to have zinc **deficiencies**.
탈모를 겪는 많은 사람들이 아연 결핍이 있는 것으로 발견된다.

proficient
pro(=before)+fici(=make)+ent(형·접)
: 앞서 만들어가는

a.익숙[능숙]한, 숙달된 n.대가(expert), 달인, 명인 토익

proficiency ⓝ숙달, 능숙

Diplomats should be **proficient** in English, as it is the global language spoken all over the world.
영어는 세계적으로 사용되는 글로벌 언어이기 때문에 외교관들은 영어에 능숙해야 한다.

artificial
art(i)(=skill)+fic(=make)+ial(형·접) : 기술적으로 만든

a.1.인위적인, 인조[인공]의 ⓑ natural 자연적인 2.부자연스런, 꾸민, 거짓[가짜]의
n.인공물, 모조품 토익

We will launch more **artificial** satellites to raise the accuracy of weather forecast.
우리는 일기예보의 정확성을 높이기 위해 더 많은 인공위성을 쏘아올릴 것이다.

sacrifice

sacri(=sacred)+fice(=make)
: 성스럽게 만들다

n.1.희생, 희생적 행위 2.제물 vt.vi.1.희생하다, 희생시키다 2.산 제물을 바치다

Parents are willing to make the necessary **sacrifices** for children's success.
부모는 자식의 성공을 위해 기꺼이 필요한 희생을 한다.

benefit

bene(=good)+fit(=do)
: 좋은 일이나 행위

n.1.이익, 이득 2.수당, 혜택 3.자선공연, 구제 vt.~의 이익이 되다, 득을 보다
vi.이익[이득]을 얻다

beneficial ⓐ유익[유리]한, 이로운 토익

The unemployment **benefit** helped him cover his living cost while he's out of work.
실업수당은 그가 실직했을 때 생계비 충당에 도움을 주었다.

It is **beneficial** for our export that the US dollar remains strong.
달러 강세가 우리 수출에 유리하다.

profit

pro(=in advance)+
fit(=make) : 앞서 만들어냄

n.1.이익(benefit), 이윤 ⓑ loss손실 2.이득, 유익(advantage)
vi.vt.이익을 얻다, 이익[도움, 득]이 되다

profitable ⓐ이익[이득]이 되는, 수익성 있는, 유익한(lucrative)

cf. **lucrative:** lucra(=gain,profit)+tive(형접) ⓐ수익성 좋은, 수지 맞는 공7, 경찰

Our company's **profits** have tripled for a year. 우리 회사 이익이 일년에 세 배로 늘었다.

Profit is the result of risks wisely selected. - Prederick Hawley
이윤이란 현명하게 선택된 위험의 결과물이다.

So far the venture business is highly **profitable**.
지금까지는 그 벤처사업은 수익성이 아주 좋다.

The businessman runs a casino in Las Vegas, which has proved very **lucrative** in a short period of time. 그 사업가는 라스베가스에서 카지노를 운영하는데, 그 사업은 아주 수익성이 좋다는 것을 짧은 기간에 증명했다.

cre(a), cru [L] : 1. make 만들다 2. grow 자라다

create

crea(=make)+te(어미)
: 만들다

vt.1.창조[창작]하다 2.창립[창설]하다 3.야기하다(cause), 일으키다

creature ⓝ1.창조물, 사람 2.생물

creative ⓐ창조[창의]적인, 독창적인(originative)

creation ⓝ1.창조, 창세創世 2.창작 3.창조물, 만물, 삼라만상

The government is making various efforts to **create** more jobs for young people.
정부는 젊은이들의 일자리 창출을 위해 다양한 노력을 기울이고 있다.

All the **creatures** on the earth cannot live without water.
지구 상의 모든 생물은 물 없이 살 수 없다.

Nowadays capitalism exists in the process of **creative** destruction.
오늘날 자본주의는 창조적 파괴의 과정 속에서 생존하고 있다.

The **creation** of something new is not accomplished by the intellect, but by the play instinct acting from inner necessity. The **creative** mind plays with the object it loves.
새로운 것의 창조는 지능이 아니라 내적 필요에서 나오는 놀이본능을 통해 이루어진다.
창의적인 사람은 자신이 사랑하는 것을 가지고 놀기 좋아한다. - Carl Jung

recreate
re(=again)+create
: 다시 만들다

vt.1.재창조[재현]하다, 되살리다 2.휴양하다, 기분 전환하다 vi.기분 전환[휴양]하다

recreation ⓝ1.휴양, 오락, 기분전환 2.재창조 토익

recreational ⓐ휴양의, 오락의

He **recreated** himself with a round of golf last weekend.
그는 지난 주말 골프 한 라운드를 돌면서 기분 전환했다.

My favorite **recreation** is watching baseball games on TV.
내가 아주 좋아하는 오락은 TV로 야구 경기를 보는 것이다.

Our resort has a lot of **recreational** facilities.
우리 리조트는 많은 오락시설을 갖추고 있다.

increase
in(=in)+crea(se)(=grow)
: 안에서 자라다

vi.1.증가하다, 늘다 ⓑ decrease, reduce 2.번식[증식]하다
vt.1.증가시키다, 늘리다, 확장하다 n.증가, 증가량[액]

increasingly ⓐⓓ점점[더욱] 더

crescent ⓝ초승달(모양), 신월 ⓐ초승달 모양의, 점점 커지는

Recently the elderly population has **increased** sharply.
최근에 노인 인구가 크게 증가했다.

As living costs steadily rise, it is **increasingly** difficult to live on my salary.
생활비가 꾸준히 늘기 때문에 봉급으로 생활하기가 점점 더 어려워진다.

decrease
de(=away from)+
crea(se)(=grow) : 줄어들다

vi.줄다, 감소하다 vt.줄이다, 감소[축소]하다 ⓑ increase증가하다 n.감소, 축소

The number of high school students is gradually **decreasing** throughout the country.
고등학생 수가 전국적으로 점점 줄어들고 있다.

concrete
con(=together)+
crete(=grown, pp형)
: 함께 자란, 잘 결합된

a.1.구체적인, 실체가 있는 ⓑ abstract 2.현실의, 명확한 3.굳어진, 응결한
n.콘크리트, 구체(성)

I have a stong suspicion but no **concrete** evidence that she is the culprit.
난 그녀가 범인이라는 강한 심증은 있지만 구체적 물증은 없다.

accrue
ac(=ad:to)+cru(e)(=grow)
: 점점 자라다

vi.(이익 등이) 생기다, (이자가) 붙다, 발생하다, 누적되다 vt.축적[누적]하다(accumulate)

accrual ⓝ발생, 증가(액), 증식

Interest will **accrue** on your account at an annual rate of 5%.
네 계좌에는 연리 5% 이자가 붙을 것이다.

recruit [F]
[rikrúːt]
: re(=again)+
cruit(=grow)
: 다시 자라게 하다

vt.vi.채용[모집]하다, 선발하다, 징집하다
n.1.신병, 보충병 2.신입사원, 신회원, 풋내기 토익

recruitment ⓝ1.신규모집, 채용, 보충 2.원기회복

Each team competes hard to **recruit** more talented rookies.
각 팀들은 좀 더 재능있는 신인선수들을 선발하기 위해 치열하게 경쟁한다.

It is expected that a few **recruits** will be assigned to our division.
몇 명의 신입사원이 우리 부서에 배정될 것으로 보인다.

Unit 36. 기존 방식(mode)으로 입증(prob/test)안되면, 다른(alter)측면(lateral)에서 시도하자(per).

mod [L] : 1. manner 방식, 양식 2. restrain 절제하다

라틴어 modus에서 온 mod는 '방식, 양식, 틀'의 뜻이다. 이 어근 앞뒤에 접사가 붙으면 양식에 맞게 절제하거나 맞추거나 변경시킨다는 뜻으로 된다.

mode
'방식'의 뜻에서

n.1.방식, 양식, 형식 2.특정 상태, 모드, 양상 3.기분, 태도

She put her smartphone in silent **mode** during the lecture.
그녀는 강의시간에 휴대폰을 정숙모드로 돌려 놓았다.

model
mod(=manner)+el(=small)
: 표준방식, 본보기

n.1.모형, 모델 2.모범, 귀감 a.모형의, 모델이 되는, 모범적인
vt.vi.모형을 만들다, 모범에 맞추다

The automaker will soon introduce a new **model** with increased fuel efficiency.
그 자동차 회사는 곧 연비가 개선된 새로운 모델을 출시할 것이다.

moderate
moder(=restrain)+ate(형·접, pp형)
: 잘 억제된

a.1.절제하는, 절도있는(temperate) 2.알맞은, 적당한 ⓑ excessive
3.중간[중도]의, 온건한, (기후가) 온화한 n.온건주의자 vt.완화[절제]하다, 누그러뜨리다
vi.누그러지다, 온화해지다 편입

I am **moderate** in drinking on my doctor's advice.
의사의 조언에 따라 나는 술을 절제하고 있다.

Increases in production will **moderate** oil prices sooner or later.
산유량 증가가 조만간 유가를 완화시킬 것이다.

modest
mod(=restrain)+est(형·접)
: 절제하는

a.1.겸손한, 신중한 2.정숙한, 수수한 3.적당[온당]한

modesty ⓝ1.겸손, 정숙 2.수수[소박]함, 적당함

The player is always **modest** about his role as captain.
그 선수는 주장으로서 그의 역할에 대해 언제나 겸손하다.

The lady's genuine **modesty** distinguishes her from her peers.
그 숙녀의 진실된 겸손이 동료들과 그녀를 구별시켜 준다.

modify
mod(=manner)+(i)fy(=make)
: 양식에 맞추다

vt.1.변경[수정]하다 2.완화[조절]하다(adjust), 한정하다 vi.변경[수정]되다

modification ⓝ변경, 수정, 조절

These regulations should be **modified** to reflect the existing reality.
이 규정들은 기존 현실을 반영할 수 있도록 변경되어야 한다.

accommodate
ac(=ad:to)+com(=with)+mod(=manner)+ate(동·접)
: ~에 함께 맞추다

vt.1.수용하다, 숙박시키다 2.편의를 도모하다, 변통해 주다 3.적응[조절]시키다
vi.순응[적응]하다 공7

accommodation ⓝ1.숙박[수용]설비 2.편의, 도움 3.적응, 순응 4.화해, 조정

This auditorium is large enough to **accommodate** one thousand people.
이 강당은 1, 000명을 수용할 만큼 충분히 크다.

The travel package includes flights, **accommodations**, meals and local transportations.
여행상품은 항공편, 숙박, 식사 및 지역교통을 포함한다.

modern
mod(=manner)+ern(형·접)
: (현재의) 방식에 맞춰진

a.1.현대의, 근대의 2.현대식의, 최신의

modernize ⓥⓣ현대화[현대적으로] 하다 ⓥⓘ현대화되다

The smartphone has become an essential device of **modern** life.
스마트폰은 현대생활의 필수 기기가 되었다.

Our company has invested an enormous amount of money to **modernize** its factories.
우리 회사는 공장을 현대화하기 위해 막대한 돈을 투자했다.

commodity
com(=together)+
mod(=manner)+ity(명·접)
: 양식에 함께 맞춰진 것

n.상품, 물품, 생필품, 원자재 토익

Commodity prices are rising because of soaring oil prices.
치솟는 유가 때문에 물가가 상승하고 있다.

prob [L] / prov [F]: 1. verify 입증[증명]하다 2. test 시험하다

라틴어 동사가 프랑스화 되면서 철자 b가 v로 바뀌어 prob가 prov로 변했다.

probe
: '입증하다'라는 뜻에서

vt.철저히[엄밀히]조사하다 vi.규명하다, 탐사[탐구]하다(delve)
n.1.철저한 조사, 탐사 2.시험, 시도 3.탐침

probation ⓝ1.〈법〉보호관찰, 가석방 2.수습(기간) 3.근신 경찰

The victim asked to dig into all suspicions through a **probe**.
피해자는 철저한 조사를 통해 모든 의혹을 파헤쳐달라고 요청했다.

probable
prob(=verify)+able(형·접)
: 증명할 만한

a.있음직한, 그럴듯한(plausible), 유망한 n.있음직한 일, 후보

probably ⓐⓓ아마도(perhaps), 대개는, 십중팔구

probability ⓝ1.있음직함, 그럴듯함, 가망성 2.확률, 개연성

If the patient survives past 24 hours, recovery is **probable**.
만약 환자가 24시간이 지나도 생존해 있다면 회복은 거의 확실하다.

There is very little **probability** of winning a lottery. 복권에 당첨될 확률은 극히 희박하다.

prove [F]
: '시험하다(test)'의 뜻에서

vt.1.증명[입증]하다(verify, demonstrate) 2.시험[실험]하다 vi.~으로 판명되다(turn out)

proof¹ ⓝ1.증명, 증거(evidence), 입증 2.시험, 테스트

proof² ⓐ~을 막는, ~에 견디는 waterproof 방수의 soundproof 방음의
bulletproof 방탄의

We suspect that she stole the necklace, but cannot **prove** the fact.
우리는 그녀가 목걸이를 훔쳐갔다고 의심하지만 그 사실을 증명할 수 없다.

The report later **proved** to be false. 그 보고는 이후에 거짓으로 판명되었다.

Do you have any **proof** that it was he who spread the rumor?
소문을 퍼뜨린 사람이 그라는 증거가 있어?

approve
ap(=ad:to)+
prove(=verify)
: 승인하다

vt.1.찬성[찬동]하다 2.승인[동의]하다 vi.찬성[승인]하다(agree) ㊥ disapprove반대하다

approval ⓝ1.찬성, 동의, 승인 2.허가, 인가(sanction)

Our CEO has to **approve** the project before we start working for it.
우리가 일을 시작하기 전에 최고경영자가 우리 프로젝트를 승인해야 한다.

My parents didn't **approve** of me becoming an artist.
부모님은 내가 화가가 되는 것을 찬성하지 않았다.

The deal is subject to the **approval** of the board.
그 거래는 이사회의 승인을 받아야 한다.

disprove
dis(=opposite)+prove
: 반대로 증명하다

vt.반증[반박]하다, 오류를 입증하다

The new evidence discovered by the research team **disproved** the established theory.
그 연구팀에 의해 발견된 새로운 증거는 기존 이론의 오류를 입증했다.

reprove
re(=against)+prove
: 승인을 거스르다

vt.꾸짖다, 책망[비난]하다(blame, rebuke) vi.나무라다, 야단치다 편입, SAT

I gently **reproved** him for being rude.
나는 그를 무례하다고 점잖게 꾸짖었다.

test [L] : witness 증명[입증]하다, 증인

testify
test(i)(=witness)+fy(동·접)
: 증인이 되다

vi.1.증명[입증]하다 2.증인이 되다, 증언하다 vt.증명[증언]하다, ~의 증거가 되다

Some of her colleagues expected her to **testify** against the former boss.
그녀의 동료 중 일부는 그녀가 이전의 상사에게 불리한 증언을 하리라고 예상했다.

One witness to the accident **testified** that the driver seemed to be drunk.
사고의 한 목격자는 운전자가 술 취한 것처럼 보였다고 증언했다.

testimony
test(i)(=witness)+
mony(=action, 명·접)
: 입증 행위

n.1.증언, 입증, 증거 2.(신앙)고백, 선언 토플

Anyone who gives false **testimony** on purpose will be punished.
의도적으로 위증하는 자는 처벌받게 된다.

contest
con(=together)+
test(=witness)
: 함께 증명하다

n.1.경쟁(competition), 경연 2.논쟁, 논전(dispute) vt.논쟁하다, 다투다, 이의를 제기하다
vi.1.논쟁[논의]하다 2.경쟁하다, 겨루다

The girl became a movie star after winning a beauty **contest**.
그 소녀는 미인대회에 우승한 후 영화배우가 되었다.

protest
pro(=before)+
test(=witness)
: 앞에 나서서 증언하다

vi.vt.항의하다(~ against), 이의를 제기하다, 시위하다 n.항의, 이의제기, 시위

Thousands of people took to the streets to **protest** against the government decision.
수천 명의 사람들이 정부 결정에 항의하여 거리로 뛰쳐나왔다.

attest
at(=ad:to)+test(=witness)
: ~에 대해 입증하다

vt.vi.증명[증언]하다(~ to), 입증하다, ~의 증거가 되다 편입
Your high fever **attests** to your illness.
고열이 당신이 아프다는 것을 입증한다.

detest
de(=down)+
test(=witness) : 저주하다

vt.혐오하다, 몹시 싫어하다(abhor) 공9

detestable ⓐ혐오[가증]스러운, 진저리나는(abominable)
His ex-wife **detested** his double life.
그의 전처는 그의 이중생활을 혐오했다.

alter, ali [L] / alle [Gk] : 1. other, another 다른 2. strange 이상한

ali는 alter의 pp형 어근이며, ali 뒤에 en이 붙어 자주 사용되는 형용사인 alien이 되었다.

alter
'다르게 하다'란 뜻에서

vt.1.바꾸다, 변경하다(change, switch) 2.고치다(modify)
vi.달라지다(vary), 변경되다, 쇠약해 지다

alteration ⓝ1.변경, 개조 2.변화, 변질
My friend **alters** his usual voice when he sings a song.
내 친구는 노래할 때 평소의 목소리를 바꾼다.

alternate
alter(n)(=other)+ate(동접)
: 번갈아 하는(do one after the other)

vi.vt.번갈아 하다, 교대[교체]하다
a.1.번갈아 하는, 교대의 2.상호간의(reciprocal) 3.〈전기〉교류의

alternative ⓝ대안, 대체(물), 다른 방도, 양자택일
ⓐ대안의, 대신의, 대체할 수 있는 공9

The two girls, sharon and Helen, will **alternate** the leading role for the musical.
두 아가씨 즉 샤론과 헬렌이 그 뮤지컬의 주인공 역을 번갈아 할 것이다.
I had no **alternative** but to transfer to another team.
나는 다른 팀으로 이적할 수 밖에 없었다.
The government strongly encourages companies to invest in **alternative** energy.
정부는 기업들이 대체에너지에 투자하는 것을 크게 장려한다.

altercation
alter(=other)+
cation(=contention)
: 다른 주장으로 서로 다툼

n.언쟁, 논쟁, 격론(argument, quarrel) 공7
A woman got involved in an **altercation** with a guard due to the parking problem.
주차문제로 한 여자와 경비원 간에 시비가 붙었다.

altruism
altru(=other)+ism(=주의)
: 타인이 우선

n.이타주의, 이타심 ⓑ egoism

altruistic ⓐ이타적인(unselfish, selfless) 고시, 토플 ⓑ egoistic, selfish
The development policy is from self interest rather than from **altruism**.
그 개발정책은 이타주의 보다는 자기이익에서 나온 것이다.
☞이 단어는 인간심리와 사회현상을 설명하기 위해 19세기에 프랑스 학자가 만든 조어(coined word)임.

alibi [L]
: ali(=other)+
bi(어미, locative)
: 다른 장소에(somewhere else)

n.1.알리바이, 현장부재증명 2.변명(excuse), 구실
Checking out his **alibi**, the police set him free.
알리바이를 확인하고 경찰은 그를 방면했다.

alias
ali(=another)+as(어미)
: 달리…라 불리는 (otherwise called)

ad.일명~라 불리는, 별명은 n.별명, 가명(pseudonym, false name) 경찰
To conceal his true identity the actor checked into the hotel under an **alias**.
자신의 정확한 신분을 감추기 위해 그 배우는 호텔에 가명으로 투숙했다.

alien [éiljən]
ali(=another)+en(형·접)
: 색다른(belonging to another)

a.1.외국(인)의(foreign), 외래의 2.이질적인, 이종의, 낯선(strange) 3.외계의
n.1.외국인(foreigner), 문외한 2.외계인 편입
As a life of luxury is quite **alien** to her nature, she can save much money for some years.
사치스런 생활은 그녀의 성격에 전혀 맞지 않아 그녀는 수년만에 많은 돈을 저축했다.

alienate
alien+ate(동접)
: 낯설게하다(make estranged)

vt.멀어지게[소원하게]하다, 소외시키다

alienation ⓝ1.소외(감), 소원, 이간 2.〈법〉양도, 이전 변리사
The ethnic minorities have been **alienated** both politically and economically from the society where they live.
소수 민족들은 그들이 사는 사회로부터 정치적·경제적으로 소외당해 왔다.
At the workplace he is troubled by a sense of **alienation** from his colleagues.
그는 직장에서 동료들로부터 받는 소외감으로 고통받고 있다.

allergy [ǽlərdʒi]
alle(=strange)+ergy (=reaction) : 이상 반응

n.1.이상 과민증, 알레르기 2.반감, 거부감
I have an **allergy** to pollen in spring.
나는 봄에 꽃가루 알레르기를 겪는다.

allegory [ǽligɔ̀:ri]
alle(=another)+gory (=speak openly)
: 다르게 말하기

n.1.우화, 풍자 2.비유, 상징 토플
His novel is well known for comic **allegories** about social trends.
그의 소설은 세태에 대한 코믹한 우화로 잘 알려져 있다.

later [L] : side 옆, 측면

lateral
later(=side)+al(형접)

a.1.옆의, 측면의, 수평의 2.방계傍系의 3.측음의 n.1.옆쪽 2.곁가지
Your face is much more attractive in a **lateral** view.
네 얼굴은 옆에서 봤을 때 훨씬 더 매력적이다.
The problem can be solved, only with a little **lateral** thinking.
그 문제는 간단한 수평적 사고만으로도 풀릴 수 있다.

unilateral
uni(=one)+lateral(측면의)
: 한 측면 만의

a.1.일방적인(one-sided), 단독의, 한쪽 만의 2.편무적인, 편무계약의

The laborers could not accept such a **unilateral** decision.
노동자들은 그러한 일방적 결정은 받아들일 수 없었다.

The contract was **unilaterally** breached by the other party.
계약은 상대방에 의해 일방적으로 파기되었다.

bilateral
bi(=two)+
lateral(=side, 측면)

a.1.쌍방의, 양측[양쪽]의, 양당의 2.쌍무적인 n.양자회의, 양자간 협정 공9, 토익

After the free trade agreement, **bilateral** trade volume has increased year by year.
자유무역협정 이후, 양국의 교역량은 매년 증가했다.

collateral
col(=with)+
later(=side)+al(형·접)
: 나란히, side by side

a.1.나란한, 평행한(parallel), 병립하는 2.부차[부수]적인, 추가[보충]의 3.방계의 4.담보로 내 놓은 n.1.담보물 2.부수사항, 부대 사실[사정]

We need to know what **collateral** damage can be predicted.
어떤 부수적인 피해가 예상되는지 우리는 알아야 한다.

She put up her apartment as **collateral** for a loan to cover her son's medical expenses.
그녀는 아들의 의료비를 대기위한 대출을 받으려고 아파트를 담보로 잡혔다.

multilateral
multi(=many)+
lateral(측면의) : 여러 측면의

a.1.다자간[다국간]의 2.다각적인, 다원적인

It's very tough to make progress in **multilateral** talks.
다자간 협상에서 진전이 이루어지기는 매우 어렵다.

per, pir [L] : 1. try 시도하다 2. test 시험하다

peril
per(=try)+il(어미)
: 시도해 봄, 위험이 따름

n.위험(danger, jeopardy), 모험(risk, hazard)

perilous ⓐ위험한(dangerous), 모험적인(adventurous)

imperil ⓥⓣ위태롭게 하다, 위험에 빠뜨리다

The animal lover hopes the injured bird survive the **perils** of predators while it doesn't fly well.
동물 애호가는 다친 새가 잘 나르지 못하는 동안 포식자의 위험에서 살아남길 희망한다.

The journalist had to make a **perilous** journey across the war zone.
그 기자는 전쟁지역을 가로지르는 위험한 여행을 해야 했다.

expert
ex(강조, emphasis)+
pert(=tried, pp형)
: 충분히 시도해본 자

n.숙련가, 대가, 달인, 전문가(specialist) ⓑ amateur
a.1.전문가[숙련가]의 2.숙련된, 노련한(skillful)

expertise ⓝ전문지식, 전문기술 편입, 토익

The professor has been recognized as a prominent **expert** in neuroscience.
그 교수는 신경과학 분야에서 탁월한 전문가로 인정받아 왔다.

Due to the lack of experience and **expertise**, they quit challenging the new business.
경험과 전문지식 부족으로 그들은 새로운 사업에 도전하는 것을 단념했다.

experience

ex(강조)+per(i)(=try)+ence(명·접)
: 충분히 시도해 봄

n.경험, 체험　　vt.경험[체험]하다

experienced ⓐ경험 많은, 노련한, 숙련된

inexperience ⓝ무경험, 미숙, 서투름

Men are wise in proportion, not to their **experience**, but to their capacity for **experience**. - George Bernard Shaw
인간은 경험에 비례해서가 아니라 경험을 수용할 수 있는 능력에 비례해서 현명해진다.

His father is an **experienced** pilot.
그의 아버지는 노련한 조종사다.

experiment

ex(강조)+per(i)(=test)+ment(명·접) : 시험해 보기

n.실험, 시도　　vi.실험하다, 시험[시도]하다

experimental ⓐ실험의, 실험[시험]적인

The discovery was made through an elaborate **experiment** by the research team.
그 발견은 리서치 팀의 정교한 실험에 의해 이루어졌다.

The new method of surgery is still at the **experimental** stage.
그 새로운 수술법은 아직 실험단계에 있다.

empirical [Gk]

: em(=in)+pir(i)(=trial)+cal(형·접)
: 실제 시도해 보는

a.경험[실험]에 의한, 실증적인

Without **empirical** evidence, your contention is only a vacant theory.
실증적 증거가 없으면 너의 주장은 공허한 이론에 지나지 않는다.

Review Test 12

a. novice	b. eligible	c. bilateral	d. grievance
e. testimony	f. fusion	g. alternative	h. altruism

◆ **From the box above, choose the word that corresponds to each definition below.**

1 the process or result of joining two or more things together to form a single entity

2 a choice between two (or sometimes more) things or possibilities

3 suitable or worthy to be chosen

4 a person who is new to or inexperienced in a certain job or situation

5 unselfish concern for other people's happiness and welfare

6 a real or imagined cause for complaint, especially unfair treatment

7 a formal written or spoken statement, especially one given in a court of law

8 having or involving two sides

◆ **Choose the one that is closest in meaning to the highlighted word in each sentence.**

9 After a period of **probation**, a novice can become quite proficient.
① inspection ② apprenticeship ③ hardship ④ compulsion ⑤ challenge

10 The tone of the new party is **moderate** overall.
① optimistic ② liberal ③ conservative ④ negative ⑤ temperate

11 The supervisor was asked to **verify** his earlier statement.
① prove ② withdraw ③ modify ④ judge ⑤ decide

12 I absolutely **detested** the idea of staying up late at night. 공9
① defended ② abhorred ③ confirmed ④ abandoned

13 He made a **unilateral** decision without discussing it with our members.

① resolute ② sophisticated ③ one sided ④ outstanding ⑤ exceptional

14 Today there was an **altercation** about task division between our staff members.

① adjustment ② assignment ③ dispute ④ consensus ⑤ appointment

15 The entrepreneur made the business **lucrative**.

① valuable ② excellent ③ lucid ④ profitable ⑤ luxurious

16 The farmers had no way to **make up for** damages from the flood.

① endure ② diminish ③ compliment ④ compensate ⑤ remove

17 If you go on a healthy diet, you can burn off **expendable** calories.

① useful ② deficient ③ indispensable ④ unnecessary ⑤ plentiful

18 Her comments were **alien** to the subject.

① favorable ② sympathetic ③ agreeable ④ hostile ⑤ irrelevant

◆ **Fill in the blank with the proper verb that will best complete the meaning of each sentence.**

① aggravate ② alleviate ③ facilitated ④ alienated ⑤ accrue ⑥ accommodate ⑦ experienced

19 The economic recovery will be _______ by low interest and quantitative easing.

20 Various tax benefits will _______ from the operation of the company which we have taken over.

21 He felt that the legal process _______ him from his own children.

22 Most of those treated with the drug have _______ side effects within a couple of weeks

23 The parking lot for the shopping mall can _______ more than 300 cars.

24 The government's heavy intervention may only _______ the problem of private education.

25 Various measures have been taken to _______ price hikes in real estate.

Unit 37. 노동(labor)도 때로는 노래(od)하듯 여유롭게 놀이(lud)하듯 신나게 할 수 있다(poss).

labor [L] : work 일하다, 노동하다

labor
'과업, 노역'의 뜻에서

n.1.노동, 근로 2.수고, 노력 3.일, 업무(job, task) 4.노동자, 노동계급
vi.노동하다, 일하다, 노력하다 vt.괴롭히다, 지치게[지겹게]하다

laborer ⓝ노동자

laborious ⓐ1.힘든, 고된(arduous, strenuous) 2.고심한, 공들인 3.근면한(diligent) 경찰

The **labor** union resolved a general strike, because talks between **labor** and management came to a rupture.
노사 간의 협상이 결렬되어 노조는 총파업을 결의했다.

The research has been very **laborious** process, but it is crowned with success at last.
그 연구는 아주 고된 과정이었지만 마침내 성공의 영예를 차지했다.

laboratory
labor(a)(=work)+tory(=place, 명·접)
: 일하는 장소

n.실험[실습]실, 연구소(약어: lab) a.실험실의, 실습[연습]의
I was stuck in the **laboratory** for several days to grow the stem cells.
나는 줄기세포 배양을 위해 여러 날 동안 실험실에 박혀 있었다.

elaborate
e(=ex:out)+labor+ate(형·접)
: 두드러지게 공들인

a.정교한, 정성들인 vt.고심하여[정교하게, 애써] 만들다, 갈고 닦다
vi.(문장 등을) 다듬다, 상세히 말하다[진술하다] 편입, 토플

elaboration ⓝ1.정교, 면밀, 공들임 2.고심작, 노작 3.상세한 말, 상술

It takes a lot of money and time to execute the **elaborate** plan.
그 정교한 계획을 실행하기 위해서는 많은 돈과 시간이 든다.

If required, I can **elaborate** further.
필요하다면 나는 좀더 상세히 진술할 수 있다.

collaborate
col(=together)+labor+ate(동·접) : 함께 일하다

vi.(~ with)협력[협동]하다, 공동으로 일하다, 공동 연구하다 공9, SAT

collaboration ⓝ 협동, 합작, 공동 연구

Researchers around the world are **collaborating** to clarify the cause and process of dementia. 치매의 원인과 과정을 규명하기 위해 전 세계 연구자들이 협력하고 있다.

od, ed [Gk] : sing 노래하다

ode
'서정적 노래'(lyric song)란 뜻에서

n.송가頌歌, 송시頌詩, 서정가곡
The poet was a master of romantic **odes**, especially **ode** to nature's beauty.
그 시인은 낭만적 송시, 특히 자연의 아름다움에 대한 송시의 대가였다.
*__ode__ to joy: 환희의 송가

melody
mel(=tune)+od(=sing)+y(명·접) : 음조에 맞춘 노래

n.곡조, 선율, 멜로디
I was fascinated by its beautiful **melody** with a touching message.
나는 감동적인 메시지가 담긴 그 아름다운 멜로디에 매혹당했다.

parody
para(=mock)+ody(=song) : 조롱하는 노래

n.1.풍자, 익살, 패러디 2.서투른 모방, 흉내
vt.비꼬아 개작하다, 풍자적으로 모방하다, 패러디하다 토익
The song is so popular that many commercials have **parodied** its title.
그 노래는 너무나 인기가 좋아서 많은 광고들이 그것의 제목을 패러디했다.

rhapsody
rhaps(=stitch)+ody(=song) : 이어 붙여진 노래

n.1.광상곡, 랩소디 2.열광적 표현
My friend went into **rhapsodies** over his first kiss with her.
내 친구는 그녀와의 첫 키스에 대해 열광적으로 표현했다.

comedy
comos(=festival)+edy(=song) : 축제에서 부르는 노래

n.희극, 코미디, 희극적 장면[사건, 요소] ⓑ tragedy비극

comic ⓐ희극의, 희극적인, 우스꽝스러운
comedian ⓝ희극배우, 코미디언

Chaplin was a real actor with a genius for **comedy**.
채플린은 코미디에 천재성을 가진 진정한 배우였다.

tragedy
trag(=goat)+edy(=song) : 염소의 노래*, 비극
* 그리스의 비극배우들이 염소가죽으로 된 옷을 입은 데서 유래.

n.비극, 비극적 사건

tragic ⓐ비극의, 비극적인, 비참한

Life is a **tragedy** when seen in close-up, but a **comedy** in long-shot.
인생이란 가까이서 보면 비극이지만, 멀리서 보면 코미디다. - Charlie Chaplin
The play is **comic** in the first half, but the mood changes in the second and gets more and more **tragic**.
그 연극의 전반부는 희극적이지만 후반부에는 분위기가 변해 갈수록 점점 더 비극적이 된다.

lud, lus [L] : 1. play 놀다, 연주하다 2. display 드러내다

ludicrous
lud(=play)+icr+ous(형·접) : 놀이하는 것 같은

a.웃기는(funny), 익살맞은, 터무니없는(absurd, ridiculous) 토플, 편입
It is **ludicrous** to think that he will succeed in the new business.
그가 새로운 사업에서 성공하리라 생각하는 것은 터무니없다.

prelude
pre(=before)+lude(=play) : 앞서 연주하다

n.1.전주곡, 서곡 2.전조, 서막, 서문
vt.vi.1.~의 선도[전조]가 되다, 서두를 꺼내다 2.서곡을 연주하다
His loss in the election was just a **prelude** to the imminent tragedy.
선거에서 그의 낙선은 곧 닥쳐올 비극의 서막에 불과했다.

interlude
inter(=between)+lude (=play) : 사이에 연주하다

n.1.막간, 사이, 짬 2.막간극, 간주곡

From the peaceful **interlude** came fresh ideas to the writer.
평온한 막간에 신선한 아이디어가 작가에게 다가왔다.

allude
al(=ad:to)+lude(=display) : ~에게 드러내다

vi.1.(~ to) 암시[시사]하다(hint, imply) 2.언급하다 공9, 토플

allusion ⓝ암시, 언급, 넌지시 하는 말

My wife's anxiety **alluded** to something important to me.
아내의 불안이 나에게 중요한 무엇인가를 암시했다.

collude
col(=together)+ lude(=play) : 함께 놀다

vi.(~ with) 공모[결탁]하다, 미리 짜고 일하다

collusive ⓐ공모한, 미리 짠, 담합에 의한

collusion ⓝ공모, 결탁(conspiracy), 유착 편입

It came to light that several customs officials had **colluded** with diamond smugglers.
몇몇 세관원이 다이아몬드 밀수업자와 공모했다는 사실이 밝혀졌다.

elude
:e(=ex:away)+lude(=play) : 떨어져서 놀다

vt.1.벗어나다, 도망치다(escape), 회피하다(evade) 2.이해되지[받아들이지] 않다 국회8

elusive ⓐ1.파악하기[알기] 어려운 2.찾기 힘든, 교묘히 피하는 공7

The smugglers fled abroad to **elude** the pursuit of the police.
밀수범들은 경찰의 추적을 피해 해외로 도피했다.

delude
de(=down, false)+ lude(=display) : 허위로 드러내다

vt.속이다, 착각하게 하다, 현혹하다(beguile)

delusion ⓝ1.현혹, 기만 2.망상, 착각 편입, 토플

The tyrant **deluded** his people into believing that they were very happy.
독재자는 자신의 인민들이 아주 행복하다고 믿게끔 그들을 현혹시켰다.

illusion
il(=in)+lus(=play)+ ion(명·접) : 머리 속에서 놀아남

n.환상, 환영, 착각

What a strange **illusion** it is to suppose that beauty is goodness. - Leo Tolstoy
'아름다움이 곧 선이다'라고 여기는 것은 얼마나 이상한 환상인가.

poss, pot [L] : 1. be able 할 수 있는 2. power 힘

possible
poss(=be able)+ible(형·접) : 할 수 있는

a.1.가능한, 할 수 있는(feasible, practicable) 2.있을 수 있는, 가능성 있는 ⓑ impossible

possibility ⓝ1.가능성, 가망 2.기회

It may be **possible** for us to arrive at the destination on time.
우리는 제 시간에 행선지에 도착할 수 있을꺼야.
We'd like to start as soon as **possible**. 가능한 한 빨리 출발하는게 좋겠다.
I dared to buy the house because I could not help ruling out the **possibility** of price increase in the near future.
조만간 집 가격의 상승을 배제할 수 없어서 나는 과감히 그 집을 구입했다.

possess

poss(=be able)+sess(=sit)
: 마음대로 앉다, 소유하다

vt.1.소유하다, 가지다(have, own) 2.점유하다(occupy), 소지하다(bear, carry) 3.사로 잡다, 지배하다

possession ⓝ1.소유, 소지 2.소유물, 소지품 3.불법소지 4.점령지, 속국(colony) 토익

possessive ⓐ1.소유의 2.소유욕[독점욕]이 강한(acquisitive)

It does not guarantee happiness to **possess** a large amount of money.
거액의 돈을 소유한다고 행복이 보장되는 것은 아니다.

The young man came into **possession** of a great fortune by selling his entire holdings to a big company.
그 젊은이는 그가 보유한 전체 지분을 대기업에 매각하여 거금을 쥐었다.

potent

pot(=power)+ent(형·접)
: 힘이 있는

a.1.강력한 2.유력한, 세력이 있는 3.설득력[영향력] 있는 편입, 토플

potency ⓝ1.효능, 효력 2.힘, 권력, 세력

omnipotent ⓐ전능한 ⓝ전능자 공7

Civic groups are now a **potent** political force in our country.
시민단체는 지금 우리나라에서 강력한 정치세력이다.

The medicine will lose its **potency** if unused for a long time.
그 약은 오래 사용하지 않으면 효력이 없어진다.

impotent

im(=not)+potent
: 힘이 없는

a.1.무력한, 허약한 2.발기불능의 편입

impotence ⓝ1.무기력, 허약, 노쇠 2.발기부전

The bigger the committee has grown, the more **impotent** it has become.
위원회의 조직이 커질수록 점점 더 무기력해져 갔다.

potential

pot(=power, able)+ent(형접)+ial(명접)
: 할 수 있음

a.1.가능성 있는, 잠재적인 n.가능성, 잠재력 토익

potentiality ⓝ잠재력

The rookie has the **potential** to become a world-class player.
그 신인은 세계적인 선수가 될 잠재력을 가지고 있다.

Unit 38. 너무 집착하지(here) 말고 마음을 비우고(vac) 느긋하게 (lax/solv) 휴식하며 자신을 돌보자(cure).

here, hes [L] : stick 달라붙다, 집착하다

adhere
ad(=to)+here(=stick)
: ~에 달라붙다

vi.1.들러붙다, 접착하다 2.신봉하다 3.고수[고집]하다

adherent ⓐ점착[접착]성의, ~에 집착한, 가입한 ⓝ지지자, 신봉자 편입, 세무사
adhesive ⓝ접착제 ⓐ잘 들러붙는, 끈끈한
adhesion ⓝ접착(력), 부착, 유착

This tape **adheres** well to any surface. 이 테이프는 어떤 표면에도 잘 붙는다.
Contrary to expectations, the radical theory is steadily gaining **adherents**.
예상과 달리 그 과격한 이론은 꾸준히 신봉자를 얻고 있다.

cohere
co(=com:together)+here(=stick)
: 함께 들러붙다

vi.1.결합[응집, 밀착]하다 2.일관성 있다, 논리 정연하다 3.일치[부합]하다

coherent ⓐ1.시종일관한, 조리가 서는 2.응집성의, 밀착하는 고시, 편입
㉥ incoherent 조리[일관성] 없는, 모순된
coherence ⓝ조리, 일관성 **cohesion** ⓝ결합, 응집(력), 단결

This essay doesn't **cohere** with his previous claims.
이 논문은 그의 이전 주장과는 부합되지 않는다.
We need greater **cohesion** to win the game.
게임에 이기기 위해서 우리는 더 큰 응집력이 필요하다.

inhere
in(=into)+here(=stick)
: 안으로 달라붙다

vi.(성질 등이) 타고나다, (권리 등이) 부여되다

inherent ⓐ고유의, 타고난, 내재하는(intrinsic) 토익, 편입
inherence ⓝ타고남, 천부天賦, 고유

A certain ideological illusion **inheres** in the economic policy.
그 경제 정책에는 어떤 이념적 환상이 본래부터 들어있다.
Reality distortions are normally **inherent** in anonymous comments.
사실 왜곡은 보통 익명성의 댓글에 내재해 있다.

hesitate
hes(=stick)+it(=go)+ate(동접) : 달라붙어 가다

vi.1.주저하다, 망설이다 2.말을 더듬다, 잠깐 쉬다 토익

hesitant ⓐ주저하는, 망설이는, 우유부단한
hesitation ⓝ주저, 망설임, 말더듬

Don't **hesitate** to ask me if you need any help.
어떤 도움이라도 필요하면 주저하지 말고 저에게 요청하세요.
I am **hesitant** to tell him he's wrong. 나는 그에게 틀렸다고 말하는 것이 망설여진다.

vac, van [L] : empty 빈, 공허한

◆변형 : vain, void [F]

영어에서 첫 글자가 v로 시작되는 모든 어휘들은 라틴어나 불어에서 들어온 차입외래어다. vain과 void는 라틴어가 불어로 들어와 철자가 프랑스화되어 변형된 꼴이다.

vacant
vac(=empty)+ant(형·접)
: 빈

a.1.비어있는, 공허한, 사람이 살지 않는 2.빈자리의, 결원의 ㉵ occupied

vacancy ⓝ1.공허, 결여, 여지, 빈방 2.빈자리, 결원 토익

As he had resigned unexpectedly, the post of president was **vacant** for a time.
그가 예기치않게 사임하여 회장 자리가 한 동안 공석이었다.

Do you have any **vacancy**? I am sorry, but we have no **vacancy**.
빈방 있습니까? 죄송하지만 빈방이 전혀 없습니다.

vacate
vac(=empty)+ate(동·접)
: 비우다

vt.1.사퇴하다, 물러나다 2.(집 등을) 비우다, 퇴거하다 3.〈법〉무효로 하다
vi.1.비우다, 명도하다, 사임하다 2.떠나다, 휴가를 얻다

Usually guests are requested to **vacate** their rooms by 11 a.m.
대체로 투숙객들은 오전 11시까지 방을 비워달라고 요청 받는다.

The significant evidence that was found newly **vacated** the conviction.
새로 발견된 중대한 증거가 유죄판결을 무효로 만들었다.

vacation
vacate+ion(명·접)
: 비우고 벗어남

n.휴가(holiday), 방학 vi.휴가를 보내다[얻다]

We have ten days paid **vacation** every summer.
우리 회사는 매 여름마다 10일 간의 유급휴가를 가진다.

evacuate
e(=ex:out)+
vac(u)(=empty)+ate(동접)
: 밖으로 비우게 하다

vt.1.비우다, 소개 시키다, 피난[대피]시키다 2.철수[후송]시키다
vi.소개[피난]하다, 철수하다, 배설[배변]하다 공9, 편입

evacuation ⓝ1.비우기, 소개疏開, 명도 2.피난, 대피, 철수 3.배설, 배출

Due to the threatening flood, thousands of people were **evacuated** from their homes.
임박한 홍수 때문에 수천 명의 사람들이 집에서 대피하였다.

vacuum
'빈 공간'(an empty space)
의 뜻에서

n.1.진공 2.공허, 공백 a.진공(장치)의

vacuum cleaner: 진공 청소기 **vacuum** tube: 진공관
vacuum-packed food: 진공포장식품

The prime minister filled incredibly well the power **vacuum** that had been developing for five months due to the president's absence.
총리는 대통령의 다섯 달 간 유고로 발생한 권력 공백을 믿기지 않을 정도로 잘 메웠다.

vanish
van(=empty)+ish(동·접)
: 별안간 비우다

vi.사라지다, 소멸하다, 없어지다 토익, 공9

Any bad feeling between the two has **vanished** through time.
둘 사이의 반감은 시간이 지남에 따라 사라졌다.

vain [F]
: '비어있는, 공허한'의 뜻에서

a.1.헛된, 무익한, 공허한 2.자만심[허영심] 강한, 허영적인

vanity ⓝ1.공허, 허무, 무상 2.허영심, 자만심 편입

Many teenage girls waited in **vain** to catch a glimpse of their idol.
많은 십대 소녀들이 그들의 우상을 잠깐 보려고 기다렸으나 허사였다.

The man fell a victim to his wife's **vanity**.
그 남자는 아내의 허영심의 희생물이 되었다.

void [F]
: '텅 빈'(vacant)의 뜻에서

a.1.빈, 헛된, 공허한 2.무효의, 법적 효력이 없는 ㉫ valid n.공간, 공백, 빈자리
vt.1.무효로 하다, 취소하다(nullify) 2.비우다, 배설하다 편입
The contract signed by a minor turned out to be **void**.
미성년자가 서명한 그 계약은 무효로 판명되었다.

avoid
a(=ad:to)+void(=empty)
: ~쪽으로 비워두다

vt.1.피하다, 회피하다 2.막다, 방지하다, 자제하다 토익

avoidable ⓐ피할 수 있는, 무효로 할 수 있는

avoidance ⓝ1.기피, 회피 2.무효, 취소

These days I try to **avoid** eating fatty foods to lose weight.
요즘 나는 체중 감량을 위해 기름진 음식의 섭취를 피하려고 한다.
I am feeling better these days thanks to the **avoidance** of stress.
요즘 스트레스를 피하니 건강이 좋아지는 느낌이다.

lax [L] / lyze [Gk] : 1. loosen 느슨해지다, 풀리다 2. leave 내버려 두다 ◆변형 : leas, lay

그리스 어근 lyze의 명사형은 lysis이며 주로 명사형 접미사로 쓰여 단어의 말미에 붙는다.

relax
re(=again)+lax(=loosen)
: 다시 느슨해지다

vt.1.긴장을 풀다, 쉬게 하다, 편하게 하다 2.완화하다
vi.1.쉬다, 누그러지다 2.이완되다 토익

relaxation ⓝ1.이완, 완화, 풀림 2.휴양, 기분전환, 오락

Listening to classical music **relaxes** me and relieves stress.
고전음악 감상은 나의 긴장을 풀어주고 스트레스를 완화시킨다.
While we exercise, our muscles contract and **relax** repeatedly.
운동하는 동안에 우리 근육은 반복적으로 수축되고 이완된다.
It's very hard to keep a balance between work and **relaxation** in our daily routines.
일상에서 일과 휴식 사이의 균형을 유지한다는 것은 아주 어렵다.

analyze
ana(=throughout)+
lyze(=loosen)
: 모조리 풀어놓다

vt.분석[분해]하다, 검토하다

analysis ⓝ분석, 분해, 해석 ㉫ synthesis 종합
Let's **analyze** from another angle the cause of this terrible failure.
이 참담한 실패의 원인을 다른 각도에서 분석해 보자.
We need to choose the best solution after a thorough comparison and **analysis**.
철저한 비교 분석 후에 최선의 해결책을 선택해야 한다.

catalyze
cata(=completely)+
lyze(=loosen)
: 완전히 풀리다, 용해되다

vt.촉매작용을 하다, 촉진시키다

catalysis ⓝ촉매작용, 접촉반응, 유인
Many proteins are enzymes that **catalyze** biochemical reactions and are vital to metabolism.
많은 단백질들은 생화학적 반응을 촉진시키고 신진대사에 활력을 주는 효소들이다.

lease
'(토지를) 풀어놓다'의 뜻에서

n.1.임대차 계약, 임대차, 리스 2.임차권 vt.임대[임차]하다 토익
My auto **lease** expires next month. 내 자동차 임대차계약은 다음달 만료된다.

paralyze

para(=abnormal)+lyze(=loosen)
: 비정상적으로 풀리다

vt.마비시키다, 불능이 되게 하다, 무력[무능]하게 만들다 토플, 편입

paralysis ⓝ1.마비, 불구 2.활동불능, 무력, 무능 공9

Botox injections temporarily **paralyze** the muscles for about four months.
보톡스 주사는 약 4개월 정도 한시적으로 근육을 마비시킨다.

The economic **paralysis** by the general strike shows in advance a chaotic state of the nation.
총파업에 의한 경제적 마비로 나라가 혼란에 빠질 조짐을 미리 보인다.

release

re(=back)+lease(=loosen)
: 원상태로 풀어주다

vt.1.석방[방면]하다, 놓아주다(set free, discharge) 2.(~ from) 면제[해제]하다 3.(영화, 음반 등) 개봉하다, 발매하다 4.발표하다, 공개하다 5.방출[표출]하다
n.1.석방, 방면 2.면제, 해제 3.개봉, 발매 4.발표, 공개 5.방출, 표출 토익, 편입

She will be **released** soon for lack of evidence.
그녀는 증거부족으로 곧 풀려날 것이다.

My best friend has finally **released** his first album.
내 절친한 친구가 드디어 그의 첫 앨범을 발매했다.

The information agency was not willing to **release** any other details about the exile case. 정보기관은 그 망명사건에 대한 다른 세부사항의 공개는 꺼렸다.

The earthquake caused an enormous **release** of radioactivity into the atmosphere.
지진은 대기 중으로 엄청난 방사능 누출을 초래했다.

delay

de(=apart)+lay(=leave)
: 따로 남겨두다

vt.1.늦추다, 지체시키다 2.연기하다, 미루다(postpone, put off)
vi.지체하다, 꾸물거리다 n.연기, 지연, 지체

You have to accept the job offer without further **delay**.
넌 더 이상 지체없이 그 일자리 제안을 받아들여야해.

Justice **delayed** is justice denied. - William Gladstone
지체된 정의는 거부된 정의다.

relay

re(=back)+lay(=leave)
: 뒤에 남겨두다*

vt.중계하다, 전달하다, 교대시키다 n.1.교대, 교체 2.릴레이, 계주 3.중계(방송)

The football games were **relayed** live by satellite to viewers around the world.
그 축구경기들은 위성으로 전 세계 시청자들에게 생중계되었다.

*사냥에 쓰이던 용어로 사냥개를 특정 지점에 교대용으로 뒤에 남겨두는 것을 의미.

solv, solut [L] : 1. loosen 느슨하게 하다 2. release 풀다

solut는 solv의 p.p형 어근이다.

solve

solvere[L](=loosen)에서 유래

vt.1.해결[타결, 타개]하다(unravel) 2.풀다, 맞추다 3.(빚을) 갚다, 지불하다

solution ⓝ1.해법, 해결(책) 2.해답, 정답 3.용액, 용해

It's high time to put our heads together in order to **solve** this tough challenge.
이 난국를 타개하기 위해서 이제 우리가 머리를 맞대야 할 시간이다.

Even selling the airport can be an alternative **solution** to the increasing national debt.
공항을 매각하는 것도 늘어나는 나라의 빚에 대한 대안적 해결책이 될 수 있다.

PH is a measure of the acidity of a **solution**.
PH는 용액의 산성도를 나타내는 척도다.

solvent
solv(=release)+ent(형·접)
: 풀리는, 풀 수 있는

a.1.지불[상환]능력이 있는 2.용해하는[되는], 녹이는 n.용제, 용액

solvency ⓝ지불[상환]능력, 변제 ㉥ insolvency

insolvent ⓐ파산한, 지급불능의(bankrupt) 공9, 토플

The company had gone beyond the financial crisis and became **solvent** in a few years.
회사는 자금 위기를 극복하고 몇년 내에 지불능력을 회복했다.

To enhance radically its future **solvency**, the company decided to increase its capital by issuing new stocks.
미래의 지불능력을 획기적으로 높이기 위해 그 회사는 새 주식을 발행하여 증자하기로 결의했다.

The enterprise wrestled with cash flow problems but finally has been declared **insolvent**.
그 기업은 현금 유동성 문제로 악전고투했으나 결국은 파산선고를 받았다.

resolve
re(강조, intensive)+
solve(=release)
: 단호하게 풀다

vt.1.해결하다(solve, settle) 2.결심[결의]하다, 결정하다(decide, determine)

resolute ⓐ단호한, 확고한, 결의에 찬(determined) 편입

resolution ⓝ1.결심, 결의(안) 2.해결 3.결단력, 과단성 4.(화면 등의) 해상도 토익, 편입

He **resolved** that he would never drive again after drink.
그는 다시는 음주운전하지 않겠다고 굳게 결심했다.

You have to go forward with **resolute** will no matter what others say.
다른 사람이 뭐라고 하든 당신은 확고한 의지로 계속 나아가야 한다.

The new microscope has innovatively improved the **resolution** to get more precise observation.
새로운 현미경은 더 정밀히 관찰할 수 있도록 해상도를 획기적으로 개선시켰다.

dissolve
dis(=apart)+
solve(=release)
: 산산이 헤쳐풀다

vt.1.녹이다, 용해시키다 2.종료[소멸, 해산]시키다 vi.녹다, 용해하다 2.없어지다, 소실되다

As you see here, the water's got lots of minerals **dissolved** in it.
보시는 것처럼 그 물 안에는 많은 광물질이 용해되어 있다.

The prime minister had to either step down, or **dissolve** Parliament and call an early election.
수상은 물러나거나 의회를 해산하고 조기 총선을 치러야했다.

absolve
ab(=off)+solve(=release)
: 떼어내 풀어주다

vt.1.용서[사면]하다, 면제하다 2.무죄[책임 없음]를 선언하다(acquit)

absolution ⓝ용서, 면죄

The new regime **absolved** the political prisoner of his wrongdoing.
새 정권은 그 정치범의 범법 행위에 대해 사면했다.

absolute
ab(=away from)+
solute(=loosen)
: 느슨한 것에서 벗어난

a.1.절대적인, 궁극적인 2.완전[완벽]한(perfect, sheer), 철저한 3.확실[확고]한
4.무제한[무조건]의 n.절대적인 것, 신, 우주

absolutely ⓐⓓ1.전적으로, 틀림없이 2.그럼, 물론이지(quite so)
3. 절대(안 돼), 전혀(아냐)

History proves that **absolute** power tends to corrupt **absolutely**.
역사는 절대권력은 틀림없이 부패하는 경향이 있다는 것을 증명해 준다.

cure [L] : care 돌봄, 주의, 관심, 걱정

'달리다'는 뜻으로 Unit.26에 나온 어근 cur와 철자는 같지만 전혀 다른 뜻을 가진다.

cure
'돌보다, 치료하다'의 뜻에서

vt.치료하다(heal), 고치다, 해결하다 vi.낫다, 치유되다, 치료하다
n.1.치료(법), 치료제, 의료 2.해결[구제]책 3.치유, 회복

curable ⓐ치료할 수 있는, 고칠 수 있는 ⓑ incurable 불치의

The research team believes stem cells can **cure** fatal diseases in groundbreaking ways.
그 연구팀은 줄기세포가 난치병을 획기적 방법으로 치료할 수 있다고 믿고 있다.

Many scientists are trying to find a **cure** for dementia.
많은 과학자들이 치매의 치료법을 발견하기 위해 애쓰고 있다.

curious
cur(i)(=care)+ous(형·접)
: 관심이 많은

a.1.호기심 많은[강한](inquisitive), 알고 싶어하는 2.호기심 끄는, 기이한, 이상한(strange)

curiosity ⓝ1.호기심 2.진기함, 신기함 3.진기한 것, 골동품

I'm just **curious** as to what happened at that instant.
나는 바로 그 순간에 무엇이 일어났는지 궁금할 뿐이다.

Pandora's **curiosity** grew stronger and stronger day by day. At last she opened the box.
판도라의 호기심은 나날이 점점 더 커져갔고 마침내 그녀는 그 상자를 열었다.

secure
se(=free from)+cure(=care)
: 걱정에서 벗어난

a.1.안전한(safe), 튼튼한 2.안정[보장]된, 확실한 ⓑ insecure
vt.1.확보하다, 보장하다 2.안전[확실]하게 하다, 방비하다 3.보증하다(ensure)

security ⓝ1.안전, 보안, 방호 2.보증, 담보, 담보물 3.증권

People believe that a complex password is more **secure** than a simple one.
사람들은 복잡한 비밀번호가 간단한 비밀번호보다 안전하다고 믿는다.

An additional goal **secured** the victory for the Korean team.
추가골이 한국팀의 승리를 확실하게 했다.

The new paper money will have high-tech **security** measures against forgery.
새 지폐는 위조 방지를 위해 첨단적인 안전장치를 갖게 될 것이다.

procure
pro(=in behalf of)+cure(=care) : ~을 위해 관심 두다

vt.1.획득[조달]하다(obtain) 2.구하다, 입수하다 3.알선하다 토익

procurement ⓝ획득, 조달, 알선

The police scrutinized the crime scene to **procure** evidences.
경찰은 증거를 입수하기 위해 범죄현장을 면밀히 살폈다.

accurate
ac(=ad:to)+cur(=care)+ate(형·접) : 주의를 기울인

a.1.정확[정밀]한(exact, precise) 2.오차없는, 용의주도한(careful)

accuracy ⓝ정확(성), 정밀도 ⓑ inaccuracy

In an urgent situation, the bodyguard couldn't be more **accurate** in shooting the target.
급박한 상황에서도 경호원은 더할나위 없이 정확히 목표물을 쏘았다.

The surgeon succeeded in transplanting an organ with pinpoint **accuracy**.
외과의사는 한치의 오차 없이 장기를 정확히 이식하는데 성공했다.

특강 8

영어에 유입된 그리스어

✓ 그리스어는 영어에 직접 유입되기도 했으나 라틴어나 프랑스어를 통해서도 상당히 들어왔다. 현재 전체 영어 단어의 15% 정도가 그리스어에 그 기원을 두고 있다.

✓ 고대 유럽문화의 꽃을 활짝 피운 그리스어 중에 일부 종교적 어휘들은 일찍부터 유럽 여러나라에 그 의미가 퍼져 사용되었다.

angel 천사
devil 악마
pain 고통
paradise 천국
idol 우상
dogma 교리, 신조 편입
priest 성직자, 사제

✓ 이후에는 학문적인 용어들이 영어에 서서히 유입되기 시작했다.

library 도서관
history 역사
academy 학회, 학파
museum 박물관, 미술관
philosophy 철학
logic 논리(학)
astronomy 천문학
theory 이론, 학설
theme 주제, 테마
thesis 논제, 학위논문 공9

✓ 르네상스 시기에는 고전에 대한 관심이 고조되어, 많은 그리스어들이 유입되었으며 그 중에서도 특히 연극과 수사학 분야의 어휘들이 두드러졌다.

drama 각본, 연극
tragedy 비극, 불행
comedy 희극, 코미디
scene 장면, 무대
dilemma 딜레마, 궁지
episode 삽화, 에피소드
theater 극장, 영화관
chorus 합창, 코러스
character 등장인물, 성격
climax 절정, 최고조
catastrophe 파국, 대단원 토플
mimic 흉내내다, 모방하다 편입

analogy 비유, 유추
metaphor 은유 공9
allegory 우화, 풍자 공9
irony 반어(법), 모순
harmony 조화, 일치
paradox 역설, 패러독스
rhythm 리듬, 율동
pause 중지, 휴지
rhetoric 수사학, 웅변
scheme 계획, 개요
epic 서사시(의), 장대한
critic 비평가, 평론가 편입

✓ 특히 르네상스 후기에는 고전어의 위세가 대단하여 그리스어에서 유입된 단어들은 영어와의 차별성을 보이기 위해 철자 [i]가 단어 중간에 올 때에는 [i] 대신 [y]를 넣어서 사용했다.

antonym 반의어
synonym 동의어
anonymous 익명의 편입
syllable 음절
lyric 서정적인, 서정시
etymology 어원(학)
hypocrite 위선자 토플
myth 신화, 신화화하다
mystery 신비, 불가사의
hymn[him] 찬송가, 찬가
martyr[mɑːrtər] 순교자, 열사
dynasty 왕조, 지배자층

analysis 분석
synopsis 개요, 줄거리
hypothesis 가정, 가설 공9
abyss 심연, 나락 편입
hybrid 잡종, 혼성체 토플
pyramid 피라미드, 다단계
system 시스템
gymnasium 체육관
embryo[émbriòu] 배아, 배胚 편입

✓ 근·현대에는 의학, 과학 등의 분야에 학술적인 용어들 중심으로 다양한 어휘들이 침투하였다.
특히 동사를 명사화하는 -ing와 같은 역할을 하는 그리스 접미사 -sis를 붙여 많은 단어를 만들었다.

anatomy 해부(학)
surgeon 외과의사
stomach 위, 식욕

skeleton 골격, 해골
cosmetic 화장품, 성형의
acoustic 음향의, 청각의

stigma 오점, 반점 공9
clinic 진료소, 개인병원
plague 역병, 전염병 공9

electricity 전기
sphere 구체, 천체
crisis 위기, 고비
parenthesis 괄호

atmosphere 대기, 분위기
orchestra 관현악단
emphasis 강조, 중점
synopsis 개요, 요약

chasm 깊은 틈, 큰 차이
elasticity 탄력[신축]성
genesis 기원, 발생, 창세기
synthesis 종합, 합성 편입

Part 5

같은 뜻을 가진 여러 어근(root)들

"Why do I fade away so soon, oh Zeus?" asked Beauty in sorrow.
"왜 저는 이렇게 빨리 시들어 사라집니까? 오, 제우스여" 아름다움이 슬픔에 젖어 물었다.

"Ah, I made only the things beautiful that fade away soon." said the father of gods. "아~, 곧 시들어 사라지는 것만 아름답게 만들었느니라." 신들의 아버지가 대답했다.

-Johann W. Goethe, *Four Seasons*

Unit 39. 말하다 (log / dict / fa, fess)

log [Gk] / loqu [L] : speech, word 말

'언어, 말'을 뜻하는 그리스어 logos에서 유래되었으며, 인간의 기본적 소통수단인 '대화'란 의미에서 점점 그 뜻이 확장되어 나갔다.

dialog(ue)*
dia(=across)+
logue(=speech)
: 서로 간의 말

n.대화, 회화, 회담　vi.대화하다
The debate was not so much a **dialogue** as a monologue.
그 논쟁은 대화라기 보다는 차라리 독백에 더 가까웠다.
History is an unending **dialogue** between the present and the past.
역사란 현재와 과거 사이의 끊임없는 대화다. - Edward H. Carr, *What is History?*
*미국영어는 19세기 초 Noah Webster의 철자간소화 운동의 영향으로 [g] 다음의 묵음 ue를 쓰지 않음.

monolog(ue)
mono(=single, alone)+
logue(=speech)
: 혼자하는 말

n.독백, 1.인극
The counselor patiently listened to her long **monologue**.
그 상담자는 그녀의 긴 독백에 끈기 있게 귀를 기울였다.

prolog(ue)　pro(=before)+logue(=speech): 먼저 하는 말　ⓝ1.서언, 서두, 머리말
2.전조, 발단 편입

epilog(ue)　epi(=conclusion)+logue(=speech): 끝맺는 말　ⓝ맺음말, 끝말, 후주, 에필로그
catalog(ue)　cata(=completely)+logue(=speech)　ⓝ목록, 일람표, 카탈로그

The murder in Sarajevo was the **prologue** to World War I.
사라예보 암살이 제1차 세계대전의 발단이 되었다.
You ought to insert an **epilogue** in the composition. 너는 작문에 맺음말을 넣어야 한다.
Our company has made an online **catalogue** to help users search and identify items.
우리 회사는 사용자들이 물건을 찾고 확인하는 걸 돕기 위해 온라인 상품목록을 만들었다.

logo
= **logogram**
= **logotype**

n.1.모토, 표어　2. 심벌마크, 로고, (회사의) 사장社章
Players of a professional team generally wear shirts with the sponsor's **logo**.
프로팀 선수들은 대체로 후원업체의 로고가 새겨진 셔츠를 입는다.

logic
log(=word)+ic(명·접)
: 말하는 법

n.1.논리(학), 조리　2.이치, 타당성

logical　ⓐ논리적인, <컴>논리(회로)의　㊥ illogical
I couldn't understand his argument because of some jumps in the **logic**.
나는 논리의 비약 때문에 그의 주장을 이해할 수 없었다.

apology
apo(=away from)+
log(=speech)+y(명·접)
: 벗어나기 위한 말

n.1.사과, 사죄　2.변명, 해명
Please accept my **apology** for mistakes.
제 실수에 대한 사과를 받아 주세요.

apologize
apo(=away from)+
log(=speech)+ize(동·접)

vi.1.사과[사죄]하다 2.변명[변호]하다
The lawmaker had no choice but to **apologize** publicly for what he had said.
그 국회의원은 그가 한 말에 대해 공개적으로 사과할 수 밖에 없었다.

analogy
ana(=according to)+
log(=word)+y(명·접)

n.비유, 유추, 유사(점) 공9, 편입

analogous ⓐ(~ to) 유사한, 닮은
An unknown professor drew an **analogy** between the two theories.
한 무명의 교수가 두 이론 사이의 유사점을 도출해냈다.

eloquent
e(=ex, out)+
loqu(=speech)+ent(형·접)
: 바깥으로 말이 술술 나오는

a.1.웅변의, 능변의 2.감동시키는, 설득력 있는

eloquence ⓝ웅변, 능변, 설득력 공9
Tears are not the mark of weakness, but of power. They speak more **eloquently** than ten thousand tongues. -Washington Irving
눈물은 약함의 표시가 아닌 강함의 표시이며, 만개의 혀보다도 더 웅변적으로 말한다.

colloquial
col(=together)+
loqu(=speech)+ial(형·접)
: 함께 말하는

a.구어(체)의, 일상회화의 편입
The author sometimes writes his novel in a **colloquial** style.
그 작가는 가끔 일상 대화체로 소설을 쓴다.

Tip

학과, 학문을 일컫는 단어들

- log가 -ology의 형태로 되어 연구(study), 학문(science) 또는 지식(knowledge)의 뜻으로 쓰인다.

biology 생물학 | **physiology** 생리학 | **pathology** 병리학
sociology 사회학 | **theology** 신학 편입 | **psychology** 심리학 편입
geology 지질학 | **ecology** 생태학 | **anthropology** 인류학 토플
zoology 동물학 | **radiology** 방사선학 | **meteorology** 기상학
technology 과학기술 | **mythology** 신화(학) | **astrology** 점성술
ideology 이념 | **archeology**[ὰ:rkiάlədʒi] 고고학 고시

- -ics 또는 자음+y도 학문 관련 단어를 만든다.

politics 정치학 | **economics** 경제학 | **physics** 물리학
mathematics 수학 | **statistics** 통계학 | **linguistics** 언어학
ethics 윤리학 | **electronics** 전자공학 | **aesthetics**[esθétiks] 미학 공9
chemistry 화학 | **pharmacy** 약학 | **botany** 식물학
astronomy 천문학 | **geometry** 기하학 | **history** 역사학
geography 지리학 | **philosophy** 철학

dict [L] : 1.speak, say 말하다　　2.call 부르다

앞의 log는 일상에서 '대화하다'는 뜻이지만 dict는 p·p형 어근으로 원래 '말하여진 것'(things said)이란 뜻이다. 여러 사람들이 있는 군대, 법정, 모임 같은 곳에서 '명령하다, 진술하다, 언급하다'와 같은 뜻으로 쓰였다.

predict

pre(=ahead)+dict(=say)
: 미리 말하다

vt.예측[전망]하다, 예상[예견]하다(foresee)　　vi.예언[예보]하다

predictable ⓐ예측할 수 있는, 당연한

unpredictable ⓐ예측할 수 없는, 예측 불가능한

prediction ⓝ예언, 예보, 예측

Watching dark clouds crowding the sky, we **predicted** a sudden change in the weather. 먹구름이 몰려오는 것을 보고 우리는 날씨의 급작스런 변화를 예측했다.

This election, a political warfare, has many variables and is really **unpredictable**.
정치 전쟁인 이번 선거는 많은 변수를 가졌으며 정말 예측 불능이다.

A lawmaker's **prediction** about the election hit the bull's eye.
한 국회의원의 선거에 대한 예측이 적중했다.　　☞bull's eye: (과녁의) 중심, 적중, 정곡

contradict

contra(=opposite)+dict(=say) : 반대로 말하다

vt.1.반박하다, 부인[부정]하다(deny)　2.~과 모순되다　　vi.반박[부인]하다, 모순되다

contradictory ⓐ모순되는, 자가당착의

contradiction ⓝ모순, 부인, 반박 공9

The results of our experiment **contradict** the existing theory.
우리의 실험 결과는 기존 이론과 모순된다.

The real is often **contradictory** to the ideal. 현실은 흔히 이상과 모순된다.

There are a few **contradictions** in what you say.
너의 말에는 몇 가지 모순이 있다.

indict

[indáit]

in(=in)+dict(=say)
: 지적해서 말하다

vt.1.기소[고발]하다　2.비난하다, 공격하다

indictment [indáitmənt] ⓝ1.기소, 고발(장)　2.비난, 공격 공9, 토플

Contrary to expectations, the group chairman was **indicted** on charges of embezzlement and breach of trust.
예상과 달리 그 그룹의 회장이 횡령과 배임 혐의로 기소되었다.

They brought in an **indictment** against the captured autocrat for war crimes.
그들은 체포된 독재자를 전쟁 범죄 혐의로 기소했다.

dictate

dict(=say)+ate(동·접)
: 말하게 하다

vt.vi.1.구술하다, 받아쓰게 하다　2.명령[지시]하다

dictation ⓝ구술, 받아쓰기, 명령

dictator ⓝ독재자(autocrat, tyrant), 지배자

dictatorship ⓝ독재(정권)(autocracy, tyranny)

The CEO **dictated** a message to his secretary. 사장은 비서에게 메시지를 받아쓰게 했다.

As soon as he became a **dictator**, he governed the country as he liked.
독재자가 되자마자, 그는 마음대로 나라를 통치했다.

His **dictatorship** became so absolute that none of his men dared say 'No' to him.
그의 독재가 너무 절대적이 되어 어떤 부하도 감히 그에게 '아니오'라고 말하지 못했다.

indicate
in(=into)+dic(=say)+ate(동·접) : 지적해서 말하다

vt.1.가리키다, 지적[지시]하다 2.나타내다, 보여주다(show)

indication ⓝ1.지시, 지적, 표시 2.암시, 징조, 조짐

indicator ⓝ1.지시, 지표, 척도 2.지시자, 표시기, 계기

Her face **indicated** that she was weary and gloomy this afternoon.
그녀의 표정은 오늘 오후 피곤하고 우울하다는 것을 보여주었다.

There is a clear **indication** that his learning ability is getting better and better.
그의 학습능력이 점점 좋아지고 있다는 뚜렷한 조짐이 보인다.

dedicate
de(=down)+dic(=say)+ate(동·접) : 아래에서 엎드려 말하다

vt.1.바치다, 헌납하다 2.전념하다 3.헌정하다 편입, 토플

dedication ⓝ1.헌납, 기부 2.전념, 헌신

Mother Teresa **dedicated** her life to helping the poor.
테레사 수녀는 가난한 사람을 돕는데 일생을 바쳤다.

Nothing could prevent him from his **dedication** to the unification of his fatherland.
어떠한 것도 조국의 통일에 대한 그의 헌신을 막을 수 없었다.

predicate
pre(=ahead)+dic(=say)+ate(동접) : 미리 선언하다

vt.1.단정[단언]하다 2.함축[암시]하다(allude, implicate) 3.~에 근거를 두다, 입각하다
vi.단정[단언]하다(affirm) n.a.술어(의), 서술(의) SAT, 고시

predicament: 미리 단언하여 겪는 난처함 → ⓝ1.곤경, 궁지(plight, dilemma) 2.(논리적) 범주

The professor **predicates** that the financial crisis was triggered by the collapse of the real estate market.
그 교수는 금융위기가 부동산 시장의 붕괴로 촉발되었다고 단정한다.

My father **predicated** his opinion on life experiences.
아버지의 견해는 삶의 경험에 입각하고 있었다.

Your mission is to save the company from its financial **predicament**.
당신의 사명은 그 회사를 재정적 궁지에서 구해내는 것이다.

vindicate
vin(=overcome)+dic(=say)+ate(동접) : 말로 이겨내다

vt.1.정당성[무죄]을 입증하다 2.혐의[의혹]을 풀다(exonerate) 편입, SAT

vindication ⓝ1.입증, 옹호, 변호 2.정당성, 해명

He was eventually **vindicated** by her confession.
그는 결국 그녀의 자백으로 혐의를 벗어났다.

addict
ad(=to)+dict(=call) : ~쪽으로 유인해 빠지게 하다

vt.중독시키다, ~에 빠지게 하다 n.중독자, 상용자 공9, 편입

addiction ⓝ중독, 탐닉 **addicted** ⓐ중독된

The boy is **addicted** to computer games.
그 소년은 컴퓨터 게임에 중독되어 있다.

Internet **addiction** hinders brain development and sometimes leads to depression.
인터넷 중독은 두뇌발달을 저해하고 가끔은 우울증을 유발한다.

verdict
ver〈veritas=truth+dict(=say) : 진실을 말하다

n.(배심원의) 평결, 판정, 심판, 판단 토익, 경찰

The trading company is expected to appeal the court **verdict**.
그 무역회사는 법원의 평결에 대해 항소할 예정이다.

syndicate
syn(=jointly)+dic(=say)+ate(동·접) : 연대해서 말하다

vt.vi.합병하다, 인수단을 결성하다, 동시 발표하다 n.기업연합, 인수단, 신디케이트 토익

The new airport project will be supported by the loan from a **syndicate** of some banks.
신공항 프로젝트는 여러 은행들이 연합융자로 지원할 것이다.
* **syndicate** loan 협조융자

benediction
bene(=good)+dict(=say)+ion(명·접) : 좋게 말함

n.축복, 은총, 감사기도 편입, 토플

The priest was asked to give a **benediction** for the patients.
목사는 환자들을 위해 기도를 해달라는 요청을 받았다.

malediction
male(=bad)+dict(=say)+ion(명·접) : 나쁘게 말함

n.저주, 악담

When the serial killer was arrested, he hurled bitter **maledictions**.
연쇄살인범이 체포되었을 때 그는 격렬한 저주를 퍼부었다.

fa, fess : 1. talk, say말하다 2. tale 이야기

fess는 fa의 p·p형 어근이다. '말하다'에서 뜻이 확장되어 여러 사람의 입에 오르내리는 '이야기, 소문, 평판' 등의 뜻을 갖게 되었다.

fable
fa(=talk)+ble(어미)
: 말로 전해지는 이야기

n.우화, 전설(legend), 꾸며낸 이야기(fiction)

fabulous ⓐ1.거짓말 같은, 터무니없는 2.엄청난, 멋진, 너무 좋은 3.전설적인 편입

The psychological concept came from a popular **fable** of Aesop called 'The Fox and the Grapes'.
그 심리학적 개념은 여우와 포도라는 유명한 이솝 우화에서 나왔다.
Oh! The one-piece dress looks **fabulous** on you.
오! 그 원피스가 너에게 너무 잘 어울려.

affable
[ǽfəbl]
af(=ad:to)+fa(=talk)+ble(형접) : 다가가서 말 거는

a.사귀기 쉬운, 붙임성 있는(sociable), 상냥한

My friend is very popular among women because he is **affable** and considerate.
내 친구는 붙임성과 배려심이 있기 때문에 여자들 사이에서 인기가 높다.

fame
fa(=talk)+me(어미)
: '평판, 대중의 의견'이란 뜻에서

n.1.명성, 명망(celebrity, renown) 2.평판(reputation), 세평

famous ⓐ유명한, 이름난(well-known)
infamous ⓐ악명 높은(notorious), 수치스러운

A **famous** writer who wants to continue writing has to constantly defend himself against **fame**. - Gabriel Marquez
유명 작가가 글을 계속 쓰고자 할 때는 무엇보다도 유명세로부터 자신을 끊임없이 방어해야 한다.
IMF is **infamous** for its clout in pressing Korean economy to run harsh restructurings.
IMF는 혹독한 구조조정을 실행하기 위해 한국 경제를 압박한 영향력으로 악명 높다.

fate

fa(=say)+ate(pp형 어미)
: (신에 의해) 말해진 것

n.1.운명, 숙명(destiny) 2.비운, 파멸

fatal ⓐ1.치명적인(mortal), 파멸적인 2.운명의, 숙명적인, 결정적인

fatality ⓝ1.사망자(수), 치사율 2.재난(disaster), 참사 3.숙명, 운명 편입, 토플

You have done your best. So, leave it to the hands of **fate**.
넌 최선을 다했어. 이젠 운명의 손에 맡겨라.

One **fatal** error distinguished the color of medals for the game.
하나의 치명적 실수가 그 경기의 메달 색깔을 갈라 놓았다.

* **fatal** disease: 불치병 femme **fatale** [F]: 요부, 치명적 매력의 여인

infant

in(=not)+fa(=talk)+
ant(형·접) : 말을 못하는

a.1.유아[소아]의 2.유치한, 초기의 n.유아, 소아, 갓난 아기

infancy ⓝ1.유년(시대), 유아기 2.초기(단계), 초창기

Breast feeding strengthens the immune system for the **infant**.
모유 수유는 유아의 면역체계를 강화시켜 준다.

Brain science is now booming but still in its **infancy**.
뇌 과학은 지금 붐을 일으키고 있지만 여전히 유아기다.

preface

pre(=ahead)+fa(ce)(=say)
: 앞서 말하다

n.머리말(introduction), 서문, 서언(prologue) vt.서문을 쓰다, ~로 시작하다

The president **prefaced** his speech with a joke about the weather.
대통령은 날씨에 관한 농담으로 그의 연설을 시작했다.

confess

con(=intensive, 강조)+
fess(=say) : 죄다 말하다

vt.vi.1.고백[자백]하다 2.인정[시인]하다(admit)

confession ⓝ자백, 고백, 고해

She **confessed** in tears that she had lied about her growth process.
그녀는 자신의 성장과정에 대해 거짓말했었다고 눈물을 흘리며 고백했다.

profess

pro(=forth)+fess(=say)
: (사람들)앞에서 말하다

vt.1.공언[단언]하다(declare), 주장하다 2.~인 체하다, 자칭하다 vi.공언[단언]하다

professor ⓝ교수

profession ⓝ1.직업(occupation), 전문직 2.공언, 선언

professional ⓐ1.전문적인, 프로의 ㉫ amateur 2.직업(상)의, 본업의

The teacher **professed** that he is not generous with giving good grades.
선생은 후한 점수를 주는 것에는 관대하지 않다고 공언했다.

I think you'd better seek **professional** advice from a lawyer.
내 생각엔 변호사에게 전문적 조언을 구하는 것이 좋겠다.

Review Test 13

a. resolute	b. metaphor	c. paralysis	d. acoustic	e. fabulous
f. catastrophe	g. physiology	h. laboratory	i. colloquial	

◆ **From the box above, choose the word that corresponds to each definition below.**

1 an imaginative way of describing something by referring to something else

2 the scientific study of how the bodies of living things function and work

3 used in ordinary or familiar conversation, not formal or literary

4 very good or extremely great

5 relating to sound or hearing

6 a place where scientific experiments, analyses, and research are carried out

7 doing what one has decided to do, in spite of opposition or etc.

8 the loss of the ability to move and feel in all or part of one's body

9 an unexpected event that causes great suffering or damage

◆ **Choose the one that is closest in meaning to the highlighted word in each sentence.**

10 It is a **ludicrous** idea for us to travel into space real soon.
① exciting ② interesting ③ vigorous ④ challenging ⑤ ridiculous

11 Does the **potent** drug work well on this flu?
① incredible ② vital ③ powerful ④ valuable ⑤ manual

12 The businessman bought an **elaborate** piece of sculpture.

① exquisite ② modern ③ expensive ④ exotic ⑤ rare

13 Matter shows **elasticity** when it resumes its original size and shape after being distorted. 편입

① response ② resilience ③ relativity ④ stimulus ⑤ contraction

14 He **collaborated** with his son on the English translation of a text on food production. 공9

① put together ② went together ③ started together ④ worked together

15 His recent behavior **alludes** to something important to us.

① demonstrates ② instructs ③ implies ④ converts ⑤ applies

16 Her former colleagues described her as an **affable** woman.

① amiable ② sincere ③ stout ④ gracious ⑤ snobbish

◆ Fill in the blank with the proper verb that will best complete the meaning of each sentence.

① released ② apologize ③ dissolve ④ evacuated ⑤ contradict ⑥ dedicated

17 It takes a little time to _______ the detergent in water.

18 My father is expected to be _______ from hospital this weekend.

19 All staff members were _______ to providing the best quality goods for the holiday season.

20 The waitress had to come back and _______ to me for bringing the wrong coffee.

21 The two lawmakers' assertions _______ each other.

22 Due to the flood warnings, the locals _______ their village urgently.

Unit 40. 가다 (cede / it / vade / grad / fare)

cede, ceed [L] : go, go away 가다

◆변형 : cess, ceas

어근 cede가 불어를 거쳐 영어로 들어와 몇몇 동사에서 ceed로 변화되었다. cess는 cede의 p·p형 어근으로 명사를 만드는 데 사용된다. 그리고 cess에 살짝 철자변이가 일어난 ceas가 몇가지 단어에 나타난다.

accede
ac(=ad:to)+cede(=go)
: (요구, 지위 등) ~쪽으로 가다, 응하다

vi.1.응하다, 동의[찬성]하다 2.(권좌 등에) 오르다, 계승하다 SAT, 토플

I think there is no reason for you to **accede** to their requests.
나는 당신이 그들의 요구에 응할 하등의 이유가 없다고 생각한다.

precede
pre(=before)+cede(=go)
: 앞서가다

vt.앞서다, 앞에 가다, 선행하다 ㊥ follow 2.~보다 우월하다, 우선하다
vi.선행[우선]하다 편입

precedent ⓝ전례, 선례, 〈법〉판례 고시, 편입
preceding ⓐ1.앞선, 선행하는 2.전술의, 상기의
unprecedented ⓐ전례[유례]없는, 미증유의, 새로운 토익, 공9

Lightning **precedes** thunder because light travels much faster than sound.
천둥이 치기 전에 번개가 번쩍이는데, 이는 빛이 소리보다 훨씬 더 빠르기 때문이다.
I hope the temporary measure does not establish a **precedent**.
나는 일시적 방편이 선례로 남지 않기를 바란다.
The oil leakage accident has resulted in **unprecedented** environmental damage.
기름 유출 사고가 전례 없는 환경오염을 가져왔다.

recede
re(=back)+cede(=go)
: 뒤로 가다

vi.1.(~ from) 물러나다, 멀어지다 2.희미해지다 3.감소[감퇴]하다, 나빠지다 토플, 편입

recess ⓝ휴식, 휴회, (법정의) 휴정 ⓥⓘ휴회하다(adjourn), 휴교하다 ⓥⓣ휴회[중단]시키다
recession ⓝ경기침체, 불경기(depression), 후퇴 토익

Global warming has caused glaciers to **recede** seriously.
지구온난화는 빙하가 심각하게 줄어들도록 영향을 미쳤다.
The judge called a short **recess** after both parties argued sharply against each other's claims.
판사는 양측이 상대방 주장에 대해 치열한 반론을 제기한 후 잠시 휴회를 선언했다.
The number of jobs has dropped owing to **recession**.
경기침체로 인해 일자리수가 크게 줄었다.

concede
con(=with)+cede(=go)
: 더불어 가다

vt.1.인정[시인]하다, 용인[승인]하다 2.부여하다(grant) 3.양보하다, 허용하다
vi.양보하다, 인정하다 공9, 변리사

concession ⓝ1.양보, 용인 2.면허, 특권, 이권 SAT

He **conceded** that his decision had been wrong.
그는 그의 결정이 틀렸음을 인정했다.
The wave of protests forced the authorities to make **concessions** in many parts.
저항의 물결은 당국자가 많은 부분에서 양보하도록 몰아댔다.

intercede

inter(=between)+
cede(=go)
: 사이로 들어가다

vi.1중재하다, 조정하다 2.탄원[간청]하다 편입

intercession ⓝ1.중재, 조정 2.탄원, 간청

The villagers asked the politician to **intercede** with the authorities on behalf of them.
마을주민들은 그 정치인에게 그들을 대신하여 당국에 간청해줄 것을 요청했다.

antecedent

ante(=before)+
cede(=go)+ent(형·접)
: 앞서 가는

a.1.앞서는, 선행의 2.전제의, 가정의
n.1.선례, 전력, 경력 2.선조, 조상(ancestor) 3.〈문법〉선행사 편입, 토플

Fossils in these strata might imply a long succession of life forms **antecedent** to mankind.
이 지층의 화석들은 인류 출현에 앞서 오랜 기간 생명체가 이어짐을 시사하는 것 같다.

There is considerable mystery about the pastor's **antecedent**.
그 목사의 전력에 대해서는 상당한 미스터리가 있다.

exceed

ex(=beyond)+ceed(=go)
: 넘어 가다

vt.1.넘다, 초과하다 2.능가하다(surpass), 우월하다
vi.1.도를 넘다, 지나치다 2.탁월하다, 뛰어나다

excess ⓝ1.초과, 초과량[액] 2.과다, 과잉 3.지나침, 월권, 과도 ⓐ여분[초과]의 토익

excessive ⓐ지나친, 과도[과대]한

The number of applicants has already **exceeded** our expectation.
지원자 수가 이미 우리의 기대를 넘어섰다.

This figure is far in **excess** of what was originally measured.
이 수치는 처음 측정된 것을 훨씬 초과한다.

Excessive diet sometimes causes damage to health.
지나친 다이어트는 가끔 건강을 해친다.

proceed

pro(=forward)+ceed(=go)
: 앞으로 나아가다

vi.1.나아가다, 계속하다, 진행하다 2.생기다, 유래하다 편입

proceeding ⓝ1.진행, 처리 2.〈법〉소송절차, 변론

procedure ⓝ1.순서, 차례, 경과 2.처리, (소송)절차 토익

process ⓝ1.과정, 진행, 순서 2.공정, 처리, 작용
ⓥ가공하다, 처리[정리]하다 2.소송을 제기하다

The journalist will remain as a defendant and the libel action will **proceed** against him.
그 기자는 피고로 남아 그에 대한 명예훼손 소송은 계속될 것이다.

The development project was **proceeding** in absolute secrecy.
그 개발 프로젝트는 극비리에 진행되고 있었다.

We can use a simpler **procedure** that does not require some specific certifications.
우리는 몇 가지 인증이 필요없는 더 간단한 절차를 이용할 수 있다.

The **process** for compensation is already under way.
보상절차가 이미 진행 중에 있다.

succeed

suc(=sub:next to)+ceed(=go)
: 바로 뒤따라가다

vi.1.성공하다 ⓑ fail, 번성[번창]하다 2.출세[입신]하다 3.계승[상속]하다, 뒤를 잇다
vt.1.~에 계속되다, 잇따르다 2.~의 후임이 되다, 뒤이어 ~로 되다

success ⓝ성공 ⓑ failure, 입신, 출세 **successful** ⓐ성공한, 성공적인, 출세한
succession ⓝ1.연속, 계속 2.계승, 상속 편입
successive ⓐ1.연속[계속]적인, 다음의 2.상속[계승]의 편입, 토플
successor ⓝ후임자, 후계자, 후배

The pharmaceutical firm **succeeded** in developing a new medicine for lung cancer.
그 제약회사는 폐암 신약 개발에 성공했다.
A hot issue in diplomatic circles is who will **succeed** him in case he resigns.
외교가의 뜨거운 쟁점은 그가 사직하면 누가 후임이 되느냐는 것이다.
The **success** in life is to burn out your life on your path in your way.
인생에서 성공이란 자신의 길에서 자신의 방법대로 자신의 삶을 불태우는 것이다.
Share prices in New York have plummeted for five **successive** days.
뉴욕의 주가가 5일 연속 폭락했다.

access

ac(=ad:to)+cess(=go, pp의 명사형)
: ~에게 접근함

n.1.접근(성), 접속, 이용권 2.출입, 입구, 통로 3.〈컴〉엑세스
vt.1.입수[이용]하다, 접근하다 2.접속하다, (정보를) 입출력하다

accessible ⓐ접근하기 쉬운, 입수[이용]하기 쉬운 토플, 편입
You have to login to get **access** to the information you need.
필요한 정보에 접속하려면 로그인해야 합니다.
The resort is easily **accessible** by public transportation.
그 휴양지는 대중교통으로 쉽게 갈 수 있다.

predecessor

pre(=before)+de(=away)+cess(=go)+or(명접)
: 앞서 떠나간 사람

n.1.전임자, 선배 ⓑ successor후임자 2.이전의 것[모델] 공7
The new CEO is much stricter in handling business than his **predecessor**.
새 대표이사는 업무처리에서 전임자보다 훨씬 깐깐하다.

incessant

in(강조)+cess(=go)+ant(형접) : 멈추지 않고 계속 가는

a.끊임없는, 쉴새없는, 잇따른(unceasing)
incessantly ⓐⓓ끊임없이, 쉴새없이
Incessant conflicts have occurred between the two families.
그 두 가문 사이에 끊임없는 충돌이 일어났다.

cease

'물러가다'(go away)의 뜻에서

vi.그만두다, 멎다, 끝나다(stop) vt.중지하다, 끝내다 n.중지 편입

decease ⓝ사망(death) ⓥⓘ사망하다(die)
ceaseless ⓐ끊임없는, 부단한(incessant)
When police responded to the scene, violence on both sides **ceased** in the end.
경찰이 현장에 출동했을 때 양측의 폭력은 마침내 멈추었다.
Our company determined to **cease** its Chinese business next year.
우리 회사는 내년부터 중국 사업을 접기로 결정했다.

it [L] : go가다

◆변형 : itr, ish

원래는 연극에서 배우들이 무대로 '들어오고, 나오다'란 뜻으로 즉 출입과 관련해 쓰인 동사였다. 철자가 단어 속에 숨은 듯이 들어있어 잘 살펴야 한다.

it는 라틴어 동사 ire(가다)의 p·p형 어근인데, 일부 동사에서 고대불어(Old French)의 영향으로 itr, ish로 변했다.

exit
ex(=out)+it(=go)
: 바깥으로 나가다

n.1.출구, 나감 2.퇴장, 퇴출, 퇴진 vi.나가다, 퇴장하다 vt.종료시키다

Only a few people barely escaped from the building through an emergency **exit**.
겨우 몇몇 사람들만 비상구를 통해 간신히 그 빌딩을 빠져 나왔다.

All passengers have to **exit** at this stop. 모든 승객들은 이 정거장에서 내려야 한다.

To **exit** from this page, press the return key.
이 페이지를 끝내려면 리턴 키를 누르세요.

visit
vis(=see)+it(=go)
: 보러 가다

vi.vt.1.방문하다, 찾아가다 2.체류하다, 머물다 n.방문, 문안, 시찰, 견학

Each of us **visits** this Earth involuntarily, and without an invitation. For me, it is enough to wonder at the secrets. - Albert Einstein
우리 모두는 초대장도 없이 비자발적으로 지구에 온 방문객이다. 나에겐 이 비밀이 너무나 경이로울 따름이다.

audit*
audi(=hear)+it(=go)
: 들으러 가다

*원래 회계감사는 구두보고를 들으러 가는 것에서 시작했음. Unit.14에 중복설명 됨.

n.(회계)감사, 결산, 검사 vt.(회계를) 감사하다, (강의를) 청강하다

auditor audit+or(명·접) : 들으러 가는 사람 → ⓝ(회사의) 감사, 감사역, (대학의) 청강생

auditorium auditor+ium (=place) : 들으러 가는 장소 → ⓝ강당, 객석, 방청석

Our company determined to appoint an external **auditor** to scrutinize financial operations.
우리 회사는 재무 실태를 세심히 살피기 위해 외부감사를 임명하기로 결정했다.

The **auditorium** can accommodate five hundred people.
그 강당은 500명을 수용할 수 있다.

orbit
orb(=round track)+it(=go)
: 원형 궤도를 따라가다

n.1.궤도, 행로, 영향권 2.안구眼球 vt.vi.(다른 천체의) 궤도를 돌다, ~을 선회하다 편입

orbital ⓐ1.궤도의 2.도시 외곽을 도는 ⓝ1.외곽순환도로 2.궤도 함수

The earth moves around the sun in an elliptical **orbit**.
지구는 타원형의 궤도를 그리며 태양 주위를 돈다.

exorbitant
ex(=out)+orbit+ant(형접) : 궤도를 벗어난

a. 과도한, 지나친, 터무니없는(excessive, extremely high) SAT, 편입

Shop owners in the tourist attraction charge **exorbitant** prices for everything they sell.
관광지의 가게 주인들은 모든 판매 물품에 대해 터무니없는 가격을 부른다.

arbitrary
arb〈ad:to+itr(=go)+ary(형접)
: 맘대로 어딜 가버리는

a.1.임의적인, 제멋대로의(willful), 변덕스러운(capricious)
2.전횡을 일삼는, 독단적인(despotic, dogmatic) 토익, 편입

arbiter ⓝ1.결정권자 2.중재[조정]자

This time, the choice of players for the national team seems so **arbitrary**.
이번 국가대표 선수 선발은 아주 제멋대로인 것 같다.

transit
trans(=across)+it(=go)
: 가로질러 가다

n.1.통과, 통행, 환승　2.수송, 운반　3.변화, 추이　　vt.vi.통과[통행]하다, 횡단하다

transitory ⓐ일시적인, 덧없는(ephemeral)
transition ⓝ1.변천, 변화, 추이　2.과도기, 변환기　3.변이, 전이
transitional ⓐ과도기의, 변천하는
transient ⓐ1.일시[순간]적인　2.잠깐 머무는, 단기 체류의　　ⓝ단기 체류자, 뜨내기　공9

The public **transit** system in Seoul is well designed.
서울의 대중교통체계는 잘 짜여져 있다.

Why don't you pick it up in **transit**?
가는 길에 찾아가는 게 어때?

My country now suffers from a **transitional** confusion.
내 조국은 지금 과도기적 혼란을 겪고 있다.

The area around Gangnam Station has always a large **transient** population.
강남역 주변은 언제나 유동 인구가 많다.

initial
in(=into)+it(=go)+ial(형·접)
: 안으로 들어가는, 시작하는

a.1.처음의(first), 최초[시초]의　2.첫글자[머리글자]의　　n.첫글자, 머리글자, 이니셜

initialize ⓥ〈컴〉초기화하다

As a result, the **initial** investment has turned out to be a strong basis for the later profits.
결과적으로 최초의 투자가 이후 이익 발생의 튼튼한 기반이 되었다.

It took about 30 minutes for all apps to **initialize**.
모든 앱을 초기화하는데 약 30분 걸렸다.

initiate
in(=into)+it+(i)ate(동·접)
: 착수하다

vt.1.시작하다, 착수하다　2.가입[입회]시키다　3.(원리, 비법 등을) 전수하다, 가르치다

initiative ⓝ1.주도권, 선도, 솔선　2.독창력　3.선제, 결단, 기선(제압)　공9, 토익
initiation ⓝ1.가입, 입회　2.개시, 시작

The civilian government will soon **initiate** political reforms.
민간정부는 곧 정치개혁에 착수할 것이다.

The new leader took the **initiative** in persuading opposition groups.
새 지도자는 반대파들을 설득하는데 있어 주도권을 잡았다.

A diplomat showed **initiative** and drive in the hostage negotiation.
한 외교관이 인질협상에서 결단력과 추진력을 보여 주었다.

perish
per(=thoroughly)+
ish(=go) : 싹 가버리다

vi.1.사라지다, 소멸하다(pass away)　2.죽다(die), 비명횡사하다　3.(품질이) 떨어지다, 나빠지다
vt.죽게하다, 몹시 괴롭히다

perishable ⓐ잘 상하는, 잘 썩는　　ⓝ썩기 쉬운 것[음식]　토익, 편입

In nature the strong survive and prosper, while the weak diminish and **perish**.
자연에서는 강한 것은 살아남아 번성하고 약한 것은 줄어들어 소멸한다.

The government of the people, by the people, for the people, shall not **perish** from the earth. - Abraham Lincoln, *Address at Gettysburg* (1863)
국민의, 국민에 의한, 국민을 위한 정부는 이 지구 상에서 결코 사라지지 않을 것이다.

vade [L] : 1. go hastily 급히 가다 2. rush 쇄도[돌진]하다

이 어근은 라틴어 명령법에서 온 것으로 단순히 가다(go)란 뜻이 아니라 '급히 나아가다' 또는 '쇄도[돌진]하다'라는 거치른 뉘앙스를 포함하고 있다.

evade
e(=ex:out)+vade(=go hastily)
: 밖으로 급히 나가다

vt.1.피하다(avoid), 면하다 2.회피하다(dodge, sidestep), 빠져나가다(escape)
vi.피하다, 회피하다, 발뺌하다 경찰, 편입

evasion ⓝ1.회피, 기피, 탈출 2.둘러대기, 핑계
evasive ⓐ회피적인, 둘러대는, 얼버무리는

The celebrity delicately **evaded** hard questions from reporters.
그 유명인사는 기자들의 곤란한 질문들을 교묘하게 피했다.

The chief financial officer was charged with tax **evasion** through overestimation.
재무담당 임원은 과대계상을 통한 탈세 혐의로 고발되었다.

invade
in(=in)+vade(=rush)
: 안으로 쇄도하다

vt.1.침략[침입]하다 2.몰려들다, 밀어닥치다(throng) 3.(권리 등을) 침해하다
vi.침입하다, 쳐들어가다 편입

invasive ⓐ1. 침입하는, 급속히 퍼지는 2.침습[전이]성의 3.〈의학〉외과적인
invasion ⓝ1.침입, 침략 2.내습, 쇄도 3.침해, 침범
invader ⓝ침략자, 침입자

The duty free shops in downtown were once **invaded** by a crowd of Chinese tourists.
시내 면세점에 한때는 엄청난 중국 관광객들이 밀어닥쳤다.

The doctor happened to find **invasive** cancer in her liver and adjacent areas during a routine examination.
의사는 정기 신체검사에서 우연히 그녀의 간과 그 주변에서 잘 전이되는 암을 발견했다.

Many people assert that full body scanners in airports are an **invasion** of privacy.
많은 사람들이 공항의 전신검색기는 사생활 침해라고 주장한다.

pervade
per(=through)+vade(=go fast)
: 빠르게 두루 가다

vt.1.널리 퍼지다, 만연하다, 두루 미치다 2.스며[베어]들다, 침투하다(penetrate), 충만하다 편입

pervasion ⓝ충만, 확산, 침투
pervasive ⓐ퍼지는, 만연한, 스며드는 공9, 토플

A festival mood **pervaded** the village for the whole month of May.
5월 내내 축제 분위기가 마을에 널리 퍼졌다.

The president now faces a tough task of rooting out **pervasive** corruption.
대통령은 지금 만연한 부패를 뿌리뽑아야 하는 난제와 마주하고 있다.

grad, gress [L] : 1. step 단계, 나아가다 2. go 가다 ◆변형 : gred, gree

원래는 '걸어가다, 나아가다'란 뜻인데 차츰 '단계, 등급, 전진'이란 비유적·추상적인 의미가 더해졌다. gress는 grad의 p·p형 어근이고, gred는 결합형(combining form) 어근이다. 또한 라틴어에서 불어로 들어온 후 철자변이로 인해 gree가 생겼다.

grade

grad(=step)+e(어미)
: 걸어가는 계단, 단계

n.1.등급(step, degree), 계급, 학년 2.품질 3.성적, 학점, 평가 4.비탈, 사면, 경사도
vt.1.등급[성적]을 매기다 vi.~한 등급이다

upgrade ⓝ상향, 향상, 업그레이드 ⓥⓣ1.상향시키다, 올리다, 높이다 2.승진시키다 3.개량[개선]하다 ⓥⓘ<컴>업그레이드하다

degrade ⓥⓣ1.낮추다, 떨어뜨리다 2.강등[좌천]하다 ⓥⓘ떨어지다, 타락하다, 퇴화하다

I hope to get good **grades** so that I may enjoy the holiday season to the fullest.
나는 좋은 성적 받아서 휴가시즌을 맘껏 즐기길 희망한다.

We have to promptly **upgrade** product quality to beat our competitors.
경쟁자들을 물리치기 위해서는 제품의 품질을 빨리 높여야 한다.

The politician **degraded** himself by telling a lie about political funds.
그 정치인은 정치자금에 대해 거짓말을 함으로써 스스로를 실추시켰다.

gradual

grad(=step)+(u)al(형·접)
: 단계적인

a.점진[점차]적인, 완만한

There is a **gradual** descent from the villa to the sea.
별장에서 바다까지는 완만한 내리막이다.

graduate

grad(u)(=step)+ate(동·접)
: 단계를 밟다, 마치다

vi.졸업하다(~ from) vt.졸업하다, 졸업시키다, 학위를 수여하다
n.졸업생, 학사, 대학원생 a.졸업한, 대학원생의

undergraduate ⓝ대학의 학부생, 재학생

graduation ⓝ졸업, 학위취득

He could barely earn the necessary credits to **graduate** this semester.
그는 이번 학기에 졸업할 수 있는 학점을 간신히 땄다.

progress

pro(=forward)+
gress(=step)
: 앞으로 나아감

n.1.전진, 진보, 향상 2.경과, 과정 vi.전진하다, 진보하다, 발전하다

progressive ⓐ1.진보[혁신]적인, 점진적인 2.진행하는 3.진보주의의 ㉵ conservative

The **progress** of technology has thoroughly changed our way of living.
기술의 진보는 우리의 생활양식을 송두리째 바꿔놓았다.

We don't have any idea about the **progressive** welfare policy.
우리는 그 진보적인 복지정책에 대해 전혀 모른다.

regress

re(=back)+gress(=step)
: 뒤로 나아감

n.퇴보, 후퇴, 퇴행 vi.퇴보[후퇴, 퇴행]하다 편입

regressive ⓐ퇴행[후퇴]하는 편입

Some countries in South America **regressed** politically due to military rule.
다수의 남미국가들은 군사통치로 인해 정치적으로 퇴보했다.

It is a **regressive** step which reduces, rather than enhances, labor market flexibility.
그것은 노동시장의 유연성을 제고시키기 보다 위축시키는 퇴행적 조치다.

transgress

trans(=beyond)+
gress(=go) : 넘어 가다

vt.1.넘다, 벗어나다 2.위반하다, 어기다 vi.위반하다, 어기다 편입, SAT

The problem of the current law is that it is generous for people who **transgress** it.
현행법의 문제점은 법을 어기는 사람에게 관대하다는 것이다.

congress
con(=together)+
gress(=step)
: 다 함께 걸어서 나아감

n.(미국, 중남미의) 국회, 의회
☞미국 상원: Senate　하원: House of Representatives　영국 의회: Parliament
At the last election he was elected to his third term in **Congress**.
지난 선거에서 그는 3선 의원이 되었다.

aggressive
ag(=ad:toward)+
gress(=step)+ive(형·접)
: ~을 향해 발을 내딛는

a.1.공격적인(offensive)　2.적극[의욕]적인(active)　편입, 토플

aggression　ⓝ공격(성), 침략, 침해
The company came out from the grip of depression through **aggressive** investment.
그 회사는 공격적인 투자로 불황의 손아귀에서 벗어났다.

ingredient
in(=into)+gred(i)(=go)+
ent(명·접)
: ~속에 들어가는 것

n.1.원료, 재료, 성분　2.구성 요소　토익, 편입
Its essential **ingredient** is concealed within the fruit peel.
그것의 필수 성분은 과일 껍질 안에 숨겨져 있다.

degree
de(=down)+gree(=step)
: 단계별로 내려감

n.1.단계, 등급(grade), 정도　2.학위　3.도度
This chemical plant requires a high **degree** of skill in its operation.
이 화학플랜트는 운영 상 고도의 기술이 요구된다.
My sister received a doctor's **degree** in biology from Princeton.
내 언니는 프린스턴에서 생물학 박사학위를 받았다.

fare [OE] : 1. go 가다　2. journey 여행(하다)

fare는 고대영어(Old English) 즉 Anglo-Saxon계에서 유래한 어근인데 고유의 뜻을 가진 단어들은 라틴어 등의 외래어에 밀려 거의 사라지고 복합어에서만 겨우 몇 개의 단어가 살아남았다.

fare
'여행'에서 '통행료'로 의미가 진화됨

n.1.(교통)요금, 운임(charge, fee)　2.(택시)승객, 손님(passenger)　3.식사, 요리
A taxi driver is quarreling with his passenger about the **fare**.
택시 기사가 요금에 대해 승객과 말다툼하고 있다.
*a single [one way] **fare**: 편도요금　a double [round-trip] **fare**: 왕복요금

farewell
fare(=go)+well
: '잘 가라'는 인사

n.작별, 안녕(goodbye)　a.작별[이별, 송별]의
We gave a **farewell** party for him last night.
어제 밤에 그를 위해 송별회를 해주었다.
Faithless is he who says **farewell** when the road darkens.
길이 어두워지자 안녕이라고 말하는 자는 믿을 수 없나니.　- J. Tolkien, *The Lord of the Ring*

welfare
well+fare(=go)
: '잘 지내다'의 뜻에서

n.1.복지, 사회보장(social security)　2.행복, 번영　토익
In a country such as Greece, competitive **welfare** populism by politicians brought about national bankruptcy.
그리스 같은 나라에서는 정치가들에 의한 경쟁적 복지 포퓰리즘이 국가 파산을 초래했다.
☞welfare는 중세시대 이후 일상생활의 단순한 뜻으로 쓰이다가, 20세기에 접어들어 갑자기 사회적 의미로 크게 변신한 단어다.

warfare
war+fare(=go)
: 전쟁으로 치달음

n.1.전쟁, 전투, 교전상태　2.투쟁, 싸움
Cyber **warfare** has now become a big challenge to the Korean military.
사이버전은 이제 한국군에게 큰 도전이 되었다.

thoroughfare
thorough(=through)+
fare(=go) : 통하여 나아감

n.1.주요[간선]도로, 큰 거리　2.통과, 통행
The main **thoroughfare** is densely populated by many office buildings and banks.
주 간선도로는 많은 사무빌딩과 은행들로 꽉 차 있다.
*No **thoroughfare**: 통행금지

Unit 41. 잡다 (cap, ceive / prehend, pris / sume / tain)

cap, cip, cept[L] : 1.take 잡다, 취하다 2.hold 담다

◆변형 : ceive

'잡다'란 뜻을 가진 라틴어 동사(capere)의 어근 cap가 연결형(combining form)으로 쓰일 때 cip로 변하며, 이 cip의 p·p형 어근이 cept다. 또 이 cip는 불어에 유입된 후 ceive로 철자가 변화되었다.

capture

cap(t)(=take)+ure(명·접)
: 사로잡음

n.1.생포, 포획(물) 2.점령 3.〈컴〉(데이터의) 저장 vt.1.붙잡다(seize), 포획하다 2.점령하다 3.포착하다, 캡처하다 4.(마음, 관심 등을) 사로잡다, 매료시키다

captive ⓐ1.사로잡힌, 포로의 2.매혹된, 마음을 빼앗긴 ⓝ포로

captivity ⓝ감금, 억류, 사로잡힘

captivate ⓥ넋을 빼앗다, 매혹하다(fascinate) 편입, SAT

This TV drama might succeed in **capturing** any woman's heart.
이 TV 드라마는 어떤 여심이라도 사로잡는데 성공할 것 같다.

The very moment the man saw her, he became a **captive** to her beauty.
그녀를 보자마자 그 남자는 그녀의 아름다움에 사로잡혔다.

Her beautiful voice **captivated** the audience.
그녀의 아름다운 목소리가 청중을 사로잡았다.

capable

cap(=hold)+able(형·접)
: 담을 수 있는

a.1.유능한, 능력[실력, 자격]있는(competent) 2.수용할 수 있는 ⓑ incapable

capability ⓝ1.능력(ability), 역량, 재능 2.적용성, 가능성 공7

capacity ⓝ1.수용량[력], 포용력 2.용적, 용량 3.재능, 역량, 자격 4.생산능력 토익

capacious ⓐ1.포용력 있는(receptive), 용량이 큰 2.널찍한, 큼직한

The outcomes for several years show he is **capable** of managing a big enterprise.
몇 년간의 성과는 그가 큰 사업을 경영할 능력이 있다는 걸 보여준다.

The train was packed to **capacity** with passengers. 기차는 승객으로 꽉 찼다.

anticipate

ant(i)(=before)+
cip(=take)+ate(동·접)
: 미리 파악하다

vt.1.예상[예견, 기대]하다(expect) 2.선수치다, 앞지르다 토익, 편입

anticipation ⓝ예상, 예감, 기대

I **anticipate** finishing the report until tomorrow.
나는 내일까지 리포트를 끝낼 것으로 예상한다.

They decided bold investments in **anticipation** of economic recovery.
그들은 경제 회복을 예상하고 과감한 투자를 결정했다.

participate

part(i)(=part)+cip(=take)+
ate(동·접) : 한 부분을 맡다

vi.(~ in, with)참가[참여]하다(take part in), 관여하다 토익

participant ⓝ참가[참여]자, 관계자 **participation** ⓝ참가, 참여, 관여

I am quite willing to **participate** with him in your sufferings.
나는 그와 함께 기꺼이 너의 고통에 동참하겠다.

Thank you for your **participation** in the survey.
설문조사에 참여해 주셔서 감사합니다.

principle

prin(=prime)+cip(=take)+le(명·접) : 최우선으로 취함

n.1.원리, 원칙 2.신념, 신조

The former president valued **principles** but was not a captive to them.
전임 대통령은 원칙을 중시했으나 원칙의 포로는 아니었다.

I agree with you in **principle**, but have a little different view in details.
난 원칙적으로 너에게 동의하지만 세부적으로는 좀 다른 의견이야.

discipline

dis(=apart)+cip(=take)+line(어미)
: 각자 따로 취하는 것

n.1.훈련, 수련(법) 2.절제, 극기 3.기강, 규율 vt.훈련[단련]하다 토익, 편입

disciplinary ⓐ1.징계의, 규율상[훈육]의 2.학과의, 학문분야의

The special task force requires not only creativity but also **discipline**.
특수 임무반은 창의성은 물론이고 절제력도 요구한다.

municipal

muni(=duty)+cip(=take)+al(형·접)
: 의무를 가진, 스스로 책임지는

a.1.지방자치의, 자치도시의 2.시정의, 시립[시영]의 공9

municipality ⓝ지방자치제, 자치제 당국

The **municipal** authorities made various efforts to attract the world flower exhibition.
자치 당국은 세계 꽃박람회를 유치하기 위해 다방면으로 노력했다.

recipe

re(=back)+cipe(=take)
: 뒤에서 따로 받는 것

n.1.조리[요리]법 2.비결, 비법, 처방 공9

Just follow the steps in this **recipe** and we can enjoy a delicious meal.
이 요리법대로만 해 그러면 우리는 맛있는 식사를 즐길 수 있어.

What is the venture firm's **recipe** for the big success?
그 벤처회사의 대성공 비결이 무엇이지?

accept

ac(=ad:to)+cept(=take)
: 취하다

vt.1.받아들이다, 수락하다(allow, permit) 2.인정[용인]하다 3.입회시키다 4.순응[감수]하다
vi.(~ of) 수락하다, 받아들이다 토익

acceptable ⓐ수락[용인]할 수 있는, 무난한, 참을만한 ⓑ unacceptable

acceptance ⓝ수락, 용인, 받아들임

She **accepted** my mistake with a calm smile.
그녀는 나의 실수를 잔잔한 미소로 받아들였다.

Ignorance of the law is not socially **acceptable**.
법을 몰라서 그랬다는 것은 사회적으로 용인되지 않는다.

except

ex(=out)+cept(=take)
: 바깥에 빼놓다

prep., conj.~을 제외하고, ~외에는(but) vt.제외하다(exclude), ~을 빼다

exception ⓝ1.예외, 제외(exclusion) 2.이의, 불복

exceptional ⓐ1.예외적인, 드문(unusual, rare) 2.비범한(extraordinary), 뛰어난 토익

Your grade is excellent **except** (for) English.
네 성적은 영어 외에는 아주 우수하다.

Both sides agreed to tweak the contract by adding an **exceptional** clause.
양측은 특례조항을 넣어 계약서를 약간 수정하기로 합의했다.

We have an **exceptional** amount of snow this winter.
올 겨울에는 유난히 눈이 많이 온다.

intercept

inter(=between)+
cept(=take) : 중간에서 잡다

vt.1.가로채다[막다], 도중에서 잡다[빼앗다] 2.엿듣다 3.방해[차단]하다

interception ⓝ차단, 방해, 가로채기 토플

The soccer player **intercepted** a pass and made a tie-breaking goal by turning shoot.
그 축구선수는 패스를 가로채 터닝 슛으로 역전 골을 터뜨렸다.

susceptible

sus(=sub:up from under)+
cept(=take)+ible(형접)
: 사로 잡히는

a.1.민감[예민]한, 감수성이 강한 2.영향받기[감염되기] 쉬운(vulnerable) 편입, SAT

susceptibility ⓝ1.민감성, (상처받기 쉬운) 감수성 2.감염성 고시

These days students are very **susceptible** to the lure of internet games.
요즘은 학생들이 인터넷 게임의 유혹에 매우 영향받기 쉽다.

Old age is a critical factor that plays a part in **susceptibility** to colds.
많은 나이는 감기에 잘 걸리게끔 하는 중요한 요인이다.

receive

re(=again)+ceive(=take)
: 되찾다

vt.1.받다, 얻다 2.수취[수령]하다 3.(의견, 충고 등을) 받아들이다 4.청취[수신]하다
vi.받다, 수령하다

reception ⓝ1.환영, 접견 2.평판, 반응 3.환영회, 리셉션 4.접수처, 프런트

receptive ⓐ잘 받아들이는, 수용하는, 수용적인(amenable) 토익

receipt ⓝ1.영수증 2.받음, 수취

recipient ⓝ받는 사람, 수령[수취]인

I **received** detailed information about the travel destination by e-mail from her.
나는 여행지에 대한 상세정보를 그녀로부터 이메일로 받았다.

We deliver goods upon **receipt** of payment.
납입되는 대로 곧 물품을 배송해 드립니다.

Please enter the email address of the **recipient**.
수령인의 이메일 주소를 입력하세요.

perceive

per(=throughout)+
ceive(=take)
: 두루 파악하다

vt.1.지각[감지]하다, 인지[인식]하다 2.이해하다, 깨닫다, 파악하다

perception ⓝ인지(력), 인식, 지각(작용)

perceptive ⓐ지각의, 지각하는, 지각력 있는 편입

It's very hard to **perceive** any difference between the twins.
그 쌍둥이들 사이에서 차이점을 감지하기는 아주 어렵다.

deceive

de(=down, 경멸의 뜻)+
ceive(=take) : 빼앗다

vt.속이다, 기만하다(cheat) vi.사기치다, 속이다(swindle)

deception ⓝ속임, 사기, 기만

deceptive ⓐ속이는, 현혹하는(deceitful) 토플, 편입

deceit ⓝ속이기, 사기, 책략(fraud, swindle) 편입

deceitful ⓐ기만적인, 사기[허위]의

The online shopping mall **deceived** customers by selling old items as new ones.
그 온라인 쇼핑몰은 낡은 품목을 새것으로 판매하여 고객을 속였다.

She extorted money from her friend with **deceit**.
그녀는 속임수로 친구에게서 돈을 갈취했다.

conceive
con(강조, intensive)+
ceive(=take)
: (마음 또는 자궁에) 품다

vt.1.마음에 품다, 생각해 내다, 착상하다(devise) 2.상상하다 3.임신하다
vi.1.(~ of) 상상[생각]하다, 이해하다 2. 임신하다 편입

concept ⓝ개념
conception ⓝ1.개념, 생각 2.착상, 창안 3.임신, 수태(pregnancy)
conceit ⓝ1.자부심, 자만심 2.(기발한) 비유, 착상

I couldn't **conceive** of his making such a mistake.
그가 그런 실수를 하리라고는 생각조차 못했다.
The couple is trying on their doctor's advice to **conceive** via artificial fertilization.
그 부부는 의사의 권고로 인공수정을 통해 임신하려고 시도한다.
Contrary to popular **conception**, men are not better drivers than women.
일반적인 생각과 달리 남자들이 여자들보다 운전을 더 잘하는 게 아니다.

prehend, pris[L] : 1. take 붙잡다 2. grasp 파악하다 ◆변형 : prey

일반적인 '잡다'란 뜻에서 점차 '마음으로 잡다, 법의 이름으로 체포하다'란 뜻으로 의미가 확장되고, '이해하다, 파악하다'와 같은 비유적·추상적 의미가 더해졌다. pris는 prehend의 p·p형 어근으로 '잡힌(taken)'의 뜻이며, prey는 고대불어(Old French)에서 유래되었다.

apprehend
ap(=ad:to)+
prehend(=grasp)
: 파악하다

vt.1.체포하다(arrest) 2.이해하다, 파악하다, 깨닫다 3.염려하다 vi.이해되다, 깨닫다

apprehensive ⓐ1.걱정되는, 불안한 2.이해가 빠른, 총명한 토플
apprehension ⓝ1.염려, 걱정 2.이해, 이해력 공9, 편입
Special forces were sent in to **apprehend** the hijackers.
공중 납치범들을 체포하기 위해 특공대가 투입되었다.
The boy was dull to **apprehend** the situation.
소년은 상황을 이해하는데 둔감했다.

comprehend
com(=together)+
prehend(=take)
: 함께 붙잡다

vt.1.이해하다(understand), 파악하다(grasp) 2.함축[의미]하다, 포함하다

comprehensive ⓐ1.이해가 빠른, 이해력 있는 2.포괄적[종합적]인, 넓은 토익, 경찰
comprehension ⓝ1.이해(력), 포용력 2.포함, 함축, 내포

I still can't **comprehend** what's going on.
뭐가 어떻게 돌아가는지 난 아직 이해가 안 된다.
The **comprehensive** report includes all things she has wanted to know.
그 포괄적인 보고서는 그녀가 알고자 했던 모든 것을 포함하고 있다.
I read newspaper editorials every day to develop my reading **comprehension**.
나는 독해력 향상을 위해서 매일 신문사설을 읽는다.

prison
pris(=take)+on(어미)
: 사로잡음

n.감옥(jail), 감방, 교도소

prisoner ⓝ죄수, 포로
The criminal was sentenced to 5 years in **prison** for fraud.
범인은 사기죄로 5년 형을 선고 받았다.

imprison
in(=into)+prison
: 감옥에 넣다

vt.수감[투옥, 감금]하다

imprisonment ⓝ투옥, 감금, 유폐

He has been **imprisoned** several times on charges of theft.
그는 절도 혐의로 여러 번 수감되었다.

surprise
sur(=over)+pris(=take)+
e(어미) : 위에서 덮쳐 붙잡다

vt.1.놀라게[경악케] 하다(astonish, astound) 2.불시에 치다, 기습 점령하다, 습격하다
n.1.놀람, 경악 2.뜻밖의 일 3.기습, 습격

surprising ⓐ1.놀라운, 의외의 2.불시[불의]의

We were **surprised** at the announcement that the two political parties would unite soon.
우리는 그 두 정당이 곧 통합될 것이라는 발표에 놀랐다.
The final results were a complete **surprise** to us all.
최종 결과는 우리 모두에게 너무나 뜻밖이었다.
His bold decision brought such a **surprising** outcome to our organization.
그의 과감한 결정이 우리 조직에 너무나 놀라운 성과를 가져다 주었다.

comprise
com(=together)+
prise(=take) : 다 함께 쥔

vt.1.포함하다, 차지하다 2.구성되다, 이루어지다(consist of)
The task force will **comprise** around 10 staff members and one leader.
특별대책반은 약 열 명의 직원과 한 명의 리더로 구성될 것이다.

enterprise
enter(=inter:between)+
prise(=take)
: (위험) 사이에 들어가 잡음

n.1.기업, 회사, 기업경영 2.기획, 모험적 사업 3.기업가 정신, 모험심 토익

enterprising ⓐ1.기업적인, 기업열이 강한 2.진취적[모험적]인 회계사

The big **enterprise** grew from a small firm in a rural area.
그 대기업은 시골의 조그만 회사에서 출발하여 성장한 것이다.

prey [F]
: '사냥감'(hunted animal
for food)의 뜻에서

n.1.먹이, 사냥감 2.희생자[물](victim), 피해자 3.포식, 포획
vi.1.잡아먹다, 포식하다 2.약탈[강탈]하다, 등쳐먹다
cf. **predator**[prédətər] ⓝ포식자, 약탈자, 포식 동물
More and more people fall **prey** to cyber crimes these days.
점점 더 많은 사람들이 요즘엔 사이버 범죄의 희생물이 되고 있다.
Again I attacked the swindler like a **predator**, not a prey.
나는 재차 그 사기꾼에게 먹이감이 아니라 포식자처럼 덤벼 들었다.

sume [L] : 1. take 취하다 2. spend 쓰다
sume은 물리적으로 '잡다'라는 뜻에서 태도를 '취하다', 필요한 것을 '쓰다'라는 추상적인 의미로 점점 변해왔다.

sumptuous
[sʌmptʃuəs]
sumpt(=sume의 pp형)+(u)
ous(형접) : 마구 쓰는

a.사치스러운, 호화로운(luxurious), 값비싼 편입
The diplomats were treated to a **sumptuous** meal of varied Korean dishes.
외교관들은 다양한 한국요리로 차려진 호화로운 식사를 대접받았다.

assume
as(=ad:to)+sume(=take)
: ~쪽으로 태도를 취하다

vt.1.추정[추측]하다, 가정하다 2.(책임 등을) 지다, 맡다 3.~인 체하다, 가장하다 4.(태도, 성질 등을) 취하다, 띠다 토익

assumption ⓝ1.가정, 추정 2.인수

On account of his accent, I **assume** that he is Scottish.
그의 어투로 미뤄 그를 스코틀랜드 출신으로 나는 추정한다.

He has been the youngest person ever to **assume** the office.
그는 지금까지 그 직을 맡은 사람 중 가장 나이 어린 사람이다.

Your view seems to be based on the **assumption** that all men are potential criminals.
너의 견해는 모든 남자들이 잠재적 범죄자라는 가정에 근거한 것처럼 보인다.

consume
con(강조, intensive)+
sume(=spend) : 죄다 쓰다

vt.1.소비하다, 낭비하다(waste) 2.먹다, 마시다 3.(마음을) 사로잡다
vi.소비하다, 다 써버리다 토익

consumer ⓝ소비자

consumption ⓝ소비, 소비량[액] ⓑ production 생산

This new car **consumes** less gasoline.
이 새 차는 가솔린이 적게 든다.

If you **consume** too much, you will gain weight rapidly.
너무 많이 먹으면 급속히 체중이 불어날 것이다.

The alcohol **consumption** in Korea is globally at a high level.
한국에서의 알코올 소비량은 세계적으로 높은 수준이다.

resume[1]
re(=again)+sume(=take)
: 다시 취하다

vt.1.다시 시작하다, 재개하다 2.(지위 등을) 다시 차지하다, 되찾다, 회복하다
vi.다시 시작하다, 재개하다 편입, 토익

resumption ⓝ1.재개 2.되찾음, 회수, 회복

The baseball game **resumed** immediately after a rain.
비가 그친 후 곧 바로 야구시합이 재개되었다.

resume[2] [F]
[rézumèi]

n.이력서, 개요, 적요 토익

Have you heard something from the companies you sent your **resume** to?
네가 이력서 보낸 회사에서 무언가 소식이 있니?

presume
pre(=before)+sume(=take)
: 미리 태도를 취하다

vt.vi.1.가정[추정]하다(assume), 생각[상상]하다 2.대담하게[건방지게] ~하다, 주제넘게 굴다 토플, 변리사

presumption ⓝ1.가정, 추정, 추측 2.주제넘음, 건방짐

presumptuous ⓐ주제넘은, 건방진

We have the right to be **presumed** innocent until proved guilty according to law.
우리는 법에 따라 유죄로 입증될 때까지 무죄로 추정 받을 권리를 가진다.

It would be **presumptuous** of me to offer some advice to him about the matter.
그 문제에 대해 내가 그에게 조언하는게 좀 주제넘어 보인다.

tain [L] : 1. hold 쥐다, 담다, 지탱하다 2. touch 닿다 ◆변형 : tin, ten

tin과 ten은 tain의 분사형 어근에서 형성된 변형이다. tain 앞에 다양한 프랑스식 접두사가 붙은 여러 동사가 불어에서 영어로 유입되어 오랜 세월 동안 철자 변화없이 영어에 그대로 사용되고 있다. 그래서 아래 각 해당 동사의 철자가 현재의 불어와 거의 동일하다 (단, -tain은 -tenir). 예를 들면 손(hand)은 불어에서 main(라틴어 manu의 변형)인데 지금도 그대로 tain의 접두사로 사용되고 있다.

maintain

main(=manu:hand)+
tain(=hold) : 손 안에 쥐다

vt.1.유지하다, 지탱하다 2.정비[보전]하다 3.지속[계속]하다 4.주장[단언]하다 5.부양하다(support) 6.지지[옹호]하다

maintenance ⓝ1.유지, (보수)관리, 정비 2.지속 3.주장, 지지 4.부양(비), 생계

Regular exercise and proper nutrition are essential to **maintain** our health.
규칙적 운동과 적절한 영양이 건강 유지에 필수적이다.

The suspect **maintained** her innocence. 용의자는 무죄를 주장했다.

We recommend you to use only original parts for **maintenance**.
유지보수를 위해 순정부품만 사용하기를 권고합니다.

The court ordered him to pay child **maintenance** to his ex-wife.
법원은 그에게 자녀양육비를 전처에게 지급하도록 명령했다.

entertain

enter(=inter:among)+
tain(=touch)
: 여럿의 마음에 닿다

vt.1.즐겁게 해주다, 환대[접대]하다 2.(감정 등을) 품다, 지니다 vi.대접[환대]하다

entertainer ⓝ연예인

entertainment ⓝ1.오락, 연예 2.대접, 환대(hospitality) 토익

She sometimes invites her colleagues to **entertain** them at dinner.
그녀는 가끔 직장동료를 초대하여 저녁대접을 한다.

The popular serials aim at **entertainments** the whole family can enjoy.
그 인기 연속극은 전체 가족이 즐길 수 있는 오락을 겨냥하고 있다.

obtain

ob(강조, intensive)+
tain(=hold) : 꼭 쥐다

vt.얻다, 손에 넣다, 입수[획득]하다 vi.통용되다, (널리) 행해지다, 유행하다

obtainable ⓐ입수 가능한, 얻을 수 있는 토익

We have yet to **obtain** permission from the authorities.
우리는 아직 당국으로부터 허가를 받지 못했다.

Information about the problem is **obtainable** on the Internet.
그 문제에 대한 정보는 인터넷 상에서 입수 가능하다.

abstain

ab(s)(=away from)+
tain(=hold)
: 떨어져 지탱하다

vi.1.(~ from) 삼가다, 절제하다(refrain) 2.그만두다, 끊다 3.기권하다 공7

He several times made a vow to **abstain** from smoking but failed each time.
그는 여러 번 금연을 맹세했지만 그때마다 실패했다.

contain

con(=together)+
tain(=hold) : 함께 담다

vt.1.포함[함유]하다 2.수용하다, 들어가다, 담다(hold) 3.(감정 등을) 억누르다, 억제하다

container ⓝ컨테이너, 용기

An Olympic gold medal usually **contains** less than 5% of gold.
올림픽 금메달은 대개 5%이하의 금을 함유하고 있다.

pertain
per(=through)+
tain(=hold)
: 쭉 쥐고 유지하다

vi.(~ to)1.부속[부수]하다, 따라 다니다 2.적합하다, 어울리다 3.관계[관련]하다

pertinent ⓐ1.적절한, 타당한 2.관계있는, 관련된(relevant), ~에 속하는 편입, 토플

Such conduct does not **pertain** to an educator.
그러한 처신은 교육자에게 어울리지 않는다.

Once the software is installed, the user begins by entering all the **pertinent** information.
일단 소프트웨어가 설치되면 사용자는 모든 관련 정보를 입력하여 시작한다.

sustain
sus(=sub:up from below)+tain(=hold)
: 아래에서 위로 지탱하다

vt.1.떠받치다, 지지하다(support), 견디다 2.유지하다(maintain), 부양하다 3.(피해 등을) 입다, 겪다, 받다

sustainable ⓐ1.지지[지탱]할 수 있는, 지속 가능한 2.입증[확인]할 수 있는 토플

This online business will **sustain** its growth trend for a few years.
이 온라인 사업은 향후 몇 년은 성장추세를 유지할 것이다.

Such consensus is indispensable to creating **sustainable** communities.
그러한 합의는 지속 가능한 공동체를 만드는데 필요 불가결하다.

attain
at(=ad:to)+tain(=touch)
: ~에 닿다

vt.1.달성하다, 성취하다(accomplish) 2.도달하다, 이르다 vi.도달하다, 이르다

attainable ⓐ이룰 수 있는, 도달할 수 있는

attainment ⓝ1.달성, 도달 2.성과, 위업, 학식

unattainable ⓐ 도달하기 힘든, 성취할 수 없는 편입

Nowadays more and more women **attain** high positions in public office.
요즘에는 점점 더 많은 여성들이 공직사회에서 고위직에 진출한다.

detain
de(=down)+tain(=hold)
: 아래로 붙들다

vt.1.억류[구금]하다 2.지체하게[기다리게] 하다, 붙잡아두다

We have to **detain** her by any means until the work is done.
일이 끝날 때까지 어떻게 해서라도 그녀를 붙잡아 두어야 한다.

retain
re(=back)+tain(=hold)
: 뒤에서 쥐고 있다

vt.1.보유[유지]하다 2.존속시키다 3.기억하다, 마음에 간직하다 국회8, 토플

He came into many conflicts with people around him to **retain** the presidency.
그는 회장직을 유지하기 위해 주변사람들과 많은 갈등을 겪었다.

continue
con(=together)+
tin(=hold)+ue(어미)
: 함께 계속 쥐고 있다

vi.1.계속[지속]되다 2.이어지다, 뻗어 있다 3.머무르다, 재직하다
vt.계속하다, 연장하다, 유임시키다

continuous ⓐ계속되는, 지속[연속]적인(constant, consecutive) 편입

continual ⓐ1.거듭[반복]되는, 빈번한 2.끊임없는, 부단한(incessant)

I **continued** reading the book though it was very difficult.
책이 아주 어려웠지만 나는 읽기를 계속했다.

He got ill by **continuous** stress.
그는 지속적인 스트레스로 병이 났다.

The couple's **continual** quarrels led to a divorce at last.
그 부부의 빈번한 싸움이 결국에는 이혼으로 끝났다.

continent

con(=together)+
tin(=hold)+ent(명접)
: 함께 계속 이어짐

n.대륙, 육지

continental ⓐ대륙의, 대륙성의

The country is located on the southern end of the African **continent**.
그 나라는 아프리카 대륙의 남쪽 끝에 위치해 있다.

We intend to drive across the **continental** U.S. from New York to LA.
우리는 뉴욕에서 LA까지 자동차로 미대륙을 횡단하려고 한다.

content[1]

[kάntent]

con(=together)+
tent(=held, pp형)
: 다 함께 포함된 것

n.1.(~s) 내용(물), 목차 2.용량, 함유량 3.취지, 주제, 의견 4.〈컴〉콘텐츠

Various pictures enrich the book's **contents**.
다양한 그림들이 책의 내용을 풍족하게 만든다.

I gathered the necessary materials from various online **contents** available.
나는 필요한 자료를 입수가능한 다양한 온라인 콘텐츠에서 수집했다.

content[2]

[kəntént]

a.(~ with) 만족한(satisfied) ㉥ discontent vt.만족시키다(satisfy), 만족하다

contentment ⓝ만족(감), 자족(satisfaction)

He is quite **content** with his grades this semester.
그는 이번 학기 성적에 꽤 만족한다.

She **contented** herself with settling and teaching in a small mountain town.
그녀는 한 조그만 산골마을에 정착해서 가르치는 일에 만족했다.

tenacious

ten(=hold)+aci(=강조,
intensity of action)+
ous(형접) : 꽉 쥐고있는

a.1.집요한, 끈질긴(stubborn, obstinate) 2.오래 지속되는 공7, SAT

tenacity ⓝ고집(obstinacy), 끈기, 불굴

She is regarded as a **tenacious** reporter.
그녀는 끈질긴 기자로 평가된다.

tenure

ten(=hold)+ure(명·접)
: 지위를 유지함

n.1.재임, 재임 기간 2.(교수의) 종신 재직권 3.(부동산에 대한) 보유권, 사용권 편입

After the hard times he finally acquired his **tenure** at the university.
힘든 시기를 지난 후 그는 마침내 대학에서 종신 재직권을 얻었다.

tenant

ten(=hold)+ant(명·접)
: (부동산) 사용권을 쥔 자

n.세입자, 임차인, 소작인 vt.vi.세 들어[임차해서] 살다

As the previous **tenant** already moved out, she is looking for a new one.
이전 세입자가 이미 떠나서 그녀는 새 세입자를 찾고 있다.

Unit 42. 나르다(fer / port / gest / late)

fer[L] : 1. carry 나르다, 지니다 2. bring 가져오다 3. bear 견디다, 산출하다

'나르다'는 뜻을 가진 어근이 여럿 있는데 그 중에서도 fer는 추상적 의미로 주로 사용되며 일이 되게 '이끌다, 가져오다'는 뜻을 포함하고 있다. 반면 다음에 나오는 port는 구체적인 사물을 '나르다, 운반하다'는 뜻이 아직 많이 남아있다.

prefer

pre(=before)+fer(=bring)
: 먼저 가져오다

vt.1.~을 더 좋아하다, 차라리~을 택하다, 선호하다 *prefer A to B: B보다 A를 더 좋아하다

preferable ⓐ ~보다 나은, 더 좋은, 선호하는 편입

preference ⓝ1.더 좋아함, 선호(품) 2.우선(권), 선취권 3.특혜, 차등 토익

I **prefer** rice to bread. 빵보다는 밥이 좋아요.

Which seat do you **prefer**, window or aisle? I'd like an aisle seat.
창문과 통로 좌석 중 어느 것을 선호하나요? 통로 쪽이 좋습니다.

As for me, reading indoors is more **preferable** to playing outdoors.
나 같은 경우엔, 집에서 책 읽는 것이 밖에서 노는 것보다 더 좋다.

It's just a matter of personal **preference**. 그것은 단지 개인적 선호의 문제다.

confer

con(=together)+fer(=carry)
: 함께 나르다

vi.협의[의논]하다(consult) vt.수여[부여]하다(grant), 주다

conference ⓝ1.회의(meeting), 협의회 2.회담, 협의 3.연맹, 동맹 토익

I **conferred** with my father about my future career.
나는 진로에 대해 아버지와 상의했다

During his reign, he wielded a sword of dictatorship under a power **conferred** by the law. 통치 기간 동안 그는 법이 부여한 권력 하에서 독재의 칼날을 휘둘렀다.

refer*

re(=again)+fer(=bring)
: 다시 가져오다

*이 단어들은 영어에서 자주 사용되는 대표적인 다의어

vi.1.(~to) 조회하다, 참조[참고]하다 2.언급[인용]하다, ~라고 부르다 3.지시하다, 가리키다 4.적용되다(apply)

vt.1.조회[참조]시키다 2.맡기다, 위탁[회부]하다 3.반려[환송]하다 4.탓으로 하다, 덕으로 돌리다(assign, attribute)

reference* ⓝ1.참조, 참고 2.조회, 문의 3.언급, 지칭 4.관련, 관계 5.위탁, 위임 6.추천서

referee ⓝ(운동 경기의) 심판, 중재인, 조정인 ⓥⓘ심판 보다 ⓥⓣ심사하다

Please **refer** to the attached file for details. 자세한 사항은 첨부된 파일을 참조하세요.

My colleagues promised not to **refer** to the travel plan again.
내 동료들은 그 여행계획에 관해서 다시 언급하지 않기로 약속했다.

I'll **refer** you to the branch manager. Please hold on.
지점장님 연결해 드릴께요. 잠시만 기다리세요.

She wrote down the main points of the seminar for future **reference**.
그녀는 나중에 참고하기 위해 세미나의 요점을 적어두었다.

infer

in(=in)+fer(=bring)
: 안으로 가져오다

vt.1.추론[추정]하다, 추측하다 2.암시하다 vi.추론하다 편입

inference ⓝ추론, 추리, 추정

I **inferred** from her smile that she would accept the proposal.
나는 그녀의 미소에서 그녀가 제의를 수락할 것이라고 추정했다.

transfer
trans(=across)+fer(=carry)
: 이쪽에서 저쪽으로 나르다

vt.1.옮기다, 이동하다 2.전학[전임]시키다, 이적하다 3.전사[모사]하다, 전송하다
vi.1.이동하다, 전학[전임]하다, 이적하다 2.갈아타다, 환승하다
n.1.이동, 이전 2.전근, 전학, 이적 3.갈아타기, 환승 4.전송 공9, 토익

She immediately **transferred** the money into another account.
그녀는 그 돈을 즉시 다른 구좌로 옮겼다.

We are to **transfer** at Seattle for a flight to Chicago.
우리는 시애틀에서 시카고 가는 비행기로 갈아탈 것이다.

The player **transferred** to LA Dodgers for U$ 10 million.
그 선수는 천만 불에 LA Dodgers로 이적했다.

I already requested a department **transfer**. 나는 이미 부서 이전을 요청했다.

offer
of(=ob:toward)+
fer(=bring)
: ~에게 가져오다

vt.1.제안[제의]하다, 권하다 2.제공[지원]하다 3.바치다
vi.1.제안[신청]하다 2.나타나다, 일어나다(occur) 3.구혼[청혼]하다
n.1.제안, 제의, 제공 2.〈상업〉오퍼, 제공가격, 부르는 값 3.구혼, 청혼

The company **offered** David a high salaried job.
회사는 David에게 고액 연봉의 일자리를 제안했다.

This special **offer** is valid until this weekend.
이 특판가는 이번 주말까지 입니다.

differ
dif(=dis:apart)+fer(=carry)
: 동떨어지게 지니다

vi.1.다르다, 틀리다 2.의견을 달리하다, 동의하지 않다

different ⓐ1.(~ from) 다른, 별개의, 차이 나는 2.여러 가지의(various) ㉥ similar 유사한

differentiate ⓥⓥ1.구별[차별]하다(distinguish) 2.차별화하다, 구분짓다

difference ⓝ다름, 차이

Their opinions **differ** a great deal because their situations are **different** from each other.
그들의 입장이 서로 다르기 때문에 의견도 아주 제 각각이다.

We have **differentiated** our product from the rivals' by innovative quality and design.
우리는 혁신적 품질과 디자인으로 우리 제품을 경쟁사들과 차별화했다.

A happy marriage can be achieved when an imperfect couple learns to enjoy their **differences**.
행복한 결혼은 불완전한 한쌍이 서로의 차이점을 즐거이 받아들이는 법을 배울 때 이뤄진다.

It doesn't make any **difference** to me. 그건 내게 상관없어요.

suffer
suf(=sub:under)+
fer(=bear) : 밑에서 견디다

vt.1.(고통 등을) 겪다, 당하다 2.견디다, 참다(endure)
vi.1.(~ from) 고통을 겪다, 시달리다 2.앓다, 병들다 3.상하다, 다치다

suffering ⓝ1.고통, 고난, 괴로움 2.재해, 재난

He **suffered** from a bad hangover last night.
그는 지난 밤 심한 숙취에 시달렸다.

The world is full of **suffering** but it is also full of people overcoming it. - Helen Keller
세상은 고통으로 가득하지만, 그 고통을 극복하는 사람들로도 또한 가득하다.

defer
de(=off)+fer(=bring)
: 따로 가져오다

vt.연기하다, 미루다(delay, postpone)　vi.연기[지연]되다 평가사, 편입

Due to lack of money, we requested the bank to **defer** payback for a month.
자금 부족으로 우리는 은행에 한 달간 상환 연기를 요청했다.

fertile
fert(=bear, pp형)+
ile(형·접)
: 쉽게 산출하는, 다산의

a.1.기름진, 비옥한, 다산의(productive)　㉫ sterile, barren　2.생식[번식]력 있는, 가임의
3.(창의력 등이) 풍부한 공9

fertility ⓝ1.비옥, 다산　2.번식[산출]력, 출생률 편입

fertilize ⓥⓣ1.비옥하게[기름지게] 하다　2.수정[수태]시키다

fertilizer ⓝ(화학)비료 공9

The wide plains were **fertile** enough to grow various crops.
넓은 평원은 다양한 작물들을 재배할 수 있게끔 아주 비옥했다.

The **fertility** rate of Korea has gradually declined during the last 10 years.
지난 십 년간 한국의 출산율은 점차 떨어졌다.

We **fertilize** our farmland with natural manures instead of chemical **fertilizers**.
우리는 화학비료 대신 천연비료로 농지를 비옥하게 만든다.

Tip

단어 끝의 -ile는 형용사를 만드는 접미사(suffix)가 되어 주로 '~하기 쉬운'(easy, liable to)이란 뜻을 가지는 경우가 많다.

agile ag(=do)+ile(=easy, 형·접): 쉽게 행하는, 재빠른 ⓐ1.민첩한, 날렵한 2.두뇌가 잘 도는, 명민한 공9
docile doc(=teach)+ile(=easy): 가르치기[길들이기] 쉬운 ⓐ유순[온순]한(meek), 다루기 쉬운, 고분고분한(tame) 편입

facile fac(=do)+ile(=easy): 하기 쉬운 ⓐ1.손쉬운, 용이한, 수월한 2.안이한, 경박한
fragile frag(=break)+ile(=easy): 부서지기 쉬운 ⓐ1.부서지기[깨지기] 쉬운(breakable) 2.연약[허약]한 3.섬세한

futile fut(=pour)+ile(=easy): 쉽게 엎지르는(easily pour out) ⓐ1.헛된, 무익한, 쓸모없는(useless) 2.시시한, 하찮은 공9
hostile host(=enemy)+ile(=easy): 적이 되기 쉬운 ⓐ1.적대[호전]적인, 비우호적인 2.강경한, 냉담한 ㉫ friendly

mobile mob(=move)+ile(=easy): ⓐ1.이동하는, 이동식의 2.기동력 있는, 기동성의 3.변하기 쉬운, 잘 바뀌는 ⓝ휴대전화
versatile vers(=turn)+at(e)(=make)+ile : 바꾸기 쉬운 ⓐ1.다재다능한, 만능의 2.다용도의, 다목적의 3.변하기 쉬운 토플

sterile ster(=lacking)+ile(=easy): 부족하기 쉬운 ⓐ1.불임의, 메마른, 불모의 2.살균[소독]한 3.무익한, 소득없는 편입
volatile volat(=fly, pp형)+ile(=easy) : 날아가기 쉬운 ⓐ1.휘발성의 2.변덕스런, 경박한 3.헛된, 공허한 공7

port [L] : 1. carry 나르다, 운반하다 2. bear 지탱하다 3. harbor 항구

어근 port는 '나르다, 지탱하다'는 뜻 외에 '항구'란 뜻도 가진다. 옛날에는 항구로 불어오는 순풍에 맞춰 무역선을 띄워 수출·수입을 했다. 화물을 운송하기 위해 무게를 잘 지탱하는 운송수단의 역할이 중요했으며, 또 운송된 화물 내역을 장부에 제대로 기록하여 상대편에게 건네고 세관당국에도 보고했다.

portable
port(=carry)+able(형·접)
: 운반할 수 있는

a.휴대용의, 휴대하기 쉬운 n.휴대용 제품

She has set aside some money to buy a **portable** computer.
그녀는 휴대용 컴퓨터를 사기 위해 약간의 돈을 저축해 왔다.

export
ex(=out)+port(=carry)
: 바깥으로 나르다

vi.수출하다, 밖으로 전하다 ⓑ import n.수출(품) a.수출의

We **export** end products and import raw materials.
우리는 완제품을 수출하고 원자재를 수입한다.

import
im(=in)+port(=carry)
: 안으로 나르다

vt.1.수입하다 2.내포[의미]하다 n.1.수입(품) 2.취지, 의미

The firm is pushing forward to develop core parts that are now **imported** from Japan.
그 회사는 현재 일본에서 수입해 쓰는 핵심부품을 개발하기 위해 박차를 가하고 있다.

transport
trans(=across)+port(=carry)
: 이쪽에서 저쪽으로 나르다

vt.수송[운송]하다(convey), 나르다 n.1.수송, 운송, 이동 2.수송기관, 운송수단, 차량

transportation ⓝ1.수송, 운송 2.수송기관 3.운임(fare), 운송료

We packaged the artworks with caution to safely **transport** them to the museum.
우리는 박물관으로 안전하게 운송하기 위해 예술품들을 조심해서 포장했다.

We use public **transport** to get to workplace. 우리는 대중교통을 이용해 출근한다.

The travel agency is supposed to arrange accommodation and **transportation** for our trip.
여행사에서 우리 여행의 숙박과 교통편을 준비하도록 되어있다.

support
sup(=sub:from under)+port(=bear)
: 아래에서 (무게를) 지탱하다

vt.1.받치다, 지탱하다(prop up, bolster) 2.지지[옹호]하다, 후원[지원]하다 3.부양하다 4.유지하다, 지속시키다 n.1.(떠)받침, 지탱 2.지지, 후원 3.지지자, 후원자 4.부양, 양육(비), 생활비 편입, 토익

supporter ⓝ1.지지자, 후원자, 자기편 2.지지물, 지주

The bill will also be **supported** by the opposition party.
야당도 역시 그 법안을 지지할 것이다.

She receives a small salary far from enough to **support** her family.
그녀는 가족을 부양하기엔 턱없이 부족한 적은 급료를 받고 있다.

Most immigrants gave their overwhelming **support** to the candidate.
대부분의 이민자들은 그 후보에게 압도적 지지를 보냈다.

deport
de(=away)+port(=carry)
: 멀리 보내다

vt.(국외로) 추방하다, 강제 이송하다(expel, exile)

deportation ⓝ국외추방, 이송, 수송 공9

Arresting illegal aliens, the government **deported** them immediately.
정부는 불법체류자들을 체포하자 바로 추방시켰다.

report
re(=back)+port(=carry)
: 뒤로 (따로)가져오다

vt.vi.1.보고하다, 전하다, 발표하다 2.보도하다, 기록하다 3.신고[통보]하다, 일러바치다
n.1.보고(서), 리포트 2.보도, 기사 3.평판, 세평

reporter ⓝ1.보고자, 신고자 2.취재[신문]기자, 통신원

The conglomerate's owner is **reported** to have been very poor in his youth.
그 거대기업 소유주는 젊었을 때 매우 가난했던 것으로 알려져 있다.

He is wrestling with the **report** all day long to finish it by the deadline.
마감시한 내에 끝내려고 그는 하루 종일 보고서와 씨름하고 있다.

opportunity
op(=ob:to)+
port(=harbor)+
une(형·접)+ity(명·접)
: 항구로 부는 (바람)

n.기회, 호기(chance)

opportune ⓐ적절한, 때가 알맞은, 시기가 좋은 편입

Opportunities are usually disguised as hard work, so most people don't recognize them. - Ann Landers
기회는 대개 어려운 일로 변장하고 오기 때문에, 대부분의 사람들은 그것을 알아채지 못한다.

The organ donation could not have come at a more **opportune** time.
장기 기증은 더 이상 적절할 수 없을 때에 찾아왔다.

airport
air(공중)+port(항구)

n.공항
Incheon International **Airport** 인천국제공항

portfolio [It]
port(=carry)+
folio(=document file)
: 서류를 나르는 가방

n.1.서류 가방[파일] 2.(유가증권)일람표, 투자[상품]목록 3.장관의 직 토익

The fund manager now enlarges his **portfolio** to diversify the investment risk.
펀드매니저는 투자위험을 분산시키기 위해 지금 포트폴리오를 확장하고 있다.

gest, gist, ger [L] : 1. carry 나르다 2. bring 가져오다

'나르다'란 뜻을 가진 라틴어 동사(gerere)의 어근 ger의 pp형이 gest, 명사형이 gist이다.

gesture
gest(=bring)+ure(명·접)
: (행동을) 가져옴 즉, 취함

n.1.몸짓, 손짓, 제스처 2.의사표시 vi.vt.몸짓[손짓, 제스처]을 하다

He made a welcome **gesture** with open arms.
그는 두 팔을 벌려 환영의 제스처를 취했다.

suggest
sug(=sub:from under)+
gest(=bring)
: 아래에서 가져오다

vt.1.제안[제의]하다, 건의하다(propose) 2.암시[시사]하다(imply) 3.추천하다

suggestion ⓝ1.제안, 건의 2.암시, 시사 3.연상

It has been **suggested** that the airport should be moved to an outside area.
공항은 외곽지역으로 이전되어야 한다는 제안이 줄곧 있었다.

My wife **suggested** traveling abroad with daughters during summer vacation.
아내는 여름방학 때 딸과 함께 해외여행을 가자고 제안했다.

There was no **suggestion** that the president would meet his political opponent.
대통령이 그의 정적을 만나리라는 암시는 전혀 없었다.

digest
di(=dis:apart)+
gest(=carry)
: 잘게 분산해서 나르다

vt.1.소화하다 2.잘 이해하다, 터득하다 3.요약하다, 간추리다 vi.소화되다 n.요약, 개요

digestible ⓐ소화할 수 있는, 소화[이해]하기 쉬운

digestive ⓐ소화의, 소화를 돕는[촉진하는] ⓝ소화제

digestion ⓝ1.소화, 소화력 2.숙고

If you chew this meat properly, it **digests** well like vegetables.
이 고기를 적당히 씹으면 채소처럼 잘 소화된다.

a weekly news **digest**: 주간뉴스 요약판

congest
con(=together)+
gest(=bring)
: 다 함께 가져오다

vt.1.혼잡하게 하다(overcrowd), 정체시키다 2.꽉 채우다, 충만시키다 3.충혈[울혈]시키다
vi.혼잡해지다 편입

congestion ⓝ1.밀집, 과밀, (화물 등의) 폭주 2.혼잡, 정체 3.충혈, 울혈

The shopping mall was very **congested** due to the upcoming Christmas season.
다가오는 크리스마스 시즌으로 쇼핑몰은 대단히 붐볐다.

The subway system has greatly relieved the traffic **congestion** in Seoul.
지하철 시스템은 서울의 교통혼잡을 크게 완화시켰다.

ingest
in(=into)+gest(=bring)
: 안으로 나르다

vt.1.섭취하다, 삼키다 ⓑ excrete배설하다 2.(정보, 사상 등을) 수집하다, 받아들이다 편입

ingestion ⓝ섭취(intake) ⓑ discharge 배출 excretion 배설

We consider buying organic vegetables to avoid **ingesting** pesticides in our food.
우리는 음식 속의 농약 섭취를 피하기 위해 유기농 채소 구입을 고려한다.

register
re(=back)+gist(=carry)+
er(어미)
: 뒤로 날라오다, 기록하다

vt.vi.1.등록[기록]하다, 신고하다 2.기명[서명]하다, 이름을 적다 3.나타내다, 표정 짓다
n.등록, 등기, 기록(부) 토익

registration ⓝ등록, 기명, 등기

Last night the thermometer **registered** 20 degrees below zero.
어제 밤 온도계가 영하 20도를 기록했다.

Students are required to **register** for the new course by the end of March.
학생들은 3월말까지 새 강좌에 등록해야 한다.

exaggerate
ex(=completely)+
ag(=ad:to)+ger(=carry)+
ate : 한 쪽으로 엄청 날라오다

vt.과장하다(overstate), 침소봉대하다 vi.과장해서 말하다 토플, 편입

exaggeration ⓝ과장(hyperbole)

The estate agent highly **exaggerated** the property's future value.
부동산 중개인은 그 부동산의 미래가치에 대해 크게 부풀렸다.

---

late[L] : 1. carried 옮겨진, 날라진 2. brought 가져온

late는 수동이나 완료의 의미를 지닌 과거분사(past participle)형 어근이다.

---

collate
col(=together)+
late(=carried) : 함께 나르다

vt.1.(정보를) 취합·분석하다 2.대조하다, 맞추어 보다(~ with) 3.순서대로 모으다

For an accurate translation, she **collated** it, word by word, with the German original.
정확한 번역을 위해서 그녀는 한 단어 한 단어를 독일어 원문과 대조했다.

translate

trans(=across)+
late(=carried)
: 이쪽에서 저쪽으로 옮겨진

vt.1.번역[통역]하다, 옮기다 2.해석하다(interpret) 3.변형하다, 바꾸다
vi.번역[통역]하다, 변형되다 토익

translation ⓝ번역, 해석(interpretation)

translator ⓝ번역자, 통역

His Japanese works have been widely **translated** into various languages.
그의 일본어 작품들은 여러 언어로 널리 번역되었다.

Let's set up a start-up venture to **translate** our ideas into reality.
우리의 아이디어를 현실로 옮길 수 있도록 신생 벤처기업을 창업합시다.

relate

re(=again)+late(=brought)
: (연결되게) 다시 가져오다

vt.1.관련[결부]시키다(connect), 관계를 짓다 2.이야기하다(narrate), 설명하다
vi.1.관계[관련]되다, 관계가 있다 2.합치[부합]하다(fit in)

relation ⓝ1.관계(connection), 관련(reference), 연관 2.교제, 교섭 3.친척

relationship ⓝ1.관계됨, 연관성 2.친척[혈연]관계

relative ⓝ친척, 인척 ⓐ상대적인, 비교상의(comparative)

Latin is closely **related** to many European languages.
라틴어는 많은 유럽의 언어들과 밀접히 연관되어 있다.

Diabetes has a close **relation** to obesity.
당뇨와 비만 사이에는 밀접한 관련이 있다.

We will apply a **relative** evaluation to the final exam instead of an absolute one.
우리는 기말시험에 절대평가 대신 상대평가를 적용할 것이다.

legislate

leg(is)(=law)+
late(=brought)
: 법을 가져오다

vi.법률을 제정하다, 입법하다(~ against, for) vt.법률을 만들어 통제하다 토플, 편입

legislation ⓝ1.법률제정, 입법행위 2.(집합적) 법률, 법령

Congress attempted to **legislate** for gun control, but failed.
의회는 총기규제를 입법화하려 했으나 실패했다.

The new **legislation** is designed to prevent cyber crimes.
새 법률은 사이버 범죄를 방지하기 위해 입안되었다.

dilate

di<dis(=apart)+
late(=carried): 확산되어 옮겨진

vi. vt. 1.확장[팽창]하다, 확장시키다 2.넓히다,넓어지다 공7, 편입 ⓑ contract 수축하다

The pupils of our eyes **dilate** in the dark.
우리 눈의 동공은 어둠 속에서는 팽창한다.

Review Test 14

a. ingredient	b. verdict	c. recipe	d. prey	e. deceive
f. fertilizer	g. welfare	h. portfolio	i. antecedent	

◆ **From the box above, choose the word that corresponds to each definition below.**

1 the decision that is given by the jury or judge at the end of a trial

2 a substance used in order to make land more productive

3 a person or thing that becomes the victim of a hostile person, influence, etc

4 a thing that existed before or logically precedes another

5 the combination of shares or other investments that a particular person or company has

6 the health, happiness, and fortunes of a person or group

7 a set of instructions for cooking a particular type of food

8 a component part or element of something

9 to make someone believe what is not true for a dishonest purpose

◆ **Choose the one that is closest in meaning to the highlighted word in each sentence.**

10 Young students are **vulnerable to** the influences of the Internet.
① persuaded by ② susceptible to ③ appeased by ④ programmed to

11 You should put the **perishable** foods in an icebox so that they don't spoil at the campground.
① precious ② corruptible ③ delicious ④ expensive ⑤ fresh

12 Women now **comprise** one third of the Cabinet.
① undertake ② activate ③ determine ④ execute ⑤ consist of

13 The union leaders realize they need to make some **concessions** in order to reach an agreement.

① endeavors ② exchanges ③ tactics ④ proposals ⑤ compromises

14 Newton made **unprecedented** contributions to mathematics, optics, and mechanical physics. 공9

① mediocre ② suggestive ③ unsurpassed ④ provocative

15 When you read the thick book, take a quick **comprehensive** view at first.

① clear ② overall ③ rough ④ detailed ⑤ important

16 She was **apprehensive** at first, but after I showed her how gentle the horse was, she soon felt secure.

① confident ② embarrassed ③ comprehensive ④ uneasy ⑤ flexible

17 A lot of my friends **stood up for** me when I was blamed for the failure.

① embraced ② spoke well of ③ supported ④ reproached ⑤ got along with

18 With my music I hope to **pervade** the suffering people.

① penetrate ② advocate ③ care for ④ accompany ⑤ appreciate

◆ **Fill in the blank with the proper verb that will best complete the meaning of each sentence.**

① preceded ② register ③ invaded ④ deport ⑤ referred ⑥ initiate

19 Students are supposed to _______ for the class by the end of this week.

20 After listening to the public opinion, the chancellor decided to _______ illegal immigrants.

21 I _______ to lots of journals to write a very advanced thesis.

22 A guide _______ us to show the way to the event hall.

23 We want to _______ a discussion on shutting down nuclear power plants.

24 The photographer _______ the celebrity's privacy in a subtle way.

Unit 43. 자르다(cise, cide / sect / tail / tom)

cise, cide [L] : 1. cut 자르다 2. kill 죽이다

cise는 라틴어 어근 cide의 pp형이다. '자르다'(to cut)는 뜻에서 출발하여 점점 '절단하다, 죽이다'는 뜻으로 확장되었다. 근세에는 과학의 발달에 따라 여러 신조어를 만드는데 사용되고 있다.

concise
con(강조, intensive)+
cise(=cut) : 완벽히 잘려진

a.간결한, 간명한, 축약된(succinct, terse)

Our principal gave a **concise** but touching speech at our graduation.
교장선생님은 우리 졸업식에서 간결하지만 감명적인 연설을 했다.

precise
pre(=before)+cise(=cut)
: 미리 잘라낸, 군더더기 없는

a.1.정확[명확]한(exact, accurate), 정밀한 2.꼼꼼한, 엄밀한(meticulous, scrupulous)

precision ⓝ정확, 정밀(도)(accuracy) 편입

She put so much work into **precise** wording for better translation.
그녀는 더 나은 번역을 위해 정확한 단어선택에 많은 공을 들였다.
Our missile defense system has been made with great **precision**.
우리의 미사일 방어체계는 대단한 정확성을 가지도록 만들어졌다.

circumcise
circum(=around)+
cise(=cut) : 주위를 자르다

vt.할례를 하다, 포피를 잘라내다, 포경 수술하다

circumcision ⓝ할례

These days almost all baby boys are **circumcised** shortly after their birth.
요즘 거의 모든 사내아이는 출생 직후에 포경수술을 한다.

incise
in(=into)+cise(=cut)
: 안으로 자르다

vt.1.<의학>베다, 절개하다 2.새기다, 조각하다

incision ⓝ1.절개(술), 째기, 베기 2.새기기, 파기

The surgeon carefully pushed the implant into a crucial **incision**.
외과의는 십자절개 안으로 조심스럽게 이식물을 밀어 넣었다.

decide
de(=off)+cide(=cut)
: 잘라내다

vt.1.결심[결정]하다(resolve, determine) 2.결심시키다 3.해결하다 4.판결하다
vi.1.결심[결정]하다 2.판결을 내리다

decisive ⓐ1.결정적인, 중대한(crucial) 2.단호한, 결단력[과단성] 있는 편입

decision ⓝ1.결정, 결심 2.결단(력), 과단성 3.판결

indecisive ⓐ우유부단한, 결단성 없는

The heiress **decided** to marry him not for money but for love.
그 상속녀는 돈이 아니라 사랑 때문에 그와 결혼하기로 결심했다.
The investigator had a suspicion about the broker, but no **decisive** evidence.
수사관은 그 중개인에 대해 심증은 있었지만 결정적 증거가 없었다.
The new owner of the football club is well known as a man of **decision** in the workplace.
그 축구단의 새 구단주는 직장에서 결단력 있는 사람으로 잘 알려져 있다.

suicide
sui(=self)+cide(=kill)
: 자기자신을 죽임

n.자살(행위), 자해, 자멸 vi.vt.자살하다 편입
The actress's death was proved to be a case of **suicide**, not of murder.
그 여배우의 죽음은 타살이 아니라 자살로 드러났다.
*commit **suicide**: 자살하다

homicide
homi(=homo, man)+
cide(=kill) : 사람을 죽임

n.살인(죄), 살인행위, 살인자
Police say there is no evidence of **homicide** in the death of the actress.
경찰은 여배우의 죽음에는 살인의 증거가 없다고 말한다.

ecocide
eco(=ecology)+cide(=kill)
: 생태계 파괴

n.환경[생태계] 파괴
An extensive **ecocide** will make numerous species disappear forever from the earth.
광범위한 생태계 파괴는 수많은 종들을 지구 상에서 영원히 사라지게 만들 것이다.

genocide
geno(=race, kind)+
cide(=kill) : 종족학살

n.집단[대량] 학살, 종족 학살, 몰살 편입, SAT
Crimes against humanity, especially **genocide** must be banished forever from the Earth.
반인륜 범죄, 특히 집단학살은 이 지구 상에서 영원히 사라져야 한다.

herbicide
herb(i)(=grass)+cide(=kill)
: 풀을 죽임

n.제초제
We have steadily reduced the use of **herbicides** by organic farming.
우리는 유기농법에 의해 제초제 사용을 꾸준히 줄여왔다.

pesticide
pest(=plague)+cide(=kill)
: 역병 퇴치

n.살충제(insecticide), 농약 토플, 공9
The **pesticide** residue did not exceed the limit by a narrow margin.
잔류농약이 가까스로 기준치를 초과하지 않았다.

germicide
germ(세균)+cide(=kill)
: 세균을 퇴치

n.살균제(bactericide)
The medical devices contaminated with blood should be disinfected by a proper **germicide.** 피로 오염된 의료기기는 적절한 살균제로 소독되어야 한다.

sect [L] : cut 자르다 ◆변형 : seg

section
sect(=cut)+ion(명·접)
: 잘려진 것

n.1.구획, 구분, 섹션 2.(도시 등의) 구역, 지구 3.(서적 등의) 단락, 절 4.〈의학〉절개, 절단
vt.구분[구획]하다, 절개하다

sectional ⓐ1.국지[부문]적인 2.구획[구분]의 3.분파[파벌]적인 공9
sector ⓝ(산업 등의) 부문, 분야, 영역
The newspaper today reported an interesting article at the economic news **section**.
신문은 오늘 경제면에 재미있는 기사를 보도했다.
Job creation in the private **sector** is now proceeding slowly.
민간부문의 일자리 창출은 현재 지지부진하다.

bisect
bi(=two)+sect(=cut)
: 둘로 자르다

vt.양분[양단]하다, 이등분하다
A diameter is a line that **bisects** a circle.
지름은 원을 이등분하는 선이다.

dissect
dis(=apart)+sect(=cut)
: 분리해서 자르다

vt.해부하다, 절개하다 편입
A professor **dissected** a human brain in the anatomy class.
한 교수가 해부학 시간에 인간의 뇌를 해부했다.

insect
in(=into)+sect(=cut)
: 안으로 분절된, 마디가 있는

n.곤충, 벌레
The boy tries not to scratch at the **insect** bites on his hand.
소년은 손등에 벌레 물린 자리를 긁지 않으려고 애쓰고 있다.

intersect
inter(=between)+
sect(=cut)
: 사이를 자르다

vt.가로 지르다,교차[횡단]하다 vi.교차하다 공9

intersection ⓝ1.교차점, 교차로, 사거리 2.교차, 교선, 교집합
Roads in a planned city usually **intersect** at right angles.
계획도시의 도로들은 보통 직각으로 교차한다.

segment
seg*(=cut)+ment(명·접)
: 절단
*sect가 음운 상의 편의와 부드러움을 위해 seg로 철자가 바뀐 것이다.

n.1.구획, 부분, 분야 2.조각, 분절, 선분 vt.분할[구분]하다, 나누다
vi.분열하다, 나누어지다 편입

segmental ⓐ부분[구분]의, 선분의, 분절의
The colored **segment** stands for restricted area for civilians.
채색된 부분은 민간인 출입금지구역이다.
We **segment** customers into five groups on the basis of income, district and age.
우리는 고객을 소득, 지역, 연령에 기초하여 5개 그룹으로 나눈다.

tail [F] : cut in pieces 잘게 자르다

tail은 '잘게 자르다'는 뜻으로 앞의 두 경우와는 약간의 의미 차이가 있다.

tailor
tail(=cut)+or(명·접)
: 자르는 사람

n.재단사 vt.재단하다, 맞추다, 맞게 만들다
The college will **tailor** its curriculum to meet the demand of the times.
그 대학은 시대의 요구에 부응해 교과과정을 조정할 것이다.

curtail
cur(=short)+tail(=cut)
: 짧게 자르다

vt.1.줄이다, 단축하다(shorten, reduce) 2.(비용 등을) 삭감[축소]하다 편입, 토익

curtailment ⓝ단축, 삭감, 축소
On no account must the welfare budget be **curtailed**.
어떤 일이 있어도 복지예산이 삭감되어서는 안 된다.
September 11th has brought many unpleasant changes, including **curtailment** of individual liberties and rights.
9.11사태는 개인의 자유와 인권의 축소를 비롯해서 많은 불쾌한 변화를 가져왔다.

detail

de(강조, completely)+tail(=cut) : 아주 잘게 자름

n.1.세부(사항), 세목, 사소한 것[일] 2.(pl.)상세, 상세정보[기술] vt.상술하다, 열거하다

detailed ⓐ상세한, 세부적인 토익

Further **details** are available on request.
보다 상세한 내용은 요청하면 받아볼 수 있습니다.

We will cover the issue in more **detail** in the next chapter.
우리는 그 쟁점을 다음 장에서 상세히 다룰 것이다.

retail

re(=again)+tail(=cut) : 다시 쪼개어(팔다)(selling by piece)

n.소매(상) a.소매(상)의 ㊥ wholesale도매(의) ad.소매로 vt.소매하다 vi.소매되다

retailer ⓝ소매상인

Buying wholesale and selling **retail**, they leave the price difference.
그들은 도매로 사서 소매로 팔아 차액을 남긴다.

tom [Gk] : 1. cut 자르다 2. divide 나누다

그리스어에서 온 tom은 과학의 발전에 따른 학술용어로 출발하여 점차 일반적 어휘로 편입되었다.

atom

a(=not)+tom(=cut, divide) : 쪼갤 수 없는 것

n.1.원자, 미립자 2.극소량, 아주 조금

atomic ⓐ원자의, 원자력의, 원자폭탄의

A water molecule is composed of two **atoms** of hydrogen and one **atom** of oxygen.
물 한 분자는 수소 원자 두 개와 산소 원자 하나로 이루어진다.

anatomy

ana(=throughout)+tom(=cut)+y(명·접) : 샅샅이 자름

n.1.해부, 해부학 2.(해부학적) 구조[조직] 3.인체

anatomize ⓥ해부하다, 분해[분석]하다

The medical examiner performed a partial **anatomy** on the body to determine the exact cause of the woman's death.
검시관은 그 여자의 정확한 사인을 밝히기 위해 시신의 부분적 해부를 실행했다.

dichotomy

dicho(=in two)+tom(=cut, divide)+y(명·접) : 둘로 자름

n.1.이분, 양분 2.이분법, 양단법 SAT, 편입

dichotomize ⓥⓥ양분하다, 둘로 나누다, 두 갈래 지다

I believe such logic is a **dichotomy** that enrages the public in the wrong direction.
나는 그런 논리는 대중을 잘못된 방향으로 격노케 하는 이분법이라고 생각한다.

epitome

epi(=among)+tome(=cut) : 여럿 사이에서 잘라냄

n.1.본보기, 전형(model, paragon) 2.줄거리, 발췌, 요약(summary) SAT

epitomize ⓥ~의 전형이 되다, 요약하다 공7, 편입

The designer's dress is an **epitome** of grace.
그 디자이너의 의상은 우아함의 전형이다.

특강 9

켈트어의 흔적들

✓ 원래 영국 땅에는 켈트족(Celts)이 살았는데 서기 43년경에 로마로부터 침략을 당해 로마의 속국이 되었다. 게르만 민족의 대이동으로 기울어져 가던 로마가 서기 410년경 식민통치를 끝내고 철수하자 이 땅에는 힘의 공백으로 내전이 지속된다.
독일 북서부 지역에 살던 Angle족과 Saxon족은 서기 450년경부터 영국섬에 들어오기 시작했다. 처음에는 내전의 지원군으로 들어왔으나 곧 정복군으로 돌변하여 켈트족을 몰아내고 영국 땅의 새 주인이 되어 오늘까지 영국은 Anglo-Saxon의 나라로 내려오고 있다. Anglo-Saxon족이 원래 사용하던 서게르만어를 바탕으로 바이킹의 언어인 노스어(스칸디나비아어)가 더해져 고대영어 즉 Old English가 되었다.

✓ 살아남은 켈트족은 험한 산악지대나 도서지역 또는 바다 건너 아일랜드로 도망쳐 그곳에서 자리잡고 간신히 명맥을 유지했다. 켈트어는 정복 당시부터 피정복민의 언어로 취급 당하여 거의 소멸되다시피 했다. 현재 아일랜드나 스코틀랜드에서 극소수가 사용하는 게일어(Gaelic)가 켈트어의 한 분파로 이어져 왔지만 사어死語의 위기에 처해있다.

✓ Celtic이란 단어조차 지금은 프로 스포츠팀(스코틀랜드 축구팀과 보스톤 농구팀) 이름에서 겨우 발견되어져, '아~, 옛날 영국에 그런 민족이 살았구나'하는 것을 간신히 깨우쳐 줄 정도다. 영어에는 지명이나 인명 또는 아래의 극소수의 단어에 겨우 그 흔적이 남아있다.

car; 켈트족의 이륜전차 → n.차
bald[bɔːld]; 하얀 반점 → a.대머리의, 벗겨진
bog; 축축한 땅(spongy ground) → n.늪, 습지(swamp), 수렁(mire) v.수렁에 빠지다[빠뜨리다]
brag; 시끄럽게 떠들다 → vi.vt.자랑하다, 떠벌리다 n.자랑, 허풍 SAT
gull; 갈매기 → n.1.잘 속는 사람, 얼간이 2.갈매기 **gullible**; a.잘 속는, 속기 쉬운 공9
loop; 옷고리 → n.고리, 올가미, 환상회로 **loophole**; n.(허술한) 구멍, 법률의 허점 토플
rich; 켈트족의 족장 → a.부유한
slogan; 군인들이 전투 직전에 외치는 함성 → n.구호, 슬로건 토익
trousers[tráuzərz]; 착 붙는 짧은 바지 → n.바지
whisky; 생명의 물 → n.위스키

✓ Anglo-Saxon족은 조상의 이름 뒤에 son을 붙여 '누구의 아들'이란 뜻으로 많은 이름을 만들었다. 예를 들면 Johnson, Jackson, Thomson, Wilson 같은 경우이다.

✓ 켈트계인 게일어(Gaelic)에서는 이름 앞에 Mac(또는 Mc)이라는 단어를 많이 쓴다. '~의 아들'(son of ~)이란 뜻이다. 예를 들면, McDonald(맥도날드), MacArthur(맥아더), McGregor(맥그리거)처럼.
그리고 '~의 자손'(offspring of ~)이란 뜻으로 O'라는 단어가 붙여져 O'Neil(오닐), O'Brien(오브라이언), O'Hara(오하라)처럼 이름을 만든다. 그래도 이런 이름들은 아직 남아 있는 켈트어의 유산이라 할 수 있지 않을까?

MEMO

Part 6

혼자 잘 먹고 잘 살면 뭔 재미냐?

Courage is not the towering oak that sees storms come and go;
it is the fragile blossom that opens in the snow.
-Alice M. Swaim

용기는 휘몰아치는 폭풍을 바라보기만 하는 우뚝 솟은 참나무가 아니다.
용기란 눈더미 속에서 꽃을 피우는 연약한 꽃망울이다.

Unit 44. 어떠한 개인(priv)도 홀로(sole) 고립된 섬(insul)이 아니며, 거대한(magn) 대륙의 조그만(min) 부분(part)이다.

priv [L] : 1. individual 개인의 2. separate 떼어놓다

privy
priv(=individual)+y(명·접)
: 사적인 것, 개인권

a.1.내밀히 관여하는, 내통하는, 은밀한 2.사유의, 사용私用의
n.1.〈법〉당사자, 이해관계인 2.옥외 변소
Only very few of the insiders were **privy** to the details of the information.
오직 내부의 극소수만이 그 정보의 세부사항에 대해 알고 있었다.

private
priv(=individual)+
ate(형·접) : 개인적인

a.1.사적인, 개인에 속한 2.비밀의, 내밀한 3.사립의, 민간의, 사설의 ㊥ public

privately ⓐⓓ남몰래, 은밀히, 개인적으로
privacy ⓝ사생활, 사적 자유, 개인정보, 프라이버시
The performer gives **private** lessons in violin at weekends.
그 연주자는 주말에 바이올린 개인교습을 한다.
The price of fame is to lose **privacy**.
유명세의 댓가는 사생활을 잃는 것이다.

privilege
privi(=individual)+
leg(=law)+e(어미)
: (특정) 개인을 위한 법

n.1.특권, 특전, 영광 2.면제, 면책특권 vt.특권[특전]을 주다, 특권으로 면제하다 공9, 경찰
privileged ⓐ특권[특전]이 있는, 특별 허가된
At that time traveling abroad was a **privilege** given to only a few.
그 당시에 해외여행은 오직 소수에게만 주어진 특권이었다.

deprive
de(강조, entirely)+
priv(=separate)+e(어미)
: 완전히 떼어놓다

vt.빼앗다, 박탈하다
deprivation ⓝ1.박탈(forfeiture), 몰수(confiscation) 2.결핍, 상실(deficiency, loss) 공7, 편입
Legal loopholes must not **deprive** the young people of their opportunity for start-up.
법적 미비가 젊은이에게서 창업기회를 빼앗아서는 안 된다.
*__deprive__ A of B: A에게서 B를 빼앗다
His stress leads to sleep **deprivation** these days.
요즘에 그는 스트레스 때문에 수면부족에 시달린다.

sole, solit [L] : alone 홀로, 혼자의

sole
solus[L](=alone, single)에
서 유래

a.1.유일한, 단 하나의 2.혼자[단독]의 n.발바닥, 밑부분
Money is not the **sole** reason that makes the girl marry young.
돈이 그 소녀가 어린 나이에 결혼하는 유일한 이유가 아니다.

solitary
solit(=alone)+ary(형·접)
: 홀로 있는

a.1.혼자의, 고독한, 외톨이의 2.고립된, 쓸쓸한, 외딴
She is a **solitary** woman who is reluctant to get along with other people.
그녀는 다른 사람들과 어울리기를 꺼리는 외로운 여자다.

solitude
solit(=alone)+tude(형·접)
: 혼자 있음

n.1.고독, 외로움 2.외딴 곳, 벽지 공9, 편입
She enjoys a few moments of **solitude** with a cup of coffee before a day's pressure begins in earnest.
그녀는 하루의 압박이 본격적으로 시작되기 전 커피 한 잔으로 잠깐의 호젓함을 즐긴다.

desolate
de(강조, intensive)+
sol(=alone)+ate(형·접)
: 철저히 고립된

a.1.황량[황폐]한(stark) 2.쓸쓸한, 외로운 vt.황폐시키다, 돌보지 않다, 버리다 공9
I have felt **desolate** in this hectic city from the moment you were away.
네가 떠난 이후 나는 이 번잡한 도시에서 황량함을 느꼈다.

insul [L] / isol [F] : island 섬

섬을 뜻하는 라틴어 어근 insul이 불어로 들어와 isol로 변하여 위의 두 어근이 영어에서 함께쓰이게 되었다.

insular
insul(=island)+ar(형·접)
: 섬의

a.1.섬의, 섬사람의 2.편협한, 배타적인, 섬나라 근성의 3.고립된

insularity ⓝ고립, 편협, 섬나라 근성
Japanese are often accused of being **insular**.
일본 사람은 흔히 섬나라 근성이 있다고 비난 받는다.
I realized that his **insular** perception of reality was his most dreadful enemy.
나는 현실에 대한 그의 편협한 인식이 그의 가장 무서운 적이란 걸 알아차렸다.

insulate
insul(=island)+ate(동·접)
: 섬처럼 고립시키다

vt.1.분리[격리, 보호]하다, 고립시키다 2.〈물리〉절연[단열, 방음]하다

insulation ⓝ1.절연[체], 단열재 2.분리, 격리 공9
Our recording studio is perfectly **insulated** against noise.
우리 녹음실은 완벽하게 방음처리가 된다.
A bird's feathers function as heat **insulation**.
새의 깃털은 단열재 역할을 한다.

peninsula
pen(=almost)+
insul(a)(=island)
: 거의 섬처럼 된 땅

n.반도
The Korean **peninsula** is surrounded by three great powers: China, Russia and Japan.
한반도는 3개의 강대국 즉 중국, 러시아, 일본에 둘러싸여 있다.

isolate
isol(=island)+ate(동·접)
: 섬처럼 고립시키다

vt.1.고립[격리, 소외]시키다 2.격리[분리]하다 공9, 토익

isolation ⓝ1.격리, 차단, 분리 2.소외, 고립 편입

The village has been **isolated** by the floods.
마을이 홍수로 고립되어 있다.

The actor experienced a feeling of **isolation** on the stage after a large audience had left.
많은 관객이 떠나자 그 배우는 무대에서 고립감을 느꼈다.

magn, major, maxim [L] : great 큰, 거대한

◆변형 : majes, mayor

'크다'란 뜻의 라틴어 magnus의 비교급이 major, 최상급이 maxim이다. major에 철자변이가 일어나 majes와 mayor가 생겨났다.

magnify
magn(=great)+(i)fy(동·접)
: 크게 하다

vt.1.확대하다, 크게 보여주다 2.과장하다(exaggerate) 편입

magnification ⓝ확대, 과장

magnificent ⓐ1.장엄한, 웅장한 2.훌륭한, 멋진, 감명 깊은

magnificence ⓝ장엄, 웅장, 기품

This microscope can **magnify** objects up to 10, 000 times.
이 현미경으로 사물을 만 배까지 확대해 볼 수 있다.

The narrow and winding coastline is shadowed by **magnificent** cliffs.
좁고 구불구불한 해안선 위로 장엄한 절벽이 그늘을 드리우고 있다.

magnitude
magn(i)(=great)
+tude(명·접) : 거대함

n.1.엄청난 규모, 거대함 2.중요성, 위대함 3.(별의) 광도, (지진의) 규모 편입, 토플

It is impossible to imagine by a human brain the **magnitude** of the universe.
인간의 두뇌로 우주의 거대함을 상상하는 것은 불가능하다.

major
'더 큰'(greater)의 뜻에서

a.1.중요한, 주된 ⓑ minor 2.큰 쪽의, 과반수의 3.심각[위험]한 4.〈음악〉장조의
n.1.소령 2.선배, 상관 3.전공 4.성년자 vi.(~ in) 전공하다(specialize)

majority ⓝ1.대부분, 대다수 2.과반수 3.다수당, 다수파

A **major** issue at this time is how to make North Korea throw out its nuclear program.
현재의 중요 쟁점은 어떻게 북한이 핵개발 프로그램을 폐기하도록 만드냐 하는 것이다.

My daughter wants to **major** in microbiology at the university.
내 딸은 대학에서 미생물학을 전공하려 한다.

In economics, the **majority** is always wrong. - John K. Galbraith
경제학에서는 다수 의견은 언제나 틀리게 마련이다.

majesty
majes(=greater)+ty((명·접)
: 보다 더 위대함

n.1.위엄(dignity), 존엄 2.폐하, 왕권

majestic ⓐ장엄[장중, 웅장]한, 위엄 있는, 위풍당당한

We all were awed by the **majesty** of Mount Everest.
우리 모두는 에베레스트 산의 위엄에 경외감을 느꼈다.

mayor
major(greater)의 철자변이
: (일반 시민보다) 더 높은 사람

n.시장市長
The businessman has fully prepared to run for **mayor** this time.
그 사업가는 이번 시장 선거에 출마하기 위해 철저히 준비했다.

maxim
'최고의 전제'(greatest premise)의 뜻에서

n.1.금언, 격언(proverb) 2.좌우명, 처세훈
Whenever I travel abroad, I try to follow the **maxim** that when in Rome, do as Romans do.
나는 해외여행 할 때는 언제나 로마에 가면 로마인처럼 하라는 격언을 따르려고 노력한다.

maximum
maxim(=greatest)+um(어미) : 최대, 최고

n.1.최대치, 최대값 2.최고, 최대 a.최고[최대]의, 극대의 ㉮ minimum

maximize ⓥ극대화[최대화]하다, 최대한 활용하다 ㉮ minimize
This car can run at the **maximum** speed of 200km/h.
이 차는 최대시속 200km까지 달린다.
Click on the square icon to **maximize** the window to full screen.
창을 화면전체 크기로 최대화 하려면 사각형 아이콘을 클릭하시오.

min[L] : 1. small 작은 2. project, overhang 돌출하다

min은 '작다'(minus)란 뜻과 '돌출하다'(minere)란 뜻의 전혀 다른 두 라틴어 어근에서 나왔으며, 단지 어근의 철자만 동일하다. '작다'란 뜻의 라틴어 minus의 비교급이 minor이고 최상급이 minim이다.

mince
'작게 하다'(make small)의 뜻에서

vt.1.잘게 썰다, 다지다 2. 세분화[분할]하다 3.완곡하게[돌려] 말하다
n.잘게 썬 고기(minced meat) 편입
Peel and **mince** onion and then add soy sauce.
양파 껍질을 벗기고 잘게 썬 뒤 간장을 넣어라
I am not a man to **mince** my words. 나는 돌려 말하는 사람이 아니다.

minor
min(=small)+or(비교어미)
: 더 작은

a.1.작은, 적은, 사소한 2.소수의 3.미성년의 4.〈음악〉단조의 n.1.미성년자 2.부전공

minority ⓝ1.소수, 소수파, 소수집단 2.미성년
Violation of **minor** rules sometimes leads to major tragedy.
사소한 규칙 위반이 가끔은 대형참사로 이어진다.
It is against the law to sell alcohol to **minors**.
미성년자에게 술을 파는 것은 위법이다.
History says that it is almost always the **minority** that holds the key of progress.
역사에 의하면 진보의 열쇠를 쥔 것은 거의 언제나 소수파다.

minister
min(i)(=small)+ster(명·접)
: 작은 사람, 하인*

n.1.성직자, 목사(priest) 2.장관

ministry ⓝ1.장관의 직무[임기], 내각, 정부의 부部 2.성직, 목사의 직
The prime **minister** was forced to resign by the opposition groups.
수상은 반대세력에 의해 사임을 강요당했다.
France's Foreign **Ministry** urged an immediate ceasefire.
프랑스 외무부는 즉각적인 휴전을 촉구했다.

*이 단어는 교회에서는 하나님의 종, 왕에 대해서는 아래에서 받드는 신하, 민주사회에서는 국민의 충복이라는 개념이다.

administer
ad(=to)+minister
: 하인으로 일하다

vt.1.관리[경영]하다(manage) 2.다스리다, 통치[집행]하다 3.부여하다, (약 등을) 투여하다 4.(타격을) 가하다, 치다 공9

administration ⓝ1.경영(진), 관리(management), 집행 2.행정(부), 통치 3.투여

The written test for driver's license is **administered** by computer.
운전면허 필기시험은 컴퓨터로 관리된다.

All people expected the revolutionary government to **administer** justice impartially.
모든 사람들은 혁명정부가 정의를 공정하게 집행해 주길 기대했다.

Our CEO emphasizes research and development in business **administration**.
우리 사장님은 경영에서 연구개발을 강조한다.

miniature
'축소된 형상'(reduced image)의 뜻

n.1.축소모형, 미니어처 2.세밀화(법) a.소형의, 축소된, 세밀화의
vt.세밀화로 그리다, 축사縮寫하다

Her daughter looks like a **miniature** version of her. 그녀의 딸은 그녀의 축소판처럼 생겼다.

diminish
di(=dis:apart)+
min(=small)+ish(동·접)
: 분산시켜 작게하다

vt.1.줄이다(reduce), 감소하다(decrease) 2.(평판 등을) 손상시키다, 폄하하다
vi.줄다, 작아진다(wane) 토플, 편입

His influence over the ruling party has **diminished** with time.
여당에 대한 그의 영향력은 시간이 흐르면서 줄어들었다.

minute [mainjúːt]
min(=small)+ute(형·접)
: 잘게 쪼개진(chopped small)

a.1.미세[미소]한 2.사소한, 하찮은 3.상세[정밀]한 편입, 토익

She has the ability to appreciate **minute** differences in the taste of wines.
그녀는 와인 맛의 미세한 차이를 식별하는 능력을 가졌다.

minimum
minim(=smallest)+
um(어미) : 가장 작음

n.1.최소, 최저 2.최저액[치], 최소량 a.최소[최저]의

minimal ⓐ최소의, 극소의 ⓝ최소[극소]값

minimize ⓥⓣ최소[최저]로 하다, 극소화하다, 축소하다 ⓑⓐⓝ maximize

At your age, jobs only at the **minimum** wage may be available to you.
네 나이에는 최저임금을 주는 일들만 네가 구할 수 있을 것 같다.

She had to get painkiller shots to **minimize** pain after the surgery.
그녀는 수술 후 통증을 최소화하기 위해 진통제 주사를 맞아야 했다.

eminent
e(=ex:out)+
min(=project)+ent(형·접)
: 바깥으로 돌출한

a.저명한(famous), 뛰어난(outstanding), 탁월한(excellent) 편입

eminence ⓝ저명, 명성(celebrity), 탁월

He is an **eminent** medical doctor in the field of arthritis.
그는 관절염 분야에서 탁월한 의사다.

imminent
im(=in:upon)+
min(=overhang)
+ent(형·접) : 위에 내걸린

a.긴박[절박]한, 목전의, 일촉즉발의(impending) 공7, SAT

imminence ⓝ1.절박, 촉박, 긴박 2.절박[긴박]한 사정 경찰

Fears over **imminent** bankruptcy hammered the firm's boss and employees.
임박한 부도에 대한 공포가 그 회사의 사장과 종업원을 강타했다.

prominent
pro(=forward)+
min(=project)+ent(형·접)
: 앞으로 돌출한

a.1.유명한, 중요한, 탁월한 2.현저한(remarkable, noticeable), 두드러진(conspicuous)
3.돌기[돌출]한 편입, 토플

prominence ⓝ1.현저함, 탁월, 출중 2.돌출, 양각

A **prominent** landscape at the village is an old citadel overlooking the lazy, winding river.
그 마을에서 두드러진 풍경은 굽이쳐 유유히 흐르는 강을 내려다보는 오래된 성채다.

The gagman has an angular face with a **prominent** forehead.
그 개그맨은 각진 얼굴에 이마가 튀어나왔다.

part [L] : 1. part 부분 2. divide 나누다, 분배하다 ◆변형 : port

party
part(=divide)+y(명·접)
: 나누어진 것

n.1.파티, 모임 2.일행, 일단 3.정당, 당파 4.당사자, 관계자

A welcome **party** will be held tonight for the new employees.
오늘밤에 신입사원 환영파티가 개최될 것이다.

At this election the ruling **party** lost its majority in the Assembly.
이번 선거에서 여당은 국회에서 다수당의 지위를 잃었다.

The interested **parties** failed to narrow their differences.
이해관계인들은 그들의 이견을 좁히는데 실패했다.

partition
part(부분)+(i)tion(명·접)
: 분할, 나눔

n.1.칸막이, 구획, 분할 vt.칸막이[분할]하다

We had to divide the office room into some **partitions**.
우리는 사무실을 몇 개의 구획으로 나눠야 했다.

particle
part(부분)+
(i)cle(지소指小어미)
: 작은 부분

n.1.(극)소량, 미량, 티끌 2.입자, 미립자

She has not a **particle** of talent for painting.
그녀는 그림에 대한 소질이라곤 조금도 없다.

particular
particle(작은 부분)+
ar(형·접) : 작은 부분의

a.1.특정한(specific), 특별한, 특유의 2.개개의, 개별적인 3.꼼꼼한, 까다로운 4.상세한
n.사항, 항목, 명세

particularly ⓐⓓ특히(especially), 각별히, 그 중에서도

On a business trip, you must pay **particular** attention to this point.
출장 중에 너는 이 점에 특별한 관심을 기울여야 한다.

Employee turnover is **particularly** high among junior ranks.
직원 이직률이 하위직에서 특히 높다.

partial
part(부분)+ial(형·접)
: 부분의

a.1.부분의, 부분적인 2.불공평한, 편파적인(biased) 3.편애하는
ⓑⓐⓝ impartial, unbiased 공정[공평]한

This is only a **partial** solution for the imminent issue.
이것은 긴박한 현안에 대한 부분적 해결책일 뿐이다.

You must not be **partial** in dealing with the staff under you.
너는 부하직원들을 다룰 때 편파적이어서는 안 된다.

partly
part(부분)+ly(부·접)
: 부분적인

ad.부분적으로, 어느 정도, 얼마간

The traffic accident made him **partly** paralyzed in arms.
교통사고로 그는 팔에 부분 마비가 왔다.

participate
part(i)(부분)+cip(=take)+ate(동·접) : 한 부분씩 맡다

vi.(~ in) 참가[참여]하다, 동참하다

participation ⓝ참가, 참여, 관여

participant ⓝ참가[참여]자, 관계자 ⓐ참여하는, 함께하는

Many youngsters **participated** in the event as volunteers.
많은 젊은이들이 그 행사에 자원봉사자로 참여했다.

The low voter **participation** reflects the public's apathy about politics.
낮은 투표 참여율은 정치에 대한 대중의 무관심을 반영한다.

participle
part(i)(부분)+ciple(=taking)
: 한 부분씩 가짐

n.〈문법〉분사分詞

past **participle**; 과거분사 present **participle**; 현재분사

☞분사는 형용사적 성질과 동사적 성질을 각각 한 부분씩 가진다.

apart
a(=ad:to)+part(부분, 쪽)
: 한 쪽으로 떨어져

ad.1.뿔뿔이, 산산이 2.떨어져, 헤어져, 따로 3.별개로 a.1.떨어져 2.별개의, 독특한

apartment ⓝ아파트

The twins look so alike that I can't tell them **apart**.
그 쌍둥이는 너무 닮아서 나는 구별할 수가 없다.

depart
de(=off)+part(=divide)
: 떨어져 나뉘다

vi.출발하다(start), 벗어나다, 떠나다(leave) vt.~을 떠나다

departure ⓝ1.떠남, 출발 2.벗어남, 일탈

department ⓝ1.부문, 부서 2.분야, 영역 3.(대학의) 학부, 과

She **departed** for Paris from Seoul.
그녀는 서울에서 파리를 향해 떠났다.

His new novel is a drastic **departure** from what he was writing before.
그의 신작 소설은 그가 이전까지 써왔던 작품과의 과감한 결별을 보여준다.

We sometimes aspire to **depart** from the daily routine.
우리는 가끔 일상에서의 탈출을 열망한다.

impart
im(=in:into)+part(=divide)
: 안쪽으로 분배하다

vt.1.나누어주다, 주다(give, bestow) 2.(정보, 지식 등을) 전하다, 알리다 고시, 편입

This picture **imparts** a bright air to the room.
이 그림은 방안 분위기를 밝게 한다.

I have some good news to **impart** to you.
나는 당신에게 전할 몇 가지 좋은 소식을 가지고 있다.

impartial
im(in=not)+
partial(=biased, 편파적인)

a.공정[공평]한(fair), 치우치지 않는 공9, 토플

The media must especially be **impartial** in reporting sensitive political issues.
언론은 민감한 정치적 이슈를 보도할 때는 특히 공정해야 한다.

portion

port(=part)+ion(명·접)
: 할당된 부분, 몫

n.1.일부, 부분 2.(음식의)1인분 3.몫, 할당(share) 4.〈법〉상속분, 분배재산
vt.분할하다, 분배하다

We should attribute a big **portion** of our success to the project leader.
우리는 성공의 많은 부분을 프로젝트 리더의 덕으로 돌려야 한다.

Baseball is 90% mental, the other **portion** is physical. - Yogi Berra
야구는 90%가 정신력이고 나머지 부분이 신체적인 것이다.

proportion

pro(=according to)+
portion(몫) : 몫에 따라

n.1.비율, 비례, 비(ratio) 2.균형, 조화 3.부분, 몫, 할당

proportional ⓐ1.비례의, 비례하는 2.균형 잡힌, 어울리는 토익, 편입

He always tends to blow things out of **proportion**.
그는 언제나 뻥을 튀기는 경향이 있다[침소봉대한다].

Her academic performance is getting better in **proportion** to her efforts.
그녀의 학업성적이 노력에 비례해 점점 나아지고 있다.

Unit 45. 사람들(popul/demo)이 무리 짓고(greg) 결속하여(lig) 새로운 공동체를 세우다(struct).

popul, publ [L] : people 사람들

'사람들(people)'을 뜻하는 라틴어 populus의 어근 popul이 '어른, 성인'(adult)을 의미하는 pubes의 영향을 받아 일부 단어에서 publ로 철자가 바뀌었다.

popular
popul(=people)+ar(형·접)
: 대중적인

a.1.인기 있는 ⓑ unpopular 2.대중[민중]의, 대중적인, 통속적인

popularity ⓝ1.인기, 유행, 평판 2.대중성, 통속성 토익

populism ⓝ대중영합주의, 포퓰리즘

The TV actress won huge **popularity** after starring in the **popular** TV series.
그 탤런트는 인기 있는 TV 연속물에서 주연을 맡은 후 엄청 인기를 얻었다.

A good listener is not only **popular** everywhere, but after a while he gets to know something. - Wilson Mizner
남의 말을 경청하는 사람은 어디서나 인기 있을 뿐 아니라 얼마 후에는 무언가도 알게 된다.

It's not difficult to court **populism** in politics.
정치에서 포퓰리즘에 영합하는 것은 어렵지 않다.

populate
popul(=people)+ate(동·접)
: 사람들이 살게 하다

vt.거주시키다, …에 거주하다, 살다

populous ⓐ인구가 많은[조밀한], 붐비는

population ⓝ인구, 주민수, 전체 주민

depopulate ⓥⓣ주민을 줄이다 ⓥⓘ인구가 줄다

New York is the most **populated** city in the United States.
뉴욕은 미국에서 가장 인구가 많은 도시다.

Just like Japan, Korea also now faces a large aging **population** and falling birth rate.
일본처럼 한국도 지금 많은 노령 인구와 출산율 저하에 직면하고 있다.

public
publ((=people)+ic(형·접)
: 사람들의, 공공의

a.1.공공[공중]의, 일반 국민의 2.공적인, 공무의, 정부의 ⓑ private 3.공공연한, 공개된
n.공중, 대중, 일반 사람

publicity ⓝ1.널리 알림, 공표, 평판 2.광고, 홍보, 선전 토익

Though resisting **public** opinion all the while, the government finally yielded to it.
그 동안 줄곧 여론에 잘 버티어 왔지만, 정부는 마침내 여론에 굴복했다.

All **public** officials, including the president, are supposed to be politically neutral.
대통령을 포함한 모든 공직자는 정치적 중립을 지켜야 한다.

The musical gained so good **publicity** that all tickets sold like hot cakes.
그 뮤지컬은 아주 좋은 평판을 얻어 모든 표가 날개 돋친 듯 팔렸다.

republic
re(=res:affair)+
publ((=people)+ic(형·접)
: 공적인 업무

n.공화국, 공화제

republican ⓐ공화국의, 공화제의, 공화당의 ⓝ공화주의자, 공화당원

Gun ownership also became a wedge issue for the **Republican** Party.
총기소유 역시 공화당 내에서 커다란 분열쟁점이 되었다.

publish
publ((=people)+ish(동·접)
: 사람에게 알리다(make public)

vt.1.발표[공표]하다, 게재하다 2.출판하다, 발행하다 vi.출판하다, 출판되다

publication ⓝ1.발표, 공표 2.출판(물), 간행(물)

publisher ⓝ1.출판사, 발행자, 신문사 사주 2.발표자, 공표자

I want you to show me the manuscript before you **publish** it.
출판 전에 원고를 제게 좀 보여주셨으면 합니다.

The study results will be **published** soon in a professional journal.
연구 결과는 곧 전문학술지에 발표될 것이다.

demo [Gk] : 1. people 사람들, 국민 2. district지역

democracy
demo(=people)+
cracy(=rule) : 국민의 통치

n.민주주의, 민주제, 민주정치

democratic ⓐ1.민주주의의, 민주적인 2.대중[서민]의 3.민주당의

democrat ⓝ1.민주주의자 2.민주당원

To make **democracy** work, we must be a nation of participants, not simply observers.
민주주의가 잘 작동되기 위해서는 우리는 단지 관찰만 하는 국민이 아닌 참가하는 국민이 되어야 한다.

The main advantage of **democracy** is that the government's defects are visible, can be pointed out and corrected under **democratic** processes. 민주주의의 주된 장점은 정부의 결점을 볼 수 있고 민주적 절차를 통해 그 결점이 지적되고 수정될 수 있다는 것이다.

demagogue
demo(=people)+
agogue(=leader)
: 민중의 지도자

n.선동가, 선동 정치가 토플, SAT

demagogy ⓝ선동, 민중 선동, 악선전

The polarization of wealth is just a perfect issue to **demagogue**.
부의 양극화는 선동가에게는 그야말로 완벽한 이슈다.

epidemic
epi(=among)+
demo(=people)+ic(형·접)
: 사람 사이에 퍼지는

a.유행[전염]성의, 널리 퍼진 n.유행[전염]병, 만연, 유행 공9

The flu **epidemic** has spread quickly throughout the country.
유행성 독감이 빠르게 전국에 확산되었다.

endemic
en(=in)+demo(=district)+
ic(형·접) : 지역에 속하는

a.풍토병의, 지방 특유[특산]의, 고유의 n.풍토병, 지방병 편입, SAT

Malaria is an **endemic** disease in many hot countries.
말라리아는 많은 열대국가에서 발생하는 풍토병이다.

pandemic
pan(=all)+
demo(=people)+ic(형·접)
: 모든 사람과 관련된

a.1.(병이) 전국적으로 퍼지는, 전 지역에 걸치는 2.전반[일반]적인 n.전국[세계]적 유행병

The AIDS **pandemic** has killed so many people up to this time.
세계적 전염병인 후천성 면역결핍증으로 지금까지 수많은 사람이 죽었다.

greg[L] : 1. flock 무리　　2. gather 모이다

gregarious
greg(=flock)+ary(명접)+ous(형접) : 무리를 이루는

a.1.떼지어 사는, 군집성의, 무리의　2.사교적인　공9

The school's education system seems to make students more adventurous and **gregarious**. 그 학교의 교육 시스템은 학생들을 좀더 진취적이고 사교적으로 만드는 것 같다.

congregate
con(=together)+greg(=gather)+ate(동·접) : 함께 모이다

vi.모이다, 군집[소집]하다　vt.모으다, 집합시키다　a.1.모인, 집합된　2.집단의, 집단적인

congregation ⓝ모임, 회합(assembly), (교회의) 신자들

Until midnight a few groups of supporters were **congregated** outside the stadium.
밤 늦게까지 몇몇 팬 그룹이 경기장 바깥에 모여 있었다.

aggregate
ag(=ad:to)+greg(=gather)+ate(동·접) : 무리에 합쳐지다

vi.집합하다, 모이다(cluster)　vt.모으다, 결집시키다, 종합하다
a.집합적인(collective), 총계의(total)　n.합계, 총액, (건설용) 골재　공9, SAT

aggregation ⓝ1.집합, 집적, 응축　2.집합체, 집단　3.(야구의) 팀

The **aggregate** imports decrease steadily in recent years.
수입총액이 최근 몇 년 사이에 꾸준히 감소하고 있다.

The youth unemployment is an **aggregation** of contradictions in contemporary society. 청년실업에는 현대사회 모순이 집적되어 있다.

segregate
se(=apart from)+greg(=flock)+ate(동·접) : 무리에서 떼어놓다

vt.1.분리[격리]하다(separate, isolate)　2.(인종을) 차별하다(discriminate)　ⓑ integrate
vi.갈라[떨어]지다, 차별하다　공7

segregation ⓝ분리, 격리, (인종, 성적) 차별　ⓑ integration 통합

After the game, the police were thrown into the stadium to **segregate** home fans from away fans.
시합이 끝난 후, 홈팬과 원정팬을 분리시키기 위해 경찰이 긴급히 경기장에 투입되었다.

The Supreme Court unanimously ruled that racial **segregation** in schools was against the Constitution.
대법원은 만장일치로 교내에서의 인종차별은 헌법에 위배된다는 판결을 내렸다.

lig [L] : bind 묶다, 결속하다　　◆변형 : ly, li, leag

라틴어 어근 lig가 불어에 들어와 ly, li로 분화되었고 또 이태리어의 영향을 받아 leag도 생겼다.

ligament
liga(=bind)+ment(명접) : 묶어 주는 것

n.1.(근육의) 인대　2.유대, 결속력

Playing basketball, my little brother had **ligament** damage to the ankle.
농구를 하다가 동생은 발목 인대에 부상을 입었다.

oblige [əbláidʒ]
ob(=to)+lige(=bind) : ~에 묶어 두다

계속 →

vt.1.강요하다(force), 억지로 시키다(compel), 의무를 지우다
2.도움[은혜]를 베풀다, [보통 수동형]고맙게 여기게 하다

obligatory ⓐ의무[강제]적인(compulsory, mandatory), 필수의　편입, 토플

oblige
[əbláidʒ]
ob(=to)+lige(=bind)
: ~에 묶어 두다

obligation ⓝ1.의무, 책임 2.채무, 약정, 계약

He was **obliged** to confess his crime. 그는 어쩔 수 없이 범행을 자백했다.

If you will come, I'd be much **obliged**.
와 주신다면 정말 고맙겠습니다.

Employers have the legal **obligation** to prevent sexual harassment in the workplace.
고용주는 직장 내 성희롱을 예방할 법적 의무를 가진다.

religion
re(=back)+lig(=bind)+ion(명·접)
: 뒤에서 단단히 묶는 것

n.종교, 신앙(심), 신조

religious ⓐ1.종교[신앙]의, 종교적인 2.신앙심 깊은, 독실한, 경건한

Science without **religion** is lame, **religion** without science is blind. - Albert Einstein
종교 없는 과학은 절름발이요, 과학 없는 종교는 장님이다.

After much agony, he could gain serenity through **religious** beliefs.
많은 고뇌 끝에 그는 종교적 믿음을 통해 마음의 평온을 얻을 수 있었다.

rely
re(강조, intensive)+ly(=bind) : 세게 매달리다

vi.(~ on / upon) 의지[의존]하다, 신뢰하다, 믿다

reliable ⓐ믿을 수 있는, 의지[신뢰]할 수 있는

reliability ⓝ신뢰도, 신뢰[확실]성, 믿음직함 토익, 편입

reliance ⓝ의지, 신뢰, 신임

These days young students **rely** too much on private education.
요즘은 어린 학생들이 지나치게 사교육에 의존한다.

She is regarded as a very efficient and **reliable** co-worker.
그녀는 매우 유능하고 믿을 수 있는 동료로 평가된다.

ally
[əlái]
al(=ad:to)+ly(=bind)
: 한 방향으로 결속하다

vt.vi.동맹[연합, 제휴]하다 n. 1.우방, 동맹 2. 자기편, 협력자

alliance ⓝ동맹, 연합, 결연 편입

China has been not ony our **ally** but also enemy during a long history.
오랜 역사 동안 중국은 우리의 맹방이자 적이었다.

We have no eternal **allies** and no perpetual enemies. Only our interests are eternal and perpetual, and it is our duty to follow those interests. - Henry Palmerston
우리에게는 불변의 우방도 영원한 적도 없다. 오직 우리의 이익만이 불변이고 영원할 뿐이며, 그 이익을 따르는 것이 우리의 의무다.

It isn't easy to maintain **alliance** consistently with another country.
다른 나라와 일관되게 동맹을 유지하는 것은 쉽지 않다.

rally
re(=again)+ally
: 다시 뭉치다

n.1.집회, 대회, 시위 2.재결집, 만회 3.(경기, 주식 등의) 회복, 반등
vt.1.다시 모으다, 규합하다 2.되찾다, 회복하다(revive)
vi.1.모이다, 결집[단결]하다 2.회복되다, 기운을 되찾다 3.반등하다, 다시 오르다 경찰, 토익

Thousands of people attended a **rally** in the Central Park.
수천 명의 사람들이 중앙공원에서 거행된 집회에 참석했다.

The stock market **rally** pointed to growing expectation of an economic turnaround.
주식시장의 반등은 경기회복에 대한 점증하는 기대감을 시사했다.

The opposition leader continued to **rally** his supporters towards victory.
야당 지도자는 승리를 향해 계속해서 그의 지지자들을 규합해 나갔다.

liable
li(=bind)+able(형·접)
: 묶여 있는, 구속하는

a.1.(법적인) 책임 있는, 의무가 있는 2.(~ to) ~하기 쉬운, ~하는 경향이 있는, ~할 것 같은(prone to) 공7

liability ⓝ1.(법적) 책임, 부담, 의무 2.부채, 채무(debt) 3.골칫거리 공9, 토익

He is **liable** for any damage caused by the violent crime.
그는 폭력범죄로 초래된 모든 손실에 대해서 책임이 있다.

We're all **liable** to make mistakes in our hurry.
우리는 누구나 서두르면 실수하기 쉽다.

North Korea is becoming a painful **liability** to China as well as Korea.
북한은 남한뿐 아니라 중국에게도 고통스런 골칫거리가 되어가고 있다.

league
leag(=bind)+ue(명·접)
: 결속

n.1.연맹, 동맹, 리그, 경기 2.수준, 동류, 조組 vi.동맹[연합]하다
vt.동맹[연합]하게 하다, 단결시키다

Nowadays many Korean professionals play baseball in the major **league**.
요즘 많은 한국 프로선수들이 메이저 리그에서 야구를 하고 있다.

When it comes to billiards, I'm not in his **league**.
당구에 관해서라면 나는 그와 비교가 안 된다.

colleague
col(=with)+leag(=bind)+ue(명·접) : 함께 결속된 사람

n.(직업 상의) 동료 (co-worker) 토익

I was recommended for this position by a close **colleague**.
한 친한 동료가 이 직책에 나를 추천했다.

struct, stru [L] : build 세우다, 쌓다

◆변형 : stroy

'세우다'는 뜻의 라틴어 어근 stru의 p·p형이 struct다. 그리고 영어에 들어와서 반대를 뜻하는 접두사 de를 붙여 동사를 만들 때 stroy로 철자가 변했다.

structure
struct(=build)+ure(명·접)
: 세워진 것

n.1.구조, 조직 2.체계(system), 짜임새 3.건조[구조]물
vt.조직화[구조화]하다(organize), 구성하다

structural ⓐ구조의, 구조[조직]상의

infrastructure ⓝ 1.하부조직[구조] 2.(산업의) 기반시설, 기반

The **structure** of this theme park is based on some cutting edge technologies.
이 테마 파크의 구조는 몇몇 첨단기술에 바탕을 두고 있다.

The widespread use of the Internet and smartphones is facilitating **structural** changes in society. 인터넷과 스마트폰의 광범위한 사용이 사회의 구조적 변화를 촉진시키고 있다.

construct
con(=together)+struct(=build)
: 함께 세우다

vt.1.건설하다, 세우다(build) ⓑ destroy 2.구성하다, 그리다 n.건조[구조]물, 구성체

constructive ⓐ1.건설적인, 유용한 ⓑ destructive 2.구조[구성]적인 편입

construction ⓝ1.건설, 건축 2.건물, 건축물 3.구조, 건축양식

Politicians promise to **construct** a bridge even where there is no river. - N. Khrushchev
정치가들은 강물이 흐르지도 않는 곳에 다리를 건설해주겠다고 약속하는 사람이다.

The new government complex is still under **construction**.
새로운 정부종합청사는 아직 건설 중이다.

instruct
in(=in)+struct(=build)
: 안으로 쌓아 올리다

vt.1.가르치다, 교육하다 2.지시[명령]하다 3.알려주다, 통고하다

instructor ⓝ교사, 전임강사

instructive ⓐ교육적인, 유익한

instruction ⓝ1.교육, 가르침, 교훈 2.지시, 명령 3.설명서, 지침서 토익

In the aftermath of the criticism, the CEO **instructed** his staff to investigate the case.
비난의 여파로 사장은 그 사건의 조사를 직원들에게 지시했다.

Carefully read the **instructions** before you install the machine.
기계 설치 전에 지시된 내용을 주의 깊게 읽으시오.

obstruct
ob(=in the way of)+struct(=build)
: 방해되게 쌓다

vt.가로막다, 방해하다, 차단하다(hinder, hamper) 편입

obstruction ⓝ1.방해, 장애 2.차단, 폐색 3.방해[장애]물

The demonstrators **obstructed** the flow of traffic in the downtown.
시위대는 도심에서 교통의 흐름을 가로막았다.

destroy
de(=opposite)+stroy(=struct) : 무너뜨리다

vt. 1.파괴[파손]하다(devastate), 망치다 2. 멸하다, 죽이다

destructive ⓐ파괴적인 ㉫ constructive

destruction ⓝ파괴, 파멸, 멸망 ㉫ construction

indestructible ⓐ파괴할 수 없는, 불멸의 고시

Whoever wants to be born must first **destroy** a world. - Herman Hesse, *Demian*
누구든 태어나려는 자는 먼저 하나의 세계를 깨뜨려야 한다.

The ski resort project will cause massive environmental **destruction**.
스키장 건설 계획은 대규모 환경파괴를 초래할 것이다.

instrument
in(=upon)+stru(=build)+ment(명·접)
: 지을 때 쓰는 것

n.1.기구, 도구, 계기 2.악기 3.〈법〉증서, 문서 토익

instrumental ⓐ1.수단[도움]이 되는, 중요한 2.악기(용)의 ㉫ vocal

The engineer showed me how to use the **instrument**.
엔지니어는 나에게 기구의 사용법을 보여 주었다.

In the subway station, an old artist plays a unique **instrument** that touches our hearts. 지하철 역에서 한 늙은 예술가가 우리의 심금을 울리는 독특한 악기를 연주한다.

construe
con(=together)+strue(=build)
: 함께 쌓다, 추론하다

vt.해석하다, ~으로 이해하다, 번역하다 국회8

His present slump may be **construed** as the process for adapting himself to new environments.
그의 현재 슬럼프는 새로운 환경에 적응하기 위한 과정으로 해석될 수 있다.

industry
indu(=within)+str(=build)+y(명·접)
: 안에 무엇을 세움

n.1.산업, 공업, 제조업 2.근면, 열심

industrial ⓐ산업(상)의, 산업이 발달한

industrious ⓐ근면한, 부지런한(diligent)

At early stages **industries** in advanced countries grew behind tariff walls.
초기단계에 선진국의 산업은 관세의 벽 뒤에서 성장했다.

That man ought to succeed, as he is so **industrious**.
저렇게 부지런하니 저 사람이 성공하는 것은 당연하다.

Review Test 15

a. retail	b. anatomy	c. privilege	d. demagogue
e. genocide	f. slogan	g. peninsula	h. liability

◆ **From the box above, choose the word that corresponds to each definition below.**

1 a special right or advantage that only one person or group has

2 a person who tries to stir up the people by appeals to emotion, prejudice, etc.

3 the state of being legally responsible for something

4 a short easily-remembered phrase with a political or advertising message

5 the deliberate murder of a whole community or race

6 the sale of goods to the public in small quantities for use or consumption

7 a science concerned with the bodily structure of humans or animals

8 a piece of land which sticks out from the mainland and is almost surrounded by water

◆ **Choose the one that is closest in meaning to the highlighted word in each sentence.**

9 I didn't know how to **construe** his statement.

① revise ② interpret ③ quote ④ deliver ⑤ defend

10 Zebras are **gregarious** and travel in herds.

① fertile ② shrewd ③ sociable ④ abundant ⑤ sporadic

11 His ambitious nature was rewarded as he became **prominent** in music circles.

① ardent ② sympathetic ③ conspicuous ④ comprehensive ⑤ fascinating

12 The conspiracy was triggered by the prospect of the emperor's **imminent** death.

① sudden ② hidden ③ unexpected ④ acute ⑤ impending

13 In mammals the embryo is **insulated** from the external world, and directly dependent on its mother's physiological state.

① delivered ② incubated ③ released ④ nurtured ⑤ isolated

14 Try to remain **impartial** until you have heard the story from both sides.

① patient ② calm ③ unbiased ④ shrewd ⑤ sensitive

15 The American auto industry, the **epitome** of arrogance to customers, is an awful candidate for a bailout. 편입

① expectancy ② model ③ protocol ④ pronoun ⑤ symbol

16 The nature hike featured several **endemic** plants, which the guide was eager to point out. 편입

① indigenous ② tropical ③ significant ④ superficial ⑤ giant

◆ **Fill in the blank with the proper verb that will best complete the meaning of each sentence.**

① exaggerate ② rally ③ deprived ④ segregate ⑤ diminished ⑥ curtailed

17 The leading company's market share _______ with time.

18 We must _______ customers' money from our own under the law.

19 He tends to _______ his professional expertise.

20 The bill made by public request _______ the noble of their privileges.

21 Few have doubted the commander's ability to _______ the remaining troops.

22 OPEC countries ______ oil production step by step to raise its price.

Unit 46. 기초(fund)가 튼튼한 공동체는 서로 신뢰하고(cred/fid) 의무(mun)에 충실하다.

fund, found [L] : 1. base 기초, 토대　　2. bottom 바닥

found는 불어의 영향으로 모음 [O]가 추가되어 철자가 변화된 형태다.

fund
'기초, 토대'의 뜻에서

n.1.기금, 자금　2.축적　　vt.자금을 제공하다, 적립[축적]하다(store)

We are raising **funds** to fight dementia and push ahead with the research.
우리는 치매와 싸우고 연구를 밀고 나가기 위해 기금을 모으고 있다.

National pension plan is the only way to **fund** his retirement.
국민연금이 그의 퇴직에 자금을 지원해주는 유일한 방법이다.

fundamental
fund(a)(=base)+ment(명접)+al(형접)
: 기초가 되는

a.1.기본[근본]적인(basic)　2.중요[주요]한, 필수의(essential)
n.(보통pl.)1.근본, 기본, 기초　2.원리, 원칙　토익

There is no greater joy, nor greater reward than to make a **fundamental** difference in someone's life. - Mary McGeady
누군가의 인생에 근본적인 변화를 일으키는 것보다 더 큰 기쁨이나 더 큰 보상은 없다.

found
'기초를 놓다'(lay the basis of)의 뜻

vt.1.설립하다(establish), 세우다(set up)　2.~에 근거[기초]를 두다
vi.(~ on/upon) ~에 근거하다

foundation　ⓝ1.설립, 창립　2.근거, 기초, 토대　3.재단　편입

The college was **founded** 60 years ago by her grandfather.
그 대학은 60년 전에 그녀의 할아버지가 설립했다.

The team has finally won its first championship in the official league since its **foundation**.
그 팀은 마침내 창단이래 공식대회에서 첫 우승을 차지했다.

profound
pro(=forward)+found(=bottom)
: 바닥으로 나아간

a.1.깊은(deep), 심오한　2.강한, 엄청난　편입

His father's sudden death had a **profound** effect on him during his lifetime.
그의 아버지의 갑작스러운 죽음이 일생 동안 그에게 엄청난 영향을 미쳤다.

cf. **refund**　re(=back)+fund(=pour) : 도로 붓다　ⓥⓥ반환하다, 돌려주다(repay)
ⓝ환불,반환(금)

I'd like to get a **refund** for the ticket I bought a few hours ago.
몇 시간 전에 구입한 이 티켓을 환불 받고 싶은데요.

☞ 우리가 흔히 쓰는 refund란 단어에서 fund는 위의 '기금'이란 뜻이 아니라 unit.35에 나오는 어근 fus(=pour붓다)가 변화된 형태다.

cred [L] : 1. trust 신뢰하다　　2. believe 믿다　　◆변형 : creed

cred는 원래 상업적 거래에서 특히 돈을 빌리려는 사람의 '믿음, 신용'이란 뜻으로 사용되었다.

credit
cred(=trust)+it(p.p형 어미)
: 신뢰, 믿음

n.1.신용(도), 신용[외상]거래 2.융자, 예금(잔고) 3.명성, 명예, 신망 4.공로, 칭찬 5.학점
vt.1.믿다, 신용하다 2.입금하다

creditor ⓝ채권자 ⓑ debtor 채무자

creditable ⓐ1.신용할 만한 2.칭찬할 만한, 훌륭한, 명예가 되는(honorable)

He can't borrow money from the bank due to poor **credit**.
그는 신용이 좋지 않아서 은행에서 돈을 빌릴 수 없다.
After screening our company's financial situation, the bank refused further **credit** to us.
우리 회사에 대한 재무상황 심사 후, 은행은 추가 융자를 거부했다
Each and every staff deserves **credit** for the success.
이번 성공은 직원 모두의 공이다.
Your account has been **credited** with $3,000
당신 계좌에 삼천 불이 입금되었다.

discredit
dis(=not)+credit

vt.1.신용을 떨어뜨리다, 평판을 나쁘게 하다 2.의심하다, 신용하지 않다
n.불신, 망신, 불명예 편입
The parody was made on purpose to **discredit** the ruling party.
그 풍자물은 여당을 악평하기 위해 의도적으로 만들어졌다.
The National Assembly has been **discredited** by most people.
국회는 대부분의 국민들에게 신뢰를 잃었다.
Football hooligans bring **discredit** on the teams they support.
광적인 축구팬들은 자기들이 응원하는 팀에게 망신을 가져온다.

credence
cred(=trust)+ence(명·접)
: 신임

n.신빙성, 신뢰, 믿음

credential ⓝ1.신임장 2.자격, 적격 3.자격[인물, 성적]증명서
ⓐ신임의, 신용증명이 되는 ⓥ신임장[자격증]을 주다

Do you think there is some **credence** to the rumor?
넌 그 소문에 대해 신빙성이 있다고 생각하니?
You have to renew your **credential** every five years.
당신은 5년 마다 자격증을 갱신해야 한다.

incredible
in(=not)+cred(=believe)+ible(형·접) : 믿을 수 없는

a.1.놀라운, 믿어지지 않는(unbelievable) 2.뛰어난, 굉장한, 엄청난 편입, 토플

credible ⓐ믿을 수 있는(believable), 신뢰할 수 있는(reliable), 확실한
It is **incredible** how much my old friend Tom has changed since he met the woman.
내 오랜 친구 Tom이 그 여자를 만난 후 얼마나 변했는지 놀랍다.

credulous
cred(=believe)+ul(=full)+ous(형·접) : 쉽게 믿는

a.잘 믿는, 잘 속는(gullible), 순진한 공9, SAT

incredulous: in(=not)+credulous ⓐ잘 안 믿는, 의심 많은, 회의적인(skeptical)
Swindlers usually prey upon the **credulous**.
사기꾼은 보통 잘 믿는 사람들을 등쳐 먹는다.

creed
'믿음'(belief)의 뜻에서

n.1.교리, 교의 2.신조, 원칙, 주의(tenet)
My **creed** as a lawyer is that all men are equal before the law.
법률가로서 내 신조는 만인이 법 앞에 평등하다는 것이다.

fid, fed, fai [L] : trust 신뢰하다, 믿다

라틴어 어근 fid가 불어에 들어와 형용사로 사용될 때 fed로 철자가 변했으며, fai는 불어에서 온 어근으로 영어식 접사가 붙어 faith가 되었다.
fid는 인간관계에서 '의리, 신의' 또는 종교적 의미로 사용되다가 점차 법적 측면에서 '신의, 성실, 약속'의 뜻으로 발전했다.

fidelity
fidel(=trusty)+ity(명·접)
: 신뢰할 수 있음

n.1.충실, 충성, 엄수 2.신의, 정절 3.충실도, 정확도 공9, 토플
This novel is excellent in the **fidelity** of translation to the original text.
이 소설은 원본 텍스트에 대한 번역의 충실도 면에서 뛰어나다.

fiduciary
fiducia(=trust, 신탁)+ary(형·접) : 신탁의

a.1.신탁의, 신탁 받은, 수탁자의 2.신용상의, 신탁의 n.수탁자, 피신탁자(trustee)
A group of investors brought a class action against the company for neglecting its **fiduciary** duty.
일단의 투자자들이 그 회사를 상대로 신탁의무 태만에 대해 집단소송을 제기했다.

confident
con(강조, intensive)+fid(=trust)+ent(형접)
: 굳게 믿는

a.1.자신 있는, 자신만만한, 대담한(bold) 2.확신하는 ㉥ diffident 자신없는, 소심한

confidence ⓝ1.자신(감), 확신 2.신뢰, 신임 토익
confidential ⓐ1.비밀의(secret), 기밀의 2.심복의, 신임이 두터운, 속내를 터놓는 편입
confide ⓥⓘ신임[신뢰]하다, 비밀을 털어놓다 ⓥⓣ1.(비밀을) 털어놓다 2.신탁하다, 맡기다

He is quite **confident** that he will succeed in business this time.
그는 이번에는 사업에 성공할 것이라고 상당히 자신한다.
The new CEO seems to know how to carry out the project with **confidence**.
새 사장은 어떻게 확신을 가지고 그 프로젝트를 추진할지 아는 것 같다.
He told the secret to his boss in a **confidential** tone.
그는 은밀한 어조로 사장에게 그 비밀에 대해 말했다.
My best friend **confided** to me that she was considering emigration.
내 절친한 친구가 이민을 고려 중이라고 내게 털어놓았다.

bona fide
bona(=good)+fide(=trust)
: 선의에서 우러난

a.진실된, 진짜의(genuine, real), 성실한(sincere) ad.선의로 공7
He is a **bona fide** friend who always stands by me in trouble.
그는 내가 고통받을 때는 언제나 함께 하는 진정한 친구다.

faith
fai(=trust)+th(명·접)
: 신의, 의리

n.1.신뢰, 믿음 2.신념(belief), 확신 3.신앙(심)

faithful ⓐ1.충실[충직]한, 신의 있는, 헌신적인 2.사실대로의, 정확한
His wife has **faith** that he will succeed as movie director.
그의 아내는 그가 영화감독으로서 성공하리라 믿는다.
The old woman's **faithful** dog accompanies her everywhere she goes.
그 늙은 여인의 충직한 개는 그녀가 가는 곳은 어디든 동반한다.

federal

feder(=treaty)+al(형·접)
: (하나님과 인간 사이의) 맹약, 동맹

a.연방의, 연방제의, 연방정부의

federation ⓝ1.연합, 연방, 동맹 2.연방 정부[제도]

confederate ⓐ연합[동맹]한, 공모한 ⓝ공모자, 동맹[연합]국
ⓥⓣ동맹[연합]시키다 ⓥⓘ동맹[공모]하다

confederation ⓝ연합(국), 연방, 동맹

When there is a conflict between **federal** law and state law, **federal** law takes priority.
연방법과 주법이 충돌할 때는 연방법이 우선한다.

The country **confederated** with the United States to conduct effective war.
그 나라는 효율적인 전쟁을 수행하기 위해 미국과 연합했다.

mun, mon : 1. duty 의무 2. shared by many 공유

municipal

muni(=duty)+cip(=take)+al(형·접) : 의무를 가진, 스스로 책임지는

a.1.지방자치의, 자치도시의 2.시립[시영]의 공9

municipality ⓝ지방자치제, 자치제 당국

The new tax plan by the ruling party prompted strong resistance from **municipal** governments.
여당에 의한 새로운 과세 계획은 지방자치 단체들의 강한 반발을 불러 일으켰다.

community

com(=together)+muni(=duty)+ty(명·접)
: 함께 의무를 짐

n.1.공동체, 지역사회 2.커뮤니티, 단체, 모임, 친교 3.군집, 군락

Her volunteer work was actually helpful in binding the **community** together.
그녀의 자원봉사가 그 지역사회를 결속시키는데 실제로 도움이 되었다.

communism

com(함께)+mun(=shared by many)+ism(주의)
: 다 함께 재산을 공유

n.공산주의, 공산주의 체제

communist ⓝ공산주의자

Even under **communism**, distributive equity was not kept.
공산주의 체제 하에서 조차 분배의 형평성은 지켜지지 않았다.

immune

im(=not)+mun(e)(=duty)
: 의무가 없는

a.1.면제된(exempt), 의무가 없는 2.면역의, 면역성이 있는 경찰, 토플

immunity ⓝ1.면제, 면책, 특전 2.면역(성), 면역력

immunize ⓥⓣ1.면역력을 갖게 하다, 면역[면제]시키다 2.무효화[무력화]시키다 공7

immunology ⓝ면역학

Stress generally weakens our **immune** system.
스트레스는 일반적으로 우리의 면역체계를 약화시킨다.

There is still no vaccine to **immunize** us against the virus.
그 바이러스에 대해 면역력을 갖게 해주는 백신은 아직 없다.

I don't want to hide myself behind any **immunity**.
나는 어떠한 면책특권의 뒤에도 자신을 숨기고 싶지 않다.

communicate

com(함께)+munic(=shared by many)+ate(동접)
: 함께 나누다

vt.전달하다, 전하다(transmit), 소통하다　　vi.(~ with) 소통하다, 연락하다, 서로 이해하다

communication

ⓝ1.전달, 연락, 의사소통　2.보도, 통신(correspondence)

There is no doubt that nowadays our smartphones are the most important tools to **communicate** with each other.
오늘날 스마트폰이 서로 의사소통하는 가장 중요한 수단이라는 것에는 의심의 여지가 없다.

These days texting is the most common form of **communication** even among young students.
요즘은 어린 학생들 사이에서도 문자메시지가 가장 보편적인 의사소통 형태다.

*mass **communication**: 매스컴, 대중전달

remunerate

re(=back)+mune(=duty)+er+ate(동접)
: 의무에 따라 되돌려줌

vt.보수를 지불하다, 보답[보상]하다

remuneration

ⓝ보수, 보상(reward, compensation), 급료(salary)　편입, SAT

The staff members found that they were **remunerated** better than their counterparts in the public service.
직원들은 공직에 있는 그들의 상대방보다 더 좋은 보수를 받는다는 것을 깨달았다.

She does not want to take the job even if the **remuneration** is generous.
그녀는 비록 보수가 후하더라도 그 일을 하기 원치 않는다.

common

com(=together)+mon(=duty)
: 함께 의무를 지는

a.1.공동[공통]의, 공유의　2.일반의(general), 공공의(public)
3.보통의(normal, usual), 평범한(ordinary), 흔한

uncommon

ⓐ1.드문, 진귀한, 흔치 않은　2.비상한, 비범한

Our love has grown from **common** interests in literature.
우리의 사랑은 문학에 대한 공통의 관심에서 자라났다.

***common** sense: 상식

Unit 47. 팽팽히 펴고(tend, tens) 당겨서(strict) 견고히하다(dur).

tend, tens [L] : 1. stretch 펴다, 뻗다　2. try 시도하다　◆변형 : tent

'펴다'는 뜻의 어근 tend의 p·p형이 tens이고, 이 p·p형에서 변이된 명사형 어근이 '펼쳐진 것'(a thing stretched out)을 뜻하는 tent이다. 물리적으로 '펴다, 뻗다'는 의미가 점점 비유적, 추상적으로 바뀌어 '마음 또는 신경을 쓰다'는 뜻을 내포하게 되었다.

attend

at(=ad:to)+tend(=stretch)
: ~쪽으로 마음을 쓰다

vt.1.출석[참석]하다 2.간호하다, 돌보다 3.수행하다
vi.1.보살피다, 돌보다 2.주의를 기울이다, 주목하다

attendance ⓝ1.출석, 참석 2.출석[참가]자, 관객수 3.수행, 시중, 간병

attendant ⓝ1.수행원, 안내원, 접객 담당자 2.참석[출석]자　ⓐ동석한, 부수[수반]하는

attentive ⓐ주의 깊은, 배려하는(considerate), 세심한

attention ⓝ1.주의, 주목 2.관심 3.배려, 돌봄

She **attended** a wedding and caught a bouquet by accident.
그녀는 결혼식에 참석해서 우연히 부케를 받았다.

The flight **attendant** showed me to an aisle seat.
승무원이 나를 통로 쪽 좌석으로 안내했다.

A very unique article in the newspaper caught my **attention**.
신문에 실린 아주 독특한 기사 하나가 나의 시선을 사로잡았다.

contend

con(=together)+tend(=stretch)
: 함께 마음 쓰다, 겨루다

vi.1.(~ with) 다투다, 경쟁하다 2.논쟁하다　vt.주장하다

contention ⓝ1.언쟁, 논쟁 2.주장, 견해 편입

contentious ⓐ1.다투기[논쟁하기] 좋아하는 2.논쟁을 불러일으키는 공7, SAT

We should not **contend** with a man who has nothing to lose.
우리는 잃을 것이 없는 사람과 다투어서는 안 된다.

There was very little political **contention** about the need for drastic measures to cope with an unprecedented financial crisis.
전례없는 금융위기를 극복하기 위한 과감한 조치의 필요성에 대해서는 정치적인 논쟁이 거의 없었다.

Now the most **contentious** issue is the minimum wage.
지금 가장 논쟁적인 사안은 최저임금이다.

intend

in(=toward)+tend(=try)
: ~를 향해 시도하다

vt.1.~할 작정이다 2.의도[기도]하다, 고의로 하다

intent ⓝ의지, 의도, 목적　ⓐ집중된, 전념하는, 열심인 공9, 토익

intention ⓝ의도(purpose), 의향, 속셈 편입

intentional ⓐ고의[의도]적인(deliberate), 계획된 ⓑ accidental

Such remarks **intended** to embarrass and humiliate our party.
그런 발언은 우리 측을 당황케 하고 창피를 주기 위해 의도된 것이었다.

Our software is designed to cope with user's **accidental** or **intentional** leakage of data.
우리 소프트웨어는 사용자의 우발적이거나 의도적인 데이터 유출에 대처하도록 설계되었다.

extend
ex(=out)+tend(=stretch)
: 바깥으로 뻗다

vt.1.뻗다, 내밀다 2.연장[연기]하다 3.넓히다, 확장하다(enlarge, expand) 4.베풀다, 제공하다
vi.1.넓어지다, 퍼지다 2.미치다, 달하다(reach)

extensive ⓐ넓은(broad), 광대한(spacious), 대규모의 ⓑ intensive집중[집약]적인 토익

extension ⓝ1.신장伸長, 확장, 연장 2.내선內線, 구내전화

extent ⓝ1.넓이, 크기 2.범위(range, scope), 정도(degree), 한도(limit)

Thanks to the overwhelming support of its fans, the musical has been **extended** for another six months.
팬들의 압도적인 성원으로 그 뮤지컬은 6개월 더 연장공연에 들어갔다.

Our city is **extending** the main roads to reduce traffic jams drastically.
우리 시는 교통체증을 획기적으로 줄이기 위해 간선도로를 확장하고 있다.

We are doing an **extensive** business with Middle Eastern countries.
우리는 중동국가를 상대로 광범위한 사업을 하고 있다.

The **extension** of the subway will take a couple of years.
지하철 노선 연장은 2년쯤 걸릴 것이다.

To some **extent**, love protects us from ageing. 사랑은 우리의 노화를 어느 정도는 막아준다.

pretend
pre(=before)+
tend(=stretch)
: 앞에 펼쳐두다, 체하다

vt.가장[사칭]하다, ~인 체하다(feign) vi.체하다, 속이다 공9

pretense /-ce ⓝ1.가식, 허위, 겉치레 2.구실(pretext), 핑계(excuse) 편입

pretentious ⓐ허세 부리는, 가식적인(ostentatious) 공7, SAT

He **pretended** to be rich to win his girlfriend's favor.
그는 여자친구의 환심을 사기 위해 부자인 척 했다.

He makes no **pretense** of great wealth.
그는 엄청난 부자라는 티를 전혀 내지 않는다.

tend
tend(=stretch out)
: 뻗어나가는 성질

vi.~하는 경향이 있다, ~하기 쉽다 vt.돌보다, 보살피다, 시중들다

tendency ⓝ1.경향, 추세, 풍조 2.성향, 성벽, 버릇 토익

On average, a woman **tends** to live longer than a man.
평균적으로 여자가 남자보다 오래 사는 경향이 있다.

Winner-take-all has the **tendency** to make the rich richer and the poor poorer.
승자독식은 부유한 자는 더 부유하게 가난한 자는 더 가난하게 만드는 경향이 있다.

tender[1]
tend(=stretch)+er(어미)
: '다정히 마음을 펼치다, 제공하다'의 뜻

a.1.부드러운, 연한 2.다정한, 상냥한 3.약한, 어린, 예민한

Her **tender** smile melted my heart.
그녀의 부드러운 미소가 내 마음을 녹였다.

tender[2]

vt.1.제출[제안]하다, 제공하다 2.입찰하다(bid) n.1.제출, 제안 2.입찰

The party leader **tendered** his resignation to assume responsibility for losing the election.
당대표는 선거 패배의 책임을 지고 사표를 제출했다.

Five domestic manufacturers were invited to participate in the **tender**.
5개 국내 제조업체가 입찰 참가 초청을 받았다.

tense
'팽팽히 펴진'(stretched out)의 뜻

a.1.긴장된, 긴박[절박]한 2.팽팽한 n.〈문법〉시제 vt.긴장시키다 vi.긴장하다

tension ⓝ1.긴장(strain), 불안, 흥분 2.팽팽함, 신장伸張 3.팽창력, 장력
tensile ⓐ늘릴 수 있는, 신장성 있는, 장력의

She has spent a **tense** month waiting for the result of the exam.
그녀는 시험 결과를 기다리면 긴장된 한 달을 보냈다.
He always recites a poem in the locker room to break the **tension** just before games.
경기 직전에 그는 언제나 긴장을 풀기 위해 라커 룸에서 시를 암송한다.
The world is all gates, all opportunities, strings of **tension** waiting to be struck.
이 세상은 온통 문이고 기회이며 울려주길 기다리는 팽팽한 줄이다. - Ralph W. Emerson
the **tensile** strength of rope: 밧줄의 인장강도

intense
in(=toward)+tense(=stretched)
: ~을 향해 팽팽히 뻗은

a.1.강렬[격렬]한, 치열한(drastic) 2.열정적인, 진지한, 열심인

intensify ⓥⓣ세게 하다, 강화하다, 심화시키다 ⓥⓘ심해지다, 격렬해지다
intensive ⓐ1.집중[집약]적인 ⓑ extensive 2.강한, 격렬한 3.강조의(emphasizing) 편입
intensity ⓝ1.강렬, 격렬 2.집중, 전념 3.세기, 강도

The job of a currency trader is very stressful and demands **intense** concentration.
외환딜러라는 직업은 아주 스트레스가 심하고 치열한 집중력을 요구한다.
When competition excessively **intensifies**, it leads to jealousy and greed.
경쟁이 지나치게 심해지면 시기와 탐욕을 유발하게 된다.
The two camps reached an agreement after several days and nights of **intensive** talks. 양측은 여러 날 밤낮으로 진행된 집중협상 후에 합의에 이르렀다.

ostensible
os(=ob:in front of)+tens(stretched)+ible(형접)
: 앞에 펼쳐보이는

a.표면상의, 겉치레의, 겉으로만 편입, SAT

Ostensibly he is studying at the university, but in reality he is spying upon Silicon Valley firms.
그는 겉으로는 대학에서 공부하지만, 실제로는 실리콘밸리 회사들에 대해 염탐하고 있다.

tent
'펼쳐진 것'(something stretched out)의 뜻에서

n.천막, 텐트

We desire the new party to be a **big-tent** organization that permits or encourages a broad spectrum of views among its members.
우리는 신당이 구성원들의 다양한 시각을 허용하고 장려하는 빅텐트 조직이 되길 염원한다.
*big **tent**: 큰 텐트 방식(폭 넓게 이견이나 노선을 허용하는 방식)

tentative
tent(a)(=try)+tive(형접)
: 시도해 보는

a.1.시험[잠정]적인, 임시의 2.불확실한, 주저하는 n.시안, 가설 공9, 토익

Labor and management managed to draw a **tentative** agreement in a month.
노사 양측은 한 달만에 겨우 잠정적 합의를 이끌어냈다.

detente [F]
: de(=do the opposite)+tente(=stretch) : 느슨하게 하다

n.(국가 간의) 긴장완화, 데탕트 토플

The preceding minister integrated realism into foreign policy and orchestrated **detente** with the hostile country.
전임 장관은 외교정책에 현실주의를 결합하여 적대국과의 긴장완화를 이끌어냈다.

strict, strain, string [L] : 1. draw tight 팽팽히 당기다   2. bind 묶다   ◆변형 : stress

strict는 라틴어 동사(stringere)의 과거분사(past participle)에서 온 어근이고, strain과 string은 현재분사(present participle)에서 온 어근이다. stress는 불어의 영향으로 철자 변이가 된 단어인데 distress(고뇌)가 축약되어 굳어져 쓰이게 되었다.

strict
strict(=drawn tight)
: 팽팽히 당겨진

a.1.엄격[엄밀]한, 철저한(stern, austere) ⓑ loose 2.세밀[정밀]한, 꼼꼼한

Any cabinet nominees have to pass through the **strict** scrutiny.

어떤 내각 지명자도 엄격한 검증을 통과해야 한다.

constrict
con(=together)+
strict(=draw) : 함께 당기다

vt.1.조이다, 압축[수축]시키다 2.억제[제약]하다, 위축시키다   vi.수축되다, 조이다 SAT

constriction ⓝ1.조임, 수축, 협착 2.긴축, 속박

When she saw her mother in the hospital bed, her eyes were streaming with tears and her throat was **constricting**.

그녀가 병상의 어머니를 보았을 때 눈물이 줄줄 흘러 앞을 가리며 목이 매여 왔다.

district
dis(=apart)+strict(=bind)
: 따로 떼어 묶음, 관할구역

n.(행정, 사법 등의) 구역, 지구, 지역(region, area)

Our factory was moved to a suburban **district** last month.

우리 공장은 지난 달 근교지역으로 이전했다.

restrict
re(=back)+
strict(=draw tight)
: 뒤로 팽팽히 당기다

vt.1.제한[한정]하다 2.통제하다, 금지하다

restricted ⓐ1.제한[한정]된(limited, hampered) 2.대외비의   ~ area 통제[제한]구역

restrictive ⓐ제한[구속]하는,한정적인

restriction ⓝ1.제한, 한정, 규제 2.구속, 속박 토익

Speed is **restricted** to 120km/h on the highway.

고속도로에서는 시속 120km로 제한되어 있다.

He **restricts** himself to two meals a day to lose weight.

그는 살을 빼기 위해 하루에 두 끼만 먹는다.

The government decided to lift **restrictions** on luxury car imports.

정부는 고급자동차 수입에 대한 제한을 철폐하기로 결정했다.

strain
strain(=drawing tight)
: 팽팽히 당기는

n.1.긴장, 피로 2.중압[압박]감 3.염좌 4.잡아당김

vt.1.잡아당기다, 긴장시키다 2.무리를 하다, 혹사시키다   vi.1.긴장하다 2.노력하다, 애쓰다

The closing pitcher cracked up under the heavy **strain** and wound up a loser.

마무리 투수는 심한 중압감으로 무너져 패전의 멍에를 썼다.

Many people **strain** their eyes trying to read smartphones while walking.

많은 사람들이 걸으면서 애써 스마트폰을 읽으려다 눈을 혹사시킨다.

strait
strait(=drawn tight)
: 당겨져 좁아진 곳

n.1.해협 2.(pl.)곤경, 난국

England tunneled under the **Straits** of Dover in cooperation with France.

영국은 프랑스와 협력하여 도버해협 아래에 터널을 뚫었다.

constrain
con(강조, intensive)+
strain(=draw tight)
: 아주 세게 당기다

vt.1.강요하다, 억지로~시키다(compel) 2.억제[속박]하다 3.제한[제약]하다 편입

constraint ⓝ1.강제, 압박, 억제 2.제한, 제약, 통제

A nation's progress is often **constrained** by a leader who has not the capacity to look ahead. 한 국가의 발전은 미래를 내다보는 능력이 없는 지도자에 의해 자주 제한된다.

His trace is a typical example of how **constraints** can boost creativity.
그의 행로는 여러 제약들이 어떻게 창조성을 촉진시키는가를 보여주는 전형적 사례다.

restrain
re(=back)+strain(=bind)
: 뒤로 꽉 묶다

vt.1.저지[제지]하다 2.억제하다(curb), 억누르다, 참다 3.구속[감금]하다

restraint ⓝ1.억제, 제지, 자제 2.구속, 감금, 속박 편입, 토플

I was so upset that I could hardly **restrain** myself.
나는 너무 화가 나서 자신을 거의 억누를 수 없었다.

The police appealed both sides to show **restraint**.
경찰이 양측에 자제를 호소했다.

stringent
string(=bind)+ent(형접)
: 줄로 꽉 묶은

a.1.엄중[엄격]한(strict, rigorous) 2.(재정 상태가) 긴박[절박]한, 긴축의

The women's college has very **stringent** requirements for admission.
그 여자 대학은 입학 자격 요건이 아주 엄하다.

distress
dis(=apart)+stress(=bind)
: 따로 옭아매다

n.1.고통, 고뇌, 비탄 2.곤란, 빈곤, 재난 vt.괴롭히다, 슬프게[곤란케] 하다 편입

She was in mental **distress** after the loss of her daughter.
딸을 잃은 후 그녀는 심적 고통에 빠졌다.

stress
distress(고뇌)의 축약형

n.1.긴장, 압박, 스트레스 2.강조, 중점 3.강세, 악센트 4.〈물리〉압력, 응력
vt.1.강조하다(emphasize) 2.강세를 두다(accent) 3.괴롭히다

As a foreign exchange dealer, I am under a lot of **stress** every moment.
외환딜러로서 나는 매 순간 많은 스트레스를 받는다.

Our chairman **stressed** the importance of quality for global business.
회장님은 세계적 사업을 위해 품질의 중요성을 강조했다.

dur [L] : 1. make hard 견고히 하다 2. last 지속되다

durable
dur(=make hard)+
able(형·접)
: 견고하게 만들어진

a.튼튼한, 견고한, 내구성이 강한 n.(pl.)내구재

durability ⓝ내구성, 내구력

My car's bumper is made of **durable** microfiber.
내 차의 범퍼는 내구성이 강한 초미세 합성섬유로 만들어졌다.

LED bulb's **durability** is at least 3 times longer than normal bulb's.
LED전구의 내구성은 일반전구보다 적어도 3배 이상 길다.

duration
dur(=last)+(a)tion(명·접)
: 지속, 지속되는 기간

n.1.지속, 존속 2.지속[존속]기간 토익

As the outlook on economy was uncertain, I bought a few national bonds of long **duration**.
경제전망이 불투명해서 나는 몇 가지 장기 국채를 구입했다.

during

dur(=last)+ing(현·분)
: 지속되는 동안

prep.~동안, ~하는 중에, ~사이에

Please remain seated **during** the entire show.
쇼가 진행 중일 때는 끝까지 자리를 지켜 주세요.

endure

en(=in)+dur(=make hard)+e(어미)
: 안으로 견고히 하다

vt.1.참다, 견디다, 인내하다 2.지탱하다, 지속하다 vi.견디다, 참다

endurable ⓐ참을[견딜] 수 있는

endurance ⓝ1.인내, 참을성(patience) 2.지구력, 내구성 편입

He asked the doctor to inject a painkiller as he could hardly **endure** the pain.
고통을 거의 참을 수 없어서 그는 의사에게 진통제 주사를 요청했다.

Pain makes man think. Thought makes man wise. Wisdom makes life **endurable**.
고통은 사람을 생각하게 만들고, 생각은 사람을 지혜롭게 만들며, 지혜는 인생을 견딜 만한 것으로 만든다. - John Patrick

obdurate

ob(=against)+durate(견고한)
: ~에 대항해서 견고한

a.고집 센(obstinate), 완고한(stubborn), 냉혹한 편입, SAT

North Korea is the most **obdurate** and closed nation on the earth.
북한은 이 지구 상에서 가장 완고하고 폐쇄적인 국가다.

Unit 48. 앞선(ant, anc) 사람들이 넘겨준(trad) 가치있는(preci/val) 전통을 잘 따르다(sequ).

ant, anc [L] : before 앞에, 전에 ◆변형 : advan[F]

anticipate
ant(i)(=before)+cip(=take)+ate(동·접)
: 미리 파악하다

vt.1.예상[예견, 기대]하다(expect) 2.선수치다, 앞지르다 토익, 편입

anticipation ⓝ예상, 예감, 기대

I **anticipate** finishing the report until tomorrow.
나는 내일까지 리포트를 끝낼 것으로 예상한다.

They finally opened the counter in **anticipation** of a flood of applications.
그들은 지원이 쇄도하리라 예견하면서 마침내 창구를 개설했다.

antique [F]
: ant(=before)+ique(프랑스식 어미)
: 아주 이전의 것

n.골동품, 고미술품 a.고미술의, 골동의, 옛날의

This **antique** shop has a lot of rare items.
이 골동품 가게에는 희귀한 물건들이 많다.

antecedent
ante(=before)+cede(=go)+ent(형·접)
: 앞서 가는

a.1.앞서는, 선행의 2.전제의, 가정의
n.1.선례, 전력, 경력 2.선조, 조상(ancestor) 3.<문법>선행사 편입

If she had known his birth and **antecedent**, she would never have married him.
만약 그녀가 그의 태생과 전력을 알았더라면 결코 그와 결혼하지 않았을 텐데.

ancient [éinʃənt]
anci(=before)+ent(형·접)
: 이전의

a.고대의, 옛날의(archaic) ⓑ modern

She has studied for many years about the **ancient** Greek and Roman wars.
그녀는 여러 해 동안 고대 그리스와 로마의 전쟁에 대해 연구했다.

ancestor [ǽnsestər]
anc(=before)+cest(=go)+or(명·접) : 앞서 간 사람

n.조상, 선조, 시조 ⓑ descendant자손

ancestral ⓐ1.조상의, 조상 전래의 2.선구가 되는, 원형을 이루는 국회8

ancestry ⓝ가문, 가계, 혈통

Ancestor worship is a common custom around the world.
조상숭배는 세계적으로 공통 관습이다.

advantage [F]
: avant(=before)+age(명·접)
첫자 a 다음에 d가 삽입됨

n.유리한 입장[조건], 이득, 이점 ⓑ disadvantage 불리

advantageous ⓐ유리[유익]한, 이로운(profitable) 편입

The sole **advantage** of power is that you can do more good. - Baltasar Gracian
권력의 유일한 이점은 더 많은 선을 행할 수 있다는 것이다.

After investing in real estates, the speculator earned a big money by taking **advantage** of loopholes in the law.
그 투기꾼은 부동산에 투자한 후 법률의 미비점을 이용해서 큰 돈을 벌었다.

All things considered, it would be **advantageous** to agree to the proposal.
모든 것을 고려할 때, 제안에 응하는 것이 유리해 보인다.

advance [F]
: 불어 avance(전진)에 d가 삽입된 형태

n.1.전진, 진보 2.승진, 출세 3.선금, 선불 vt.1.전진[촉진]시키다 2.승진시키다(promote)
vi. 전진[진보]하다(progress) 토익 ⓑ retreat

advanced ⓐ1.진보한, 진보적인(progressive) 2.고급[고등]의, 고도의

advancement ⓝ1.전진, 진보, 발달 2.승진, 출세

There have been great **advances** in IT since the advent of the Internet.
인터넷 출현 이후로 IT기술에 엄청난 진보가 이루어졌다.
You need to pay the rent in **advance**. 집세를 미리 지불해야 한다.
It's not an **advanced** course but just an intermediate.
그건 고급과정이 아니라 그냥 중간과정일 뿐이야.
He longed for social **advancement** in his young days but his values changed with age. 그는 젊은 시절 출세에 목말라했으나 나이가 들면서 가치관이 바뀌었다..

trad [L] : hand over 넘겨주다

◆변형 : tray, trait, treas

이 어근은 같은 어원에서 이중어(doublet)로 갈라져 '넘겨주다'라는 본래의 뜻은 철자변화 없이 trad로, '배신하다'라는 바뀐 뜻은 불어에서는 trait로, 다시 중세영어(Middle English)로 넘어와 tray, treas로 철자가 다양화되었다.
'넘겨주다'가 '배신하다'란 뜻으로 바뀐 것은 성서에서 유다(Judas)가 예수를 로마군에게 넘겨준 장면에서 비롯된 것으로 보인다.

tradition
tradi(=hand over)+
tion(명접)
: 후대에 넘겨주는 것

n.전통, 관습

traditional ⓐ1.전통의, 전통적인 2.관습적인(conventional), 구식의, 고풍의

It's an old **tradition** to celebrate Christmas with presents, carols and decorated trees.
선물을 주고, 캐롤을 부르고, 트리를 장식하여 크리스마스를 축하하는 것은 오랜 전통이다.
The **traditional** sense of family is fading with a shrinking population.
인구가 줄어듦에 따라 가족에 대한 전통적 의미가 서서히 사라지고 있다.

betray
be(강조, on all sides)+
tray(=hand over)
: (비밀 등을) 완전히 넘겨주다

vt.1.배반[배신]하다 2.(정보 등을) 넘겨주다, 폭로하다(reveal), 드러내다(disclose)
3.(신뢰 등을) 어기다, 저버리다

betrayal ⓝ배반, 배신 편입

His baseball coach encouraged him by saying "true efforts never **betray** you".
야구코치는 '진정한 노력은 결코 배신하지 않는다'고 하면서 그를 격려했다.

traitor
trait(=hand over)+or(명접)
: 넘겨주는 자 → 배신자

n.반역자, 배반자, 매국노

traitorous ⓐ배반하는, 반역적인 고시

There can be no statute of limitations in punishing **traitors** who sold out their country to foreigners
외국에 나라를 팔아넘긴 반역자를 처벌하는데 공소시효란 있을 수 없다.

treason
treas(=hand over)+
on(=ion, 명접)

n.반역, 반역죄 공7, SAT

The head of the revolt was sentenced to death for **treason**.
폭동의 우두머리는 반역죄로 사형선고를 받았다.
"Translation is **treason**" a critic told the poet.
"번역은 반역이다"라고 한 비평가가 그 시인에게 말했다.

preci [L] : 1. value 가치 2. price 값 ◆변형 : prais, pric

precious
preci(=value)+ous(형·접) : 가치있는

a.비싼, 귀중[소중]한(costly, valuable)

In wartime, truth is so **precious** that she should always be surrounded by the bodyguard of lies. - Winston Churchill
진실은 전시에는 너무 소중하기 때문에 거짓이라는 경호원에게 항상 둘러싸여 있어야 한다.

appreciate
ap(=ad:to)+preci(=price)+ate(동·접) : ~에 대해 제대로 값을 매기다

vt.1.이해하다, 깨닫다 2.(진가를) 인정하다, 알아보다 3.감상하다 4.감사하다, 고맙게 여기다 5.시세를 올리다 ⓑ depreciate vi.(시세가) 오르다 경찰, 토익

appreciation ⓝ1.진가의 인정, 식별 2.감상 3.감사 4.(가격의) 상승, 등귀 5.평가, 비평

I **appreciate** your situation but can't afford the help now.
당신의 상황은 이해하지만 지금은 도와줄 여유가 없다.

You don't **appreciate** this antique. 당신은 이 골동품의 진가를 알아보지 못한다.

My hobby is **appreciating** classical music. 내 취미는 고전음악을 감상하는 것이다.

I would **appreciate** it if you could write a recommendation for me.
저에 대한 추천서를 써주시면 감사하겠습니다.

The land around here has **appreciated** highly. 주변의 땅값이 크게 올랐다.

depreciate
de(=down)+preci(price)+ate(동·접) : 값을 낮추다

vt.가치를 저하[감소]시키다 vi.값이 내리다, 가치가 떨어지다 국회8, 회계사

depreciation ⓝ가치 하락[저하], 감가상각 토익

The Korean won has **depreciated** by 10 percent for a week.
원화가치가 일주일 만에 10% 떨어졌다.

You should include the **depreciation** for tax reduction.
세금감면을 위해 감가상각비를 포함시켜야 한다.

praise
가치(value)를 인정하다

n.칭찬, 찬사, 찬양, 찬미 vt.칭찬[찬미]하다 ⓑ criticize

His latest film has received high **praise** from many critics.
그의 최신 영화는 많은 평론가들로부터 높은 찬사를 받았다.

The film was widely **praised** by viewers and showered with awards including the Oscar.
그 영화는 폭넓은 관객의 찬사를 받았고 아카데미상을 비롯한 많은 상의 세례를 받았다.

appraise
ap(=ad:to)+praise(=value) : 가치를 따지다

vt.평가하다(estimate, evaluate), 견적[감정]하다 서울시7

The expert **appraised** the jewel as a rare pearl of great value.
전문가는 그 보석을 고가의 희귀 진주로 감정했다.

priceless
price+less(형·접, ~이 없는) : 값을 매길 수 없는

a.아주 값비싼[귀중한](invaluable), 값을 매길 수 없는, 정말 재미있는 토플, 편입

They discovered some **priceless** paintings in an old house.
그들은 오래된 집에서 매우 귀중한 그림 몇 점을 발견했다.

val, vail [L] : 1. worth 가치있는 2. powerful 강력한

value
val(u)(=worth)+e(어미)
: 가치에 합당함

n.1.가치, 진가 2.중요성, 효용성 3.(pl.)가치관 vt.1.평가하다 2.중요시하다, 소중히 여기다

valuable ⓐ1.가치 있는, 값진, 귀중한(precious) 2.유용[유익]한 ⓑ valueless

invaluable ⓐ값을 매길 수 없는, 매우 귀중한(priceless) 경찰, 편입

valuation ⓝ평가(액), 사정(가격), 견적(가격) 토익

We use market prices to **value** goods and services.
우리는 상품과 서비스의 평가를 위해 시장가격을 이용한다.

She has acquired **valuable** experiences through the task.
그녀는 그 과업을 통해 값진 경험을 얻었다.

Your advice proved **invaluable** for my foreign travel.
너의 조언이 내 해외여행에 더할 나위 없이 귀중한 것으로 판명되었다.

Economists believe that fear is a bigger driver than **valuation** in current bear markets.
경제전문가는 지금의 약세 시장에서는 공포심이 평가액보다 더 큰 추동요인이라고 여긴다.

evaluate
e(=ex:out)+value+ate(동·접)
: 가치를 산출해내다

vt.평가[사정]하다(estimate), ~을 견적하다

evaluation ⓝ평가, 견적, 사정(valuation) 편입

Our school **evaluates** student's performance quarterly.
우리 학교는 일년에 4번 학생들의 성취도를 평가한다.

devalue
de(=down)+value
: 가치를 낮추다

vt.평가절하하다(devaluate), 가치를 감하다, 가치가 내리다(depreciate)

devaluation ⓝ평가절하, 가치저하 편입, 토플 ⓑ revaluation 평가절상, 재평가

The country **devalues** its currency so that it can get competitive edge in exports.
그 나라는 수출경쟁력을 갖기 위해 자국통화를 평가절하한다.

valid
val(=powerful)+id(어미)
: 힘(효력) 있는

a.1.정당[타당]한, 근거가 확실한 2.유효한, 효과적인(effective) ⓑ invalid

validate ⓥ1.입증[인증]하다, 승인하다 2.(법적으로) 유효하게 하다, 비준하다(ratify)

validity ⓝ1.타당성, 정당함 2.효력, 유효성 편입

My offer is still **valid**. Why don't you have a second thought?
내 제안은 아직 유효해. 재고해 보지 그래.

The fact gives some **validity** to the suspicion that he might be a real criminal of the murder.
그 사실은 그가 살인사건의 진범일지 모른다는 혐의에 어느 정도 타당성을 준다.

valiant
vali(=powerful)+ant(형·접)
: 강력한

a.용맹스런(brave), 씩씩한, 훌륭한 공9, SAT

The man made a **valiant** attempt to prevent the terror.
그 남자는 테러를 막기 위해 용감한 시도를 했다.

valor
val(=powerful)+or(명·접)
: 강한 것

n.용맹, 용기 공7

Chance and **valor** are blended in one. -Latin proverb
기회와 용기는 하나로 섞여 있다.

available

a(=ad:to)+vail(=worth)+able(형·접)
: ~에게 가치가 있는

a.1.이용 가능한, 쓸모 있는 2.구할 수 있는, 입수 가능한 3.시간[여유] 있는 4.유효한, 통용되는 토익

This golf course is **available** to members only. 이 골프장은 회원만 이용 가능하다.
Copies are **available** at its homepage.
복사본은 그것의 홈페이지에서 구할 수 있다.
Are you **available** tomorrow? 내일 시간 있으세요?
He's not **available** right now. He is having a business talk with a buyer.
그는 지금 전화 받을 수 없습니다. 바이어와 상담 중입니다.
This credit card is **available** till the end of this year.
이 신용카드는 올해 말까지 유효하다.

prevail

pre(=before)+vail(=powerful)
: 강력함이 앞서는

vi.1.우세하다, 이기다, 압도하다 2.유행하다, 만연[팽배]하다, 보급되다

prevalent ⓐ1.널리 퍼진, 만연한(rampant) 2.일반적인, 유행하는 공9, 7

I believe that justice will **prevail** in the end. 나는 정의가 결국 승리하리라 믿는다.
Bad cold **prevails** all over the country. 독감이 온 나라에 유행하고 있다.
Cosmetic surgery is now **prevalent** and considered normal.
현재 성형수술은 널리 유행하고 있으며 흔한 일로 간주된다.

sequ [L] : follow 따르다

◆변형 : secu, sue

어근 sequ는 처음에는 교회에서 예배의 '순서, 차례'라는 뜻으로 종교용어로 사용되다가 점차 법률 쪽으로 의미가 확장되어 '범인의 추적 → 소송, 기소 → 집행, 처형' 등 여러 법률적 의미로 쭉 퍼져나갔다.

sequence

sequ(=follow)+ence(명·접)
: 뒤 따름

n.1.연속, 연쇄 2.순서, 차례, 수열 3.결과, 결론 vt.차례로 배열하다 토익

sequential ⓐ연속하는, 순차적인 편입 **sequel** ⓝ1.속편, 후편 2.추이, 결과

The soap opera's plot has an elaborate time **sequence** for maximum dramatic impact.
그 연속극의 구성은 최대한의 극적 효과를 겨냥하여 치밀한 시간 순서대로 되어있다.
Recently scientists discovered a way to **sequence** the entire DNA in a human body.
최근에 과학자들은 인체의 전체 DNA를 순서대로 배열하는 방법을 발견했다.
Please tell me the main events in **sequential** order.
주요 사건들을 일어난 순서대로 말해 주시오.

consequence

con(=with)+sequ(=follow)+ence(명·접)
: (뒤에) 함께 따라오는 것

n.1.결과(result), 귀결(outcome), 영향(effect) 2.중요성(importance) 3.결론(conclusion) 토익

consequent ⓐ결과의, 결과로서 생기는 편입
consequential ⓐ1.결과로서 일어나는, ~에 따른 2.중대한 SAT, 편입
consequently ⓐⓓ그 결과, 결과적으로(as a result), 따라서(therefore)

Your obstinacy will lead to an irrevocable **consequence**.
너의 고집이 돌이킬 수 없는 결과를 초래할 것이다.
Consequently, nearly 20% of the domestic workers are contract or temporary employees.
결과적으로 국내근로자의 20% 정도가 계약직이나 임시직이다.

subsequent
sub(=closely)+
sequ(=follow)+ent(형·접)
: 가까이에 뒤따르는

a.1.다음의, 그 후의 2.이어서 일어나는, 수반하는(~ to) 토익, 편입
Your testimony is at odds with the plaintiff's **subsequent** account.
당신의 증언은 원고의 그 이후 설명과 상충된다.

consecutive
con(=together)+secut
(=follow)+ive(형접)
: 함께 따라오는

a.1.연이은, 연속적인(successive) 2.(논리가) 일관된 공9, 토플
The birth rate has declined for the five **consecutive** years.
출산율이 5년 연속 하락했다.

persecute
per(=throughout)+
secu(te)(=follow)
: 끝까지 따라다니다

vt.박해[학대]하다, 괴롭히다

persecution ⓝ박해, 학대, 괴롭힘 국회8
The Nazis started to **persecute** the Jews in Germany.
나치는 독일에 사는 유태인들을 박해하기 시작했다.

execute
ex(=completely)+
secu(te)(=follow)
: 철저히 따르다

vt.1.실행[수행, 집행]하다(carry out, implement) 2.처형하다, 사형에 처하다(punish by death, put to death) 편입

execution ⓝ1.실행, 집행 2.처형
executive ⓐ1.실행[집행]의 2.행정적인 3.관리[경영, 임원]의 ⓝ임원, 경영진 토익
All online orders will be promptly **executed**.
모든 온라인 주문은 신속히 실행됩니다.
I will sincerely **execute** the duties of CEO.
나는 최고경영자로서의 임무를 성실히 수행할 것이다.
She is an **executive** in an airline company. 그녀는 항공회사의 임원이다.
☞CEO: Chief **Executive** Officer: 최고경영자, 대표이사

prosecute
pro(=in advance)+
secu(te)(=follow)
: 앞서 실행하다

vt.1.기소[공소]하다 2.추진[수행]하다 vi.소추하다, 공소를 제기하다 공9, 토플

prosecutor ⓝ검사, 기소자
prosecution ⓝ1.기소, 고발 2.검찰 측, 기소자 측 3.실행, 집행
The man was **prosecuted** for corporate espionage.
그 남자는 산업스파이 혐의로 기소되었다.
The **prosecutor** presented new evidence at a second hearing.
검찰은 2차 공판에서 새로운 증거를 제시했다.

pursue
[pərsjúː]
pur(=pro의 변형)+
sue(=follow)
: (잡으려고) 앞으로 쫓아가다

vt.1.쫓다, 추적[추격]하다(chase) 2.추구하다 vi.쫓아가다

pursuit ⓝ추적, 추격, 추구
pursuant ⓐ(~ to) ~에 따라서(in accordance with), 준하여 고시
His thoughts will inspire you to **pursue** the work that can make a fairer society.
그의 사상은 여러분이 좀 더 공정한 세상을 만드는 일을 추구하는데 영감을 줄 것이다.
Especially Samsung has been in hot **pursuit** of Apple.
특히 삼성은 애플을 맹렬히 추격 중이다.

sue

[sjuː]

'뒤 따르다'(follow after)는 뜻에서 유래

vt.vi.고소하다, 소송을 제기하다, 청원하다 편입

I will **sue** you if you don't pay the right amount according to the contract.
계약에 따른 정확한 금액을 지불하지 않으면 당신을 고소하겠소.

suit

sue(=follow)+it(어미)
: 뒤따르는 것, 잘 맞는 것

n.1.슈트, 정장, 한 벌의 옷　2.소송(lawsuit)
vt.1.적응하다[시키다](adapt)　2.어울리게 하다　3.알맞다, 편리하다　vi.적합하다, 어울리다

suitable ⓐ적당한, 알맞은, 어울리는(fit, proper)

You look so cool with the blue **suit**.
너는 푸른색 정장이 너무 잘 어울려.

She filed a divorce **suit** against her husband.
그녀는 남편을 상대로 이혼소송을 제기했다.

It **suits** me to have some snacks now.
지금 간식을 먹어도 난 괜찮아.

Who do you think is **suitable** for the new position?
누가 새로운 직책에 알맞다고 생각합니까?

특강 10
신화에서 유래된 어휘 I

✓ 유럽문명의 뿌리는 헬레니즘과 헤브라이즘, 즉 그리스·로마 문화와 기독교 문화다. 영어의 많은 어휘들이 그리스·로마신화에 그 뿌리를 두고 있으며, 오랜 세월에 걸쳐서 그 뿌리가 널리 퍼지면서 휘어지고 구부러져 결국 오늘날 우리가 날마다 사용하는 여러 단어를 형성했다.

✓ 태초의 혼돈과 무질서인 chaos에서 점차 질서가 잡힌 조화로운 cosmos가 탄생했다. 얼굴에 조화로운 질서를 주는 화장품을 cosmetics라고 한다. 그리스어 cosmos를 번역한 라틴어가 세상을 뜻하는 mundus인데 여기서 현세를 뜻하는 mundane(=secular, worldly)이 나왔다.
우주가 열린 후에 인간들이 살 수 있는 physis 즉 자연이 인간들 앞에 펼쳐졌다. 자연을 뜻하는 그리스어 physis의 라틴어 번역이 natura이고 여기서 영어 nature가 나왔다. 또한 physis에서 영어의 physics, physiology 등의 단어들이 유래되었다.

chaos 혼돈,무질서
chaotic 혼돈의,무질서한
cosmos 우주,질서,조화
cosmetic 화장의,성형의 공9
cosmetics 화장품
mundane 현세의,세속[일상]적인 편입
physics 물리학
physical 육체의,물질의
physiology 생리학 공9
nature 자연
natural 자연[천연]의,타고난

✓ 자연의 대지에는 땅의 여신 Terra와 함께 다니며 곡물의 생장에 관여하는 곡물의 여신 Ceres가 있었다. 여기서 territory와 cereal이 나왔으며, 꽃(flower)의 신 Flora는 들판에 갖가지 꽃을 피워 번성하게(flourish) 했다. 중세시대에는 곱게 빻은 밀을 '밀의 꽃'(flower of wheat)이란 뜻으로 flour라고 불렀다.
한편 공중에서는 전령신 Iris가 일곱 빛깔 무지개를 펼쳐 신의 뜻을 전하였다. 눈의 홍채 색깔이 무지개 빛처럼 다양하므로 iris는 홍채란 뜻으로 되었다. 요즘은 홍채로 신원(identity)을 확인하기도 한다.
고대 로마에서는 봄의 춘분날이나 결혼식 때 다산의 여신 키벨레(Cybele)를 기리며 즐겁게 떠들며 놀았는데 이 기념일을 Hilaria라 했다. 여기서 '아주 재미있다'는 뜻의 hilarity가 나왔다.

territory 땅, 영토
floral 꽃의
flourish[flə́:riʃ] 번창하다, 꽃피다 토익
flour 밀가루
iris[áiəris] 홍채, 붓꽃
cereal[síəriəl] 곡물, 시리얼
hilarity 유쾌, 환희
hilarious유쾌한, 즐거운 편입
exhilarating 아주 신나는, 들뜨는 공9

✓ 들판에서 사냥과 목축을 담당하는 목신牧神 Pan은 성격이 포악하여 가끔 요정과 사람들에게 나타나 괴상한 소리나 행동으로 겁을 주곤 했다. 그래서 panic은 공포를 뜻한다. 들판의 끝에는 경계의 신 Terminus가 있으며 여기서 terminal이 유래했다.
한편 미소년 Narcissus는 들판에서 매일 사냥만 할 뿐 요정들의 구애에는 전혀 관심이 없었다. 숲의 요정 Echo도 그를 사랑했으나 차가운 그에게서 받은 마음의 상처로 그 모습을 잃고 목소리만 남게 되었다. Narcissus는 어느 날 사냥 중에 목이 말라 연못의 물을 마시다가 우연히 수면에 비친 자신의 얼굴을 보게 된다. 그 모습이 너무나 아름다운 나머지 열렬히 사랑하게 되며, 모든 것을 잊고 애태우다가 그 자리에서 죽어 수선화로 피어난다.

panic 공포, 공황
terminal 종점, 말단
terminate 끝내다, 종결시키다
echo 메아리, 반향
narcissism 자기애, 자아도취
narcissistic 자기애의, 자아도취의

✓ 인간의 딸로 태어난 프시케(Psyche)는 온갖 고난을 이겨내고 신의 아들인 Eros와 결혼에 성공하게 된다. 질투의 여신 Zelos의 충동을 받은 Eros의 어머니 아프로디테(Aphrodite)가 온갖 방해공작을 했지만 순수와 용기로 죽음조차 물리치며 사랑을 성취한다. psyche(영어: 싸이키)는 '영혼, 정신'이란 뜻이며 eros는 '성애性愛'란 뜻이다. psyche는 영어의 여러 단어와 결합되어 많은 합성어를 만들어낸다.

한편, 미궁 labyrinth 속의 괴물에게 제물로 바쳐질 한 왕자를 사랑한 크레타섬의 공주 아드리아네는 그에게 실타래 clue를 건네며 실을 풀면서 들어가 감으면서 나오라고 일러준다. 미궁 속에서 괴물을 처치한 왕자는 실타래 덕분에 무사히 미궁을 빠져 나온다. 인간의 안쪽 귀도 미궁처럼 복잡해 의학에서도 이 단어를 차용했다.

psychology 심리학
psychoanalysis 정신분석
psychotherapy 심리요법
erotic 성애의, 성적인
jealous 질투, 시기하는
jealousy 질투, 시샘 토익
clue 실마리, 단서 편입
clueless 오리무중의, 멍청한
labyrinth[lǽbərìnθ] 미로, 내이內耳

✓ 전쟁의 신은 Mars, 전쟁의 여신은 Bellona다. 로마군은 큰 전쟁을 시작할 때, 먼저 Bellona의 신전에 가서 전쟁을 선포하는 의식을 치러고 출전했다. 이 여신은 양 쪽이 서로 치고받고 싸우는 것을 좋아해서 이 여신의 이름에서 나온 어근 bell은 '호전적인(hostile), 싸우기 좋아하는(warlike)'이란 뜻을 가졌다.
미의 여신 Venus는 전쟁의 신 Mars와 몰래 바람을 피우다 그녀의 남편 Vulcan이 설치한 올가미 scandalon에 걸려 Mars와 함께 알몸으로 공중에 거꾸로 매달리는 수모를 당한다. 여기서 추문을 뜻하는 scandal이 나왔고 Venus도 성적 욕망과 관련된 단어를 만들었다. 붉은 화성은 전쟁의 피와 불길과 닮았다고 Mars로 명명했으며 화산은 대장장이 Vulcan의 굴뚝에서 올라오는 불길과 연기라고 여겨 volcano라고 했다.
한편, 전쟁을 치르려면 많은 젊은이들을 징집해야 되는데 이런 젊은이의 수호신이 바로 Juventas였고 이 이름에서 juvenile이 유래했다. 그리고 병역이나 의무로부터 면제받는 것을 immunis라 했는데 여기서 면역을 뜻하는 immunity가 나왔다.

rebellion 반란, 폭동
rebellious 반항[반역]하는 토플
belligerent 호전[적대]적인, 교전 중인 고시
bellicose 호전적인
scandal 추문, 스캔들
venereal 성병의, 성욕의
Venus 금성
Mars 화성
martial 전쟁의, 군인의 편입
volcano 화산
immunity 면역, 면제
immune 면역의, 면제된 경찰
juvenile 청소년의, 유치한 SAT

Review Test 16

a. juvenile	b. creed	c. attentive	d. fidelity	e. confidential
f. credential	g. immune	h. traitor	i. narcissism	j. valiant

◆ **From the box above, choose the word that corresponds to each definition below.**

1 loyalty to a person, organization, or set of beliefs

2 paying close attention to something

3 a letter or certificate giving evidence of the bearer's identity or competence

4 excessive interest in or admiration for oneself, esp. one's physical appearance

5 a child or young person who is not yet old enough to be regarded as an adult

6 a set of beliefs, principles, or opinions that strongly influence the way people live or work

7 intended to be kept secret and not to be told to others

8 a person who betrays his or her country, cause, friends, etc.

9 very brave and determined, though it may lead to failure or defeat

10 protected against, or naturally resistant to

◆ **Choose the one that is closest in meaning to the highlighted word in each sentence.**

11 Our training program has different **durations** and, the selection depends on the current skill level of athletes.

① rhythms ② terms ③ intensities ④ records ⑤ tempos

12 Human facial expressions, differing from those of animals, can be **deliberately** controlled and modified.

① wonderfully ②elegantly ③specially ④remarkably ⑤intentionally

13 The **depreciation** of the vehicles can be claimed as an expense on your annual tax report.

① compensation ② purchase ③ insurance ④ devaluation ⑤ acquisition

14 Children are usually more **credulous** than adults. 고시

① cheerful ② imaginative ③ docile ④ gullible ⑤ exuberant

15 The **ostensible** reason behind his attempt is to protect environment.

① veiled ② obvious ③ distinct ④ ambiguous ⑤ superficial

16 She is not willing to take the job even if the **remuneration** is generous. 편입

① employer ② promotion ③ fund ④ reward ⑤ prospect

17 My professor's advice was **invaluable** to me at the stage of my research.

① extremely useful ② worthless ③ expensive ④ effective ⑤ profound

18 Her red face **betrayed** the fact that she was very nervous. 편입

① covered ② revealed ③ hid ④ did not show

19 The staff conference arrived at a **tentative** conclusion about the personnel problem.

① positive ② hasty ③ temporary ④ moderate ⑤ inductive

20 Under the prevailing view, our foreign policy has become more **belligerent.**

① unstable ② drastic ③ amicable ④ hostile ⑤ crucial

◆ **Fill in the blank with the proper verb that will best complete the meaning of each sentence.**

① immunized ② restrain ③ persecute ④ appreciate ⑤ prosecuted ⑥ pretended

21 His family had to _______ him from wasting his property by gambling.

22 The former employee was _______ for selling core technology in secret to a Chinese firm.

23 Soon the religious zealots started to _______ the racial minorities.

24 Parents ought to have their children _______ against infectious disease.

25 Only a few experts could _______ the old painting.

26 He _______ to be brave in front of her.

Unit 49. 도시(urb)에서 탈 것(car)을 사용하여(us, ut) 장소(loc)를 이동하다(mov/migr).

urb [L] : city 도시

urban [ə́ːrbən]
urb(=city)+an(형·접)
: 도시의

a.도시의, 도회지의 ⓑ rural 시골의

urbane [əːrbéin] ⓐ도시풍의, 세련된, **urbanize** ⓥⓣ도시화하다 토플, 편입

Now **urban** and rural populations gradually decline year after year.
이제 도시와 농촌의 인구가 해마다 서서히 줄어든다.

Though the developing country has been **urbanized** rapidly, it is troubled with the problem of **urban** sprawl.
그 개발도상국은 빠르게 도시화되었지만 무분별한 도시확산 문제로 골머리를 앓고있다.

suburb
sub(=near)+urb(=city)
: 도시 가까이

n.교외, 외곽, 변두리

suburban ⓐ1.교외의, 교외에 사는 2.따분한, 편협한 ⓝ교외 거주자

More and more workers live in **suburbs** and commute to cities.
점점 더 많은 직장인들이 교외에 살면서 도시로 통근한다.

My former boss lives in a quiet **suburban** area after retirement.
내 이전 상사는 은퇴 후 한적한 교외지역에 산다.

car, char [L] : 1. vehicle 탈 것 2. load 짐

이 어근은 이륜마차를 뜻하는 켈트어(Celtic)인 chariot에 그 기원을 두고 일찍부터 유럽에 널리 전파되었다. 이후 '바퀴 달린 탈 것'(wheeled vehicle)을 뜻하는 라틴어(carrus)가 불어를 거쳐 영어로 들어와 관련된 단어들이 생겨났다. car는 '탈 것'(vehicle)의 의미로, char는 '짐, 짐을 싣다'(load)는 의미로 발전했다.

carry
car(=vehicle)+ry(어미)
: 탈 것으로 나르다

vt.1.나르다, 운반하다 2.전하다, 보도하다 3.휴대[소지]하다, 지니다 4.지탱[감당]하다
vi.나르다, 운반하다 2.이르다, 도달하다

carriage ⓝ1.탈 것, 차, (철도의) 객차 2.운반, 수송, 운임
carrier ⓝ1.운반인, 운송업자[회사], 메신저 2.운반[수송]기, 운반설비 3.(전염병) 보균자, 매개체

The east wind in spring **carries** enormous yellow dust from China to Korea.
봄에 부는 동풍은 중국에서 한국으로 엄청난 황사를 운반한다.

When folded, the jacket gets thin enough to **carry** around.
그 재킷은 접었을 때 휴대할 수 있을 정도로 얇게 된다.

All cigarette packets **carry** a health warning message.
모든 담뱃갑에는 건강에 대한 경고문이 표시되어 있다.

Strong passion enabled him to **carry** out the hard task.
강한 열정이 그로 하여금 그 어려운 과업을 수행케 했다.

Existing airlines must convince customers of their quality service to compete with low fare **carriers**.
저가항공사와 경쟁하기 위해서는 기존항공사들이 고품질서비스를 고객에게 납득시켜야 한다.

career
car(=vehicle)+eer(명·접)
: 탈 것의 자취(track of vehicle)

n.1.경력, 이력, 진로 2.직업(profession), 직장생활 a.직업[전문]적인 토익

For this reason, she started her **career** as a curator.
이런 이유로 그녀는 큐레이터로서 이력을 시작했다.

He moved around the world as a **career** diplomat during his whole life.
그는 직업외교관으로서 일생 동안 전 세계를 누볐다.

cargo [Sp]
: '배에 실린 짐'(freight loaded on a ship)의 뜻에서

n.화물, 짐, 적하(load, burden, freight) vt.짐을 싣다, 수송하다

cart ⓝ(손)수레, 카트

Cargo handled by the airport is increasing rapidly.
그 공항에서 취급되는 화물량이 빠르게 증가하고 있다.

There's a **cart** return area in the parking lot. 주차장에 카트 반환대가 있다.

carpenter
car(=vehicle)+penter(제조공): 마차 제조공

n.목수, 목공

I had a **carpenter** make my desk, chair and bookshelf.
나는 목수에게 책상, 의자, 책꽂이를 만들게 했다.

charge
char(=load)+ge(어미)
: 짐을 지움

n.1.요금, 청구금액, 비용 2.책임, 의무 3.비난, 고발 4.충전, 장전 5.짐, 부담(burden)
vt.1.(요금, 값을) 청구하다 2.외상으로 사다 3.고발[기소]하다, 비난[책망]하다(blame)
4.(의무, 책임 등을) 지우다 5.충전하다 vi.1.청구하다 2.충전되다 3.돌격[돌진]하다

chargeable ⓐ청구되는, 과세되는 **rechargeable** ⓐ재충전되는
recharge ⓥⓣ1.(재)충전하다 2.재습격[재고발]하다 ⓝ1.재충전 2.역습, 재습격

How much do you **charge** for repairing the TV set? 텔레비전 수리비가 얼마입니까?

She is in **charge** of all matters concerning the election campaign.
그녀는 선거운동에 관한 모든 것을 책임지고 있다.

A Korean major leaguer was recently **charged** with drunk driving.
한 한국인 메이저 리그 선수가 최근에 음주운전으로 기소되었다.

Nowadays various **rechargeable** electric devices have entered the market.
요즘은 충전되는 다양한 전기제품들이 시장에 나와있다.

discharge
dis(=opposite)+charge
: 짐을 덜다

vt.1.(짐을) 내리다 2.방출[배출, 배설]하다 3.발사하다, 방전하다 4.내보내다, 면제[방면]하다
5.해고[해임]하다(dismiss) 6.이행하다 vi.1.짐을 내리다 2.발사[방전]되다 토익
n.1.해고, 제대 2.석방, 퇴원 3.방전, 방출, 유출 4.이행

The factory was fined for **discharging** chemicals into the river.
그 공장은 화학물질을 강으로 방출하여 벌금형을 받았다.

Long term recession has brought about a mass **discharge** of employees.
장기불황이 대량해고 사태를 야기했다.

He was looking for a new team after having received a **discharge** notice from the team.
그는 팀에서 방출통보를 받고 나서 새 팀을 찾고 있었다.

My mother is scheduled to go through the **discharge** procedures this weekend.
어머니는 이번 주말에 퇴원수속을 밟을 예정이다.

us, ut [L] : 1. use 사용하다 2. habit, custom 습관

'사용하다'(use) 란 뜻을 가진 라틴어 어근 ut의 pp형이 us이다.

use

'사용'의 뜻을 가진 라틴어 (usus)에서

vt.1.[ju:z] 쓰다, 사용[이용]하다 2.소비하다 n.1.[ju:s] 사용, 이용 2.소용, 이익 3.습관, 관행

used [ju:st] ⓐ1.(~ to) 익숙한(accustomed) 2.중고의(second hand), 사용된, 낡은

usage ⓝ1.관습, 관례 2.관용법, 어법 3.사용[취급]법, 사용량

useful ⓐ1.유용한, 쓸모 있는 2.유능한, 수완 있는

useless ⓐ쓸모 없는(of no use), 무용[무익]한(worthless)

The old school is currently being **used** as an art gallery.
그 오래된 학교는 지금 미술관으로 사용되고 있다.

This software has a wide range for office **use**. 이 소프트웨어는 사무용으로 다양하게 쓰인다.

It is no **use** arguing the matter further. You have to get **used** to the new environment.
그 일로 더 이상 왈가왈부해봤자 소용없다. 네가 새로운 환경에 익숙해져야 된다.

Electricity **usage** for air conditioning has become a hot issue this summer.
냉방을 위한 전기사용이 이번 여름에 뜨거운 논쟁거리가 되었다.

The boots are very **useful** for long hike.
그 신발은 긴 도보 여행에 매우 유용하다.

usual

use(=habit)+ual(형·접)
: 습관적인

a.1.보통[통상]의(ordinary, normal) 2.평소[평상]의 (habitual), 일상의

unusual ⓐ1.보통이 아닌, 비범한(extraordinary) 2.드문(uncommon), 진귀한, 유별난

I left my office earlier than **usual** to meet her.
나는 그녀를 만나기 위해 평소보다 일찍 사무실을 떠났다.

It's **unusual** for her to show up on time. 그녀가 정시에 나타난 것은 드문 일이다.

abuse

ab(=away from)+use
: 바른 사용에서 벗어남

vt.1.남용[악용]하다 2.학대[혹사]하다 3.매도하다, 욕하다
n.1.남용, 악용 2.학대, 혹사 3.욕설, 독설 공7, 편입

He **abused** his position as CEO by exclusively giving much business to his relatives.
그는 친척에게 일감을 몰아줌으로서 대표이사로서 직책을 남용했다.

Drug **abuse** contributed to the singer's sudden death.
약물남용이 그 가수의 갑작스런 죽음의 원인이 되었다.

misuse

mis(=wrong)+
use(사용하다)

vt.오용[남용]하다, 학대[혹사]하다 n.오용, 악용, 남용

Today numerous people are worried about the **misuse** of weapons.
오늘날 수많은 사람들이 총기의 오용에 대해 걱정한다.

Many people easily damage their health by **misusing** cellular phones.
많은 사람들이 휴대폰 남용으로 쉽게 건강을 해친다.

utilize

ut(=use)+il(형접)+ize(동접)
: 쓸 수 있게 하다

계속 ➜

vt.1.이용[활용]하다 2.실시하다, 유지하다

utilization ⓝ이용, 활용

utility ⓝ1.유용성, 효용 2.(전기, 가스, 수도 등의) 공공사업[설비], 공공재 3. <컴>유틸리티

utilitarian ⓐ실용[실리]적인, 공리[실용]주의의 ⓝ공리주의자

utilize
ut(=use)+il(형접)+ize(동접)
: 쓸 수 있게 하다

We **utilize** customer data to earn higher profits.
우리는 더 높은 수익을 얻기 위해 고객데이터를 활용한다.
Every day we rely on such **utilities** as electricity, running water, sewage and natural gas. 우리는 매일 전기, 수도, 하수 또는 가스 같은 공공재에 의존해서 산다.
First of all, the architect designed the building in view of **utilitarian** purpose.
무엇보다도 건축가는 그 빌딩을 실용적 목적을 고려하여 설계했다.

utensil
uten(=use)+sil(=fit)
: 쓰기 알맞은(fit for use)

n.기구, 용구, 도구(instrument, tool) 편입
kitchen ~주방기구 farming ~농기구 household ~가정용품 sacred ~성구聖具

loc [L] : place 장소, 위치

local
loc(=place)+al(형·접)
: 장소의

a.1.장소[공간]의 2.지방[지역]의, 현지의 3.(병 등이) 국부의, 국부적인 n.주민, 현지인

locality ⓝ1.장소, 소재, (생)산지 2.부근, 근처 **localism** ⓝ지역주의, 지방색

The **local** residents protested strongly against the plan to build a sewage treatment plant within the area.
지역 주민들은 그 지역 내에 하수처리장이 건설될 것이란 계획에 대해 거세게 저항했다.
What is the **local** time in New York now? 지금 뉴욕 현지시간으로 몇 시죠?
The surgery is done under **local** anesthetic and the patient is kept talking throughout the procedure.
그 수술은 국부마취 상태에서 행해지며 환자는 수술 내내 말을 할 수 있다.

locate
loc(=place)+ate(동·접)
: 위치를 잡다

vt.1.위치하다, 자리를 잡다 2.(위치 등을) 알아내다, 파악하다, 발견하다

location ⓝ1.위치, 소재 2.위치 선정 3.〈영화〉야외촬영(지)

Since our warehouse is **located** in a downtown area, the items ordered online are delivered to you in only 12 hours.
창고가 도심지역에 위치해 있기 때문에 온라인 주문 품목은 단지 12시간 이내로 배송됩니다.
If you want to find your grandmother, you can use GPS to **locate** her exact position.
만약 당신의 할머니를 찾고 싶다면, GPS를 이용하여 그녀의 정확한 위치를 파악할 수 있다.
Most of the film has been shot on **location** in Canada.
그 영화의 대부분은 캐나다에서 야외촬영으로 찍었다.

allocate
al(=ad:to)+loc(=place)+ate(동·접)
: 누구에게 (몫을) 떼어주다*

vt. 1.할당[배분]하다 (assign), 2.책정하다, 배치하다 토익

allocation ⓝ할당, 배당(액), 배급

The key issue is how we **allocate** staff members to the project.
핵심 논제는 그 프로젝트에 어떻게 직원을 배치하느냐는 것이다.
The success of the project hinges on the efficient **allocation** of scare resources.
그 프로젝트의 성공 여부는 한정된 자원의 효율적인 배분에 전적으로 달려있다.

*이 단어는 원래 법률용어로서 지급을 명하는 영장의 첫째 단어가 대개 이 단어로 시작한 데서 유래되었다. 즉 '일정 부분을 떼어줘라'는 명령어가 원래의 뜻이다.

dislocate
dis(=apart)+loc(=place)+ate(동·접)
: 위치에서 떨어지다

vt.1.(뼈를) 탈구시키다 2.위치를 뒤바꾸다 3.혼란에 빠뜨리다, 뒤틀리게 하다

dislocation ⓝ탈구, 혼란, 전위轉位

He fell down and had his shoulder **dislocated** while playing soccer.
그는 축구하다가 넘어져 어깨가 탈구되었다.

mov, mot [L] : move 이동하다, 움직이다 ◆변형: mob

mot는 mov의 p·p형 어근이고, mob은 move와 bilis(화, 분노)의 합성어인 movibilis가 축약되어 만들어진 어근이다. 사람의 몸이나 사물이 이동한다는 뜻에서 점차 사람의 마음이나 지위 등 추상적인 것이 이동한다는 뜻으로 의미가 넓어졌다.

move
'움직이다'란 뜻의 라틴어 (movere)에서

vi.1.움직이다, 이동하다 2.이사하다, 옮기다 3.나아가다, 진행하다
vt.1.이동[이전]시키다 2.감동시키다 3.제출[신청]하다

moving ⓐ1.움직이는, 이동하는 2.감동시키는, 선동하는
movement ⓝ1.운동, 활동, 이동 2.동작, 몸짓 3.동향, 진전, 변화
movable ⓐ1.움직일 수 있는, 이동하는 2.〈법〉동산의 ⓝ동산
immovable ⓐ1.움직일 수 없는, 고정된 2.부동의, 확고[냉정]한 ⓝ부동산

I am so tired that I can't **move** an inch. 난 너무 피곤해서 조금도 움직일 수 없다.
She was **moved** to tears when her husband made a successful comeback as a politician.
남편이 정치가로 재기에 성공했을 때 그녀는 감동해서 눈물을 흘렸다.
The liberal **movement** brought about a dramatic change to the society.
그 진보적 운동은 사회에 극적인 변화를 가져왔다.
She has an **immovable** position in literary circles.
그녀는 문학계에서 확고한 위치를 차지하고 있다.

movie
moving picture의 축약어

n.1.영화, 영화관 2.영화계, 영화산업
The final scene of the **movie** was so touching that some people were even moved to tears.
그 영화의 마지막 장면은 너무 감동적이어서 어떤 사람들은 심지어 눈물을 흘렸다.

remove
re(=back)+move
: 뒤로 옮기다

vt.1.치우다(take away), 벗기다(take off) 2.제거하다(get rid of), 없애다, 삭제하다 3.해고[면직]하다(dismiss), 쫓아내다 4.옮기다, 이동시키다
vi.1.이동[이사]하다 2.제거되다, 벗겨지다

removal ⓝ1.이동, 이전, 이사 2.제거, 철거 3.해임, 면직

She **removed** her shoes and walked on tiptoe to his room.
그녀는 신발을 벗고 발소리를 죽여 그의 방으로 걸었다.
The patient had the tumor below her left ear **removed**.
환자는 왼쪽 귀밑의 종양을 절제했다.
He washed his shirt to **remove** a bloodstain.
그는 핏자국을 없애기 위해 셔츠를 세탁했다.
The reason behind the **removal** of pay phones is the advent of cellular phones.
공중전화가 없어진 이유는 휴대전화의 등장 때문이다.

motive

mot(=move)+ive(형·접)
: (마음을) 움직이게 하는

n.1.동기(incentive), 유인, 자극(stimulus) 2.이유, 의도, 모티브
a.움직이게 하는, 원동력이 되는, 동기의

motivate ⓥⓣ1.동기를 부여하다, 자극하다 2.흥미[의욕]을 느끼게 하다 편입

motivation ⓝ1.자극, 유도 2.동기부여, 의욕유발 토익

I increasingly suspect that she has an ulterior **motive**.
나는 그녀가 무슨 속셈이 있지 않나 점점 더 의심쩍게 여긴다.

The training program is designed to **motivate** the staff to work more creatively.
그 훈련프로그램은 직원들이 좀 더 창의적으로 일하도록 동기를 부여하기 위한 것이다.

My friend confessed that his children had been his main source of **motivation**.
내 친구는 그의 아이들이 동기부여의 주된 원천이었다고 고백했다.

emotion

e(=ex:out)+mot(=move)+ion(명접)
: 바깥으로 마음을 드러냄

n.1.감정, 정서 2.감동, 감격

emotional ⓐ1.감정[정서]의 2.감정을 자극하는, 감동적인, 감정적인

Many populists appeal more to the **emotion** than to the reason.
많은 대중주의자들은 이성보다는 감성에 호소한다.

It is very important in social life learning how to deal with **emotional** problems.
감정적 문제를 다루는 법을 배우는 것은 사회생활에서 매우 중요하다.

promote

pro(=forward)+mote(=move)
: 앞으로 나아가다

vt.1.촉진[장려]하다(encourage) 2.승진[진급]시키다 ⓑ demote 3.홍보[판촉]하다

promotion ⓝ1.승진, 진급 ⓑ demotion 2.촉진, 장려, 조장 3.판촉, 홍보, 프로모션 토익

It is quite obvious that exercise **promotes** good health.
운동이 건강을 증진시킨다는 것은 아주 명백하다.

The perpetual underdog was dramatically **promoted** to the First Division by the victory.
그 승리로 만년 꼴찌 팀이 1부 리그에 극적으로 승격했다.

The singer flew to LA to **promote** his new album.
그 가수는 새 앨범을 홍보하기 위해 LA로 날아갔다.

In reality, her chances for **promotion** are slim.
사실 그녀의 승진 가능성은 희박하다.

remote

re(=back and away)+mote(=move)
: 뒤로 멀리 이동해 간

a.1.먼, 멀리 떨어진(far, distant) 2.외진, 외딴(secluded) 3.(가능성 등이)희박한(slight, slim) 4.원격조정의 경찰

The celebrity was born at a **remote** small island.
그 유명인사는 한 외딴 작은 섬에서 태어났다.

The military drone is controlled by a **remote** terminal.
그 군사용 드론은 원격 단말기에 의해 조종된다.

commotion

com(=together)+mot(=move)+ion(명접)
: 무리지어 움직임

n.1.동요(agitation), 소란(turmoil), 격한 움직임 2.소요, 폭동(riot) 편입, SAT

Business failure threw his mind into **commotion**.
사업실패가 그의 마음을 뒤흔들어 어지럽혔다.

Some youngsters shot off firecrackers to make a lot of **commotion** on the white beach.
일부 젊은이들은 해변 백사장에 큰 소란을 일으키려고 폭죽을 쏘아댔다.

mob
'변덕스런 군중'의 뜻에서

n.군중(crowd, mass), 민중, 폭도(rioter) vt.떼지어 몰려들다[야유하다], ~을 습격하다
Such personal attacks arise from the **mob** mentality of a witch hunt.
그런 인신공격은 마녀사냥이라는 군중심리에서 발생한다.

mobile
mob(=move)+
ile(=easy, 형·접)
: 이동하기 쉬운

a.1.이동하는, 이동식의 2.기동력 있는, 기동성의 3.변하기 쉬운, 변덕스러운 n.휴대전화

mobility ⓝ1.이동성, 기동성 2.유동성, 변덕
Now it's very difficult to achieve the American dream or to be upwardly **mobile** in the U.S.
이제는 미국에서 아메리칸 드림을 성취하거나 신분 상승하는 것이 매우 어렵다.
An ankle injury steadily hindered his **mobility**.
발목 부상이 그의 움직임을 지속적으로 방해했다.

mobilize
mobile(easily movable)+
ize(동·접)

vt.동원하다, 전시체제로 하다, 결집하다 vi.동원되다
The dictatorial regime has **mobilized** all resources to achieve its political goal.
그 독재정권은 정치적 목표를 달성키 위해 모든 자원을 동원했다.

automobile
auto(=self)+mobile
: 스스로 움직이는 것

n.자동차 a.자동차의, 자동의
These days Korea is one of the major **automobile** manufacturers in the world.
이제 한국은 세계에서 주요 자동차 생산국 중 하나다.

migr [L] : move 이동하다

move는 보통 짧은 이동을 의미하지만, migr는 사람이나 동물이 장소를 옮겨 먼 거리를 이동하거나 이주한다는 뜻을 가진 어근이다. 일반적인 이동을 뜻하는 move와는 약간 어감의 차이가 있다.

migrate
migr(=move)+ate(동·접)
: 장소를 옮기다

vi.이주하다, 이동하다, 회유하다

migration ⓝ1.(사람·동물·철새 등의) 이주, 이동 2.(프로그램 등의) 이송, 이행
migrant ⓝ1.이주자, 계절노동자 2.철새, 회유어 ⓐ이동성의, 이주하는 토플, 편입

Poor laborers **migrated** to urban areas in search of work.
가난한 노동자들이 일을 찾아 도회지로 이주했다.
Migrant birds have to fly long distances for their survival.
철새들은 생존을 위하여 먼 거리를 날아가야 한다.
Newly arrived **migrants** are seeking decent jobs in the city.
새로 온 이주노동자들이 도시에서 괜찮은 일자리를 찾고 있다.

migratory
migrat(=migr의 p.p
형)+ory(형·접)
: 이동성의

a.이주[이동]하는, 표류[방랑]성의(nomadic) 토플
My professor has studied the **migratory** route of humpback whales to protect them from extinction.
우리 교수님은 혹등고래의 멸종을 막기 위해 그것의 이동경로에 대해 연구해 왔다.

immigrate
im(=in)+migr(=move)+ate(동·접) : 이주해 들어오다

vi.이민 오다, 이주해 오다, 와서 살다

immigration ⓝ(살러 오는) 이민, 이주, 출입국 관리

immigrant ⓝ(입국) 이민자, 이주민 ⓐ이주자의, 이주해 오는

Many people around the world **immigrate** to the United States each year.
매년 전세계에서 많은 사람들이 미국으로 이주해 온다.

emigrate
e(=ex:out)+migr(=move)+ate(동·접) : 이주해 나가다

vi.이민 가다, 이주하다 vt.이민 보내다, 이주시키다

emigration ⓝ(타국으로 가는) 이민, 이주

emigrant ⓝ(타국으로 가는) 이민자, 이주자 편입

Many people **emigrated** from Ireland to America due to famine.
많은 사람들이 기근으로 아일랜드에서 미국으로 이민 갔다.

While the number of **immigrants** is growing, that of **emigrants** is slowly falling.
이민 오는 사람 수는 늘어나는 반면에 이민 가는 사람의 수는 천천히 줄어든다.

Unit 50. 기술(techn/craft/art)의 진보로 다양한 중간(medi) 매체를 통해 정보를 교환하고(mute) 보낸다(mit).

techn [Gk] : skill 기술

technical
techn(=skill)+ical(형·접)

a.1.과학 기술의, 기술적인 2.전문적인, 정통한 3.응용 과학의

technician ⓝ기술자, 기사, 전문가

We attempt to enter into a **technical** partnership with a foreign company.
우리는 외국 회사와 기술제휴를 맺으려고 애써고 있다.

Contrary to my expectation, the guide book was full of **technical** terms.
기대와는 달리, 안내서는 전문용어로 가득차 있었다.

She called a **technician** to fix an air conditioner.
그녀는 에어컨을 수리하기 위해 기술자를 불렀다.

technique [F]
: techn(=skill)+ique(=ic, 명·접)

n.1.기술, 기법, 테크닉 2.솜씨, 기량, 기교

As a striker, he has spent years improving his **technique**.
그는 축구 공격수로서 기술을 연마하는데 여러 해를 보냈다.

technology
techn(o)(=skill)+logy(=science, 명·접)

n.1.과학기술, 공학 2.기계, 장비

technological ⓐ과학 기술의, 기술적인, 공학의

Even in the agricultural sector, high **technologies** may spark a new wave.
농업 분야에서도 첨단기술이 새로운 물결을 촉발시킬 것이다.

technocracy
techno(=skill)+cracy(=rule)
: 기술 전문가들이 다스림

n.기술관료 지배, 기술자주의, 테크노크라시

technocrat ⓝ기술관료

After graduating from an engineering college, my cousin became a **technocrat**.
공과대학 졸업 후 내 사촌은 기술관료가 되었다.

craft [OE] : 1. skill 기술, 교묘함 2. plane 비행기

craft는 고대영어에서 온 어근으로 Anglo-Saxon족에 의해 옛날부터 '힘, 재주, 기술'이란 뜻으로 쓰였다. 그러나 르네상스 이후 16세기부터 그리스어나 라틴어에 눌려 거의 용도폐기 되었으나 1950년대 미국에서 광고나 상업적 용도로 다시 사용되면서 부활했다.

crafty
craft(교묘함)+y(형·접)

a.1.교활한, 간교한(cunning) 2.솜씨있는, 교묘한 공9

The wine merchant is as **crafty** as a fox. 그 포도주 상인은 여우처럼 교활하다.

craftsman
crafts(기술)+man

n.1.(숙련된) 장인, 숙련공, 기능공 2.기술자, 명장

craftsmanship ⓝ손재주, 솜씨

The **craftsman** regards his job as a calling. 그 장인은 자신의 직업을 천직으로 여긴다.

handicraft
handi(손의)+craft(=skill)
: 손 기술

n.1.수공예, 수공예품 2.손재주(dexterity), 손끝의 숙련

The family makes traditional **handicrafts** for sale to tourists.
그 가족은 관광객들에게 파는 전통 수공예품을 만든다.

aircraft
air(공중)+craft(=plane)

n.항공기, 비행기

fighter / transport / military **aircraft**: 전투 / 수송 / 군용기
aircraft carrier: 항공모함

spacecraft
space(우주)+craft(=plane)

n.우주선, 우주비행체

The **spacecraft** built by NASA flew around the planet Saturn.
NASA가 제작한 우주선이 토성 주위를 비행했다.

art [L]: 1. skill 기술, 기교 2. man-made 인공 3. art 예술

artifice
art(i)(기교)+fice(=make)
: 기교적으로 만들기

n.1.교묘한 착상, 기교 2.책략, 계략 편입

Computer graphics are a mere **artifice** to get realistic effects in the film.
컴퓨터 그래픽은 영화에 사실적 효과를 내기 위한 하나의 기교에 불과하다.

artificial
art(i)(인공)+fic(=make)+ial(형·접) : 인공적으로 만든

a.1.인위적인, 인조[인공]의 ⓑ natural 자연적인 2.부자연스런, 꾸민, 거짓[가짜]의
n.인공물, 모조품 공7, 토플

artifact ⓝ인공물, 인공유물, 가공품 편입

Artificial intelligence has boundless potential to change our way of life.
인공지능은 우리의 생활양식을 바꿀 수 있는 무궁무진한 잠재력을 지니고 있다.

artisan
art(=skill)+isan(=ian:사람)
: 기술을 가진 사람

n.장인, 기능공, 숙련공(craftsman)

At the exhibition for antique furniture, I could feel the **artisan** spirit pursuing true beauty. 고가구 전시회에서 나는 진정한 아름다움을 추구하는 장인정신을 느낄 수 있었다.

artist
art(예술)+ist(사람)

n.예술가, 미술가, 아티스트

artistic ⓐ1.예술적인, 예술[미술]의 2.예술적[미적] 감각이 있는

Beauty is something wonderful and strange that an **artist** fashions out from the chaos of the world in the torment of his soul. - W.S. Maugham, *The Moon and Sixpence*
아름다움이란 예술가가 영혼의 고뇌 속에서 이 세상의 혼돈으로부터 빚어내는 놀랍고도 기이한 것이다.

artful
art(=skill, 기교)+ful(=full of)

a.1.교활한(cunning), 교묘한 2.기교적인, 기교 있는

The old woman was hooked by a swindler's **artful** trick.
할머니는 사기꾼의 교묘한 속임수에 낚였다.

artless

art(기교)+less
(~이 없는, 형·접)
: 기교를 부리지 않은

a.1.꾸밈없는, 소박한(austere), 순진한　2.서투른(clumsy, awkward), 솜씨없는

The doctor was attracted by her **artless** smile and grace.
의사는 그녀의 꾸밈없는 미소와 우아함에 끌렸다.

medi, medd [L] : middle 중간

◆변형 : mean

변형꼴 mean은 영어에 들어온 고대불어(Old French)에 철자변이가 일어나서 형성된 단어다. mean과 철자만 같고 뜻이 전혀 다른 동사와 형용사는 고대영어(Old English)에서 생성된 단어로 우연히 철자만 일치할 뿐이다.

medium

medi(=middle)+ium(명·접)
: 중간의 것

n.1.수단, 방편　2.매체, 매개물　3.중간(물), 중용　(pl.) media
a.중간의, 보통의, (스테이크가) 미디엄의

Mobile messengers like Kakao have become the main **medium** of communication.
카카오 같은 모바일 메신저가 주된 통신수단이 되었다.

The athlete is **medium** height, just a little taller than you.
그 운동선수는 중간 키고 너보다 조금 크다.

☞mass **media**: 대중매체

mediate

medi(=middle)+ate(동·접)
: 중간에 서다(be in the middle)

vt.1.중재[조정]하다　2.타결을 보다, 이뤄 내다　vi.조정[수습]하다　편입

cf. **meditate**　ⓥⓣ1.숙고[명상]하다　2.꾀하다, 기도하다　ⓥⓘ묵상[숙고, 회상]하다

mediator　ⓝ중재[조정]자, 매개자

mediation　ⓝ조정, 중재, 화해

The UN has **mediated** a series of peace talks between the two warring nations.
UN은 두 교전국 사이에서 연속적인 평화회담을 중재해 왔다.

I **meditate** every morning to align my spirit and energy into balance.
나는 매일 아침 정신과 에너지를 가지런히 균형되게 맞추기 위해 명상한다.

The strike was concluded through a judge's **mediation**.
한 법관의 중재로 쟁의가 해결되었다.

mediocre

[mìːdióukər]

medi(=middle)+
ocre(=jagged mountain)
: 들쭉날쭉한 산의 중간

a.1.보통의, 평범한(average, ordinary)　2.그저그런, 2류의(second-rate)　공9, SAT

mediocrity　ⓝ1.평범, 보통　2.범인, 범재凡才

Her literary work was considered **mediocre** at best.
그녀의 문학작품은 기껏해야 평범한 정도로 여겨졌다.

The football player practices hard in a sweat to get beyond **mediocrity**.
그 축구선수는 평범함을 넘어서기 위해 땀흘리며 열심히 연습한다.

He is an exceptional leader surrounded by **mediocrities**.
그는 범인들에게 둘러싸여 있는 특출한 지도자다.

medieval

medi(=middle)+
ev(=age)+al(형·접)
: 중세의

a.1.중세의, 중세풍의　2.구식의, 케케묵은　n.중세 사람

There still remain many **medieval** structures in this city.
이 도시에는 아직 중세의 건축물들이 많이 남아있다.

Mediterranean
Medi(=middle)+
terra(=land)+nean(형·접)
: 육지의 중간에 있는

n.a.지중해(의)

This novel is set on a Greek island in the **Mediterranean**.
이 소설의 배경은 지중해에 있는 한 그리스 섬이다.

immediate
[imíːdiət]
im(=in:not)+
medi(=middle)+ate(형·접)
: 중간이 없는

a.1.즉각[즉시]의(instant, prompt), 당장의 2.직접의(direct) 3.당면한, 시급한 토익, 공9

This drug has an **immediate** effect on diarrhea.
이 약은 설사에 즉효가 있다.

Our **immediate** priorities are youth unemployment and job creation.
우리의 시급한 우선순위 과제는 청년실업과 일자리 창출이다.

intermediate
inter(=between)+
medi(=middle)+ate(형·접)
: 둘의 중간에 있는

a.중간의, 중급의 n.1.중급자 2.중재자, 매개, 수단 3.중간체[물] 공9

intermediary ⓝ중재자, 중개인

The level is far from an advanced course, it's just an **intermediate**.
그 수준은 고급과정과 거리가 멀어, 그저 중간 정도야.

meddle
medd(=middle)+le(동·접)
: 중간에 끼어들다

vi1.간섭[참견]하다(tamper) 2.만지작거리다, 손을 대다, 건드리다 고시, 편입

meddling ⓐ간섭[참견]하는 ⓝ간섭, 참견 회계사

meddlesome* ⓐ간섭[참견]하기 좋아하는 SAT

Don't **meddle** in my affairs. Why are you so **meddlesome**?
내 일에 참견하지 마. 넌 왜 그리 참견하기 좋아하니?

mean[1]
[miːn]
me(=middle)+an(어미)
: 중간의

a.중간의, 평균의, 보통의(average) n.1.평균, 평균치 2.중간, 중용

The global **mean** temperature is getting higher consistently.
세계 평균기온이 지속적으로 올라가고 있다.

He took a **mean** course at the political crisis.
그는 정치적 위기에서 중도의 길을 택했다.

mean[2]

vt.1.의미하다, 뜻하다 2.의도하다, ~할 작정이다

I'm sorry, but I didn't **mean** to annoy you.
죄송하지만 당신을 성가시게할 의도는 아니었다.

mean[3]

a.1.비열한, 상스러운, 천한 2.인색한(stingy), 쩨쩨한

He is not that kind of man to do such a **mean** thing.
그는 그런 비열한 짓을 할 사람이 아니다.

means

n.1.방법, 수단(way) 2.돈, 재력, 수입

You should not ever resort to violent **means**.
어떤 일이 있어도 폭력적 방법에 호소해서는 안 된다.

To buy the luxury car is beyond my **means**. 그 고급차 구매는 내 수입을 넘는다.

A self-driving car is by no **means** a dream. It becomes a reality now.
무인자동차는 결코 꿈이 아니다. 지금 현실로 되어가고 있다.

*by no **means**: 결코 ~이 아니다

meanwhile
mean(=middle)+
while(=period of time)
: 시간의 사이에

ad.1.그 동안에, 그 사이에(=in the meantime) 2.한편으로는 n.그 동안, 중간 시간

Meanwhile, my second daughter is more likely to focus on sport rather than study.
한편 내 둘째 딸은 공부보다 운동에 더 집중하는 것 같다.

Tip

단어 끝의 -some은 형용사를 만드는 접미사(suffix)가 되어 '~하는 경향이 있는'(tending to), '야기하는'(causing)의 뜻을 가지는 경우가 많다.

awesome: awe(경외심)+some → ⓐ끝내주는, 굉장한, 기막히게 좋은 편입
cumbersome: cumber(방해)+some → ⓐ1.다루기 힘든, 성가신(unwieldy) 2.비효율적인 SAT
gruesome: grue(shudder, 전율)+some → ⓐ섬뜩한, 소름끼치는(horrible) 편입

tiresome: tire(지치다)+some → ⓐ지겨운, 피곤한, 짜증스러운
troublesome: trouble(곤란)+some → ⓐ골칫아픈, 고질적인, 귀찮은
loathsome: loath(혐오)+some → ⓐ역겨운, 혐오스러운 **loathe:** ⓥⓣ.혐오하다, 질색하다(disgust)

mute [L] : change 바꾸다, 교환하다

mutate
mute(=change)+ate(동·접)
: 변화시키다

vi.vt.1.돌연변이하다, 돌연변이 시키다 2.변이되다, 변화하다[시키다]

mutation ⓝ돌연변이, 전환, 변천 고시
mutable ⓐ변하기 쉬운, 변덕스러운 ⓑ immutable 편입

Some scientists are worried that the virus might **mutate** into a form that is easily spread among humans.
일부 과학자들은 그 바이러스가 사람 사이에 쉽게 전염되는 형태로 변이될까 우려하고 있다.
Unlike many genetic **mutations**, the disease doesn't pass down in families.
많은 유전적 돌연변이와는 달리, 그 병은 가족 내에서 유전되지 않는다.

mutual
mute(=change)+ual(형·접)
: 상호 교환되는, 서로의

a.1.서로의, 상호간의(reciprocal) 2.공동[공통]의(common) 토익

mutuality ⓝ상호 관계, 상호 의존, 상관

We had a **mutual** attraction to one another from our first meeting.
우리는 첫 만남부터 서로에게 끌렸다.

commute
com(강조)+
mute(=change)
: (방향을) 완전히 바꾸다(go forth and back)

vi.통근[통학]하다 vt.대체[교환]하다(exchange) n.통근, 통학, 통근거리

commuter ⓝ(정기적인) 통근자 고시

I **commute** by subway from a suburb to downtown Seoul.
나는 지하철로 교외에서 서울 도심으로 통근한다.
Metropolitan Subway transports a lot of people everyday who live in the **commuter** belt around Seoul.
수도권 지하철은 서울 주위의 통근권에 사는 많은 사람들을 매일 실어 나른다.

mit, miss [L] : send 보내다

◆변형 : mise, mess

miss는 mit의 p·p형 어근이며, 이 miss가 불어에서는 일부 명사형 단어에서 mise나 mess로 바뀌어져 사용 되다가 영어에 들어 왔다.
이 어근에서 생겨난 단어들은 의미 변천이나 진화가 아주 엉뚱하여 학자들도 의아해 할 정도이며, 아직 그 이유를 완전히 밝히지 못하고 있다. commit 같은 단어가 좋은 예이다.

admit
ad(=to)+mit(=send)
: 들여 보내다

vt.1.인정[시인]하다 2.허가[허용]하다(allow) 3.자백하다(confess)
4.수용하다(have room for) vi.1.허용하다(~ of) 2.인정[시인]하다(~ to)

admittedly ⓐⓓ널리 인정되듯이, 명백히(without doubt) 편입, 변리사

admission ⓝ1.(승인을 받고) 들어감, 입장, 입학 2.시인, 승인, 인정 3.입장료

The boxer is known as a tough man who never **admits** defeat.
그 권투선수는 결코 패배를 인정하지 않는 끈질긴 사람으로 알려졌다.

You will not be **admitted** to the concert hall after the recital begins.
연주가 시작된 다음에는 연주회장 입장이 허용되지 않는다.

My daughter made every effort to gain **admission** to the prestigious university.
내 딸은 그 명문대학의 입학 허가를 받으려고 모든 노력을 기울였다.

commit
com(=together)+mit(=send)
: 함께~로 보내다

vt.1.범하다, 저지르다 2.헌신[전념]하다 3.약속[서약]하다 4.위탁[위임]하다, 회부하다
5.(병원, 감옥 등에) 수용[수감]하다

commitment ⓝ1.약속, 공약 2.전념, 헌신 3.책무, 책임 4.수감, 구금
5.(돈, 시간 등의) 충당, 투입 토익, 고시

Fury drove him to **commit** violence.
분노한 나머지 그는 폭력을 행사했다.

The medical scientist has been **committed** to finding out the cause and cure of dementia.
그 의과학자는 치매의 원인과 치료법을 발견하는데 전념해 왔다.

We all **committed** ourselves to following the revised rules.
우리 모두 개정된 규칙을 따르기로 약속했다.

She believes that her current job is a lifetime **commitment**.
그녀는 현재 자신의 직업이말로 그녀가 평생 헌신해야 할 일이라고 믿고있다.

committee
commit(위임하다)+ee(명·접) : 위임 받은 사람들

n.1.위원회, 위원 2.〈법〉수탁자, 후견인 토익

The **committee** is supposed to settle the problem about constructing waste diposal sites.
위원회가 쓰레기 매립장 건설 문제를 결정하기로 되어 있다.

transmit
trans(=across)+mit(=send)
: 저쪽 편으로 보내다

vt.1.전송[전달]하다, 보내다 2.전하다, 알리다 3.전염시키다, 옮기다
4.(열, 전기 등을) 전도하다, (빛을) 투과시키다

transmission ⓝ1.전송, 전달 2.전염, 매개 3.전도

The World Cup matches were **transmitted** live all over the world by satellite.
월드컵 경기가 전 세계에 위성으로 생중계되었다.

This virus is not **transmitted** through the air.
이 바이러스는 공기를 통해 전염되지 않는다.

permit

per(=through)+mit(=send)
: 통과하여 보내다

vt.1.허용[허락, 허가]하다(allow) 2.가능하게 하다, 용인[용납]하다
vi.허락[허용]하다 n.허가(증)

permission ⓝ허가, 승인, 면허

permissive ⓐ관대한, 자유방임적인 편입

You are not **permitted** to bring dogs in the building.
빌딩 안으로 개를 데려올 수 없습니다.

This parking **permit** is valid only for the two-hour wedding.
이 주차권은 2시간의 결혼식 동안만 유효합니다.

Reproduction is prohibited without prior written **permission**.
사전에 서면으로 승인 받지 않고서는 복제가 금지되어 있다.

While he is overly **permissive** to his children, his wife is too controlling.
그는 애들에게 아주 관대한 반면에 그의 아내는 지나치게 통제한다.

submit

sub(=under)+mit(=send)
: 아래로 보내다

vt.1.복종[굴복, 종속]시키다 2.제출하다(hand in, turn in)
vi.(~ to) 복종[굴복]하다(yield, surrender)

submission ⓝ1.복종, 굴복 2.제출 3.(의견의) 개진, 진술

submissive ⓐ순종적인, 고분고분한(obedient) 공9

You should have **submitted** the term paper on time.
너는 기말 리포트를 제때에 제출했어야 했는데.

We will give the customers an opportunity to make **submissions** regarding the case.
우리는 해당 고객에게 그 사건과 관련한 의견을 개진할 기회를 줄 것이다.

I felt quite embarrassed because he took a **submissive** attitude unexpectedly.
나는 그가 갑자기 저자세로 나와서 꽤 당황했다.

omit

o(=ob, 강조)+mit(=send)
: 싹 보내버리다

vt.1.생략[누락]하다, 제외하다(exclude) 2.빠뜨리다, 빼다(leave out)

omission ⓝ1.생략, 누락 2.태만, 등한

He was **omitted** from the national team due to a shoulder injury.
그는 어깨부상으로 국가대표에서 제외되었다.

Fill in the blanks without **omission**.
빠짐없이 빈 칸을 채워주세요.

remit

re(=again)+mit(=send)
: 다시 보내다

vt.1.(돈을) 송금하다, 보내다 2.용서하다, 면제[경감]하다
vi.1.송금하다 2.진정[완화]하다 n.소관, 검토사항 토익

remittance ⓝ송금(액)

Please **remit** your payment no later than March 15th.
귀하가 지불해야 할 금액을 늦어도 3월 15일 까지 송금해 주시기 바랍니다.

emit

e(=ex:out)+mit(=send)
: 밖으로 내보내다

vt.1.내뿜다, 방사[방출, 발산]하다(discharge, give off) 2.토로하다 3.발행하다, 공포하다

emission ⓝ방사, 배출, 방출(물) 편입

Plants absorb carbon and **emit** oxygen.
식물은 탄소를 흡수하고 산소를 배출한다.

mission
miss(=send)+ion(명·접)
: 보냄, 파견

n.1.사명, 임무, 힘든 과제 2.사절(단) 3.전도 vt.파견하다, 전도[포교]하다
vi.임무를 수행하다, 전도하다 토익

missionary ⓝ선교[전도]사, 사절 ⓐ선교[전도]의

She added a new page to the history of space flight by completing successfully her first **mission** with other astronauts.
그녀는 다른 우주비행사와 함께 첫 임무를 성공적으로 완수함으로써 우주비행 역사에 새로운 페이지를 장식했다.

commission
com(=together)+mission
: 함께 보냄

n.1.위원회 2.수수료, 커미션 3.위임, 의뢰 vt.위임[의뢰]하다, ~에게 권한을 주다 토익

The salesman receives a basic salary plus selling **commission**.
영업사원은 기본급에 판매수수료를 더해서 받는다.

missile
miss(=send)+ile(형·접)
: (날려)보낼 수 있는

n.미사일, 유도탄 a.발사할 수 있는

North Korea was once obsessed with developing nuclear **missiles**.
북한은 한때 핵미사일 개발에 사로잡혀 있었다.

dismiss
dis(=away)+miss(=send)
: 멀리 보내다

vt.1.일축[묵살]하다 2.해고[면직]하다(fire, lay off) 3.해산[분산]시키다 4.기각[각하]하다
vi.해산[분산]하다 토익, 경찰

dismissal ⓝ1.해산 2.면직, 해고 3.퇴학 4.기각, 각하

dismissive ⓐ1.무시하는, 거만한 2.부인[거부]하는 고시

The spokesman **dismissed** such suspicions as groundless.
대변인은 그런 의혹들이 근거 없다며 일축했다.

A few prosecutors have been **dismissed** for receiving sponsorship.
몇몇 검사들이 재정적 후원을 받음으로써 면직되었다.

promise
pro(=before)+mise(=send)
: 앞으로 가게 함

n1.약속, 서약 2.가능[장래]성, 유망 3.징후, 징조
vt.vi.1.약속[서약]하다 2.~일 것 같다, ~의 가망[희망]이 있다

promising ⓐ장래성 있는, 촉망되는, 유망한

My elder brother **promised** me that he would stop smoking.
형은 나에게 금연하기로 약속했다.

He is one of the most **promising** young scientists in this field.
그는 이 분야에서 가장 전도유망한 젊은 과학자 중 한 사람이다.

compromise
com(=together)+promise
: 함께 약속함

n1.타협, 양보, 절충 2.절충[타협]안 vt.1.타협[양보]하다, 절충하다
2.위태롭게 하다, 손상하다
vi.타협[화해]하다, 양보하다 토익, 공9

I am very pleased to finally reach a **compromise** with your side.
당신 측과 드디어 타협에 도달하게 되어 매우 기쁩니다.

premise [prémis]
pre(=ahead)+mise(=send)
: 앞에 놓여진 것

n1.전제, 선행조건 2.(pl.)토지, 부동산 vt.전제로 하다, 조건으로 하다 vi.가정하다 공7

His contention starts from the **premise** that human nature is originally good.
그의 주장은 인간 본성은 원래 선하다는 전제에서 출발한다.

demise
[dimáiz]
de(=away)+mise(=send)
: 멀리 보냄

n1.종말, 종료, 소멸 2.죽음, 사망(death) 3.(부동산 권리의) 유증, (왕위의) 계승
vi.사망하다, 유증[상속]하다 vt.양도하다 편입, SAT

Reckless expansion led to the company's **demise**.
무분별한 확장이 그 회사의 종말을 이끌었다.

message
mess(=send)+age(명·접)
: 보내는 것

n1.전갈, 전언, 메시지 2.취지, 의도, 교훈 vt.메시지[문자, 메일]를 보내다

messenger ⓝ전달자, 심부름꾼, 메신저

His novel's **message** is wonderfully expressed in the movie thanks to the character the famous actress plays.
그의 소설의 메시지는 그 유명 여배우가 연기하는 등장인물 덕분에 영화 속에 멋지게 표현되었다.

The mobile **messenger** application developed by our company is very popular especially among young people.
우리 회사에서 개발된 모바일 메신저 앱이 특히 젊은이들 사이에서 아주 인기 높다.

mess
'여기저기 사방으로 보냄'의 뜻

n.1.난잡, 뒤죽박죽(muddle) 2.혼란, 곤경 vt.1.어질러 놓다, 난잡하게 하다
2.혼내주다, 때려 눕히다 vi.1.더럽히다, 망쳐놓다 2.개입[참견]하다 공9, 토익

messy ⓐ1.지저분한(slovenly), 어수선한, 엉망인(muddled, disordered) 2.성가신, 귀찮은

The economy is in an absolute **mess**.
경제가 완전 엉망이다.

The promising youth has **messed** up his career by a crucial mistake.
전도유망한 청년이 결정적 실수로 경력을 망쳤다.

Their divorce has turned into a **messy** legal fight.
그들의 이혼은 지저분한 법적 투쟁으로 변했다.

Unit 51. 약속(spon)해놓고 아니라고 부인하니(neg), 빚(deb)이나 손실(dam)로 돌아와 경고(mon)를 날리더라.

spond, spons [L] : promise 약속하다 ◆변형 : spous

spons는 spond의 p·p형 어근이며, 고대 불어에서 철자가 spous로 변해 영어에 들어왔다.

respond
re(=in return)+spond(=promise) : 응답하여 약속하다

vi.1.대답[응답]하다(reply, answer) 2.반응[감응]하다(react) vt.대답[응답]하다

response ⓝ1.대답, 응답 2.반응, 감응

responsible ⓐ1.책임 있는, 책임이 막중한 2.~의 원인이 되는 ㉥ irresponsible 편입

responsibility ⓝ책임, 의무, 부담

He sent an apology message to his girlfriend, but she didn't **respond**.
여자친구에게 사과의 메시지를 보냈지만, 그녀는 응답이 없었다.

The documentary has got an explosive **response** from viewers all around the country.
그 다큐멘터리는 전국적으로 시청자들의 폭발적인 반응을 얻었다.

You should be **responsible** for making a mess of the whole affairs.
모든 일을 엉망으로 만든데 대해 넌 책임을 져야한다.

correspond
cor(=con:together)+respond : 함께 응답하다

vi.1.일치[부합]하다(~ to, with) 2.~에 해당[상응]하다 3.교신[통신]하다 공9

correspondence ⓝ1.일치, 조화 2.대응, 상응 3.통신(문), 서신

correspondent ⓝ특파원, 기자 ⓐ일치하는, 대응하는 SAT

corresponding ⓐ1.상응[대응]하는, 일치하는 2.통신의 토플

My view on the problem does not **correspond** to yours.
그 문제에 대한 나의 관점은 당신과 일치하지 않는다.

We'll connect our **correspondent** in London. 런던 특파원을 연결하겠습니다.

sponsor
spons(=promise)+or(명·접) : (후원을) 약속한 사람

n.1.후원자(supporter), 보증인 2.스폰서, 광고주 vt.후원하다, 스폰서[광고주]가 되다

She seems to have a mighty **sponsor**.
그녀에게는 막강한 후원자가 있는 것 같다.

spouse
'엄숙히 서약한 사람'의 뜻에서

n.배우자

The TV program helps young people find their **spouses** more easily.
그 TV 프로그램은 젊은이들이 배우자를 쉽게 찾도록 도와준다.

neg [L] : 1. deny 부인[부정]하다 2. not 아니다, 없다 ◆변형 : ne, ny

negate
neg(=deny)+ate(동·접) : 부인하다

vt.1.무효화하다, 효력없게 만들다 2.부정[부인]하다 vi.부인하다, 무無가 되게 하다

negation ⓝ1.부정, 반대 2.부인, 거부 경찰

E-mail has virtually **negated** the need to drop a letter into a mailbox.
이메일로 인해 편지를 우체통에 넣을 일이 거의 없어졌다.

negative
neg(a)(=deny)+tive(형·접)
: 부정적인

a.1.부정의, 부정적인, 반대의 2.소극[비관]적인 3.〈의학〉음성의, 음陰의
㊉ positive, affirmative n.1.부정, 거부, 거절 2.소극성 3.음성, 음수, 음화
vt.1.부정[부인]하다 2.거절[거부]하다, 반박[반증]하다

Failure in the exam had more positive impacts than **negaitive** on my early life.
시험낙방이 내 젊은 시절에 부정적 영향보다는 긍정적 영향을 미쳤다.
His urine test was **negative**. 그의 소변검사 결과는 음성으로 나왔다.

neglect
neg(=not)+lect(=choose)
: 선택하지 않다, 내버려두다

vt.1.무시[경시, 간과]하다 2.게을리[소홀히]하다 n.태만, 무시, 소홀

negligent ⓐ1.(의무 등에) 태만[등한]한(delinquent) 2.(태도 등이) 느긋한 고시, 편입
negligence [néglidʒəns] ⓝ1.태만, 부주의, 무관심 2.〈법〉과실 토플, SAT
negligible ⓐ무시해도 좋은, 하찮은 공7, 편입

In his younger years he was so swamped with work that he **neglected** his family.
그는 젊은시절에는 일에 치여서 가족을 소홀히 했다.
This accident is due to the pedestrian's **negligence**.
이 사고는 보행자의 과실에 의한 것이다.

negotiate
neg(=not)+oti(=ease)+ate(동·접)
: 용이함이나 여유가 없음

vi.교섭[협상]하다, 담판짓다 vt.1.타결하다, 성사시키다 2.극복[타파]하다, 뛰어넘다
3.유통시키다, 현금화하다, 양도하다 토익

negotiation ⓝ1.협상, 교섭, 절충 2.유통, 양도, 처리 3.극복, 뚫고 나감 공9

Our team managed to **negotiate** a big sale with the foreign buyers.
우리 팀은 대량매출 건에 대해 해외바이어들과 간신히 협상을 타결했다.
The deal was clinched after a series of tough **negotiations**.
거래는 일련의 힘든 협상 끝에 성사되었다.

necessary
ne(=not)+cess〈cede(=go away)+ary(형·접)
: 사라지게 할 수 없는

a.1.필요한, 필수의, 없어서는 안될(essential, indispensable) ㊉ unnecessary
2.필연적인(inevitable), 불가피한(unavoidable)

necessity ⓝ1.필요(성) 2.필수품 3.불가피한 일

He made the **necessary** arrangements for business trips abroad.
그는 해외출장에 필요한 준비를 했다.
Refugees fleeing from the war face with a definite shortage of basic **necessities**.
전쟁에서 탈출한 난민들은 기초생필품의 절대적 부족에 직면해 있다.

neutral
ne(=not)+utr(either of two)+al(형·접)
: 이쪽도 저쪽도 아닌

a.1.중립의, 중립적인 2.중간의, 중성의, 애매모호한, 중간색의 n.중립, 중립국

neutralize ⓥt1.중화[상쇄]하다, 무효로 하다 2.중립화하다 ⓥi중화되다 편입, 토플

The talk show host wrestled with remaining **neutral** during the political debate.
그 토크쇼 사회자는 정치에 대해 토론하는 동안 중립을 지키려고 씨름했다.

deny
de(강조)+ny(=say 'no')

vt.1.부인[부정]하다 2.거절[거부]하다(refuse)

denial ⓝ1.부인, 부정 2.거부

There's no **denying** that the development of information technology has thoroughly changed the whole world.
정보기술의 발달이 온 세상을 송두리째 바꿔놓았다는 사실은 부인할 수 없다.

deb, du [L] : owe 빚[신세]지다

deb는 '신세지다, 빚지다'(owe)라는 뜻을 가진 라틴어 동사(debere)의 어근이며 debt는 p·p형이다. 이 어근이 불어에서 du로 철자가 변하여 영어에 들어왔다.

debt
'빚진 것(thing owed)'의 뜻

n.1.빚, 부채, 채무(liability) 2.신세, 은혜

debtor ⓝ1.채무자, 차주借主 ㊥ creditor 2.차변借邊

indebted ⓐ부채가 있는, 은혜를 입은, 신세진

She has tightened her belt not to get into **debt**.
그녀는 빚지지 않을려고 허리띠를 졸라맸다.

The **creditor** pressed the **debtor** to pay back his **debts**.
채권자는 빚을 갚으라고 채무자를 압박했다.

I am **indebted** to you for 10million won.
나는 당신에게 천만원 빚이 있다.

debit
debitum(=thing owed)에서 유래

n.1.(장부의) 차변 ㊥ credit 2.인출[출금]액 3.결점, 단점
vt.(계좌에서) 인출하다, 차변에 기입하다

My wife pays utility bills by direct **debit** every month.
아내는 매달 공과금을 자동이체로 납부한다.

*direct **debit**: 자동이체 **debit** card: 직불카드

debenture
deb(=owe)+ent(수동의 뜻)+ure(명·접)
: 빚지고 있음

n.1.채무증서, 차입증명서 2.채권, 사채

This **debenture** is timetabled to mature on 30 June next year.
이 채권은 내년 6월 30일이 만기로 되어있다.

due
due(=owing, payable)
: 지불해야 할

a.1.지불되어야 하는, 만기가 된 2.~하기로 되어있는, 도착 예정인
3.(~ to) ~때문[덕분]에, ~로 인한 4.적절[적당]한(proper, suitable), 마땅한
n.(보통 pl.)회비, 사용료, 부과금

***due** to: ~때문에(=owing to, because of, on account of)

This bill is **due** this Friday. 이 청구서의 지불기한은 이번 주 금요일이다.

When is your baby **due**? 출산 예정일이 언젠가요?

The flight is **due** here at six, but it's already six-thirty.
그 비행기는 6시에 여기 도착 예정이나 벌써 6시 30분이다.

The flight is delayed **due** to heavy rain.
폭우로 비행기가 지연되고 있습니다.

duty
du(=owe)+ty(명·접)
: 신세진 것, 해야할 일

n.1.의무(obligation) 2.임무, 직무 3.세금

duty-free ⓐ면세의, 관세가 없는 ⓐⓓ면세로

The sports figure was exempted from military **duty** thanks to an Olympic gold.
그 스포츠 스타는 올림픽 금메달 획득으로 병역의무를 면제받았다.

***duty**-free shop 면세점

dam, demn [L] : 1. loss 손실, 손해　2. blame 비난

어근 dam 앞에 접두사가 붙을 경우에는 demn으로 철자 변이가 일어나 사용되었다.

damage

dam(=loss)+age(명·접)
: 손해, 타격

n.1.손해, 손상, 피해(hurt, harm)　2.손해액, 배상금
vt.손해[피해]를 입히다(injure), 손상시키다(mar, spoil)　vi.다치다

Excessive drinking causes **damage** to your health.
과도한 음주는 당신의 건강을 손상시킨다.

The storm badly **damaged** all parts of the town.
폭풍은 마을 구석구석에 심각한 피해를 입혔다.

The hatred you're carrying is a live coal in your heart, far more **damaging** to yourself than to them. - Lawana Blackwell
당신이 품고 있는 증오는 가슴 속에서 활활 타오르는 석탄 덩어리라서 다른 누구보다 당신 자신에게 더 치명적이다.

condemn

con(intensive, 강조)+demn(=blame)
: 세게 꾸짖다

vt.1.비난[책망]하다(blame)　2.유죄 판결을 내리다, ~에게 형을 선고하다(sentence)　편입

condemnation　ⓝ1.비난, 규탄　2.유죄 선고[판결]

How dare you **condemn** my friend despite your decisive mistake.
너의 결정적 실수에도 불구하고 감히 어떻게 내 친구를 비난해.

The king refused to execute the subject, only **condemning** him in exile.
왕은 신하를 처형하는 것을 물리치고 귀양보내라는 판결을 내렸다.

His comment has prompted a wave of **condemnation** from women's organizations.
그의 발언은 여성단체들로 부터 비난의 물결을 촉발시켰다.

indemnify

in(=not)+demn(=loss)+ify(동접) : 손해입지 않게하다

vt.1.보장[보호]하다　2.배상[변상]하다, 갚다

indemnity　ⓝ1.배상, 변상　2.배상금, 보상금(reimbursement)　3.면책, 사면　SAT

Fortunately, the insurance company **indemnified** me for the damage to my factory.
다행히 보험회사가 내 공장에 일어난 피해를 배상해 주었다.

She opened a small coffee shop with the **indemnity**.
그녀는 보상받은 돈으로 조그만 커피숍을 열었다.

mon [L] : 1. warn 경고하다　2. remind 일깨우다　3. point out 지적하다　◆변형 : monstr

monitor

mon(it)(=warn)+or(명·접)
: 경고하는 사람

n.1.감독관, 감시인　2.감시장치, 모니터, 화면　vt.모니터하다, 감시하다, 관찰하다

monitoring　ⓝ감시, 관찰, 모니터링

The details of railway schedule are displayed on the **monitor**.
열차시간표의 자세한 내용은 화면에 나와 있다.

They installed closed-circuit TVs in every subway station to **monitor** people's safety.
그들은 모든 지하철역 내에서 승객들의 안전을 감시하기 위해 CC TV를 설치했다.

monument
mon(u)(=remind)+
ment(명·접) : 일깨우는 것

n.기념비[탑], 기념관, 기념건조물

monumental ⓐ기념비적인, 불후[불멸]의, 엄청난 편입

The company built a **monument** in front of its building, in honor of the founder.
창업자를 기리기 위하여 회사는 건물 앞에 기념비를 세웠다.

Her novel is considered a **monumental** work in contemporary literature.
그녀의 소설은 현대문학에서 기념비적인 작품으로 간주된다.

admonish
ad(=to)+mon(=warn)+
ish(동·접) : ~에게 경고하다

vt.1.꾸짖다, 책망하다(reprove) 2.경고하다, (강력히) 충고하다 SAT, 편입

admonition ⓝ책망, 경고, 훈계

The dentist **admonished** her not to eat candies.
치과 의사는 사탕을 먹지말라고 그녀를 꾸짖었다.

acrimonious
acri(=sharp)+mon
(=warn)+ious(형·접)
: 날카롭게 경고하는

a.1.험악한, 신랄한(bitter) 2.독살스런, 매서운(harsh) 변리사, SAT

acrimony ⓝ1.악다구니, 악감정 2.매서움, 신랄[통렬]함

The argument between the two opposing camps grew more and more **acrimonious**.
적대적인 두 진영 사이의 논쟁은 점점 더 험악해져 갔다.

summon
sum(=sub:under)+
mon(=warn)
: 남몰래 경고하다

vt.1.소환[호출]하다, (법원에) 출두를 명하다 2.(회의 등을) 소집하다
n.(항상 pl.)소환(장), 호출, (법원에의) 출두 명령 편입

A former CEO of the group was **summoned** to the prosecution on suspicion of offering rebates to big hospitals.
그 그룹의 전 사장이 대형 병원에 리베이트를 제공한 혐의로 검찰에 소환되었다.

He received a **summons** to appear in court as a witness.
그는 법원에 증인으로 출두하라는 소환장을 받았다.

demonstrate
de(강조)+monstr(=point
out)+ate(동접)
: 제대로 지적하다

vt.1.증명[입증]하다 2.보여주다, 설명하다 vi.시위하다, 데모하다 토익, 경찰

demonstration ⓝ1.시위, 데모 2.입증, 실증

The company's annual revenue **demonstrates** that the new product is very lucrative.
회사의 연간 수입은 그 새로운 상품이 아주 수지맞다는 것을 입증해 준다.

They held a **demonstration** against the comfort women issue in front of the Japanese embassy.
그들은 위안부 문제로 일본 대사관 앞에서 항위시위를 했다.

Review Test 17

a. meddle	b. abuse	c. spouse	d. artless	e. commuter
f. correspondent	g. mediocre	h. mutation	i. commotion	

◆ **From the box above, choose the word that corresponds to each definition below.**

1 a person who travels some distance to work on a regular basis

2 neither very good nor very bad, ordinary

3 simple and natural, without any deceit

4 a change in the chromosomes or genes of a cell

5 use (something) to bad effect or for a bad purpose

6 a person's partner in marriage

7 to concern oneself with or take part in other people's affairs without being asked or needed

8 noisy confusion or excitement

9 a person employed to report for a newspaper or broadcasting organization

◆ **Choose the one that is closest in meaning to the highlighted word in each sentence.**

10 He has left a **monumental** achievement in space exploration.

① pioneering ② great ③ leading-edge ④ permanent ⑤ extensive

11 We are convinced that cheap imports will have a **negligible** impact on our market share.

① formidable ② influential ③ equivalent ④ negative ⑤ trivial

12 The basic **premise** of medicine development remains straightforward for decades; maintaining good health requires that you attend to your mind as well as your body. 공7

① prohibition ② proliferation ③ partiality ④ postulation ⑤ panacea

13 The unique pictures served as **vehicles** for his philosophy of expressionism.

① goals ② means ③ components ④ aids ⑤ methods

14 An objective third party was called in to **mediate** the conflict.

① determine ② resolve ③ arbitrate ④ denounce ⑤ prompt

15 There is a **reciprocal** relation between discovery and invention.

① mutual ② empirical ③ experimental ④ inherent ⑤ intrinsic

16 The company cannot expect me to move my home and family **at the drop of a hat.** 공9

① hesitantly ② punctually ③ periodically ④ immediately

17 The candidate issued electoral **commitments** during the campaign.

① method ② devotion ③ strategy ④ triumph ⑤ promise

18 We hope the former president to act as an **intermediary** for the struggle.

① peacemaker ② volunteer ③ special envoy ④ persuader ⑤ general agent

19 Adjectives and adverbs obviously help color and give detail to a description, but they tend to make your sentences **cumbersome** and confusing.

① delicate ② languid ③ unwieldy ④ palpable

◆ **Fill in the blank with the proper verb that will best complete the meaning of each sentence.**

① condemn ② messed ③ discharge ④ abused ⑤ summoned ⑥ compromise

20 He was _______ to the prosecution as a witness.

21 Why do you _______ her without knowing the details of the affair?

22 The welfare system has been _______ for a long time by the governing group.

23 Factories should not secretly_______ toxic materials into rivers at night.

24 The star player _______ up the game by a crucial mistake.

25 Now our party is prepared to _______ on several issues.

Unit 52. 체벌(pen)이나 명령(mand)보다 자발적으로(vol) 서로 경쟁하게(agon)하다.

pen, pun [L] : 1. penalty 벌 2. regret 후회 ◆변형 : pain

벌(penalty)을 뜻하는 라틴어 poena의 어근이 불어로 들어와 pen으로 바뀌어 영어에 유입되었다. 그리고 poena의 현재분사형 어근이 pun이다. pain은 poena에서 유래되긴 했으나 벌보다는 범죄나 부상에 따른 '고통'이란 뜻으로 출발했다.

penal
pen(벌)+al(형·접)

a.1.처벌의, 형벌의 2.형사상의(criminal), 형법의 고시

penalize ⓥ1.처벌[처형]하다, 유죄로 하다 2.페널티를 주다, 불리하게 하다 변리사

That remote island was a **penal** colony for a long time.
저 외딴 섬은 오랜 기간 동안 유배지였다.

The football player was **penalized** for a rough tackle.
그 축구선수는 거친 태클로 벌칙을 당했다.

penalty
penal(처벌의)+ty(명·접)

n.1.형벌, 처벌(punishment, sanction) 2.벌금, 위약금 3.페널티, 불이익

He got caught speeding and was fined fifty dollars as a **penalty**.
그는 과속하다가 걸려 50달러 벌금을 받았다.

repent
re(강조)+pent(=regret) : 몹시 후회함

vi.vt.뉘우치다, 회개[후회]하다(regret)

repentance ⓝ후회, 참회 **repentant** ⓐ후회하는, 뉘우치는

He came to **repent** his hasty marriage before long.
오래지 않아 그는 그의 성급한 결혼을 후회하게 되었다.

punish
pun(=penalty)+ish(동·접)

vt.1.처벌하다, 벌주다, 응징하다 2.거칠게 다루다, 혹사하다 vi.벌하다, 응징하다

punishment ⓝ1.형벌, 처벌(penalty) 2.징벌, 징계 3.학대, 혹사

punitive ⓐ1.형벌[징벌]의, 응보의 2.가혹한

The boy was **punished** at times by his mother for making a mess in the house.
소년은 집안을 엉망진창으로 해놓아 가끔 어머니로부터 벌을 받았다.

impunity
im(=not)+pun(=penalty)+ity(명접): 처벌이 아님

n.처벌[형벌]을 받지 않음, 무사 공9, SAT

Violence in schools is not such a thing that can be done with **impunity**.
교내폭력은 처벌없이 넘어갈 그런 문제가 아니다.

painful
pain(=penalty)+ful(=full of, 형접)

a.1.고통스러운, 아픈, 괴로운 2.성가신, 골치 아픈, 힘드는

He is under **painful** treatment for lung cancer.
그는 폐암으로 고통스런 항암치료를 받고 있다.

subpoena
sub(=under)+poena(=penalty): 처벌 아래에

n.(법원의) 소환장, 소환 영장(summons) vt.소환[호출]하다 편입

Only unwillingly did the witness agree to appear after a **subpoena** was issued.
소환장이 발부되자 증인은 마지못해 출두에 동의했다.

mand, mend [L] : 1. order 명령, 명령하다 2. entrust 맡기다, 위임하다

mandate
mand(=order)+ate(동·접)

n.1.권한, 지시 2.위임, 위임통치, 권한부여
vt.1.명령[지시]하다 2.권한을 주다, 통치를 위임하다 토플, 고시

mandatory ⓐ1.의무적인, 강제의(obligatory, compulsory) 2.명령[훈령]의 3.통치가 위임된 ⓝ수임자, 위임통치국 토익, 공9

The new regime received the **mandate** from the people to wipe out social corruption.
신 정권은 사회의 부패를 일소하라는 권한을 국민으로부터 위임 받았다.

Some private schools make it **mandatory** to learn a musical instrument at school.
일부 사립학교는 학교에서 악기 배우는 것을 의무화하고 있다.

command
com(강조, intensive)+mand(=order)

vt.1.명령[지시]하다(order) 2.지휘[통솔]하다(lead), 지배[제압]하다 3.(관심 등을) 끌다, 받다 4.~을 내려다 보다(overlook), 차지하다(dominate)
vi.1.명령[지휘]하다 2.(경치가) 내려다 보이다
n.1.명령(order), 지시 2.지휘(권), 통제 3.지배[제어]력 4.조망, 전망 5.〈컴〉명령어

commander ⓝ1.지휘관, 사령관, 부대장 2.명령자, 지휘자

commandment ⓝ1.계명, 계율 2.명령, 지령 3.명령권, 지휘권

The officer **commanded** his men to attack the enemy.
장교가 병사들에게 적을 공격하라고 명령했다.

A unique picture in the art museum **commanded** my attention.
미술관에 전시된 독특한 그림이 내 시선을 끌었다.

My house **commands** a fine view of the whole city.
내 집에서는 시가지 전체가 아주 잘 보인다.

Getting along with many foreign friends, she could acquire **command** of English.
외국인 친구들을 많이 사귄 덕택에 그녀는 영어를 자유로이 구사하게 되었다.

He who has never learned to obey cannot be a good **commander**. - Aristotle
복종하는 법을 배우지 못한 자는 훌륭한 지휘관이 될 수 없다.

demand
de(=down from)+mand(=order)
: 아래에서부터 명하다

vt.1.요구[청구]하다(request, ask for), 강력히 따지다 2.필요로 하다(require), 요구되다
vi.요구하다, 묻다 n.1.요구(claim), 청구, 부담 2.수요 ⓑ supply

demanding ⓐ요구가 지나친, 큰 노력을 요하는

The opposition party **demanded** an immediate apology from the prime minister.
야당은 총리의 즉각적인 사과를 요구했다.

The oil price is steadily rising because supply cannot meet **demand**.
공급이 수요를 충족시키지 못해 유가가 꾸준히 오르고 있다.

The new business seems **demanding** financially.
신규 사업은 재정적으로 큰 부담이 될 것 같다.

reprimand
re(=back)+pri(=prior)+mand(=order)
: 뒤에서 먼저 명하다

vt.견책[징계]하다, 질책하다, 꾸짖다(reprove) n.견책, 질책, 징계 토플, 고시

He was sharply **reprimanded** for his frequent slip of the tongue.
그는 잦은 실언으로 심하게 질책을 당했다.

recommend
re(강조)+com(=together)+mend(=entrust)
: 다함께 위임하다

vt.1.추천[천거]하다 2.권고[장려]하다 3.매력적으로[마음에 들게] 만들다 토익

recommendation ⓝ1.추천, 천거, 권고 2.추천장, 추천서

Could you **recommend** any good Italian restaurant nearby?
가까이에 추천할만한 좋은 이태리 식당이 있나요?

The doctor strongly **recommended** my friend to stop drinking and smoking.
의사는 내 친구에게 술과 담배를 끊을 것을 강력히 권했다.

Would you write a letter of **recommendation** for me?
제 추천서 좀 써주시겠습니까?

vol [L] : will 의지

voluntary
voluntas(=of one's free will)에서 유래 → 자유의지에 의한

a.1.자발적인, 자의에 의한(spontaneous) 2.자원봉사의 공9, 토플

voluntarily ⓐⓓ1.자발적으로,임의로 2.무료로

involuntary ⓐ1.본의 아닌,원치 않는 2.무의식 중에

Originally the pension plan was intended to be **voluntary** but now it is expected to be compulsory.
애초 그 연금계획은 자발적 참여를 의도했지만 지금 와서보니 의무적 참여로 바뀔 것 같다.

She works for disabled children on a **voluntary** basis.
그녀는 장애 아동들을 위해 자원봉사로 일한다.

The high-ranking judge resigned **voluntarily** to make room for the promotion of his juniors.
그 고위법관은 후배들에게 승진의 길을 터주기 위해 자발적으로 물러났다.

volunteer
volunt(e)(=free will)+er(행위자)

n.1.지원자, 지원병 2.자원봉사자 vi.1.자원[자진]하다, 자원봉사 하다 2.자원[의용]병이 되다
vt.1.자진하여[자발적으로] 나서다, 자청하다 2.자진하여 말하다[제안하다] 토익

She **volunteered** at a local hospital during the vacation.
그녀는 방학 동안에 지역병원에서 자원봉사를 했다.

A lot of **volunteers** supported foreign athletes during the Olympic Games.
올림픽 기간 동안 많은 자원봉사자들이 외국 선수들을 지원했다.

benevolent
bene(=good)+vol(=will)+ent(형·접) : 선의의

a.자애[자비]로운, 인자한, 박애의 고시

benevolence ⓝ1.자비심, 박애 2.자선, 선행 SAT

The snobbish woman acted as if she had been so **benevolent**.
그 속물적 여인은 자신이 아주 자비로운 사람인 것처럼 행동했다.

malevolent
male(=bad)+vol(=will)+ent(형·접) : 악의의

a.악의 있는, 사악한, 심술궂은

malevolence ⓝ악의, 적의, 증오(hatred)

Unfortunately, he didn't catch his rival's **malevolent** purpose.
안타깝게도 그는 경쟁자의 악의적인 의도를 알아채지 못했다.

agon [Gk] : 1. contest 다투다, 경쟁하다 2. anguish 고뇌

agony
agon(=contest for victory)+y(명접)
: '승리를 향한 다툼'의 뜻에서

n.1.심한 고통, 고뇌(anguish) 2.격정, 사투, 단말마

The woman was crying in great **agony** at her son's death.
여자는 아들의 죽음 앞에서 비통하게 울고 있었다.

Only in the **agony** of parting do we look into the depths of love. - George Eliot
오직 이별의 고뇌 속에서만 사랑의 깊이를 들여다볼 수 있다.

agonize
agon(=anguish)+ize(동·접)
: 고뇌스럽게 만들다

vi.1.몹시 괴로워하다, 번민하다 2.필사적으로 노력하다, 악전고투하다
vt.몹시 괴롭히다(torture) SAT

agonizing ⓐ고뇌하는, 괴로워하는

He recently lies awake at night **agonizing** over whether to resign or not.
그는 요즘 사직을 해야할지 말지 고민하면서 밤에 잠을 못 이룬다.

antagonist
anti(=against)+agon(=contest)+ist(명·접)
: 대적해서 다투는 자

n.1.적대자, 경쟁자 2.악역 3.<약학>길항제 토플

antagonistic ⓐ1.적대적인, 사이가 나쁜(hostile) 2.반대의, 대립하는(opposed) 경찰,

antagonism ⓝ1.적대, 적의, 대립(opposition) 2.적대감, 적개심(hostility) 3.길항[대항]작용

In any match this athlete has been the toughest **antagonist** to me.
어떤 시합에서건 이 선수가 나에겐 가장 힘든 상대였다.

protagonist
proto(=first)+agon(=contest)+ist(명·접)
: 으뜸으로 다투는 자

n.1.주인공, 주역 2.주창자, 지도자, 리더 토플, SAT

He is the **protagonist** of generational switch in our team.
그는 우리 팀에서 세대교체의 주역이다.

Unit 53. 참된(tru) 친구(soci)는 이해관계를 떠나 우정(ami)으로 결합(sert)하길 바란다(sper).

tru [OE] : 1. honest 참된, 정직한　2. faithful 믿을 수 있는

true
'참된, 믿을만한'이란 뜻에서

a1.참된, 진실한　㉥ false　2.정확한, 틀림없는　3.진짜의　4.충실[성실]한　5.합법[적법]한

truth ⓝ1.진실, 사실　㉥ lie, falsehood　2.진리, 참　3.성실, 정직

truthful ⓐ1.성실[정직]한　2.진실[사실]의　　**truce** ⓝ휴전, 정전(ceasefire)

The rumour that our company might be sold turned out to be **true**.
우리 회사가 팔릴지 모른다는 소문이 사실로 드러났다.

There is not a grain of **truth** in what the swindler says.
그 사기꾼의 말에는 티끌만큼의 진실도 없다.

In some aspects, the key to happiness is being simple and **truthful**.
어떤 면에서, 행복의 열쇠는 단순하고 진실해지는데 있다.

trust
'신뢰'란 뜻에서

n.1.믿음, 신임, 신뢰　2.신용, 외상　3.신탁, 위탁　vi. 신뢰[신임]하다, 믿다
vt.1.신뢰[신용]하다　2.의지하다　3.맡기다, 위탁[신탁]하다

trusty ⓐ믿음직한, 충실한　ⓝ모범수

trustworthy ⓐ신뢰[의지]할 수 있는(reliable), 믿을 수 있는

distrust ⓥⓣ불신하다, 믿지 않다, 신용하지 않다　ⓝ불신, 의심　편입

antitrust ⓐ독점금지의

We are working in a partnership based on mutual **trust**.
우리는 상호 신뢰에 기반한 동반자 관계로 일하고 있다.

Despite a foreign worker, he is the most **trustworthy** man I have ever worked with.
외국 노동자지만 그는 내가 함께 일해본 사람 중에 가장 신뢰할 수 있는 사람이다.

Her selfish attitude inspired me with **distrust**.
그녀의 이기적 태도가 나에게 불신감을 품게 했다.

Antitrust laws are based on the idea that competition is beneficial to the free market.
독점금지법은 경쟁이 자유시장에 유익하다는 사고에 근거하고 있다.

entrust
en(=put in)+trust
: 신뢰를 두다

vt.(임무 등을) 맡기다, 위탁[위임]하다

The board of directors **entrusted** a grave mission to our team.
=The board of directors **entrusted** our team with a grave mission.
이사회는 우리 팀에게 막중한 임무를 맡겼다.

soci [L] : companion 친구, 동료

social
soci(=companion)+al(형·접)
: 동료와 더불어 사는

계속 ➔

a.1.사회의, 사회적인　2.사교적인, 친목의

sociable ⓐ사교적인, 붙임성 있는(amiable, affable), 친목의　㉥ unsociable

socialize ⓥⓣ1.사회화하다, 사회적으로 만들다　2.교제하다, 어울리다　ⓥⓘ사회화되다, 교제하다

social
soci(=companion)+al(형·접)
: 동료와 더불어 사는

antisocial
ⓐ1.반사회적인, 범죄적인 2.비사교[비우호]적인

Now low birthrates and high life expectancies have become serious **social** issues in Korean society.
이제 낮은 출산율과 높은 기대수명이 한국 사회의 심각한 사회문제가 되었다.

I prefer humorous and **sociable** people. 나는 유머러스하고 사교적인 사람을 선호한다.

Home schooled children do not **socialize** well and feel isolated from peers.
재택학습을 받는 아이들은 잘 사회화되지 않으며 또래들로부터 고립된다.

The juvenile delinquency is a result of **antisocial** behavior by some alienated teenagers.
그 청소년 범죄는 일부 소외된 십대들이 저지른 반사회적 행동의 결과다.

society
soci(=companion)+(e)ty(명·접)
: 동료로 모인 상태

n.1.사회, 집단 2.협회, 학회, 단체 3.사교, 교제

A corruption scandal among public officials shook the very foundation of our **society**.
공직사회의 부패 스캔들이 우리 사회의 기반을 뒤흔들었다.

sociology
soci(o)+logy(학문)
: 사회에 관한 학문

n.사회학

sociologist
ⓝ사회학자

What kind of job can I get with a bachelor degree in **sociology**?
사회학 학사학위로 어떤 직장을 구할 수 있나요?

associate
as(=ad:to)+soci(=companion)+ate(동·접)
: ~에게 동료가 되다, 연합하다

vt.1.연상하다, 상기[관련, 연관]시키다 2.~와 교제하다, 어울리다 3.연합[가입]시키다
vi.1.제휴[연합]하다(affiliate) 2.교제하다 n.1.동료, 한패 2.제휴자, 공모자 3.준회원

association
ⓝ1.협회, 단체 2.제휴, 연계, 연합(affiliation, alliance) 3.연관, 연상 공9

Smoking is closely **associated** with various cancers.
흡연은 여러 종류의 암과 밀접히 연관되어 있다.

I don't want to **associate** with such a snob.
그런 잘난체 하는 녀석과 어울리고 싶지 않다.

☞voluntary **association** 임의단체 bar **association** 변호사협회
football **association** 축구협회 trade **association** 동업 조합

dissociate
dis(=apart)+soci(=companion)+ate(동·접)
: 동료에서 멀어지다

vt.1.떼어놓다, 분리하다(separate), 분리해 생각하다 ⓑ associate
vi.교제를 끊다, 분리하다 SAT

It seems hard for the minister to **dissociate** himself from the rumors that surround an actress. 한 여배우를 둘러싼 여러 소문과 그 장관을 분리시키는 것은 힘들어 보인다.

ami [L] : 1. friendship 우정, friend 친구 2. love 사랑 3. pleasure 기쁨, 즐거움 ◆변형: amat, amen

모나미(Mon ami)는 '나의 친구'란 뜻의 불어다. 라틴어 amare[L]는 '사랑하다, 좋아하다'란 의미인데 이 동사의 어근에서 몇 가지 변화형이 파생되면서 의미도 '우정, 기쁨' 등으로 확장되었다.

amiable
ami(=friendship)+able(형접) : 우정을 느끼는

a.1.붙임성 있는 2.쾌활한, 상냥한 편입

amicable ⓐ우호적인, 타협적인, 원만한 공7, SAT

He is an **amiable** person, but a very unorganized one at his office.
그는 붙임성은 있지만 사무실에서는 아주 조직적이지 못한 사람이다.

Both sides arrived at an **amicable** settlement.
양측은 원만한 합의에 이르렀다.

amity
ami(=friend)+ity(명·접) : 친구가 됨

n.우호관계, 친선, 친목(friendship)

Wild plays in a friendly soccer match only generated hostility rather than **amity**.
친선축구 경기에서 거친 플레이는 친선감보다는 오히려 적대감만 유발시켰다.

amateur [F]
[ǽmətʃùər]
amat(=love)+eur(명접) : 좋아하는 사람

n.아마추어, 비전문가 a.취미로 하는, 아마추어의 ㉺ professional

amateurish ⓐ비전문적인, 서투른(inexpert, clumsy)

After winning the **amateur** championship, the teenage golf star turned professional.
아마추어 대회 우승 후 십대 골프스타는 프로로 전향했다.

amenity
amen(=pleasure)+ity(명·접) : 즐거움을 주는 것

n.1.편의[위락]시설 2.쾌적함 고시, SAT

The subway station is located in downtown area, close to all urban **amenities**.
그 지하철역은 모든 편의시설에서 가까운 도심에 위치해 있다.

sert, ser [L] : 1. join 결합하다 2. link 연결하다, 잇다

sert는 '결합하다'는 뜻을 가진 어근 ser의 p·p형이다.

assert
as(=ad:to)+sert*(=join) : ~에 결합시키다

vt.1.주장하다, 단언하다(declare) 2.옹호하다, 확고히 하다 편입

assertive ⓐ단정적[독단적]인, 확신에 찬 **assertion** ⓝ주장, 단언, 단정

The mayor **asserted** that the development project would prompt another real estate speculation. 시장은 그 개발계획이 또 다른 부동산 투기를 촉발시킬 것이라고 주장했다.

exert
ex(=out)+sert(=join) : (힘을) 밖으로 모으다

vt.1.행사하다(exercise), 발휘하다 2.노력하다(~ oneself), 분투[진력]하다 토플

exertion ⓝ1.노력, 진력(endeavor) 2.(권력 등의) 행사, 발휘

Language **exerts** hidden power, like the moon on the tides. - Rita Mae Brown
달이 조수간만에 영향을 미치듯 언어는 겉으로 드러나지 않는 숨겨진 힘을 발휘한다.

He **exerted** himself to finish the task as soon as he could.
그는 과업을 가능한 한 빨리 끝내려고 진력했다.

insert
in(=in)+sert(=join) : 안으로 결합하다

vt.1.넣다, 꽂다, 삽입하다 2.(말을) 써넣다, 덧붙이다 n.삽입물, 삽입 자막[광고]

insertion ⓝ1.끼워넣기, 삽입 2.삽입물, 삽입광고

As the situation was volatile, we **inserted** an exceptional clause in the contract.
상황이 유동적이어서 우리는 그 계약에 예외조항 하나를 집어넣었다.

desert

[dézərt]

de(=remove, 제거)+sert(=link)
: 연결을없애다, 버리다

n.사막, 황야, 불모지 a.사막 같은, 불모의(barren), 쓸쓸한 공9
vt.vi.[dizə́:rt] 1.버리다(abandon), 유기하다 2.탈영[탈주]하다
cf.동음어: dessert n.디저트, 후식

deserted ⓐ인적이 끊긴, 버림받은, 황량한 공9, 토플

Heavy rainfall dramatically changed the desolate **desert** to a flowering **desert**.
장대비가 내려 황량한 사막이 꽃피는 사막으로 극적으로 바뀌었다.

The doctor **deserted** his prejudice against the strange patient and conducted a series of tests.
의사는 그 이상한 환자에 대한 편견을 버리고 일련의 검사를 실시했다.

series

ser(=link)+ies(어미)
: 계속 이어지는 것

n.1.연속(succession), 일련 2.시리즈, 연속물

serial [síəriəl] ⓝ연속극, 연재물 ⓐ1.연속적인, 일련의 2.연속물의, 연속 출판[간행]의
cf. 동음어: cereal ⓝ곡식, 곡류, 시리얼

The ruling party was severely rocked by a **series** of election defeats.
집권당은 연이은 선거패배로 심하게 흔들렸다.

A rookie team won the Korean **Series** two years in a row.
한 신생팀이 2년 연속 한국시리즈에서 우승했다.

The secret of this dollar bill is in the **serial** number.
이 달러지폐의 비밀은 일련번호에 있다.

sper [L] : hope 희망하다, 희망 ◆변형 : spair

prosper

pro(=forward)+sper(=hope)
: 희망을 쫓아 앞으로

vt.vi.번영[번창]하다(thrive, advance), 발전하다 편입

prosperous ⓐ번영[번창]하는(thriving),성공한 편입, 토익
prosperity ⓝ1.번영,번창,융성 ⓑ adversity 역경 2.호경기

We must change our business culture to **prosper** consistently amid the upcoming challenges.
다가오는 도전 속에서도 지속적으로 번영하려면 우리는 기업체질을 바꿔야 한다.

The only cause of depression is **prosperity**.
불황의 유일한 원인은 호황이다. -Joseph Schumpeter, *History of Economic Analysis*

desperate

de(=remove)+sper(=hope)+ate(형접)
: 희망이 없는

a.1.필사적인, 절실한 2.절망적인, 자포자기의(hopeless) 공9, 토플

desperation ⓝ1.절망, 자포자기 2.필사적임

The parents made **desperate** efforts to look for their missing daughter.
그 부모는 실종된 딸을 찾기 위해 필사적인 노력을 했다.

despair

de(=away from)+spair(=hope)
: 희망에서 멀어진

n.절망, 자포자기 vi.절망[체념]하다, 자포자기하다(~ of) ⓑ hope

After failing in the entrance exam, the girl sank into **despair** for a while.
입학시험에 떨어진 후 소녀는 한 동안 절망에 빠졌다.

특강 11

신화에서 유래된 어휘 Ⅱ

특강 11

✓ Medeia는 원래 약초나 독초를 이용해 마술을 부리는 치료사인데, 이 이름에서 치료하다(heal)는 뜻의 어근 med가 나왔고 약을 뜻하는 medicine도 유래되었다. 졸음의 신 Morpheus에서 진통제를 뜻하는 morphine을 따왔으며, 치유의 여신 Panakeia에서 만병통치약 panacea가 유래되었다.

medicine 약, 의약
medical 의학[의료]의
remedy 치료(약), 구제책
morphine 진통제, 모르핀
panacea[pænəsí:ə] 만병통치약 공7

✓ 문학과 예술을 담당하는 여신은 Muse인데 다양한 생각과 감정을 표현하기 위해 아홉 명이나 된다. 이 Muse에서 music, museum이 나왔으며 이들은 기억의 여신인 므네모쉬네(Mnemosyne)가 낳았다. 기억의 신이 있다는 건 옛 사람들의 삶에서도 기억이 얼마나 중요한지를 말해주는 반증이며 여기서 memory가 나왔다. 악보가 없던 옛날 음악 연주는 오직 기억력에 의존할 수 밖에 없었다.

Chronos는 시간의 신(father of time)인데 긴 자루의 낫(scythe)과 모래시계를 든 모습으로 묘사된다. 시간이 지나면 낫으로 다 베어지니 모든 인간은 결국에 죽게 마련. 죽은 자의 영혼은 저승에 닿기 전 '망각의 강'(river of oblivion)인 Lethe에서 물을 마시고 이승의 기억을 모두 잊게 된다.

music 음악
museum 박물관, 미술관
memorial 기념비, 추도[추모]의
memory 기억
memorize 암기[기억]하다
mnemonic 기억을 돕는, 기억(술)의
chronicle 연대기
chronic 만성[고질]적인 토익
chronological 시간[연대]순의 경찰
oblivion 망각, 잊혀짐
lethargic 혼수의, 무기력한 고시
lethal[lí:θəl] 치명적인, 치사의 공7

✓ '납치'는 영어로 kidnap인데 kid(=child)+nap(=snatch away) 즉 '어린애를 낚아 채가다'는 뜻이다. 그리스어로는 plagion인데 여기서 '도용, 표절'을 뜻하는 plagiarism이 나왔다. 트로이 왕자 Paris가 그리스 최고의 미녀인 스파르타 왕비 Helena를 납치한 사건이 발단이 되어 일어난 트로이 전쟁은 수많은 영웅들의 서사를 낳았다. Achilles는 적의 수장 Hektor를 죽인 후 그의 시신을 마차 뒤에 끌고 다니는 오만을 저지른다. 여기서 '오만'을 뜻하는 hubris가 유래되었다.

한편, Zeus의 아들로 태어난 리디아의 왕 Tantalus도 오만에 빠져 신들을 시험하다 지옥의 물에 빠져 턱까지 잠긴다. 그러나 목이 말라 턱 밑의 물을 마시려면 물이 빠지고, 배가 고파 머리 위의 탐스런 열매를 따려면 바람이 열매를 위로 쳐올렸다. 그래서 tantalize는 '감질나게 하다'는 뜻이 되었다.

이타카의 왕 Odysseus는 '트로이의 목마' 계책으로 그리스의 승리에 결정적 공을 세우지만 그의 귀향길은 10년이 넘는 파란만장 그 자체다. Homer가 쓴 'Odysseus의 노래'란 뜻의 Odyssey는 파란만장의 대명사가 되었다. Odysseus가 고향을 떠날 때 친구인 Mentor에게 그의 집안일과 아들의 교육을 부탁했는데 mentor는 '충실하고 현명한 조언자'란 뜻이다.

plagiarism 표절, 도용 편입
plagiarize 도용[표절]하다
hubris 오만, 자기과신 편입
hubristic 오만한
mentor 조언자, 스승
mentee 조언받는 자
odyssey 파란만장, 장기간의 모험
tantalize 감질나게[애타게]하다 편입

✓ 로마신화에서 승리의 여신은 Victoria, 행운의 여신은 Fortuna다. 재물의 신은 명계冥界를 다스리는 Pluto인데, 지하에 많은 금괴와 보화가 있다고 옛사람들은 생각한 모양이다. 지금은 왜소행성(dwarf planet)이 된 명왕성冥王星은 저승(Hades)의 지배자 이름을 따서 Pluto라 명명했다. 그리고 감시監視의 여신은 Moneta인데 이 Moneta사원에서 화폐를 주조하였기 때문에 돈을 money라고 부르게 되었다.

그리스 신화의 Dionysus는 술의 신이며, 다산과 풍요의 신이다. 승리를 뜻하는 triumph는 디오니소스 찬가(hymn to Dionysus)에서 유래되어 생겨났고, trump는 (카드 놀이의) '으뜸패'란 뜻인데 triumph가 변이된 단어다.

victory 승리
victorious 승리의
fortune 행운, 부, 재산
fortunate 행운의
unfortunate 불행[불운]한
plutocracy 금권정치, 재벌
monetary 화폐[통화]의
monetize 화폐를 주조하다
monitor 감시하다, 모니터
trump 으뜸패, 비책秘策
triumph 승리감, 환희, 대성공 토익
triumphant 성공한, 의기양양한

✓ Gigantes, Titanes는 그리스 신화에 나오는 거인족들인데 영어의 giant, titanic 등의 어원이 된 말이다. Cyclops 삼형제는 각각 벼락, 천둥, 번개를 맡고 있는 거인들인데 좌우로 돌아가는 큰 외눈이 이마 가운데 박혀 있었다. Cyclops는 cycle+optics 즉 '빙글 돌아가는 눈'이라는 뜻이다. 한편 그리스인들은 태양신 Helios를 상징하기 위해 아주 거대한 상(gigantic statue)을 만들었는데 이를 colossus라 했다.

이러한 모든 신의 형상이나 이미지를 eidos라 했는데 기독교도들은 이를 이교도의 우상이라 여겼으며, 이 단어에서 idol이 유래되었다. 기독교도들은 자신들이 마음 속에 그리는 성인의 모습 등을 icon이라 했는데 이는 그리스어 eikon에서 나온 단어다.

giant 거인, 거장
titanic 거대한, 엄청난 편입
cycle 순환, 주기, 사이클
optic 눈, 눈의, 시각의
colossus 큰 인물, 거인 편입
colossal 거대한, 어마어마한 SAT
idol 우상, 아이돌
idolize 우상시하다, 숭배하다 토익
icon 성상, 우상, 아이콘 토플

Unit 54. 어지러운(turb) 나라를 바로 세우고(sta, stitu) 권력으로 다스린다(cracy/archy/domin).

turb, troub [L] : 1. disorder 어지럽히다　2. whirl 소용돌이치다, agitate 휘젓다

turbid
turb(=disorder)+id(형접)
: 혼란한, 탁한

a. 1. 흐린, 탁한(muddy), 자욱한　2. 혼란된

This water has become gradually **turbid** and oxygen-poor after the dam was completed.
여기 물은 댐 완공 이후 점점 흐려지고 산소가 부족하게 되었다.

turmoil
tur(b)(=disorder)+
moil(=uproar)
: 어지러운 소동

n. 혼란, 소란, 동요　경찰, 편입

His mind is now in **turmoil** due to the loss of his job.
그는 지금 실직으로 심적 혼란상태에 있다.

turbulent
turb(=disorder)+
ul(=ful:full of)+ent(형·접)
: 어지러움이 가득한

a. 1. 휘몰아치는, 사나운, 난기류의　2. 격동의, 격변의　공9

turbulence ⓝ 1. 격동, 동란, 대란　2. 휘몰아침, 난기류　SAT

Our country has passed through **turbulent** times since becoming independent in 1945.
우리나라는 1945년 해방 이후로 격동의 시대를 통과해 왔다.

During the flight we encountered severe **turbulence** that shook our plane like an earthquake.
비행도중 우리는 비행기를 지진이 일어난 것처럼 흔들어 대는 심한 난기류와 마주쳤다.

disturb
dis(강조, utterly)+
turb(=disorder)
: 어지러움에 빠뜨리다

vt. 1. 방해하다(prevent, interrupt), 어지럽히다, 불안하게 하다　2. 혼란시키다, 교란하다
vi. 어지럽히다, 방해하다

disturbance ⓝ 1. 소란, 소동　2. 방해, 장애　3. 동요, 불안　토플, 편입

Texting from his superior **disturbed** his weekend break at home.
상사에게서 온 문자메시지가 그가 집에서 주말에 쉬는 것을 방해했다.

perturb
per(=thorough)+
turb(=agitate)
: 철저히 휘젓다

vt. 교란하다, 혼란[동요]시키다　편입

imperturbable ⓐ 1. 냉정한, 차분한　2. 쉽게 동요하지 않는

He was quite **perturbed** over her obstinate attitude.
그녀의 고집 센 태도에 그는 꽤 혼란스러웠다.

trouble
troub(=disorder)+le(어미)
: (마음의) 어지러움

n. 1. 곤란, 괴로움, 성가심　2. 근심, 걱정, 고뇌　3. 병, 통증　4. 문제점
vt. 괴롭히다, 걱정시키다, 성가시게 하다　vi. 걱정[근심]하다, 수고하다

troublesome ⓐ 1. 성가신, 귀찮은　2. 곤란한, 힘든

Due to poor sales, the automaker went into financial **troubles**.
판매 부진으로 그 자동차 회사는 재정적 곤란에 빠졌다.

For any government, unemployment is a **troublesome** question.
어떤 정부에게나 실업은 골치아픈 문제다.

sta, stit [Gk / OE / L] : stand 서다, 세우다

'서다, 세우다'는 인간을 나타내는 가장 기본적인 동사로서 선사유럽어(Proto Indo-European)에서 시작되어 유럽 거의 전 지역에서 오랜 세월 동안 같은 형태의 어근으로 광범위하게 사용되었다. 이 긴 세월 속에서 수많은 비유적·추상적 함의가 더해졌으며, 아주 다양한 어휘들이 그 근원을 추적해 보면 이 동사에 닿게 된다.

stable

sta(=stand)+ble(형·접)
: 서 있는, 굳건한

*초식동물인 말은 육식동물에 대한 경계본능으로 잠잘 때도 서서 잔다. 그래서 stable이 마구간이란 뜻을 가진 것 같다.

a.안정된, 견실한 ㊌ unstable n.1.마구간*, 외양간 2.양성소

stability ⓝ안정(성), 확고 토익 ㊌ instability

stabilize ⓥⓣ안정[고정]시키다 ⓥⓘ안정[고정]되다

The patient is now in a **stable** condition following the operation.
환자는 수술 후 지금은 안정된 상태에 있다.

The British central bank raised interest rates to boost the **stability** of its currency.
영국 중앙은행은 자국 통화의 안정을 위해 금리를 인상했다.

It is expected that inflation will **stabilize** at a very low level.
물가상승률이 아주 낮은 수준에서 안정될 것으로 기대된다.

status

'서 있는 위치, 높이'의 뜻에서

n.1.신분, 지위 2.상황, 상태, 사정

status quo ⓝ현상, 현상 유지 공7

The government granted refugee **status** to the defector who had worked as North Korean diplomat.
정부는 북한 외교관으로 근무한 그 탈북자에게 난민 지위를 부여했다.

state

'서 있는 상태, 상태를 말하다'에서

n.1.상태, 사정, 형편 2.국가, 나라, (미국의) 주州 a.국가의, 주[주립]의
vt.1.진술[언명]하다(express) 2.명시하다

statement ⓝ성명(서), 진술(서) 토익 **statesman** ⓝ정치가

She is in a **state** of panic due to the air crash.
그녀는 비행기 사고로 공황상태에 있다.

The new government gradually phased out the **state** ownership of some key industries.
신 정부는 몇몇 기간산업에 대한 국유화를 단계적으로 철폐했다.

Through an official **statement**, the star player **stated** that he had not engaged in the plot to cover up the crime.
공식성명을 통해 그 유명선수는 자신은 범죄 은폐 음모에 가담하지 않았다고 진술했다.

A politician thinks of the next election while a **statesman**, of the next generation.
정치꾼은 다음 선거를 생각하지만 정치가는 다음 세대를 생각한다. - James F. Clarke

statistics

state(국가)+ist(명접)+ics(학문) : 국사(state affairs)를 다루는 학문

n. 1.(pl.취급) 통계, 통계치, 통계자료 2.(sg.취급) 통계학

statistical ⓐ통계적인, 통계(학)상의

The latest **statistics** show that about half of start-ups close within three years.
최신 통계에 의하면 신규 업체의 절반 가량은 3년 이내에 폐업한다.

stationary
stat(=stand, pp형 어간)+ion(명접)+ary(형접)
: 멈춰 서 있는

a.1.움직이지 않는, 정지된(motionless) 2.(군대 등이) 주둔한, 상비의
n.주둔군, 상비군 공9

cf. **stationery** ⓝ문방구, 문구, 사무용품

House prices in this city have remained **stationary** for several years.
이 도시의 집값은 수년 동안 제자리에 있다.

statue
'세워진 것'(thing which is set up)의 뜻에서

n.상, 동상, 조각상

This famous **statue** has been shown several times in TV dramas and movies.
이 유명한 조각상은 TV 드라마와 영화에 몇 번 선보였다.

stature
stat(=stand, pp형)+ure(명접) : 서 있는 것, 신체의 높이(height of a body)

n.1.키, 신장 2.위상, 평판, 지명도 경찰

Though small in **stature**, he is a remarkable closing pitcher.
키는 비록 작지만 그는 놀라운 마무리 투수다.

As his political **stature** has risen, he is likely to emerge as a presidential candidate for the party.
그의 정치적 위상이 높아져 그 당의 대선 후보로 부상할 것 같다.

statute
'제정된'(established)의 뜻에서*

n.1.법규, 법령, 성문법 2.규정, 정관 편입, SAT

There is no **statute** of limitations on murder. 살인 사건에는 공소시효가 없다.

*원래 '제정하다'(establish) 라는 라틴어 동사(statuere)의 pp형 어간이 statute인데 이것이 점차 제정된 것 즉 법규(law), 법령(decree)의 의미로 발전하였다.

Tip

위의 세 단어(statue동상/stature신장/statute법규)는 비슷해서 너무 혼동하기 쉽고 잘 틀린다. statu 다음에 각각 e, re, te가 끝에 붙는다.

estate
e(모음첨가)+state(=standing place)
: (자신이) 서 있는 지역

n.1.토지, 부동산, 사유지 2.재산(권), 자산

She bought real **estate** in the suburbs of Seoul as a hedge against inflation.
그녀는 인플레에 대한 대비책으로 서울 근교에 부동산을 구입했다.

establish
e(모음첨가)+stable+ish(동·접) : 안정되게 하다

vt.1.설립[수립]하다, 확립하다 2.(법률 등을) 제정하다(enact) 3.입증[규명]하다, 밝히다

establishment ⓝ1.설립, 수립, 제정 2.기관, 단체 3.기득권층, 지배층 토플

New institutions will get **established** over time.
새로운 제도는 시간이 흐르면서 확립될 것이다.

Now almost all people are sick and tired of the political **establishment** as a whole.
이제 거의 모든 국민들은 기성 정치권 전반에 신물을 내고 있다.

ecstasy [Gk]
: ec(=ex:out)+stas(=standing)+y(명·접)
: 정상을 벗어나 서 있음

n.황홀(경), 환희, 기쁨의 절정

He raised a cry in an **ecstasy** of joy when he received a letter of acceptance from the company.
그는 회사로 부터 취업통지서를 받았을 때 너무 기뻐서 비명을 질렀다.

obstacle
ob(=against)+sta(=stand)+cle(명·접)
: 방해되게 서 있는 것

n.장애, 방해, 장애물 토익
So far, he has managed to surmount the language barrier, which has been the biggest **obstacle** to obtaining a Ph.D. degree.
지금까지 그는 박사학위 취득에 가장 큰 장애가 되는 언어장벽을 용케 극복해 왔다.

standard
stand+hard(=firm)
: (깃발이) 굳건히 서 있음*

n.1.기준, 표준, 수준 2.표준 규격[단위] a.표준의, 표준 규격에 맞는
The supplier failed to meet the **standard** specific to the material.
납품업자는 그 재료 특유의 기준에 맞추는데 실패했다.
My teammate, Jessica, tends to evaluate others by her own **standard**.
내 동료 제시카는 자신의 기준으로 남을 평가하는 경향이 있다.
* 이 단어는 원래 군사 용어로서, 전투 중 흩어진 부대원들이 재차 집결하는 기준 지점(rallying point)에 부대 상징 깃발이 '굳건히 서 있다(stand hard)'는 뜻에서 유래한 것으로 보임.

constant
con(=with)+stant(=stand, 현재분사형)
: 늘 함께 서 있는

a.1.불변의, 변함없는(steadfast), 일정한 2.끊임없는, 거듭[계속]되는(continuous) 편입

constancy ⓝ1.불변(성), 항구성, 〈심리〉항상성 2.지조, 절개
I drove at a **costant** speed of 70m.p.h on the highway.
나는 고속도로에서 70마일의 일정한 속도로 운전했다.
He is very skillful in dealing with **constant** complaints from various customers.
그는 다양한 고객의 끊임없는 불만을 처리하는데 아주 능숙하다.

distant
dis(=apart)+stant(=stand, 현·분)
: 떨어져 서 있는

a.1.먼, 떨어져 있는 2.냉담한, 거리를 두는 3.동떨어진, 다른

distance ⓝ거리, 먼 곳
There came to my ears the **distant** sound of footsteps.
멀리서 발자국 소리가 내 귀에 들려왔다.
Most countries measure **distance** by kilometers, but by miles in the U.S.
대부분의 국가들은 거리를 킬로미터로 측정하지만 미국에서는 마일로 측정한다.

instant
in(=upon)+stant(=stand, 현·분)
: 바로 곁에 서 있는

a.1.즉석의, 즉각적인(immediate), 긴급한 2.인스턴트의, 즉석요리의
n.순간, 즉시, 바로 지금 ad.즉시, 당장에

instantaneous ⓐ즉각적인(immediate), 순간적인 편입
The dance music gained **instant** popularity on the Internet and then spread all over the world.
그 춤곡은 인터넷 상에서 즉각적인 인기를 얻은 다음 전 세계로 퍼져 나갔다.
It's very bad for your health to eat **instant** cup noodles in front of your computer.
컴퓨터 앞에서 컵라면을 먹는 것은 너의 건강에 아주 해롭다.

instance
in(=upon)+stan(=standing)+ce(명·접)
: 바로 곁에 있는 것

n.사례, 실례, 경우(example, case) vt.~을 예로 들다, ~을 예증하다
His wife cornered him, listing off specific **instances** of excessive drinking.
과음의 구체적 사례를 열거하면서 그의 아내는 그를 몰아부쳤다.
*for **instance**(=for example): 예를 들면

substance
sub(=under)+
stan(=standing)+ce(명·접)
: (외관의) 아래에 있는 것

n.1.본질, 실체, 핵심(essence) 2.물질, 물체(material) 3.요지, 취지, 골자

substantial ⓐ1.(양, 크기 등이) 상당한(considerable), 많은 2.본질[근본]적인, 중요한 3.견고한, 튼튼한 토플, 편입

The politician's speech was almost entirely rhetoric, without **substance**.
그 정치인의 연설은 실체는 없고 거의 전부가 미사여구였다.

Having achieved a **substantial** increase in sales, she will be promoted this time.
상당한 매출의 증가를 이루었기 때문에 그녀는 이번에 승진할 것이다.

circumstance
circum(=around)+
stan(=standing)+ce(명·접)
: 둘러 서 있는 것

n.1.환경, 상황 2.형편, 처지, 주위의 사정 토익

I wish you to understand the **circumstances** I was in.
내가 처했던 상황을 이해해 주길 바래

stitu [L] : set up 세우다

'세우다, 설립하다'는 뜻을 가진 라틴어 동사(statuere) 앞에 접두사가 붙어 연결형이 될 경우, 어근 statu가 stitu로 변한다. 이것의 p.p형이 stitute이다.

constitute
con(=together)+
stitu(te)(=set up, pp형)
: 함께 세우다

vt.1.구성[조성]하다, 이루다 2.설립하다(establish), 제정하다 3.간주되다, ~에 해당하다 4.임명하다(appoint), 선정하다 고시, 토플

constitution ⓝ1.헌법 2.체질, 기질 3.구성, 구조, 조직 4.설립, 설치(establishment)

constitutional ⓐ1.헌법(상)의, 입헌[법치]의 2.체질상의, 타고난 3.구조[조직]상의

Women **constitute** more than 90% of elementary school teachers.
초등학교 교사의 90% 이상이 여성으로 이루어져 있다.

If you take such an action accidentally on purpose, it would **constitute** a fraud.
만약 너가 그런 행동을 우연을 가장하고 한다면 그건 사기죄에 해당될꺼야.

The **constitution** is prior to all other laws. 헌법은 다른 모든 법률에 우선한다.

The sports star was born with a very tough **constitution**.
그 스포츠 스타는 아주 강인한 체질을 타고났다.

A **constitutional** state is like the daily bread, the water we drink and the air we breathe.- Gustav Radbruch
법치국가는 우리가 매일 먹는 빵, 마시는 물, 숨쉬는 공기 같은 것이다.

institute
in(=upon)+
stitute(=set up, pp형)
: ~에 세우다

n.1.협회, 학회, 기관 2.(이공 계통의) 대학, 연구소
vt.1.도입하다, 제정하다 2.설치하다, 마련하다

institution ⓝ1.공공 기관[시설] 2.제도, 관습 3.도입, 시행 4.설립, 제정

institutional ⓐ1.제도상의, 제도적인 2.(공공)기관의 3.획일적인, 규격화된 편입

The company started establishing a research **institute** for artificial intelligence.
그 회사는 인공지능 개발을 위한 연구소 설립에 착수했다.

Social **institutions** pattern our actions and even shape our expectations.
사회 제도는 우리의 행동을 정형화하고 심지어 우리의 기대마저 구체화한다.

substitute
sub(=in place of)+
stitute(=set up)
: 대신해서 세우다

n.1.대리인, 대체[대용]품 2.교체 선수, 대역, 용병 vt.1.~에 대신하다, 대리를 시키다, 대용하다 2.바꾸다, 대체하다(replace) vi.(~ for) 대신[대리]하다, 대용하다 공9, 토익

substitution ⓝ1.대리, 대용 2.대리인, 대용품

We couldn't **substitute** beer for wine. 와인 대신 맥주로 대체할 수 없었다.
No robot or artificial intelligence can ever **substitute** for the function.
어떤 로봇이나 인공지능도 그 기능을 대신할 수 없다.
Soon after he entered as a **substitute** in the second half, the team's offense came alive.
후반전에 그가 교체선수로 들어 오자마자 팀의 공격이 살아났다.
*substitute A for B: B를 A로 대체하다

destitute
de(=down to the bottom)+stitute(=set up)
: 밑바닥에 세워진

a.1.극빈의, 궁핍한 2.~이 없는, 가지지 않은 경찰, SAT *the **destitute**: 극빈자들

destitution ⓝ1.극빈, 빈곤 2.결핍, 궁핍
After my death, I cannot leave my family **destitute**.
내 사후에 가족을 궁핍에 처하게할 수는 없다.

superstition
super(=beyond)+
stit(=set up)+ion(명접)
: 초월해서 세워진 것

n.미신, 미신적 행위

superstitious ⓐ미신의, 미신적인, 미신을 믿는 편입
Science is the great antidote to the poison of enthusiasm and **superstition**.
과학은 광신과 미신이란 독약에 대한 탁월한 해독제다. - Adam Smith, *The Wealth of Nations*

cracy [Gk] : rule, govern 다스리다

cracy는 권력(power), 힘(strength)을 뜻하는 그리스어 kratos에서 유래되어 '다스리다'(rule), '통치하다'(govern)라는 뜻으로 쓰이며 요즘은 '정치, 정치체제'란 의미로도 사용된다.

democracy
demo(=people)+
cracy(=rule)
: 국민들이 다스림

n.민주주의, 민주정치, 민주국가

democratic ⓐ1.민주주의의, 민주적인 2. 평민[서민]의 **democrat** ⓝ민주주의자
President Lincoln described the essence of **democracy** as government of the people, by the people, for the people.
링컨 대통령은 민주주의의 본질을 국민의, 국민에 의한, 국민을 위한 정부라고 표현했다.

bureaucracy [F]
: bureau(=office)+
cracy(=rule)
: 관료들이 다스림

n.1.관료주의, 관료정치 2.번잡한 절차, 요식 체계 공9

bureaucrat ⓝ관료, 공무원, 관료적인 사람
The new system could help to save human resources and to minimize **bureaucracy**.
새로운 시스템은 인력을 줄이고 번잡한 절차를 최소화하는데 도움이 될 것이다.

technocracy
techno(=technical expert)+cracy(=rule)
: 기술 전문가들이 다스림

n.기술 관료지배, 테크노크라시

technocrat ⓝ기술관료
His management style seemed to me the epitome of **technocracy**.
나에겐 그의 경영스타일이 기술관료 지배의 완벽한 본보기 같았다.

autocracy
auto(=by oneself)+
cracy(=rule)
: 혼자서 다스림

n.1.독재[전제]정치, 독재권(tyranny, dictatorship) 2.독재국가, 전제 군주국 경찰

autocrat ⓝ독재자(dictator), 전제[독재]군주

autocratic ⓐ독재의, 독재적인 토플

At that time, such words as opposition or objection were not acceptable to his **autocracy**.
그 당시엔, 반대니 이의니 하는 그런 단어들은 그의 독재정치에서 용인되지 않았다.

aristocracy
aristo(=best)+cracy(=rule)
: 최상의 사람들이 다스림

n.귀족정치, 귀족사회, 상류[특권]계급

aristocrat ⓝ귀족

Aristocracy originated from the Greek polis as a form of government.
귀족정치는 그리스 도시국가에서 정부의 한 형태로 시작되었다.

archy [Gk] : 1.govern 다스리다, 통치하다 2.rank 계급, 서열

archy는 지도자(leader)란 뜻의 그리스어 arkhia에서 시작되어 지금은 '통치하다'(govern)나 '계급, 서열'(rank) 같은 뜻으로 사용된다.

anarchy
[ǽnərki]
an*(=without)+
archy(=govern)
: 통치가 없음
unit65.의 접두사 a-참조 바람.

n.1.무정부[무법]상태, 난장판 2.무정부 주의

anarchist ⓝ무정부주의자 토플

Demonstrations by students, followed by a general strike threw the whole country into a state of **anarchy**.
학생 시위에 뒤이은 총파업이 나라 전체를 무정부 상태로 빠뜨렸다.

monarchy
mono(=one person)+
archy(=govern)
: 한 사람에 의한 통치

n.군주제, 군주정치, 군주국가 편입

monarch ⓝ군주, 주권자, 제왕

These days most people regard the **monarchy** as an anachronism.
요즘 대부분의 사람들은 군주제를 시대착오적이라고 생각한다.

oligarchy
oligo(=few)+
archy(=govern)
: 소수에 의한 통치

n.과두제, 과두[소수]정치

Oligarchy is a social system which features a few elite as the ruling class.
과두제는 소수의 엘리트가 지배계급 역할을 하는 특징을 가진 사회 시스템이다.

patriarchy
patri(=father)+
archy(=govern)
: 아버지가 다스림

n.가부장제, 부권父權

Almost every society on the planet has been based on **patriarchy** as lineage is traced only through male family members.
지구 상의 거의 모든 사회는 남자 가족 구성원을 통해서만 혈통이 이어지는 가부장제에 기초해 왔다.

hierarchy
[háiərὰːrki]
hier(=the sacred)+
archy(=rank) : 성직의 서열

n.1.계급, 계층, 서열, 위계(질서) 2.(사상, 개념 등의) 체계 3.지배[고위]층 SAT

Hierarchy exists in every organization.
위계질서는 어떤 조직에나 존재한다.
The savage tribe still lives in groups with a very strict **hierarchy**.
그 미개 부족은 엄격한 계급을 가지고 여전히 집단생활을 한다.

domin, dom [Gk] : 1. rule, govern 다스리다 2. house 집 ◆변형 : domain

'집, 집주인'을 뜻하는 그리스어 domos가 라틴어에 들어와 집주인이 다스리는 '영역' 또는 '다스리다'는 뜻을 더 가지게 되었다.

dominate
domin(=rule)+ate(동·접)
: 다스리다, 지배하다

vt.1.지배[군림]하다, 장악하다 2.두드러지다, 우뚝 솟다 3.우위를 차지하다, 주도하다
vi.지배하다, 우세하다

dominant ⓐ1.지배적인, 우세한 2.〈생물〉우성의
dominion ⓝ1.지배권, 통치권, 주권 2.지배, 통치 3.영토, 영지

As our players **dominated** the game for the last 10 minutes, we could get a win against the rival.
우리 선수들이 마지막 10분 동안 경기를 장악했기 때문에 라이벌 팀을 이길 수 있었다.
Public opinion for the fat tax was unexpectedly **dominant**.
비만세에 찬성하는 여론이 의외로 압도적이었다.
With tax bills in hand, the state penetrated the private economies and won increasing **dominion** over them. - Joseph A. Schumpeter, *The Crisis of the Tax State*
세금고지서를 손에 든 국가는 사적 경제를 훤히 꿰뚫고 그것에 대한 지배를 점차 확대해갔다.

predominate
pre(=before)+
dominate(지배하다)
: 먼저 지배하다

vi.1.우세하다, 우위를 차지하다, 두드러지다 2.지배[제압]하다 vt.이기다, 능가하다 편입

predominant ⓐ1.두드러진, 뚜렷한 2.우세[우월]한, 지배적인 공7
The company has invested aggressively to **predominate** over the semiconductor markets.
그 회사는 반도체 시장을 석권하기 위해 공격적으로 투자해 왔다.
Pine trees are **predominant** in this mountain.
이 산에는 소나무가 두드러지게 많다.

condominium
= condo
con(=together)+
domin(=rule)+ium(장소)
: 공동 소유의 집

n.1.콘도(미니엄) 2.공동 관리, 공동 주권
We purchased several **condos** for employee benefits.
우리는 직원복지를 위해 콘도를 몇 채 구입했다.

domain
'주인의 사유지, 영역'의 뜻에서

n.1.영역, 범위, 분야 2.소유지, 영토 3.〈컴퓨터〉도메인
He hammered out a good **domain** name.
그는 좋은 도메인 이름을 고심해서 만들었다.

domestic

dom(=house)+
est(=belong to)+ic(형·접)
: 집에 속하는

a.1.가정[가사]의, 가정적인 2.국내의, 국산의 3.길들여진, 애완용의

domesticate ⓥⓣ1.길들이다, 가축화하다 2.가정적이 되게하다 3.들여오다, 도입하다

공9

The working couple had to share the **domestic** chores.
맞벌이 부부는 가사를 분담해야만 했다.

Heating up the **domestic** market, the firm now challenges the global market.
국내 시장을 뜨겁게 달군 후 그 회사는 지금 세계 시장에 도전하고 있다.

domicile

dom(i)(=house)+
cile(=dwell) : 집에 거주함

n.(법률적) 거주지, 주소 vt.~을 정주시키다

I transferred my **domicile** of origin from my remote hometown to the current address.
나는 본적을 멀리 떨어진 고향에서 현주소로 옮겼다.

Review Test 18

a. agony	b. subpoena	c. lethal	d. turmoil	e. statute
f. impunity	g. hierarchy	h. destitute	i. volunteer	

◆ **From the box above, choose the word that corresponds to each definition below.**

1 a written law or rule which has been made by a government or other organization

2 a state of great disturbance, confusion, or uncertainty

3 lacking the means of subsistence

4 great physical or mental pain

5 a system of persons or things arranged in a graded order

6 able to kill people or destroy things

7 a writ ordering a person to attend a court

8 freedom or exemption from punishment, penalty, or harm

9 a person who works for an organization without being paid

◆ **Choose the one that is closest in meaning to the highlighted word in each sentence.**

10 As the foreign exchanges were severely **unstable**, the exporting firm suffered a heavy loss.
① unpredictable ② fluctuating ③ bearish ④ abnormal ⑤ unusual

11 After he returned to Russia, his home country, it entered a **turbulent** phase in its history.
① epoch-making ② expansive ③ stormy ④ regressive ⑤ radical

12 The doctor couple made an **amicable** divorce settlement by dividing their property equally.
① wise ② friendly ③ placid ④ secret ⑤ agile

13 As the animal is accustomed to a tropical climate, it becomes **lethargic** at temperatures below 20˚C.

① sleepy ② alert ③ passive ④ thirsty ⑤ aggressive

14 Although there were similarities between the novel and the film, they didn't appear to amount to **plagiarism**.

① patent ② alternative ③ piracy ④ supplement ⑤ practicality

15 She had to raise her sons by herself after his husband **deserted** her.

① divorced ② ignored ③ abandoned ④ struggled ⑤ contacted

16 Many **amenities** unavailable in his country were enjoyed in America. 고시

① friends ② comforts ③ groceries ④ drinks ⑤ luxuries

17 At present, real estate **constitutes** a large portion of the company's total assets.

① contributes ② assigns ③ derives ④ composes ⑤ allocates

18 The employee was **reprimanded** by his boss for his passive attitude to the task.

① discouraged ② admonished ③ excluded ④ annoyed ⑤ eliminated

◆ **Fill in the blank with the proper verb that will best complete the meaning of each sentence.**

① associated ② entrusted ③ agonize ④ substitute ⑤ dominate ⑥ disturbed

19 Our ambition is to _______ the global semiconductor market in the near future.

20 Material affluence can never _______ unconditional love from one's family.

21 It is revealed that the man has been _______ with the murder case from the first.

22 Our company_______ such an important mission to our team.

23 He had to _______ over the decision which might determine the success or failure of his enterprise.

24 Her son's failure in the exam _______ the balance of her mind.

Unit 55. 공정한 법(jus/leg) 집행이 국가를 똑바로(rect, reg) 이끄는(duce) 첫째(prim / proto)요건이다.

jus [L] : 1. law 법 2. right 올바른, 정당한 ◆변형 : jud, jur

jus와 뒤에 나오는 leg 둘 다 법(law)이란 뜻이지만 jus는 원래 '신의 관점에서 올바른'이란 뜻에서 출발하여 '정의, 공정, 공평'이란 본원적·철학적 의미가 들어있다. 반면에 leg는 '계약, 합의, 관례' 같은 세속적·실용적 의미에서 발전하여 법이란 뜻이 되었다.

어근 jus가 dicere[L](말하다)와 결합된 복합어를 만들면서 jud로 변했고, jur는 jus의 소유격 어근이다.

just
'올바른, 적법한'(lawful)이란 뜻에서

ad.1.바로, 틀림없이, 꼭(exactly) 2.오직, 단지(only) 3.방금, 막 4.간신히, 겨우
a.1.공정[공평]한(fair, impartial) 2.정당한, 올바른

It's **just** as you said. 너가 말한 그대로야.
It's **just** a process of trial and error. 그건 단지 시행착오의 과정일 뿐이야.
Your endeavour would surely receive its **just** reward.
너의 노력은 반드시 정당한 보상을 받을 것이다.

justice
just(=right)+ice(어미) : 올바름, 정당함

n.1.정의, 공정, 공평 2.정당(성), 타당(성) 3.사법, 재판, 재판관(judge)

injustice: in(=not)+justice ⓝ1.불의, 불법, 불공평 2.권리침해, 불법행위

Pretended **justice** is the worst form of **injustice**.
위장된 정의는 가장 나쁜 형태의 불의다.
Due process of law is a core pillar of the **justice** system.
정당한 법적절차는 사법제도의 중심 기둥이다.
*Department of **Justice**= **Justice** Department 법무부

justify
just(=right)+ify(=make, 동·접) : 올바르게 만들다

vt.정당화하다, 해명[옹호]하다

justification ⓝ1.정당화 2.변명, 명분, 타당한 이유 공9

Any violence cannot be **justified** in a true democracy.
어떠한 폭력도 진정한 민주사회에서는 정당화될 수 없다.

adjust
ad(=to)+just(=right) : 바르게 하다

vt.1.조정[조절]하다, 맞추다(fit) vi.(~ to) 적응[순응]하다(adapt)

adjustment ⓝ1.조정, 조절, 수정 2.적응, 순응

By remote control, you can **adjust** the color range to your preference.
리모콘을 이용해서 원하는대로 색상범위를 조절할 수 있습니다.
Life in a foreign country requires a radical **adjustment** to various challenges.
외국생활은 다양한 도전에 대한 근본적인 적응을 요구한다.

judicial
jud(=law)+dic(=say)+ial(형·접) : 법에 대해 말하는

a.1.사법의, 재판의 2.법관 다운, 공정한 편입

judicious ⓐ현명한, 신중한, 사려깊은 고시, SAT

People gradually started to doubt about the fairness of the **judicial** system.
사람들은 점차 사법제도의 공정성에 대해 의심을 품기 시작했다.
The widow made **judicious** use of the legacy from her husband.
그 과부는 남편의 유산을 사려깊게 사용했다.

judge
jud(=law)+dge(=dict:say)
: 법에 대해 말함

n.1.법관, 판사, 재판관 2.심판 3.감정[감식]가
vt.vi.1.판단[평가]하다 2.심사하다, 결정[판정]하다 3.재판[심판]하다

judgement ⓝ1.판단(력), 판정, 심판 2.판결, 선고 3.의견, 견해(opinion)

The **judge** sentenced the bank robber to ten years in prison.
판사는 은행강도에게 징역 10년을 선고했다.

To **judge** from the results so far, we might not expect the investment to succeed.
지금까지의 결과로 판단컨데 우리는 투자의 성공을 기대하기 어렵다.

The film is **judged** to have been a great success.
그 영화는 대박을 터뜨린 것으로 평가된다.

From the moment she saw the scene, her **judgement** was clouded by jealousy.
그 장면을 본 순간부터, 질투심으로 그녀의 판단이 흐려졌다.

prejudice
pre(=before)+
judice(=judgement)
: 미리 판단을 내림

n.1.선입관, 편견(bias) 2.〈법〉 침해, 손상(injury)
vt.1.편견[선입견]을 갖게하다 2.손해를 주다, 해를 끼치다 토플, 회계사

The continuous influx of refugees slowly incited them to have a racial **prejudice**.
계속된 난민 유입이 그들로 하여금 인종적 편견을 갖도록 부추겼다.

jury
'법 앞에 서약한 사람'의 뜻에서

n.배심원(단), (경기의) 심사위원

The **jury** found the defendant innocent. 배심원은 피고에게 무죄 평결을 내렸다.

perjury
per(=falsely)+
jur(=swear)+y

n.위증(죄) 공9, 경찰

perjure ⓥ(법정에서) 위증하다 고시

I suppose the witness will be indicted for **perjury.**
난 목격자가 위증죄로 기소되리라고 추측한다.

jurisdiction
juris(=law)+dict(=say)+
ion(명·접)
: 법이 말[관할]하는 영역

n.1.사법권, 재판권, 지배권 2.관할, 관할권, 관할구역 SAT

jurist ⓝ1.법학자, 법률전문가 2.변호사(lawyer), 법관

The Korean prosecution has no **jurisdiction** over tax heavens.
한국의 검찰은 조세피난처에 대해서는 사법권이 없다.

This case doesn't fall under our **jurisdiction**. 이 사건은 우리 관할에 속하지 않는다.

Jurists from various courts often mingle for drinks and gossip.
여러 지역에서 온 법관들은 한잔하면서 담소하기 위해 종종 어울린다.

injure
in(=not)+jure(=right)
: 옳지 않게 행동함

vt.1.상처입히다(wound), 다치게 하다(hurt)
2.(명예·감정 등을) 해치다, 손상시키다(harm, damage)

injury ⓝ1.상해, 부상, 손상 2.훼손, 모욕, 침해
injured ⓐ1.상처입은, 다친 2.(명예가) 손상된, (기분·감정이) 상한
injurious ⓐ1.해로운, 유해한(harmful) 2.무례한, 모욕적인

He **injured** his ankle playing soccer. 그는 축구하다가 발목을 다쳤다.

The scandal seriously **injured** the actor's reputation.
추문은 그 배우의 명성을 심각하게 손상시켰다.

계속 ➜

injure
in(=not)+jure(=right)
: 옳지 않게 행동함

The star player was glad to finish the season without an **injury**.
그 유명선수는 부상없이 시즌을 끝낸데 대해 기뻐했다.
His early fame was rather **injurious** to his midlife careers.
젊은 날의 명성이 중년기의 그의 경력에 오히려 해가 되었다.

leg [L] : 1. law 법 2. depute 위임하다 ◆변형 : loy

legal
leg(=law)+al(형·접)
: 법에 관련된

a.1.법적인, 법률상의 2.합법적인, 법이 허용하는(lawful, legitimate) ㉥ illegal

legalize ⓥⓣ합법화하다, 공인하다

The game developer is fighting a **legal** battle for patent.
게임개발자는 특허권에 대해 법적투쟁을 하고 있다.
Some items don't meet the **legal** requirements.
어떤 품목들은 법적 요건에 미달이다.
We are giving all we have to **legalize** it for people who have no better options.
우리는 더 나은 선택을 할 수 없는 사람들을 위해 그것을 합법화시키기 위해 진력하고 있다.

legislate
leg(is)(=law)+
late(=brought)
: 법을 가져오다

vi.법률을 제정하다, 입법하다(~ against, for) vt.법률을 만들어 통제하다

legislator ⓝ입법자, 국회의원
legislation ⓝ1.법률제정, 입법행위 2.[집합적] 법률, 법령
legislative ⓐ입법(상)의, 입법부의 **legislature** ⓝ입법부, 입법기관

Congress **legislated** against smoking in public places.
국회는 공공장소 흡연을 금지하는 법을 제정했다.
Some people are unhappy with the new **legislation** that restricts smoking in public areas.
어떤 사람들은 공공장소 흡연을 제한하는 새로운 입법에 못마땅해 한다.
The **legislature** is deliberating whether to pass the law that prohibits private education.
입법부는 사교육을 금지하는 법을 통과시킬 것인지 심의중이다.

legitimate
legi(=law)+timate(=fixed)
: 법으로 확립된(fixed by law)

a.1.정당한, 정통의 2.합법적인(legal, lawful), 적법의, 타당한
3.(아이가) 적출자인 ㉥ illegitimate vt.합법으로 인정하다, 정당[합법]화하다 공9, 고시

legitimacy ⓝ1.정통성, 적법 2.합법[합리, 타당]성 토플

The daughters' claim to the inheritance is definitely **legitimate**.
상속재산에 대한 딸들의 주장은 지극히 정당하다.
That kind of measures will lead people to question the **legitimacy** of the military government.
그러한 조치는 국민들로 하여금 군사정부의 정통성에 대한 의문을 갖게할 것이다.

legacy
leg(=depute)+acy(명·접)
: 위임 받음

n.1.유산(heritage, inheritance), 유물 2.여파, 잔재 국회8
The old man equally split the **legacy** between his sons.
노인은 아들에게 똑같이 유산을 나눠주었다.
Such military culture is a colonial **legacy**. 그런 군대문화는 식민지 시대의 잔재다.

privilege
privi(=private)+lege(=law)
: 개인을 위한 법

n.1.특권, 특전, 영광 2.면책특권, 면제 vt.~에게 특권[특전]을 주다, 특별히 허가하다 경찰, 공9

Internet access was once a **privilege**, but now it needs to be a right.
인터넷 접속은 한 때는 특권이었지만, 지금은 권리가 되어야 한다.

It is unfair that an individual should start life with more **privileges** for no other reason than birth. 단지 출생만으로 한 개인이 더 많은 특권을 누리며 인생을 출발하는 것은 불공평하다.

delegate
de(=away)+leg(=depute)+ate(동·접)
: 위임하여 멀리 보내다

n.대표(자), 대리인, 사절 vt.1.파견[특파]하다 2.위임하다 편입

delegation ⓝ1.대표단, 대표 임명[파견] 2.위임

The president intended to **delegate** more power to the prime minister.
대통령은 더 많은 권한을 총리에게 위임하려 했다.

relegate
re(=back)+leg(=depute)+ate(동·접)
: 뒤로 보내버리다

vt.1.좌천[강등]시키다, 격하시키다(demote) 2.밀쳐 버리다(banish), 이관[위탁]하다

relegation ⓝ1.좌천, 강등(demotion) 2.위탁

I'm so pleased that he has been **relegated** to an inferior position.
그가 하위직으로 밀려나 너무 고소하다.

The football club has struggled to avoid **relegation** to the second division.
그 축구팀은 2부 리그 강등을 피하기 위해 분투했다.

loyal [F]
: loy(=law)+al(형·접)
: 법을 잘 지키는(law-abiding)

a.1.충성스러운 2.(약속, 의무 등에) 성실[충실]한(faithful) ㉥ disloyal n.충신, 애국자

loyalty ⓝ1.충성, 충실 2.성실, 의리 토익

cf. **royal** ⓐ왕의, 왕립의, 고귀한

royalty ⓝ1.왕족, 왕위 2.인세, 저작권 사용료 토익

As he had remained **loyal** to his political principles, he could win the presidency race.
그는 자신의 정치적 원칙에 충실했기 때문에 대권경쟁에서 승리할 수 있었다.

I'm no longer the restaurant's **loyal** customer I used to be.
나는 더 이상 그 식당의 이전 같은 단골고객이 아니다.

The secretary team puts top priority on **loyalty**. 비서팀은 충성도를 최우선 순위에 둔다.

The writer lives on the considerable **royalties** from his books.
그 작가는 저서에서 나오는 상당한 인세수입으로 산다.

rect, reg [L] : 1. straight 똑바른 2. rule 통치, 규칙 ◆변형 : reign

'통치하다, 바르게 가다'(keep straight)라는 뜻을 가진 라틴어 동사(regere)에서 나온 어근 reg의 p·p형이 rect이며, 이 reg가 불어에서 철자가 변해 reign으로 되어 영어에 들어왔다. 군주가 통치한다는 것은 백성을 똑바른 길로 이끈다는 뜻을 함축하고 있다.

rectify
rect(=straight)+ify(=make, 동·접)
: 바르게 만들다

vt.수정[교정]하다, 바로잡다(correct)

Your son's addiction to online games needs to be **rectified** as soon as possible.
당신 아들의 온라인 게임중독은 가능한 한 빨리 바로 잡혀야 합니다.

rectangle
rect(=straight)+angle(각도)
: 똑바른 각

n.직사각형

rectangular ⓐ직사각형의, 직각의

To calculate the area of a **rectangle**, multiply the length by the width.
직사각형의 넓이를 계산하려면 세로와 가로를 곱하라.

The art gallery hung pictures in circular, triangular, or **rectangular** geometric groupings to catch the attention of visitors.
그 화랑은 방문객의 관심을 끌려고 원형, 삼각형 또는 사각형 모양의 기하학적 그룹들로 그림을 걸어 놓았다.

direct
di(=dis:apart)+
rect(=straight)
: 구분하여 똑바로

a.1.직접의, 직접적인 2.직행[직통]의 ⓑ indirect ad.직접, 곧장, 똑바로(straight)
vt.1.지도[감독]하다, 지휘하다, 연출하다 2.명령[지시]하다(order, command)
3.가리키다, (길을) 안내하다 4.향하다, 돌리다, 기울이다

direction ⓝ1.방향 2.경향, 방침 3.지도, 지시 4.감독, 연출
director ⓝ1.지도자, 지휘자 2.감독, 연출자 3.중역, 임원
directory ⓝ명단, 목록, 〈컴〉디렉토리 ⓐ지휘의, 지도적인

Our team manager seems to be in **direct** contact with the president.
우리 팀장은 회장님과 직접 접촉하는 것처럼 보인다.
The Prosecutor General **directed** thorough investigation into suspected conglomerates.
검찰총장은 미심쩍은 대기업들에 대한 철저한 수사를 지시했다.
Could you **direct** me to a subway station? 지하철역 가는 길 좀 가르켜 주시겠어요?
She did the work under my **direction**. 그녀는 내 지시에 따라 그 일을 했다.
The **director** drastically cast a new face in the leading role.
감독은 주인공 역에 신인을 과감히 기용했다.

correct
cor(=com, 강조)+
rect(=straight)
: 아주 똑바른

a.1.옳은, 바른(right), 정확한(accurate) 2.적당한(proper), 적절한 ⓑ incorrect
vt.바로잡다, 정정[수정]하다(rectify)

correction ⓝ1.정정, 수정 2.교정, 처벌, 징계 3.(주가의) 조정, 반발

Students today are vulnerable to **correct** spelling because they use contractions when sending text messages.
요즘 학생들은 문자메시지를 보낼 때 단축형을 사용하기 때문에 정확한 철자법에 취약하다.
This campaign aims to **correct** Japan's distortion of Korean history.
이 캠페인은 한국에 대한 일본의 역사왜곡을 바로잡는 것을 목표삼는다.
The website has a few programming errors that need **correction**.
웹사이트에 수정을 요하는 몇 개의 프로그램 오류가 있다.

erect
e(=ex:up)+rect(=straight)
: 위로 똑바로 선

a.1.똑바로 선, 직립한(upright) 2.곤두선, 발기한 vt.1.곤두세우다, 직립시키다
2.세우다, 건설하다(build, construct) vi.서다, 직립하다, 발기하다

erection ⓝ1.직립, 기립 2.건설, 건립, 구조물 3.발기
A soldier looks more confident when he stands **erect**.
군인은 똑바로 섰을 때 더욱 늠름해 보인다.
The house was **erected** in defiance of local building regulations.
그 집은 지역의 건축규정을 무시하고 지어졌다.

region
reg(=rule)+ion(명·접)
: 통치구역

n.1.지역, 지방(area, district) 2.범위, 영역 3.(신체의) 부위

regional ⓐ지역[지방]의, 지역적인

The component is not readily available in your current **region**.
그 부품은 현재 당신이 있는 지역에서는 쉽게 입수할 수 없습니다.

regime [F]
: reg(=rule)+ime(어미)
: '통치, 지배'의 뜻에서

n.1.제도, 체제, 통치방식 2.정권

The coup finally put an end to the corrupt **regime**.
쿠데타가 마침내 부패정권에 종지부를 찍었다.

regular
regul(=rule)+ar(형·접)
: 규칙적인

a.1.규칙적인, 정기적인 2.통상의, 보통의(normal) 3.균형잡힌, 고른 4.정식의, 정규의 ㉷ irregular

regulate ⓥ1.규제[통제, 단속]하다(control, govern) 2.조정[조절]하다(adjust)

regulation ⓝ1.규칙, 규정 2.규제, 단속 3.조절, 조정

We check our major medical equipments on a **regular** basis.
우리는 주요 의료장비를 정기적으로 점검한다.

The tax law aims to **regulate** the owners of multiple houses.
그 세법은 다주택 보유자에 대한 규제를 겨냥하고 있다.

We need public **regulations** to prevent market failure before it occurs.
시장의 실패를 미리 방지하기 위해 공적 규제가 필요하다.

reign [F]
[rein] : '왕권, 왕위'의 뜻에서

n.1.치세, 통치기간 2.군림, 통치 vi.군림[지배]하다, 통치하다

She **reigned** over the world for years as the queen of figure skating.
그녀는 피겨스케이팅의 여왕으로 수년 동안 세계에 군림했다.

sovereign [F]
[sɑvərin]
: sover(=super)+
reign(=rule) : 최고통치자

n.1.국왕, 군주 2.독립국, 주권국
a.1.군주의, 주권을 가진 2.독립[자주]의 3.최상[최고]의 공9, 토플

sovereignty ⓝ주권, 통치권, 자주권

The new independent nation joined the UN to get official recognition as a **sovereign** state. 신생독립국은 주권국가로서 공식승인을 얻기위해 UN에 가입했다.

duce, duct [L] : 1. lead 이끌다 2. bring 가져오다

introduce
intro(=inward)+
duce(=lead)
: 이끌어 들이다

vt.1.소개하다 2.들여오다, 도입하다 3.발표하다, 제출하다

introduction ⓝ1.소개 2.도입, 창시 3.서론, 서설 4.입문(서), 개론

introductory ⓐ서두[서론]의, 소개(용)의

Let me **introduce** a special cook to you. 여러분께 특별 요리사를 소개하겠습니다.

The government **introduced** a program encouraging young people to find jobs overseas. 정부는 젊은이들이 해외에서 일자리 찾는 것을 촉진하는 프로그램을 도입했다.

Opportunity never sends letters of **introduction**. - Anonymous
기회는 결코 자기소개서를 보내지 않는다. (작자 미상)

induce
in(=in)+duce(=lead)
: 안으로 이끌다

vt.1.권유하다, 설득하여 ~시키다(persuade) 2.야기하다, 일으키다, 유도하다(elicit) 3.귀납하다 공9, 고시 ⓑ deduce

induction ⓝ1.유도, 도입 2.귀납

inducement ⓝ1.권유, 유도 2.유인, 자극, 동기(motive)

Nothing would **induce** them to vote for the candidate who bombards rough words.
그 무엇도 막말을 퍼붓는 후보에게 투표하도록 그들을 설득할 수 없을 것이다.

It is necessary to offer appropriate **inducements** to keep quality manpower.
우수인력 확보를 위해서는 적절한 유인책이 필요하다.

produce
pro(=forth)+duce*(=lead)
: 앞으로 이끌다
*'이끌다'는 뜻의 라틴어 동사 (ducere)에서 온 어근.

vt.1.생산[제조]하다(manufacture), 산출하다, 낳다 2.일으키다, 초래[야기]하다 3.상연[공연]하다, 연출하다 4.창작[제작]하다
vi.생산하다, 낳다(breed), 만들어 내다 n.생산품[물], 농작물

producer ⓝ1.생산자 ⓑ consumer 2.프로듀서, 제작자, 연출가

product ⓝ1.생산품, 제품 2.작품, 저작물 3.소산, 결과, 성과

productive ⓐ1.생산적인(fruitful), 생산하는 2.다산[다작]의, 비옥한(fertile)

production ⓝ1.생산, 제조 ⓑ consumption 2.제품, 작품 3.제작, 연출

At workplace, people **produce** goods and services that society demands.
직장에서 사람들은 사회가 필요로 하는 재화와 용역을 생산한다.

The investment is expected to **produce** the result I want.
투자는 내가 원하는 결과를 낳으리라 기대된다.

She is recognized as a capable **producer** at KBS.
그녀는 KBS에서 유능한 프로듀서로 인정받고 있다.

Now the company is advertising various advantages for the new **product**.
지금 그 회사는 신제품의 다양한 장점에 대해 광고하고 있다.

Today's discussion was very **productive** because we sorted out troublesome problems.
오늘 토론은 골치 아픈 문제들을 걸러냈기 때문에 아주 생산적이었다.

reduce
re(=back)+duce(=bring)
: 거꾸로 가져오다

vt.1.줄이다, 감소시키다(decrease), 축소하다(lessen, diminish) 2.낮추다(lower), 격하시키다 3.약하게 하다 vi.줄다, 축소되다, 약해지다

reduction ⓝ1.감소, 축소, 삭감 2.할인, 인하 공9

To get over the economic slump, we need to sharply **reduce** our expenses.
불황을 헤쳐가기 위해서는 우리는 대폭적인 비용삭감을 해야한다.

Under its staff **reduction** plan, the acquiring firm will receive applications for voluntary retirement until the end of this year.
인력감축 계획에 따라 인수기업은 년말까지 명예퇴직 신청을 받을 예정이다.

deduce
de(=down)+duce(=lead)
: 아래로 이끌다

vt.1.연역하다, 추론하다 ⓑ induce 2.계통을 따지다, 유래를 찾다(derive) 편입

deduction ⓝ추론, 추정, 연역

From his absence we **deduced** that he didn't want to join our club.
그의 불참으로 우리는 그가 클럽에 가입하길 원치 않는다고 추론했다.

seduce

se(=aside)+duce(=lead)
: 옆길로 이끌다

vt.1.꾀다, 부추기다, 유혹하다 2.매혹하다, 끌다(attract)

seductive ⓐ유혹적인, 매혹[고혹]적인(enticing), 매력있는(attractive) 편입, SAT

Success is a lousy teacher. It **seduces** smart people into thinking they can't lose.
- Bill Gates, *The Road Ahead*

성공은 형편없는 스승이다. 성공은 똑똑한 이들에게 자신은 절대 실패하지 않는다는 생각을 하도록 부추긴다.

We can realize how **seductive** the idea is for people who hit bottom or have nothing to lose. 우리는 그 아이디어가 바닥에 떨어지거나 더 이상 잃을 것이 없는 사람에겐 얼마나 유혹적인지 깨달을 수 있다.

educate

e(=ex:out)+duce(=lead)+ate(동·접)
: 밖으로 (능력)을 끌어내다

vt.1.교육하다, 가르치다 2.육성하다(bring up), 훈련하다(train) vi.교육[훈련]하다

education ⓝ1.교육, 훈련 2.교육학, 교수법

educational ⓐ교육적인, 교육상의 **educator** ⓝ교육자, 교사

We need to **educate** students to think from a different viewpoint in a different way.
우리는 학생들을 다른 관점에서 다른 방식으로 생각하도록 교육시킬 필요가 있다.

It is a part of **education** to interest ourselves in subjects for which we have no aptitude.
적성에 맞지않는 과목에 흥미를 가져보는 것 또한 교육의 일부분이다.

duct

duct(=leading) : 이끄는 것

n.수송관, 배관, 도관

A kitchen fan emits smoke from cooking to the outside through a **duct**.
주방의 환풍기는 조리에서 나온 연기를 배관을 통해 밖으로 내보낸다.

conduct

con(=together)+duct*(=lead) : 함께 이끌다

*duct는 duce의 p.p형 어근이다.

vt.1.행동하다, 처신하다(behave) 2.수행[진행]하다, 실시하다 3.지휘하다(direct) 4.인도하다, 이끌다 5.전도하다(transmit)
vi.1.안내하다, 통하다 2.전해지다, 전도[전달]되다 n.1.행위, 처신 2.수행, 처리 3.지도, 안내

conductor ⓝ1.지휘자, 안내자 2.관리인, 경영자 3.〈물리〉전도체, 도체

The research institute will **conduct** further study to determine the cause of the disease.
그 연구소는 병의 원인을 밝혀내기 위해 연구를 더 진행할 것이다.

She **conducted** herself without reserve at the official meeting.
그녀는 공식모임에서 거리낌없이 처신했다.

His **conduct** does not agree with his words. 그는 행동과 말이 일치하지 않는다.

deduct

de((=down)+duct(=bring)
: 아래로 가져가다
*앞의 deduce의 명사형과 철자가 동일하다.

vt.빼다, 공제하다(subtract) vi.떨어지다(~ from) 경찰

deduction* ⓝ빼기, 삭감, 공제

Taxes will be automatically **deducted** from your paycheck.
세금은 급료에서 자동 공제될 것입니다.

They allow only the interest to be received without the **deduction** of income tax for a limited time. 그들은 오직 그 이자에 대해 한시적으로 소득세 공제없이 받을 수 있게 허락한다.

prim [L] : first 첫째의, 최초의 ◆변형 : prin, pri

prime
primus[L](=first, chief)에서 유래

a.1.최초의, 근본의, 기본적인 2.으뜸가는, 가장 중요한 3.가장 좋은, 최상의, 최고급의 4.청춘의, 전성기의 n.전성기, 한창때(heyday) 편입

Our manager is a **prime** candidate for promotion as an executive.
우리 부장님이 임원 승진 제1의 후보다.

This bribery scandal is a **prime** example of moral hazard.
이 뇌물사건은 도덕적 해이의 전형적인 예다.

The girl is in the **prime** of youth. 그 아가씨는 젊음의 절정에 있다.

*__prime__ minister: 수상, 총리

---

primary
prim(=first)+ary(형·접) : 첫째의

a.1.제1의, 주요한, 주된(chief, main) 2.최초의, 처음의, 본래의 3.초급[초보]의, 초등의(elementary)

Our **primary** goal is to win the championship in three years.
우리의 제1의 목표는 3년 내에 우승하는 것이다.

---

primitive
prim(=first)+(i)tive(형·접) : 최초의

a.1.원시[태고]의, 초기의(rudimentary) 2.미개의, 야만의 n.원시인 편입

Barter systems were used in **primitive** societies.
원시사회에서는 물물교환제가 이용되었다.

---

principal
prin(=first)+cip(=take)+al(형·접) : 첫째를 차지하는

a.1.주요한, 주된, 으뜸의(cardinal) 2.원금의
n.1.교장, 학장, 총장 2.(단체의) 장, 주역, 중심인물 3.〈법〉본인, 당사자 4.〈금융〉원금 공9

Sociability is the **principal** cause of his success.
친화력이 그가 성공한 주된 원인이다.

The **principal** dismissed the violent student from school.
교장 선생님은 폭력학생을 퇴학처분했다.

He has lost even the **principal** in the investment failure.
그는 투자실패로 원금마저 날렸다.

---

principle
prin(=first)+cip(=take)+le(명·접) : 맨처음 잡는 것

n.1.원리, 원칙 2.주의, 신념, 신조 3.법칙

principled ⓐ절조있는, 원칙에 입각한

unprincipled ⓐ절조없는, 부도덕한, 파렴치한(unscrupulous) 국회8

☞scruple 양심, 양심의 가책

It is often easier to fight for **principles** than to live up to them. -Adlai Stevenson
원칙을 위해 투쟁하는 것이 원칙에 따라 삶을 영위하는 것보다 대개 더 쉽다.

An **unprincipled** coward's behavior has been met with **principled** objections.
한 파렴치한 비겁자의 행동이 원칙에 입각한 반대에 부딪쳤다.

---

priority
pri(=first)+or(비교 어미)+ity(명·접) : 더 먼저인 것

n.1.우선권, 우선순위, 우선사항 2.상위, 우위 토익

prior ⓐ1.이전[먼저]의, 앞의(previous) ⓑ posterior 2.~에 우선하는, ~보다 중요한

Job creation is a top **priority** of the present government.
일자리 창출이 현 정부의 최우선 과제다.

We do not need any **prior** knowledge about the subject.
우리는 그 주제에 대한 어떤 사전 지식도 필요치 않다.

proto [Gk] : 1. first 첫째의 2. original 본래의, 근원의

proto 다음에 모음이 오면 철자 [o]가 생략되며, 다른 그리스어처럼 전문적 용어에 주로 사용된다.

protocol

proto(=first)+col(=glue)
: (필사본의) 첫 장에 붙임

n.1.조약 원안, 의정서 2.(외교상의) 의전, 의례 3.〈컴〉프로토콜, 통신 규약
vi.의정서를 만들다

A few hackers accessed the bank system in secret using an Internet **protocol** address based in China.

몇몇 해커들이 중국의 인터넷 통신규약 주소를 이용해 은행시스템에 몰래 접속했다.

protein

proto(=first)+
ein(=substance)
: 으뜸이 되는 물질

n.단백질 a.단백질의

Protein is essential to generating muscles, but too much of it may advance the aging process.

단백질은 근육 형성에 필수적이지만 지나친 섭취는 노화를 앞당길 수 있다.

prototype

proto(=original)+
type(=form) : 본래의 형태

n.1.원형(archetype), 전형, 모범 2.시제품, 견본 3.선조, 원조 국회8

A venture firm will soon unveil a new **prototype** of its self-driving car.

한 벤처기업이 곧 자율주행차의 새로운 시제품을 선보일 것이다.

protagonist

proto(=first)+
agon(=contest)+ist(명·접)
: 으뜸으로 다투는 자

n.1.주인공, 주역 2.주창자, 지도자, 리더 토플, SAT

The politician is a leading **protagonist** of pension reform.

그 정치인은 연금개혁의 선도적 주창자다.

Unit 56. 시민(civi/polis)에 대한 공약을 지키는(serv)지 제대로 지켜보고 (ward/gard) 입장을 취한다(sist).

civi[L] : 1. citizen 시민 2. city 도시 ◆변형 : citi

civil
civi(=citizen)+il(형·접)
: 시민의

a.1.시민의, 민간인의 2.문명의, 문명화된 3.〈법〉민사의 ⓑ criminal형사의
4.예의바른, 정중한

civilian ⓝ일반시민, 민간인 ⓐ민간(인)의, 일반인의

civility ⓝ1.정중, 공손 2.문명(화), 문화, 교양

civic ⓐ1.시민[공민]의 2.시의, 도시의

Libya was in a state of **civil** war after the collapse of dictatorship.
리비아는 독재정권 붕괴 후 내전상태로 되었다.

The patient's family filed a **civil** suit against the hospital.
환자가족은 병원을 상대로 민사소송을 제기했다.

This area is off limits to the **civilians**.
이 지역은 민간인 출입금지다.

civilize
civil+ize(동·접)
: 시민으로 되다

vt.1.문명화하다, 교화하다 2.세련되게 하다 토익

civilization ⓝ1.문명, 문명사회 2.문명화, 교화 ⓑ barbarism 야만, 미개

Such injustice is not allowed to happen in a **civilized** society.
그러한 불의는 문명사회에서 일어나도록 허용되지 않는다.

The village in the Amazon rain forest was totally isolated from modern **civilization**.
아마존 열대우림에 있는 그 마을은 현대문명과는 철저히 격리되어 있었다.

citizen [F]
: citi(=city)+
(z)en(명접:사람)
: 도시의 거주자

n.1.시민, 주민, 도시인 2.국민, 공민 공9

citizenship ⓝ시민권, 시민의 자격

The famous composer was born in Russia but is now an American **citizen**.
그 유명한 작곡가는 러시아 태생이지만 지금은 미국 시민이다.

My friend applied for **citizenship** to get a stable job in the U.S.
내 친구는 미국에서 안정된 직장을 얻으려고 시민권을 신청했다.

polis [Gk] : 1. city 도시 2. citizen 시민 ◆변형 : polit, polic

metropolis* [Gk]
: metro(=mother)+
polis(=city)
: 어머니와 같은 도시

*unit10. matr에 중복 설명됨.

n.대도시, 수도, 중심지

metropolitan ⓐ대도시의, 수도의, 본국의 ⓝ대도시 시민

Long ago, this area was once the heart of a **metropolis**.
오래 전에 여기가 한때는 대도시의 심장부였다.

The government has come up with various measures to solve overpopulation problems in the **metropolitan** area.
정부는 수도권의 인구과밀 문제를 해결하기 위해 여러 대책을 내놓았다.

political
polit(=citizen)+ical(형·접)
: 시민의, 국민의

a.1.정치의, 정치적인, 정치에 관한　2.정당의, 정파의　3.정략(상)의, 정략적인

politics　ⓝ1.(sg.취급) 정치, 정치학, 책략　2.정강, 정견

politician　ⓝ1.정치가, 정객　2.직업정치가, 출세[권력]주의자, 모사謀士

The **politician** is a scary sort of man who would sell even his soul for **political** survival.
그 정치인은 정치적 생존을 위해서라면 영혼이라도 팔 그런 무서운 사람이다.

Politics is the art of the possible. - Otto von Bismarck
정치는 가능성의 예술이다.

policy
polic(=citizen)+y(명·접)
: '시민 행정(civil administration)'의 뜻에서

n.1.정책, 방침, 방책　2.보험증권[증서]

Thanks to the new economic **policy**, consumption is steadily growing.
새로운 경제정책 덕분에 소비가 꾸준히 증가하고 있다.

Does this insurance **policy** cover dental care?
이 보험은 치아치료도 적용됩니까?

serv [L] : keep 지키다

conserve
con(=together)+
serve(=keep) : 함께 지키다

vt.1.보존[보호]하다(preserve)　2.아끼다, 절약하다, 아껴쓰다

conservation　ⓝ1.보존, 보호　2.절약

conservative　ⓐ1.보수적인　㉥ progressive　2.신중한, 조심스런　ⓝ보수주의자

conservatism　ⓝ보수주의, 보수성향, 보수성

We should **conserve** fossil fuels by utilizing alternative energy sources.
대체 에너지원을 활용하므로써 화석연료를 보존해야 한다.

I don't care whether she was in the **conservative** camp or in the liberal at the last election.
그녀가 지난 선거에서 보수든 진보든 난 신경안써.

My father slowly shows a tendency towards **conservatism** as he gets old.
아버지는 나이가 들면서 서서히 보수주의 성향을 보이신다.

reserve
re(=back)+serve(=keep)
: 뒤에 두고 지키다

vt.1.예약하다(book)　2.따로 남겨두다(set aside), 비축하다(store, stock)　3.보류[유보]하다　4.갖다, 보유하다　n.1.비축, 예비, 유보　2.예비품, 보존물　3.후보선수　4.예비군

reserved　ⓐ1.남겨 둔, 예비의, 예약한　2.내성적인(introverted)

reservation　ⓝ1.예약(booking)　2.보류, 유보　3.의구심, 거리낌　토익

reservoir [F]　ⓝ1.저수지, 저장소, 매장지　2.저장, 축적　토플

You have to **reserve** the flight at least one month in advance.
너는 적어도 한 달 전에 그 항공편을 예약해야 한다.

She told me about her marital privacy without **reserve**.
그녀는 자신의 결혼 사생활에 대해 나에게 거리낌없이 이야기했다.

He already made a **reservation** for the business trip to Europe next month.
그는 다음 달 유럽 출장여행을 이미 예약했다.

The oil company found a huge oil **reservoir** under the sea.
그 석유회사는 바다 밑에서 거대한 석유 매장지를 발견했다.

observe
ob(=toward)+serve(=keep)
: ~에 주의를 기울이다

vt.1.관찰[주시]하다 2.알아채다(notice), 목격하다 3.준수하다, 지키다(obey)
vi.관찰[주시]하다

observer ⓝ1.관찰[관측]자 2.감시자, 입회인 3.(회의의) 옵서버

observation ⓝ1.관찰, 관측 2.정탐, 감시 변리사

observance ⓝ준수, 엄수 토플

observant ⓐ1.준수하는 2.관찰력이 뛰어난, 주의 깊은

observatory ⓝ1.관측소, 천문대, 기상대 2.전망대, 감시소

Some amateur **observers** visited the place to clearly **observe** various constellations.
아마추어 관측자들이 다양한 별자리를 선명하게 관찰하기 위해 그곳을 방문했다.

It is every driver's duty to **obseve** traffic rules.
교통 법규를 준수하는 것은 모든 운전자의 의무다.

The theory of conditioned reflex is based on close scientific **observation**.
조건반사 이론은 면밀한 과학적 관찰에 기반을 두고 있다.

The **observance** of training rules is essential for a starting pitcher to recover quickly.
훈련 규칙 준수는 선발투수가 빠르게 회복하기 위해서 필수적이다.

preserve
pre(=before)+
serve(=keep) : 미리 지키다

vt.1.보호[보존]하다(protect) 2.지키다, 유지하다(keep, maintain) 3.저장하다(store), 절이다
n.1.전유물 2.저장식품 토익, 공9

preservation ⓝ1.보존, 보호(conservation) 2.저장, 유지 편입

preservative ⓐ1.보존의, 보존력 있는 2.방부적인, 예방하는 ⓝ방부제, 예방제

The admission fee is far from enough to maintain and **preserve** the national park.
그 입장료는 국립공원을 관리하고 보존하기에는 아주 부족하다.

This bread contains no artificial **preservatives**.
이 빵에는 인공 방부제가 전혀 들어있지 않다.

deserve
de(강조, completely)+
serve(=keep)
: 철저히 지켜내다

vt.~할 자격[가치]이 있다, ~할[받을] 만하다(be worthy of)
vi.~에 상당하다, 값어치가 있다 경찰

I am wondering whether professional athletes **deserve** to be paid such huge amounts.
나는 운동선수들이 그런 엄청난 거액을 받을 자격이 있는지 의아하다.

ward [Ge] : 1. watch 지켜보다, 주의하다 2. protect 보호하다 ◆변형 : war, warn

ward와 다음에 나오는 gard는 사촌간이다. '망보다, 지켜보다'는 뜻의 게르만어 ward가 불어로 건너와 발음의 편의상 철자가 gard로 변했다. 중세시대에는 첫자 g를 좀 더 강하게 발음하기 위해 g다음에 묵음 [u]가 들어가 guard, guarant 등의 어근이 생겼다. 그러나 영국에 가까운 북프랑스에서는 그대로 ward가 사용되어, 영어에서는 ward/gard 둘 다 차입하여 사용하게 된다.

award
a(=ad:to)+ward(=watch)
: 주의해서 지켜 봄

vt.1.(심사하여) 수여하다, 주다(grant) 2.지급 판정을 내리다, 재정裁定하다
n.1.상, 상금, 장학금 2.심판, 판정

The athlete has been **awarded** Olympic gold medals three times in a row.
그 육상선수는 올림픽에서 금메달을 3회 연속 수상했다.

reward
re(강조, intensive)+
ward(=watch)
: 잘 지켜보고 보답함

n.1.보수, 보상(금), 상 2.사례금, 현상금 3.보답, 응보 vt.보상하다, 보답하다

rewarding ⓐ보람있는, 가치있는, 수익이 많은 토익

The police offered a **reward** for any information on the hit-and-run accident.
경찰은 그 뺑소니 사건의 모든 정보에 대해 현상금을 내걸었다.

After succeeding in business, he **rewarded** his friends and acquaintances who had helped him truly.
사업 성공 후 그는 진심으로 그를 도와 준 친구와 지인들에게 보답했다.

Though it has not been recognized by others, it's so **rewarding** to see my hard work pay off at last.
남이 알아주지 않았지만 내 고된 일이 마침내 결실을 맺게되는 것을 보니 정말 보람있다.

wardrobe
ward(=watch)+
robe(=garment)
: 옷을 지켜주는 곳

n. 1.옷장, 의상실 2.의상, (방송사 등의) 의상팀

There is plenty of storage space in the **wardrobe** at the newly built house.
새로 지은 집의 옷장에는 풍부한 수납공간이 있다.

aware
a(=at)+ware(=watch)
: ~에 주의를 기울이는

a. 1. 의식[인식]하는(conscious), 알고 있는(~ of), 2.깨닫고[눈치 채고] 있는 ㉥ unaware

awareness ⓝ의식, 자각, 알아챔

The entrepreneur didn't seem to be **aware** of the approaching danger.
그 기업가는 다가오는 위험을 인식하지 못한 것 같았다.

*be[become] **aware** of: ~을 인식[의식]하다, 깨닫다

beware
'Be ware'(조심하라)의 축약

vi.vt.조심[주의]하다, 경계하다

A road sign told us to **beware** of wild animals.
도로 표지판에 야생동물을 주의하라고 쓰여 있었다.

wary
[wɛəri]:
war(=watch)+y(형·접)
: 주의하는

a.(~ of) 조심[경계]하는(vigilant, alert) 2.세심[신중]한(prudent) 편입 ㉥ unwary

He was very **wary** of telling secrets to his girl friend.
그는 여자친구에게 비밀을 털어놓는 것에 대해 무척 경계했다.

warrant
war(r)(=protect)+
ant(명·접) : 보호해 주는 것

n.1.<법>영장 2.보증(서), 담보 물권 3.정당한 근거, 이유 vt.정당화하다(justify), 보증하다

warranty ⓝ보증, 보증서(guarantee), 담보

The judge in charge issued a **warrant** for the suspect's arrest.
담당판사는 용의자에 대한 체포영장을 발부했다.

Your washing machine is still under **warranty**, so it will be fixed for free.
귀하의 세탁기는 아직 보증기간 중이니까 무료로 수리됩니다.

warn
'주의[조심]하다'의 뜻에서

vt.1.경고하다, 조심시키다 2.강력히 충고하다

warning ⓝ경고, 경보, 주의

The guide **warned** us not to give food to animals.
가이드는 동물에게 먹이를 주지말라고 우리에게 경고했다.

gard [F] : 1. watch 지켜보다　　2. protect 보호하다　　◆변형 : guard, guarant

변형 어근에는 g다음에 모음 [u]가 삽입되어 있다. 불어에서 온 단어의 경우에 첫 소리 [g]를 강하게 발음하기 위해 [g] 다음의 모음 앞에 [u]를 넣는 경향이 중세영어(Middle English) 시대에 있었다.

regard
re(강조)+gard(=watch) : 주의해서 지켜보다

vt.1.~으로 여기다, 간주하다(consider)　2.보다, 대하다　3.평가하다, 고려[참작]하다
vi.주의[주목]하다, 주시[응시]하다　　n.1.관심, 고려　2.존경, 존중　3.안부

regarding (prep.) ~에 관해서(about, concerning), ~의 점에서는(with regard to)
regardless ⓐ개의치 않는, 관심없는
disregard ⓥⓣ무시[경시]하다, 소홀히 하다　　ⓝ무시, 경시(contempt)　편입

The professor is widely **regarded** as one of the leading experts in brain science.
그 교수는 뇌과학 분야에서 최고 전문가 중 한 사람으로 널리 인정된다.

He often plays a joke on people with no **regard** for their feelings.
그는 사람들의 감정을 고려하지 않고 자주 농담을 건다.

I have very little to say **regarding** his career changes.
그의 이직에 관해서는 난 할 말이 없다.

Regardless of age or sex, everyone is enjoying the dance music.
나이와 성별에 관계없이 모든 사람들이 그 춤곡을 즐긴다.

garment
gar(d)(=protect)+ment(명·접) : 보호해 주는 것

n.1.의복, 의상, 옷　2.(물건의) 외피, 외관

The fashion designer has made various **garments** for the opera.
그 패션 디자이너는 오페라 공연을 위해 여러가지 의상을 만들었다.

guard
'지키다, 망보다'의 뜻에서

vt.1.지키다, 보호[호위]하다　2.감시[경계]하다, 망보다　3.<스포츠> (상대를) 막다, 가드하다
vi.1.경계[조심]하다　2.감시하다, 지키다　　n.1.보초, 경비원　2.경호원, 호위[근위]병
3.경계, 감시　4.가드

guarded ⓐ신중한, 조심스러운 (cautious)　　**guardian** ⓝ보호자, 후견인
safeguard ⓥⓣ보호하다(protect)　　ⓝ보호[안전]장치, 예방책　편입

Now Dokdo is **guarded** by South Korea's coast **guard**.
현재 독도는 한국의 해안경비대가 지키고 있다.

The princess sometimes refused to be accompanied by **guards**.
공주는 가끔 경호원들이 수행하는 것을 거부했다.

Justice becomes lost when its **guardians** are politicized.
정의의 수호자들이 정치화되면 정의는 길을 잃는다.

guarantee
guarant(=protect)+ee(명·접) : 보호해 주는 것

n.1.보증(warranty), 보장, 개런티　2.보증서, 담보(물)　　vt.1.보증하다(assure), 보증을 서다
2.확언[장담]하다　3.확실하게 하다(ensure)　토익

guaranty ⓝ1.보증, 보증계약　2.보증물, 담보

The automatic washer has a three-year **guarantee** for parts and repairs.
그 자동세탁기는 3년 동안 부품과 수리가 보장된다.

Currently, higher education may not **guarantee** you a better job.
더 높은 교육이 요즘은 너에게 더 좋은 직장을 보장하지는 않을 것이다.

sist [L] : 1. take a stand 입장[태도]를 취하다　　2. stand 서다

sist는 unit54.에 설명된 '서다, 세우다'라는 뜻의 라틴어 동사(stare)의 사역형이다. 긴 세월의 흐름에 따라 그 의미가 점차 '서다 → 존재하다 → 입장[태도]를 취하다' 와 같이 비유적·추상적으로 확장되었다.

insist

in(=upon)+
sist(=take a stand)
: ~에 대해 확고한 태도를 취하다

vi.1.(~ on / upon)주장하다, 우기다, 고집하다　2.강요하다　　vt.주장하다, 강요하다

insistence ⓝ주장, 고집

insistent ⓐ강요[고집]하는, 우기는, 끈질긴

The defendant **insists** that he is innocent of murder.
피고는 자신이 살인에 대해 무죄라고 주장한다.

She went to medical school at her father's **insistence**.
그녀는 아버지가 고집해서 의대로 진학했다.

resist

re(=against)+
sist(=take a stand)
: 반대 입장을 취하다

vt.1.저항[반항]하다　2.참다, 견디다, 억제하다　　vi.저항하다, 참다

resistant ⓐ1.~에 잘 견디는, 내성이 있는　2.저항[방지]하는 토익, 편입

resistance ⓝ저항(운동), 항거, 반대

irresistible ⓐ1.억누를[저항할] 수 없는, 거부할 수 없는, 압도적인　2.너무 매력[유혹]적인 토플

One can **resist** the invasion of armies but can not **resist** the invasion of ideas.
군대의 침입에는 저항할 수 있으나 사상의 침입에는 저항할 수가 없다. - Victor Hugo

Buildings in this region have been constructed to be **resistant** to earthquakes.
이 지역의 건물들은 내진설계로 건축되었다.

Some boys contested a date with the girl for she had an **irresistible** charm.
그 소녀에겐 저항할 수 없는 매력이 있어서 몇몇 소년들은 다투어 데이트하려 했다.

Her face broadened into a happy grin, which was simply **irresistible** to me.
그녀의 얼굴이 펴지더니 기쁘게 활짝 웃었는데, 그 모습이 나에겐 너무 매력적이었다.

assist

as(=ad:near, by)+
sist(=stand)
: 가까이 곁에 서다

vt.vi.지원[원조]하다, 돕다(help, aid), 거들다　　n.조력, 원조, 어시스트

assistance ⓝ도움, 지원, 원조 토익

assistant ⓝ조수, 보조자, 어시스턴트　　ⓐ보조의, 부副의

Please let me know if I can **assist** you further.
제가 더 도와줄 수 있다면 연락주세요.

They organized the social safety net to give **assistance** to people on low incomes.
그들은 저소득층을 도울 수 있도록 사회안전망을 구축했다.

persist

per(=thoroughly)+
sist(=take a stand)
: 어떤 태도를 견지하다

계속 →

vi.1.(~ in) 고집하다, 우기다　2.지속[존속]하다(last), 잔존하다, 살아남다

persistence ⓝ1.끈기, 버팀, 고집　2.영속, 존속, 지속성 토익

persistent ⓐ1.끈질긴, 집요한　2.영속하는, 지속적인, 끊임없는 편입, 토플

In spite of parents' opposition, he **persisted** in studying one more year to enter his dream university.
부모님의 반대에도 불구하고 그는 원하는 대학에 입학하려고 재수하겠다고 고집을 부렸다.

persist
per(=thoroughly)+
sist(=take a stand)
: 어떤 태도를 견지하다

Take one pill after every meal while symptoms **persist**.
증상이 지속되는 동안 매 식후 한 알씩 드세요.

Persistent persuasion was involved in making the enemy surrender.
적을 항복시키는데 끈질긴 설득이 필요했다.

exist
ex(=out)+sist(=stand)
: 바깥에 서 있다

vi.1.존재[실재]하다 2.생존하다(survive), 살아가다

existence ⓝ1.존재, 실재, 현존 2.생존, 존속

Business opportunities **exist** at any time, at any area.
사업기회는 어느 때 어느 영역에서나 존재한다.

Mother Teresa shared joys and sorrows with the poor till the last hour of her **existence**.
테레사 수녀는 생존의 마지막 순간까지 가난한 자들과 고락을 함께했다.

consist
con(=com:together)+
sist(=stand) : ~와 함께 서다

vi.1.(~ of) ~로 되어[이루어져] 있다, 구성되다(be made up of, be composed of)
2.(~ in) ~에 있다(lie), ~에 존재하다 3.(~ with) ~와 양립[일치]하다

consistent ⓐ1.일관된, 한결 같은 2.모순없는(compatible), 일치하는 공9

consistency ⓝ1.일관성, 한결같음, 언행일치 2.(용액의) 농도, 밀도 토플

The small city **consists** mostly of white middle-class families.
그 소도시는 주로 백인 중산층 가구로 구성되어 있다.

Love does not **consist** in gazing at each other but in looking outward together in the same direction. - Antoine de Saint-Exupery
사랑은 두 사람이 서로를 마주보는 데 있지 않고 함께 같은 방향을 바라보는 데 있다.

The test results were **consistent** regardless of the subjects' age.
실험 결과는 피실험자의 나이에 상관없이 한결같았다.

subsist
sub(=under)+sist(=stand)
: 아래에 존재하다

vi.1.근근이 먹고살다[살아가다] 2.존속[생존]하다, 유효하다

subsistence ⓝ1.생존, 생계 2.최저 생활, 호구 토플, 편입

The wrecked sailors **subsisted** upon only water and fruits on a desert island.
조난당한 선원들은 무인도에서 오직 물과 열매로 근근이 연명했다.

Unit 57. 존재하는(esse) 생명은 시간(chron/tempor)이 지나면 죽음(mort/cide)으로 끝난다(fin/termin).

esse [L] : be, exist 존재하다 ◆변형 : sent, est

라틴어 esse는 영어의 be동사에 해당되는데, sent는 esse의 현재분사형이고 est는 is처럼 격변화(3인칭 단수 현재)되어 형성된 어근이다.

essence

esse(=be)+ence: 존재함

n.1.본질, 정수, 진수 2.진액, 에센스 3.실재, 실체

essential ⓐ1.본질적인(intrinsic), 근본적인 2.필수적인(indispensable), 가장 중요한

quint: 제5의,가장 순수한 (purest)

quintessential ⓐ본질적인,전형[정수]의 공9

The novel captured well the **essence** of happiness in life.
그 소설은 인생에서 행복의 본질을 잘 포착했다.

It is only with one's heart that one can see clearly. What is **essential** is invisible to the eye. - Antoine de Saint-Exupery, *The Little Prince*
마음으로 보아야만 분명하게 볼 수 있어. 가장 중요한 것은 눈에 보이지 않는 법이거든.

present

pre(=before, at hand)+sent(=be)
: 바로 앞에 있음

a.1.출석[참석]한 ⓑ absent 2.현재[지금]의 3.존재하는, 있는 n.1.선물(gift) 2.현재, 지금
vt.1.증정[수여]하다, 주다 2.제출[제시]하다 3.나타내다, 보여주다(exhibit)
4.생기다, 드러내다 5.진행하다, 공연[방송]하다 6.출석[참석]하다

presence ⓝ1.출석, 참석 ⓑ absence 2.현존, 실재 3.면전, 목전, 대면

presentation ⓝ1.발표, 설명회, 프레젠테이션 2.증정, 수여 3.제출, 제시 4.상연, 공연 토익

omni(=all)+present(존재하는)

omnipresent ⓐ어디에나 있는, 편재하는(ubiquitous) SAT

Many scientists around the world were **present** at the academic conference.
세계의 많은 과학자들이 그 학술회의에 참석했다.

She sent him a heartfelt **present** in appreciation of his advice and help.
그의 조언과 도움에 감사하여 그녀는 마음을 담은 선물을 그에게 전달했다.

The entrepreneur **presented** scholarships to the poor students.
사업가는 가난한 학생들에게 장학금을 수여했다.

A scholar gave an interesting **presentation** on the future energy.
한 학자 분이 미래 에너지에 대해 흥미로운 발표를 했다.

absent

ab(=away from)+sent(=being)
: 바로 앞에 없음

a.1.(~ from) 결석[결근]한, 불참한 2.없는, 결여된 3.멍한, 방심 상태의
vt.(~ oneself) 결석[결근]하다, 불참하다

absence ⓝ1.결석, 결근, 부재 ⓑ presence 2.없음, 결여, 부족

Mant students were **absent** for days due to severe flu.
많은 학생들이 심한 독감으로 여러 날 결석했다.

Yesterday she **absented** herself from the office without notifying her superior.
어제 그녀는 윗사람에게 알리지도 않고 결근했다

Absence without leave is not allowed in our company.
무단결근은 회사에서 허용되지 않는다.

represent

re(강조)+present(나타내다)
: 명확히 나타내다

vt.1.대변[변호]하다(speak for) 2.대표[대신]하다
3.상징하다(symbolize), 나타내다(stand for) 4.보여주다, 제시하다

representative ⓝ대표자, 대리인(delegate), 국회의원 ⓐ대표하는, 전형[대표]적인

representation ⓝ1.표현, 표시 2.설명, 진술, 항의 3.대표, 대행, 대변

A **representative** is supposed to vote on behalf of the people whom he or she **represents**.
대표자는 그가 대변하는 사람들을 대신해서 투표할 의무가 있다.

The documentary is considered as a **representative** program of our TV channel.
그 다큐멘터리는 우리 방송국의 대표적인 프로그램으로 간주된다.

interest

inter(=between)+est(=be)
: 사이에 존재함

n.1.관심, 흥미, 호기심 2.이해관계 3.이익, 이득 4.중요[중대]성 5.이자
vt.관심[흥미]를 끌다, 흥미를 보이다

interesting ⓐ재미[흥미]있는

The incident caused me to lose all **interest** in the politician.
그 사건을 계기로 나는 그 정치인에 대한 모든 흥미를 잃었다.

My friend made a wrong decision on account of private **interest**.
내 친구는 사적인 이해관계 때문에 잘못된 결정을 내렸다.

Economists predict that **interest** rates will steadily decrease for a couple of years.
경제학자들은 이자율이 수년 동안 꾸준히 하락할 것으로 예측한다.

I play golf for business but it doesn't **interest** me much.
나는 사업상 골프를 치지만 그렇게 흥미가 많지 않다.

It's the most **interesting** historical drama I've ever seen.
그건 지금까지 내가 본 사극 중 가장 재미있다.

chron [Gk] : time시간

시간을 뜻하는 chron과 tempor를 엄밀히 구분하면 chron은 누구에게나 똑같이 주어지는 물리적·기계적 시간이지만, tempor는 주관적·심리적 시간이다. 예를 들면, 연인을 기다릴 때는 시간이 천천히 가지만, 만나서 사랑을 속삭일 때는 시간이 빠르게 가는 이치다.
그리스신화에서 Chronos는 시간의 신(father of time)인데 긴 자루의 낫(scythe)과 모래시계를 든 모습으로 묘사된다. 시간이 지나면 낫으로 다 베어지니 주어진 하루하루는 확실히 잡아야 한다. 그래서 라틴어에는 Carpe Diem이란 말이 있다. 영어로는 Seize the day, 즉 '하루 하루를 소중히 살라'는 뜻이다.

chronic

chron(=time)+ic(형·접)
: 시간에 관련된

a.장기간에 걸친, 만성[고질]적인, 상습적인 공7, 고시 ⓑ acute 급성의, 격심한

The government has tried every possible means to overcome the **chronic** trade deficit.
정부는 만성적 무역적자를 해소하기 위해 갖은 노력을 기울였다.

If your shoulder pain is not treated now, its condition may become **chronic**.
만약 어깨통증을 지금 치료하지 않으면 상태가 만성이 될 수있다.

chronicle
chronic+le(명·접)
: 시간에 관련된 것

n.연대기, 기록 vt.연대기에 싣다, 기록에 올리다
This film is a **chronicle** of the enterpriser's life which is full of ups and downs.
이 영화는 그 기업가의 파란만장한 삶을 보여주는 하나의 연대기다.

chronology
chron(o)(=time)+
logy(=study)
: 시대에 대한 연구

n.연대순, 연(대)표, 연대기학

chronological ⓐ시간[연대]순의 경찰
This latest **chronology** corresponds to the historical data on wars.
이 최신 연대표는 전쟁에 관한 역사적 자료와 일치한다.

synchronize
syn(=same)+
chron(=time)+ize(동접)
: 동시에 발생함

vi.동시에 일어나다, 동시성을 가지다, 동조하다 vt.동시에 일어나게 하다, 동조[일치]시키다 공7

synchronous ⓐ동시성의, 동시에 일어나는, 〈물리〉동기의, 동위상의
All dancers **synchronized** their steps and postures to look bigger and stronger.
모든 무용수들이 스텝과 자세를 동시에 함으로써 동작이 더 크고 강하게 보이게 했다.

anachronism
ana(=against)+
chron(=time)+ism(생각)

n.시대착오, 시대에 뒤진 사람[것] 편입
His thought about marriage is almost an **anachronism**.
결혼에 대한 그의 사고는 거의 시대착오적이다.

tempor [L] : time 시간

tempo [It]
: '시간'이란 뜻에서

n.1.〈음악〉박자, 빠르기, 템포 2.속도
At the party, they all danced together to a music with fast **tempo**.
파티에서 그들 모두 빠른 템포의 음악에 맞춰 함께 춤을 추었다.

temporal
tempor(=time)+al(형·접)
: 시간의

a.1.현세의, 세속[속인]의(secular, mundane) 2.시간의, 때의 ⓑ spatial공간의
3.일시적인(temporary) n.세속적[일시적]인 것
He was not only a **temporal** leader but also a spiritual leader in the nation.
그는 그 국가의 세속적 지도자였을 뿐만 아니라 정신적 지도자였다.

temporary
tempor(=time)+
ary(형·접) : 한때의

a.일시[잠정]적인, 임시의 ⓑ permanent n.비정규직, 임시 고용인 토익, 편입
She has worked hard to transfer from a **temporary** position to a permanent one.
그녀는 비정규직에서 정규직으로 가려고 열심히 일했다.
Those who would give up essential liberty to purchase a little **temporary** safety deserve neither liberty nor safety. - Benjamin Franklin
일시적인 안전을 얻기위해 근본적인 자유를 포기하는 자는 자유와 안전 그 어느 것도 가질 자격이 없다.

contemporary
con(=together)+
tempor(=time)+ary(형접)
: 시간을 함께하는

a.1.같은 시대의, 당대의 2.현대의(modern), 최신의 n.동시대인, 동년배 편입
Contemporary Korean language contains many terms derived from English.
현대 한국어에는 영어에서 온 많은 말들이 포함되어 있다.
The author who wrote the novel, 'The Scarlet Letter', was a **contemporary** with Lincoln. 소설 주홍글씨를 쓴 작가는 링컨과 동시대인이었다.

mort [L] : death 죽음

◆변형 : murd [OE]

mort는 시간의 흐름에 따른 자연적 죽음에서 점점 사회적 의미로 변신하여 법률적인 용어로 까지 나아갔다.

mortal

mort(=death)+al(형·접)
: 죽음의

a.1.반드시 죽는, 죽을 운명의, 인간의 2.치명적인, 극심한, 필사적인 n.사람

mortality ⓝ1.죽을 운명, 필사 2.사망, 사망률 편입

Few have survived **mortal** injuries in the air accident.
그 비행기 사고로 인한 치명적 부상에서 살아남은 자가 거의 없다.

Predicting such a disaster is beyond the power of a common **mortal**.
그런 재앙을 예측한다는 것은 평범한 인간의 힘으로는 불가능하다.

The research clarifies a direct link between smoking and **mortality**.
그 연구는 흡연과 사망률 사이의 직접적 연관을 분명히 보여준다.

immortal

im(=not)+mortal
: 죽지 않는

a.1.불사의, 죽지 않는 2.불멸의, 불후의 공9

immortality ⓝ1.불후, 불사, 불멸 2.불후의 명성

immortalize ⓥⓣ불멸하게 하다, 불후의 명성을 주다 고시

Beethoven left behind **immortal** masterpieces to posterity
베토벤은 후세에 불후의 명작을 남겼다.

Mozart has been **immortalized** through his musical works in later generations.
모짜르트는 그의 음악작품을 통해 후대에 불후의 명성을 얻어왔다.

mortgage

mort(=death)+
gage(=pledge)
: 죽음의 서약*

n.1.저당(권), 저당 잡히기 2.주택담보대출, 융자, 모기지 vt.저당 잡히다 토익

This building is on a heavy **mortgage** by the primary bank.
이 빌딩은 주거래은행에서 거액 담보로 잡고 있다.

After much consideration, he decided to **mortgage** his farm land in order to cover his legal costs.
많은 고심끝에 그는 소송비용을 감당하기 위해 농지를 저당잡히기로 결심했다.

mortify

mort(=death)+
ify(=make, 동접)
: 체면을 죽이다

vt.굴욕감[창피]를 주다(humiliate) vi.고행하다

He felt **mortified** to know that his girlfriend had stood him up.
그는 여자 친구가 바람맞힌 것을 알고 굴욕감이 들었다.

amortize

a(=ad:to)+mort(=death)+
ize(동·접)
: 점점 소멸해 가다

vt.(빚을) 분할 상환하다, 청산하다

I intend to **amortize** the loan on a 30 year basis.
나는 융자금을 30년 분할상환할 작정이다.

morbid

morb(=death)+id(형접)
: 죽음에 관련된

a.1.병적인, 병에 걸린 2.소름 끼치는, 섬뜩한(gruesome) SAT, 편입

She has a **morbid** fear of flying after the air crash.
그녀는 비행기 사고 이후 비행에 대한 병적인 두려움을 가졌다.

murder

murd(=death)+er(명·접)
: 몰래 살해함

n.살인(죄), 살해　vt.살해[살인]하다, 죽이다

murderer ⓝ살인자

The incident was revealed by reinvestigation to be a case of **murder**, not of suicide.
그 사건은 재수사로 자살이 아닌 타살로 판명되었다.

Tip

중세 시대에는 상인들이 돈을 빌릴 때, 갚지 못할 경우 목숨을 내놓겠다는 서약을 했다는데 여기서 유래한 것이 '죽음의 서약' 즉 mortgage다. 세익스피어(Shakespeare)의 작품 '베니스의 상인'(The Merchant of Venice)에 나오는 아래의 인육人肉재판 장면은 mortgage의 의미가 무엇인지 실감나게 보여준다. 이를 현대 영어로 옮겨 보았다.

재판관: 이 상인의 살 한 파운드는 당신 것이 맞네. 법정이 그것을 당신에게 주며 법은 정당하다고 인정한다.
Lawyer: A pound of this merchant's flesh is yours. The court awards it and the law authorizes it.

샤일록: 오! 공정한 판사님이시여. 자, 이리 와서 준비해.
Shylock: What a righteous judge! Come on, get ready.

재판관: 아, 잠깐만. 하나 더 있어. 이 계약은 당신에게 피는 조금도 주지 않는다. 명백히 '한 파운드의 살'이라고만 명시되어 있어. 그러니 위약금으로 살 한 파운드만 가져가야지 만일 당신이 살을 떼어내면서 피를 한방울이라도 흘리면 당국은 당신의 토지와 재산을 법의 이름으로 몰수할 것이다.
Lawyer: But wait a moment. There's something else. This contract doesn't give you any blood at all. The words expressly specify 'a pound of flesh'. So take your penalty of a pound of flesh, but if you shed one drop of his blood when you cut it, the authorities will confiscate your land and property under the law.

샤일록: 뭐라고요! 그게 법이요?
Shylock: What! Is that the law?

cide [L] : kill 죽이다

cide는 unit43.의 '자르다' 편에 중복 설명되어 있는데, 자르다(cut)는 뜻에서 출발하여 점점 '절단하다, 죽이다'는 뜻으로 바뀌었다. 근세에는 발전하는 과학 덕분에 여러 과학용어를 만드는데 활용되고 있다.

suicide

sui(=self)+cide(=kill)
: 자기자신을 죽임

n.자살(행위), 자해　vi.자살하다　vt.(~oneself) 자살하다, 죽이다

Depression drove her to commit **suicide**.
우울증이 그 여자를 자살로 몰아갔다.

In the current political climate, this kind of bigotry among liberals will be an act of political **suicide.**
현재의 정치풍토에서 진보주의자 내에서의 이런 편협함은 정치적 자살행위가 될 것이다.

*commit **suicide**: 자살하다

homicide

homi(=homo, man)+cide(=kill) : 사람을 죽임

n.살인(죄), 살인행위, 살인자

The drunk driver was arrested on the spot for accidental **homicide**.
음주 운전자는 과실치사 혐의로 현장에서 체포되었다.

ecocide
eco(=ecology)+cide(=kill)
: 생태계 파괴

n.환경[생태계] 파괴
In developing countries, **ecocide** crimes would be often ignored or concealed by economic logics.
개발도상국에서는 환경파괴 범죄가 경제논리에 의해 묵살되거나 감춰지기 일쑤였다.

genocide
geno(=race, kind)+cide(=kill) : 종족학살

n.집단[대량] 학살, 종족 학살, 몰살 SAT, 편입
A brutal dictator who had lived in exile was finally arrested for committing **genocide**.
망명생활하던 잔인한 독재자가 집단학살을 저지른 혐의로 마침내 체포되었다.

pesticide
pest(=plague)+cide(=kill)
: 역병 퇴치

n.살충제(insecticide), 농약
The **pesticide** residue has exceeded the limit.
잔류농약이 기준치를 초과했다.
We grow vegetables by ourselves without the use of **pesticides**.
우리는 농약을 사용하지 않고 우리 힘으로 채소를 재배한다.

germicide
germ(세균)+cide(=kill)
: 세균 퇴치

n.살균제(bactericide)
The nurse disinfected the medical tools with a **germicide.**
간호사는 의료기구들을 살균제로 소독했다.

fin [L] : 1. end 끝내다 2. limit 한계, 경계, 한정하다

'끝내다'는 뜻의 어근은 라틴어에서 온 fin과 그리스·로마 신화에서 '땅의 경계와 끝을 담당하는 신' Terminus에서 유래한 termin이 있다.

final
fin(=end)+al(형·접)
: 끝의

a.1.최후의, 마지막의, 최종적인(ultimate, last) 2.변경할 수 없는, 결정적인
n.1.최후의 것 2.결승(전), 최종 라운드 3.기말 시험

finally ⓐⓓ1.마침내, 드디어(eventually, at last) 2.최종적으로, 마지막으로
finalize ⓥⓣ결말[마무리] 짓다, 완결하다 토익
Almost no one could have predicted the **final** outcome of the presidential election.
거의 어느 누구도 대통령 선거의 최종 결과를 예측할 수 없었을 것이다.
Both parties will have a conference to **finalize** the contract.
양측은 계약을 마무리 짓기 위해 회합을 가질 것이다.

finance
fin(=end)+ance(명·접)
: 빚(또는 분쟁)을 끝내기 위해 주는 돈

n.1.재정, 재무 2.재원, 자금 3.금융, 융자 vt.융자[출자]하다, 자본[자금]을 제공하다

financial ⓐ금융의, 재정[재무]의, 회계의
Different view on **finance** divided my partner from me.
자금에 대한 이견이 나와 동업자를 갈라 놓았다.
The great enterprise now faces serious **financial** difficulties.
그 대단한 기업이 지금 심각한 재정적 어려움에 처해 있다.

finale [It]
: (음악 작품에서) 마지막 부분

n.1.대미, 종국, 대단원, 피날레 2.〈음악〉종악장, 종곡
The star singer made a grand **finale** of the inauguration party.
그 인기가수가 취임축하 파티의 피날레를 장식했다.

confine
con(=together)+
fine(=limit)
: 함께 같은 경계를 가짐

vt.1.한정[제한]하다, 국한시키다 2.가두다, 감금하다, 얽매이다 편입

confinement ⓝ1.감금, 유폐 2.제한, 한정
In the current situation, I will **confine** my remarks to personnel affairs.
현 상황에서는 인사문제에만 국한에서 말씀드리겠습니다.
The competent player should be **confined** to a wheelchair for five months after the injury.
그 유능한 선수는 부상 당한 뒤 5개월 동안 휠체어를 타야만 했다.

define
de(=completely)+
fine(=limit)
: 완전히 한정하다

vt.1.정의하다 2.규정[한정]하다, 분명히 밝히다

definition ⓝ1.정의定義, 의미 2.선명도
definite ⓐ1.확실한, 확고한 2.분명한, 명백한 ㉤ indefinite막연한, 불명확한
definitely ⓐⓓ틀림없이, 확실히(certainly, surely), 절대로

There is no scientific evidence that a person's blood type **defines** his or her personality.
사람의 혈액형이 그 사람의 성격을 규정한다는 어떤 과학적 증거도 없다.
A real man is **defined** by what's in his heart, not in his pants. - Kevin Smith
진짜 남자는 바지 속에 무엇이 있느냐가 아니라 가슴 속에 무엇이 있느냐에 따라 정해진다.
I gradually had a **definite** feeling that my wife's health was getting better.
아내의 건강이 호전되고 있다는 확실한 느낌이 점차 들었다.

refine
re(=again)+fine(=end)
: 다시 잘 마무리하다

vt.1.정제[제련]하다(make pure) 2.개선하다, 다듬다, 세련되게 하다
vi.순화되다, 맑아지다, 세련되다

refined ⓐ1.정제된 2.세련된, 품위있는(elegant) 편입 ㉤ unrefined
refinement ⓝ1.개선, 개량 2.정제, 순화 3.세련, 품위, 고상함
The oil company has invested much money in developing cheap ways to **refine** crude oil.
석유회사는 원유를 정제하는 값싼 기술 개발에 많은 돈을 투자해 왔다.
Smartphone makers are pursuing constant **refinement** of their models.
스마트폰 제작사들은 끊임없이 모델의 개선을 추구하고 있다.

infinite
in(=not)+fin(=limit)+
ite(형·접) : 한계가 없는

a.무한한, 막대한, 한계가 없는(endless, unlimited) ㉤ finite한정된, 유한한 토플, 편입
The TV drama shows struggles of Korean youth in the **infinite** competition.
TV 드라마는 무한경쟁 속에서 분투하는 한국 젊은이들의 모습을 보여준다.

termin [L] : 1. end 끝 2. limit 한계, 경계

term
'경계'(limit, boundary)의 뜻에서

n.1.기간, 기한, 임기 2.학기, 회기 3.조건, 조항 4.용어, 전문어 5.관계, 사이
vt.칭하다, 부르다

The professor checked how many times she was absent this **term**.
교수는 이번 학기에 그녀가 몇 번 결석했는지 체크했다.
His **term** of office will be over next month. 그의 임기는 다음 달 끝난다.
The **term** of military service was shortened to two years.
군 복무기간이 2년으로 단축되었다.
The economic **term**, quantitative easing, often appears in the mass media.
양적완화라는 경제용어가 자주 언론에 등장한다.
First of all, we had to focus on deciding **terms** and conditions of the merger contract.
우리는 무엇보다 합병계약 조건들의 결정에 초점을 맞추어야 했다.

terminal
termin(=end)+al(명·접)
: 종료되는 지점(end point)

n.1.종점, 종착역, 터미널 2.단말기 3.〈전기〉전극, 단자
a.1.말기의, 불치의 2.구제불능의, 절망적인 3.끝의, 말단의, 경계의 4.정기의, 매기每期의
bus/railway/ferry **terminal**; 버스/기차/연락선 터미널
positive/negative **terminal**; 양극/음극

Flights for London depart from **Terminal** 7.
런던 행 비행기는 7번 터미널에서 출발합니다.
A few employees hogged the computer **terminal** all day long.
몇 몇 직원이 온종일 단말기를 독차지했다.
I think his condition is now **terminal**.
그는 이제 회복 불능이라고 생각된다.

terminate
termin(=end)+ate(명·접)
: 끝내다

vt.1.끝내다, 종결시키다(finish, end) 2.해지하다, 해고하다 3.~을 경계짓다
vi.끝나다, 종료하다, 종점이 되다 편입

termination
ⓝ1.종결, 종료, 결말 2.〈의학〉임신 중절수술

Our rental contract **terminates** at the end of next month.
전세 계약은 다음 달 말에 종료된다.

terminology
termin(=limit)+ology(=study)
: 말의 경계를 연구함

n.술어, 전문용어, 술어학
She found that the legal **terminology** used in the court was very unfamiliar to her.
법정에서 사용되는 법률용어가 그녀에게 아주 생소하다는 것을 깨달았다.

exterminate
ex(=out of)+termin(=end)+ate(동·접)
: 밖으로 몰아끝내다

vt.근절[박멸]하다, 몰살[전멸]시키다(annihilate) 토플, 편입

extermination
ⓝ근절, 박멸, 몰살

This pesticide can **exterminate** roaches in the house.
이 살충제로 집 안의 바퀴벌레를 싹 없앨 수 있다.

interminable
in(=not)+termin(=end)+able(형·접)
: 끝나지 않는

a.지루하게 긴, 끝없는(unceasing, incessant) 토플, 편입
We got sick and tired of the **interminable** meetings.
우리는 끝없이 계속되는 회의에 진저리가 났다.

determine

de(=off)+termine(=limit)
: 한계를 지어 구분하다

vt.1.결정[확정]하다(decide)　2.결심[결의]하다(resolve)　3.알아내다, 밝히다
vi.1.결정하다, 결심하다　2.(효력 등이) 종료[소멸]되다

determined ⓐ결연[단호]한, 굳게 결심한 편입

determination ⓝ1.결심, 결의, 투지　2.결단력, 과단성　3.결정, 확정

The last five minutes **determined** the direction of the game, victory or defeat.
마지막 5분이 시합의 향방 즉 승리냐 패배냐를 결정지었다.

We are **determined** to get the project finished until this week.
우리는 이번 주까지 프로젝트를 마무리짓자고 결의했다.

Even if some executives disapproved, my boss took over the venture with **determination**.
비록 여러 임원들이 반대했지만 사장님은 결연히 그 벤처회사를 인수했다.

특강 12

근대 과학혁명으로 새롭게 등장한 어휘들

✔ 천 년 이상 종교가 지배하던 중세 유럽은 과학탐구에서 마치 블랙홀처럼 텅 비어있던 시대였다. 오히려 중세에는 십자군 전쟁 이후 아래와 같이 아랍세계에서 과학이나 음식, 기타 여러 가지 어휘를 차용할 정도였다.

alcohol 알코올, 술
alkali 알칼리
alchemy 연금술
algorithm 알고리즘, 연산 토플
algebra 대수학
almanac 책력
tariff 관세, 요금표
cipher 암호, 부호 경찰
zero 제로, 영
zenith 정점, 천정
hazard 위험, 모험 공7
decimal 십진법의, 소수의
coffee 커피
assassin 암살자, 자객
assassinate 암살하다 토플
magazine 잡지, 무기고

☞아랍어에서 al은 영어 정관사 the에 해당됨.
사람들이 가장 많이 마시는 술과 커피는 기이하게도 그 기원이 현재 가장 종교적이고 금욕적인 아랍권임.

✔ 16세기 르네상스 이후에는 이전에 상상도 할 수 없었던 탐구와 논의들이 표출되었고, 이의 결과물은 인쇄술의 발달로 전 유럽에 빠르게 퍼졌다. 그 출발은 과학연구의 방법론에서 시작되었다.

science 과학
discovery 발견
invention 발명
experience 경험
experiment 실험
laboratory 실험실
hypothesis 가정, 가설
premise 전제 공7
concept 개념
cognition 인식
analysis 분석
phenomenon 현상

induction 귀납
deduction 연역
evidence 증거
intuition 직관 편입
proportion 비례
principle 원리, 원칙
device 장치, 고안
category 범주, 분류
enterprise 기획, 모험심

✔ 과학의 발전으로 이전의 점성술, 연금술, 의술에서 점점 천문학, 수학, 물리학, 화학, 생물학, 의학 등으로 세분화되어 학문의 수준으로 나아갔다. 그에 따른 용어들은 다음과 같이 기존 단어에 새로운 생명을 불어넣거나 의미를 진화·발전시켜 사용했다.

planet 행성
orbit 궤도
satellite 위성
atmosphere 대기
density 밀도
gravity 중력, 인력
velocity 속도
acceleration 가속도
atom 원자
molecule 분자
machine 기계
electricity 전기
refraction 굴절
radiation 방사, 방출
pollution 공해, 오염
patent 특허(권)

cell 세포
species 종種, 종류
germ 세균, 미생물
infection 감염, 전염(병)
heredity 유전
evolution 진화
mutation 돌연변이
incubate 배양[잠복]하다
ubiquitous 어디에나 있는 공9
symbiosis 공생 토플
ferment 효소, 발효
immunity 면역(력)

✓ 그러나 기존 단어만으로는 분출하는 새로운 개념이나 발견·발명이 가진 함의를 정확히 전달하기에 턱없이 부족해 신조어(coined word)들을 많이 만들 수 밖에 없었다.

특강 12

telescope 망원경
thermometer 온도계
relativity 상대성
microscope 현미경
oxygen 산소
calorie 열량, 칼로리
barometer 기압계
hydrogen 수소
elasticity 탄력[신축]성 편입

statistics 통계학
psychology 심리학
aviation 항공, 비행(술)
optimism 낙관주의
bureaucracy 관료제
subconscious 잠재의식
parachute 낙하산
pessimism 비관주의
copyright 저작권, 판권 토익
altruism 이타주의 공9
sanitation 위생, 하수 공7

dinosaur 공룡
protein 단백질
contraception 피임 토플
mammal 포유동물
enzyme[énzaim] 효소
vaccination 예방접종
ecology 생태(학) 편입
glucose 포도당, 글루코스
anesthesia[ænəsθíːʒə] 마취 경찰

Review Test 19

a. tariff	b. category	c. algorithm	d. warrant	e. reign
f. synchronize	g. sanitation	h. prototype	i. prejudice	

◆ **From the box above, choose the word that corresponds to each definition below.**

1 to move or occur at the same time or rate

2 a writ or order authorizing an officer to make an arrest, search or perform some other designated act

3 a class or group of things, people, etc, possessing some quality or qualities in common

4 conditions relating to public health, esp. the provision of clean water and adequate sewage disposal

5 a predetermined set of instructions for solving a specific problem in a limited number of steps

6 a tax that a government collects on goods coming into a country

7 preconceived idea, favorable or more usually unfavorable

8 a period during which a person or thing is dominant, influential, or powerful

9 a first or preliminary version of a device or vehicle from which other forms are developed

◆ **Choose the one that is closest in meaning to the highlighted word in each sentence.**

10 It was assumed that **chronic** stress had led to his death at an early age.
① frequent ② occasional ③ psychological ④ serious ⑤ persistent

11 As a salesman, you should remember that your **cardinal** rule is to do everything you can to satisfy a customer. 서울시7
① definitive ② gigantic ③ potential ④ principal

12 A hamburger and French fries became the **quintessential** American meal in the 1950s, thanks to the promotional efforts of the fast food chains. 공9
① healthiest ② affordable ③ typical ④ informal

13 Her claim for her father's inheritance is **legitimate** in some ways.

① reasonable ② legal ③ rational ④ positive ⑤ persuasive

14 Blake's poem is a **reservoir** of inspiration which gives me brilliant ideas.

① release ② ingredient ③ conversion ④ source ⑤ acquisition

15 Backed by an army, an **unscrupulous** Roman governor could easily take advantage of his power and enrich himself. 국회8

① felicitous ② ungrudging ③ benevolent ④ valiant ⑤ unprincipled

16 The group's chairman has led the company to **consistent** profits for decades.

① tremendous ② manifest ③ steady ④ remarkable ⑤ exceptional

17 The singer felt **mortified** by a false rumor that spread out on the internet.

① ridiculous ② humiliated ③ confused ④ complacent ⑤ embarrassed

◆ **Fill in the blank with the proper verb that will best complete the meaning of each sentence.**

① seduced ② guarantee ③ justified ④ incubated ⑤ represent ⑥ confine ⑦ amortized

18 Many venture businesses are being _______ in a start-up cluster.

19 An association will be formed to _______ the interests of franchisees.

20 The witness tried to _______ himself to what he had seen.

21 The cost of the private highway will be _______ over a long period that reflects its life expectancy.

22 She has easily_______ promising professionals with her beauty.

23 The player's game performance _______ a big raise in salary this season.

24 We _______ to refund your money if you are not satisfied with our products

Part 7

접두사 알아보기

Love is a springtime flower, which even in ruins perfumes everything with its hope.

–Gustave Flaubert, *Correspondence*

사랑은 봄에 피는 꽃. 폐허에서 조차 모든 것을 희망의 향기로 그윽하게 한다.

One cannot be strong without love.

–Paul Tillich

인간은 사랑 없이는 강해질 수 없다

Unit 58. 접두사와 자음동화: ad-, ob-

ad나 ob는 뒤에 오는 어근의 철자에 따라 자음동화되어, 다양하게 철자가 변하거나 아예 첫 글자 [a], [o]만 남기도 한다. ad는 ab-, ac-, af-, ar-, a- 등으로 변하고 ob는 oc-, of-, op-, o- 등으로 변한다. 이런 자음동화가 일어나는 이유는 무엇보다 발음의 편의성과 경제성을 위해서다.

ad- [L] : ~쪽으로(to, toward), ~에(at) 등

◆변형: ab-, ac-, af-, ar-, a-

영어에서 가장 많이 쓰이는 접두사가 ad 및 그 변화형이며, 이들과 결합되어 만들어진 동사는 아주 다양할 뿐 아니라 영어에서 핵심단어를 이룬다. ad 및 그 변화형이 붙은 단어들은 어원과 연결되어 앞의 해당 unit에서 100개 정도의 표제어로 이미 중복 설명되었다. 따라서 여기서는 중요 단어로 간략히 요점만 정리한다.

adapt
ad(=to)+apt(=fit)
: ~에 맞게 하다

vi.1.(~ to)맞추다, 적응[순응]하다
vt.1.적응[순응]시키다(adjust) 2.각색[개작, 번안]하다 경찰, 편입

adaptation ⓝ1.적응, 순응, 적합 2.각색, 개작

We had to **adapt** ourselves to the new surroundings in order to survive.
우리는 살아남기 위해 새로운 환경에 적응해야 했다.

adopt
ad(=to)+opt(=choose)
: ~쪽으로 택하다

vt.1.채택[도입]하다, 차용하다, 취하다 2.양자로 삼다, 입양하다 편입

adoption ⓝ1.채택, 채용 2.양자입양

The government **adopted** a strategic approach to solving the two cities' conflict.
정부는 두 도시 간의 갈등을 푸는데 있어서 전략적 접근을 채택했다.

The **adoption** agency asked the couple to legally **adopt** a young girl.
입양기관은 그 부부에게 어린 소녀를 합법적으로 입양하도록 요청했다.

adept
ad(=to)+ept(=attained)
: ~에 이르다, 도달하다

a.(~at, in) 숙련[숙달]된, 능숙한(skillful, proficient) n.숙련자, 노련가 고시, SAT

inept: in(=not)+ept → ⓐ솜씨없는, 서투른(clumsy)

Strange as it may sound, she is really **adept** at messing things up.
이상하게 들릴지 모르지만 그녀는 일을 엉망으로 만드는데 아주 일가견이 있다.

She was socially **inept** at first, but now **adapts** well to our organization.
그녀는 처음엔 사교적으로 미숙했지만 지금은 우리 조직에 잘 적응하고 있다.

Tip

apt(=fit)는 적절하게 맞춰 순응하거나 각색한다는 의미이고, opt(=choice)는 여럿 중에서 골라 채택하거나 입양한다는 의미다. 그리고 ept(=attained)는 어떤 경지에 도달한다는 뜻이다.

adorn
ad(=to)+dorn(=fit out)
: 알맞게 갖추다

vt.(~ with) 장식[치장]하다,꾸미다(decorate, ornament) 토플

adornment ⓝ꾸미기,장식,장식품(decoration) 편입

The old lady **adorned** herself with a pearl necklace.
그 노부인은 진주 목걸이로 자신을 꾸몄다.

She seldom wears make-up, as she has fair skin and distinct features that have little need of **adornment**.
그녀는 꾸밀 필요가 거의 없는 깨끗한 피부와 뚜렷한 이목구비를 가졌기 때문에 화장은 거의 안 한다.

abbreviate

[əbríːvièit]

ab(=ad:to)+brevi(=short)+ate(동·접) : 짧게 하다

vt.줄이다, 줄여쓰다, 단축[요약]하다

abbreviation ⓝ1.축약(형), 약어, 약자 2.생략 공7

Los Angeles is usually called LA, which is its **abbreviated** form.
로스엔젤레스는 보통 줄인 형태인 LA로 불린다.

account [F]

: ac(=ad:to)+count(셈하다) : ~에 대해 셈하다

n.1.계좌, 계정 2.계산(서), 장부, (외상)거래 3.설명, 해석 4.이유(reason) 근거(basis) 5.중요성, 고려
vi.1.설명하다, 원인이 되다 2.책임을 지다 3.(비율을) 차지하다
vt.1.~라고 생각하다, 여기다 2.~으로 돌리다

I opened a new **account** at the bank upon my friend's request.
친구의 요청으로 그 은행에 신규 계좌를 개설했다.

He quitted the job on **account** of illness. 그는 병 때문에 일을 그만두었다.

We'll certainly take your perspective into **account** when we are selecting members.
요원들 선발 시에 당신의 관점을 반드시 고려할 것입니다.

Drowsy driving may have **accounted** for the automobile crash.
졸음운전이 아마 그 자동차 사고의 원인이었을 것이다.

Women who currently serve in the military **account** for about 7% of all troops.
현재 복무 중인 여군은 전체 병력의 약 7%를 차지한다.

*on **accout** of: ~때문에(=because of, due to, owing to)
take~ into **account**: ~을 고려하다(=take account of ~)

accuse

ac(=ad:to)+cuse(=cause) : 소송의 명분(cause of lawsuit) 쪽으로

vt.1.고발[기소]하다 2.비난[책망]하다 vi.고발[고소]하다, 비난하다 경찰

accusation ⓝ고발, 고소, 비난

The corporation has been **accused** of violating antitrust laws in Europe.
그 회사는 유럽에서 독점금지법 위반으로 기소되었다.

The baseball coach had been **accused** of incompetence, and got fired during the season.
그 야구감독은 무능하다고 비난받다가 시즌 중에 잘렸다.

accumulate

ac(=ad:in addition)+cumul(=heap up)+ate(동·접) : 더하여 쌓다

vt.모으다, 축적하다(collect, pile up) vi.모이다, 늘다, 축적되다

accumulation ⓝ축적, 누적, 쌓아올림

My parents have **accumulated** a fortune by hard work.
부모님은 열심히 일해서 재산을 모았다.

accustom

ac(=ad:to)+custom(=habit) : 습관으로 되다

vt.습관들이다, 익숙케[길들게]하다, 익히다

accustomed ⓐ1.익숙한, 길들여진 2.평상시의, 늘 하는

These days almost everyone has become **accustomed** to texting and surfing on the move.
요즘은 거의 모든 사람들이 이동 중에 문자를 보내거나 검색하는데 익숙해져 있다.

*be[get] **accumstomed**[used] to+ v-ing / n.: ~에 익숙하다

acquit
ac(=ad:to)+
quit(=free,clear)
: 면하게 해주다

vt.1.무죄를 선고하다,(혐의를) 벗겨주다(exonerate, absolve) 2.석방[방면]하다 토플

acquittal ⓝ무죄 선고, 책임 해제

The Supreme Court **acquitted** him of the murder on the grounds of self-defence.
대법원은 정당방위를 근거로 살인혐의에 대해 그에게 무죄를 선고했다.

affair [F]
af(=ad:to)+fair(=do)
: 해야할 일

n.1.일, 업무 2.문제, 관심사 3.사건, 스캔들, 정사

A single photo cast light on the whole **affair**.
사진 한 장으로 그 사건 전체의 실마리가 풀렸다.

affirm
af(=ad:to)+
firm(=make strong)
: 강하게 나가다

vt.vi.1.단언[확언]하다 2.긍정[지지]하다

affirmative ⓐ긍정의, 긍정적인 ⓑ negative ⓝ긍정, 긍정적 대답, 찬성 편입

affirmation ⓝ1.확언, 단언, 확인 2.지지, 긍정

Amid the general strike, the new owner **affirmed** the principle of no work, no pay.
총파업 와중에 새로운 사주는 무노동 무임금 원칙을 단언했다.

allege
al(=ad:to)+lege
(=depute,send)
: 위임해 버리다

vt.1.(증거 없이) 혐의를 제기하다, 우겨대다 2.주장하다, 단언하다(assert) 편입, 토플

allegation ⓝ1.주장,단언 2.혐의, 의혹

allegiance ⓝ1.충성, 충실, 헌신 편입

The company is **alleged** to have violated fair trade law.
그 회사는 공정거래법을 위반했다는 혐의를 받고 있다.

allot
al(=ad:to)+lot(=share)
: 몫에 따라(나누다)

vt.1.할당하다(assign), 분배[배분]하다 2.충당하다 편입

allotment ⓝ1.할당, 분배 2.몫, 분담액

It is important to properly **allot** the time for each question when facing a tough exam.
어려운 시험과 대면했을 때는 각 문제에 대한 적절한 시간 배분이 중요하다.

allure
al(=ad:to)+
lure(=bait, 미끼)
: 미끼로 유인하다

vt.유혹[매혹]하다, 사로 잡다(captivate, attract) n.(성적) 매력, 매혹, 유혹 공7

The professor returned to the university leaving behind all the **allures** from the polical sphere.
그 교수는 정치권의 모든 유혹을 뒤로 하고 대학으로 돌아왔다.

annex
an(=ad:to)+
nex(=tie, bind)
: ~에 묶다, 덧붙이다

vt.1.덧붙이다, 부가[첨부]하다(append) 2.합병하다, 부속시키다
n.1.부록, 부가[부속]물 2.별관, 별채 경찰

annexation ⓝ1.부가, 첨가, 합병 2.부가물, 부록

England had intended to **annex** the island but failed due to France's interruption.
영국은 그 섬을 합병하려 했으나 프랑스의 방해로 실패했다.

annul
an(=ad:to)+nul(=nothing)
: 없던 것으로 하다

vt.1.(계약, 법률 등을) 무효로 하다(nullify, make void), 취소하다(cancel)
2.제거하다, 소멸시키다 공9

The two sides had the contract **annulled** by bilateral agreement.
양측은 쌍방 합의에 의해 계약을 무효화 시켰다.

annihilate
[ənáiəlèit]

an(=ad:to)+
nihil(=nothing)+ate(동접)
: 무無로 만들다

vt.1.전멸[말살]시키다, 섬멸하다(exterminate) 2.완파하다, 완패시키다 3.무효로 하다 토플, SAT

Radical terrorism is **annihilating** humanity all over the world.
급진적 테러가 세계 도처에서 인간성을 말살시키고 있다.

Tip

nul과 nihil은 둘 다 '무無, 없음'을 뜻하며 다음과 같이 몇가지 단어에 사용된다.

null ⓐ무효의(useless), 무가치한, <컴>빈
nullify ⓥⓣ무효로 하다, 파기하다 국회8
nihilism ⓝ허무주의, 니힐리즘 편입
nihilist ⓝ허무주의자

appease

ap(=ad)+pease(=peace)
: 평화로 가다

vt.1.달래다, 진정시키다(placate, soothe) 2.유화책을 쓰다, 양보하다 공9, SAT

appeasement
ⓝ1.달램, 진정, 완화 2.유화 정책, 타협책

We tried to **appease** the juvenile delinquents by forgiving them who committed their first crime.
우리는 처음 범죄를 저지른 소년범들을 용서함으로써 그들을 달래려고 애썼다.

applaud

ap(=ad:to)+
plaud(=clap hands)
: ~에게 박수치다

vi.vt.1.박수치다, 갈채를 보내다 2.칭찬하다, 환영하다 경찰

applause
ⓝ(박수)갈채, 큰 박수(ovation), 칭찬 편입

Everyone in the beer house **applauded** the winning goal in the last minute.
맥주집에 있던 모든 사람들은 마지막 순간에 터진 결승골에 박수갈채를 보냈다.

The audience burst into thunderous **applause** as the teenage girl ended her piano performance.
십대 소녀가 피아노 연주를 끝냈을 때 청중은 우레와 같은 박수를 터뜨렸다.

approach

ap(=ad:to)+
proach(=come nearer)
: 더 가까이 가다

vt.1.다가가다, 접근하다(come up to) 2.접촉하다(contact), 이야기를 꺼내다 3.다루다(deal with), 착수하다 vi.다가오다, 가까워지다

n.1.접근법, 해결[처리]방법 2.접근, 진입, 근사치

As the time to say goodbye **approached**, the two lovers hugged each other closer.
작별의 시간이 다가오자 두 연인은 서로를 더욱 꼭 껴안았다.

Now there should be an innovative **approach** to public education.
이제는 공교육에 대한 혁신적인 접근법이 있어야 한다.

approximate

ap(=ad:to)+proxim
(=nearest)+ate(형접)
: 아주 가까이

a.1.거의 정확한, 근사치의 2.흡사[유사]한 vt.1.어림 잡다, 가까이 가다 2.흉내내다 vi.가깝다, 비슷하다 토익, 토플

approximately
ⓐⓓ대략, 거의, 약…

proximity
ⓝ근접, 접근 법원9, 편입

The figures in this advertisement only show the **approximate** prices of the package tour.
이 광고의 수치는 패키지 여행에 대해 단지 대략적인 가격만 보여주고 있다.

His company is situated in close **proximity** to an entertainment district.
그의 회사는 유흥가에 아주 가까이 위치해 있다.

arrange
ar(=ad:to)+
range(=set in a row)
: 한 줄에 놓다

vt.1.정리[정돈]하다(put in order), 배열하다 2.정하다, 준비하다 3.조정[해결]하다, 처리하다 4.편곡[각색]하다 vi.준비[마련]하다(prepare, provide), 조처하다

arrangement ⓝ1.정돈, 정리, 배열 2.조정, 합의 3.준비, 계획 4.편곡, 각색

Our staff will **arrange** for a car to pick you up at the airport.
우리 직원이 당신을 공항에서 픽업하도록 차를 준비할 것입니다.

I had to **arrange** my schedule to fit my supervisor's.
내 스케쥴을 직속상사의 스케쥴에 맞춰야만 했다.

The movie director is very interested in **arranging** the novel for a film.
그 영화감독은 그 소설을 영화로 각색하는데 매우 관심이 있다.

arrest
ar(=ad:to)+re(=back)+
st(=stand)
: 뒤로 물러서게[멈추게] 하다

vt.1.체포[검거]하다 2.저지[억류]하다 n.1.체포, 검거 2.정지, 억제, 마비 편입

A drunken man was **arrested** for criminal damage.
술취한 남자가 기물파손죄로 체포되었다.

The opposition leader has been under house **arrest** for a long time.
야당 지도자는 장기간 가택연금 상태에 있다.

The player died of cardiac **arrest** during a game.
그 선수는 경기 중에 심장마비로 죽었다.

attempt
at(=ad:to)+tempt(=try)
: 해 보려고 애쓰다

vt.시도[기도]하다(try), 꾀하다 n.시도, 기도, 미수(행위)

The engineer **attempted** to develop new designs with advanced materials.
그 엔지니어는 첨단소재를 사용하는 새로운 디자인을 개발하려고 시도했다.

The party promised lower taxes in an **attempt** to creep into voter's favor.
그 정당은 유권자의 환심을 사려고 낮은 세금을 약속했다.

aspect
a(=ad:to)+spect(=watch)
: 어떤 쪽으로 바라 봄

n.1.외관, 모양 2.관점, 견지 3.국면, 측면
A chronic disease affects every **aspect** of his life.
만성적 질병이 그의 생활의 모든 면에 영향을 미친다.

ob- [L] : 1.반대(against), 방해(in the way) 2.~에게, ~쪽으로(to, toward) 등 ◆변형 : oc-, of-, op-, o-

ob는 '반대나 방해'의 뜻으로 주로 쓰이지만 이와 상충되는 것처럼 보이는 '~에게, ~쪽으로' 라는 뜻도 있고 그 외에 몇 가지 다른 뜻을 가지고 있다.

oblique
ob(=against)+
lique(=bent)
: ~에 대해 삐딱하게 굽은

a.1.비스듬한, 기울어진, 사선斜線의 2.완곡한, 에두른 n.빗각, 사각斜角 경찰

A man next to her cast an **oblique** glance to her answer sheet.
그녀 곁의 한 남자가 그녀의 답안지를 곁눈질했다.

occult
oc(=against)+
cult(=hidden) : 숨겨진

a.1.비술[주술]적인, 초자연적인, 신비한(mysterious) 2.비전秘傳의, 밀교적인
n.비술, 주술 편입
The magician is said to have an **occult** power.
그 마술사는 주술적인 힘을 가졌다고 사람들이 말한다.

obstinate
ob(=in the way)+stin(=stand)+ate(형·접)
: 방해되게 서 있는

a.1.고집 센, 완고한(stubborn), 집요한 2.(병 등이) 난치의, 없애기 힘든 공7, 토플

The student is so **obstinate** that he won't admit his gross fault.
그 학생은 아주 고집이 세어서 큰 잘못도 인정하지 않으려한다.

obey
ob(=to)+ey(=listen)
: 귀 기울여 따르다

vt.1.따르다, 순종[복종]하다 2.준수하다, 지키다 vi.복종[순종]하다 ⓑ disobey

obedient ⓐ복종[순종]하는, 고분고분한(meek) 편입, 토익 ⓑ disobedient

obedience ⓝ복종, 순종, 준수

Some drivers didn't **obey** traffic rules in the traffic jam.
일부 운전자는 도로가 막힐 때 교통법규를 지키지 않았다.

Rebellion to tyrants is **obedience** to God.
폭군에 대한 반역은 신에 대한 순종이다.

officious
of(=ob:against)+fic(=do)+ious(형접)
: 거슬리게 행하는

a.1.주제넘게 나서는, 참견하기 좋아하는(obtrusive, meddlesome)
2.거들먹거리는, 위세 부리는 3.(외교) 비공식의 편입

She was stopped at the entrance by an **officious** guard who asked for her faculty card. 그녀는 입구에서 교직원 신분증 제시를 요구하며 거들먹거리는 수위에게 제지당했다.

obnoxious
ob(=to)+nox(=harm)+ious(형접)|~에게 유해한

a.비위 상하는, 아주 싫은, 불쾌한 편입

The drunkard became **obnoxious** to his neighbors.
그 주정뱅이는 이웃들이 아주 싫어하는 사람이 되었다.

obit
ob(=toward)+it(=go)
: (죽음을) 향해서 감

n.1.사망기사(obituary), 부고 2.사망일, 기일

obituary ⓝ사망기사, 부고 ⓐ사망(기록)의 편입

One day Alfred Nobel was shocked to read a false **obituary** of his own death.
어느 날 알프레드 노벨은 자신의 죽음에 대한 잘못된 부고를 읽고 충격을 받았다.

obvious
ob(=to)+vi(=way)+ous(형·접) : 길로 향하는

a.1.명백한, 분명한(clear, apparent) 2.뻔한, 노골적인

It was not long the answer appeared glaringly **obvious** to the common people.
이윽고 그 해답은 일반인들에게 불을 보듯 명백하게 나타났다.

obscure
ob(=over)+scure(=covered)
: 위에 무엇이 덮인, 어두운

a.1.애매한, 모호한(ambiguous, vague), 불분명한 ⓑ evident, clear 2.알려지지 않은, 무명의
3.컴컴한, 어둠침침한(dim) vt.1.가리다, 덮다, 애매하게 하다 편입, 토플

The mayor's attitude toward the matter is quite **obscure**.
그 문제에 대한 시장의 태도는 상당히 모호하다.

obesity
ob(=over)+esi(=eat)+ity(명·접) : 과하게 많이 먹음

n.비만, 비대

obese [oubí:s] ⓐ비만의, 뚱뚱한, 살찐(fat) 공9, 경찰

Imposing a fat tax on soft drinks will be effective in reducing child **obesity**.
탄산음료에 비만세를 부과하는 것이 아동비만을 줄이는데 효과적일 것이다.

oblivion

ob(=away)+liv(=slip)+ion(명·접)
: 멀리 미끄러져 감

n.망각, 잊혀짐, 사라짐 SAT, 고시

oblivious ⓐ1.잘 잊는(forgetful), 건망증이 있는 2.염두에 없는, 의식하지 못하는 공7

The movie queen disappeared slowly into **oblivion** after she had left the film world.
은막의 여왕은 영화계를 떠난 후 서서히 망각 속으로 사라졌다.

obsolete

ob(=away)+solete(=be used to)
: 쓰임에서 멀어진

a.쓸모없게 된, 한물 간, 구식의 공9, 7

A new cellular phone makes old ones **obsolete**.
새로운 휴대폰은 이전의 것들을 쓸모없게 만든다.

obscene

[əbsíːn]

ob(=against, offensive)+scene(=sense)
: 느낌이 불쾌한

a.1. 음란[저속]한, 외설적인(indecent) 2.터무니없는, 가당찮은 편입

At that time, military sensors paid special attention to stamping out **obscene** literature and confiscated many copies.
그 당시에는 군사 검열관들이 외설적인 문학을 근절키 위해 특히 유의했고 많은 출판물을 압수했다.

occupy

oc(=ob:intensive, 강조)+cupy(=seize, take)
: 꽉 잡다

vt.1.차지[점유]하다(take up) 2.사용[거주]하다 3.점령[점거]하다

occupation ⓝ1.직업, 업무(job, profession) 2.재직(기간), 임기 3.점령, 점유 4.심심풀이, 여가활동(pastime)

The program **occupies** about one tenth of my computer's memory.
그 프로그램은 내 컴퓨터 메모리의 약 1/10을 차지한다.

Income is still his major yardstick of selecting an **occupation**.
소득이 여전히 그가 직업을 선택하는 주된 기준이다.

omit

o(=ob:intensive, 강조)+mit(=send) : 싹 보내버리다

vt.1.생략[누락]하다, 제외하다(exclude) 2.빠뜨리다, 빼다(leave out)

omission ⓝ1.생략, 누락 2.태만, 등한

He was shocked at the **omission** of his own name from the promotion list.
그는 승진자 명단에 자신의 이름이 누락된 것에 충격을 받았다.

Unit 59. 부정; un, dis, in / 반대, 저항; anti, contra, counter, with / 실수; mis

영어에 처음 접두사를 쓰게된 계기는 단어 앞에 간단한 접두사를 붙여 반대어나 부정어를 쉽게 만들 수 있었기 때문인 것으로 보인다. 이런 착상이 여러 다양한 뜻의 접두사로 확장되었고, 똑같은 방식이 접미사에도 적용되어 수많은 어휘가 분출되었다.

un- [OE] : 1. 부정(not) 2. 반대(opposite)

un은 수많은 형용사나 과거분사(past participle)의 앞에 붙여져 부정이나 반대의 뜻을 나타내는데 사용된다. 일부 동사의 경우에도 반대의 뜻을 만든다.

unavoidable
un(=not)+avoidable(피할 수 있는)

a.불가피한, 피할[어쩔] 수 없는
The research was suspended due to **unavoidable** circumstances.
연구는 불가피한 사정으로 일시 중지되었다.

unfair
un(=not)+fair(공정한)

a.부당한, 불공정[불공평]한(unjust, biased)
Some discharged laborers filed a suit against the company for **unfair** dismissal.
몇몇 해고근로자들이 부당해고를 당했다고 회사 상대로 소송을 제기했다.

unlikely
un(=not)+likely(할 것 같은)

a.~할 것 같지 않은, 가망없는, 예상 밖의
The big corporation is **unlikely** to recover in the near future.
그 대기업은 가까운 장래에 회생할 것 같지 않다.

unofficial
un(=not)+official(공식적인)

a.비공식적인, 공인되지 않은
According to an **unofficial** report, the head of the conglomerate will be pardoned soon.
한 비공식 보도에 따르면 그 재벌총수는 곧 사면될 것이다.

unprecedented
un+pre(=before)+ced(=go)+ent+ed
: 이전에 가보지 못한

a.전례[유례]없는, 미증유의(unparalleled, unexampled), 새로운 토익, 공9
The government is expected to take **unprecedented** steps against the long-lasting drought.
정부는 지속되는 가뭄에 대비해 전례없는 조치를 치할 것으로 기대된다.

unusual
un(=not)+usual(흔히 있는, 보통의)

a.1.특이한, 보통이 아닌, 흔치 않은(uncommon, odd, rare) 2.유별난, 색다른
The human brain is a most **unusual** instrument of elegant and as yet unknown capacity. - Stuart Seaton
인간의 뇌는 명쾌하면서도 그 능력이 아직 다 알려지지 않았다는 점에서 가장 특이한 장치이다.

unveil
un(=opposite)+veil(=head-covering, disguise)

vt.1.베일[덮개]을 벗기다, (비밀을) 밝히다, 공표하다
vi.베일[덮개]을 벗다, 정체를 드러내다 편입
The company will be **unveiling** a new drug for diabetes sometime soon.
그 회사는 조만간에 당뇨병 신약을 공표할 예정이다.

unwilling
un(=not)+willing(기꺼이 하는, 자발적인)

a.1.꺼리는, 싫어하는(reluctant) 2.마지못해 하는, 본의 아닌
The woman seemed very **unwilling** to give her personal details.
그 여자는 신상명세에 대해 말하는 것을 아주 꺼리는 것 같았다.

unnoticed
un(=not)+
noticed(눈에 띄는)

a.눈에 띄지 않는, 눈치채지 못한, 간과되는
The illegal trade in wildlife has gone **unnoticed** for three years.
야생동물에 대한 불법거래가 3년 동안 발각되지 않은 채 이루어졌다.

unfold
un(=opposite)+fold(접다)

vt.1.펴다, 펼치다 2.토로하다, 밝히다 vi.펼쳐지다, 진행[전개]되다
As the story **unfolds**, the main character attempts to figure out secrets about his birth.
이야기가 전개되면서 주인공은 자신의 출생의 비밀을 밝히려고 시도한다.

unlock
un(=opposite)+
lock(잠그다)

vt.1.(열쇠로) 열다 2.(비밀 등을) 밝히다, 털어놓다, 드러내다
A venture firm is developing a cellular phone that can be **unlocked** by fingerprint recognition. 한 벤처회사가 지문인식으로 열 수 있는 휴대폰을 개발하고 있다.

dis- [L] : 1.부정(not), 반대(opposite) 2.분리·떨어짐(apart, away)

disable
dis(=opposite)+
able(할 수 있는, 유능한)

vt.1.불구로 만들다(cripple, maim), 장애를 입히다 2.무능[무력]하게 하다
3.손상하다, 망가뜨리다

disabled ⓐ불구가 된(crippled), 장애를 가진, 무능력한 ⓝ장애자들 편입
disability ⓝ1.장애, 핸디캡 2.무능(력), 무자격
cf. **unable** ⓐ~할 수 없는, ~하지 못하는(incapable)
The singer was **disabled** in a traffic accident, and has come back to the music scene on a wheelchair. 그 가수는 교통사고로 장애인이 되어 휠체어를 타고 가요계에 복귀했다.

disarm
dis(=apart)+
arm(=weapon)
: 무기를 멀리하다

vt.1.무기를 빼앗다, 무장 해제시키다(demilitarize) 2.군비를 축소[제한]시키다
vi.무기를 버리다, 군비를 축소[제한]하다

disarmament ⓝ무장해제, 군비축소
Some soldiers **disarmed** the captured rebels of their weapons.
군인들이 체포된 반군으로 부터 무기를 빼앗았다.

discard
dis(=away)+card
: 카드를 멀리 던지다

vt.(불필요한 것을) 버리다, 폐기하다 n.포기, 폐기, 버림 공9
Discard used needles immediately after injection.
주사 후 사용된 바늘은 즉시 폐기하시오.

discover
dis(=opposite)+
cover(덮다, 가리다)

vt.발견하다, 밝히다, 알아내다, 찾다(find out)

discovery ⓝ1.발견 2.발각, 탄로
Scientists around the world are studying to **discover** the cause and cure for dementia. 전 세계의 과학자들이 치매의 원인과 치료법을 발견하기 위해서 연구하고 있다.
The missing woman was later **discovered** dead in a forest.
실종된 여인은 그 후에 숲 속에서 숨진 채 발견되었다.
No great **discovery** was ever made without a bold guess. - Isaac Newton
지금까지 어떤 위대한 발견도 대담한 상상없이 이루어진 적은 없다.

discrepancy
dis(=apart)+crep(=crack)+ancy(명접)
: 갈라져 서로 떨어짐

n.차이(difference), 불일치(inconsistency), 괴리(gap)

There is a large **discrepancy** between the two translations.
두 번역 사이에는 큰 차이가 있다.

disease
dis(=apart)+ease(편안함)
: 편안함에서 동떨어진

n.1.질병, 병(illness) 2.병폐, 부패

It is yet unknown what causes the fatal **disease**.
무엇이 그 치명적 질병을 유발하는지 아직 밝혀지지 않았다.

disguise
dis(=apart)+guise(=apperance)
: 본 모습에서 벗어난

vt.1.변장[위장]하다(camouflage) 2.숨기다, 감추다 토플, 공9
n.1.변장, 위장, 가장 2.구실, 은폐, 속임수

She couldn't **disguise** the fact that she felt a thrill of excitement.
그녀는 온 몸이 오싹해지는 흥분을 느꼈다는 사실을 감출 수 없었다.

The wanted man wore glasses and a false beard for a **disguise**.
수배범은 안경을 쓰고 가짜 턱수염으로 변장했다.

I am sure that this failure will be a blessing in **disguise**.
이번 실패가 변장한 축복[전화위복]이 되리라고 확신한다.

disgust
dis(=away)+gust(=taste)
: 입맛이 싹 달아나는

n.역겨움, 혐오감, 질색 vt.역겹게 하다, 혐오감[넌더리]를 유발하다 공9

disgusting
ⓐ메스꺼운, 역겨운, 아니꼬운

I wrinkled my nose in **disgust** at a fart smell.
나는 방귀냄새에 역겨워서 코를 찡그렸다.

dishonor
:dis(=opposite)+honor(명예)

n.1.불명예, 치욕(disgrace), 망신(거리) 2.굴욕, 모욕(insult) 3.(어음의) 부도

dishonorable
ⓐ불명예[수치]스러운

He would choose death over **dishonor** to prove his innocence.
그는 결백을 증명하기 위해 치욕보다 죽음을 택하려 했다.

It is unbelievable that such a shy student engaged in so **dishonorable** conduct.
그토록 수줍음 많은 학생이 그런 불미스러운 짓에 연루되었다니 믿을 수가 없다.

disorder
dis(=opposite)+order(질서)

n.1.무질서, 혼란, 엉망(mess, chaos) 2.(신체의) 장애, 이상, 질환
vt.1.(질서 등을) 어지럽히다, 혼란시키다 2.(심신을) 병들게 하다 편입

A general strike threw the company into **disorder**.
총파업이 회사를 혼란에 빠뜨렸다.

The child's condition was diagnosed as attention deficit **disorder**.
그 어린이의 상태는 주의력 결핍장애로 진단되었다.

display
dis(=opposite)+play(=plic:fold)
: 널리 펼치다

vt.1.전시[진열]하다(exhibit) 2.드러내다, 과시[발휘]하다 3.표현하다, 보여주다(show, present)
n.1.전시, 진열, 전람 2.표현, 과시 3.디스플레이

Various models for smartphone are on **display** in the showcase.
진열장에는 여러 종류의 스마트폰 모델들이 전시되어 있다.

The mobile phones are **displayed** in the chronological order of technological advance.
휴대폰들이 기술발전의 연대순으로 전시되어 있다.

disperse
dis(=apart)+
sperse(=scatter)
: 널리 흩뿌리다

vt.1.흩뜨리다(scatter), 해산시키다 2.(지식 등을) 퍼뜨리다, 전파하다 vi.흩어지다, 해산하다
Police fired water cannons to **disperse** a crowd of protesters. 토익, 편입
경찰은 한 무리의 시위자들을 해산시키기 위해 물대포를 쏘았다.

disregard
dis(=not)+regard
(생각하다, 유념하다)

vt.무시[묵살]하다(ignore), 경시[소홀히]하다(neglect), 외면하다
n.무시, 묵살, 무관심 편입
Lisa totally **disregarded** my advice that market access is very important.
리자는 시장 접근성이 매우 중요하다는 내 충고를 완전히 무시했다.

disseminate
dis(=apart)+semin
(=seed)+ate(동접)
: 씨를 흩뿌리다

vt.1.(씨 등을) 뿌리다, 살포하다 2.(지식·정보 등을) 퍼뜨리다, 전파[보급]하다 토플, 고시

dissemination ⓝ보급, 유포, 전파
The health knowledge needs to be **disseminated** to the public through the Internet.
그 건강 정보는 대중에게 인터넷으로 전파할 필요가 있다.

in [L] → im, il, ir : 부정(not)

주로 형용사 앞에 붙어 부정의 뜻을 나타내며, 뒤에 오는 철자에 따라 발음의 편의를 위해 다음과 같이 자음동화된다.
im: 자음 b, m, p 즉 두 입술 사이에서 나는 소리인 양순음兩脣音 앞. **il**; 자음 l 앞 / **ir**; 자음 r 앞

independent
in(=not)+dependent
(의존하는, 종속의): 의존하지 않는

a.1.독립한, 자주의, 독자적인 2.독립심[자립심]이 강한

independence ⓝ독립, 자립, 자주
I struggled in the past few years to be **independent** of my father's business.
나는 지난 몇 년간 아버지 사업에서 독립하려고 몸부림쳤다.
Now I realize the freedom that comes from financial **independence**.
이제 나는 재정적 자립에서 오는 자유를 실감한다.

indifferent
in(=not)+different(다른)
: 다르게 생각하지 않는

a.1.무관심한, 냉담한(nonchalant) 2.공평한, 치우치지 않는 3.그저 그런, 이도저도 아닌
편입, 토플

indifference ⓝ1.무관심, 냉담 2.중립, 무차별
My supervisor is so obstinate that he is **indifferent** to blame or praise.
내 상사는 아주 완고해서 비난이나 칭찬 따위는 개의치 않는다.

inevitable
in(=not)+e(=ex:out)+
vi(=way)+table
: 벗어날 길 없는

a.1.불가피한, 피할 수 없는(unavoidable), 필연적인 2.반드시 일어나는, 꼭 그리되는 편입, 토익
Pain is an **inevitable** reality of life.
고통은 인생에서 불가피한 현실이다.

innocuous
in(=not)+noc(=harm)+
uous(형접)

a.해가 없는, 독이 없는, 악의가 없는(harmless) 고시, SAT
Some mushrooms look **innocuous** but are in fact poisonous.
어떤 버섯들은 독이 없어 보이지만 실제로는 독성이 있다.
☞noc, nox는 피해(harm), 상처(injury)와 같은 의미를 가진다.

insane
in(=not)+sane
(정신이 온전한)

a.미친, 정신 이상의(mad, crazy, lunatic), 어리석은

insanity ⓝ1.광기, 정신 이상 2.미친 짓, 어리석은 짓(folly)

At that instant, the entire audience must have been going **insane**.
그 순간 모든 관중이 제정신이 아니었음이 틀림없어.

intolerable
in(=not)+tolerable
(참을 수 있는)

a.1.참을[견딜]수 없는(unbearable) 2.애타는, 지나친, 과도한

The stress from heavy debt was **intolerable** to the businessman.
무거운 빚으로 인한 스트레스가 그 사업가에게는 견딜 수 없을 정도였다.

injustice
in(=not)+justice(정의)

n.1.부정, 부당, 불공평 2.불법, 부정행위

Injustice anywhere is a threat to justice everywhere. - Martin Luther King Jr.
어느 곳의 불의도 모든 곳의 정의에 대한 위협이다.

immature
im(in=not)+mature
(성숙한)

a.미(성)숙한, 미발달의, 치기어린 n.미성년 편입

premature ⓐ조숙한, 시기상조의

The young man is mentally **immature** for his age.
그 젊은이는 나이에 비해 정신적으로 미성숙하다.

immoral
im(in=not)+moral(도덕의)

a.1.부도덕한, 비도덕적인 2.음란한, 외설적인

immorality ⓝ1.부도덕, 악덕, 사악 2.음란, 외설

Any **immoral** business can not be justified by the reason that it creates employment.
어떤 부도덕한 사업도 그것이 고용을 창출한다는 이유로 정당화될 수는 없다.

impatient
im(in=not)+patient
(참을성 있는)

a.1.참을성 없는, 성급한 2.짜증난, 안달하는, 초조한 3.갈망하는(eager) 편입, 토플

impatience ⓝ1.성급함, 조급 2.초조, 안달, 조바심 3.갈망

Game addiction makes students **impatient** and impulsive.
게임중독은 학생들을 조급하고 충동적이게 만든다.

illegal
il(=in:not)+legal(합법적인)

a.불법적인, 불법[위법]의 편입

The police discovered that some athletes had taken **illegal** drugs to enhance their performance.
경찰은 운동선수들이 경기력 향상을 위해 불법약물을 사용했다는 사실을 밝혀냈다.

illicit
il(=in:not)+licit(허가받은, 합법적인)

a.1.불법[부정]의, 무허가[무면허]의 2.사회통념에 어긋나는 경찰

They were all caught trying to smuggle **illicit** commodities.
그들은 불법 물품을 밀수하려다가 덜미가 잡혔다.

illiterate
il(=in:not)+literate
(읽고 쓸 줄 아는)

a.글을 모르는, 문맹의 경찰, 편입

illiteracy ⓝ문맹, 무식, 무학

My father has tried to escape from being computer **illiterate** and is quite proficient now.
아버지는 컴맹을 탈출하려고 노력하여 지금은 꽤 능숙하다.

irrational
ir(=in:not)+rational (합리적인)

a.비합리[비이성]적인, 불합리한

Irrational dispute and abuse overflowed in the Internet and are still rampant.
비합리적인 논쟁과 독설이 인터넷에 넘쳐났고 여전히 만연하고 있다.

irregular
ir(=in:not)+regular(규칙적인)

a.1.불규칙한, 불규칙적인, 고르지 못한 2.변칙적인, 비정상적인

As the shortstop missed the ball due to an **irregular** bound, he gave two points to the opposing team.
유격수가 불규칙 바운드 때문에 공을 놓쳐 상대 팀에게 2점을 주었다.

The union spokesman said the executive's action was **irregular** and unacceptable.
노조 대변인은 그 임원의 행동은 비정상적이며 용납될 수 없다고 말했다.

irrelevant
ir(=in:not)+relevant (관련있는)

a.상관[관계, 관련]없는, 무관한

Even if that's the case, it's **irrelevant** to today's defeat.
비록 그것이 사실이라고 해도, 그것은 오늘의 패배와는 무관하다.

irreplaceable
ir(=in:not)+replaceable (대체할 수 있는)

a.대체[대신]할 수 없는 공7

The rookie has grown up to be an **irreplaceable** player in our team.
그 신인은 우리 팀에서 대체 불가능한 선수로 성장했다.

irresponsible
ir(=in:not)+responsible (책임 있는)

a.무책임한, 책임감 없는

I was utterly upset since the driver showed an **irresponsible** attitude to the accident.
운전사가 그 사고에 대해 무책임한 태도를 보여 나는 완전 속이 뒤집혔다.

anti- [Gk] : 저항, 반대 (against, opposite)

antibody
anti(=against)+body(몸)

n.항체, 항독소

antigen ⓝ항원

The immune system in our body develops **antibodies** against the disease.
우리 몸 속의 면역체계가 그 질병에 대한 항체를 형성한다.

antibiotic
anti(=against)+biotic (생물의)

a.항생(물질)의, 항생(작용)의 n.항생제, 항생물질 토플

Excessive use of **antibiotics** makes specific germs build up resistance to them.
항생제 남용은 특정 세균들이 항생제에 대해 내성을 갖도록 만든다.

antarctic
anti(=opposite)+arctic(북극, 북극의): 남극의

a.남극의 n.남극지방 토플

Korea already built a second research station in the **Antarctic**.
한국은 이미 남극에 두번째 연구기지를 건설했다.

Tip

이 밖에 접두사 anti-가 붙은 다음 단어들이 많이 사용된다.

antiaging ⓐ노화방지의 토플, 토익 an antiaging drug 노화방지약
antiseptic ⓐ살균[멸균]의, 소독된 ⓝ소독제, 방부제 경찰

anticancer ⓐ항암성의, 암에 듣는
antifreeze ⓝ부동액

antipollution ⓐ공해 방지[반대]의 ⓝ공해 방지
antisocial ⓐ1.반사회적인, 범죄적인 2.비사교[비우호]적인, 이기적인
antitrust ⓐ독점 금지의
antonym ⓝ반의어, 반대어 ⓑ synonym

contra-, counter- [L] : 대항, 반대(against, opposite)

contrast

contra(=opposite)
+st(=stand)
: 마주보고 서다

n.1.대조, 대비, 차이 2.대조적인 것[사람] 3.콘트라스트, (화면의) 명암
vt.대조하다, 대비시키다 vi.대조[차이]를 보이다
His current prodigal life stands in striking **contrast** to the poverty of his childhood.
그의 현재의 방탕한 생활은 어린 시절의 가난과 극명한 대조를 이룬다.
*in **contrast** to[with]: ~와 대조적으로

contrary

contra(=opposite)+
ry(형·접) : 반대되는

a.~와는 다른, 반대[상반]되는(opposite) n.반대되는 것 편입
The test result was quite **contrary** to my hopes.
시험 결과는 내 희망과는 상당히 달랐다.
On the **contrary**, stock prices are rising high from the beginning.
반대로 주식 가격은 시작부터 폭등하고 있다.
***contrary** to: ~에 반해서, ~와 반대로
on the **contrary**: 이에 반하여, 그러기는 커녕, 오히려

contraband

contra(=against)+
band(=ban금지, 규제)
: 규제에 반함

n.밀수, 밀수품
cf. **smuggle** ⓥⓣ밀수하다, 밀입국[출국]시키다 ⓥⓘ밀수하다, 밀항하다 토익, 경찰
When the specified container was opened, **contraband** goods poured out.
지정된 컨테이너를 열자 밀수품이 쏟아져 나왔다.
They were caught **smuggling** gold bars into the country.
그들은 금괴를 그 나라로 밀반입하다 잡혔다.

contraception

contra(=opposite)+
conception(임신, 수태)
: 임신을 안함

n.피임, 산아제한 SAT

contraceptive ⓝ피임약, 피임기구 ⓐ피임의
A woman should not have an abortion as a casual alternative to **contraception**.
여성은 피임에 대한 가벼운 대안으로 낙태를 해서는 안된다.
During the baby boom era, many governments promoted the use of **contraceptives**.
베이비붐 시대에는 많은 정부들이 피임약 사용을 장려했다.

controversy
contro(=opposite)+
vers(=turn)+y(명접)
: 상반되게 말을 주고 받음

n.1.논쟁, 논란(argument, dispute, debate) 2.갈등, 말다툼 토플, 편입

controversial ⓐ논란[논쟁]의, 갈등을 빚는

Controversy on the new real estate policy is getting heated.
새로운 부동산정책에 대한 논란이 가열되고 있다.

counteract
counter(=against)+
act(행동): 대응, 반작용

vt.1.대응[대항]하다 2.방해하다, 좌절시키다 회계사

Even though we sometimes feel impulses toward selfishness or greed, our minds also have other parts that can **counteract** them.
비록 우리는 가끔 이기심이나 탐욕을 느끼지만, 우리 마음에는 그러한 것들에 대항하는 다른 부분이 있다.

counterattack
counter(=against)+
attack(공격하다) : 반격

vi.vt.반격[역습]하다 n.반격, 역습

The company is now considering a lockout to **counterattack** the union strike.
회사는 지금 노조의 파업에 반격하기 위해 직장폐쇄를 검토하고 있다.

counterfeit
counter(=against)+
feit(=make)
: 진품에 맞서 만들다

a.위조[모조]의, 가짜의(fake, spurious)
vt.vi.위조[모조]하다(forge, fabricate), 속이다, ~인 체하다 n.가짜, 위조[모조]품 SAT, 공9

Even experts couldn't easily distinguish genuine hundred dollar bills from the **counterfeit** ones.
전문가들도 100달러 진짜지폐와 가짜지폐를 쉽게 구별할 수 없었다.

counterpart
counter(=against)+
part(편, 쪽) : 대응하는 쪽

n.상대편[방], 관계자, 대응하는 사람 편입, 감평사

We must be able to say the political hot potato to our Japanese **counterparts**.
우리는 정치적으로 민감한 그 문제를 일본측 상대에게 말할 수 있어야 한다.

At the end of many trials and errors, we found it almost impossible to compete on equal terms with our Chinese **counterparts**.
우리는 많은 시행착오 끝에 동일한 조건으로 중국측 상대와 경쟁하는 것은 거의 불가능하다는 것을 알았다.

with- [OE] : 저항(against), 뒤로(back)
접두사 with는 전치사 with가 가진 고유의 뜻과는 전혀 다른 뜻을 가진다.

withdraw
with(=back)+
draw(끌어 당기다): 뒤로 끌다

vt.vi.1.취소[철회]하다 2.탈퇴[기권]하다, 그만두다 3.물러나다, 철수하다(retreat)
4.(돈을) 인출하다 공7, 회계사

withdrawal ⓝ1.물러남, 퇴출, 철수 2.취소, 철회 3.인출, 회수

I **withdrew** my candidacy for the chairman.
나는 회장 출마를 철회했다.

The U.S. **withdrew** its forces from Iraq.
미국은 이라크에서 군대를 철수했다.

How much can I **withdraw** from the ATM at one time?
현금인출기에서 한 번에 얼마까지 인출할 수 있나요?

withhold
with(=back)+
hold(유지하다)

vt.1.보류[유보]하다, 주지 않다 2.억누르다, 억제하다 3.(세금을) 원천징수하다
vi.그만두다, 보류하다 토익
Now there is no reason to **withhold** the suspect's identity any longer.
이제 더 이상 용의자의 신원을 안 밝힐 이유가 없다.

withstand
with(=against)+
stand(서다, 버티다)

vt.vi.1.저항하다(resist) 2.견디다(endure), 버티다, 이겨내다 토플
The icebreaker is designed to **withstand** those extremes.
쇄빙선은 그러한 극한조건을 견딜 수 있도록 설계되어 있다.

mis- [OE] : 1.잘못·실수(wrong) 2.나쁜(bad)

mischief
mis(=wrong)+
chief(=happen) : 잘못된 짓

n.1.장난, 장난기, 나쁜 짓 2.피해, 손해
Kids at this age can't keep out of **mischief**.
이 나이의 아이들은 장난 안치고는 못 배긴다.

misconduct
mis(=wrong)+
conduct(행실, 품행)
: 잘못된 행동

n.1.(특히 전문직 종사자의) 비행(delinquency), 위법 행위, 직권 남용 2.부당 경영
3.간통(adultery) 토익
The company fired him for deliberate **misconduct** in supply contracts.
회사는 납품계약에서 고의적인 위법 행위를 저지른 그를 해고했다.

misfortune
mis(=wrong)+
fortune(행운, 재산)

n.1.불행, 불운 2.역경, 재난
Misfortune shows those who are not really friends. - Aristotle
불행은 누가 진정한 친구가 아닌지를 보여준다.

mishap
mis(=bad)+hap(=luck)

n.(가벼운) 사고, 불상사, 재난 SAT
Without further **mishap**, the expedition reached its destination through Siberia's wild heart.
더 이상의 불상사 없이 탐험대는 시베리아의 황량한 심장부를 뚫고 목적지에 도착했다.

mislead
mis(=wrong)+lead(이끌다)

vt.잘못 이끌다[인도하다], 오도[호도]하다, 속이다(beguile)

misleading
ⓐ오도하는, 오해[현혹]시키는 토플

Her text message **misled** me to believe that she wishes to meet me again.
그녀의 문자메시지를 보고 그녀가 나를 다시 만나고 싶어한다고 잘못 판단했다.

mistake
mis(=wrong)+take(잡다)
:잘못 잡다

n.1.실수, 잘못(error, blunder) 2.착오, 착각, 오해
vt.잘못 판단[해석]하다, 오해[오인]하다 vi.틀리다, 잘못 알다
Come to think of it, we made a lot of **mistakes** developing the new product.
생각해 보니, 신제품을 개발하면서 우리는 많은 실수를 저질렀다.

Tip

이 밖에 일상생활에서 많이 사용되는 접두사 mis-가 붙은 단어들은 다음과 같다.

misgiving ⓝ의혹, 불안 편입
mishandle ⓥⓣ1.잘못 처리[관리]하다 2.거칠게 다루다,학대하다 토플
misjudge ⓥ잘못 판단하다, 오판[오해]하다
mismatch ⓝ부조화, 불일치, 어울리지 않는 짝[조합] ⓥⓣ부적당하게 짝지우다
misplace ⓥⓣ잘못 두다[놓다], 둔 곳을 잊다
misrepresent ⓥⓣ잘못 전하다[표현하다], 부정확하게 전하다
mistrust=distrust ⓥⓣ의심하다, 신뢰하지 않다 ⓝ불신, 의혹
misunderstand ⓥ오해하다, 잘못 생각하다

Unit 60. 시간; pre, fore, post / 함께; con[com], syn[sym]

뜻이 분명한 접두사들은 한자와 같은 뜻글자(표의 문자) 역할을 하기 때문에 의미가 자명한 새로운 단어를 다량으로 만들 수 있다. 아래의 '시간'이나 '함께' 관련 접두사가 생생한 증거다.

pre- [L] : 앞서, 먼저(before, ahead)

precaution
pre(=before)+caution(주의, 경고)

n.1.예방책, 예방조치, 사전대책 2.조심, 경계 3.(pl.) 피임 경찰
Users should follow the safety **precautions** specified in the manual.
사용자들은 사용설명서에 적시된 안전 예방책을 따라야 합니다.

preoccupy
pre(=ahead)+occupy(차지하다)

vt.1.마음을 빼앗다, 뇌리를 사로잡다 2.먼저 차지하다, 선점[선취]하다

preoccupation ⓝ1.몰두, 열중 2.선점, 선취 3.선입견, 편견
I've been overly **preoccupied** with learning golf these days.
난 요즘 골프 배우는데 푹 빠져 있다.

preposterous
pre(=before)+post(=after)+er+ous(형접)
: 앞뒤가 뒤바뀐

a.1.터무니없는, 어리석은(absurd) 2.엉뚱한, 파격적인 고시, 편입
Many citizens think the mayor is wasting precious taxes on the **preposterous** project.
많은 시민들은 시장이 터무니없는 사업에 아까운 세금을 낭비하고 있다고 생각한다.

prerequisite
pre(=before)+requisite(필요한 것)

n.전제 조건, 필요 조건 a.미리 필요한, 전제가 되는, 필수의 공9
A master's degree is a minimum **prerequisite** to get a job with this research institute.
이 연구소에 취직하려면 석사학위 정도는 최소한의 필요 조건이다.

preside
pre(=before)+side(앉다)
: 앞에 앉다, 사회하다

vi.1.의장이 되다, 사회하다 2.주재[주도]하다, 통솔[통합]하다 편입

presidency ⓝ1.회장 직[임기], 대통령 직[임기] 2.통솔, 통합
The prime minister **presided** over the ceremony.
국무총리가 기념식을 주재했다.

prestige
pre(=before)+stige(=bind, tie)
: 앞을 가리는 영향력

n.위신, 신망, 명성 a.세평이 높은, 명문[명품]의

prestigious ⓐ1.고급의, 일류의 2.명성 있는, 이름 난 경찰, 편입
Hosting a successful Olympic Games gives international **prestige** to the host country.
성공적인 올림픽 유치는 개최국에게 국제적 신망을 가져다 준다.

fore- [OE] : 전에, 앞에(before, front)

forefather
fore(=before)+father

n.선조, 조상(ancestor) ⓑ descendant, posterity
Our **forefathers** used to navigate by the stars.
우리 조상들은 별을 보고 방향을 읽곤 했다.

forefront
fore(=before)+front(전방)

n.1.최전선, 선두, 맨앞 2.가장 중요한 위치, 중심

The leading general finally came to the political **forefront** after the success of a military coup.

주도한 장군이 군사쿠데타 성공 이후 드디어 정치의 선두에 나섰다.

forehead
fore(=front)+head(머리)

n.1.이마(brow) 2.(물건의) 앞부분, 앞면

The ball deflected off a defender's **forehead** into his own net.

공은 수비수의 이마를 맞고 방향을 바꿔 자살골이 되었다.

foremost
fore(=before)+
most(최고의)

a.1.맨 먼저의, 선두의, 첫째의 2.가장 중요한, 주요한 ad.맨 먼저, 첫째로

First and **foremost**, stop smoking at once for your health.

무엇보다 먼저 건강을 위해 즉시 금연하시오.

foresee
fore(=before)+see(보다)

vt.예견[예감]하다, 내다보다(predict, forecast) 편입

Investigators also failed to **foresee** what would happen at the very spot just a day later.

수사관들 역시 하루 뒤에 바로 그 지점에서 무슨 일이 일어날지 예견하지 못했다.

foresight
fore(=before)+
sight(시각, 조망)
: 미리 내다봄

n.선견지명, 통찰, 예지 ㊥ hindsight 뒷궁리, 뒤늦은 꾀

She had the **foresight** to invest her money in the real estates long time ago.

그녀는 선견지명이 있어서 오래 전에 그 부동산에 돈을 투자했다.

post- [L] : 후에, 뒤에(after)

posterity
post(=after)+erity
: 다음에 오는 것(the condition of coming after)

n.자손, 후세, 후대 공9, 고시 ㊥ ancestry 조상, 혈통

His artistic achievement will be handed down to **posterity**.

그의 예술적 업적은 후대에 전해질 것이다.

postgraduate
post(=after)+
graduate(대학 졸업생)

n.대학원생 a.대학원생의

The university is well qualified to offer academic degrees at **postgraduate** level.

그 대학은 대학원 즉 석·박사 수준의 학위를 제공할 자격을 잘 갖추고 있다.

postscript
post(=after)+script(쓰기)
: 뒤에 쓰기

n1.(편지의) 추신 2.(책 등의) 후기

Her vacant eyes stared at the **postscript**.

그녀는 멍한 눈동자로 추신을 응시했다.

postseason
post(=after)+season

n.포스트 시즌, 시즌 오프　　a.공식전 이후 시즌의

As a baseball player, he is not much during the regular season but always becomes a big star during the **postseason**.
야구선수로서 그는 정규시즌에는 그저 그렇지만 포스트시즌에는 언제나 엄청 뜬다.

con- [L] : 1. 함께(together, with),　2. 강조(intensive)　◆변형 : com-, col-, cor-, co-

con은 Latin계 접두사로서 앞의 ad나 ob처럼 뒤에 오는 어간의 철자에 따라 자음동화되어 몇 가지 형태로 변한다. 주로 '함께' 라는 뜻을 가지고 일반 어근과 광범위하게 결합되어 영어의 핵심단어를 이룬다.

concentrate
con(=together)+
centr(=center)+ate(동접)
: 함께 중심에 모으다

vt.1.집중시키다(focus on, converge) ㉥ distract　2.응축[농축]하다(condense)
vi.1.집중하다　2.전념[전심]하다　토익, 공9

concentration ⓝ1.집중, 집결, 전념　2.농축, 응축　3.수용소

I had to **concentrate** on a selected few subjects due to lack of time.
나는 시간 부족으로 선택된 몇 과목에만 집중해야 했다.
***concentration** camp: 강제수용소, 정치범 수용소

confiscate
con(=together)+
fisc(=public revenue)+
ate(동접)
: 함께 공적 수입으로 잡다

vt.1.몰수하다　2.압수[압류]하다　토플, 고시

confiscation ⓝ몰수, 압수(forfeiture)

The assets acquired illegally by the high official were **confiscated** by the National Tax Service.
그 고위 공직자가 불법취득한 재산은 국세청에 의해 국고로 환수되었다.

confront
con(=together)+
front(앞부분, 정면)
: 함께 정면에 서다

vt.1.직면하다, 맞서다(face)　2.닥치다, 마주치다(encounter)

confrontation ⓝ1.대립, 대결　2.직면, 대면

Any great leaders have shown the willingness to **confront** the major anxiety of their people in their time.
위대한 지도자는 누구나 그들의 시대 그들의 국민이 느끼는 그 시대의 주된 불안에 대해 기꺼이 맞서는 패기를 보여 주었다.

connect
con(=together)+
nect(=bind) : 함께 묶다

vt.1.잇다　2.연결[접속, 결합]하다　3.관련[관계]시키다　vi.이어지다, 연결[관련]되다, 접속되다

connection ⓝ1.연결, 결합　2.관계, 관련　3.접속, 연락

Once we are **connected** to the Internet, we can do various things on it.
일단 인터넷에 접속하면, 인터넷 상에서 여러가지를 할 수 있다.
The investigator found a few clues to **connect** the suspect with the incident.
수사관은 피의자와 사건이 연결되는 몇가지 단서를 찾았다.

converge
con(=together)+
verge(=bend)
: 함께 굴절되다

vi.모이다, 집중하다, 수렴하다　vt.한 점에 모으다, 집중시키다 ㉥ diverge 분산[분기]하다　편입, 토플

convergence ⓝ집중성, 수렴
convergent ⓐ한 점에 모이는, 집중적인, 수렴의

Many **divergent** opinions have **converged** into two main groups.
분분하던 여러 의견들이 두 그룹으로 수렴되었다.

consider
con(=with)+
sider(=constellation)
: 별자리에 대해 함께 궁리하다

vt.1.고려[숙고]하다(contemplate) 2.생각[간주]하다, ~로 여기다(regard) 3.감안[배려]하다

considerate ⓐ사려깊은, 이해심 많은, (남을) 배려하는(thoughtful) 경찰

considerable ⓐ1.상당한, 꽤 많은 2.중요한, 무시못할 토익, 공9

consideration ⓝ1.고려, 숙고 2.이해, 배려 3.보수, 보상

I **consider** that my academic adviser is not only **considerate** but also decisive.
나는 내 지도 교수님이 사려깊을 뿐만 아니라 또한 결단력이 있다고 생각한다.

The lawyer has a **considerable** collection of art.
그 변호사는 상당량의 예술품을 소장하고 있다.

console
con(=together)+
sole(=comfort)
: 다같이 위로하다

vt.위로[위문]하다, 격려하다 토플, 편입

consolation ⓝ1.위로, 위안(solace) 2.<스포츠>패자부활전

Many friends **consoled** him with their warm hearts upon his wife's sudden death.
많은 친구들이 갑작스런 아내의 죽음을 맞은 그를 따뜻하게 위로했다.

consult
con(=together)+
sult(=ask counsel)
: 함께 조언을 구하다

vt.1.상담[상의, 의논]하다 2.참고[조사]하다 vi.(~ with) 상담[의논]하다

If the symptoms don't improve by tomorow, **consult** your doctor.
내일까지 증세가 나아지지 않으면 의사와 상담하세요.

contaminate
con(=together)+
tamin(=touch)+ate(동접)
: 누구나 만지다

vt.1.오염시키다, 더럽히다(pollute, taint) 2.악영향을 미치다, 타락시키다 공9, 고시

contamination ⓝ오염(pollution), 타락(corruption)

Factory wastes were once released into the river to **contaminate** the drinking water in this region.
한때는 공장폐수가 강으로 흘러들어와 이 지역의 식수를 오염시켰다.

conceal
con(intensive, 강조)+
ceal(=hide) : 완전히 감추다

vt.감추다, 숨기다 공9, 편입 ⓑ reveal

Most celebrities want to **conceal** their identity in public.
대부분의 유명인들은 여러 사람이 있는데서는 신분을 감추고 싶어한다.

condense
con(강조)+
dense(밀집한, 진한)

vi.vt.1.농축[응결]되다, 농축[응결]시키다 2.압축[요약]하다, 간략하게 하다(abbreviate)

Steam **condenses** into water drops when it touches cold surfaces.
증기는 찬 표면에 닿으면 응결되어 물방울이 된다.

confirm
con(강조)+firm(확고한)
: 더욱 확고히하다

vt.1.(예약 등을) 확인[확정]하다 2.사실임을 보여[확인해]주다, 입증하다 3.인정[승인]하다 공9, 편입

Please write to **confirm** the details of your hotel reservation.
호텔예약의 자세한 사항을 서면으로 확인해 주세요.

Don't tell anyone until it's **confirmed**.
확정되기 전에는 누구에게도 말하지 마라.

An experiment will be done to **confirm** whether the new theory is right.
새로운 이론이 타당한지 입증하기 위해 실험이 실시될 것이다.

combine
com(=together)+
bine(=two by two)
: 둘씩 결합하다

vt.1.결합[합병]시키다(merge) 2.겸비하다, 양립시키다
vi.결합[연합]하다, 화합하다 n.연합체, 콤바인

combination ⓝ조합, 결합(물), 배합(물)

Is it possible in reality to **combine** work with hobby?
일과 취미를 결합하는 것이 현실적으로 가능할까?

I think my success is a **combination** of good luck and hard work.
나의 성공은 행운과 노력의 결합이라고 생각하네.

---

commence [F]
: com(=with)+
mence(=initiate, 개시하다)

vt.시작[개시, 착수]하다(start) vi.시작되다(begin) 편입

commencement ⓝ1.시작, 개시 2.졸업식, 학위수여식

The Picasso exhibition is scheduled to **commence** on April 10th.
피카소 전시회는 4월10일에 시작하는 것으로 일정이 잡혀 있다.

---

compact
com(=together)
+pact(=fastened)
: 함께 매어진

a.1.조밀[밀집]한(close) 2.소형의, 간편한 3.간결한, 힘있는 4.다부진, 옹골찬
vt.꽉 채우다, 압축하다, 간결히 하다 토익

His officetel is **compact** but well furnished with taste.
그의 오피스텔은 조밀하지만 취향에 맞게 잘 꾸며져 있다.

---

company
com(=together)+
pan(=bread)+y(명·접)
: 빵을 함께 먹음

n.1.회사, 상사 2.동료, 친구(companion) 3.함께 있음, 동행, 일행 4.교제, 사귐(association)

companion ⓝ1.동료, 친구 2.동반자, 반려 ⓥ동반하다, 시중들다 ⓥ함께 가다 토익

The semiconductor **company** continues to expand its market share in the global market. 그 반도체 회사는 세계시장에서 점유율을 계속 늘려가고 있다.

I met a woman last month on a journey, whose **company** I enjoyed very much.
나는 지난 달 여행 중에 한 여인을 만났는데 그녀와 함께 있는 동안 매우 즐거웠다.

I am expecting my **company**. 저는 일행을 기다리고 있어요.

My friend advised me not to keep **company** with such a woman.
친구가 나에게 그런 여자와 사귀지 말라고 충고했다.

As I grow older, I feel that my wife is a great life **companion**.
나이가 들수록 아내가 멋진 인생의 동반자라고 느껴진다.

---

complacent
com(강조)+plac(=please, satisfy)+ent(형·접)
: 아주 만족한

a.현실 안주하는, 자기만족적인(self-satisfied) 토플, 편입

Now we can't afford to get **complacent** because the conflict enters its most critical phase.
갈등이 가장 결정적인 국면에 접어들었기 때문에 지금 우리는 자족할 여유가 없다.

---

complain
com(강조)+plain(=beat the breast)
: 세게 가슴을 치다

vi.1.불평[푸념]하다, 투덜대다 2.항의하다, 호소[하소연]하다 vt.불평하다, 불만을 말하다

complaint ⓝ1.불평, 불만, 항의 2.고소, 고발 토익

Many air passengers **complain** that the space between seats is too narrow to stretch out their legs.
많은 항공 승객들은 다리를 쭉 뻗기엔 의자 사이의 간격이 너무 좁다고 불평한다.

The soccer player who scored an own goal had cold feet for a flood of **complaints**.
자살골을 넣은 축구선수는 쇄도하는 항의로 주눅이 들었다.

collide
col(=with)+lide(=strike)
: 서로 부딪치다

vi.1.충돌하다, 부딪치다 2.상충하다 vt.충돌시키다 편입, 토플

collision ⓝ1.충돌, 격돌(clash, impact) 2.상충, 대립

The car **collided** head-on with a microbus in dense fog.
그 차는 짙은 안개 속에서 소형버스와 정면충돌했다.

correlate
cor(=with)+
relate(관련되다)

vt.서로 관련시키다, 연관성을 보여주다 vi.서로 관련되다, 연관성이 있다 편입

correlation ⓝ1.상관관계, 상호관련 2.상호 의존[작용]

Smoking closely **correlates** with cancer.
흡연은 암과 밀접한 상관관계가 있다.
A study shows that education levels have a stong **correlation** with income levels.
한 연구결과는 교육수준과 소득수준이 높은 상관관계가 있다는 것을 보여준다.

coerce
co(강조)+erce(=confine)
: 가두다

vt.강제[강요]하다(force), 억압하다 경찰, SAT

coercion ⓝ강제, 강압, 압정 공9, 편입

The club members **coerced** her into drinking.
동아리 회원들은 그녀에게 강제로 술을 먹였다.

syn-, sym- [Gk] :1. 함께(together, with) 2. 같은(same)

syn과 sym은 Greek계 접두사로 '함께' 또는 '같은'이라는 뜻을 가지며 주로 학술적인 전문어에 사용된다.
sym은 두 입술 사이에서 나는 소리 즉 양순음兩脣音 b, m, p 앞에 붙는다.

syndrome
syn(=with)+
drome(=running)
: (증세가) 함께 진행됨

n.증후군, 일련의 증상

After moving to a new apartment, I suffer from new house **syndrome** or something.
새 아파트로 이사 온 후에 난 새집증후군 같은 걸 앓고 있다.

synergy
syn(=together)+
ergy(=work)
: 협력에 의한 상승작용

n.(동반) 상승작용, 상승효과 토익

The recent merger is expected to bring an amazing **synergy**.
최근의 합병은 놀라운 시너지효과를 가져올 것으로 기대된다.

synopsis
syn(=together)+
opsis(=sight, 일견)
: 한번에 다같이 봄

n.1.개요, 요약(summary), 대강의 줄거리 2.일람(표), 요강 고시, 토플

The executive asked his secretary to give him a **synopsis** of the journal.
임원은 비서에게 그 학술지의 요약본을 가져오라고 요청했다.

symptom
sym(=together)+
ptom(=happening)
: 함께 발생함

n.1.징후, 조짐 2.증상 변리사, 편입

The disease has flu-like **symptoms** and also causes stomachache.
그 병은 독감과 같은 증상을 보이며 또한 복통을 야기한다.

symbol
sym(=together)+
bol(=a throwing)
: 다 함께 던짐

n.1.상징, 표상(emblem) 2.기호, 부호

symbolic ⓐ1.상징적인, 표상[상징]하는 2.기호[부호]의

symbolize ⓥⓣ상징[표상]하다

A four leaf clover is a **symbol** of good luck.
네잎 클로버는 행운의 상징이다.

America once **symbolized** a society where upward mobility is possible for everyone.
한 때 미국은 신분의 상승이동이 누구에게나 가능한 그러한 사회를 상징했다.

symphony
sym(=together)+
phone(=sound)+y(명접)
: 소리의 조화

n.교향곡, 심포니, 조화

Everything will pass and the world will perish, but Beethoven's Ninth **Symphony** will remain. - Mikhail Bakunin
모든 것이 지나가고 이 세상이 사라질지라도 베토벤 교향곡 9번만은 남아있을 것이다.

symposium
sym(=together)+
posi(=drink)+um(명접)
: 함께 마시고 즐김

n.(학술)토론회, 심포지움, 향연

The institute will hold a **symposium** on stem cell research in March next year.
그 연구기관은 내년 3월에 줄기세포에 관한 학술토론회를 개최한다.

system
sy(=syn:together)+
ste(=stand)+m(어미)
: 함께 서게하는 것

n.1.체계, 조직 2.체제, 제도 3.계통, 망, 방식 4.시스템, 장치

systematic ⓐ체계적인, 조직적인

Our subway **system** is very convenient and we can go almost anywhere by it.
우리 지하철 체계는 아주 편리해서 지하철로 거의 어디든 갈 수 있다.

The promotion **system** seems to be unfair to women.
그 승진제도는 여성에게 불리한 것 같다.

Constant stress easily weakens our immune **system**.
지속적 스트레스는 쉽게 우리의 면역시스템을 약화시킨다.

The team studied hard how to approach the task in a **systematic** way.
그 팀은 어떻게하면 그 과제에 체계적으로 접근할지 열심히 연구했다.

Review Test 20

a. prestige	b. obesity	c. preposterous	d. console	e. synopsis
f. prerequisite	g. contraception	h. complacent	i. antibiotic	

◆ **From the box above, choose the word that corresponds to each definition below.**

1 something that is necessary before something else can happen or be done

2 high status or reputation achieved through success, influence, wealth, etc

3 a brief summary or general survey of something

4 contrary to reason or common sense, utterly absurd or ridiculous

5 the intentional prevention of conception by artificial or natural means

6 comfort (someone) at a time of grief or disappointment

7 showing smug or uncritical satisfaction with oneself or one's achievements

8 the state of being grossly fat or overweight

9 medical drugs used to kill bacteria and treat infections

◆ **Choose the one that is closest in meaning to the highlighted word in each sentence.**

10 The air in your room will easily **contaminate** the food.

① contain ② spoil ③ preserve ④ accommodate ⑤ keep cool

11 Many animals have protective coloration that enables them to be **camouflaged** in their natural habitat.

① preserved ② revealed ③ reproduced ④ survived ⑤ disguised

12 He is **adept** at persuading people to follow his intentions.

① plausible ② enthusiastic ③ skillful ④ credible ⑤ obedient

13 The organization played an **indispensable** role in accepting the refugees.

① independent ② radical ③ ancillary ④ essential ⑤ adequate

14 We have discovered that, when we try to **appease** our enemies, we encourage them to make additional demands. 편입

① impeach ② soothe ③ compromise ④ obviate

15 The movie queen's fame has faded into **oblivion** with age.

① screen ② honor ③ memory ④ twilight ⑤ forgetfulness

16 The theory of relativity **irrevocably** changed our view of the universe.

① irresistibly ② irreversibly ③ irrationally ④ irregularly ⑤ irrelevantly

17 The heated debates **obscured** the issue rather than shined light on it.

① agitated ② emphasized ③ blurred ④ exaggerated ⑤ spurred

18 We must not become **complacent** about progress. 편입

① self-satisfied ② generous ③ resentful ④ neutral

19 The semiconductor industry is enjoying an **unprecedented** boom.

① unexpected ② prominent ③ unusual ④ ominous ⑤ unparalleled

◆ **Fill in the blank with the proper verb that will best complete the meaning of each sentence.**

① accustomed ② collide ③ presided ④ coerced ⑤ counterfeit ⑥ annihilate

20 The new CEO _______ over the board of directors yesterday.

21 In high spirits, we get ready to _______ our opponents.

22 The new dollar bill is not only hard to _______ but also looks very gorgeous.

23 He slowly grew _______ to dealing with people's praise and criticism.

24 Some ministers in the government often _______ over policy decisions.

25 The police _______ the defendant into making a false confession to the crime.

Unit 61. 안; in / 바깥; ex, extra, out

in [L] → im, ir, il : 안에, 안으로(in, into, inward)

앞에서 다룬 형용사 앞에 붙는 '부정의 in' 과는 달리 '안으로' 라는 뜻을 가지며 주로 동사 어근 앞에 붙는다. in 다음에 오는 어근의 철자에 따라 자음동화되어 역시 철자가 바뀐다.

incentive
in(=into)+centive(=setting fire)
: 안으로 불을 붙임

n.1.장려[우대]책, 인센티브 2.유인, 동기(motive) a.격려[자극]의, 도발적인 토익

The next government will introduce tax **incentives** to arouse domestic demand.
차기 정부는 내수 진작을 위해 조세 유인책을 도입할 것이다.

incubate
in(속에)+cuba(=brood)+ate(동접) : 속에 알을 품다

vt.1.알을 품다, 부화하다 2.배양[보육]하다, 창업지원하다 3.꾀하다, 구체화하다
vi.1.부화하다(hatch) 2.잠복하다 토플, 편입

incubation ⓝ1.알품기, 부화, 배양 2.잠복(기) 3.기도, 계획

We raised funds to **incubate** promising venture firms.
우리는 유망한 벤처기업에 대한 창업지원을 위해 기금을 조성했다.

income
in(안으로)+come(오다)
: 안으로 들어오는 것

n.소득(earnings), 수입(revenue) ⓑ expense 비용, expenditure 지출

He had to work part-time at night to make up for his small **income**.
그는 적은 수입을 보충하기 위해 밤에 파트타임으로 일해야 했다.

incumbent
in(=in)+cumb(=lie)+ent(형접) : 안에 편히 누워있는

a.1.현직의, 재직 중의 2.의무가 있는(obligatory) n.현직자, 재임자 SAT, 공7

In a public election, an **incumbent** generally has an advantage over a newcomer.
공직 선거에서는 일반적으로 재임자가 새로 도전하는 후보자보다 유리하다.

indulge
in(=into)+dulge(=engage oneself)
: 깊이 몰두하다

vt.1.빠지다, 탐닉하다 2.만족[충족] 시키다 vi.빠지다, 실컷 즐기다, 마음껏 누리다 공9

indulgence ⓝ1.탐닉, 방종, 제멋대로 함 2.너그럽게 봐줌, 관대

I once **indulged** myself in discerning the taste and aroma of wine.
나는 한때 포도주의 맛과 향을 감별하는데 푹 빠져 있었다.

inflame
in(=in)+flame(불꽃, 격정)
: 격정 속으로

vt.1.흥분[격앙]시키다(excite, enrage), 자극하다(stimulate) 2.염증을 일으키다
vi.1.타오르다, 불붙다 2.염증이 생기다

inflammable ⓐ1.가연성[인화성]의, 불타기 쉬운 2.흥분[격분]하기 쉬운
inflammation ⓝ1.염증 2.연소, 점화 3.흥분, 격노 토플, 편입

His fiery speech **inflamed** the popular passion.
그의 열변은 대중의 격정에 불을 붙였다.

My throat has become **inflamed** due to the flu.
독감으로 목에 염증이 생겨 따갑다.

infringe
in(=into)+fringe(=break)
: 안으로 부수다

vt.1.(법 등을) 어기다, 위반하다(violate) 2.침해[제한]하다
vi.(~ on/upon) 침해하다 경찰, SAT

infringement ⓝ위반, 침해

They were charged with **infringing** the patent of a rival firm.
그들은 경쟁사의 특허권 침해로 기소되었다.

intimidate
in(=into)+timid(=fear)+ate(동접) : 겁먹게 하다

vt.1.겁주다, 두렵게 하다(frighten, scare) 2.협박[위협]하다(threaten) 고시, SAT

intimidation ⓝ협박, 위협(threat, menace)

timid ⓐ소심한, 겁많은

The prosecutor **intimidated** the key suspect into admitting his crimes.
검사는 유력 용의자가 범죄를 자백하도록 겁주었다.

intricate
:in(=in)+tric(=tangle)+ate(형접)
: 안으로 얽혀 들어간

a.얽힌, 복잡한, 난해한(complicated) 공7

The mystery novel's plot is not complex, but there are **intricate** twists occasionally.
그 추리소설의 구성은 복잡하지는 않지만 이따금 얽힌 반전이 나타난다.

intrigue
in(=in)+trig(=trick)+ue(어미)
: 안에서 흉계를 꾸밈

n.음모, 모의(conspiracy, plot) vi.모의하다, 음모를 꾸미다
vt.1.흥미[호기심]을 돋우다 2.계략을 쓰다 토플, 편입

The opposition leader didn't notice that he was snared in the web of political **intrigue**.
그 야당 지도자는 자신이 정치적 음모의 거미줄에 걸렸다는 것을 눈치채지 못했다.

As an economist, I have always been **intrigued** by invisible hands in the market.
경제학자로서 나는 언제나 시장의 보이지 않는 손에 호기심이 자극받는다.

invest
in(=in)+vest(=clothe)
: (관복을) 입다*
*초기 식민지 시대에 관복 입은 관리들이 투자하여 국가 무역을 주도함.

vt.1.투자[출자]하다 2.(권한 등을) 부여하다 vi.투자[출자]하다

investment ⓝ1.투자, 출자, 투입 2.투자금, 투자 대상

Consideration for others is like **investing** pennies and getting back dollars.
타인에 대한 배려는 푼돈을 투자해 목돈을 돌려받는 것과 같다.

She bought the real estate as an **investment**.
그녀는 투자목적으로 그 부동산을 구입했다.

investigate
in(=in)+vestig(=trace)+ate(동·접)
: 안으로 추적해가다

vt.1.조사[수사]하다, 살피다 2.취조하다 vi.조사[취조]하다 경찰

investigation ⓝ1.조사, 수사, 연구 2.연구논문, 조사보고

investigator ⓝ수사관, 조사[연구]자

The police are **investigating** the prime suspect in the case.
경찰은 사건의 가장 미심쩍은 용의자를 수사 중이다.

The disappearance of a young woman has been under **investigation** but still up in the air.
젊은 여성의 실종사건은 수사가 진행되었지만 여전히 오리무중이다.

Tip

☞ 다음의 경우도 '안에, 안으로'를 뜻하는 접두사 in이 흔하게 사용되는 단어들이다.

indoor ↔ **outdoor** 실내의 ↔ 실외의 　 **inflow** ↔ **outflow** 유입 ↔ 유출
input ↔ **output** 투입 ↔ 산출 　 **inside** ↔ **outside** 내부(의) ↔ 외부(의)

impeach
im(=in)+peach(=shackle)
: 안으로 족쇄를 채움

vt.탄핵[고발]하다, 의심하다, 문제삼다

impeachment ⓝ탄핵, 고발 공9, SAT

Any president can be **impeached** by Congress on account of misconduct.
어떤 대통령도 불법행위로 인해 의회로 부터 탄핵당할 수 있다.

implant
im(=in)+plant(심다)
: 안에 심다

vt.1.〈의학〉이식하다, 끼워[심어] 넣다 2.심다, 불어넣다 vi.(자궁에) 착상하다
n.이식조직, 인공치아 토플, 토익

implantation ⓝ이식, 주입, (수정란의) 착상

As my mother lost a few natural teeth, she received dental **implants** last week.
어머니는 몇 개의 치아를 잃어 치아 임플란트 시술을 지난 주 받았다.

irrigate
ir(=in)+rig(=lead water)+ate(동·접)
: 안으로 물을 끌다

vt.1.물을 대다, 관개하다 2.(상처 등을) 세척하다 3.생명을 주다, 활성화시키다
vi.관개하다, 세척하다 편입

irrigation ⓝ물을 끌어들임, 관개, 세척 고시

The city built a reservoir to **irrigate** the barren area.
시는 척박한 지역에 물을 대기 위해 저수지를 만들었다.

irritate
ir(=in)+rito(=stir)+ate(동·접) : 안에서 휘젓다

vt.1.짜증나게[화나게] 하다(annoy, vex) 2.자극하다, 염증을 일으키다 편입, 토플

irritation ⓝ1.짜증, 화 2.〈생리〉자극, 염증

Everyone else in the subway felt **irritated** by their loud talks.
지하철 내의 다른 사람들은 그들의 시끄러운 이야기 소리에 짜증이 났다.

The hair dye might **irritate** your scalp if your skin is sensitive.
네 피부가 민감하다면 그 머리 염색약은 두피를 따끔거리게 할 수도 있다.

ex- [L] : 1.밖으로(out) 2.강조(intensive) 3.이전에(before)
이 ex-의 철자 [x]는 연결되는 그 다음 철자에 자음동화되어 [x]가 변하기도 하고 생략되어 없어지기도 한다.

excavate
ex(=out)+cave(=hollow)+ate
: 바깥으로 파내다

vt.발굴[출토]하다, 파내다(exhume, unearth) 편입

excavation ⓝ1.발굴, 땅파기 2.출토품

A group of archeologists **excavated** various artifacts from the ancient tombs.
일단의 고고학자들이 고대 무덤에서 다양한 유물을 발굴했다.

exhale
ex(=out)+hale(=breathe)

vi.(숨을) 내쉬다, 발산[증발]하다 vt.내쉬다, 내뿜다, 증발시키다 공9 ㉥ inhale

The moment we **exhale** air from our body, we discharge carbon dioxide.
우리가 숨을 내쉴 때 이산화탄소를 배출한다.

excel
ex(=out)+cel(=rise high)
: 바깥으로 높이 오르다

vt.능가하다, ~보다 낫다　vi.뛰어나다, 탁월하다(surpass)

excellent ⓐ1.훌륭한, 탁월한　2.아주 좋아, 잘했어

excellence ⓝ우수, 탁월, 뛰어남

As the politician **excels** at public speaking, he always captivates the audience.
그 정치가는 대중연설에 뛰어나기 때문에 언제나 청중을 사로잡는다.

exchange
ex(=out)+change(=barter)
: 바깥에서 교환하다

vt.1.교환[교역]하다, 환전하다　2.맞바꾸다, 주고받다　vi.교환[교체]하다
n.1.교환, 교역　2.환전, 환금

Would you **exchange** this shirt for a smaller size?
이 셔츠를 작은 사이즈로 교환할 수 있을까요?

What's the dollar-won **exchange** rate today?
오늘 달러화에 대한 원화 환율은 얼마입니까?

excuse
ex(=out)+cuse(=accuse)
: 비난에서 벗어나다

vt.1.용서[용납]하다　2.변명하다, 핑계대다　3.양해하다, 양해를 구하다　4.면제하다
n.1.변명, 이유　2.구실, 핑계

Excuse me for disturbing you on Sunday.
일요일날 귀찮게 해서 죄송합니다.

Excuse me, but there's something wrong with my bill. I think I've paid this amount twice.
죄송하지만 계산서가 잘못된 것 같아요. 이 금액은 두 번 지불한 것으로 보이는데.

There's no **excuse** for such a mistake.
그런 실수는 변명의 여지가 없다.

exempt
ex(=out)+empt(=pick up)
: 바깥으로 집어내다

vt.면제하다(release), 없애 주다　a.면제된(free)　n.면제받은 사람, 면세자　토익, 공7

Winning the gold medal, the star player was **exempted** from mandatory military service.
금메달 획득으로 그 인기선수는 병역의무를 면제받았다.

His bad health **exempted** him from military service.
그는 건강이 안좋아 병역을 면제받았다.

exhaust
ex(intensive, 강조)+
haust(=draw out)
: 완전히 끌어내다

vt.1.고갈[소진]시키다, 다 써 버리다(drain, use up)　2.기진맥진하게 하다, 피폐시키다　토익
3.배출하다, 비우다　4.철저히 연구[규명]하다　vi.배출[방출]하다　n.배출, 배기가스

exhausted ⓐ1.탈진한, 기진맥진한(worn out)　2.다 써 버린, 고갈된, 바닥난

exhaustive ⓐ철저한(thorough), 철저히 규명하는, 소모적인

exhaustion ⓝ1.탈진, 기진맥진　2.고갈, 소진

She felt **exhausted** when she finally reached the finish line.
마침내 결승점에 도착했을 때 그녀는 탈진했다.

The city's air in the winter was choked with **exhaust** fumes.
겨울에 그 도시의 공기는 배기가스 연기로 숨이 막혔다.

exacerbate
ex(강조)+acerb(=bitter)+
ate(동접) :
아주 쓰라리게 하다

vt.1.(질병, 문제 등을) 악화시키다(get worse, deteriorate), 가중시키다(aggravate)
2.분개시키다　공9, SAT

The government intervention in the market only **exacerbated** the price increases.
정부의 시장개입이 단지 가격인상을 부채질했다.

exile
ex(=out)+sile(=driven)
: 바깥으로 내몰린

n.1.추방, 망명, 유배 2.망명자, 추방[유배]자
vt.(국외) 추방하다(banish, expel), 망명[유배]시키다 경찰

cf. **fugitive** ⓝ도망자, 탈주자

Due to the political upheaval, the former emperor was sent in **exile** on a remote island.
정치적 격변으로 인해 이전 황제는 먼 외딴 섬으로 추방당했다.

Incredibly she helped the wanted **fugitive** escape the police.
믿기지 않지만 그녀는 수배 중인 도망자가 경찰을 따돌리도록 도왔다.

exonerate
ex(=out)+oner(=burden)+ate
: 짐에서 벗어나다

vt.1무죄임을 밝혀주다, 무죄로 하다 2.면제하다, 해방하다 SAT, 편입

The trial **exonerated** all those involved from the charges of price fixing.
그 재판으로 모든 관련자들이 가격담합 혐의에서 벗어났다.

exotic [Gk]
: 바깥에서 온(from the outside)

a.1.이국풍의, 이국적인(alien, foreign), 진귀한 2.외래종의, 외국산의 편입

The newlyweds were absorbed in an **exotic** atmosphere on the South Pacific island.
신혼 부부는 남태평양 섬의 이국적인 정취에 흠씬 빠져들었다.

explode
ex(=out)+plode(=burst noisily) : 시끄럽게 터뜨리다

vi.폭발하다(burst), 터지다, 크게 증가하다 vt.폭발시키다(blow up, blast), 타파하다

explosion ⓝ1.폭발, 폭파, 파열 2.폭발적 증가, 급증
explosive ⓐ폭발성의, 폭발적인, 강렬한 ⓝ폭발물, 폭약

At his story the whole audience **exploded** into wild laughter.
그의 이야기에 모든 청중들이 폭소를 터뜨렸다.

The scale of overdue loans is like a time bomb waiting to **explode**.
연체대출 규모가 마치 터지기를 기다리는 시한폭탄 같다.

Contrary to expectations, the film has gained **explosive** response.
예상과 달리 그 영화는 폭발적인 반응을 얻었다.

exploit [F]
ex(=out, un)+ploit(=fold)
: unfold(채굴하여 열다)

vt.1.착취하다, (부당하게) 이용하다 2.개발[개척]하다 n.위업, 공적 토플, 편입

exploitation ⓝ1.착취, 이용 2.개발, 개척 토플

The employer sensed the illegal alien's weakness and **exploited** it to the full.
고용주는 불법체류자의 약점을 알아채고 그것을 십분 이용했다.

As Korea is surrounded by the sea on three sides, it has abundant marine resources to **exploit**.
한국은 삼면이 바다로 둘러싸여 있어 개발할 수 있는 해양자원이 풍부하다.

extricate
ex(=out)+tric(=tangle)+ate : 얽힌 데서 바깥으로 빼냄

vt.(위기 등에서) 구출[해방]하다, 탈출시키다 (~ from) 공7

inextricable ⓐ1.불가분의(inseparable), 밀접한 2.탈출[해결]할 수 없는 편입

A few young men rushed to the accident spot and **extricated** the occupants from the vehicle.
몇몇 젊은이들이 사고 지점으로 달려가 차량에서 타고 있던 사람들을 구해냈다.

There is an **inextricable** link between exercise and health.
운동과 건강 사이에는 불가분의 연관이 있다.

emerge
e(=ex:out)+
merge(=dip, sink)
: 수면 위로 나오다

vi.1.나오다, 나타나다(appear) 2.드러나다, 명백해 지다
3.벗어나다, 빠져 나오다(come out)

emergency
ⓝ1.위급, 급변 2.비상사태, 비상시 ⓐ비상용의, 긴급한 편입

Faith is the strength by which a shattered world shall **emerge** into the light.
믿음은 산산이 부서진 세상을 빛으로 나오게 하는 힘이다. - Helen Keller

Without realizing it, the small issue **emerged** as a big threat.
우리가 모르는 사이에 그 조그만 문제가 큰 위협으로 나타났다.

She has saved a considerable amount of money in case of **emergency**.
그녀는 비상시에 대비해 돈을 제법 저축해 왔다.

enormous
e(=ex:out)+norm
(=standard)+ous
: 표준에서 벗어난

a.거대[막대]한, 엄청난(huge, vast)

I believe the rookie player has **enormous** potential and will certainly make it big.
나는 저 신인선수가 엄청난 잠재력을 가져 분명 대성하리라 믿는다.

erase
e(=ex:out)+rase(=scrape)
: 문질러 없애다

vt.1.지우다, 없애다(efface) 2.삭제[말소]하다(delete) vi.쉽게 지워지다

It's natural that the big names get slowly **erased** from fans' memory.
유명인들의 이름이 팬들의 기억에서 서서히 지워지는 것은 자연스럽다.

erode
e(=ex:away)+
rode(=gnaw)
: 갉아먹어 사라짐

vt.부식[침식]시키다, 좀 먹다(gnaw) vi.부식[침식]되다, 약화되다 공7, 고시

erosion
ⓝ부식, 침식, 진무름 회계사

Endless waves are slowly **eroding** the splendid scenery.
끊임없는 파도가 멋진 풍경을 서서히 침식하고 있다.

eradicate
e(=ex:out)+radic(=root)+
ate(동접)
: 밖으로 뿌리를 뽑다

vt.1.근절[박멸]하다, 뿌리 뽑다(exterminate, root out) 2.전멸시키다(annihilate)

eradication
ⓝ근절, 박멸

All countries must work together to **eradicate** terrorism on Earth.
모든 나라들은 지구 상에서 테러를 뿌리 뽑기위해 공조해야 한다.

evaporate
e(=ex:out)+vapor(증기)+
ate(동접)
: 증기를 밖으로 내보냄

vi.1.증발하다, 증기가 되다(vaporize, dehydrate) 2.사라지다, 소멸하다
vt.증발시키다, 사라지게 하다 토플, 편입

evaporation
ⓝ1.증발, 농축 2.소멸, 소산

Plants keep cool during the summer by **evaporating** water from their leaves.
여름에는 식물은 잎에서 수분을 증발시켜 온도를 유지한다.

But in this case, his fatal defeat made his confidence **evaporate**.
그러나 이번 경우에는 그의 치명적 패배가 자신감을 사라지게 만들었다.

eccentric
ec(=ex:out)+centic(중심의)
: 중심에서 벗어난

a.별난, 괴짜인, 기이한, 괴팍한(peculiar, queer) 경찰, 토플

eccentricity
ⓝ별남, 기행, 기발, 남다름

The professor is a bit **eccentric** but has lots of unique ideas.
그 교수님은 약간 괴짜지만 독특한 아이디어를 많이 낸다.

eclipse [Gk]
: ec(=ex:out)+
lipse(=leave)
: 버리고 떠나다

n.1.(일식·월식의) 식蝕, 엄폐, 빛의 소멸 2.(명성, 권세 등의) 실추, 퇴색
vt.1.(다른 천체를) 가리다, 그늘을 던지다 2.(명성 등을) 실추시키다, 그늘지게[무색케] 하다 공7
A solar **eclipse** happens when the moon covers up the sun.
일식은 달이 태양을 가릴 때 생긴다.
The scandal has **eclipsed** the artist's reputation built up over his lifetime.
추문은 그 예술가가 일생 동안 쌓아온 명성을 실추시켰다.

escape
es(=ex:out)+cape(망토)
: (정체를 숨긴) 망토를 벗다

vi.1.달아나다, 도망[탈출]하다 2.벗어나다, 모면하다 3.새다(leak)
vt.1.벗어나다, 면하다 2.잊혀지다, 사라지다 3.새어 나오다
n.1.탈출, 도피, 모면 2.누출, 새어 나옴
The sailor managed to **escape** from the sinking vessel.
선원은 가까스로 가라앉는 배에서 탈출했다.
Only one mountaineer narrowly **escaped** death in the middle of snowstorm.
눈폭풍 한가운데서 산악인 한 명만이 아슬아슬하게 죽음을 면했다.
*__escape__ clause: 면책조항, 예외조항

Tip

이전에(before, former)라는 뜻으로 사용되는 접두사 ex는 다음과 같이 명사 앞에 붙는다.

ex-wife 전처 **ex-husband** 전남편 **ex-president** 전직 대통령 **ex-convict** 전과자

extra- [L] : 바깥의(outside), 넘어서(beyond)

extracurricular
:extra(=outside)+
curricular(교과 과정의)
: 교과과정 넘어

a.1.정규과목 외의, 과외의 2.본업[일과] 외의
In fact I learned much more things through **extracurricular** activities than studies.
사실 나는 공부보다 과외활동을 통해서 더 많은 것을 배웠다.

extraneous
extra(=outside)+
neous(=generated, born)
: 바깥에서 생긴

a.1.비본질적인, 직접 관련없는(irrelevant) 2.외래(종)의, 외부에서 오는 편입, SAT
Her continuous insistence was **extraneous** to the topic of our discussion.
그녀의 계속된 주장은 우리 토론의 주제와 관련이 없었다.

extraterrestrial
extra(=beyond)+
terre(=land)+strial(서 있는)
: 지구 밖에 선

a.지구[대기권] 밖의, 외계의 n.외계인, 우주인
Scientists have been searching for **extraterrestrial** life for many decades.
과학자들은 수십 년 동안 지구 밖의 생명체를 찾고 있다.

extramarital
extra(=outside)+
marital(결혼의)

a.혼외의, 불륜의 토플
The celebrity lawyer had an **extramarital** affair with a junior colleague.
유명 변호사가 후배 동료와 바람을 피웠다.

out- [OE] : 1. 밖으로(outside) 2. 보다 더(more than), 능가하는(better than)

outbreak
out(=outside)+break(깨짐)

n.(전쟁, 질병, 사고 등의) 발생, 발발, 돌연한 출현
There was a mass **outbreak** of food poisoning during the school trip.
수학여행 중에 집단 식중독이 발생했다.

outcome
out(=outside)+come
: 밖으로 나온 것

n.결과, 성과, 소산(result, consequence) 토익, 편입
The **outcome** of the U.S. presidential election was opposite to our expectation.
미국 대통령 선거 결과는 우리 예상과 정반대로 나왔다.

outlaw
out(=outside)+law
: 법률 바깥에 둠

n.범법자, 추방자 vt.1.불법화하다(illegalize), 금지하다 2.사회에서 매장[추방]하다 편입
Our country already **outlawed** smoking in public places such as restaurants, cafes and bars.
우리 나라는 식당, 카페, 술집 같은 공공 장소에서의 흡연을 이미 법으로 금지했다.
Capital punishment is **outlawed** in some countries.
일부 국가에서는 사형이 금지되어 있다.

outline
out(=outside)+line
: 바깥의 선

n.1.윤곽, 외형 2.개요, 요점 vt.윤곽을 그리다, 개요[요점]을 말하다 토익
She **outlined** her speech in mind five minutes before it started.
그녀는 시작 5분 전에 연설의 개요를 마음 속에 그려 보았다.

outlook
out(=outside)+look
: 밖을 내다봄

n.1.전망, 예측(prospect, forecast) 2.관점, 태도, 견해 3.경치
On account of political turmoil, the economic **outlook** becomes more negative than ever.
정치적 혼란으로 경제 전망이 어느 때보다 비관적이다.

outrage
out(=outside)+rage(분노)
: 분노를 밖으로 드러냄

n.1.격노, 격분(fury, wrath) 2.폭행, 모욕 3.잔악[폭력] 행위
vt.1.화나게[격분하게] 하다 2.폭행하다, 능욕하다(rape) 3.침해[위반]하다

outrageous ⓐ1.포악한, 잔인무도한 2.엉뚱한, 터무니없는 토플, 편입
The actress had no choice but to apologize for her comments because public **outrage** continued.
대중의 분노가 계속되어 그 여배우는 그녀의 발언에 대해 사과할 수 밖에 없었다.
Such an idea was considered **outrageous** at that time.
그런 생각은 당시에는 터무니없는 것으로 간주되었다.

outstanding
out(=outside)+
standing(서 있는)
: 밖으로 돌출한

a.1.뛰어난, 걸출한(excellent) 2.두드러진, 현저한(prominent)
3.미 해결[결정, 지불]의(unsolved, pending) 편입
My academic advisor is known to be an **outstanding** expert in social psychology.
내 지도 교수님은 사회심리학 분야의 뛰어난 전문가로 알려져 있다.
The bank pushed him to pay off his **outstanding** balances.
은행은 그에게 미지급 잔고를 정산하라고 독촉했다.

outsource

out(=outside)+
source(공급자)
: 바깥의 공급자에게

vt.외주를 주다, 외부에 위탁하다, 외주 제작[조달]하다 토익

Now we seriously consider **outsourcing** certain areas for cost reduction.
지금 우리는 원가절감을 위해 일부 영역에 대해 외주 주는 것을 심각히 고려 중이다.

Tip

이 밖에 아래의 단어들이 일상에서 많이 사용된다.

outburst 폭발, 분출 편입
outfield 외야, 변경邊境
outcry 격렬한 항의, 절규
outside 외부(의), 밖에
outdoor 야외의
outfit 복장, 차림
outgoing 사교적인, 떠나가는
out-of-date 구식의, 낡은
outsider 국외자, 문외한
out-of-stock 재고가 떨어진
outlet (배)출구, 직판점
out-of-work 실직 중인

outnumber

out(=more than)+number
: 수적으로 더 많은

vt.~보다 수가 많다, 수적으로 우세[압도]하다

In our company, women overwhelmingly **outnumber** men by ten to one.
우리 회사에서는 10:1 비율로 여자가 남자보다 압도적으로 더 많다.

Our troops were **outnumbered** by about five to one.
우리 군대는 대략 5:1 정도로 수적 열세였다.

outperform

out(=better than)+
perform(수행하다)

vt.더 나은 성과[결과]를 내다, 능가하다 토익

Artificial Intelligence started **outperforming** humans in stock investment.
인공지능이 주식투자에서 인간을 능가하기 시작했다.

The Korean won highly **outperformed** key currencies against U.S. dollar and this sharp appreciation would make exports less competitive.
한국 원화는 달러화에 대해 기축통화들에 비해 훨씬 많이 올랐으며 이런 급격한 절상은 수출경쟁력을 약화시킬 것이다.

outweigh

out(=more than)+
weigh(무게가 나가다)

vt.~보다 뛰어나다, 우세하다, 중대하다

We predict the pros far **outweigh** the cons on the new education policy.
우리는 새 교육정책에 대해서는 찬성 쪽이 반대 쪽보다 훨씬 많으리라고 예상한다.

Tip

이 밖에 아래의 단어들도 자주 사용된다.

outdo ~을 능가하다, 앞지르다
outrun ~보다 빨리 달리다, 넘어서다
outgrow ~보다 더 커지다[빨리 자라다]
outlast ~보다 더 오래 가다
outlive ~보다 오래 살다, 살아 남다
outreach ~을 넘다, 봉사[지원] 활동 SAT

특강 13
현대 기술혁명이 몰고온 어휘들

✓ 20세기 이후에는 과학발전에 기반을 둔 기술혁명으로 이전에는 상상조차 할 수 없었던 새로운 변화의 물결이 인간사회를 빠르게 휩쓸고 지나갔다. 이에 발맞춰 우선 기존 단어의 뜻을 잘 응용하거나 발전시켜 새로운 개념을 표현했다.

automation 자동화
simulate 모의실험하다
recycle 재활용하다
surrealism 초현실주의
ageing 노화, 고령화

paradigm 사고의 틀
navigation 항법, 주행지시
catalyst 촉매, 기폭제 공9
cutting edge 최첨단 SAT

optimize 최적화하다 토익
metabolism (신진)대사 토플
transplant (조직을) 이식하다
polarize 양극화[대립]하다 편입

✓ 그러나, 새로운 개념이 워낙 많아 기존단어의 응용만으로는 이를 나타내는데 한계에 부딪쳐 새로운 단어 즉 신조어(coined word)를 많이 만들 수 밖에 없었다.

quantum 양자
radioactivity 방사능
pixel 화소, 픽셀
ecosystem 생태계 편입
workaholic 일중독자

electron 전자
robotics 로봇공학
semiconductor 반도체
photosynthesis 광합성 토플
pornography 외설물

nuclear 핵의, 원자력의
cyberspace 사이버공간
ergonomics 인체공학
astronaut 우주비행사
feminist 여권 신장론자

gene 유전자
antibody 항체
hormone 호르몬
endoscope 내시경
optimal 최적[최상]의

genome 게놈(유전자 총체)
antibiotic 항생제 SAT
stem cell 줄기세포
atopy 선천성 과민증
optimum 최적조건, 최적의 토익

clone 복제(생물), 클론
allergy[ǽlərdʒi] 알레르기
chromosome 염색체 토플
neuron 뉴런, 신경세포

✓ 인터넷과 휴대폰으로 대표되는 정보·통신 기술의 발달은 시간과 공간을 압축시켜 인간 실생활의 모든 면에 영향을 미쳤고 이와 관련된 어휘들이 일상화되었다. 대부분의 어휘들은 일상의 단어를 활용하여 대중친화적으로 간단하게 조어造語되었다.

website 웹사이트
browse 훑어보다
coding 부호화, 코딩
software 소프트웨어
icon 아이콘, 성상聖像
hacking 해킹

portal 포털(사이트)
texting 문자 주고받기
surfing 인터넷서핑
protocol 통신규약 편입
bug (시스템의) 오류
artificial intelligence 인공지능

digital 디지털(방식)의
cyber crime 사이버 범죄
chatting 채팅, 수다
virtual reality 가상현실
algorithm 연산, 알고리즘 토플

✓ 기술의 진보에 따라 사회가 너무 빨리 변하고 복잡해지면서, 그 속에서 적응해 살아가는 인간의 정신적·심리적 문제가 크게 대두되었다. 그와 관련된 단어들이 크게 늘어 났으며 어떤 단어들은 일상어로 자리 잡았다.

특강 13

psychiatry 정신의학
addiction 중독 공9
aggression 공격성
syndrome 증후군
autism 자폐증
ambivalence 양면 감정[성향] 고시

stress 스트레스
depression 우울증
frustration 좌절감 공9
hysteria 과잉흥분, 히스테리
dementia 치매 공7, 9

trauma 정신적 외상
insomnia 불면(증) 공9
neurosis 신경증, 노이로제
complex 콤플렉스, 강박 관념
narcissism 자기도취(증) 토플

sub- [L] : 아래에(under, below)

sub의 경우도 뒤에 연결되는 철자에 따라 자음동화되어 아래의 경우에서 보듯 다양하게 변한다.

submarine

sub(=under)+
marine(바다의)

a.해저의, 바다 속의　　n.잠수함

We made a new weapon to defend against missiles launched from a **submarine**.
우리는 잠수함에서 발사되는 미사일을 방어할 새로운 무기를 만들었다.

subtle

[sʌtl]

sub(=under)+
tle<tela(=net, web)
: 관계망 아래에서

a.1.미묘한, 감지가 힘든(delicate)　2.교묘한, 치밀한(sophisticated, exquisite)　3.영리한, 예리[예민]한　편입, 토플

subtlety　ⓝ1.미묘[교묘]함　2.섬세[예민]함

You need a more **subtle** approach to change her mind.
그녀의 마음을 돌리기 위해선 좀 더 치밀한 접근이 필요해.

When a book goes into translation, all linguistic **subtleties** in it get lost.
책이 번역되면 그 언어가 가진 모든 고유의 미묘함은 상실된다.

succinct

[səksíŋkt]

suc(=sub:up from under)+
cinct(=tuck up)
: 아래로부터 단을 접다

a.1.간결[간명]한(brief, concise)　2.(옷이) 몸에 착 붙는(tight)　고시, SAT

To our surprise, he made a **succinct** and persuasive answer about such a complicated problem.
놀랍게도 그는 그렇게 복잡한 문제에 대해 간명하고 설득력 있는 답을 내놓았다.

succumb

suc(=sub:under)+
cumb(=lie)
: 발아래 엎드리다

vi.1.(~ to) 유혹에 넘어가다, 굴복하다 (surrender, yield to)　2.쓰러지다, 죽다　편입, SAT

We will not **succumb** to any trade retaliations from big countries.
우리는 강대국들의 어떠한 무역보복에도 굴복하지 않는다.

suffice

suf(=sub:under)+
fice(=make)
: 아래에 토대를 만들다

vi.충분하다, 족하다　　vt.만족[충족]시키다, 충분하다　토플

Suffice it to say that she has already changed her mind.
그녀는 이미 맘을 바꿨다는 정도만 말해두자.

suffocate

suf(=sub:under)+
foca(=throat)+ate(동접)
: 아래에서 목구멍을 막다

vt.질식시키다, 숨차게 하다(choke, stifle)　　vi.질식하다, 숨이 막히다　편입, SAT

She felt **suffocated** when she saw the mountainous returns.
그녀는 산더미 같은 반품을 목격하고 숨이 막혔다.

Some illegal aliens reportedly **suffocated** after being held for hours in a container that lacked oxygen.
보도에 의하면 일단의 밀입국자들이 산소가 부족한 컨테이너에 여러시간 동안 갇힌 후 질식사 했다.

under- [OE] : 아래에(below), ~보다 못한(inferior)

underestimate
under(=below)+
estimate(평가하다)

vi.1.과소평가하다(underrate), 깔보다 2.(비용, 규모 등을) 낮게 어림하다(undervalue)
n.과소평가 반 overestimate
I deeply regret having **underestimated** her ability.
나는 그녀의 능력을 과소평가했던 것을 깊이 후회한다.

undergraduate
under(=below)+
graduate(졸업생)

n.학부생, 대학생 a.학부생의, 대학생의
He had finished his **undergraduate** course before he joined the army.
그는 군대 가기 전에 학부과정을 마쳤다.

undergo
under(=below)+go(가다)
: 아래로 지나가다

vt.1.겪다(go through), 받다, 당하다 2.견디다, 참다(endure) 편입
These days many people **undergo** plastic surgery to look more beautiful or younger.
요즘 많은 사람들이 더 아름답게 보이거나 젊게 보이기 위해 성형수술을 받는다.

underline
under(=below)+
line(줄을 긋다)

vt.1.밑줄 긋다[치다] 2.강조하다(emphasize, stress), 분명히 보여주다(highlight)
n.밑줄, 언더라인(underscore)
The book written by Bill Gates **underlines** the importance of failure in busuness.
Bill Gates가 쓴 그 책은 사업에서 실패의 중요성을 강조한다.

undermine
under(=below)+
mine(땅을 파다)

vt.1.밑을 파다, 토대를 허물다[약화시키다] 2.몰래 손상시키다, 서서히 쇠퇴시키다 공7, 토익
Freguent pardons may **undermine** the rule of law.
잦은 사면은 법적 지배의 토대를 약화시킬 수 있다.

undertake
under(=below)+
take(받아들이다)

vt.1.떠맡다, 책임을 지다 2.착수하다, 나서다 3.약속하다, 보증하다 공9, 편입
He reluctantly **undertook** the hard task but has done very well so far.
그는 마지못해 그 어려운 과업을 떠맡았지만 지금까지 아주 잘 하고 있다.

Tip

이 밖에 아래의 단어들도 문장이나 대화 속에서 쉽게 접할 수 있다.

underdeveloped 저개발의, 후진국의
underground 지하의, 비밀의
underwater 물속의, 수중의
underwrite 서명 승낙하다, 인수하다
undercover 비밀리에 하는, 은밀한
underdog 약자, 패배자
underlying 근원적인, 기저의 토익
underwear 속옷, 내의
underpin 뒷받침하다, 지지[보강]하다 편입
understate 축소해서 말하다 반 **overstate** 과장하다

de- [L] : 1.아래로(down) 2.분리·제거(off, apart, remove) 3.반대(opposite) 4.강조(completely)

접두사 de는 '아래로'라는 뜻에서 출발하여 점점 멀어지더니 '분리·제거' 더 나아가 '반대'의 뜻까지 갖게 되었다. 그리고 다른 접두사처럼 '강조'의 뜻도 가지고 있다.

deride
de(=down)+rid(e)(=laugh)
: 깔보며 웃다

vt.비웃다, 조롱[조소]하다(mock) 편입, SAT

ridicule ⓝ조롱, 조소 ⓥⓣ놀리다, 조롱[조소]하다

ridiculous ⓐ1.웃기는, 터무니없는, 말도 안되는 2.어리석은(absurd) 토익, 토플

The historical drama was **derided** by some critics as straying too far from historical facts only to appeal to viewers.
일부 비평가는 그 사극에 대해 단지 시청자를 끌기 위해 역사적 사실에서 너무 옆길로 샜다고 비웃었다.

It is quite **ridiculous** for him to become a leading figure in our circle.
그가 우리 모임의 중심 인물이 되려는 것은 아주 웃기는 일이다.

despise
de(=down)+spise(=spect:look)
: 아래로 보다

vt.경멸[멸시]하다(scorn), 얕보다(look down on) ⓑ respect, look up to 법원9

I **despise** him because he is a shrewd opportunist.
나는 그가 약삭빠른 기회주의자라서 경멸한다.

devote
de(=down)+vote(=vow)
: 아래에서 서약하다

vt.1.헌신하다, 바치다 2.전념하다, 쏟다

The doctor **devoted** his life to charity work as well as medical practice.
그 의사는 의술을 베푸는 일뿐만 아니라 자선사업에 일생을 바쳤다.

deteriorate
deterior(=worse)+ate(동·접) : 더 나쁘게 하다

vt.악화시키다(exacerbate), 저하[타락]시키다 vi.나빠지다, 악화되다(get worse) 공7, 9

deterioration ⓝ악화, 저하

The statistics show that domestic economy continues to **deteriorate**.
통계자료는 내수경기가 계속 악화되고 있음을 보여준다.

defrost
de(=remove)+frost(서리)

vt.1.서리[성에]를 제거하다, 해동하다 vi.해동되다

On winter mornings we need to **defrost** our car windows before we start.
겨울 아침에는 출발 전에 차창의 서리을 제거해야 한다.

delete
[dilí:t]
de(=remove)+lete(=wipe)
: 닦아서 없애다

vt.삭제[말소]하다, 지우다

deletion ⓝ삭제, 삭제 부분

indelible ⓐ1.지울[없앨] 수 없는 2.잊을 수 없는

We had no choice but to **delete** his name from the short list.
선발 후보자 명단에서 그의 이름을 삭제할 수 밖에 없었다.

Judging it unfavorable to them, the other party didn't approve the **deletion** of an exceptional clause.
그들에게 불리하다고 판단했는지 상대방은 한 예외조항의 삭제에 대해 동의하지 않았다.

The accident left an **indelible** scar on her mind.
그 사건은 그녀의 마음에 지울 수 없는 상처를 남겼다.

detect

de(=remove)+tect(=cover)
: 덮개를 벗기다

vt.간파[탐지]하다, 발견하다(discover, find)

detective ⓝ탐정, 형사 ⓐ탐정의, 검출[검파]용의

detector ⓝ탐지기, 탐지장치, 발견자

She accidentally **detected** her boss dating a beautiful woman.
그녀는 윗 사람이 아름다운 여성과 데이트하는 것을 우연히 탐지했다.

detriment

de(=remove)+
tri(=rub)+
ment(명접) : 문질러 없앰

n.손상, 손해

detrimental ⓐ해로운, 유해한(harmful), 불리한 공9, SAT

Heavy drinking at business dinner was a **detriment** to my health, both physically and mentally.
회식에서 과음한 것이 신체적, 정신적 모든 면에서 내 건강에 해로웠다.

His egoistic play was **detrimental** to the team's performance.
그의 이기적인 플레이는 팀 성적에 해를 끼쳤다.

Tip

제거(remove)의 뜻을 가진 de가 붙은 아래의 단어들은 일상에서 자주 볼 수 있다.

decaffeinate ⓥⓣ카페인을 제거하다[줄이다] **decaffeinated coffee** 카페인없는 커피
decode ⓥⓣ(암호문을) 풀다, 해독하다 ⓝ해독 공9 ⓑ encode 암호화[부호화]하다, 암호화
dehydrate ⓥⓣⓥⓘ탈수시키다[되다], 건조시키다, 마르다 공9
deforest ⓥⓣ(삼림을) 벌채하다, 개간하다

defy

de(=opposite)+fy(=faith)
: 믿지 않다

vt.1.(권위 등에) 반항[거부]하다(disobey), 도전하다(challenge)
2.(법류, 규칙 등을) 무시하다 편입

defiance ⓝ반항, 저항, 도전(resistance, opposition) 공9

defiant ⓐ반항[도전]적인, 시비조의 편입, 토플

The designer wants to **defy** the stereotypes set by society through reverse thinking.
역발상을 통해 그 디자이너는 사회의 고정관념에 도전하고 싶어한다.

He was again absent from school in **defiance** of his teacher's warning.
그는 선생님의 경고를 무시하고 또 결석했다.

defeat

de(반대)+feat(=make,do)
: 타파하다

vt.패배시키다,물리치다(conquer) n.1.패배 2.타도, 타파 토플, 편입

The team **defeated** its rival at long last.
그 팀은 마침내 라이벌을 물리쳤다.

deliberate

de(강조)+libera(=balance,
저울)+ate(동접)
: 완벽히 무게 재다

a.1.신중한, 사려깊은 2.고의의, 계획적인(intentional)
vt.vi.숙고[숙의]하다, 신중히 생각하다 편입, 토플

deliberation ⓝ1.(심사)숙고, 궁리 2.심의, 토의 3.신중[침착]함, 세심함

The accident turned out to be a **deliberate** murder for the insurance money.
그 사건은 보험금을 노린 계획적인 살인으로 드러났다.

Take time to **deliberate**, but when the time for action comes, stop thinking and go in. - Napoleon Bonaparte
시간을 두고 심사숙고하라, 그러나 행동할 시간이 오면 생각을 멈추고 뛰어들어라.

devastate
de(강조)+vasta(=lay waste, 초토화)+ate(동접)
: 완전 초토화하다

vt.1.황폐시키다, 완전히 파괴하다(ruin) 2.엄청난 충격을 주다, 망연자실케 하다 편입, SAT

devastating ⓐ1.대단히 파괴적인, 황폐시키는 2.엄청 충격적인, 압도적인 3.통렬한, 굉장한

devastation ⓝ1.대대적인 파괴[손상](havoc) 2.유린,황폐

My hometown has been **devastated** by a severe earthquake.
고향 마을이 심한 지진으로 황폐화되었다.

The factory shutdowns were a **devastating** blow to the local community.
공장의 폐쇄는 그 지역 사회에 엄청난 타격이었다.

over- [OE] : 1. 위에(above), 넘어(over) 2. 과하게, 넘쳐(excess)

'오버(over)하지 마라'는 말은 일상에서 자주 사용된다. 이때 over의 뜻은 '넘거나 지나치다' 또는 '위로 가다'라는 뜻이다. 접두사 over도 거의 이런 뜻으로 사용된다.

overcharge
over(과하게)+charge(청구하다)

vt.과잉 청구하다, 높게 매기다 vi.바가지 씌우다, 값을 불리다 n.과잉청구, 바가지, 과충전

They tried to **overcharge** me for the drinks.
그들은 나에게 술값을 바가지 씌우려 했다.

overcome
over(넘어)+come(가다)

vt.1.극복하다(surmount, get over), 이기다(win) 2.압도하다, 꼼짝 못하게 하다
vi.정복하다, 이기다

The wrestler **overcame** injury to win the Olympic gold medal by a narrow margin.
그 레슬링 선수는 부상을 극복하고 가까스로 올림픽 금메달을 획득했다.

overdue
over(넘어)+due(만기가 된)

a.1.연체[지체]된 2.지불[반환] 기한이 지난 3.이미 늦어진 경찰, 편입

The rent is three months **overdue**, and there is no way but to move out.
집세가 세 달이나 연체되어 방을 빼는 수 밖에 없다.

The health care reform is long **overdue** and most people welcome it.
의료개혁은 오래 전에 이루어졌어야 했으며 대부분의 사람들은 개혁을 환영한다.

overflow
over(넘쳐)+flow(흐르다)

vi.1.넘치다(run over), 범람하다 2.풍부하다, 풍요롭다
vt.1.물에 잠기게 하다(flood), 범람하다(inundate) 2.(사람 등이) 넘치다, 넘쳐흐르다
n.1.범람, 과다(excess), 초과 2.배수구(outlet)

When there were not the banks, the river used to **overflow** every summer.
제방이 없었을 때는 강이 여름마다 범람하곤 했다.

Some companies are **overflowing** with cash because they can't find investment outlets.
일부 회사들은 마땅한 투자처를 찾지못해 현금이 넘쳐난다.

overlap
over+lap(감다)

vt.1.겹치다, 포개다 2.일치[합치]하다 vi.겹쳐지다, 포개지다 n.겹침, 중복, 오버랩

If a national holiday **overlaps** with a weekend, we need to have a substitute holiday in some cases.
국경일이 주말과 겹치면 경우에 따라 대체공휴일을 가질 필요가 있다.

overlook
over(넘어서, 건너서)+
look(보다)

vt.1.간과하다, 못보고 넘어가다 2.눈감아 주다, 못 본 체하다
3.내려다 보다(look over), 바라보다 n.간과, 눈감아 주기 토플

The art of being wise is the art of knowing what to **overlook**. - William James,
현명해지는 기술은 무엇을 간과해야 하는지 아는 기술이다.

overshadow
over(=above)+
shadow(그림자로 덮다)

vt.1.그림자[그늘]을 드리우다 2.음침하게[빛을 잃게] 하다, 흐리게[어둡게] 하다

Her father's failure in business **overshadowed** her future.
아버지의 사업실패가 그녀의 장래에 어두운 그림자를 드리웠다.

overtake
over(넘어서)+take(=catch)

vt.1.따라잡다(catch up with), 만회하다 2.추월[능가]하다, 앞지르다 3.엄습하다, 불시에 닥치다
vi.추월하다(pass) 편입

Our company **overtook** all the other competitors to become the world's No.1 game maker. 우리 회사는 모든 경쟁자들을 추월하여 세계 1등 게임제작사가 되었다.

overthrow
over(=above)+
throw(던지다)
: 위에서 던져 뒤엎다

vt.1.타도[전복]하다(overturn, subvert), 뒤엎다(upset) 2.폐지하다, 허물다(demolish)
n.타도, 전복

A few generals were plotting to **overthrow** the dictatorship.
소수의 장군들이 독재정권을 전복하기 위해 모의하고 있었다.

overwhelm
over(=above)+
whelm(내리덮치다)

vt.1.압도[제압]하다, 괴멸시키다 2.완전히 뒤덮다, 매몰시키다
3.당황하게[난처하게]하다(embarrass) 편입, 토플

overwhelming ⓐ압도적인, 저항할 수 없는(irresistible)

We were **overwhelmed** at the coastal cliffs' beauty.
우리는 해안 절벽의 아름다움에 압도당했다.

The executive was elected chairman with an **overwhelming** support.
그 임원은 압도적 지지로 회장에 당선되었다.

Tip

이 밖에 접두사 over-가 붙어 자주 쓰이는 단어들은 다음과 같다.

override ⓥⓣ1.(직권으로) 기각[무시]하다 2.~보다 더 중요하다, 우선하다 편입, 토플
overturn ⓥⓣ뒤집다, 전복시키다 ⓥⓘ뒤집히다, 전복하다 ⓝ전복, 타도, 붕괴(collapse) 편입
overhaul ⓥⓣ1.철저히 점검[정비]하다 2.~을 앞지르다 ⓝ점검, 정밀검사 공7, 토플

overload ⓥⓣ1.과적하다, 지나치게 부담시키다 2.과부하시키다 ⓝ초과적재, 과부하
overweight ⓐ과체중의, 비만의, 중량 초과의 ⓝ초과 중량, 과중
overcrowd ⓥⓣ붐비게[혼잡하게] 하다, 너무 많이 수용하다

overestimate ⓥⓣ과대평가하다, 너무 높게 어림하다 ⓑunderestimate 과소평가하다
overpower ⓥⓣ1.제압[압도]하다 2.사로잡다, 깊이 감동시키다
overrun ⓥⓣ1.초과하다 2.급속히 퍼지다, 들끓다 3.침략하다 vi.넘치다, 범람하다

super- [L] / sur- [F] : 위에(above), 지나친(over), 넘어서(beyond)

그리스어 접두사 hyper가 라틴어에서 super가 되었다. 이 super가 고대불어(Old French)에 들어와 sur로 변해 중세부터 영어에 유입되었다.

superb
super(=above)+b(=be)
: 위에 존재하는

a.1.최고[최상]의 2.멋진, 뛰어난, 훌륭한(terrific, excellent, splendid)

She demonstrated her **superb** acting skills by starring again in the new musical.
그녀는 새로운 뮤지컬에서 다시 주연을 맡아 최고의 연기력을 입증했다.

superior
super(=above)+
ior(비교급 어미)

a.1.보다 나은, 우수한 ⓑ inferior 2.상위[상급]의, 상관의 3.거만한(arrogant, proud)
n.상관, 상사, 선배

superiority ⓝ우수, 우월 ⓑ inferiority

In terms of design, this model is far **superior** to the others on the market.
디자인 면에서는 이 모델이 시장에 출시된 다른 것보다 훨씬 낫다.

He took over the demanding position and became my immediate **superior**.
그는 부담이 큰 그 직책을 맡아 내 직속상사가 되었다.

superfluous
super(=over)+flu(=flow)+
ous(형접) : 넘쳐흐르는

a.1.여분의(excessive), 과잉의, 남아도는(surplus) 2.불필요한, 무용의(redundant) 토플

There is nothing **superfluous** in his writings.
그의 글에는 군더더기가 없다.

supersede
super(=above)+sede(=sit)
: 내려와 위에 앉다

vt.1.대체[대신]하다(replace) 2.자리를 빼앗다, 밀어내다(supplant)

A new car armed with striking design started to **supersede** the company's old model cars.
멋진 디자인의 신차가 그 회사의 구형 모델 차들을 대체하기 시작했다.

surplus
sur(=over)+plus(=more)

n.1.과잉, 잉여(excess, surfeit) 2.흑자 ⓑ deficit
a.과잉[잉여]의, 나머지의(extra, spare) 편입

Our government sends **surplus** grain free to underdeveloped countries.
우리 정부는 후진국에 무상으로 잉여곡물을 보낸다.

surreal
sur(=beyond)+
real(현실적인)

a.비현실적인, 꿈 같은, 초현실주의의(surrealistic)

surrealism ⓝ초현실주의

Now it is not a **surreal** scenario to ride a driverless car.
이제는 무인자동차를 타는 것이 꿈같은 이야기가 아니다.

surrender
sur(=over)+
render(=give back)
: 도로 넘겨버리다

vt.1.항복[굴복]하다, 자수하다 2.넘겨주다, 양도하다(hand over)
3.포기하다(give up), 양보하다(yield) n.1.항복, 굴복 2.양도, 포기 편입, 토플

Once the rebels **surrendered,** the leader was arrested first.
반군이 항복하자 반군지도자가 맨 먼저 체포되었다.

The central government was forced to **surrender** its rights of the taxation to the local government.
중앙정부는 그 과세권을 지방정부에 넘겨줄 수 밖에 없었다.

up- [OE] : 위로(up, over)

update
up(=over)+
date(=things given)
: 주어진 것보다 위에

vt.새롭게 하다, 갱신하다, 최신의 것으로 하다
n.1.새롭게 함, 갱신, 업데이트 2.최신 정보, 최신판
To find your destinations easily, you need to **update** regularly your navigation system.
목적지를 쉽게 찾으려면, 내비게이션을 정기적으로 갱신할 필요가 있다.

upheaval
up(위로)+heaval(=lift up)
: 위로 밀어올림

n.융기, 격변, 대변동 토플, SAT
Due to political **upheaval**, the writer was dismissed and forced into exile.
정치적 격변으로 그 작가는 해고되어 추방당했다.

uphold
up(위로)+hold(지탱하다)

vt.1.떠받치다(sustain), 들어 올리다 2.지지하다(support), 옹호[수호]하다(advocate)
We have to **uphold** the constitutional principles at any cost.
어떤 대가를 치르더라도 헌법의 원칙을 수호해야 한다.

upright
up(위로)+right(바른, 곧은)

a.1.똑바른, 곧추 선, 직립의(erect) 2.곧은, 강직한 ad.똑바로, 꼿꼿이, 수직으로
vt.똑바르게 하다, 수직으로 세우다 편입
Your seat should be put in an **upright** position while an airplane is landing.
비행기가 착륙할 때는 좌석을 똑바로 세워야 한다.

uproot
up(위로)+root(뿌리)
: 뿌리를 위로

vt.1.뿌리째 뽑다(root up), 근절[박멸]하다(eradicate) 2.철거시키다, 몰아내다
vi.뿌리째 뽑히다, 근절되다
The winner of the election promised to **uproot** widespread corruptions in the bureaucracy. 당선자는 관료 조직에 만연한 부패를 뿌리 뽑겠다고 약속했다.

upset
up(위로)+set(=put, 놓다)
: (아래가) 위로 가게 놓다

a.1.화난, 속상한 2.뒤집힌, 혼란에 빠진 3.(위장 등이) 불편한
vt.1.뒤엎다, 전복시키다 2.속상하게 하다, 어지럽히다
n.1.뒤집힘, 전도, 혼란 2.당황, 역전 3.불화, 싸움

He was so **upset** that his face turned red and his lips trembled.
그는 너무 화가 나서 얼굴이 상기되고 입술이 부들부들 떨렸다.
The result of the presidential election **upset** everyone's expectations.
대통령 선거 결과는 모두의 예상을 뒤엎었다.
Against all odds, he pulled off a dramatic **upset** in the presidential election.
예상을 뒤엎고 그는 대통령 선거에서 극적인 역전승을 이끌어냈다.

Tip

이 밖에 자주 쓰이는 단어는 아래와 같다.

upbeat ⓐ긍정[낙관]적인 ⓝ상승 기조, 활성화
uproar ⓝ소동, 소란, 야단법석
uproarious ⓐ1.떠들썩한, 법석떠는 2.배꼽 잡는 편입
upstairs ⓐⓓ위층으로, 계단을 올라 ⓐ위층의, 2층의 ⓝ위층, 상층부 ㉭ downstairs
upstream ⓐⓓ상류로[에], 강을 거슬러 올라 ⓐ상류의, 거슬러 오르는 ㉭ downstream
up to date ⓐ1.최신[최근]의, 현대적인, 첨단의
upside down ⓐⓓ1.거꾸로, 뒤집혀 2.혼란스럽게, 엉망으로

Unit 63. 공간적 이동: 앞으로 pro / 뒤로, 다시 re / 옆으로 para / 사이에 inter

pro- [L] : 1. 앞으로(forward, forth, before) 2. 찬성하는(ok, in favor)

prompt
pro(=forth)+
empt(=brought)
: 앞으로 가져온

a.1.즉석의, 즉각적인(immediate) 2.신속한, 시간을 지키는(punctual)
vt.1.자극[촉구]하다 2.유도하다, 부추기다 3.상기시키다, (대사를) 일러주다
n.1.〈상업〉지불 기한 2.자극, 대사 일러주기 편입, 토플

A **prompt** action by the captain saved many passengers on board.
선장의 즉각적인 조치로 배에 타고 있던 많은 승객들이 목숨을 구했다.

Great masterpieces are those which madness **prompts** and reason writes.
위대한 걸작이란 광기가 자극하여 이성이 받아 적는 것이다.

protect
pro(=in front)+
tect(=cover)
: 앞에서 막다

vt.보호하다, 지키다, 막다(defend) vi.보호하다 편입

protective ⓐ1.보호[방어]하는, 지키는 2.보호무역의
protection ⓝ1.보호, 옹호, 비호 2.방어물

Fasten your seat belt to **protect** yourself in case of accident.
사고 시에 자신을 보호하기 위해 안전벨트를 매어라.

He believed that **protective** trade policies were necessary to create more jobs in the U.S.
그는 미국에 더 많은 일자리를 창출하기 위해 보호무역 정책이 필요하다고 믿었다.

Endangered animals need our **protection** in order not to go extinct soon.
멸종위기 동물이 곧 멸종되지 않기 위해서는 우리의 보호가 필요하다.

prone
pronus[L](=leaning forward, 앞으로 기울어진)
에서

a.1.하기[당하기] 쉬운, 경향이 있는(liable, inclined to) 2.엎드린, 포복한, 엎어져 있는 공7, SAT

Winter is just around the corner, which means old people are more **prone** to become ill.
'곧 겨울이다' 라는 말은 나이 든 사람에게는 아프기가 훨씬 더 싶다라는 뜻이다.

propagate
pro(=forward)+
pag(=breed)+ate(동·접)
: 번식해 나아가다

vt.1.번식[증식]시키다 2.(사상 등을) 선전[보급]하다 3.(소리 등을) 전파하다, 전하다
vi.번식[증식]하다, 퍼지다 고시, 편입

propagation ⓝ1.번식, 증식 2.선전, 보급 3.전파, 전달
propaganda ⓝ(정치적인) 선전, 선전 활동

The innovative thinker started to publish a periodical to **propagate** his ideas.
그 혁신적인 사상가는 그의 사상 전파를 위해 정기간행물을 발행하기 시작했다.

Art should not be used as an instrument for **propaganda**.
예술은 정치선전의 도구로 사용되어지면 안된다.

prophet [Gk]
: pro(=before)+
phet(=speak)
: 미리 말하는 자

n.예언자, 선지자, 선각자

No **prophet** is accepted in his own age.
어떤 선각자도 자기 시대에는 인정받지 못한다.

Tip

다음 단어들이 '찬성하는, 친한' 이란 뜻의 접두사 pro-가 붙어 자주 사용되는 경우다.

pros and cons ⓝ찬반양론, 장단점 공9
pro-government ⓝⓐ친정부(의)
pro-business ⓝⓐ친 기업(의)
pro-environment ⓝ친환경
pro-labor ⓝⓐ친 노동(의)
pro-American ⓐ친미의

re- [L] : 1. 뒤로(back) 2. 다시(again) 3. 강조(intensive) 등

refrain
re(=back)+
frain(=bridle, 굴레)
: 뒤에서 굴레를 씌움

vi.1.삼가다, 참다, 멀리하다 2.(~ from) 억누르다, 자제하다(restrain, abstain)
n.후렴, 상투어 편입, 토익

The woman **refrains** from buying unnecessary things because she lives on a pension.
그 여자는 연금에 기대어 살기 때문에 불필요한 물건 구입을 억제한다.

refuge
re(=back)+fuge(=flee)
: 뒤로 달아남

n.1.피난, 도피, 은신 2.피난처, 도피처 3.의지가 되는 것, 의지 4.방편, 핑계

refugee ⓝ난민, 피난자, 망명자

Many people were forced to seek **refuge** from the civil war.
많은 사람들이 내전으로 피난처를 찾아야 했다.

Some countries control their borders to block the steady flow of **refugees** from the war zone.
일부 국가들은 전쟁지역에서 끊임없이 밀려드는 난민을 봉쇄하기 위해 국경을 통제한다.

refund
re(=back)+fund(=pour)
: 뒤로 쏟아내다

n.환불(금), 반환 vt.환불[환급]하다(pay back), 반환하다
vi.반환하다, 변상하다(indemnify) 편입

If you are not fully satisfied, you can return it within ten days for a full **refund**.
아주 만족하지 않으면 10일 내로 반환하여 전액환불 받을 수 있습니다.

redeem
re(d)(=back)+eem(=buy)
: 되사다(buy back)

vt.1.되사다, 도로 찾다 2.보완[상쇄]하다, 만회하다 3.상환[변제]하다 4.구원하다 편입, 토플

redemption ⓝ1.되찾기, (약속의) 이행 2.구원(salvation) 3.변제, 상환 SAT

As his business is doing well now, he will **redeem** the mortgaged land in a few months.
지금 그의 사업이 잘 돌아가기 때문에 몇 달 내로 담보된 토지를 되찾게 될 것이다.

retire [F]
: re(=back)+tire(=draw)
: 뒤로 물러나다

vi.1.퇴직[은퇴]하다(resign) 2.물러가다, 퇴장하다 3.철수[후퇴]하다
vt.1.회수하다, 폐기하다 2.은퇴[퇴직]시키다, 아웃시키다

retired ⓐ1.은퇴[퇴역, 퇴직]한 2.외딴, 구석진
retirement ⓝ1.은퇴, 퇴직 2.은거, 칩거 3.외딴 곳, 벽촌 편입

He recently **retired** as CEO of the campany to have more time with his family.
그는 가족과 더 많은 시간을 보내기 위해 최근 그 회사의 사장직에서 은퇴했다.

He is going to take early **retirement** due to ill health.
그는 건강이 안 좋아 조기퇴직하려 한다.

relinquish
re(=back)+linqu(=leave)
+ish(동접)
: 뒤에 남겨두고 오다

vt.1.(소유권 등을) 포기하다, 양도하다(surrender)
2.(습관·계획 등을) 단념하다, 그만두다(give up, abandon)

The writer was forced to **relinquish** all rights to his creation because of a large debt.
작가는 큰 빚 때문에 창작물에 대한 그의 모든 권한을 포기해야 했다.

remain
re(=back)+main(=stay)
: 뒤에 머무르다

vi.1.여전히[변함없이] ~이다 2.남다, 잔존[존속]하다 3.머무르다, 체류하다(stay)

remainder ⓝ나머지, 잔여, (pl)유적

The big donor hopes to **remain** anonymous as ever.
그 거액 기부자는 종전처럼 여전히 익명으로 남고싶어 한다.
You have the right to **remain** silent if you want.
원한다면 당신은 묵비권을 행사할 수 있습니다.

restore
re(=back)+store(비축하다)
: 뒤에 따로 비축하다

vt.1.회복하다 2.복구[복원]하다 3.돌려주다, 반환하다 4.복귀[복직]시키다

restoration ⓝ1.회복, 부활 2.복구, 복원 3.반환 4.복직, 복위 토플

The film director **restored** his confidence after his new movie became a big hit.
그 영화감독은 신작이 큰 성공을 거둔 후 자신감을 회복했다.

retaliate
re(=back)+
talio(=pay in same kind)+
ate(동접)
: 같은 것으로 되갚다

vi.보복[복수]하다, 앙갚음하다 vt.앙갚음하다 국회8, SAT

retaliation ⓝ보복, 앙갚음

We **retaliated** against the enemy for invading our territory.
우리는 적이 우리 영토를 침략한 것에 대해 보복했다.
She hesitated to report the blackmail for fear of **retaliation**.
그녀는 보복에 대한 두려움으로 협박행위에 대한 신고를 망설였다.

retard
re(=back)+tard(=slow)
: 느려 뒤처지다

vt.1.(성장, 발달 등을) 지체시키다, 늦추다(stunt) 2.저지[방해]하다(hinder)
n.1.지연, 저지, 방해 2.지진아, 저능아 토플, 편입

tardy ⓐ더딘, 느린, 지각한

Excessive regulations are **retarding** the development of biotechnology.
지나친 규제가 생명공학의 발전을 지체시키고 있다.
We couldn't seize the initiative in the last election because we were **tardy** in reacting to changing situations.
우리는 지난 선거에서 변하는 상황에 대한 대처가 느렸기 때문에 주도권을 쥘 수 없었다.

renew
:re(=again)+new(새로운)

vt.1.새롭게 하다, 일신하다 2.재개하다, 다시 시작하다(resume)
3.갱신하다, 기한을 연장하다 4.되찾다, 회복하다(recover)
vi.1.다시 시작하다, 회복하다 2.계약을 갱신하다, 기한을 연장하다

renewal ⓝ1.소생, 일신, 재개 2.갱신, 기한연장

We are supposed to **renew** the rental contract every two years.
우리는 매 2년마다 임대계약을 갱신하기로 되어있다.
It went through a **renewal** process, making a new product with a different brand.
그것은 리뉴얼과정을 거쳐 새로운 브랜드의 새로운 제품으로 만들어졌다.

reconcile
re(=again)+
concile(=make friendly)
: 다시 화친하다

vt.1.화해시키다(appease) 2.조화[일치]시키다 토플, SAT

reconciliation ⓝ1.화해(appeasement), 조화 2.중재, 조정 공7

He has managed to **reconcile** his work with his family thus far.
그는 지금까지 용케 일과 가족을 조화시켜 왔다.

We are anxious to **reconcile** the two friends.
우리는 그 두 친구를 화해시키려고 애가 탄다.

recover
re(=again)+cover(=gain)
: 다시 얻다

vt.1.되찾다, 회복하다 2.만회[벌충]하다, 메우다 3.회수하다, 재생하다
vi.1.회복하다, 낫다 2.승소하다

recovery ⓝ1.(건강의) 회복, 완쾌 2.복구, 복원 3.회수, 재생

My grandfather is still **recovering** from an operation for stomach cancer.
할아버지는 여전히 위암수술에서 회복중이다.

All candidates promised economic **recovery** and job creation.
모든 후보자들은 경기회복과 일자리 창출을 약속했다.

refresh
re(=again)+fresh(신선한)

vt.1.상쾌하게[생기를 되찾게] 하다 2.(기억을) 새롭게 하다, 되살리다(renew)
3.충전하다(recharge), 다시 채우다, 새로이 공급하다 4.〈컴〉재생[리프레시]하다
vi.1.기운을 차리다 2.먹고 마시다, 한잔하다

refreshment ⓝ1.원기회복, 휴식, 휴양 2.가벼운 식사, 다과 토익

Being with her **refreshes** me like a cool shower on a hot summer day.
그녀와 함께 있음은 더운 여름날의 시원한 소나기처럼 나를 상쾌하게 해준다.

Reaching the mountain peak, I felt **refreshment** of mind and body.
산꼭대기에 다달았을 때 나는 심신이 상쾌해지는 것을 느꼈다.

regret [F]
: re(강조)+gret(=groan)
: 심하게 끙끙대다, 신음하다

vt.1.후회하다, 뉘우치다 2.유감으로[애석하게] 여기다 n.후회, 유감 공9

I bitterly **regret** having rejected such a good offer.
그런 좋은 제안을 거절한 것에 대해 후회막심하다.

We only become old when **regrets** take the place of dreams.
후회가 꿈을 대신하는 순간부터 우리는 늙기 시작한다. - Jimmy Carter, *The Virtues of Aging*

rehabilitate
re(=again)+habilit(=make fit)+ate(동접)
: 다시 알맞게 맞추다

vt.1.재활[갱생]치료를 하다, 갱생시키다, 사회복귀를 돕다 2.명예[평판]을 회복시키다
3.회복[복원]시키다 경찰

rehabilitation ⓝ 1.(장애자 등의) 재활, 사회 복귀 2.갱생, 복직, 복권 3.부흥, 재건 공9

After the scandal the singer has had a hard time **rehabilitating** his reputation.
그 가수는 스캔들 이후에 명성을 회복하느라 힘든 시간을 보냈다.

She is still undergoing **rehabilitation** after being injured in a car accident.
그녀는 자동차 사고로 부상당한 후 아직 재활치료를 받고 있다.

reimburse
re(=again)+im(=in)+
burse(=purse)
: 다시 지갑을 채워줌

vt.상환하다(refund, redeem), 배상[변상]하다(compensate, indemnify) 편입, 토플

reimbursement ⓝ1.변제, 배상 2.상환, 보전 고시, SAT

I undoubtedly expect my company to **reimburse** me for the expense.
나는 회사가 내게 당연히 그 비용을 상환해 주리라고 기대한다.

recall
re(=again)+call(불러내다)

vt.1.상기[회상]하다(remember), 생각나게 하다(remind) 2.소환하다, 다시 부르다 3.(제품을) 회수[리콜]하다 n.1.회상, 상기 2.소환, 도로 부름 3.취소, 철회 4.(결함 제품의) 회수, 리콜 공9, 편입

I cannot **recall** where I left my glasses.
안경을 어디 두었는지 생각이 안난다.

The company has **recalled** all the defective smartphones.
그 회사는 결함있는 스마트폰을 모두 회수했다.

rehearse [F]
: re(=again)+
hearse(=drag) : 다시 끌다

vt.1.(예행) 연습하다, 시연하다 2.훈련[숙달]시키다 3.반복하다, 열거하다
vi.연습하다, 복창[시연]하다

rehearsal ⓝ1.시연, 예행연습, 리허설 2.암송, 복창 토플

As the interview was live, she had to **rehearse** her answers to any tough questions.
생방송 인터뷰에 대비해서 그녀는 어떤 까다로운 질문에도 답할 수 있게 리허설해야 했다.

After school we have had choir **rehearsal** for two hours every day.
방과 후 우리는 매일 두 시간씩 합창연습을 한다.

replace
re(=again)+place(놓다)

vt.1.대신하다, 후임이 되다 2.바꾸다, 대체하다(substitute, supplant) 3.돌려 주다[놓다], 복직[복위]시키다

replacement ⓝ1.교체(substitution), 교환 2.대체[교환]품, 후임자 3.반환, 복직

irreplaceable ⓐ1.(너무 특별해서) 대체[대신]할 수 없는

I recently **replaced** an old computer with a new one.
난 최근에 오래된 컴퓨터를 새 것으로 교체했다.

☞replace A with B=substitute B for A; A를 B로 대체하다[바꾸다]

reproduce
re(=again)+
produce(생산하다)

vt.1.생식[번식]시키다(breed) 2.복사[복제]하다(duplicate) 3.재생[재현]하다, 복원하다
vi.1.생식[번식]하다 2.복사[재생]하다

reproduction ⓝ1.생식, 번식 2.복제, 재생 3.복제품 4.〈경제〉 재생산

Some animals have few predators in the current ecosystem, which allows them to **reproduce** in large quantities.
어떤 동물들은 현재 생태계에 포식자가 거의 없어 대량으로 번식하게 된다.

retrieve
re(=again)+trieve(=find)
: 다시 찾다

vt.1.되찾다, 회수하다(recover) 2.(정보를) 검색하다 3.회복[만회]하다 4.수습하다, 구출하다(salvage) 공9, 토플

The rich man couldn't **retrieve** the stolen gold bars.
부자는 도난당한 금괴를 되찾을 수 없었다.

reluctant
re(=against)+luct
(=struggle)+ant(형접)
: ~에 대해 다투는

a.(~ to) 꺼리는, 주저하는, 마지못한(unwilling)

reluctance ⓝ꺼림, 싫어함, 마지못해 함

The saleswoman was very **reluctant** to refund me in full.
여점원은 나에게 전액 환불해 주는 것을 매우 꺼렸다.

The company accepted my offer without **reluctance**.
회사는 나의 제안을 주저 없이 수락했다.

revenge
re(강조)+venge(=retaliate)
: 보복하다

vt.복수하다, 원한을 갚다 n.1.복수, 보복 2.설욕 경찰, 토플
We hope to get **revenge** for the humiliating defeat on the rival team.
우리는 라이벌 팀으로 부터 당한 치욕적인 패배를 설욕하기 바란다.

reveal
re(=opposite of)+
veal(=veil, 베일)
: 베일을 벗기다

vt.1.드러내다, 밝히다(disclose, expose) 2.폭로[누설]하다(divulge) 3.보이다, 나타내다
n.출현, 계시, 폭로

revelation ⓝ1.폭로, 누설 2.적발, 발각 3.계시, 묵시 토플
The young defectors from North Korea are not yet allowed to **reveal** their faces to the media. 젊은 탈북자들은 언론에 얼굴이 드러나는게 아직은 허용되지 않았다.
Most whistleblowers want to remain anonymous even after their **revelations**.
대부분의 내부고발자들은 폭로 후에도 자신을 드러내지 않으려 한다.

para- [Gk] : 1. 옆으로, 빗대어 (beside) 2. 넘어(beyond), ~와 달리(contrary to) 3.막아주는(defense)

paradigm [Gk]
para(=beside)+
digm(=show)
: 곁에서 보여주는 것

n.1.전형적 예[양식], 모범 2.이론적 틀, 패러다임, 상황 3.어형 변화표 토익
Our organization requires a **paradigm** shift to survive this new global environment.
우리 조직이 새로운 글로벌 환경에서 살아남기 위해서는 인식의 대전환이 요구된다.
* **paradigm** shift: 근본적 변화, 사고틀의 전환

parable
para(=beside)+
bole(=throw) > parable
: 비교하기 위해 옆에 던짐

n.우화, 비유 vt.vi.비유해서 이야기하다 편입
Her poem implicitly represents wisdom of life through **parable**.
그녀의 시는 우화를 통해 함축적으로 삶의 지혜를 표현하고 있다.

parallel
para(=beside)+allel(=each other)
: 서로 옆에서, 나란히

a.1.평행한, 나란한 2.유사한, 대응[일치]하는 3.병행[병렬]의 ad.평행으로, 나란히
n.1.평행(선) 2.유사(점) 3.병렬
vt.1.~와 유사하다, 필적하다 2.~에 평행하다, 병행하다 3.~와 비교하다 편입, 토플

unparalleled ⓐ비할[견줄] 데 없는, 전대미문의(unprecedented)
The road runs **parallel** to the seashore.
그 도로는 해안선과 나란히 달린다.
Such an uptrend **parallels** the unemployment rate, which is now at a 10 year high.
그러한 상승세는 실업률과 유사하며 이는 현재 10년만에 최고치다.
Ironically the social turmoil gave him **unparalleled** opportunities to make a great success of his business.
역설적으로 그 사회적 혼란이 그에게 사업의 대성공을 거둘 더없이 좋은 기회를 제공했다.

paraphrase
para(=beside)+
phrase(=tell)
: 빗대어 말하다

vi.바꾸어 말하다[쓰다], 부연 설명하다 n.바꾸어 말하기, 부연, 의역
To **paraphrase** the author's assertion in a different context, the only thing we have to fear is fear itself.
작가의 주장을 다른 맥락으로 바꿔 말하면, 우리가 두려워해야 할 것은 오직 두려움 그 자체 뿐이다.

parasite
para(=beside)+
sitos(=feed) > parasite
: 곁에서 먹이를 먹다

n.1.기생충, 기생 동식물　2.식객, 기생자, 아첨꾼

parasitism　ⓝ기생, 식객

The guy is nothing but a **parasite** who lives on his elder sister.
그 녀석은 누나에게 빌붙어 사는 기생충에 지나지 않는다.

parameter
para(=beside)+
meter(=measure)
: 옆에서 측정함

n.1.매개변수, 파라미터　2.한도, 한계, 특성

The outcomes depend heavily on how to measure the **parameters**.
결과치는 매개변수를 어떻게 측정하느냐에 따라 크게 달라진다.

paranoia
para(=beyond)+
noia(=mind) : 정상이 아닌

n.편집증, 피해망상

paranoid　ⓝ편집증 환자　ⓐ편집증의, 피해망상의

Obsessed by Internet games, he shows addictive symptoms bordering on **paranoia**.
그는 인터넷 게임에 사로잡혀 편집증에 가까운 중독증세를 보이고 있다.

parachute [F]
: para(=defense
against)+chute(=fall)
: 추락을 막아줌

n.낙하산　vt.낙하산으로 투하하다, 낙하산식으로 임명하다　vi.낙하산으로 내려오다

The pilot jumped out of a burning fighter plane wearing a **parachute**.
조종사는 낙하산을 착용하고 불타는 전투기에서 뛰어내렸다.

parasol
para(=defense against)+
sole(=sun) > parasol
: 태양을 막다

n.양산, 파라솔

I usually carry a **parasol** on hot summer days to shade myself from the sunlight.
나는 더운 여름날에는 햇빛을 가리기 위해 대체로 파라솔을 지참한다.

inter- [L] : 1.사이에(between)　2.상호[서로] 간에(mutual, each other)

interact
inter(=mutual)+act(=work)

vi.상호작용하다, 소통[교류]하다

interactive　ⓐ1.상호 작용하는, 서로 영향을 미치는　2.쌍방향의, 대화형의

interaction　ⓝ상호작용, 대화

Perfumes **interact** with the skin's natural chemicals.
향수는 피부에 있는 천연 화학물질과 상호작용한다.

Our school introduced **interactive** forms of teaching that are far different from traditional methods.
우리 학교는 전통적 방법과는 아주 다른 쌍방향 학습법을 도입했다.

interchange
inter(=mutual)+
change(교환하다)

vt.1.(서로) 교환하다, 주고받다　2.교체하다, 교대시키다　vi.교대하다, 번갈아 일어나다

n.교환, 입체교차로, 인터체인지

Two summits **interchanged** opinions on mutual defense against the common enemy.
두 정상은 공동의 적에 대한 상호방위에 대해 의견을 교환했다.

interface
inter(=mutual)+
face(면하다)

n.접점, 접촉[경계]면, 인터페이스　vt.조화[결부]시키다, 인터페이스로 연결하다
vi.조화[접속]되다, 원활히 상호작용하다

The new device **interfaces** with existing video and audio systems.
새로운 장치는 기존의 영상·음원 시스템과 원활히 상호작용한다.

interfere
inter(=between)+
fere(=strike)
: 사이에서 때리다

vi.1.(~ with) 방해하다, 간섭[참견]하다(interrupt, intrude, meddle in)
2.(~ in) 개입하다, 중재하다 편입

interference
ⓝ1.간섭, 참견 2.방해, 혼선

The pain in my shoulder **interfered** with a sound sleep.
어깨의 통증이 깊은 잠을 방해했다.

Some economists demanded that the government (should) **interfere** in the market under such circumstances.
일부 경제전문가들은 그러한 상황에서는 정부가 시장에 개입하길 요구했다.

intermittent
inter(=between)+
mitt(=send)+ent(형접)
: 사이 사이로 보내는

a.간헐적인(sporadic), 때때로의(occasional) 공7, 편입

Our baseball game was messed up by **intermittent** showers.
간헐적으로 내리는 소나기 때문에 야구시합이 엉망이 되었다.

international
inter(=between)+
national(국가의)
: 국가 간의

a.국제적인, 국가 간의, 국제 관계의

She has won an **international** reputation as a singer.
그녀는 성악가로서 국제적 명성을 획득했다.

interpret
inter(=between)+
pret(=pricing)
: 중간에서 값을 조정하다

vt.1.해석[설명]하다, 파악[이해]하다 2.통역[번역]하다(translate)　vi.해설하다, 통역하다

interpretation
ⓝ1.해석, 설명 2.통역

He couldn't **interpret** the hidden meaning of his father's silence.
그는 아버지가 왜 침묵하는지 숨겨진 뜻을 파악할 수 없었다.

intimate
inti<inter(=between)+
mate(친구)
: 친구 간에

a.1.친밀한, 밀접한(familiar) 2.사사로운, 개인적인(private)　n.친한 친구[동료]
vt.암시하다, 넌지시 알리다(hint, imply)

intimacy
ⓝ1.친밀,친교 2.육체 관계

He was my **intimate** friend once, but is my archrival now.
그는 한때 내 절친이었으나 지금은 최대 라이벌이다.

Review Test 21

a. succinct	b. eccentric	c. polarize	d. intermittent	e. overhaul
f. photosynthesis	g. frustration	h. cutting edge	i. metabolism	

◆ **From the box above, choose the word that corresponds to each definition below.**

1 occurring at irregular intervals, not continuous or steady

2 to examine carefully for faults, necessary repairs, etc

3 the feeling of being upset or annoyed as a result of being unable to change or achieve something

4 the chemical processes that occur within a living organism in order to maintain life

5 unusual and rather strange

6 the latest or most advanced stage in the development of something

7 briefly and clearly expressed (especially of something written or spoken)

8 the process by which green plants use sunlight to synthesize nutrients from carbon dioxide and water

9 divide into two sharply contrasting groups or sets of opinions or beliefs

◆ **Choose the one that is closest in meaning to the highlighted word in each sentence.**

10 The charm of his voice amply **redeemed** his appearance.
① enhanced ② appreciated ③ revalued ④ compensated ⑤ diminished

11 She is a sharp reviewer, not **prone** to exaggeration.
① likely ② relevant ③ liable ④ adjacent ⑤ adequate

12 Sometimes he openly **defied** the authorities, knowing he would make things worse.

① accepted ② contacted ③ blamed ④ resisted ⑤ denounced

13 Fungi can be both **detrimental** and helpful to humans, depending on the specific type and effect.

① fatal ② useful ③ productive ④ harmful ⑤ valuable

14 Some people with power love to **intimidate** others in any way.

① harass ② offend ③ reconcile ④ exploit ⑤ frighten

15 Your rent has been **overdue** for a couple of months.

① usual ② late ③ omitted ④ canceled ⑤ overrun

16 Bats, the only mammals capable of dynamic flight, can **spot** small insects with ease.

① detect ② attack ③ devour ④ impact ⑤ injure

17 Too much debt may **undermine** the company's plan to enlarge the market share.

① prevent ② provoke ③ weaken ④ expedite ⑤ cease

18 Consumer confidence is supposed to **deteriorate** steadily for a year.

① descend ② become worse ③ improve ④ fluctuate ⑤ surge

19 It is an **intricate** process that needs to be handled by a professional. 경찰

① effective ② efficient ③ simplified ④ preliminary ⑤ complicated

◆ **Fill in the blank with the proper verb that will best complete the meaning of each sentence.**

① optimize ② reconcile ③ exploited ④ surrender ⑤ retrieved ⑥ intrigued ⑦ outsource

20 It appears almost impossible to _______ these apparently opposing views.

21 This morning she _______ the related information from the database.

22 These days many global companies _______ their non-essential works into developing countries.

23 It's crucial to ______ our resources to get the goal on time.

24 The story is so fantastic that I'm _______ to know how it goes on.

25 The lawyer skillfully _______ legal loopholes in the tax law.

26 The ruling class was very reluctant to _______ their vested interests.

Unit 64. 이동하는 형태: 가로질러 trans, dia / 통하여 per / 떨어져 se, ab / 스스로 auto / 멀리 tele

trans- [L] : 가로질러(across), 통하여(through)

tranquil
tran(s)(=across)+quil(=rest)
: 평온한 가운데

a.조용한(quiet), 고요[평온]한(serene, calm)

tranquility ⓝ평온, 평정, 고요 회계사, 편입

The leader tried to remain **tranquil** inside, even in the turbulent conditions.
그 지도자는 격동의 상황 속에서도 내면의 평정을 유지하려고 애썼다.

transfuse
trans(=across)+fuse(=pour)
: 옮겨 붓다

vt.수혈하다, 주입하다, 옮겨붓다

transfusion ⓝ주입, 수혈, 수액

Only o-type blood can be **transfused** into humans of any blood type without medical risk.
오직 O형 피만이 어떤 혈액형의 사람에게도 의학적 위험 없이 수혈될 수 있다.

transplant
trans(=across)+plant(심다)

vt.1.옮겨 심다, 이식하다 2.이주[이전]시키다 n.이식, 이식수술, 이주 편입

As he has recovered from a liver **transplant**, he now wants to get back to his normal life.
그는 간이식 수술에서 회복되어 지금은 정상적인 생활로 돌아가길 원한다.

transpose
trans(=across)+pose(=put)
: 교차하여 놓다

vt.(위치,순서 등을) 뒤바꾸다, 바꾸어 놓다(interchange), 전치轉置하다, 〈음악〉조옮김하다

The error was a result of the two addresses being **transposed** on the client list.
그 에러는 고객명단에서 두 주소가 뒤바뀐 결과로 일어났다.

The performer thought it would be better to **transpose** the song in a lower key.
연주자는 노래를 좀 더 낮은 조로 바꾸는 게 좋겠다고 생각했다.

transgender
trans(=on the opposite side)+gender(성)

n.a.성전환자(의), 트랜스젠더(의)

One day it happened to dawn on him that she might be a **transgender.**
어느 날 우연히 그는 그녀가 성전환자일지 모른다는데 생각이 미쳤다.

dia- [Gk] : 가로질러(across), 통하여(through)

diagnose
dia(=across)+gno(=know)+se(동·접)
: 가로질러 두루 알아내다

vt.vi.진단하다, 규명하다, 원인을 밝히다 편입

diagnosis ⓝ진단(법), 식별 토익

He was **diagnosed** with stomach cancer in a physical exam.
그는 건강검진에서 위암 진단을 받았다.

You need to have a second test to confirm the **diagnosis**.
당신은 진단을 확인하기 위해 2차 검사를 받을 필요가 있다.

diagonal
dia(=across)+gonia (=angle)+al(형접) : 각을 가로질러

a.대각선의, 사선의, 비스듬한　　n.대각선, 사선

In this space **diagonal** parking is much better for the cars nearby.
이 공간에서는 가까이에 있는 차들을 위해 비스듬히 주차하는 게 훨씬 낫다.

diabetes
dia(=through)+ betes(=pass) : (흡수되지 않고) 통과해 버림

n.당뇨병 토플

The cause of his blindness was complications of **diabetes**, the doctor said.
의사는 그의 실명이 당뇨 합병증 때문이라고 말했다.

diaphragm
dia(=across)+ phragm(=fence) : 울타리를 가로질러

n.1.횡격막, 가로막　2.칸막이, 격막　3.(카메라 등의) 조리개, (전화기 등의) 진동판

Taking a picture, I sometimes preset my camera to auto **diaphragm**.
사진 찍을 때 나는 카메라를 자동조리개로 가끔 설정한다.

diarrhea
dia(=through)+ rrhea(=flow) : (변이) 흘러 지나감

n.설사

Too much caffeine may cause **diarrhea**, headache and insomnia.
지나친 카페인은 설사, 두통, 불면증을 일으킬 수도 있다.

per- [L] : 1. 통하여, 두루(through)　2. 철저히(thoroughly), 완전히(completely)

perennial
per(=through)+ enni(=year)+al(형접) : 일년 내내

a.1.지속하는, 계속 반복되는　2.사철 끊이지 않는, 다년생의　n.다년생 식물 토플, SAT

Suffering from **perennial** lack of money, his business eventually went bankrupt.
그의 사업은 반복되는 자금부족으로 고통을 겪다가 결국 파산했다.

perfume
per(=through)+ fume(=smoke) : (태워서) 두루 향을 피움

n.1.향수, 향료　2.향기(scent), 방향(aroma, fragrance)
vt.1.향기를 풍기다, 향기롭게 하다　2.향수를 바르다

She seems to wear a new **perfume** today.
그녀는 오늘 새로운 향수를 뿌린 것 같다.

permanent
per(=thoroughly)+ mane(=stay)+ent(형접) : 끝까지 머무르는

a.1.영속하는, 영구적인(perpetual)　2.정규직의, 상설의 변리사, 토플　반 temporary 임시의

It also deprives the youth of job opportunities to strengthen the privileges of **permanent** position.
정규직의 특권을 강화하는 것 역시 청년들에게서 일할 기회를 빼앗는다.

permeate
[pə́ːrmièit]
per(=through)+
mea(=pass)+ate(동접)
: 두루 통과하다

vt.1.스며들다, 침투[투과]하다(penetrate) 2.충만하다, ~에 퍼지다
vi.배어[스며]들다, 퍼지다 공9, SAT
We have to root out the culture of corruption **permeated** in every corner of our society.
우리는 사회의 모든 구석에 스며든 부패문화를 뿌리뽑아야 한다.

persevere
[pə̀ːrsəvíər]
per(=thoroughly)+
severe(=strict)
: 끝까지 엄격하게

vi.1.인내하다, 견디어내다(endure) 2.끝까지 해내다, 끈기있게 노력하다 토플, 편입

perseverance ⓝ인내(력), 끈기(patience), 불굴의 의지 SAT
Despite various obstacles, he **persevered** with the research and finally discovered a cure for the disease.
여러 난관에도 불구하고 그는 끈기있게 연구에 매진하여 마침내 그 병의 치료법을 발견했다.
Her recent win in the golf tournament proves that **perseverance** finally pays off.
골프대회에서 그녀의 최근 우승은 인내가 마침내 결실을 맺었음을 증명한다.

persuade
per(=thoroughly)+
suade(=urge)
: 철저히 권고하다

vt.1.설득하다, 설득하여~하게 하다
2.납득[확인]시키다, 믿게하다(convince) ⓑ dissuade(설득하여) 단념시키다

persuasive ⓐ설득력 있는, 설득 잘하는 ⓝ유인, 동기 편입
persuasion ⓝ1.설득, 납득 2.확신, 신념(belief)
One of the best ways to **persuade** others is with your ears by listening to them.
타인을 설득하는 최상의 방법 중 하나는 잘 귀담아 듣고 귀로 설득하는 것이다. –Dean Rusk
She tried in vain to **persuade** her husband to travel abroad.
그녀는 남편에게 해외여행을 가자고 설득했으나 허사였다.

se- [L] : 떨어져, 분리된(apart)

secede
se(=apart)+cede(=go)
: 떨어져 나가다

vi.(~ from) 탈당[탈퇴]하다, 분리 독립하다 편입
The laborers started to **secede** from the union when the strike became longer.
파업이 길어지자 노동자들이 노조를 탈퇴하기 시작했다.

seclude*
se(=apart)+clude(=shut)
: 격리해서 닫다
*unit29에 중복 설명

vt.1.고립시키다, 차단[격리]하다 2.은둔하다 편입

seclusion ⓝ격리, 은퇴, 은둔
The actress **secluded** herself from the world after she had left the silver screen.
그 여배우는 은막을 떠난 후 은둔생활을 했다.

seduce*
se(=aside)+duce(=lead)
: 옆길로 이끌다
*unit55에 중복 설명

vt.1.꾀다, 부추기다, 유혹하다(allure) 2.매혹하다, 끌다(attract)

seductive ⓐ유혹적인, 매혹[고혹]적인(enticing), 매력있는(attractive) 편입, SAT
The fine weather **seduced** my family to the amusement park.
화창한 날씨에 끌려 내 가족은 놀이공원에 갔다.

ab- [L] : 1. 떨어져(away from, off)　2. 강조(intensive)

abnormal
ab(=away from)+
normal(정상적인)
: 정상에서 벗어난

a.비정상적인, 이상한, 변태적인　㉥ normal　2.막대한, 엄청나게 큰

This rare disease comes from an **abnormal** gene.
이 희귀병은 비정상적 유전자에서 온다

abort
ab(=away from)+
ort(=be born)
: 태어나지 못함

vi.1.유산[낙태]하다　2.중단되다　vt.유산[낙태]시키다, (임신을) 중절하다　2.중단[중지]하다

abortion　ⓝ1.유산, 낙태, 임신중절　2.실패, 좌절, 발육부전　편입

There was no alternative but to **abort** the baby for the mother's health.
산모의 건강을 위해 낙태 이외에 다른 대안이 없었다.

There are many arguments for and against **abortion**.
낙태에 관한 많은 찬반논쟁이 있다.

absorb
ab(=off)+sorb(=suck in)
: 빨아들이다

vt.1.흡수하다, 빨아들이다　2.(지식 등을) 받아들이다, 동화하다
3.(마음 등을) 빼앗다, 열중하게 하다　경찰

absorption　ⓝ1.흡수(작용)　2.전념, 몰두　토플

Plants **absorb** carbon dioxide and release oxygen.
식물은 이산화탄소를 흡수하고 산소를 방출한다.

Once I used to be **absorbed** in playing golf.
한때 나는 골프에 푹 빠져 있었다.

absurd
ab(강조)+surd(=deaf)
: 듣지 못하는

a.1.터무니없는, 어리석은, 황당한(ridiculous)　2.불합리[부조리]한(unreasonable)　편입

absurdity　ⓝ1.불합리, 부조리, 모순　2.어리석은 짓[일]　토플

It seems like an **absurd** waste of time to walk to the subway station.
지하철역까지 걸어가는 것은 터무니없는 시간낭비 같다.

auto- [Gk] : 스스로, 자신의(self)

autoimmune
auto(=self)+
immune(면역의)

a.자가면역의, 자기면역의

The cause of this disease is as yet little known, but some evidence supports an **autoimmune** process.
이 질병의 원인에 대해 아직까지 거의 밝혀진 것이 없지만, 일부 증거들은 자가면역 과정이 그 원인임을 뒷받침한다.

automatic
auto(=self)+
matic(=willing to act)
: 스스로 움직이는

a.1.자동의, 무의식적인, 반사적인　2.기계적인, 비개성적인

automation　ⓝ자동화, 기계화　토익

All banks set limits to the withdrawal amount from **automatic** teller machine.
모든 은행은 자동인출기에서 인출할 수 있는 금액에 제한을 두었다.

autonomy
auto(=self)+nomy(=rule)
: 스스로 다스림

n.1.자치(권), 자치 단체 2.자율성, 자주성

autonomous ⓐ1.자율[자주]적인 2.자치의, 자치권이 있는 편입

Our education's main aim is to give more **autonomy** to individuals in their own lives.
우리 교육의 주된 목적은 개인들에게 자기 삶에 대한 더 많은 자율성을 부여하는 것이다.

authentic
auth(=self)+ent(=being)+ic(형접)
: 스스로 존재를 증명하는

a.1.진정한, 진짜의, 진품[진본]의(genuine) 2.믿을 만한, 근거 있는(reliable)
3.인증認證된 토익

authenticate ⓥ진짜임을 증명하다 편입, 토플

We enjoyed **authentic** Italian foods at a small restaurant.
우리는 한 조그만 식당에서 진짜 이태리 음식을 즐겼다.

The research institute could provide scientific support to **authenticate** the data.
그 연구소가 데이터의 진위를 증명하는 과학적 근거를 제공할 수 있었다.

Tip

이 밖에 아래의 단어들이 사용 빈도가 높다.

autobiography: auto(=self)+biography(일대기) | 자신이 쓴 일대기 → ⓝ자서전
autocracy: auto(=by oneself)+cracy(=rule) | 혼자서 다스림 → ⓝ.1.독재[전제]정치 2.독재국가
automobile: auto(=self)+mobile(=moving) | 스스로 움직임 → ⓝⓐ자동차(의)
autopsy: auto(=self)+opsy(=sight) | 자신의 눈으로 직접 봄 → ⓝ부검, 검시

tele- [Gk] : 멀리(far)

tele도 Greek계 접두사로서 특히 기기와 관련해서 주로 사용된다.

telepathy
tele(=far)+path(=feeling)+y(명·접) : 멀리서 오는 느낌

n.텔레파시, 정신감응

The two lovers insist that they sometimes communicate by **telepathy**.
그 두 연인은 서로가 가끔 텔레파시로 소통한다고 주장한다.

telescope
tele(=far)+scope(=viewing)
: 멀리 내다봄

n.망원경

We could watch the wonders of space through a **telescope** at the observatory.
우리는 우주의 경이로움을 천문대에서 망원경을 통해 관찰할 수 있었다.

telebanking
tele(=far)+banking(은행 업무)

n.텔레뱅킹

She had at first much difficulty in sending some money by **telebanking.**
그녀는 처음에 텔레뱅킹으로 송금할 때 많은 어려움을 겪었다.

Unit 65. 접두사 a-는 세 갈래에서 왔다.

1. Latin계 접두사 ad나 ab에서 [d]나 [b]가 생략된 경우로 특히 뒤에 이중 자음이 오는 경우.
2. Greek계 접두사 a-가 '~이 아닌(not), ~이 없는(without)'이란 뜻을 나타내는 경우.
3. Old English 즉 Anglo-Saxon계 접두사 a-가 '~에(on, at)'나 '강조(intensive)'의 뜻으로 동사, 형용사, 부사를 만드는 경우.

a- [L] : ad(to, toward) / ab(away from, off)에서 [d], [b]가 생략된 경우

amuse
a(=ad:to)+muse(=recreation) : 기분전환하다

vt.1.즐겁게[흥겹게]하다 2.즐기다, 놀다(entertain)

amusing ⓐ1.즐거운, 재미있는 2.웃기는, 우스운(funny)

amusement ⓝ1.즐거움, 재미, 우스움 2.오락, 취미 편입, 토익

Her fairy tale **amused** the children so that they laughed and clapped their hands.
그녀의 동화는 어린이들을 흥겹게해서 아이들이 웃고 박수쳤다.

Taking exercise is the source of vitality and **amusement** to me.
운동이 나에게는 활력과 즐거움의 원천이다.

avenge
a(=ad:to)+venge(복수하다)

vt.복수하다, 원수를갚다 vi.복수[보복]하다(retaliate) 편입

avenger ⓝ복수자, 원수를 갚는 사람

They **avenged** their lord's death in a cruel way, which led to a cycle of bloody vendetta.
그들은 주군의 죽음에 대해 잔인하게 복수했고, 이것이 피비린내 나는 복수극의 순환으로 이어졌다.

abandon [F]
: a(=ab:away from)+bandon(=jurisdiction, 관할) : 관할을 벗어남

vt.1.버리다, 떠나다(desert, leave) 2.포기[단념]하다, 그만두다(give up, relinquish) 토익

The flood forced hundreds of people to **abandon** their hometown.
홍수로 수백 명의 사람들이 고향마을을 떠나야만 했다.

The ruling and opposing party should **abandon** all or nothing games and meet halfway. 여야는 전부 아니면 전무 식의 게임을 포기하고 타협해야 한다.

amend
a(=ab:away from)+mend(=fault) : 잘못에서 벗어나다

vt.1.수정[개정]하다 2.고치다, 정정하다 편입

amendment ⓝ(법 등의) 개정, 수정, 개선 공7

If such measures face a strong backlash from the public, we need to **amend** them.
만약 그러한 조치가 대중의 강한 반발에 직면하면 우리는 그것을 수정해야 된다.

avert
a(=ab:away from)+vert(=turn) : 멀리 떨어져 돌다

vt.1.외면하다(turn away), (얼굴을) 돌리다 2.피하다(avoid, evade), 막다(prevent) 편입, 토플

aversion ⓝ혐오(hatred), 반감(antipathy)

We made every effort to **avert** our chairman's imprisonment.
우리는 회장님의 구속을 피하기 위해 온갖 노력을 다했다.

a- [Gk] : 1.~이 아니다(not) 2.~이 없는(without)

abyss
a(=without)+
byss(=bottom): 바닥이 없는

n.1.심연, 나락, 깊은 구렁 2.혼란, 혼돈, 지옥 편입

After he had failed in business, he struggled to get out of the **abyss** of despair.

사업 실패 후 그는 절망의 구렁텅이에서 빠져나오려고 발버둥쳤다.

adamant
a(=not)+
damant(=breakable)

a.1.매우 견고한, 단호한 2.불굴의, 확고한, 요지부동의 n.가장 견고한[단단한] 것 경찰

The accused is very **adamant** about his innocence.

피의자는 자신의 무죄에 대해 아주 단호하다.

anesthesia
an*(=without)+
esthes(=feeling)+ia(증세)
: 느낌이 없는 상태

n.마취, 무감각증 경찰, SAT

Anesthesia gave surgeons the freedom to operate almost all organs in a human body.

마취는 외과의사에게 인체의 거의 모든 장기를 수술할 수 있는 자유를 주었다.

*모음이나 h 앞에서는 n이 덧붙여져 an으로 된다.

amnesia
a(=not)+mnes(=memory)+
ia(=disease)
: 기억하지 못하는 병

n.기억상실(증), 건망증 편입

She suffers from **amnesia** after the car accident.

그녀는 자동차 사고 후에 기억상실증에 시달리고 있다.

amnesty
a(=not)+mnes(=memory)+
ty(명접) : 죄를 기억에서 지움

n.1.사면, 특사 2.책임면제 편입

The court granted **amnesty** to the illegal aliens.

법원은 불법 체류자들에게 사면을 허락했다.

amorphous
a(=without)+
morph(=form)+ous(형·접)
: 형체가 없는

a.무정형의, 비결정의, 확실한 형태가 없는 고시, SAT

The surgeon in charge extracted an **amorphous** tissue from the patient's liver.

담당 외과의는 환자의 간에서 무정형의 조직을 꺼집어냈다.

atheist
a(=without)+
theo(=god)+ist(주의자)
: 신이 없다고 믿는 자

n.무신론자 편입, 토플

atheism ⓝ무신론

She turned to an **atheist** after her daughter's death

그녀는 딸의 죽음 후 무신론자로 돌아섰다.

asylum
a(=without)+syle
(=right to seize)+um(명·접)
: 붙잡을 권리가 없는 곳

n.1.망명, 피난 2.성역, 피난처(sanctuary), 보호시설

Korean government agreed to grant political **asylum** to the diplomat.

한국 정부는 그 외교관에게 정치적 망명을 부여하는 것에 동의했다.

asymmetry
a(=not)+symmetry(대칭)

n.1.비대칭, 불균형 2.어울리지 않음 편입

The executive was fired because he had attempted to get his own self-interest by using information **asymmetry**.

그 회사 간부는 정보의 비대칭을 이용해 자신의 사익을 챙기려다 해고당했다.

Tip

다음 단어들은 앞의 해당 unit에서 이미 설명되었다.

anarchy: an(=without)+archy(=rule) | 통치가 없음 → ⓝ1.무정부[무법]상태, 난장판 2.무정부 주의
anonymous: an(=without)+onym(=name)+ous(형·접) | 이름이 없음 → ⓐ익명의, 작자 미상의
apathy: a(=without)+path(=feeling)+y(명접) | 느낌이 없음 → ⓝ무관심, 무감정, 냉담
atom: a(=not)+tom(=cut, divide) | 쪼갤 수 없는 것 → ⓝ1.원자, 미립자 2.극소량, 아주 조금

a- [OE] : 1.~에(on, at) 2.강조(intensive)

이 부분에 나오는 단어들 중 형용사들은 아래 예문처럼 오직 서술적 용법으로만 사용된다.

alike
a(강조)+like(~와 같은)

a.비슷한, 서로 같은(similar) ad.비슷하게, 동등하게(equally), 마찬가지로
Though the two look **alike** in appearance, they are entirely different in character.
두 사람은 외모는 비슷하지만 성격은 판이하다.

alive
a(=on)+live(=life)

a.살아 있는, 활동적인, 의식하는 ㉵ dead
Everything again seemed to come **alive** at the dawn of spring.
봄의 새벽에 만물이 다시 소생하는 것처럼 보였다.

asleep
a(=on)+sleep(잠)

a.1.잠든, 자고 있는(dormant) ㉵ awake 2.멈추어, 꼼짝 않고
3.(손발이) 저린, 마비된(numb) ad.잠들어
I was so exhausted to fall **asleep** on a sofa with the TV on.
나는 너무 피곤해서 TV를 켜 놓은채 소파에서 곯아떨어졌다.

aware
a(강조)+ware(=wary)
: 경계하는

a.의식[인식]하는(conscious), 알고 있는(~ of), 깨닫고[눈치 채고] 있는 ㉵ unaware

awareness ⓝ의식, 자각, 알아챔

If you take the medicine for a long time, you will be **aware** of the side effects of it.
약을 장기 복용할 경우에는 그 약의 부작용에 대해 의식할 것이다.
I was slowly **aware** that a certain danger was approaching.
나는 어떤 위험이 다가오고 있다는 것을 서서히 눈치챘다.
*be[become] **aware** of: ~을 인식[의식]하다, 깨닫다

ashamed
a(강조)+shamed(부끄러운)

a.부끄러운, 창피한, 수치스러운
You ought to be **ashamed** of your rude behavior.
너의 무례한 행동에 대해 부끄러운 줄 알아라.
*be[feel] **ashamed** of; ~을 부끄러워 하다

awake =awaken
: a(=on)+
wake(=arise) : 일어나 있는

vt.깨우다, 깨닫게 하다, 자각시키다 vi.눈뜨다, 깨어나다, 자각하다
a.깨어 있는, 정신차린, 빈틈없는(vigilant, wary) ㉵ asleep
Awakening from the anesthesia, he found a noticeable scar on the abdomen.
마취에서 깨어난 후 그는 복부에 뚜렷한 흉터를 발견했다.
He lies **awake** at night worrying about the recent layoff.
그는 최근의 정리해고에 대한 걱정으로 밤에 잠을 못 이룬다.

abide
a(=at)+bide(=stay)
: ~에 머무르다

vi.1.머무르다, 체류하다, 남다 2.(~ by) 지키다, 준수하다 vt.참다, 견디다, 감수하다 경찰

We had no option but to **abide** by our chief's order.
우리는 대장의 명령에 따를 수 밖에 없었다.

I can't **abide** the cold weather. 나는 추운 날씨는 견딜 수 없다.

amaze
a(강조)+maze(당혹)
: 아주 당혹스럽게 하다

vt.놀라게 하다(surprise, astonish), 경악케 하다(astound)

amazing ⓐ놀라운, 멋진, 굉장한

amazement ⓝ놀람(astonishment), 경탄

I was **amazed** at my friend's stamina while climbing a mountain.
등산을 하면서 친구의 체력에 놀랐다.

Last night I had an **amazing** party with **amazing** friends.
어제 밤에 멋진 친구들과 멋진 파티를 가졌다.

arise
a(강조)+rise(일어서다)

vi.1.일어나다(happen), 나타나다, 생기다 2.발생하다(occur), 유발되다
3.(잠자리에서) 일어나다(get up), 깨다

The tour plan is still up in the air because a clash of opinions **arises** among them.
그들 사이에 의견충돌이 생겨서 여행계획은 아직 미정이다.

arouse
a(=on)+rouse(=awaken, 깨우다)

vt.1.불러일으키다, 자아내다(stir up) 2.자극[환기]하다(provoke, excite) 3.깨우다(awaken)
vi.깨다, 각성하다 토플, 편입

Our campaign is designed to **arouse** heated debates on the matter.
우리들 캠페인은 그 문제에 대해 뜨거운 논쟁을 일으키도록 고안되어 있다.

aboard
a(=on)+board(판자, 갑판)
: 갑판 위로 올라

ad.(배, 기차, 비행기 등에) 탄, 탑승[승선]한 prep.타고, 기내에, 안에서

When she managed to board the commuter bus, many people already got **aboard**.
그녀가 간신히 통근버스에 승차했을 때 이미 많은 사람이 타고 있었다.

abroad
a(=on)+broad(넓은)
: 널리 흩어져(widely apart)

ad.1.해외[국외]로, 해외에 2.널리 퍼져, 유포되어

I am learning English very hard to study **abroad** on a national scholarship.
나는 국비 장학생으로 유학가기 위해 열심히 영어를 배우고 있다.

Tip

이 밖에 다음 부사들이 자주 사용 된다.

ahead ⓐⓓ1.앞으로, 앞에 2.미리, 앞당겨
aloud ⓐⓓ소리 내어, 큰 소리로, 크게
aside ⓐⓓ곁[옆]에, 따로, 별도로 ⓝ방백, 혼잣말, 여담
akin ⓐ1.유사한, 비슷한 2.동족[혈족]의
ashore ⓐⓓ1.물가[해변]에, 물가로 2.육상에

Unit 66. 숫자에 관한 접두사

숫자와 관련된 단어를 만들 때는 거의 그리스어나 라틴어 접두사를 차용했다. 많은 단어들이 앞의 해당 unit에서 어근(root)을 통해 이미 설명되었기 때문에 여기서는 간략하게 보완·정리해 본다.

하나(one, single): mono [Gk] / uni [L]

monopoly
mono+poly<polein(=sell): 혼자서만 판매함

n.1.독점, 전매, 독점[전매]권 2.독점 사업[기업], 전매품 3.독차지, 전유물

As a mater of fact, the subsidiary has a virtual **monopoly** on the company's foreign trade.
사실은 자회사가 그 회사의 해외무역을 독점하고 있다.

☞**oligopoly**: oligo(=the few)+poly<polein(=sell) → n.과점

monogamy
mono+gamy(=marriage)

n.일부일처제 토플 ⓑ polygamy일부다처제

In general, **monogamy** is a social norm.
일반적으로 일부일처제는 사회적 규범이다.

monastery
mon(o)(=alone)+astery(=place for living): 혼자서 생활하는 곳

n.수도원, 수도사의 단체 공9

monk ⓝ수도사

He leads a very devout life as a **monk** at the **monastery**.
그는 수도사로서 그 수도원에서 매우 경건한 삶을 살고 있다.

union
uni(=one)+on(어미): 하나가 됨

n.1.노동조합 2.단체, 클럽 3.결합(combination), 연합(alliance) 4.연방

reunion ⓝ1.재결합, 재회, 화해 2.동창회, 친목회

The labor **union** gained the wage increase through collective bargaining.
노조는 단체교섭을 통해 임금인상을 얻어냈다.

unify
uni(=one)+fy(=make): 하나로 만들다

vt.1.통일[통합]하다(unite) 2.단일화하다, 결속하다

unification ⓝ통일, 통합, 단합

The threat of foreign invasion motivated the leaders to **unify** their forces.
외적의 침략에 대한 위협이 지도자들을 결속하도록 자극했다.

unite
uni(=one)+ite(동·접): 하나로 하다

vt.1.통합[결합, 합병]하다 ⓑ divide 2.단결[결속]시키다 3.결혼하다 4.함께 가지다, 겸비하다
vi.1.하나[일체]가 되다, 결합하다(~ with) 2.동맹[연합]하다 3.결혼하다

united ⓐ연합[합병]한, 뭉친, 단결한

unity ⓝ1.통합, 통일(성) 2.일치, 조화

Team spirit **unites** common people to attain uncommon results.
일체감은 평범한 사람들을 결속시켜 비범한 결과를 성취하게 한다.

unique
uni(=one)+ique [F] (=ic, 형·접): 하나뿐인

a.1.독특한, 특이[특별]한(unusual) 2.유일한, 하나뿐인(sole, single)
3.고유의, 특유의(distinct) 편입

The artist drew pictures in a **unique** way using various materials.
그 화가는 다양한 재료를 이용하여 독특한 방식으로 그림을 그렸다.

둘(two): di, duo, dou, dub [Gk] / Bi[L] / twi[OE]

dilemma
di(=two)+lemma (=unfavorable premise) : 불리한 두 전제 사이

n.딜레마, 궁지, 진퇴양난(quandary)
His **dilemma** rests on the choice between splitting with his lover or losing his best friend.
그의 딜레마는 연인과 헤어지느냐 아니면 절친한 친구를 잃느냐는 선택에 달려있다.

dioxide
di(=two)+ox(=oxygen, 산소)+ide(화합물)

n.〈화학〉이산화물
Plants absorb carbon **dioxide** from the air.
식물은 공기에서 이산화탄소를 흡수한다.

duo [It]
: 이태리어로 'two people'

n.1.〈음악〉이중주(곡), 2인조 2. 콤비, 짝

duet: duo의 지소형指小型 n.이중창, 이중주, 한 쌍(pair)
If you could appear on a stage, who would you like to sing **duet** with?
만약 무대에 설 수 있다면 누구와 듀엣으로 노래부르고 싶으세요?

double
'두겹의(twofold)' 뜻에서

a.두 배의, 2중의, 2인용의 ad.두 배로, 이중으로 n.두 배, 이중, 대역, 2루타
vt.두 배로[이중으로] 하다, 배가하다 vi.두 배가 되다, 1인 2역 하다, 대신하다

It burns me up that he gets paid **double** for doing almost the same job I do.
나와 거의 같은 일을 하면서 두 배로 받다니, 정말 분통이 터진다.
She **doubles** as director and actress. 그녀는 연출가와 배우 1인 2역을 한다.
Quality is more important than quantity. One home run is much better than two **doubles**. - Steve Jobs
양보다 질이 더 중요하다. 홈런 한방이 2루타 둘보다 훨씬 낫다.

doubt
둘 사이에서 헷갈림 (confusion between two things)

n.의심(suspicion), 의혹, 회의 vt.의심하다, 믿지 않다 vi.의심하다, 의혹을 품다

doubtful ⓐ1.의심스러운, 회의적인(dubious, skeptical) 2.망설이는, 어정쩡한
doubtless ⓐ의심없는, 확실한 ⓐⓓ의심[틀림] 없이, 확실히
There is no **doubt** that she is lying about her background.
그녀가 자신의 배경에 대해 거짓말하는게 틀림없다.
I **doubted** very much whether she would show up for the appointment.
나는 그녀가 과연 약속장소에 나타날지 아주 의심스러웠다.

dubious
dub(=two)+ious(형접) : 두 마음의, 헷갈리는

a.의심스러운(doubtful), 모호한, 불확실한 고시, 편입
At first, our team members were very **dubious** about the experiment on human bodies. 처음엔 팀원들이 그 인체실험에 대해서는 아주 미심쩍어 했다.

binary
bini(=twofold)+ary(형·접) : 둘로 된(consisting of two)

a.2진법의, 2진수의, 2항의 n.2진수, 2원체
Algorithms in the operating system translate user's inputs into **binary** codes.
운영시스템의 알고리즘이 사용자가 입력한 내용을 2진법 코드로 바꾼다.

biannual
bi(=two)+annual(=yearly)

a.1.일년에 두 번의, 반년마다 2.격년의, 2년에 한번의(biennial)

biennale [It] ⓝ격년행사, 비엔날레 **biennial** ⓐ2년에 한번씩, 격년의 ⓝ2년생 식물

bimonthly ⓐ격월의, 월2회의 **biweekly** ⓐ격주의, 주2회의

The actress is eager to host the **biannual** charity event.
그 여배우는 반년마다 열리는 자선행사 주최에 아주 열심이다.

Biennale is Italian for 'biennial' or 'every other year'.
비엔날레는 '2년에 한번' 또는 '한 해 걸러'를 뜻하는 이탈리아어다.

twice
twi(=two)+ce(배倍의 뜻)

ad.1.두 번, 2회 2.두 배로

We have two ears and one mouth so that we can listen **twice** as much as we speak.
말하기보다 듣기를 두 배로 하라고 우리는 두 귀와 한 입을 가지고 있다.

twin
쌍둥이(two born at one birth)란 뜻에서

n.쌍둥이, 한 쌍, 트윈 a.쌍둥이의, 한 쌍의 vi.쌍둥이를 낳다 vt.~과 짝짓다

Jane is sometimes mistaken for her **twin** sister.
Jane은 가끔 그녀의 쌍둥이 자매로 오인 받는다.

twist
twi(=two)+st(어미)
: 2가닥(two strands)을 꼬다

vt.1.(실 등을) 꼬다, 비틀다 2.(몸을) 돌리다, 틀다 3.(얼굴 등을) 찡그리다, 찌푸리다 4.(사실 등을) 왜곡하다(distort) vi.뒤틀리다, 꼬이다

n.1.꼬임, 비틀림 2.삐기, 염좌(sprain) 3.왜곡, 곡해 4.만곡, 굴곡

She **twisted** his arm to buy a foreign car.
그녀는 외제차를 사자고 그에게 심하게 졸랐다.

The journalist **twisted** the accident for a sensational report.
그 기자는 자극적인 보도를 위해 그 사건을 왜곡했다.

The road **twists** its way through the mountains. 도로는 산 속으로 구불구불 달린다.

twilight
twi(=two)+light(빛)
: (밤과 낮 사이의) 두 개의 빛

n.1.황혼, 어스름, 여명(dusk) 2.쇠퇴기, 황혼기

a.1.황혼[박명]의, 어슴푸레한 2.불가사의한, 비밀스런 3.중간지대의 편입

The mountain village was covered with the shadows of **twilight**.
산골 마을이 황혼의 그림자로 덮여 있었다.

My parents entered the **twilight** of their life. 부모님은 인생의 황혼기에 접어들었다.

셋(three) : tri [Gk, L]

triple
tri(=three)+ple(=fold)
: 세 번 접힌, 세 겹의

a.세 배의, 3부로 된, 3박자[3음절]의 n.3배의 수[양], 3개 한 벌, 3루타

vt.vi.세 배로 하다[되다], 3루타를 치다

The amount of alcohol in his blood was **triple** the legal limit.
그의 혈중 알코올농도는 법적 허용치의 3배였다.

Even in his debut season, the star plyer won a **triple** crown for pitchers.
데뷔 시즌부터 그 유명 선수는 투수 3관왕을 차지했다.

The stock price has **tripled** for two years.
그 주식 가격이 2년 동안 3배 올랐다.

triangle
tri(=three)+angle(각)
: 3개의 각

n.1.삼각형, 삼각지 2.삼각관계 3.〈악기〉트라이앵글

triangular ⓐ1.삼각(형)의 2.삼자[국] 간의

Figure out the area of the **triangle**.
삼각형의 넓이를 구하라.

She seems to be in anguish due to a love **triangle**.
그녀는 삼각관계로 괴로워하는 것 같다.

trinity
trini(=three at a time)+ty(명·접) : 셋이 하나를 이룸

n.〈종교〉1.삼위일체, 셋이 하나됨 2.삼인조, 셋이 한 벌

On his mission tours, the missionary used the shamrock, a three-leaved plant, to explain the concept of **trinity** to the pagan tribes.
선교여행 중에 그 선교사는 이교도 부족에게 삼위일체 개념을 설명하기 위해 세 잎으로 된 클로버를 이용했다.

trio [It]
: 'three persons'의 뜻

n.〈음악〉3인조, 3중주(곡), 삼중주[창]단

The **trio** released a new album after a long silence.
그 3인조는 오랜 침묵 후에 새 앨범을 출시했다.

기타 숫자 접두사

◆ **poly** [Gk] / **multi** [L] : 많은(many) 외

poly는 생물이나 화학의 전문용어를 만드는데 특히 많이 쓰이고 있다.

polygon: poly(=many)+gon(=angle) → n.다각형
polygamy: poly(=many)+gamy(=marriage) → n.일부다처(제)
polynomial: poly(=many)+binomial(이항식의) → a.n.다항식(의)
polyester: n.폴리에스터(섬유)

multiple
multi(=many)+ple(=plic:fold) : 여러 겹의

a.1.다수의, 다양한, 복합적인 2.배수의, 병렬의 n.배수, 병렬

We had to devise **multiple** options to increase our market share.
우리는 시장점유율을 높이기 위해서 다양한 선택을 강구해야 했다.

multitude
multi(=many)+tude(명·접)

n.1.다수, 수많음 2.군중, 일반 대중 편입

The travel route you're looking for hinges upon a **multitude** of constraint factors.
네가 찾고 있는 여행경로는 여러 제약 요인들에 의해 좌우된다.

decimate
deci(=ten)+mate(동접): removal of one tenth, 십분의 일을 죽이다

vt.1.많은 사람을 죽이다,대량 살육하다 2.심하게 훼손하다 고시, SAT

The spread of smallpox drastically **decimated** the Native American tribes.
천연두의 전파는 미국 원주민 부족들을 엄청 많이 죽였다.

Tip

이 밖에 다음 단어들을 문장이나 생활 속에서 자주 접할 수 있다.

multicultural ⓐ다문화의 **multiplayer** ⓝ멀티플레이어 **multicellular** ⓐ다세포의
multimedia ⓝ멀티미디어 **multilingual** ⓐ다중 언어의 **multiplex** ⓝ복합 상영관

◆ pan [Gk] / omni [L] : 전부, 모두(all)

panacea [Gk]
: pan(=all)+
acea(=cure)
: 모든 것을 치료함

n.만병통치약, 모든 문제의 해결책 고시
Smiling is a kind of **panacea** that blows away our life's stress.
웃음은 생활의 스트레스를 날려보내는 일종의 만병통치약이다.

panorama
pan(=all)+
horama(=spectacle)
: 모든 것이 다 보임

n.1.파노라마, 주마등 2.전경全景(complete view) 3.개관, 사건의 전개
When he saw the pictures, the memory of his school days passed like a **panorama** through his mind.
그 사진들을 보았을 때 학창시절의 기억이 파노라마처럼 그의 마음 속을 스쳐 지나갔다.

pandemic
pan(=all)+demic(=people)
: 모든 사람들에게

a.1.전국[세계]적으로 유행하는, 전지역에 걸치는 2.일반적인, 보편적인
n.전국[세계]적 유행병 편입
AIDS has been a worldwide **pandemic** for decades.
AIDS는 수십년 동안 세계적 전염병이었다.

Tip

omnipotent ⓐ전능한 공9
omnipresent ⓐ어디에나 있는(ubiquitous)
omnibus ⓝ선집, 작품집, 합승자동차 ⓐ총괄적인
omniscient ⓐ전지의, 모든 것을 아는 편입
omnivorous ⓐ잡식성의, 두루 관심을 갖는 SAT

◆ hemi [Gk] / semi [L] : 반(half)

hemisphere
hemi(=half)+
sphere(=globe) : 반구

n.1.지구의 반구 2.(뇌의) 반구 3.반구체
Only humans have brains in which there are two **hemispheres** that differ significantly in function and structure.
오직 인간만이 기능과 구조에서 아주 다른 두 반구를 지닌 뇌를 가지고 있다.

Tip

semiconductor ⓝ반도체 **semiannual** ⓐ반년의, 년2회의 **semifinal** ⓝ준결승
semicircle ⓝ반원 **semitropical** ⓐ아열대의

◆ 그 외 기타

quadr-, quart-: 넷(four)	**quadrangle=rectangle** n.사각형 **quarter** ⓝ4분의 일, 15분, 25센트 **quartet** ⓝ4중주, 4중창
penta-: 다섯(five)	**pentagon** ⓝ1.오각형 2.미국 국방성(the Pentagon)
hexa-: 여섯(six)	**hexagon** ⓝ육각형 *-angle, -gon은 'bent 굽은' 이란 뜻임.
octo-: 여덟(eight)	**octave** ⓝ옥타브, 8도음정, 제8음 **octopus** ⓝ문어 (발이 8개)
deca-,deci-: 열(ten)	**decade** ⓝ10년간 **decimal** ⓐ십진법의, 소수의 ⓝ소수小數 **decimate** ⓥⓣ10명당 1명씩 골라서 죽이다
cent(i)-: 백, 백분의 일	**century** ⓝ1세기, 100년 **centigrade** ⓝ섭씨 cf. Fahrenheit ⓝ ⓐ화씨(의)
milli-: 백만	**million** ⓝ ⓐ백만(의) **millionaire** ⓝ백만장자

특강 14

의학용어는 어떻게 만들어졌을까?

✔ 특정집단의 사람들만 이해하는 전문용어를 jargon이라 한다. 의학용어에는 라틴어도 사용되지만, 대부분 어려운 그리스어로 되어있어 전형적인 jargon에 해당된다. 이런 어려운 용어를 대중들이 이해할 수 있는 쉬운 말로 바꾸면 얼마나 좋을까? 그러나, 의사들이 적극 반대할지도 모른다. 의학계에서 그런 큰 움직임이 있었다면 벌써 쉬운 말로 바뀌었을 것이다.
라틴어로 된 성경을 Martin Luther를 비롯한 종교개혁가들이 자국어로 번역하려 하자 성직자들은 극렬 반대했다. 왜? 명분은 성경 권위의 훼손이지만, 실질은 기득권 상실의 두려움이다.

병원의 기본적인 파트는 아래와 같다.

surgery 외과
internal medicine 내과
urology 비뇨기과
dermatology 피부과
dentist 치과
surgeon 외과의사
physician 내과의사
orthopedics 정형외과
radiology 영상의학과
ENT(ear, nose, throat) 이비인후과
plastic surgery 성형외과 토플
pediatrics[pìːdiǽtriks] 소아과
psychiatry[sikáiətri] 정신과
ophthalmology[ὰfθælmὰlədʒi] 안과

✔ 위의 단어들은 거의 다 생소한 그리스 어근에 접미사를 붙여 만들었다. 이비인후과(otolaryngology)는 너무 어려워 ear-nose-throat에서 첫 글자를 따서 보통 ENT라 부른다. 그러나, 겉보기에는 어려워 보이지만 그리스어로 된 단순한 어근에 접두사나 접미사가 붙은 조합으로 만들어져 구성 단어의 뜻만 이해하면 그렇게 어렵지만은 않다.

1. 어근은 다음과 같이 생소한 그리스어에서 거의 나왔으며, 앞뒤에 접사를 덧붙여 용어를 만든다.

피(blood); **hemo**, **hemato**→ hemoglobin 혈색소 / hemophilia 혈우병 / hematology 혈액학
당(sugar); **glyco**, **gluco**→ glycogen 당원 / glycolysis 당분해 / glucose 포도당
소변(urine); **urin**, **ure**→ urination 배뇨 / urinalysis 소변검사 / urethra 요도

피부(skin); **derm**→ epidermis 표피, 상피 / hypodermic 피하(주사)의 / xeroderma 피부 건조증
관절(joint); **arthr**→ arthritis 관절염 / arthroscopy 관절경 검사
신경(nerve); **neuro**→ neuron 신경단위, 뉴런 / neurosis 신경증, 노이로제 / neuralgia 신경통

위(stomach); **gastr**→ gastroscope 위내시경 / gastric ulcer 위궤양 / gastrectomy 위 절제
간(liver); **hepat**→ hepatic 간肝의 / hepatitis 간염 / hepatocyte 간세포
심장(heart); **cardi**→ cardiac arrest 심장마비 / cardiac valves 심장판막 / myocardial 심근心筋의

2. 병명은 그리스어(가끔, 라틴어) 어근에 병(disease)을 뜻하는 접미사 -ia, 염증(inflammation)을 뜻하는 접미사 - itis를 붙여서 주로 만든다.

mania 열광, 광증
alopecia 탈모증
insomnia 불면증
phobia 공포증
hypothermia 저체온증
dementia 치매 공9, 7
paranoia 편집증
dyslexia[disléksiə] 난독증
euphoria 극도의 행복감, 도취
anorexia 거식증, 식욕부진
amnesia 기억상실증 편입
pneumonia[njumóunjə] 폐렴
anesthesia[ænəsθíːʒə] 마취 경찰
euthanasia[jùːθənéiʒə] 안락사 고시

bronchitis 기관지염
appendicitis 맹장염
prostatitis 전립선염
rhinitis[rainàitis] 비염
gastritis 위염
nephritis[nifráitis] 신장염
enteritis 장염
urethritis 요도염
dermatitis 피부염

3. '상태, 과정 또는 질병'을 나타내는 그리스어 접미사 -(o)sis를 붙여 필요한 용어를 만들었다.

diagnosis 진단
tuberculosis 결핵
sepsis 패혈증
neurosis 신경증
psychosis[saikóusis] 정신병
hypnosis[hipnóusis] 최면 공7
paralysis[pərǽləsis] 마비, 불수 토플
halitosis[hælətóusis] 구취, 입냄새
stenosis 협착증

4.병명, 증세 이외의 기타 일반 의학용어도 거의 그리스어나 라틴어로 만들었다.

cancer 암
trauma 외상
abortion 낙태
vein 정맥
tumor 종양
symptom 징후, 증상
fracture 골절, 균열
artery 동맥
coma 혼수상태 편입
delivery 분만, 출산
excretion 배설(물)
bowel=intestine 장, 창자

gland 샘,선腺
fetus 태아
obesity[oubí:səti] 비만 공7
myopia 근시 토플
muscle[mʌsl] 근육
retina 망막
diarrhea[dàiərí:ə] 설사
asthma[ǽzmə] 천식 공9
embryo 배아, 배胚 편입
ligament 인대
hypertension 고혈압 편입
diabetes[dàiəbí:tis] 당뇨 공9

Review Test 22

a. twilight	b. atheist	c. hypertension	d. perennial	e. rehabilitate
f. pediatrician	g. parachute	h. anesthesia	i. abortion	j. monogamy

◆ **From the box above, choose the word that corresponds to each definition below.**

1 a person who believes that there is no God

2 the time when day is about to become night

3 a doctor who specializes in treating sick children

4 a device which enables a person to jump from an aircraft and float safely to the ground

5 loss of sensation, esp. of pain, induced by drugs

6 a medical condition in which a person has very high blood pressure

7 to bring or restore to a normal or optimal state of health, constructive activity, etc.

8 lasting throughout the year or through many years

9 an operation or other procedure to terminate pregnancy before the fetus is viable

10 the state or custom of being married to only one person at a particular time

◆ **Choose the one that is closest in meaning to the highlighted word in each sentence.**

11 The anonymous who write comments are not individuals but an **amorphous** mass.
① influential ② shapeless ③ unusual ④ occasional ⑤ passionate

12 The Wright brothers were the subjects of both widespread interest and **skepticism** after reports of their aviation experiments.
① envy ② popularity ③ doubt ④ applause ⑤ criticism

13 The opposition lawmaker was so **adamant** that he refused to resign from his position.

① courageous ② confident ③ ardent ④ optimistic ⑤ inflexible

14 The victim was placed in an induced **coma** at a hospital.

① unconsciousness ② paralysis ③ hypnosis ④ relaxation ⑤ consolation

15 The food is known to make people **obese**.

① vigorous ② in good shape ③ relaxed ④ fat ⑤ drowsy

16 UN involvement could barely **avert** genocide in the trouble spot.

① induce ② cause ③ transfer ④ prohibit ⑤ avoid

17 His leadership has begun to **permeate** our party.

① innovate ② spread through ③ sway ④ bind together ⑤ undermine

18 How can a prescription e-mailed from a physician's office be **authenticated** in pharmacies?

① accepted ② transformed ③ arranged ④ verified ⑤ acknowledged

◆ **Fill in the blank with the proper verb that will best complete the meaning of each sentence.**

① persevered ② transplanted ③ abandon ④ arouse ⑤ seduce ⑥ awoke

19 He tried to _______ her over a meal at a fancy restaurant.

20 The research team _______ through all the difficulties but reached the goal in the end.

21 I _______ to find the mountain covered with snow during the night.

22 The left side of his liver has been successfully _______ to his brother.

23 She was very careful not to _______ his suspicion.

24 Heavy snow forced many drivers to ______ their cars.

문제의 정답

◆ Test 1

1. c 2. e 3. a 4. g 5. f 6. b 7. h 8. d 9.③ 10.③ 11.② 12.⑤ 13.①
14.① 15.③ 16.④ 17.④ 18.② 19.③ 20.⑤ 21.⑥ 22.①

◆ Test 2

1. d 2. e 3. f 4. g 5. i 6. a 7. c 8. b 9. h 10.② 11.④ 12.③ 13.②
14.④ 15.⑤ 16.④ 17.① 18.③ 19.④ 20.④ 21.⑤ 22.③ 23.④ 24.① 25.⑥
26.②

◆ Test 3

1. d 2. e 3. g 4. b 5. i 6. c 7. a 8. h 9. f 10.④ 11.② 12.⑤ 13.⑤
14.② 15.② 16.④ 17.① 18.⑤ 19.⑥ 20.③ 21.② 22.④ 23.①

◆ Test 4

1. e 2. d 3. h 4. a 5. g 6. b 7. i 8. c 9. f 10.③ 11.④ 12.② 13.⑤
14.④ 15.② 16.④ 17.③ 18.② 19.④ 20.⑤ 21.① 22.③

◆ Test 5

1. e 2. f 3. g 4. c 5. i 6. h 7. d 8. a 9. b 10.③ 11.① 12.⑤ 13.③
14.② 15.④ 16.⑤ 17.③ 18.③ 19.④ 20.② 21.① 22.⑥ 23.⑤

◆ Test 6

1. d 2. e 3. i 4. f 5. b 6. a 7. c 8. j 9. g 10. h 11.③ 12.② 13.⑤
14.③ 15.② 16.③ 17.① 18.④ 19.① 20.⑤ 21.⑥ 22.② 23.③

◆ Test 7

1. b 2. f 3. h 4. a 5. c 6. e 7. d 8. g 9. i 10.② 11.③ 12.② 13.①
14.④ 15.② 16.② 17.⑤ 18.⑦ 19.① 20.② 21.③ 22.④ 23. ⑥

◆ Test 8

1. f 2. h 3. g 4. e 5. d 6. b 7. a 8. c 9. ④ 10. ② 11. ③ 12. ⑤ 13. ③
14. ⑤ 15. ⑤ 16. ⑤ 17. ⑥ 18. ② 19. ① 20. ③ 21. ④

◆ Test 9

1. g 2. d 3. f 4. h 5. a 6. c 7. b 8. i 9. j 10. e 11. ② 12. ④ 13. ④
14. ② 15. ① 16. ④ 17. ⑤ 18. ① 19. ② 20. ⑤ 21. ⑥ 22. ③ 23. ④ 24. ①

◆ Test 10

1. f 2. h 3. d 4. g 5. b 6. e 7. a 8. c 9. ⑤ 10. ③ 11. ④ 12. ② 13. ②
14. ① 15. ⑤ 16. ③ 17. ④ 18. ⑥ 19. ① 20. ② 21. ⑤ 22. ③

◆ Test 11

1. d 2. a 3. i 4. j 5. h 6. b 7. f 8. g 9. e 10. c 11. ① 12. ④ 13. ③
14. ⑤ 15. ③ 16. ③ 17. ⑤ 18. ③ 19. ⑤ 20. ⑥ 21. ① 22. ③ 23. ⑦ 24. ② 25. ④

◆ Test 12

1. f 2. g 3. b 4. a 5. h 6. d 7. e 8. c 9. ② 10. ⑤ 11. ① 12. ② 13. ③
14. ③ 15. ④ 16. ④ 17. ④ 18. ⑤ 19. ③ 20. ⑤ 21. ④ 22. ⑦ 23. ⑥ 24. ① 25. ②

◆ Test 13

1. b 2. g 3. i 4. e 5. d 6. h 7. a 8. c 9. f 10. ⑤ 11. ③ 12. ① 13. ②
14. ④ 15. ③ 16. ① 17. ③ 18. ① 19. ⑥ 20. ② 21. ⑤ 22. ④

◆ Test 14

1. b 2. f 3. d 4. i 5. h 6. g 7. c 8. a 9. e 10. ② 11. ② 12. ⑤ 13. ⑤
14. ③ 15. ② 16. ④ 17. ③ 18. ① 19. ② 20. ④ 21. ⑤ 22. ① 23. ⑥ 24. ③

◆ Test 15

1. c 2. d 3. h 4. f 5. e 6. a 7. b 8. g 9. ② 10. ③ 11. ③ 12. ⑤ 13. ⑤
14. ③ 15. ② 16. ① 17. ⑤ 18. ④ 19. ① 20. ③ 21. ② 22. ⑥

◆ Test 16

1. d 2. c 3. f 4. i 5. a 6. b 7. e 8. h 9. j 10. g 11.② 12.⑤ 13.④ 14.④ 15.⑤ 16.④ 17.① 18.② 19.③ 20.④ 21.② 22.⑤ 23.③ 24.① 25.④ 26.⑥

◆ Test 17

1. e 2. g 3. d 4. h 5. b 6. c 7. a 8. i 9. f 10.② 11.⑤ 12.④ 13.② 14.③ 15.① 16.④ 17.⑤ 18.① 19.③ 20.⑤ 21.① 22.④ 23.③ 24.② 25.⑥

◆ Test 18

1. e 2. d 3. h 4. a 5. g 6. c 7. b 8. f 9. i 10.② 11.③ 12.② 13.① 14.③ 15.③ 16.② 17.④ 18.② 19.⑤ 20.④ 21.① 22.② 23.③ 24.⑥

◆ Test 19

1. f 2. d 3. b 4. g 5. c 6. a 7. i 8. e 9. h 10.⑤ 11.④ 12.③ 13.② 14.④ 15.⑤ 16.③ 17.② 18.④ 19.⑤ 20.⑥ 21.⑦ 22.① 23.③ 24.②

◆ Test 20

1. f 2. a 3. e 4. c 5. g 6. d 7. h 8. b 9. i 10.② 11.⑤ 12.③ 13.④ 14.② 15.⑤ 16.② 17.③ 18.① 19.⑤ 20.③ 21.⑥ 22.⑤ 23.① 24.② 25.④

◆ Test 21

1. d 2. e 3. g 4. i 5. b 6. h 7. a 8. f 9. c 10.④ 11.③ 12.④ 13.④ 14.⑤ 15.② 16.① 17.③ 18.② 19.⑤ 20.② 21.⑤ 22.⑦ 23.① 24.⑥ 25.③ 26.④

◆ Test 22

1. b 2. a 3. f 4. g 5. h 6. c 7. e 8. d 9. i 10. j 11.② 12.③ 13.⑤ 14.① 15.④ 16.⑤ 17.② 18.④ 19.⑤ 20.① 21.⑥ 22.② 23.④ 24.③

Index

C

E

F

I

J

N

O

Q

R

S

W

X

Y

Z